五十国信息公开制度概览

An Overview of Information-disclosure Systems in Fifty Countries

王敬波　主编

法律出版社
LAW PRESS · CHINA

本书是国家社科基金重大课题:国家治理体系现代化与法治政府建设的阶段性成果之一(项目编号:14ZDA018)同时也是中国政法大学优秀中青年教师培养支持计划资助项目。

序　言

我国政务公开肇始于1988年3月,中共十三届二中全会提出各级党政机关在廉政建设中应尽可能地公开办事制度以便得到群众的监督,并把政务公开作为强化权力监督、加强党风廉政建设的一项重要措施。1996年1月,第十四届中共中央纪律检查委员会第六次全体会议确定实施基层政务公开制度,提出"县(市)、乡镇及行政村、基层站所,要实行政务公开制度,凡是可以公开的办事内容、办事程序和结果,特别是与群众利益直接相关的财务等事项都应公开,以便群众监督"。2001年我国加入世界贸易组织,要求与贸易有关的法律制度、政策措施公正透明,极大推动了政务公开制度的发展。2002年,中央明确提出建立"行为规范、运转协调、公正透明、廉洁高效"的行政管理体制。2005年3月24日,中共中央办公厅、国务院办公厅联合发出《关于进一步推进政务公开的意见》(中办发〔2005〕12号),标志着中国自下而上、逐级推进政务公开的战略已全面推开。2008年《政府信息公开条例》的实施,标志着政务公开的法制化,也意味着公开的原则已经成为政府行为的基本准则,是中国法治政府建设的重要里程碑。

政府信息是行政权力运行的载体,政府信息公开则是政府工作全领域、全口径、全流程的外化表现。政府信息公开的发展促进政府施政理念、治理能力和管理水平的全面提升。政务公开的持续推进,公开的观念深入人心,"阳光是最好的防腐剂,灯光是效率最高的警察”已经成为社会共识。政府管理观念发生巨大转变,从单纯为防治腐败而推行政务公开,进而将建立开放、透明的政府确定为施政纲领。政府信息公开的法制建设日臻完善,信息属性同步确定、信息保密审查、信息公开考核评议等制度建设逐步健全。公开原则成为行政法律制度和政府行为的基本准则。法律、行政法规、部门规章、地方性法规、地方政府规章以及大量的规范性文件中规定了行政公开原则或者制度。政府主动公开的信息量逐年上升,公开的广泛性、及时性、便利性不断提高。政府网站、官方微博、新闻发布会等政府信息公开的途径不断丰富,不仅满足快速发展社会中不同人群信息公开的需要,也搭建起官民良性互动的平台。信息公开对政府权力行使和行为规范构成的倒逼机制督促政府不断规范行政行为。

政府信息公开进一步畅通公众对政府的监督渠道,公民得以了解行政活动的过程和结果,对于防止行政权力的寻租和滥用、从源头上遏制和预防腐败产生重要影响。信息公开在满足公民知情权的同时,使得公民的参政议政成为可能,网络问政等公众的积极参与不仅提高了政府决策的科学程度,也减少了政策执行的阻力。信息公开的广度和深度不断拓展,促使政府职能的转变和政府管理水平的提高。公共信息公开的主体不断扩大,从村务公开向各级政府信息公开发展,从政府信息公开向公用企事业组织和公益慈善组织信息公开推进,信息公开正在成为政府和公益组织塑造诚信形象的重要指标。政府信息公开既是政府的一次自我革命,也是促进社会进步的重要动力。

政府信息公开不仅是中国走向法治国家的必由之路,更是世界范围内民主浪潮的重要组成部分。本书从目前已经制定信息公开法律的国家中收集整理了50个国家的信息公开法律制度及其实践状况，对各国信息公开法律制度的历史演进进行梳理，厘清其与《档案法》、《保密法》或者《个人信息保护法》等相关法律制度的关系，针对信息公开的范围、信息公开的方式、程序、收费、信息公开的主管机构、争议解决等方面分别研究，并结合各国信息公开法律的实施状况进行考察。本书对全面了解世界信息公开制度的发展历程，以及推动我国信息公开制度大有助益。

是为序。

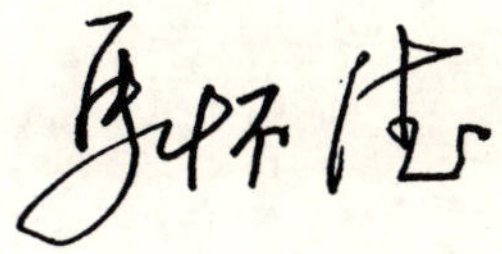

中国政法大学副校长

中国行政法学会会长

2015 年 12 月 18 日

目　录

亚　洲(11个国家)

欧　　洲（26个国家）

非　　洲（3个国家）

大　洋　洲(3个国家)

亚　　洲

（11 个国家）

国家	法律名称	制定时间
阿塞拜疆	《阿塞拜疆共和国获取信息法》	2005
巴基斯坦	《巴基斯坦信息自由法》	2002
韩国	《公共机构信息公开法》	1996
吉尔吉斯斯坦	《国家和地方公共机关所掌握信息的公开法》	2006
日本	《行政机关信息公开法》	1999
泰国	《官方信息法》	1997
土耳其	《土耳其信息权法》	2003
亚美尼亚	《亚美尼亚共和国信息自由法》	2003
以色列	《信息自由法》	1998
印度	《信息权利法》	2005
约旦	《信息公开法》	2007

阿塞拜疆《获取信息法》概览

一、法律概要

阿塞拜疆[①]在信息公开的立法过程中一直处于相对领先的位置，早在1995年的宪法中，便对信息公开有所涉及，规定了公民对信息享有知情权。在2005年9月30日，阿塞拜疆议会通过了《获取信息法》[②]（*Law on the Right to Obtain Information*），并于2005年12月19日颁布并生效。该法确立了公民的信息知情权和政府的信息公开义务，并对信息公开的内容、范围进行了详尽而具体的规定。

信息公开，是基于宪法赋予公民的知情权而衍生出来的，在1995年《阿塞拜疆宪法》第50条[③]和第57条[④]中有关于信息自由的规定，其中规定了每个人都有权遵照法律收集、得到、传递、准备和散布信息。此外，禁止国家对大众媒体包括印刷媒体的审查，保证大众传媒的自由，并规定了人民有向政府递交请愿书的权利。但基于1995年《阿塞拜疆宪法》对于信息公开义务并没有做详尽的规定，因此，阿塞拜疆共和国在2005年颁布了《阿塞拜疆共和国获取信息法》（以下简称为《获

---

① 阿塞拜疆共和国，位于亚洲西部外高加索的东南部，1828年阿塞拜疆一部分归并于俄罗斯，其余部分作为波斯的一个省保留了下来。1991年8月30日宣布独立，成立阿塞拜疆共和国。阿塞拜疆的最高立法机构为国民会议。

② 该法律原文参见网站：http://portal. unesco. org/ci/en/files/26135/12047260333Azerbaijan. pdf/Azerbaijan. pdf，最后访问日期：2015年8月2日。

③ 1995年《阿塞拜疆共和国宪法》第50条："信息自由：每个人都有权遵照法律收集、得到、传递、准备和散布信息。保证大众传媒的自由。禁止国家对大众传媒，包括印刷媒体的审查。"

④ 1995年《阿塞拜疆共和国宪法》第57条："演讲的权利阿塞拜疆共和国公民有权作个人演讲以及向政府机关呈递个人和集体请愿书。对每项请愿的答复在法律中规定。阿塞拜疆共和国公民有权批评政府机关的活动、他们的官员、政治党派、贸易组织、其他公共组织和个人。禁止对批评者进行迫害。侮辱和诽谤不应该被认为是批评。"

取信息法》),该法明确指出基于宪法第50条的规定赋予公民获取信息的权利,并对其权利做出了法律上的限制。

《获取信息法》中开篇明义,说明了本法律的目的是要建立法律框架,以确保《阿塞拜疆共和国宪法》第50条所规定不受限制和平等的信息访问的自由。它是基于开放的社会和民主法治原则,以及为公民行使公共职责创造条件。《获取信息法》赋予了公民、法人和其他组织无需说明与欲获取的信息有何利害关系或者是否有资格即可获取政府掌握的文件的权利,依照《获取信息法》,除非有特别排除,政府信息都应该是公开的,个人无需解释为何或者出于什么目的而需要那些信息就可以获取。简而言之,信息公开在政府信息提供中使用了一个与以往不同的原则,即完成了从"需要知道"到"有权知道"的转变。

阿塞拜疆《获取信息法》分七章,共58条。现分别对各章进行简单介绍:第一章(第1~9条)规定的主要内容为本法的立法目的、立法范围、信息公开的原则、信息的存储及保护、信息持有者的范围以及相关概念的定义界定。在本章,法律明确规定了依照宪法第50条的规定,该法的目的是保护任何人有权无限制地、免费地获取相关信息,明确规定本法的立法范围主要为规制信息公开的程序及方式、公共信息获取的限制以及对信息公开机构的规制。同时对诸如信息、信息持有者、公共信息等相关概念进行界定,不仅官方机构为信息持有者,而且将基于法律行为或者合同从事教育文化和社会领域的私人实体纳入到信息持有者的范畴。第二章(第10~12条)信息公开的组织机构,主要规定信息公开的组织机构的义务和职能以及责任,并对注册文件进行了详细的规定。本章规定该机构必须确保每个人无限制地、免费地、平等地获取信息,为了实现该目的,可以设立负责信息事项的相关部门;这些部门必须及时地对申请者申请信息进行回复,保存好注册文档、及时公布相关的信息,告知申请者相关期限等。该机构的职能为核对申请并做出决定、依据现有的规定答复申请者、掌控整个信息服务等;本章规定机构必须建立进行信息服务的相关程序、合理组织信息公开,及时披露。最后,本章对注册文件进行规定,主要是规定哪些文件必须包含在注册文件当中。第三章(第 13～28 条)信息获取的保证,主要规定提交申请的方法途径、信息获取的形式、信息申请、信息持有者对申请的帮助义务、信息申请的注册登记、信息申请的核对、依据核对所做的决定、拒绝申请、信息申请的解决、信息申请的费用以及有关信息申请的相关期日及延长问题。第四章(第 29～33 条)信息披露,规定的主要内容为信息持有者应该主动披露的信息范围、信息披露的方法、联网信息资源基础的义务及其要求。在本章,重点规定了信息持有者应该主动披露诸如包括犯罪和行政方面的综合统计数据、预算、国家官方机构的法律法规、官方指南等方面的情况。信息持有者不仅可以通过网络进行信息披露,还可以通过多种媒体方式进行披露,如多媒体、官方出版物、图书馆等。第五章(第 34～41 条)官方使用信息,主要对哪些信息可以归结为官方使用信息进行了规定,以及对认定为官方使用信息的限制;同时对个人信息的范围及保护做出了规定,并对如何获取官方使用信息进行了规定。第六章(第 42～55 条)法律合规控制,该部分主要对为开展信息公开披露各个机构的职能及申诉的处理解决等问题。第七章(第 56～58 条)其他,该部分主要对网络信息来源创作的期间及授权机构的任期进行了规定。

早在 1998 年《信息、信息化和信息保护》(*Law on Information, Informatization and Protection of Information*)的立法中,信息化和信息保护法被纳入了信息立法的法律框架。1998 年关于信息公开的立法中确立了信息自由的普遍原则,但并没有给予任何实质性的法律权利。在 2002 年 3 月,阿塞拜疆为了履行公约,通过了《阿塞拜疆共和国获取环境信息法》(*Law of Azerbaijan Republic on Obtaining Environmental Information*)。在 2003 年,阿塞拜疆通过了联合国欧洲经济委员会《在环境问题上获得信息、公众参与决策和诉诸法律的公约》(即《奥胡斯公约》)。2004 年 9 月,《国家机密法》(*Law on State Secrets*)正式通过,保护了军事、外国的政治、经济、科学、情报和调查有关的信息;并创建了三个类别的保密,分别为重要秘密、绝密和机密,这三类信息可以保密长达 30

年。在2005年的法律之前,有一些法律似乎规定了一些信息公开的内容,但在实践中并未照做[①]。

二、信息公开的范围

《获取信息法》赋予了公民、法人和其他组织无需说明与欲获取的信息有何利害关系或者是否有资格即可获取政府掌握的文件的权利,依照《获取信息法》,除非有特别排除,政府信息都应该是公开的,个人无须解释为何或者出于什么目的而需要政府信息就可以获取。

在信息公开中以公开为原则,以不公开为例外。《获取信息法》中第4条规定:(1)信息公开的条件、程序和方式,以及信息持有者拒绝提供此类信息的理由;(2)限制公开的信息,程序,以及法律未规定的一些信息的披露;(3)组织机构信息公开的程序。

《获取信息法》详尽地规定了一些不予公开的信息,即信息公开的例外。综观阿塞拜疆的《获取信息法》,我们可以发现,它将不予公开的信息分为了两个部分:一部分为"官方使用信息",另一部分为"隐私",即关于私人信息以及家庭生活的信息。

1. 一般不予公开信息

在《获取信息法》中第21条规定信息所有者可以在以下情况拒绝信息公开请求:(1)当请求涉及的信息访问受法律限制或未获正式授权的请求者获取该信息或请求时未能出示现行法律所规定的身份证明文件;(2)当信息持有者缺乏申请的信息或者在确认信息所有者存在困难时;(3)决定申请人所申请的信息是不存在的;(4)申请人已经获得该信息且重复申请该信息的理由不合理;(5)根据第9.1.2条和第9.3条的规定法人实体和个人申请的信息和根据第9.1.2条和第9.3条规定的履行义务没有关联;(6)由于大量请求的信息,执行该请求将妨碍信息所有者的公

---

① David Banisar, *Freedom of information around the world* 2006, *Privacy International*, pp. 46 - 47.

共职责或者造成不合理的沉重开支;(7)执行该请求不切实际;(8)执行该请求需要系统化,审查和归档该信息。

2. 限制访问的信息

《获取信息法》根据访问信息的形式,将信息分为了公开访问信息和限制访问的信息,法律规定限制访问的信息为机密。为了保护个人、实体、机构、组织和其他法律实体的合法权益,官方秘密、专业人士(医生、律师、公证人)的个人信息、商业秘密、调查或司法秘密访问是受限的,这些特定的信息为限制访问的信息。

在《获取信息法》第35条中以列举的形式,提出了各种予以豁免公开的信息类型,这些不予以公开的信息都是在一定期限内的不予以公开。(1)关于行政案件或刑事案件的一些信息,在案件已经提交到法院或已经终止之前不公开;(2)关于“国家宏观调控”期间的信息,在国家做出最终相应的决定之前不公开;(3)一些信息的披露,有可能妨碍国家相应政策的制定,在做出最终的裁决之前不公开;(4)信息过早的披露有可能危及财务或审计,在这些测试或财务审计完结之前不公开;(5)过早的披露有可能危害公共机构的交换意见或协商,在达成共识之前不公开;(6)国家部门有关政策的一些信息的披露可能对经济、金融、货币产生不利的影响,在到有关活动完成之前不公开;(7)信息披露可能破坏司法工作,在决定作出之前不公开;(8)世界各国或国际机构的文件信息,在双方达成协议之前不公开;(9)信息披露有可能会对环境造成损害的,在危害消除之前不公开;(10)信息披露可能损害信息持有者的利益或者一些信息已经与一些执行公共职能的机构达成了保密协定,在信息技术方案解决之前不公开;(11)法令,决议和命令的草案,在草案提交审议之前不公开;有关参与垄断活动的私营机构义务的法律文件,在文件签署之前不公开。

上述信息并不是绝对的不公开,而是在一定的期限之内不公开,经过了这个特定的期限就可以公开。第35条第4款规定如果披露信息带来的损害超过公众获取信息的利益,该信息可保密。这只限于第35条第

2 款所定义的“官方信息”。

法律还规定了绝大多数的不予公开信息的决定，在经测试发现它造成的损失大于公众获得的利益时，会被终止。

3. 私人信息

在阿塞拜疆《获取信息法》第 38 条中，详尽罗列出了一些不予公开的私人信息，即有关私人或家庭生活的信息，其中包括：(1) 个人信息：①可能会反映出个人的政治观点、宗教信仰、意识形态等信息；②民族或种族出身的信息；③依据执行判决的需要和保护儿童、道德、隐私、未成年人、受害人或证人的需要，犯罪或其他违法行为调查的一些证据，在作出判决前不予以公开；④个人的身体健康状况的信息；⑤个人特征、能力等信息；⑥申请社会保障或服务等信息；⑦精神或身体残疾的信息；⑧税收信息，尚未清偿的税收债务除外（第 38 条第 2 款）；⑨私人的入境记录（第 38 条第 4 款）。(2) 家庭信息：①家庭信息有关于性或家庭生活的信息；②登记的民事法律地位行为的信息；③有关家庭生活节奏的信息；④关于家庭收养的信息（第 38 条第 3 款）。

法律还规定了一些人在特定的情况下可以获知私人信息，如家长和教师可以获知未成年人的信息；引导肢体伤残人上的心理医师；执行公务的公务员；经过私人授权，需要获知私人信息而进行工作的人员；私营公司的员工和那些根据合法契约在教育、卫生、文化领域从事这些服务的个人。

三、信息公开的方式及程序

（一）信息公开的方式

阿塞拜疆的信息公开分为依职权公开和依申请公开两种方式。

1. 依职权公开

《获取信息法》第 10 条第 3 款规定信息持有者应向公众提供有关履行职责的活动信息，并在第四章中作出了详细的规定。第 29 条规定统计数据、预算和详细的财务信息、预测、工作人员的相关信息（包括工资）、环境信息、法律文件、规划文件、可供提供的服务，以及秘密文件的列表等必须主动予以公布。第31条规定威胁到生命、健康、财产、环境或其他具有公共利益的信息必须立即通过大众媒介和互联网进行披露,以减轻风险。

2. 依申请的公开

公民可以自由、平等和免费地对信息进行访问。信息持有者必须在内部为提供信息获取的渠道做好准备。

(二)申请信息公开的程序

1. 申请

《获取信息法》第3条规定,信息为任何"事实、观点、知识、新闻或其他种类的信息",并在第7条规定"有形的数据媒介上的文本、语言或图片,不论其来源、储存场所、官方地位、所有权类型以及是否由其所属的实体所产生的任何种类的信息"为存档信息。私人信息为可以直接或间接确定个人身份的信息。公共信息指执行法律规定的职责时获得的信息。《获取信息法》第3条要求,由于要确保信息的公开,信息所有者有义务向每个有资格的申请人披露信息。该法第9条规定,信息持有者为国家权力机构、市政当局、一切所有制类型的法律实体,以及在法律证书或合同的基础上,在教育、医疗、文化和社会领域内经营的私有法人实体。申请人可以通过书面申请和口头申请两种方式要求信息公开,如果以书面形式递交申请可以直接递交、邮寄、传真或以发电子邮件的形式进行。申请者要在申请中注明自己的姓名、联系方式、申请公开的信息以及要求信息持有者以哪种形式公开。在获取私人信息时,申请人也要提交自己的身份证明文件。

2. 受理

《获取信息法》第18条规定,在收到申请时,需要对申请进行登记。同时第24条规定,在信息持有者收到申请后,应当在7个工作日内做出相应的答复。如果信息持有人发现了申请人申请公开的信息此期间失去效力,则应当立即处理,因为一些特殊情况不能立即做出答复的,也必须在24小时内做出回应。此外,如果被申请的信息关系到个人的生命健康以及人身自由,需要在48小时内作出答复,但法定假日和星期天除外。如果被申请公开的信息不完整或不准确,官方应当在5个工作日内查明缺陷并通知当事人。

3. 申诉

《获取信息法》第 49 条规定,任何人在申请遭到拒绝后都可以向信息专员或法院提出申诉,当事人有权得到对申诉的合理裁决。第 50 条规定,信息专员应在 10 个工作日内进行处理,如果需要额外的解释或材料,则可以书面通知当事人,并将期限延长至 20 个工作日。第 46 条规定,信息专员在收到申诉时应当展开调查。

(三)信息公开的费用

《获取信息法》第 6 条第 8 款规定,公民获取信息是免费的,但本法另有规定的除外。第 26 条做了详细的规定,获取公共信息是免费的,而一些服务类别的信息可能需要付费,但需要有相关的收费列表,并提供付费折扣的条件。

四、主管机构

信息持有者为方便申请人的查阅,要建立起相对完善的信息查阅机制,这要求信息持有者针对信息公开来专门设立一个部门或指派一个行政人员,来专门处理这些信息公开的事务。《获取信息法》第 10 条要求建立独立的行政监督机构即信息专员,来保障信息的公开,信息专员将由议会从部长提名的 3 位候选人中选取。法律规定个人担任高薪酬职务,并且不是从事科学、教育或创造性的工作或对外国承担义务,被判刑且刑期未满或法院已经宣布其无资格的人也不能担任信息专员的职务。其他任何接受过高等教育并有教育领域经验和“品德高尚”的公民都可以当选信息专员。[①]《获取信息法》第 44 条规定,信息专员可以依投诉或自发展开调查,调查包括信息的申请是否登记得当、使用的程序是否得到遵守、对信息披露申请的拒绝是否合法等。

---

① 托比·曼德尔:《信息自由:多国法律比较》(第二版),龚文庠等译,社会科学文献出版社 2011 年版,第 63 页。

根据第44条的规定,信息专员办事处的经费来自于国家预算,其具有法律地位。信息专员在提前终止职务时,必须在15日内任命新的信息专员。

《获取信息法》第3条要求建立起互联网门户网站,以便于查阅信息、提交申请。法律要求设立一个信息管理机构以便于监督法律的施行,审查各机构的程序、手续并且作出合法的访问限制。各机构要对文件进行登记和存档。登记信息要包含所有的传入、输出或内部产生的文件、法律行为和合同,但它不包含记账凭证、备忘录和通知。各机构必须每六个月向信息管理机构提交报告。

五、发展现状

根据公民劳动权利保护联盟的初步调查表明,《获取信息法》中还存在一些不足,特别是缺乏法律制裁方面,法律中并不包含对阻挠信息获取权的制裁,也不包括对信息持有者和申请人或申诉人的保护。而且在实践中,申请人很难与官员进行直接接触,有很多的借口和理由来回避信息公开。即使建立起了信息专员,它的监督权力也是极为片面而有限的,并不能通过信息管理机构来有效地深入各个部门对信息公开的程度、内容、范围等具体操作细节进行监督。调查表明,许多机构有超过半数的信息是不公开的。通过书面申请信息公开获取信息公开的成功率会稍微高一些,但也很少能得到充分的回应。他们还发现,信息持有者在对待记者的态度上也存在差异:支持政府的记者将会获得信息,而反对派记者会被非法拒绝对其公开信息。①

---

① David Banisar, *Freedom of information around the world* 2006, *Privacy International*, pp. 46－47.

巴基斯坦《信息自由法》概览

一、法律概要

巴基斯坦伊斯兰共和国,简称巴基斯坦,是一个多民族的伊斯兰国家。巴基斯坦和印度原是一个国家,后沦为英国殖民地。1947 年印巴分治后宣告独立。独立后的巴基斯坦成立共和国并实行联邦议会制,还是英联邦的成员国之一。[①] 巴基斯坦的立法及法律体系均以英属印度的既有模式为范本,并且最终成为英格兰——威尔士普通法系中的一部分。当然,巴基斯坦作为伊斯兰共和国成员,其立法在很大程度上也受到伊斯兰教教法的影响。[②]

巴基斯坦建国后曾于 1956 年、1962 年和 1973 年先后颁布过三部宪法。现行《宪法》(*Constitution of Pakistan*)第 19 条规定:"巴基斯坦公民享有言论自由及出版自由的权利,但是基于保护伊斯兰教义完整性、保卫国家安全和主权完整等目的,上述自由应当受到合理限制。"此项规定虽然赋予巴基斯坦公民一定的政治自由,但是并没有直接规定其享有获取信息的自由和申请信息公开的权利。

在信息公开方面,巴基斯坦联邦信息部长曾于 2000 年 8 月公布《信息自由法》草案,该草案是在未予公布的 1997 年法案基础上修改形成的,并就信息公开设定了很多"例外情形",过度赋予政府自由裁量权,因此受到社会的激烈抨击。巴基斯坦报业编辑委员会总裁 Arif

---

① See Wikipedia:*Pakistan*,http://en.wikipedia.org/wiki/Pakistan,最后访问日期:2014 年 4 月 2 日。

② See Wikipedia:*Law of Pakistan*,http://en.wikipedia.org/wiki/Law_of_Pakistan,最后访问日期:2014 年 4 月 2 日。

Nizami 说,此草案使得原本不受欢迎的 1997 年法案更不具公允力。[①] 于是,巴基斯坦开始致力于寻求更为科学合理的立法方案。《巴基斯坦信息自由法》[②](以下简称《信息自由法》,*Freedom of Information Ordinance promulgated*)于 2002 年 10 月 27 日颁布,以保障信息公开的公正和透明。

巴基斯坦《信息自由法》分为序言和内容两部分,全文共 25 条。序言包括三段文字,依次阐明本《信息自由法》的制定目的,总统在实施本法过程中的职权,以及本法与《宪法》之间的关系。第 1 条为简明目录,主要明确了本法生效的时间以及具体的实施范围。第 2 条为概念定义,明确了诸如投诉人(complainant)、投诉(complaint)、雇员(employee)等在本法中的特殊含义。第 3 条为信息公开的原则,即信息公开申请不得被无理由拒绝。为了促进信息公开工作的开展,本条规定将以最低的收费,满足公开申请人最大限度的公开要求。第 4 条为信息记录的保存和搜索。第 5 条规定了信息公开可采用的形式,但针对的信息对象是特定的几种。第 6 条为信息记录的电子化规定。每一个信息保管机构都应当将其手中拥有的信息录入计算机,并实现信息的全国联网,以方便全国各地的申请人在提交申请之后,可以很快从行政机关了解到所涉及信息的储存情况。第 7 条为公共信息的保管声明规定。对于公共信息而言,相应保管机构应当制作保管声明,并通过公开的形式向社会发布。第 8 条是对第 7 条内容的补充,也是对上述情形的一种限制性规定,即保管声明中不应当包含涉及客户账户信息的银行信息或金融信息、与国防力量、军事设备等保护国家安全相关的信息等内容。第 9 条规定行政机关必须严格履行帮助申请人的义务。第 10 条为公共行政机关的指令行为。第 11 条规定了按受指定行政机关的工作职责。根据联邦政府的规定,接受指定的行政机关应当在实施信息公开时履行以下职责:提供符合条件的信

---

① David Banisar:*Freedom of Information and Access to Government Records Around the World*,p. 21.

② 该法律可见网站:https://en. wikipedia. org/wiki/Freedom_of_information_laws_by_country,最后访问日期:2015 年 8 月 5 日。

息或记录,或者提供该信息、记录的复印件。第12条和第13条规定了申请信息公开的基本程序,从申请人应当提交的材料到行政机关有权拒绝公开的相关信息逐一进行规定,为申请人及行政机关提供了明确可循的行为依据。第14条至第18条为信息公开的范围规定。第19条规定了巴基斯坦信息公开的主管机构——联邦督察员。第20条规定相关行政部门有权拒绝无理的或者重复提起的信息公开申请。督察员有权就申请人提出的无理请求进行撤销,如果情况严重,则可以向申请人处以一万卢比以下的罚款。第21条明确了信息公开过程中的刑事责任。规定如果有人违反法律规定,在信息公开过程中涉嫌犯罪的,相关部门可以对其处以罚款或者不超过两年的监禁。第22条为补偿条款。第23条明确了本法的效力,即实施本法的规定是不会减损其他相关法律的效力的,也不与其他法律的规定相悖。第24条为本法实施的保障性条款。第25条赋予国家立法机关以制定信息公开配套法律法规的权力。

与信息公开相关的法律还有:

(一)《最高法院1993年规则》(Supreme Court Ruled in 1993)

1993年,巴基斯坦最高法院在实践中意识到本国信息公开法律规范方面有所空缺,因此以法院指令的形式出台一项规则。本规则第19条规定巴基斯坦公民有权获取信息,但并没有对申请信息公开的方式、程序等作出进一步的规定。①

(二)《巴基斯坦信息权法案》(Pakistan Right to Information Act)

2013年6月17日,巴基斯坦共和国颁布《信息权法案》。该法案的制定目的在于为申请公共信息和官方记录的公开提供法律依据,属于《信息自由法》的下位法,指导具体工作领域的信息公开工作。②

---

① David Banisar, *Freedom of Information Around the World—A Global Survey of Access to Government Information Laws, Privacy International, 2006*, p. 118.

② See Tribune: *Pakistan Right to Information Act*, 2013, http://tribune. com. pk/story/564305/right - to - information - act - 2013/,最后访问日期:2014年4月6日。

二、信息公开的范围

巴基斯坦《信息自由法》采用排除式的立法模式，逐条列明不予公开的信息种类，从反面为信息公开工作限定了范围。本法第 14～18 条为信息公开的范围，按照总则、分则的思路划定了不予公开的信息范围。

(一)总则性规范

本法第 14 条为总则性规范，为之后的排除式列举提供依据。本条提出，公共组织等非经允许不得对外披露涉及以下内容的信息(即第 15～18 条涉及的信息)。

(二)不予公开的信息

第 15 条列举的是涉及国际关系的信息：披露之后可能给巴基斯坦对外利益造成重大损失的信息，根据法律规定不予公开。另外，前述“国际关系”指的是巴基斯坦与以下国际成员之间的关系：(1)其他独立主权国家的中央政府；(2)仅以独立主权国家为成员的国际组织。

第 16 条规定：披露之后将给法律实施造成损失的信息不予公开。在此，我们可以将损失理解为以下几种类型的不利后果：(1)导致不法行为的；(2)对于特定案件的侦破、防范、调查或询问工作造成不利影响的；(3)泄露机密信息来源的；(4)帮助逃脱合法羁押的；(5)对任何财产安全或者系统安全造成威胁的，具体包括建筑物、交通工具、电脑系统或者通信系统。

第 17 条规定：包含个人资料及隐私在内的信息不予公开。依据本条例，披露之后将对明确第三人的(包含个体组织的)隐私造成损失，而并非对申请者的隐私造成不利影响的信息不予公开。

第 18 条规定：涉及经济或金融事务的信息依法不予公开。换言之，如果相关信息的披露将造成以下影响，则不予公开：(1)对于某项经济建议、某些税金、关税、利率、税率或者其他经济管理手段的过早披露都有可能给国家经济的运行造成重大损失；(2)给任何第三人提供不合理利益的同时损害国家经济利益的，且该第三人试图成为公共组织的一员以寻求物质利益、处理财产的权利或者享受服务的权利；(3)向公共组织的竞争一方泄露相关信息，从而有可能会给该公共组织的合法经济活动造成损失。

三、信息公开的方式及程序

巴基斯坦《信息自由法》中没有大篇幅的程序性规范，对于申请人而言，本法仅为其提供行为依据，即告知申请人如何依法提交有效的公开申请。对行政机关来说，本法不仅明确了其行为模式，还限制了行政机关及其授权机构、组织的权力，体现了明显的限权色彩。

(一)信息公开的方式

《信息自由法》中并没有明确规定行政机关应当主动公开信息，但却明文规定对当事人提交公开申请的行为给予保障。该法第3条规定：相对人提出的信息公开申请不应被无理拒绝，除本法第15条规定的例外情形，任何法律法规均不得限制当事人申请信息公开的权利。由此可见，巴基斯坦虽没有说明行政机关是否应主动公开信息，但却为申请人权利提供了极大限度的保障，有利于其依法提出公开申请。

(二)信息公开的程序

1. 申请

本法第12条规定了申请信息公开的基本程序，这一程序是对申请人而言的。第一，申请的提交。巴基斯坦公民申请信息公开需要向指定的行政机关提交信息公开申请，申请中需要写明其要求并提供与该信息相关的细节内容，以便行政机关帮助其查找信息。第二，费用的缴纳。申请人需要向指定机关缴纳一定的信息公开申请费用。第三，申请的限制。在申请公开信息的过程中申请人需要注意，如果相关信息已经以出版物等公开形式向社会公布，则不能通过前述程序获取，只能通过已有的公开渠道免费或者付费获得。

2. 受理与决定

信息公开义务机关受理并作出信息公开的答复。本法第 13 条明确了行政机关的办事程序,特别就作出答复的期限进行了规定。如果保管信息的行政机关或指定机构认为相关信息可以公开,则应当在接到申请之后的 21 日内将信息提供给申请人。但是如果满足以下条件,则行政机关有权拒绝公开相关信息:(1) 申请人提交的信息公开申请不符合法律规定;(2) 申请人没有提供与信息相关的细节,或者没有按要求缴纳信息公开申请费;(3) 申请人不具备获取相关信息的法定条件等。信息公开应采用的形式:本法第 5 条规定,针对巴基斯坦立法过程中形成的法律、法规、规定、通知、年度报告等,相关管理部门均应当定期将其制作成出版物的形式,并以合理的较低廉的价格予以出售;这样可以便利申请人以简洁的方式获取相关立法信息。处理信息公开的具体机构和人员:第 10 条明确了在哪些情况下,行政机关可以行使"指定"的权力。(1) 行政机关有权指定特定的行政工作人员或者雇员,处理特定的某一项信息公开申请。(2) 在没有明确指定处理机构的情况下,则相关部门的负责人就自然成为该"指定机构",负责处理信息公开申请。(3) 第 11 条规定了受指定行政机关的工作职责。根据联邦政府的规定,接受指定的行政机关应当在实施信息公开时履行以下职责:提供符合条件的信息或记录,或者提供该信息、记录的复印件。(4) 行政机关的帮助义务。《信息自由法》第 9 条规定行政机关必须严格履行帮助申请人的义务。根据本法的规定,保管信息的政府部门或行政机关应当采用一定的措施帮助信息公开申请人,从而使其获得相关信息。

3. 救济

当申请人对行政机关作出的答复或者决定不服时,可以依据本法向有关机构申请追究责任,这些内容在下述第六部分中将会进行阐述。

(三)信息公开的费用

《信息自由法》中关于费用的规定并不十分详细,但第 12 条中提及了信息公开的费用问题,即申请人需要向指定机关缴纳一定的信息公开申请费用。然而关于如何收费、谁来收费以及收费标准的问题,本法都没有给出更进一步的规定。在本法最后一条中,以授权立法的形式对今后信息公开工作的费用问题进行展望:为了更好地贯彻实施本法相关规定,联邦政府可以通过政府公报的形式发布政令或通告,颁布具体的实施细则。实施细则文件中可以包含以下内容:进一步细化信息公开申请所需缴纳的费用,并且可以针对费用问题制定标准等。由此可见,巴基斯坦信息公开立法的过程中还是将费用问题放在了一个相对重要的位置,为其今后的完善留下广阔的空间。

四、主管机构

巴基斯坦并没有将信息委员会或者信息专员作为本国信息公开工作的主管机构,而是选择设立一个全新的部门负责日常信息公开事务——联邦督察员[Wafaqi Mohtasib(Ombusman)of Pakistan]。[①] 结合巴基斯坦的法律沿革情况来看,该制度具有伊斯兰教教法与英属印度法律的综合特点,因为其中不仅有负责联邦税务督查的工作人员,还有当地特有的 Mohtasib(源于本法第 19 条,为"监督人员"之义)作为工作人员的组成部分。《信息自由法》第 19 条明确了在巴基斯坦,管理信息公开工作以及负责处理申诉的机构主要为 Mohtasib 以及联邦税务督察员(Federal Tax Ombusman),这两个部门的配合共同推进了信息公开的有序进行。

该法第 19 条明确规定了巴基斯坦信息督察员的两项职责:第一,如果保管信息的行政机关或其授权机构没有在法定的 21 日内向申请人作

① 参见巴基斯坦联邦督察员官网:http://www. mohtasib. gov. pk/gop/index. php? q = aHR0cDovLzE5Mi4xNjguNzAuMTM2L3dhZmFxaW1vaC8%3D,最后访问日期:2014 年 4 月 22 日。

出答复，则信息公开申请人有权在30日内向信息督察员提出申诉，并且提交书面的申诉材料。注意，这30日期限的起算日期是前述21日届满的当天。第二，信息督察员负责调查信息公开工作中双方的责任和过错，并且在举行听证之后向双方传达听证处理结果。

五、争议解决

本法没有就信息公开的争议解决方式进行专门规定，但指明申请人不服行政机关不予公开决定的，可以向信息督察员提出申诉，信息督察员有责任帮助其解决问题。除此之外，本法就不再出现争议解决条款，而是有相应的责任承担条款，这在信息公开工作中起到一定的预警作用，很好地防止了行政机关滥用职权或者信息公开申请人不依法行使权利的现象。

第21条针对申请人和行政机关的具体行为，明确了信息公开过程中的刑事责任。规定如果有人违反法律规定，在信息公开过程中涉嫌犯罪的，相关部门可以对其处以罚款或者不超过两年的监禁。

第22条为补偿条款，是对行政机关及其授权机构、组织进行补偿的规定。如果申请人基于善意或者出于保护国家、社会或他人的利益申请信息公开，但却被起诉、监禁或者施以其他法律手段，申请人可以要求行政机关进行赔偿或补偿。

六、发展现状

巴基斯坦《信息自由法》在几部立法草案的基础上修订颁布，总结了多年以来的实践经验，在指导国内信息公开工作方面发挥了重要作用。下图显示了2005～2009年信息督察员在信息公开工作中的总工作量。

2005～2009 年信息督察员工作总量表①

年份	上年度剩余案件数	本年度实收案件数	不予公开的案件数	不予公开的比例	公开的案件数	调查之后不予公开的案件数				
						结案后提供救济的案件数	提供救济的案件总数	拒绝公开的案件数	所有被拒的案件总数	拒绝公开的比例
2005	8333	15,136	8867	59%	6269	——	——	1779	10,713	73%
2006	3889	11,887	8431	71%	3456	——	——	227	1734	24%
2007	5611	23,290	5472	23%	17,818	——	——	1731	13,388	57%
2008	10,154	23,332	5753	25%	17,345	9263	13,368	2713	21,368	78%
2009	6139	29,700	5666	19%	24,390	10,756	14,041	2298	20,809	68%

巴基斯坦《信息自由法》大大扩展了可公开的信息范围，公民可向行政机关申请公开的信息不仅包括一般信息，还可以涉及部分司法信息。接受信息公开申请的主体有政府部门、国务委员会、法院及其派出法庭等。②

---

① 资料来源：巴基斯坦信息督察员 2009 年年度工作报告，信息委员会官网，http://www.mohtasib.gov.pk/gop/index.php?q=aHR0cDovLzE5Mi4xNjguNzAuMTM2L3dhZmFxaW1vaC8%3D，最后访问日期：2014 年 4 月 22 日。

② David Banisar, *Freedom of Information Around the World—A Global Survey of Access to Government Information Laws*, *Privacy International*, *2006*, p. 118.

韩国《信息公开法》概览

一、法律概要

韩国现行宪法为1987年由韩国国会通过并于1988年生效的《第六共和国宪法》，设立了宪法法院并赋予其进行合宪性审查权力和独立的法律地位，但其中并没有对知情权以及以其为法律前提的信息公开作出规定。宪法法院在1989年作出的一项裁决中认定：知情权应当是一种宪法权利，"属于言论自由的一部分，有关该权利的具体立法并不是实践知情权的先决条件"。[①] 宪法法院对宪法第21条规定的"言论自由"的扩大解释肯定了知情权的宪法地位，并且为在没有成文法规定的背景下践行信息公开、保障公民知情权奠定了重要基础。

韩国的信息公开制度首先在地方公共团体实施。韩国第一个信息公开的规定是1991年清州市议会制定了《行政信息公开条例》(*Regulations on Disclosure of the Administrative Information*)，市议会通过该条例后，遭到该市市长的反对，要求议会复议。市议会以三分之二以上多数重新通过，该市市长以该条例没有法律依据、议会没权制定为由向宪法法院起诉。1992年宪法法院判决该条例合法。此后，各地方公共团体纷纷效仿，至1997年6月，韩国245个地方公共团体中有178个制定了信息公开条例。1992年总统选举之际，金泳三在选举中许诺要制定信息公开法。1994年3月2日，他以总理的身份发表《行政信息公开运营指南》(*Operation Guide on Disclosure of the Administrative Information*)，提出制定信息公开法的方针及应做的准备工作。由于该指南为指导性文件，不

---

① 康贞花："韩国《个人信息保护法》的主要特色及对中国的立法启示"，载《延边大学学报》(社会科学版)2012年第4期。

具法律效力,因此不能对公众适用,只能适用于政府机关内部的信息申请。1994 年 7 月,在总务处设立"信息公开法审议委员会",1994 年 12 月总务处主持公开讨论,在广泛吸收各方面建议和国外经验的基础上形成了"信息公开法草案"。1995 年 7 月政府公布《信息公开法草案》(*Draft Act on Disclosure of Public Information*),经公众讨论后修改。政府于 1996 年 8 月向国会提出,国会经部分修改后于 1996 年 11 月 30 日通过,12 月 31 日公布了《公共机构信息公开法》(*Act on Disclosure of Information By Public Agencies*,以下简称《信息公开法》),并于 1998 年 1 月 1 日起开始施行。至此,韩国成为世界第十二个、亚洲第一个制定并在全国实施信息公开制度的国家。随后韩国总统还颁布了《关于信息公开法的总统施行令》(*Presidential Decree of Act on Disclosure of Information By Public Agencies*)。然而,1996 年制定的《信息公开法》由于适用主体的抽象性、模糊性以及在救济制度方面存在缺陷等问题,在 2004 年 1 月 29 日经国会作了全面修改。修改以后的法律于 2004 年 7 月 30 日开始施行。[①] 该法除 2004 年全面修改外,在 2006 年与 2008 年又进行了部分修改。

韩国《信息公开法》[②]全文共分为五章 24 条以及附则。主要内容如下:

该法第一章(第 1 ~ 5 条)为一般性规定,主要就立法目的、"信息"和"公开"等含义的界定、信息公开的原则、信息公开的适用范围、公共机构的义务等作出了规定。第二章(第 6、7 条)规定了信息公开请求权主体以及不予公开的信息。第三章(第 8 ~ 14 条)主要规定了信息公开的程

---

① 韩国国家记录院(官网:http://www.archives.go.kr/)主管韩国公共机关档案管理工作,是制定档案相关政策、收集和保存重要档案文物、提供档案信息服务的档案文物管理机构。记录院还提供定期重新分类和公开秘密档案,通过国家档案门户网站阅览主要档案、网上原文等多种服务项目。转引自 http://www.qkankan.com/asi - a/korea/government/200803/794.html,最后访问日期:2014 年 4 月 10 日。

② 该法律可见网站:http://www.right2info.org/laws/constitutional - provisions - laws - and - regulations,最后访问日期:2015 年 8 月 3 日。

序,包括申请信息公开的方式、公共机构作出信息公开的决定、公共机构中信息公开审查委员会的设立、信息公开决定的通知、部分公开、直接口头申请由总统令确定、申请人的义务、信息公开费用的承担及减免等。第四章(第15～18条)主要规定了申诉程序,包括申请人和第三人的异议申请,以及行政复议和行政诉讼两种救济方式。第五章(第19～24条)为补充规定,主要包括信息公开的主管机关、公共机构主动公开信息、公共机构的准备和保障工作、特定机构对公共机构文件的查阅和审查、本法具体实施规定等。附则主要规定了该法的生效时间。

与信息公开相关的法律还有:

(一)《个人信息保护法》

经过8年多的立法历程,韩国于2011年3月29日公布了《个人信息保护法》(*Act on the Protection of Personal Information*)。该法共分为九章75条,由总则、制定个人信息保护政策、个人信息的处理、个人信息的安全管理、信息主体的权利保障、个人信息纷争调停委员会、个人信息团体诉讼、附则、罚则组成。该法扩大了个人信息保护法的适用范围;确立了个人信息保护的基本原则从而为个人信息的收集、处理、利用等提供了明确的行为模式;构建了全方位的个人信息保护体系,如建立个人信息事前预防制度(引入了个人信息影响评价制度),个人信息的事中保护制度(该法中规定,收集或利用或向第三者提供个人信息时,必须征得信息主体的同意,并且因收集或利用个人信息的目的达成不必要保留个人信息时,应及时删除),个人信息的事后救济制度(一是设立了个人信息纷争调停委员会,二是引入了个人信息泄露通知及申告制,三是设立了个人信息团体诉讼制度)。[①] 在信息公开方面,规定对于政府机构持有的个人信息,公民享有信息公开和修改的权利。行政管理和民政部负责监督本法的实施。

---

① David Banisar, *Freedom of Information Around the World* 2006—*A Global Survey of Access to Government Information Laws*, Privacy International, 2006, p. 98.

(二)《促进信息、通讯网络利用和数据保护法》

韩国于2001年通过了《促进信息、通讯网络利用和数据保护法》(*Act on Promotion of Information and Communications Network Utilization and Data Protection*),并于2005年对该法进行了修改。全文共分为九章67条,第1条规定了该法的目的,即"为了推动信息和网络通信的一体化,保护公民在使用信息、通信服务时个人信息的安全,以及建立一个安全、健康的信息和网络通信环境,从而提升公民的生活质量,提高公共福利"。第30条规定对于掌握公民个人信息的信息和通讯网络供应者,公民享有信息公开和就信息进行修改的权利。

(三)《公共机关档案管理法》

《公共机关档案管理法》(*Public Records Management Act*)于1999年制定并于2002年生效,后于2006年经过了全面修订并于2007年4月施行。该法规定了公共机关对档案记录的保存、管理和使用,还规定了大多数档案的保密期限为30年,而秘密档案必须经过审核才能解密。韩国国家记录院(National Achives of Korea)[①]在2005年1月就1998~2003年制定的所有档案公布了一份清单以推动信息公开。[②]

二、信息公开的范围

韩国《信息公开法》第7条主要就不予公开的信息进行了规定,该条第1款主要规定了不予公开的信息有:(1)根据其他法律或依据此类法律所制定的条例,该信息含有保密信息或者已被界定为不予公开的信息;(2)其公开有可能损害国家安全、国防、国家统一或者外交关系等国家重大利益的信息;(3)其公开有可能严重危及公民生命、身体、财产或其他公共安全或公共利益的信息;(4)与预防和调查犯罪、提起和进行公诉、

---

① David Banisar, *Freedom of Information Around the World 2006—A Global Survey of Access to Government Information Laws*, Privacy International, 2006, p. 98.

② 章志远:"韩国信息公开法述评——兼及对中国的立法启示",载《河南司法警官职业学院学报》2003年第6期。

执行判决、安全措施以及尚未作出判决的诉讼有关，一旦公开将严重影响职务的正常履行或者侵犯犯罪嫌疑人接受公正审判的信息；(5)与审计、监督、检查、考试、管制、合同招标、技术开发、人事管理，决定形成过程或内部评审程序有关，一旦公开会严重影响职责、研究和发展的正常运行的信息；(6)根据信息中的姓名、身份证号码等可以识别特定个人的个人信息，但是以下个人信息除外：①依法律、条例等规定允许公众查阅的信息；②由公共机构起草或者获取并向公众公布的信息；③由公共机构起草或获取、为了保护公共利益或个人权利而公开的信息；(7)有关公司、社团或者个人的商业秘密，如被公开将严重影响到相关主体正当利益的信息，但是以下信息除外：①为保护公民的生命、身体、健康免受企业经营所造成危害的影响，而需公开的信息；②为保护公民财产或正常生活不受违法、不当经营活动的侵害，而有必要公开的信息；(8)涉及房地产投机和商品统购统销的情形，如果公开有可能给特定人带来利益或者损害的信息。此外，该条第2款还规定如果第1款中的任何一项信息随着时间的推移而变得适宜公开，那么公共机构应当将其公开。

三、信息公开的方式及程序

(一)信息公开的方式

《信息公开法》第2条规定，信息公开法适用的信息主要是指公共机构在公务中制作、获取并正在管理中的文件(包括电子文书)、图片、照片、影像、磁带、灯片以及其他网络媒体里记载的事项。该条也对信息公开的具体方式做了简单规定，即申请人可以通过阅览以及获取抄本或复本的方式获得信息。该法第21条规定，公共机构应当积极、努力向公众提供没有被申请公开而公众应当知晓的信息。该法第22条规定，公共机构应当制作并公布主要文件清单，从而便于公众获知可公开的信息。

(二)信息公开的程序

《信息公开法》第三章第8~14条以及《关于信息公开法的总统施行令》(以下简称《总统令》)规定了信息公开的程序，其中主要包括信息公开的申请、受理、决定等。

1. 申请

该法就信息公开申请做出了较为具体的规定。第 6 条规定了信息公开的申请主体,包括所有本国公民和总统令规定的外国人。之后《总统令》规定允许因教育或研究而暂时居住在韩国的外国人以及在韩国有办事处的公司申请信息公开。另外在申请方式方面,《信息公开法》最初规定申请信息公开的,必须采用书面形式即申请书的形式提交申请,且申请书需载明申请人姓名、身份证号码、住址及所需信息的内容与使用目的等事项。后该法经过修改确定,信息公开申请人可以通过书面方式或口头方式向保存或管理该项信息的公共机构申请信息公开。

2. 受理

依据韩国《总统令》第 6 条第 2 款的规定,公共机构受理信息公开申请书时,应当在信息公开登记册上做记录,并向申请人发出受理通知书。但在这两种特殊情形下(一是申请人申请的为能够立即处理的或能够口头处理的信息的,二是公共机构通过邮件、传真或信息通信网络受理信息公开申请书的),公共机构可以不向申请人交付受理通知书。但是同样存在例外情形即申请人要求公共机构交付受理通知书的除外。

3. 决定

韩国公共机构可就信息公开申请作出延期处理决定、不公开决定和全部或部分公开决定。公共机构收到信息公开申请的,就负有在法定期限内做出是否公开相关信息决定的义务。《信息公开法》第 9 条中规定了公共机构的处理期限,即公共机构在收到信息公开申请之日起 15 日内作出是否进行公开的决定。同时该法还规定了处理期限的延长,即在必要情形时公共机构可适当延长 15 日的法定期限,并应将延长理由及时以书面方式通知申请人。根据《总统令》第 7 条的规定,必要情形包括:(1)因同时出现很多的信息公开申请,或申请公开的内容复杂,而难以在规定的期限内做出决定的情形;(2)因听取制作信息的公共机关意见,或听取同被公开的信息有关联的第三者的意见,以及召开信息公开审议会等事由，难以在规定的期限内做出决定的情形；(3)因由信息电子化处理机构处理的信息中同时包含可公开内容和不可公开的内容，难以在规定的期限内就是否公开部分信息做出决定的情形；(4)因自然灾害、临时性业务量的暴增等原因，难以在规定的期限内做出决定的情形等。此外，第 9 条还规定，公共机构在收到信息公开申请 30 日内不作出任何决定的，视为其作出拒绝信息公开的决定。

根据该法第 11 条的规定，公共机关如决定公开相关信息，则应及时用明示方式通知申请人信息公开的时间及地点；反之，如决定不进行信息公开，应当将其决定、拒绝公开的理由以及申请人享有的救济方式书面通知申请人。第 22 条还规定："公共机关应做好主要文件目录的制作和公布，以方便公民知晓可申请公开的信息。公共机关还应设置信息公开的场所、配置所需设备，以便信息公开的快速、良好进行。"此外，该法第 9 条中还规定，公共机关认为公开信息的全部或部分会影响到第三人利益的，应及时通知第三人。

(三)信息公开的费用

《信息公开法》对信息公开费用的规定较少，主要体现在第 10 条：申请人应当承担信息公开所产生的邮递等相关费用，但如果是为了维护和促进公共利益而必须进行的信息公开所产生的费用，应当进行减免。

四、主管机构

依据《信息公开法》第 10 条的规定，由韩国行政管理部(*Ministry of Government Administration*)负责监督该法的实施，并可就该法制定相关规范，还可检查和审核公共机构的活动。此外，韩国并没有专门的信息公开委员会，内阁立法局取消了曾经提起的"信息公开法草案"中有关建立一个独立的信息公开委员会的条款。

五、争议解决

《信息公开法》第 1 条规定"本法的目的是通过对公共机构就其掌握

和管理的信息的公开义务以及公民信息公开申请的必要事项作出规定，从而保障公民的知情权，确保公民对国家事务的参与以及国家事务的透明性”。韩国信息公开立法具有两个层次的目的：一是直接目的，即保障公民的知情权；二是最终目的，即实现公民对国家政治的积极参与和增强公共机构活动的透明化。为促进本法目的实现，韩国《信息公开法》对于信息公开的争议解决也作了较为全面和完善的规定，主要有两种争议解决方式：

1. 主要包括向原机构提出异议申请和向相关中央行政机构申请行政裁决。该法第 16 条规定，请求人在申请信息公开的过程中，如果因公共机构的决定或疏忽而使其合法权利受到侵害，在收到公共机构拒绝信息公开的决定通知或依据该法第 9 条第 4 款（即公共机构在收到信息公开 30 日内不作出任何决定的，视为其作出拒绝信息公开的决定）推定其作出拒绝信息公开的决定之日起 30 日内，可通过书面方式向原公共机构提出异议申请，公共机构在收到异议申请起 7 日内应当通过书面方式答复申请人。第 17 条规定，如果申请人的合法利益由于公共机构的决定或疏忽受到侵害，申请人可以依据行政复议法请求行政裁决，且进行行政裁决的机关不是国家或地方政府，而应当是相关的中央行政机构。申请人可以依据该法第 16 条规定请求该裁决机构在不对异议申请的程序进行审查的条件下作出行政裁决。此外，行政复议委员会成员不得在任期内或任期结束后就其因职务原因在处理信息公开复议过程中知晓的秘密信息进行公开。

2. 依据该法第 18 条的规定，申请人如果因公共机构的决定或疏忽而使其合法权利受到侵害，还可以依据《行政诉讼法》（*Administrative Procedure Law*）向法院提起行政诉讼。此外该条第 2 款及第 3 款还体现了信息公开案件诉讼程序的两大特点：一是被告负举证责任，即被告必须证明其拒绝提供信息的正当性；二是法官在认为必要时可以不公开的方式对所争议的信息进行审查。这些规定无疑都为公众知情权的实现提供了充分的外部保障。

为了体现对公民信息公开权利的全面保护,《信息公开法》除对信息公开申请人提供相关救济手段外,还在第 19 条就信息公开涉及的第三人的救济权问题作了规定。具体内容有,依据该法第 9 条第 2 款收到公共机构信息公开通知的第三人,在收到通知 3 日内,可向该公共机构申请不予信息公开。若公共机关收到申请后仍决定公开信息的,必须通过书面形式通知第三人公开的理由。第三人在收到该通知 7 日内可通过书面形式向该公共机构提出异议申请,并可申请行政裁判或提起行政诉讼。

六、发展现状

韩国信息公开制度主要有以下特点:第一,信息公开实施主体的广泛性。根据该法第 2 条的规定,负有信息公开义务的主体是“公共机构”,包括国家行政机关、地方自治团体、政府投资机关和其他总统设定的机构。除此以外,该法第 10 条及第五章“补充规则”还规定,国会、大法院、宪法法院、中央选举委员会等机关也负有公开相关信息的义务。由此观之,韩国大胆采取了“大公开”的立法模式,几乎所有的韩国公权力机关都应当依照信息公开法的规定公开其收集、掌握的信息,信息公开的实施主体极为广泛。第二,信息公开的目的性。韩国信息公开法的主要立法目的是扩大公众的政治参与度,保障公众的知情权和增强政府公共政策运行的透明度。其立法的指导思想是对公众的知情权“保障是原则、限制是例外”。除了在宏观上明确表示“保障公众的知情权”是其目的之外,还具体规定:扩大信息公开实施主体的范围,详细列举其义务和责任;严格限制不予公开的事项;具体落实公众的知情权;通过明确公共机关的法律责任和公众可采取的救济手段,全方位地保护公众知情权不受侵害。另外,由于信息公开可能与个人隐私、商业活动秘密、国家安全发生冲突,因而该法也对公众知情权的行使进行了必要的限制。[①]

---

① 常锐:“韩国政府信息公开制度对我国的启示”,载《全球视野》(理论月刊)2013 年第 2 期。

2012年8月，韩国向“开放政府合作伙伴”[①]提交了行动计划，提出“审视近年来在努力建设开放政府的过程，我们将会继续为实现开放政府以及最终发达国家的目标进行不断的努力”。“近几年，韩国政府已经将‘智慧政府’作为一项新的国家战略，以进行对信息技术的改变以及多种移动设备如智能手机、平板电脑广泛应当的适时应对。通过增强公民随时随地对公共事务决策的参与性，‘智慧政府’预计会推动政府更大程度的透明化。”韩国在该计划中作出承诺“为公民参与提供更多的机会，扩展通信渠道以反映公民的需求以及在决策过程中的创新想法。”“这不仅体现在文件提交的形式上，而且通过移动设备的应用，使得公民可随时随地进行公民参与。”这些都将促进韩国公共机构在网络上公开更多的信息，从而更好地保障公民的知情权与信息公开权，提高公民参与公共事务的能力。

---

① 2011年9月，在联合国大会上，巴西、印度尼西亚、墨西哥、挪威、菲律宾、南非、英国、美国八个国家联合签署《开放数据声明》，成立“开放政府合作伙伴”(Open Government Partnership，简称OGP)。该组织旨在推动多边协作，通过参与国家政府承诺以及利用新技术来提高各参与国家国内机构透明度，增加公民参与度、打击腐败，让政府更加开放、有效和负责任。经过两年多的发展，截至2014年2月24日，开放政府合作伙伴已由最初的8个成员国发展为63个成员国。上述内容整理于：http://en.wikipedia.org/wiki-/Open_Government_Partnership，http://intl.ce.cn/specials/zxgjzh/201402/28/t20140228_2394561.shtml，最后访问日期：2014年4月18日。

吉尔吉斯斯坦共和国《国家和地方公共机关所掌握的信息的公开法》概览

一、法律概要

吉尔吉斯斯坦在1997年首次通过了《信息公开保障与自由法》(*Law of the Kyrgyz Republic on Guarantees and Free Access to Information*)。[①] 尽管该法为信息获取权提供了一个基本框架,但它并没有对例外规则进行清晰的阐述。根据该法,官员负责对秘密进行分级,但是将该法律在民众中推广而做出的努力是非常有限的。[②] 2003年,由全民公决产生的《吉尔吉斯斯坦宪法》第16条第6款确认了对个人信息的有限获取权,除非该信息属于机密。[③]

吉尔吉斯斯坦共和国《国家和地方公共机关所掌握的信息的公开法》[④](*Law of the Kyrgyz Republic on Access to Information*,以下简称《信息公开法》)于2006年12月批准,于2007年初生效。该法是由来自媒体、商界、非政府组织和政府代表组成的专家小组起草的。[⑤]《信息公开

---

① 参见网站:http://www. legislationline. org/upload/legislations/0b/b3/71bdeda3cd18a208b73f34711206,最后访问日期:2013年11月20日。

② 参见Almaz Kalet的《通往中亚吉尔吉斯斯坦的信息之路——捍卫未来:多元文化和多语种社会的传媒(OSCE 2003)》。

③ 参见网站:http://www. legislationline. org/legislations. php? jid = 29&tid = 14,最后访问日期:2013年11月20日。

④ 该法律可参见网站:https://www. article19. org/data/files/pdfs/analysis/kyrgyzstan - foi - 06. pdf,最后访问日期:2015年8月3日。

⑤ 托比·曼德尔:《信息自由:多国法律比较》,北京大学传播与文化研究所、龚文庠等译,社会科学文献出版社2011年版,第99页。

法》在《信息公开保障与自由法》的基础上有了非常显著的改进。《信息公开法》包含非常详细的程序保障,这一保障可能源自于公众对政府贯彻法律的不信任,以及曾有过官员利用法律漏洞的事实。《信息公开法》制定了一系列关于公开会议的条文,这在其他信息权法中非常罕见。[①]

《信息公开法》全文共分为八章,有37条规定。第一章(第1~6条)阐述了立法目的、适用范围、信息公开的基本原则,明确了国家和地方公共机关的公开性、公共性和透明性,规定了不予公开的信息范围和信息的提供方式。第二章(第7~15条)阐述了口头和书面两种申请形式、内容及费用;国家和地方公共机关对书面申请的处理,包括回复期限和方式;概括说明了不予信息公开的情形。第三章(第16~21条)讲了国家和地方公共机关必须公布的信息类型,如官方活动信息、年报等,其中第20条列举了36类每年必须发布的信息,官方可以通过大众媒体公开信息。第四章(第22~25条)阐述了三种直接获取国家和地方公共机关文件和材料的途径:官方基金会,图书馆,数据库。第五章(第26~29条)内容比较有特色,阐述了国家和地方公共机关的会议公开制度,规定了向公众开放的原则、会议的通知、申请参会的具体要求以及违法参会规则的处罚措施。第六章(第30~32条)阐述了信息公开活动的组织,要求国家和地方公共机关设专门机构处理信息公开申请。第七章(第33~36条)阐述了保证本法实施的措施,内容包括国家和地方公共机关应当提供组织保障、任命信息专员、通过大众传媒向民众解释该法,公众可针对国家和地方公共机关拒绝提供信息的行为进行申诉,公共机关违背提供信息的义务应承担责任。第八章(第37条)讲了本法的生效和实施问题。

与信息公开相关的法律还有:

---

① 托比·曼德尔:《信息自由:多国法律比较》,北京大学传播与文化研究所、龚文庠等译,社会科学文献出版社2011年版,第99页。

（一）《个人数据法》

《个人数据法》（*Law of the Kyrgyz Republic on Personal Data*）于2008年2月获得通过，于2008年4月生效。该法共6章，32条。制定该法的目的包括：促使国家出台有关处理个人数据的政策；在使用个人数据的过程中保护个人权利和自由以及该数据；规范处理个人数据的过程；规定包含个人数据的文件的形成过程；规定数据当事人和信息文件持有者的权利和义务；确定国家监管的形式和采取安全措施的条件。

《个人数据法》允许当事人获取其个人数据，并要求信息持有者更新其个人数据，但有例外情形，包含国家秘密以及通过合法军事行动获取的个人数据的提供和接收受到限制。《个人数据法》明确要求由中央政府指定一个专门的国家机构来管理有关个人数据的工作，记录和登记个人数据文件和个人数据持有者。

（二）《大众传媒法》

《大众传媒法》（*Law on Mass Media of Kyrgyzstan*）共六章，31条。该法规范大众媒体组织的登记、信息获取权以及记者的权利和义务。该法规定，在吉尔吉斯斯坦共和国，大众传媒是自由的，要按照宪法行动。每个人都有机会通过大众媒体表达意见和信念。除特别法有规定以外，大众媒体有权不受限制地收集、搜索、接收、发布信息。大众媒体有责任确保其所发布的信息是真实可信的。

《大众传媒法》第3条规定以下信息不得通过大众媒体公开：包含国家或商业机密的信息；宣传战争、暴力和残忍，或向其他国家或其他人煽动民族、宗教矛盾的信息；侵犯个人尊严和荣誉的信息；虚假信息。

二、信息公开的范围

《信息公开法》第2条第1款规定，本法调整与个人和法人要求国家和地方公共机关公开其所掌握信息有关的法律关系。第2条第2款规定，所有国家和地方公共机关都有义务提供信息。这里的国家机关指的是依照宪法、其他法律以及总统法令建立的立法、行政和司法权力机关，以及贯彻上述决定的机关，由国家预算支持以及地方较小领土结构单元内的用于实现中央国家职能的机关。地方自治机关指的是当地民众为解决地方事务设立的代表人、行政管理人员和其他机构。同时，国家机关和地方自治机关还包括由国家或地方预算支持的机构，包括处理卫生、教育、信息、统计、顾问和信贷问题的机构。

对于不予公开的信息范围，《信息公开法》没有明确地规定一个全面的例外规则清单，只是援引保密法而已。[1]

《信息公开法》第 2 条第 3 款规定，本法不适用于公民向国家和地方公共机关进行建议、投诉和请愿时产生的法律关系，也不适用于国家和地方公共机关从其他国家和地方公共机关获取信息时以及吉尔吉斯斯坦共和国立法规定信息公开受到限制时产生的法律关系。

第 4 条规定：对信息公开的合法限制必须符合第 5 条的规定，必须根据第 15 条才能做出拒绝公开的决定。

第 5 条规定了两类保密信息：国家秘密和机密信息。国家秘密信息由吉尔吉斯斯坦共和国法律规定，国家机密信息又可分为官方机密信息和私人机密信息。其中，官方机密信息指的是旨在保护公共机关工作的技术组织规则和不公开的听证会及分会具体信息，包括官员的立场以及投票情况；私人机密信息指的是吉尔吉斯斯坦共和国法律规定的有关隐私、商业利益、职业机密或其他秘密信息。

第 15 条在援用保密法的基础上规定了不予公开的情形，包括：根据吉尔吉斯斯坦共和国法律和本法对信息的分类，申请公开的信息包含在限制公开的信息中；申请不符合本法第 8 条有关口头申请的规定；同一机关已经在处理由同一个人就同一主题提出的申请，或是根据本法，公共机关没有掌握也没有义务掌握相关文件。同时，如果在之前 3 个月收到过同样的申请，公共机关也有权拒绝该申请。

---

① 托比·曼德尔：《信息自由：多国法律比较》，北京大学传播与文化研究所、龚文库等译，社会科学文献出版社 2011 年版，第 100 页。

三、信息公开的方式及程序

(一)信息公开的方式

《信息公开法》第6条规定了五种国家机关和地方自治机关提供信息的途径,包括通过出版物公开、依申请人要求提供信息、公布公共机关活动的信息、提供直接获取公共机关文件和材料的途径、提供直接参加公共机关公开会议的途径。根据这一规定,信息公开的方式可分为主动公开和依申请公开。

1. 主动公开

《信息公开法》第三章对公布公共机关活动的信息进行了全面而详细的规定。第16条和第17条明确了必须公布的信息类型,包括法律、有关当前决策和官方活动的信息、公共机关年报、负责人的就职和离职信息、预算的通过、价格和税率的改变、公共财产管理相关的法律行为、外国人所拥有的土地或房屋的分配、国际条约的签订和解决灾难的措施。[①]第18条要求总统发布年度国情咨文,宪法法院法官以及申诉专员发布报告,公共机关发布关于政治、经济、文化的报告,内容包括预算的支出情况、税收的来源和数量、不同行业产量和消费量、内部和外部投资规模、打击犯罪情况、公众健康情况、人口迁移、生态环境以及其他重要方面的主要统计数据。

《信息公开法》第19条和第21条规定了公共机关需要就其活动向大众传媒提供信息的义务,要求公共机关通过大众传媒及散发手册等形式发布包括对其职能概述的材料。此外,第20条还列出了一个公共机关每年必须发布的36类信息的清单,具体包括:(1)其职能、任务、权力、责任和预算;(2)服务内容列表;(3)申请和投诉的要求及样本;(4)处理材料的程序,正在处理的信息的类型和形式,信息的分类和回复申请的准备程

---

① 托比·曼德尔:《信息自由:多国法律比较》,北京大学传播与文化研究所、龚文库等译,社会科学文献出版社2011年版,第103页。

序;(5)机构的描述、负责人的职责以及决定的程序;(6)包含职能介绍的手册和规则;(7)个人和组织表达意见或影响机关履行职权的机制和程序;(8)决定和所采取的措施;(9)通用信息系统的列表,包括数据库、登记册;(10)负责人或代表团公务访问的信息;(11)会议、情况通报会等活动信息;(12)决定的内容;(13)政策计划;(14)负责人和代表人的情况介绍和正式地址;(15)项目工程信息;(16)项目进度,包括目标、主要任务、合作伙伴、期限、预期成果和资金使用情况;(17)预算使用情况;(18)外国技术援助基金使用情况;(19)活动分析报告,工作报告;(20)主要指标信息;(21)发展预测;(22)统计信息;(23)公开的比赛、拍卖、招标等其他活动的信息,包括操作规则、组织人员、会议报告和申诉的要求;(24)投诉的形式;(25)检查情况;(26)国防军队,安全保卫措施,紧急情况预警机制;(27)与个人或法人签订的民事协议;(28)公务员录取机制,包括空缺职位列表、职位要求、录取条件和结果;(29)机关、工会、政党、国际组织等组织之间交流的信息;(30)国家机关的负责人,组织机构,外国分支机构,地方机构和下级组织的信息;(31)机关的组织结构、任务职能、邮寄地址、服务电话、电子邮箱、工作人员的数量和资金信息;(32)下属机构的信息,包括地址、电话、职能描述、组织结构、预算、工作人员的数量、主要活动情况和资金信息;(33)电话、地址、电子邮箱,以及处理申请的分支机构的信息;(34)公共机关海外办事处信息,包括电话、地址和电子邮箱;(35)参与的国际组织的列表;(36)加入的国际条约以及国际合作项目的信息。

《信息公开法》第四章规定了三种直接获取公共机关文件和材料的途径:官方基金会,图书馆,数据库。第 23 条至第 25 条对这三种渠道进行了细化。第 23 条规定了通过官方基金会提供信息及相关规则的内容,包括诸如建立特别区域供个人研究文件之用,要及时公布信息等。第 24 条规定公共机关应当发送报告、材料、手册和其他官方信息给图书馆。第 25 条要求公共机关开发电子信息数据库,数据库要包括完整的现行的法律,这类电子数据库将是免费使用的。

2. 依申请公开

《信息公开法》第二章对依口头或书面申请进行信息公开进行了规定。其中,第7条明确了申请的形式包括口头、书面和电话方式,第8条规定了对口头申请的回复,第9条对书面方式进行了更详细的说明,第10条和第11条规定了对书面申请的回复,第12条规定了申请的转交,第14条规定了回复的形式。

(二)信息公开的程序

1. 申请

《信息公开法》第7条第1款规定,信息公开申请可以以口头、电话或者书面方式提出,其中书面申请应当由申请人亲自递交,或通过邮寄、快递或通过电子通信渠道提交。

第9条对书面方式进行了更为清晰的规定,书面申请必须包括:国家机关的名称和(或)公共机关中接受申请的官员的姓氏;申请人的姓名、出生日期、居住地,法人的全名、管理机构所在地、登记信息、申请人的姓氏和职位;申请的主题,以便于识别所申请的信息。在提出申请时,申请人无义务说明动机。申请人有权要求获取联系电话和其他有助于执行申请的信息。如果上述信息不清晰,则接受申请的官员应负责通过联系申请者或者其他方式来正确理解该申请。公共机关所在地及邮局必须提供申请表格,而且该表格下方应解释如何填写该表格以及申请程序和收费情况。

2. 决定

根据口头申请和书面申请的不同,回复也分为两种。《信息公开法》第8条规定了对口头申请的回复,形式上要以口头的方式对通过口头或电话提出的申请进行回复。如果口头回复无法满足申请人的要求,申请人应被告知如何提出书面申请以及其他根据该法获取信息的途径。每一个口头申请必须和有关申请人以及对该申请做出回应的官员一起记录在案,记录的形式和顺序由吉尔吉斯斯坦共和国规定。第10条是回复书面请求的条款。要求公共机关应在两周内回复书面申请，期限从公共机关收到书面请求时起，至回复被寄出、到达申请者本人或他的信使或代表或他的邮箱。如果申请依照本法规定需要转到其他公共机关，期限则从其他公共机关收到申请时起开始计算。如果申请在两周内没有得到回复，申请人应当被通知延期的原因。延长的期限不能超过两周。未能及时对申请作出回复的，应当认为是拒绝该申请。

第 11 条第 1 款规定，书面申请必须在接受申请的公共机关登记，必须记录收到申请的日期、关于申请者的信息、申请主题的一个简短陈述、接受申请的官员的姓名及其职位、拒绝提供信息的理由、收取的任何费用、关于转发申请的所有信息、回复申请人的日期以及描述准备回复的主要阶段的信息。第 11 条第 3 款规定，回应申请的信息应当完整，使申请者无需提出重复申请。第 11 条第 4 款规定，回复必须包含以下内容：处理该申请的官员的姓名和职位，对申请主题的简单描述，所提供文件的一份清单，回复日期以及处理该申请的官员的签名，消耗品费用和信息服务的价格列表以及该地区主要处理有关人权、提供图书馆服务和提供信息的公共机关的的名字及联系方式。

《信息公开法》第 12 条规定，当公共机关并未持有被申请的信息时，该机构必须及时通知申请者，而如果其他公共机关确实持有该信息，应将该申请转发至该公共机关。如果信息已经被公开，处理申请的官员必须向申请人说明该信息的位置。

第 14 条规定，要求公共机关在技术允许的条件下，回复的形式应当与递交该申请的形式一致，电子回复可以附件或标明该回复的网络地址形式完成。如果申请是用传真方式发送，在传真回复可能的情况下，以同样的方式加以回复。第 7 条第 3 款规定，如果由公共机关掌握的文件存在多种语言，则应该提供申请人所希望获得的语言版本。

第 15 条第 3 款规定，如果拒绝提供被申请的信息，该回复也必须包含该决定的依据以及如何进行申诉的信息。第 4 条第 4 款规定，任何拒绝提供信息的决定依据本身必须是公开的。[①]

(三)信息公开的费用

根据《信息公开法》第13条的规定,对于申请的回复一般是免费的,但申请人应当负担所有的邮递费用。同时,根据吉尔吉斯斯坦共和国政府价格表,申请复印量超过5页时,可以征收不超过实际成本的复印费。对于穷人,国家机关和地方自治机关可以免收费用。

四、主管机构

《信息公开法》第六章第30条规定公共机关须授权专门机构处理有关信息公开的事项。国家机关应当在现有的法律体系基础上建立信息公开的程序,在所建立程序的基础上,相关机构要承担信息公开的职能,或者授权其他部门及下属机构,由他们进行信息公开。公共机关依据本法制定实施细则,这种细则应当包括名称、职责、有义务提供信息的官员、信息的分类、提供的服务的类别(包括访问自动化信息系统)以及提供这些服务的费用。

第31条要求公共机关将自动化信息系统连入公共信息网络,在官方服务器储存信息,不限制公民和组织访问。在公民可以容易进入的区域设立的用户站,如国家机构大楼、图书馆、邮局等,连入公共信息网络。建立电子邮件来接受和回复电子申请。要确保信息完整、真实、可信。公共机关有义务说明文件是通过电脑创建的,并发送所有关于该文件的资料。提供电子版文件时,应当通过电子签名等其他法律规定的方式确认文件的可信度。

第32条规定公共机关的职责包括:提供为了实现信息公开所需的技术、组织和其他条件;在指定时间内保管官方文件,文件包含根据本法要提供的信息;保证公开信息的可信度和完整度;根据法律规定发布官方文

① 托比·曼德尔:《信息自由:多国法律比较》,北京大学传播与文化研究所、龚文庠等译,社会科学文献出版社2011年版,第107页。

件;7 日内更正不准确的信息;建立一个必须注意的官方文件的列表,包括姓名、生效日期、编号和其他发布有关的信息。

第 33 条规定公共机关在其内部建立分支机构,任命信息专员,负责提供信息。同时,公共机关通过电话免费公开信息,包括信息公开申请的说明、雇员的工作制度。

第 34 条规定公共机关应当通过大众传媒向民众解释该法,关于实施本法的报告应当在大众媒体上公布。

五、会议公开制度

《信息公开法》第五章专章建立了一套公共会议列席制度,在其他国家信息公开法律制度中并不多见。[①] 该法第 26 条规定了基本原则:公共机关的会议(sessions)对公众开放,个人可以申请参加,全封闭的会议除外。同时根据第 5 条规定的例外原则,涉及限制公开的信息的会议不得开放。第 27 条规定了对会议的通知,要求媒体应该按月公布会议的计划、会议的议程、日期、时间、地点以及是否对公众开放,不开放的要说明理由,并且至少在开会之前一周通知开会地点。

第 28 条明确了申请参会的具体要求。公民、法人代表有权出席公共机关的会议。公共机关应记录申请参加会议的公民和法人代表,记录的内容包括公民的姓名、法人代表的姓名和工作职位,公民和法人代表依据该记录和身份证明参加分会。会场应当预留公众坐席。根据记录确定公众坐席的数量,对普通机构而言至少应留有 5 个公众座席,而代表机构(如被选举出来的机构)至少要留有 10 个。在申请数量超过实际空间时,应当适用优先原则:(1)与该机关的会议决定有更密切联系的公民优先;(2)之前没有参加过该机关会议的公民或参加次数较少的公民优先;(3)登记较早的公民优先。公共机关可以通过传输电视信号公开会议。

---

① 有些国家制定法律规定公开会议,美国政府的阳光法案 U. S. C. 552b 就是一个例子。参见网站:http://www.usdoj.gov/oip/gisastat,最后访问日期:2013 年 11 月 20 日。

第29条规定了参会者要遵守的与会规则。公共机关的规章应当明确参与公众的最大人数。如果违反了参会规则,会议主席有权训斥违反者,若出现第二次违反,主席有权将他请出会场。参会者在不干扰会议的前提下可以做记录并进行录音和录像。

六、争议解决

《信息公开法》简单提及了申诉。第35条规定,任何拒绝提供信息的行为或任何违背法律规定的行为都可以按照现有的法律向上级官员提出申诉,也可以向申诉专员或者法院提出申诉。[①]

《信息公开法》规定向申诉专员提出申诉的权利是有益的。作为行政复议的一种形式,申诉花费低廉、易行而且快捷。同时,在大多数情况下,申诉专员的权力是受到限制的,具体而言,他们不能命令相关机构发布信息而只是有权提出建议。[②]

七、发展现状

独立人权组织对《信息公开法》的测试表明在贯彻该法中有得有失。在2005年6月至2007年9月不同公共机关收到的65例信息申请中,只有40%的申请得到了及时的处理,另外的14%是在规定时间范围之外被满足的。约23%的申请被拒绝,而25%的申请根本没有得到回复。公共机关有时只在提起法律申诉之后才提供被申请的信息。但是,法院看起来很少对那些申请信息采取补救措施,而是经常以该信息和申请人的法律利益无关而拒绝受理申诉,这是和《信息公开法》第9条相悖的。[③]

开放社会研究所和社会活动家以及非营利组织在吉尔吉斯斯坦、阿

① 托比·曼德尔:《信息自由:多国法律比较》,北京大学传播与文化研究所、龚文庠等译,社会科学文献出版社2011年版,第106页。

② 托比·曼德尔:《信息自由:多国法律比较》,北京大学传播与文化研究所、龚文庠等译,社会科学文献出版社2011年版,第106页。

③ Maria Lisitsyna 于2007年11月4日提供的材料。根据 Nurbek Toktakunov 所作 IHRG study。

塞拜疆、格鲁吉亚和乌克兰四个国家开展的一项研究显示,2009～2010年提交获取信息申请的主要是记者、非营利组织和民众,他们要求获取的通常是文件、程序规定和数据。在格鲁吉亚,有80%的申请得到了回复,在乌克兰,只有38%的申请得到回复。在格鲁吉亚和阿塞拜疆,完整回复的数量是最多的,而在乌克兰,在151个申请中只有38个能够得到完整的回复。格鲁吉亚是回复最及时的国家。①

《信息公开法》存在很多不足,主要体现在第5条例外原则的内容仅仅是援用现有的保密法。② 这样的规定是不合理的。为了维护国家的安全和利益,保密法往往会规定一系列不予公开的信息,这与《信息公开法》所倡导的国家机构和地方性自治机构的活动应当开放、透明、公开是相冲突的。同时对国家秘密和机密信息的模糊界定很容易导致滥用。此外,《信息公开法》在关于申诉的规定上缺乏对于善意公开的保护,体现在没有订立条文保护因贯彻本法或揭发弊端而善意披露信息的行为(揭发者),同时其推广措施也不得力。③

根据开放社会研究所援助基金会的研究报告,吉尔吉斯斯坦在《信息公开法》实施的过程中遇到的主要问题有以下方面:④

第一,民众法律意识普遍不高,没有认识到可以通过《信息公开法》获取信息以及对政府的拒绝决定提出申诉。自《信息公开法》颁布3年以来,吉尔吉斯斯坦全国范围内并没有很多关于信息公开的案例。

第二,拒绝公开的理由只是简单的说明涉及国家秘密,而从来不说明要求公开的信息如何影响受法律保护的利益。国家机关以公共利益为

---

① 参见网站:http://www.freedominfo.org/2010/12/awareness-of-kyrgyzstan-access-law-low-study-finds/,最后访问日期:2013年11月20日。

② 托比·曼德尔:《信息自由:多国法律比较》,北京大学传播与文化研究所、龚文庠等译,社会科学文献出版社2011年版,第106页。

③ 托比·曼德尔:《信息自由:多国法律比较》,北京大学传播与文化研究所、龚文庠等译,社会科学文献出版社2011年版,第106页。

④ 参见网站:http://www.freedominfo.org/2010/12/awareness-of-kyrgyzstan-access-law-low-study-finds/,最后访问日期:2013年11月20日。

由,对本应公开的信息不予公开,如被拘留人的饮食开销。

第三,政府没有按照《信息公开法》的要求积极促进它的实施,同时,由于案件的司法实践不足,法官也不了解如何依据《信息公开法》判决。

针对以上问题,社会活动家建议:要开展更多针对民众关于如何获取信息的培训,对官员要开展关于如何处理申请的培训,政府也应当按照《信息公开法》主动公布信息,对不予公开的信息范围也应当更明确。[①]

---

① 参见网站:http://www.freedominfo.org/2010/12/awareness-of-kyrgyzstan-access-law-low-study-finds/,最后访问日期:2013 年 11 月 20 日。

日本《行政机关信息公开法》概览

一、法律概要

在日本,制定信息公开法的提议最初是由学者们于1972年在法律时报杂志社主办的一个座谈会上提出的。后来,由于一系列政府丑闻的曝光,尤其是1976年田中角荣也被卷入的洛克希德事件,国民的注意力被集中在政府信息的不透明上,从而开始极大地表现出对政府不公开信息的不满和对政府的不信任。[①] 1979年9月,作为民间团体社团法人的自由人权协会发表了《信息公开法纲要》。1980年3月,以该协会为首的日本消费者联盟、妇女联合会、研究者等发起了“要求制定信息公开法市民运动”。该运动在分析全国各地信息非公开案例的基础上,于1981年1月发表了“信息公开权利宣言”,要求建立具体保障知情权的制度,并提出“信息公开八原则”。其后,人权协会也公开发表了“信息公开典型条例草案”和“信息公开法典型草案”,以支持市民运动。[②] 1982年3月,山形县金山町制定了全国首部信息公开条例,同年神奈川县制定了全国都道府县级第一部信息公开条例;其后,受这两个条例等的影响,各地方自治体纷纷制定自己的信息公开条例。

在全国首部信息公开条例制定17年后,日本终于在1999年5月制定了《行政机关信息公开法》[③](*Law Concerning Access to Information Held by Administrative Organs*)。根据该法第1条,政府信息公开请求权

---

① 石龙潭:“日本的信息公开制度:回顾、现状与展望”,载《宪政与行政法治评论》2012年第1期。

② 吴微:“日本《信息公开法》的制定及其特色”,载《行政法学研究》2000年第3期。

③ 该法律参见网站:http://www.isc.meiji.ac.jp/~sumwel_h/doc/codeJ/pubdata_dc.htm,最后访问日期:2015年8月24日。

来源于宪法上的国民主权原则，该法的目的在于提高行政运营的公开性和确保行政机关（对主权者国民）履行说明责任与义务，确保行政的公开和公正。该法共分为四章，共有44条及一个附加规定。第一章（第1、2条）为总则，是一般规定。第1条为立法目的，即尽可能更大程度地将行政机关的信息予以公开，从而使行政机关更好地对公民负责。第2条对相关立法概念进行了界定，如行政机构、法人文件等。第二章（第3～17条）为行政信息的公开。公民有权要求行政机构公开其所持有的行政文件信息。公民应向行政机关提供具体的申请，一旦发现申请文件存在瑕疵，应该及时予以补正。行政机构有公开行政文件信息的义务和责任，但是六类文件信息豁免公开，同时对部分公开的信息进行了详细的规定。行政机构对信息或者部分信息予以公开时，应该告知申请人。法律明确规定了决定公开的时间限制，但特殊情况可以延长该期限。最后还规定了申请的转移，涉及第三人利益的信息、第三人的权利、信息公开的具体实施、费用等问题。第三章（第18～36条）为上诉等问题。在该章总共分为两个部分。第一部分为咨询、参照。对于拒绝申请的决定，在该决定是不合法的等两种情况下可以向信息公开审查会进行查询，行政机关应该将咨询向包括申请者、第三人、调停者进行公告。同时该部分还规定了对第三人拒绝的程序问题。第二部分为诉讼管辖权的例外等。第四章（第37～44条）为补充规定。行政机构提供信息应该是及时的、易懂的。行政机构还应该主动公开诸如审计和财政等基本信息。同时，行政机关应不断提高其信息公开的能力。行政机关应该妥善保管行政文件。为了能够使申请者准确便利地申请到信息，行政机关应该将各文件具体化，为申请提供便利。同时为了使申请顺利进行，行政机关可以设置咨询机构。附件部分是对生效日期、核实、法律修改、过渡规定等问题的规定。与信息公开相关的法律还有《独立行政法人等信息公开法》（*Law Concerning Access to Information Held by Independent Administrative Entities*），该法于2001年11月制定，于2002年10月实施。所谓的“独立行政法人等”包含两大部分即《独立行政法人通则法》（2001年1月实施）第2条第1款规定的“独立行政法人”和《独立行政法人等信息公开法》第 1 附表中所列举的法人。前者一般是指从保障国民生活以及社会经济安定的角度出发,对于在那些确实有必要实施而国家却没有必要亲自成为主体直接参与的事务或事业中,如果完全推给民间的话有可能得不到实施或者有必要交由一个主体允许其进行垄断性经营的事务或事业,为了高效且有成果地实施这些事务或事业而根据通则法以及个别法的规定设立的法人(截止到 2010 年 4 月共有 104 个)。后者即“等”中包括“日本司法援助中心”、国立大学法人以及部分特殊法人和认可法人等。也就是说,《独立行政法人等信息公开法》对包含在“等”中的法人采取了列举主义,而对“独立行政法人”则采取了依据《独立行政法人通则法》的态度。

该法主要针对那些虽然在形式上与国家分离且具有独立法人资格,但从其实质来看乃政府的组成部分的“独立行政法人”,在主权者国民面前与国家行政机关一样负有说明责任与义务(accountability),对其信息公开也同样有必要加以立法。该法的结构与《行政机关信息公开法》相似,主要有:第一章(第 1 ~ 2 条)“总则”规定该法的目的和一些相关定义。第二章(第 3 ~ 17 条)“法人文书的公开”为该法的核心部分,主要规定了公开请求权、公开请求的程序、法人文书的公开义务、部分公开、基于公益理由的裁量性公开、有关法人文书是否存在的信息、对公开请求采取的措施、公开决定等的期限及其特例、案件移送、给予第三者提出意见书的机会、公开的实施及手续费等。第三章(第 18 ~ 21 条)“行政复议等”将独立行政法人等作出的有关信息公开等的决定视为行政处分,并以此为前提规定对公开决定等或是与公开请求有关的不作为有不服者,可以依照《行政不服审查法》(*Administrative Complaint Investigation Law*)的有关规定提起行政复议。而行政复议一旦被依法提起,与国家行政机关一样,原则上必须征询设置于内阁府的信息公开审查会的意见。第四章(第 22 条)“信息提供”规定独立行政法人等必须适时地并以国民容易利用的方式积极地提供信息。第五章(第 23 ~ 25 条)“补充规则”规定为方便公开请求者提供必要的信息和便利、该法实施状况的公布及对政令的委任等。最后“附则”规定了该法的实施日期等。

尽管该法在理念与内容设计等方面均与《行政机关信息公开法》相似，但两法之间仍有所不同。

1. 与在实质上只是把客观信息公开请求制度法制化了的《行政机关信息公开法》不同。该法明确地把信息公开请求制度和信息提供制度定位为车之两轮，并为信息提供单独设立了一章即第四章，明确规定独立行政法人等对以下信息负有公布义务：(1)独立行政法人等拥有的有关该法人等的组织、业务以及财务的基本信息；(2)有关独立行政法人等的组织、业务以及财务的评价和监察的信息；(3)有关与独立行政法人等出资或筹资相关的法人等的基本信息。与此同时，为加深国民的理解，还要求独立行政法人等就其拥有的其他各种法人信息采取切实有效的措施。

2. 与规定任何人都可以向行政机关首长请求公开的《行政机关信息公开法》不同，该法规定任何人都可以向独立行政法人等本身而不是独立行政法人等之长提出法人文书的公开请求。

3. 在公开对象文书上，该法并非将独立行政法人等拥有的所有文书都列为对象，而是采取了区别对待的态度。例如该法中“关西国际机场股份公司”也是对象法人，但是考虑到该法人在机场经营等方面是按照与盈利企业相同的原理运作的，于是特别规定当有关机场运营的文件和机场建设的文件可以明确区分时，为保护该法人的正当权益，有关机场运营的文件不在信息公开请求对象之列。也就是说，该法既考虑到了对主权者国民必须履行的说明责任与义务，又兼顾了独立行政法人等自身的利益。

4. 提起行政复议时，由于独立行政法人等没有所谓的上级机关，所以只能对其本身提起。

二、信息公开的范围

该法第 5 条规定，如果申请人申请公开的信息包含如下内容，被申请的行政机关信息不予公开：

1. 有关个人的信息：载有个人的姓名、出生日期，据此信息能识别出该特定个人；或结合其他信息能识别出该个人；或虽不能识别出该个人，但对该信息的公开可能损害其个人利益的信息（但是上述信息不包括：依法或依惯例已经公开或应当公开的信息；为保护公民的生命、健康、生活、财产而有必要公开的信息；该个人属于行政机关的行政人员，其履行职责所需的信息）。

2. 有关法人或其他团体的信息：该信息涉及法人或其他团体（国家行政机关、地方行政机关以及地方公共团体除外），其公开可能对法人或其他个人的权利、正当竞争及其他正当利益造成损害；行政机关以不予公开为条件取得的信息；按照惯例或当时的情况不应公开或不宜公开的信息（为保护公民的生命、健康、生活、财产而有必要公开的信息除外）。

3. 内部审议信息：与国家机关、政府企事业法人、地方公共实体或地方政府企事业法人内部或之间的审议、审核或协商有关的信息，对该信息的公开将可能不公正地阻碍坦率的意见交换或决策的中立性、造成混乱或者对特定个人带来不当优势或劣势。

4. 行政机关的事业事务信息：涉及国家机关、政府企事业法人、地方公共团体或地方政府企事业法人进行的事务或业务的信息，如果公开，可能对事务或业务的进行产生如下妨碍：可能危害国家安全，破坏与其他国家或国际组织的信任关系，或造成与其他国家或国际组织的谈判中处于不利地位；妨碍犯罪预防、抑制或侦查，妨碍公共起诉、判刑的执行以及其他公众安全和公共秩序维护事宜；妨碍审计、检查、监督和检测过程中事实掌握准确性或催生非法或不正当的行为或难以发现的此类行为；有关协议、谈判或行政复议和行政诉讼事务中，对政党立场、国家或独立行政法人或地方公共团体的财产权益产生不当损害；调查研究的事务中公正与高效执行将被不公平地阻碍；人事管理事务中阻碍人力事务公正与顺利进行；在由国家机关、国家级企事业单位、地方公共实体或地方政府企事业法人管理的企业事务中，企业经营管理所产生的合法权益将会受到损害。

三、信息公开的方式及程序

该法第 3 条规定,任何人都可以向行政机关首长请求公开信息,而且不问请求理由与目的。这就意味着具有信息请求权者不仅限于日本国民,外国人也可以提出公开请求。此外,“任何人”的概念作为主体来说,不仅限于自然人,也包括法人。而且,不具有法人资格的团体有当事人能力的,也可以成为请求公开的主体。[①]

该法第 4 条规定,信息公开申请应该包括如下内容用以确定被申请信息:(1)申请人的姓名及通讯地址;(2)被申请信息的标题及其他特征。如果被申请行政机关认为申请人所提交的申请不符合形式要求,则须告知申请人在一定期限内予以补正,并告知补正方式。

该法第 6 条规定,被请求公开的行政文件中记录有不公开信息时,记录有该不公开信息的部分容易被区分和除去的,行政机关的首长应将已除去该部分内容后的其他部分向请求人公开。但是,除去该部分内容后的其他部分中未记录有意义的信息的,不受此限制。被请求公开的行政文件中记录有上述所规定的信息(只限于可以识别特定个人的信息)时,该信息除去姓名、生日及其他可以识别特定个人的内容等部分后,即使被公开也不可能侵害个人的权利利益的,除去该部分内容后的其他部分被视为不属于上述规定的信息,适用前款规定。

该法第 7 条规定,请求公开的信息包含非公开信息的,若该信息的公开存在特定公共利益之必要,被申请的行政机关首长可向申请人公开该信息。

该法第 8 条规定,当行政机关向请求者表明某行政文书是否存在即可构成泄密时,行政机关有权对该文书的存在与否不予确认,从而拒绝公开该信息的请求。

---

① 吴微:“日本《信息公开法》的制定及其特色”,载《行政法学研究》2000 年第 3 期。

该法第9～11条规定,行政机关的首长决定全部公开或者部分公开被请求公开的行政文件的,应作出公开决定,并以书面的方式将决定内容以及由政令规定的实施公开的事项通知公开请求人。行政机关的首长决定全部不公开被请求公开的行政文件的(包括前条所规定的拒绝公开请求时以及不拥有公开请求的行政文件时),应作出不公开决定,并以书面的方式将决定内容通知公开请求人。前条各款规定的决定应自公开请求之日起30日之内作出。但依第4条第2款规定要求补正的,该补正所需日期数不计算在该期限内。有事务处理方面的困难及其他正当的理由,行政机关的首长可不受前款限制将该款规定的期限延长30日。行政机关的首长应及时以书面方式将延长后的期限和延长的理由通知公开请求人。因被请求公开的行政文件极其大量,自公开请求之日起60日以内对全部事项作出公开等决定可能严重妨碍事务处理的,行政机关的首长可不受前条规定的限制,对被请求公开的行政文件中的一定部分作出在该期限内公开等决定,对其余部分的行政文件在相当的期限之内作出公开等决定。届时,行政机关的首长应在该条第1款规定的期限以内,以书面方式通知公开申请人下列事项:(1)适用本条的内容和理由;(2)对其余部分的行政文件作出公开等决定的期限。

该法第12条规定,被申请公开的信息是由其他行政机关制作的,且有正当理由要求其他行政机关的首长作出是否准予公开决定的,行政机关的首长在与该其他行政机关的首长协商的基础上,可以将申请移送该行政机关的首长。作出移送的行政机关的首长应就申请已移送的事项以书面方式通知公开请求人。此时,接受移送的行政机关的首长应就该公开请求作出是否准予公开等决定。作出移送的行政机关的首长在移送之前的行为视为接受移送的行政机关的首长的行为。依前项规定接受移送的行政机关的首长作出第9条第1款规定的决定时,该行政机关的首长有义务实施公开决定。作出移送决定的行政机关的首长应协助实施该公开决定。

该法第13条规定,在下列情况下,行政机关应将公开申请提交行政机关首长审议并将提交审议的决定书送达申请人:行政机关认为所申请公开的信息会妨碍国家安全、损害与其他国家或国际组织的互信关系,或可能造成谈判劣势;公开后可能妨碍对犯罪的预防和镇压,妨碍对搜查、公诉与刑罚的实施,以及其他可能妨碍公共安全和公共秩序的信息;其他有正当理由需提交行政机关首长审议决定的信息。

该法第 14 条规定,如果被申请公开的个人信息出现如下情况,行政机关在作出公开决定前应将该信息与内阁法令规定的其他内容以及提出书面意见的权利告知该利害关系人,但无法告知的除外:涉及利害关系人的被申请信息与公民的生命、健康、生活、财产有关;涉及利害关系人的被申请信息的公开对保护公共利益是必要的。如果利害关系人提交书面意见对相关信息的公开表示反对,但行政机关仍然作出公开决定,则该行政机关应在公开决定作出后立即将决定的理由和公开的日期书面告知利害关系人。上述信息在公开决定作出两周后才可以公开。

该法第 15 条规定,依据公开决定或者内阁命令有权获得所申请信息的申请人,应该在 30 日内向作出行政决定的行政机关提交申请,有正当理由无法在此期间内申请的除外。已经根据行政机关的公开决定获得所申请信息的申请人,在第一次获取信息之日起 30 日内可以再次向该行政机关申请获取该信息。信息可以多种方式公开,可以自行查阅、要求提供复件,对电磁记录由行政机关按照其分类和发展状况决定公开方式。如果行政机关首长认为行政文件的公开方法可能影响该行政文件的保存或者有其他正当理由的,可以以复印件的方式公开。行政机关应该依据本法确定公开电磁记录的方式,并确保该方式能够有效公开信息。

该法第 17 条规定,申请人对其信息公开的申请以及根据行政机关的决定获得所申请的信息应该分别缴纳费用。该费用数额由行政机关在实际支出的数额范围内决定。行政机关的首长确认具有经济上的困难或其他特别的理由时,可以依据规定减少或免除上述手续费。行政机关应该将收费的相关规定向社会公布。

四、主管机构

该法第21~26条规定,为调查审议第18条规定的咨询程序中的复议申请,在总理府中设置信息公开审查会(*Information Disclosure Review Board*)。

信息公开审查会由9名委员组成。委员为非专职人员,但其中可有3名为专职人员。委员从具有优越见识的人员中产生,经两议院批准后由内阁总理大臣任命。委员任期届满或出现空缺的,因国会闭会或众议院解散不能获得两议院批准时,首相可以不受上述规定的限制,从具有上述规定资格的人员中任命委员。根据上述规定任命的委员,应在任命后召开的国会中获得两议院的事后承认。未获得两议院事后承认时,首相应即刻罢免该委员。委员的任期为3年。但填补空缺的委员的任期为前任者的剩余期间。委员可以连任,任期届满的,该委员应继续履行职务至下一任被任命时止。首相认为委员因身心障碍难以履行职务时,或认为委员违反职务上的义务以及存在其他不适合委员身份的不正当行为时,经两议院批准,可罢免该委员。委员在任时以及卸任后都不得泄露因职务活动所知道的秘密。

该法第44条规定,对违反上述规定而泄露秘密者,处1年以下有期徒刑或30万日元以下的罚金。委员在任期间不得担任政党及其他政治团体的职务,或积极参与政治活动。除获得首相的许可,专职委员在任期间不得从事其他可以获得报酬的职务,或从事营利性活动,以及以金钱上的利益为目的的其他业务活动。委员的工资由法律另行规定。

信息公开审查会中设会长职位,由委员互选产生。会长总理会务,对外代表信息公开审查会。会长因故缺席时,由事先指定的委员代理其职务。信息公开审查会指定三名委员组成合议庭,调查审议复议申请案件。信息公开审查会可不受上述规定限制,决定由全体委员组成合议庭调查审议复议申请案件。为处理信息公开审查会的事务,信息公开审查会内设置秘书处。秘书处内设主任和所需的职员。主任接受会长的命令,管理秘书处事务。

信息公开与个人信息保护审查会被定位为咨询机关,其答复意见不具法律约束力。但是从该法设置审查会的宗旨来看,咨询行政机关当然应该尊重该审查会的回答意见。行政机关如不遵从该审查会的答复意见,根据《行政不服审查法》(*Administrative Complaint Investigation Law*)第 41 条第 1 款、第 48 条的规定,该行政机关负有说明合理理由的义务。如理由说明不充分,该行政处分将被视为具有固有的瑕疵。①

该法第 38 条规定,为确保本法的合理适用,总务厅长官应设置针对公开申请的综合性指导机构。

五、争议解决

(一)复议

日本信息公开制度中设置的对拒绝公开决定的救济途径有行政复议和行政诉讼两种。日本行政复议和行政诉讼制度的一个基本特点是采用了自由选择主义。这项原则当然适用于就拒绝公开决定所建立的救济制度。对于拒绝公开决定,公开请求人可以直接提起行政诉讼中的撤消诉讼,而在提起行政诉讼之前也同样可以提出行政复议申请。总之,无论是在《信息公开法》中还是在地方公共团体的信息公开条例中,行政复议的前置并不是一项义务。②

在地方公共团体的层面上,有关信息公开的行政复议尽管在制度上不是行政诉讼的前置程序,但是在解决信息公开方面的纠纷的实际过程中,公开请求人的请求被拒绝后,通常总是先提出行政复议申请。这是因为在信息公开的救济制度中设置了复议审查机关须向信息公开审查会(许多地方公共团体中称之为"公共文件公开审查会")进行咨询的制度,

---

① 石龙潭:"日本的信息公开制度:回顾、现状与展望",载《宪政与行政法治评论》2012 年第 1 期。

② 朱芒:"开放型政府的法律理念和实践(下)——日本的信息公开制度",载《环球法律评论》2002 年冬季号。

并且该咨询制度在实践中也颇具成效。由于咨询制度十分受市民的信赖,以此导致在地方公共团体实施信息公开制度的运作中行政复议事实上居于前置程序的地位。①

(二)咨询

该法第18条规定,依据《行政不服审查法》(*Administrative Complaint Investigation Law*)(1962年第160号法律)对公开或不予公开决定提出复议申请时,对该复议申请应作出裁决或决定的行政机关的首长,除符合以下各项规定之一外,应向信息公开审查会(对复议申请应作出裁决或决定的行政机关的首长为会计检查院的首长时,审查会由法律另行规定。)提出咨询:(1)复议申请不合法,驳回的;(2)裁决或决定撤销或者变更复议申请的公开等决定(内容为全部公开被请求公开的信息的决定除外。以下部分中本项和第20条相同),全部公开该复议申请的行政信息的。但对该公开或不予公开决定提出反对意见书的除外。

该法第19条规定,完成上述咨询的行政机关首长,应向下列人员通知咨询结果:(1)复议申请人以及参加人;(2)公开申请人(公开申请人为复议申请人或参加人时除外);(3)对该复议申请的公开等决定提出反对意见书的第三人(该第三人为复议申请人或参加人时除外)。

该法第27条规定,审查会认为必要时,可以要求咨询提出机关出示公开或不予公开决定所涉及的行政文件。任何人不得要求审查会公开该被出示的行政文件。咨询提出机关不得拒绝审查会根据前款规定提出的要求。审查会认为必要时,可以要求咨询提出机关依照审查会指定的方法,对被作出公开或不予公开决定的行政文件中记录的信息内容进行分类或整理,并将分类或整理后的资料提交审查会。审查会可以就复议申请的案件,要求申请人、参加人或咨询提出机关提交意见书或资料,要求适当的人员陈诉所知事实或鉴定以及进行其他必要的调查。

---

① [日]宇贺克也:《情报公开法の逐条解说》,有斐阁1999年版,第16页。转引自前引,朱芒文。

第28～29条规定，复议申请人等人员提出申请的，审查会应给予其口头陈述意见的机会。但审查会认为并无必要时则可以不受此限制。复议申请人或参加人经审查会许可，可与辅助人员一起到席。复议申请人等人员可以向审查会提出意见书或资料。但审查会对意见书或资料的提出规定了相应期间的，应在该期间之内提出。

第30～31条规定，审查会认为必要时，可以要求指定的委员查阅依照第27条第1款规定出示的行政文件进行依据该条第4款规定的调查，听取依据第28条第1款规定的复议申请人等人员的意见陈述。复议申请人等人员可以向审查会要求查阅被提交至审查会的意见书或资料。该要求如无损害第三人利益的可能或有其他正当的理由，审查会不得拒绝查阅。审查会可以指定查阅日期时间以及场所。

第32～35条规定，审查会的调查审议程序不得公开。不得依据行政复议法对审查会或委员作出的处分提出复议申请。审查会对咨询作出答复时，应在送达复议申请人和参加人答复书复印件的同时，公开答复的内容。除本节的规定之外，有关审查会调查审议程序的必要事项，由政令规定。

如上所述，《信息公开法》在这种行政复议制度中设置了信息公开审查会独有的屏蔽审查程序。因为如果和一般的解决纠纷的司法程序所要求的那样，在对拒绝公开决定的行政复议程序中也允许双方当事人查阅作为审查对象的行政文件，那么这种行政复议制度本身就变得毫无意义了。该法第27条第1、2款规定，信息公开审查会“认为必要时，可以要求咨询提出机关出示公开等决定所涉及的行政文件”，咨询提出机关不得拒绝审查会的该要求。委员对该行政文件进行实际的审查之后作出该行政文件是否应该予以公开的结论。同时作为这制度的保障，第27条第1款和第32条规定“任何人不得要求审查会公开该被出示的行政文件”，并且“审查会的调查审议程序不公开”。[①]

① 朱芒：“开放型政府的法律理念和实践（下）——日本的信息公开制度”，载《环球法律评论》2002年冬季号。

(三)诉讼

该法第36条规定,请求撤销公开或不予公开决定的诉讼和对请求撤销对公开或不予公开决定的复议申请作出的裁决或决定的诉讼,除《行政案件诉讼法》第12条规定的法院之外,也可向对管辖原告普通审判籍所在地的高等法院的所在地拥有管辖权的地方法院提起。依据上述规定向特定管辖法院提起诉讼时,其他法院对同一或同种或者类似的行政文件正进行信息公开诉讼的,该特定管辖法院在考虑当事人的住所或所在地、应受询问证人的住所、争点或证据的共同性及其他事项的基础上认为有必要的,可以依申请或职权将全部或者部分诉讼移送该其他法院或《行政案件诉讼法》第12条规定的法院。

《行政机关信息公开法》之所以设置这样的特别规定,是因为立法者预测到由于国家的行政文件最终会集中到本部即各省厅统一管理,如依据《行政案件诉讼法》的管辖规定,则全国各地的信息公开诉讼中的许多案件会必然地集中到东京地方法院起诉,并且二审上诉也因此集中到东京高等法院,由此会造成原告在提起诉讼和进行诉讼等各方面的困难。设置“特定管辖法院”正是针对这样的立法预测所作出的制度设计。①

六、发展现状

从总务省每年发表的《行政机关信息公开法》等的实施状况来看,根据2010年10月发表的数据,各年度之间尽管有些差异,大体上每年有5万~8万件的信息公开请求。其中40%~70%被全部公开,如加上部分公开的话,这个数据将要达到90%~95%。以2009年度为例,全部请求中,最后全部公开的占38.3%,部分公开的占58.5%,两者合计达96.8%。此外,提起行政复议的数量也达到每年700~1300件左右(2001年度1359件、2002年度914件、2003年度1158件、2004年度1367件、

---

① 朱芒:“开放型政府的法律理念和实践(下)——日本的信息公开制度”,载《环球法律评论》2002年冬季号。

2005年度743件、2006年度787件、2007年度1018件、2008年度851件)。而从地方自治体信息公开条例的施行情况来看,以山口市为例,2010年度该市针对106件公开请求共作出139项决定(行政处分),其中全部公开的43项、部分公开的69项,两者合计达112项,占全部决定的80.6%。

另外,有关信息公开的判例无论在数量还是在质量上都取得了飞速的发展。据不完全统计,从1980年到2011年,由地方法院、高等法院以及最高法院作出的有关信息公开的判决达到约660件。而且在信息公开诉讼中,原告的胜诉率也明显高于一般的行政诉讼。①

行政信息公开在立法领域和司法领域仍然有盲区存在,立法机关和司法机关的行政文书也应公开。但是因为立法和司法机关不属于本法所列的行政机关范畴,所以对其相关文书的公开无法实现。同时,该法中仍然缺乏对重大事故和灾难的应急信息公开机制,导致对福岛核泄漏等重大事故的信息公开并不透明,导致民众对该事件中行政机关的行为无法有效监督,不能确保宪法上赋予国民的基本权利与利益。

2011年3月6日,以《行政透明化研讨组总结报告》为理论基础的信息公开法修正案由政府公开发表,原定于3月15日提交内阁审议,后来由于受东北大地震及福岛核电站事故影响不得不延期。4月22日该修正案终于经内阁审议通过,提交国会审议。严格说来,该修正案包括针对《行政机关信息公开法》和针对《独立行政法人等信息公开法》的两个部分,限于篇幅,暂且以前者为例加以说明。

为使国家行政机关信息公开制度的内容更加充实,该修正案在目的条款中追加信息提供规定、保障国民知情权以及促进国民对行政的监督与参与的同时,主要欲从以下几个方面充实和完善现有的法律。第一,扩大公开信息的内容与范围,重新制定不公开信息以及部分公开规定。例

① 石龙潭:“日本的信息公开制度:回顾、现状与展望”,载《宪政与行政法治评论》2012年第1期。

如，增加公开公务员等的姓名、从不公开信息中删除“以不公开为条件任意提供的”法人信息，同时严格界定所谓的国家、公共安全信息等，删除“有可能不当地给国民之间造成混乱的”审议信息。第二，充实信息提供制度，规定行政机关首长应适时地以简单易懂的形式、用国民容易利用的方法提供记录有关行政组织与业务等基础信息的文书、图画、电磁性记录。第三，改革手续费制度，除以商业为目的的大量请求等外，原则上废止公开请求手续费等。第四，缩短公开决定等的期限、新设“视为不公开”规定，把从公开请求到公开决定等的期限从“30 日”缩短为“除去行政机关节假日以外 14 日”。同时还规定，若在法定公开期限内没有作出公开决定等，请求人可以视之为不公开决定（已作出），并可立即提起行政复议、信息公开诉讼。第五，作出不公开决定时需附记理由，要求在不公开决定的通知中，记载根据条款以及尽可能具体的理由。第六，发挥内阁总理大臣的领导作用。通过强化内阁总理大臣的权限，提高行政复议的迅速化与实效性。规定被提起行政复议的行政机关首长经向信息公开与个人信息保护审查会咨询并得到该审查会的答复意见后，在对该行政复议作出裁决或决定（行政处分）之前，必须向内阁总理大臣通知其内容；当内阁总理大臣认为有必要时，可以劝告该行政机关首长按照信息公开与个人信息保护审查会的答复意见作出裁决或决定，也可以劝告该行政机关首长进行基于公益理由的裁量性公开以及采取其他必要的措施；行政机关首长每年必须就法律的实施情况向内阁总理大臣报告；当从行政复议被提起到向信息公开与个人信息保护审查会提起咨询的区间超过 90 日时，必须在向内阁总理大臣的报告中说明其理由等以促进处理的迅速化。第七，将信息公开法的管辖由总务省变更到内阁府。第八，强化事后救济制度，彻底强化信息公开诉讼。除了《行政案件诉讼法》第 12 条第 1 ~4 款所定的地方法院外，还可以向管辖原告普通裁判籍所在地的地方法院提起信息公开诉讼。从目前全国共 50 所地方法院的分布情况（除北海道因地域广阔而设立了 4 所外，其他 46 个都、府、县各有 1 所）来看，也就是说任何一个都、道、府、县的居民，都可以在足不出其所在的都、道、府、县的情况下,提起以国家机关为被告的信息公开诉讼。另外,法院认为有必要时,可以要求行政机关首长对记录于与信息公开诉讼有关的行政文书当中的信息,按照法院指定的方法进行分类、整理,形成文字材料后提出,即向法院赋予要求制作、提出"沃恩索引"(*Vaughn · Index*)的权限。同时法院认为特别有必要时,还可以在当事人不在场的情况下对对象文书进行确认、调查,即向法院赋予秘密(*in camera*)审理的权限。

泰国《官方信息法》概览

一、法律概要

泰国的政府信息公开制度是泰国20世纪90年代中期政治改革运动的成果,是经过惨痛的教训以后制定的。在1992年的“5月事件”中,陆军总司令出身的总理Suchinda将军为了平息对他的抗议浪潮,实行了新闻封锁和戒严。然而,由于通信技术的发达,尤其是因为移动电话、传真与电视接收器的存在,使新闻封锁基本上不可能,并导致了相反的后果,使人们普遍怀疑政府的信息是扭曲的。结果,更多的人走上街头,参加到抗议之中。人们对政府失去了信任,而政府对曼谷失去了控制。事件最后演变为流血冲突,Suchinda将军及其内阁不得不辞职。“5月事件”之后,出现了政治改革运动,希望加强民主、透明度、公众参与并制定新宪法。同时,人们也认识到国家不应该收集所有人的个人信息,应该对个人信息给予尊重和保护。在这种背景下,《官方信息法》由阿南德总理领导之下的透明政府(委员会)首先起草,并于1997年被提交到国会进行讨论,与此同时进行的还有制定于1996年的《行政程序法》和《国家赔偿法》。

知情权自1991年开始得到《宪法》认可。1997年版《宪法》第48条规定:人们有权获取国家机关、国营企业或地方政府机构所持有的公共信息,除非对该等信息的披露会影响国家安全、公众安全或法律所规定的应予以保护的其他人的权益。

泰国《官方信息法》[①]于1997年7月获批准并于同年12月开始生效。该法允许公民向任何国家机关索取官方信息,其中包括中央级、省级

① 该法律可参见网站:http://www.oic.go.th/content_eng/act.htm,最后访问日期:2015年8月3日。

与地方级的管理机构、国营企业、法院(与案例的审判和裁决无关的信息)、专业监督机构、国家独立机构以及部长法规中所规定的其他机构。根据国务院的规定,诸如反腐委员会之类的独立机构不在此列。各机构必须在"合理的时间"内作出回应。

泰国官方信息法共有七章,共43条。第一章(第7～13条)为信息披露。主要是对政府应该公开和特殊情况下是否应该公开的问题进行规定。第二章(第14～20条)为不予披露公开的信息。主要有损害皇室机构的信息、国家安全、国际关系、国内经济和财政安全,损害执法、机构内部观点和建议、危机人身健康和安全信息、医疗报告和个人信息、法律规定保密的信息或者第三人提供要求保密的信息等。机构应该将信息予以准确分类并采取措施保护不被披露的信息。如果信息公开涉及第三人,机构应该通告第三人等问题。第三章(第21～25条)为个人信息。个人信息之个人界定;何种机构来保护个人信息;采取何种措施来保护个人信息;在何种特殊情况下个人信息可被披露;个人可访问涉及自己的信息;如果机构未能够修改、删除相关个人信息,个人有权向信息披露法庭上诉。第四章(第26条)为历史信息。到期信息的主动公开及不同信息的期限。第五章(第27～34条)为官方信息董事会。官方信息董事会的机构组成及人员任职与解雇;该机构的权利;该机构的决策方式。第六章(第35～39条)为信息披露法庭。信息披露法庭存在的依据;信息披露法庭的人员构成;信息披露法庭的权力。第七章(第40～43条)为处罚及过渡条款。主要为监禁罚,剥夺人的人身自由。过渡性条款则为法律何时生效未生效时遵照何种规定进行。

泰国的宪法分为临时宪法和永久宪法两种。临时宪法往往是政变者自己起草而未经议会讨论通过的暂行宪法,永久宪法则是经议会正式讨论通过的宪法。泰国的第一部临时宪法颁布于1932年6月。这部根本大法是泰国接受西方制宪思想影响的直接产物,也是泰国以少壮派军人为代表的资产阶级发动上层政变所引起的政治改革的成果。宪法包括五章39条,第一次明确宣布了"国家之权,为人民所有"的原则,以资产阶级的法制观念取代了泰国一千多年来所坚持的“王权为最高之权”的观念。国王虽然仍旧是国家元首,但必须遵守宪法,必须通过国家机关的各部门行使权力。同年12月,永久宪法颁布。该宪法规定,行政权归国务会议,立法权归人民议会,禁止王族成员在这两个机构中任职,并增列了有关人民的权利和义务的条款。以君主立宪政体取代君主专制政体,这是泰国社会制度发展的一次巨大飞跃。由于泰国政变频繁,政变集团往往以新宪法取代旧宪法。迄今为止,泰国先后颁布过十三部宪法,其中有六部临时宪法,七部永久宪法。

现行泰国宪法是1978年12月颁布的《佛历2521年泰王国宪法》。这部宪法分十一章206条,其中附有四年内有效的临时条款十一条。从它所规定的泰国政体、国王的权利、内阁、国会和法院的条款内容看,已在很大程度上吸收了西方资产阶级的统治原则。按照宪法规定,作为中央政府的内阁设有总理府和十四个部,各部设厅、公司等机构,分管内务、外交、财政、国防、交通、农业与合作、教育等事务;作为立法和监督国家行政事务的国会设有两院,宪法对议员的产生和立法程序作了详细而严格的规定;法院作为国家行使审判权的唯一机关,设有初级法院、高级法院和最高法院,受理一切民事、刑事、青少犯罪案件和上诉案件。在君主立宪政体下,泰国国家机关各部门既能独立行使其权力,又能相互牵制,体现了资产阶级分权与制衡原则在泰国统治机构中的灵活运用。①

二、信息公开的范围

根据《官方信息法》,信息分为两类:公开的信息和不予公开的信息。

(一)公开的信息

1. 对于广泛影响公众的信息,必须在政府公报上予以公布,包括:工作结构与组织;重要权力、义务与工作方法的简要介绍;为申请与获得信息或建议与该国家机关联系的地址;法令、部长会议决议、规章、命令、通

① 徐静林:“泰国法律制度的演变”,载《思想战线》1985年第5期。

知、规则、工作规划，具有法令效力并准备一般使用于民众个人的政策或者解释；委员会确可以通过申请的方式获得。

2. 该法规定的其他信息。该法第 11 条规定了上述信息以外的其他所有可以公开的信息，必须公布的信息以外的一般信息也应供公众查阅，他们包括：对民众个人有直接影响的考虑结论或者决定，包括不同意见以及相应的命令；要求在政府公报上公布要求范围以外的政策或者解释；工作计划、项目以及准备期间年度支出预计。

（二）不予公开的信息

第 14 条规定可能损害皇室机构的官方信息不予公开。

第 15 条规定国家机构或者国家官员可以发布一项命令禁止公开任何含有下列描述的官方信息，涉及国家机构法定职责的履行、公共利益和相关的个人利益。（1）公开该信息会损害国家安全、国际关系或者国家的经济金融安全。（2）公开该信息会造成执法效率的降低或者不能完成它的目标，不论它和诉讼、保护、制止、核查、检验或知识的信息的来源是否相关。（3）国家机构内部有关条例执行的观点或者建议，但不包括技术报告、事实报告或者基于为了国内提供观点或者建议的信息不予公开。（4）信息的公开将会危及任何人的生命和身体安全。（5）医疗报告或者个人信息，如果公开将会不合理侵犯隐私权。（6）受法律保护的免于公开的官方信息或者个人提供的且目的是不被公开的信息。（7）皇室政令中描述的其他情形。关于禁止公开官方信息的命令在任何情形下可以发布，但是应该对信息的形式和不予以公开的原因予以说明。它应被视为公开信息命令的发布是在连续各级政府官员命令独有的自由裁量权发布的。在此种情况下，一个发出信息请求的人可以向本法规定的信息公开审裁处上诉。

第 16 条规定，为了实际区分在什么情况下官方信息可以向任何人透露和防止信息泄露的措施，一个国家机构应该按照由部长会议签发的官方机密保护规则来决定对相关信息的保护措施。

第 17 条规定，在国家官员认为公开任何官方资料可能会影响一个人的利益的情况下，国家官员应通知这样的人在指定期限内提出异议；在此情况下，为了实现该目的，从收到通知的日期开始计算，提供合理的时间不得少于15日。根据第1段被通知的人或者知道任何官方信息的公开可能影响其利益的人有权以书面形式对官方负责机构提出异议。在有异议的情况下，官方责任机关应该不拖延地考虑该异议，并将结果通知该人。在对异议予以驳回的命令做出的情况下，国家工作人员应该直到根据第18条规定该上诉期已过或者直到信息披露审裁处作出决定允许此类信息的公开，才可视情况将这些信息予以公开。

第18条规定，在一个国家官员根据第14条或者第15条发布命令禁止公开任何信息的情况下或者根据第17条规定驳回利害关系人的异议情况下，这类人可以自收到通知起15日内向信息公开审裁处董事会上诉。

第19条规定，无论是委员会、信息公开裁判所还是法院，当他们考虑禁止公开信息的决定时，应使其程序不致将该种信息泄露给与其考虑程序不相关的任何其他人。如有必要，考虑过程可以在任何当事人不参加的情况下进行。

第20条规定，公开任何信息，该公开可能根据法律规定会构成法律责任，如果其作为诚信善意之人国家官员应当免除其责任，在下列情况下：(1)根据第15条的规定，国家官员按照第16条规定的规则正式进行的信息。(2)根据第15条规定的信息，在颁布法规的国家官员签发的，为了保护更为重要的牵涉公众利益、生命、身体、健康或者其他个人利益的，向任何人的一般披露或者具体公开的命令且该命令是合理的，为此目的，在该类信息的使用上附加合理地条件或者限制。在任何该情况下，第一款规定的信息公开，根据法律规定并不构成国家机构豁免责任的理由。

第26条规定，有关王室制度的信息75年后应予以公开，而其他所有信息推定为20年后可以公开。公共机构认为信息在20年后仍然不能公开的，可以再延期，但不得超过5年。不再保存的信息应移交给国家档案馆或适当的其他机构存放，或按照规定予以销毁。

三、信息公开的方式及程序

该法第 1 条规定，任何人都可以申请并未以其他方式要求公布的信息或申请查阅信息，只要申请足够详细可以查明被索取的信息，该信息就必须被提供。如果申请涉及过量信息或无合理原因过于频繁提出申请，该申请可能会被拒绝。

第 12 条规定，公共机构即使拥有信息也可能会建议申请人把申请转送到另一公共机构。如果信息是由另一公共机构制作并由该机构标记为机密，则申请就会被移交到该机构等待批准。

第 17 条规定，该法有关通知第三方的合理、详细的规定。第三方对可能会影响他们权利的信息申请有获得通知的权利，并在接到通知之日起至少 15 日内提出书面异议。凡是提出异议的，有关公共机构必须考虑该异议，并告知申请人关于该信息是否会被公开的决定。如果公共机构做出公开信息的决定，须推迟 15 日执行，让申请人有机会提出申诉。

如果公共机构无法满足申请人的要求，则必须通知申请人，并应说明信息申请的类型和不予公开的理由。该规定是有用的，但还应进一步在通知中说明信息不予公开所依据的规定，还应告知申请人有申诉权。

对于收费，该法只作了简单的规定：第 9 条规定，公共机构可以收费，但必须经官方信息委员会批准。此外，收费时应该充分考虑对低收入者给予照顾。

四、主管机构

泰国《官方信息法》对信息委员会和信息公开裁判所做了相关规定。

第 27 条规定，官方信息委员会的组成包括由总理所委任的部长担任的主席、总理办公室常任秘书、常任国防秘书、农业与合作经济常任秘书、参政常任秘书、外交常任秘书、内在常任秘书、商业常任秘书、部长会议秘书长、部长会议秘书长、文官委员会秘书长、国家安全委员会秘书长、众议院秘书长、国家安全局主任、预算局主任以及由部长会议从公共部门与私营部门中所委任的另外9名合格人员。

第28条规定,信息委员会具有以下任务和权利:(1)对国家官员与国家机关实施本法履行义务予以监督和提出建议。(2)对国家官员或国家机关实施本法中提出的要求予以建议。(3)对根据本法制定王室命令,发布政府规章或者部长会议规则提供建议。(4)对根据该法第13条规出的申诉进行处理和得出意见。(5)随时但每年至少不得少于一次,就本法的实施向部长会议提交年度报告。(6)履行本法规定的其他义务。(7)办理部长会议或者总理交办的其他事物。

第29条规定,根据第27条任命的合格人员自任命之日起任职三年。任职届满可以重新任命。

第30条规定,除任期届满出现空缺以外,根据第27条任免的合格成员只有在以下情况下空出其职位:死亡、辞职、因行为不当或不诚实履行其义务或无履行能力的原意,被部长会议免职、破产、无行为能力或者限制行为能力人、被终审判决送入监狱服刑,但过失犯罪或者轻罪除外。

第31条规定,委员会开会时,不少于总成员人数一半的出席方能够行法定人数。

第32条规定,委员会有权传唤任何人提供陈述、物件、文书或者证据,供委员会参考。

第33条规定,如果国家机关根据第11条或者第25条否认存在所申请的信息,而申请人不相信并根据第13条向委员会提出申诉、委员会应有权查阅有关的官方信息并将查阅结果通知申诉人。国家机关或国家官员应允许委员会或者其委托的个人查阅由其拥有的信息,无论该信息是否允许被公开。

第34条规定,根据委员会的授权,委员会可以任命小组委员会考虑任何问题或者履行任何行为。

第35条规定,在合适的行政管理领域应设置信息公开裁判所,根据委员会的推荐由部长会议任命。信息公开裁判所的职责是对根据第14条或者第15条作出的禁止公开决定,根据第17条作出的驳回异议决定以及根据第 25 条做出的拒绝改正个人信息的决定提起的复议进行考虑和作出决定。

每个信息公开裁判所由不少于 3 人组成,而委员会所任命的政府官员应作为秘书与秘书助理。

五、争议解决

任何人如果认为公共机构未能发布信息、未能提供获取信息的便利或未能按照申请人的要求公开信息,均可以向官方信息委员会提出申诉。委员会在接受申请后必须在 30 日内作出决定,向申请人传达通知后可再延长 30 日。

如果经委员会审查后,决定不予公开该信息或者驳回了申请人的异议,则申请人和其他当事人可以在收到此决定之日起 15 日内,通过委员会向信息公开裁判所提出复议。

该法第 37 条规定,委员会应在接到复议申请 7 日内根据其专业性将复议移送信息公开裁判所。信息公开裁判所的决定应视为最终的决定。作出决定的过程中,可以向委员会发出通知,告知特定案件中有关国家机关将会采取什么具体行动。

第 39 条规定,每个信息公开裁判所的权利与义务、程序与法定出席人数应由委员会制定的规则决定,并在政府公报上公布。

六、发展现状

据官方信息委员会报道,2005 年共处理了 314 起投诉和 164 起上诉,在 2004 年,其受理的投诉和上诉则分别为 214 起和 185 起。个人与政府官员为向官方信息委员会提起上诉的两大主要人群。教育部和地方政府则为最主要的投诉对象。在授予官方信息委员会更多权力方面,政府发出的讯号是矛盾的,拒绝将其升级为一个部门,但是却将其置于总理的直接控制之下。

该法存在的问题包括其时间限制不现实,需予以延长、由于法律重叠,法庭的裁定难以执行、委员会的数位当然委员经常缺席会议以及政府信息委员会为官僚机构而委员会、法庭却为独立机构。

该法由官方信息委员会予以监督。个人可就要求被拒向此委员会提起上诉。据官方信息委员会称,他们已发现了该法实施中的一些问题。例如,大部分人既不了解该法的关键要素又没有认识到他们本身的权利。大部分人不知道怎样按照他们的需求利用此法获取国家信息。因为不了解操作流程,人们无法行使他们的权利。政府机构中的高级官员并不了解此法,亦不知道该如何实施该法。此外,由于缺乏关于此法的以及为了实现人们的知情权而进行的信息披露的主要原则的充分知识,他们无法按照该法管理政府机关。另一重要方面则是他们在行使自由裁量权事宜方面的技能较少。政府机构的服务层人员在信息法上的知识也颇为缺乏。他们不习惯信息披露原则,对于该法的态度也是消极的,甚至有些人认为该法给他们带来了更多负担;而且与执行层人员一样,就服务流程、信息披露与信息类型的判决实践而言,他们在实施该法上的经验也极为有限。

土耳其《信息权法》概览

一、法律概要

信息公开是基于《土耳其宪法》赋予公民的知情权衍生而来，早在1982年的《土耳其宪法》(*Turkish Constitution*)中，并没有对信息公开的内容做单独的规定，但规定了公民具有接受或传递信息和思想自由的权利。只是在言论自由中提到了知情权。这体现在了《土耳其宪法》的第26条[①]中。而在第74条[②]中，也提及了权利请愿书。并且在第125条中提到了关于司法复核的补偿的行政决定。在土耳其《信息权法》(*Turkish Law On The Right To Information*, *Law No*:4982)中的第二部分，便规定了国民和外国人在本国获取信息权利，该法规定，公民和法人有权从公共机关和有资格作为公共机关的私人机构中获取信息：在土耳其的外国人和在土耳其设立的外国公司，如果他们的本国允许土耳其公民有从其政府当局获取信息的权利，那么他们在土耳其也将享有互惠待遇，即有权获取与自身或自身利益相关的信息。而在规定了权利的同时，该法又对信息

---

① 第26条："每个人都享有以口头、书画、图片或其他方式单独或集体表达和传播其思想和观点的权利。这一权利也包括在不受官方机构干预的情况下接收或传递信息和思想的自由。本条规定并不妨碍广播、电视、电影或其他的类似传播方式服从许可制度。出于防止犯罪行为，惩处犯罪分子，保守国家机密，维护他人的名誉或权利，保守个人和家庭生活的秘密或法律规定的职业秘密，或履行正当的司法职责等目的，上述自由可以受到限制。在表达和传播思想时，不得使用任何为法律所禁止的语言。凡违反这一规定的手写或印刷资料、录音带或录像带以及其他表达工具，都应根据法官正式作出的决定予以没收，或认为迟延会造成危害时，则可以由法定主管当局下令没收，但须在二十四小时内将此事通知主管法官。法官应在随后的三天内对此作出裁决。对信息和思想传播工具的使用所作出的规定，除非妨碍住处和思想的传播，不应解释为是对表达和传播思想的自由的限制。"

② 第74条："公民有以书面形式向主管当局和土耳其大国民议会提出同自身或公众有关的请求和申诉的权利。对同个人有关的请求的处理结果，应以书面形式通知请求者本人。行使此项权利的方式由法律规定。"

提供者规定了提供信息的义务。总的来说，信息公开在政府信息提供中使用了一个与以往不同的原则，即完成了从“需要知道”到“有权知道”的转变。

土耳其《信息权法》[①]于2003年10月通过，并于2004年4月签署生效。该法对于公民可获取信息的权利作了详尽的规定，该法一共分为五章，共有33条规定。现分别对各章进行简单介绍：第一章（第1~3条）立法的目的、范围和定义，该法明确指出土耳其《信息权法》规范了公民从公共机构以及有资格作为公共机构的组织获取信息的程序，以及可以依据公正、公平、平等等原则来获取信息，并且规定了政府有公开信息的义务还对“机构”、“申请人”、“信息”、“文件”等概念进行了详尽的界定。第二章（第4、5条）信息权和提供资料的义务，该章明确了每个人都享有获取信息的权利，并且信息持有者有义务提供信息，并审查申请人的申请资料。第三章（第6~14条）信息公开的申请，该部分主要规定了申请人提出申请的程序、可以申请公开的信息、秘密信息的豁免、获取信息的途径、信息持有者提供信息的期限以及有关申请的答复。该部分还详细规定了有关上诉程序和审查委员会的规定。第四章（第15~28条）对获取信息权利的限制，该部分规定了一些不予公开的信息，有关国家秘密的信息和文件、有关国家经济利益的信息和文件、涉及国家情报的信息和文件、有关行政调查的信息和文件、有关司法调查和起诉的信息和文件、个人隐私、私人通信、商业秘密等，这些信息都是在信息公开中得以豁免的。第五章（第29~33条）其他规定，该章规定了一些杂项：违反本法所负的法律责任，公共机构准备报告的义务，该法的生效时间，负责实施的主体。

二、信息公开的范围

在土耳其《信息权法》第一章中，第2条对信息公开的范围做出了规

---

① 该法律可参见网站：http://www.legislationline.org/documents/action/popup/id/6419，最后访问日期：2015年8月3日。

定,该法规定,公民可以通过公共机构和有资格作为公共机构的组织中获取信息。在第四章中,对于不予公开的信息做出了明确的规定。在涉及以下信息时则不予公开:如会对国家机密、外交事务、国防安全和国家安全造成危害,危害到国家经济利益、导致不公平竞争或牟取暴利,涉及民事和军事情报部门的职责和活动、行政审查、司法审查或起诉,侵犯个人隐私、经济利益或个人专利,通信隐私,商业机密,知识产权,内部规章,一些机构不对外公开的内部建议和意见。不受司法审查的行政信息和一些与个人工作生活和职业荣誉相关的信息也不予公开。法律拒绝透露的关于法规规定的信息也不予公开。

第 15 条规定那些影响职业生涯和个人荣誉、不在司法审查范围内的事项受本法调整,以此种方式享有的信息权并不排除司法审查对该事项的限制。

第 16 条规定在有关国家秘密的信息和文件被认定为国家秘密的信息和文件,如果将其公开将明显对国家安全、外交、国防造成危害,则不属于本条规定的信息权的范围。

第 17 条规定有关国家经济利益的信息和文件公开会对国家经济利益造成危害或引起不正当竞争的信息和文件,不属于本法的调整范围。

第 18 条规定涉及国家情报的信息和文件、涉及民事以及军事情报单位的职责以及活动的信息,不在本法调整范围之内。但是,事关公务员的职业荣誉和职业生涯的信息则在信息权的范围之内。

第 19 条规定如果有关行政调查的信息和文件、行政机构持有的与行政调查有关的信息和文件将会:(1)明显侵犯个人隐私权;(2)危及个人或实施调查的官员的生命及安全;(3)危及调查活动的安全;(4)对需要保密的信息进行公开,或者危及与调查相关的类似信息的搜集工作,则不在本法公开的范围之内。

第 20 条规定有关司法调查和起诉的信息和文件,以下信息和文件的公开或不合时宜的公开将会:(1)引起刑事犯罪;(2)危及犯罪的预防和调查或者危及对罪犯进行拘留和起诉的法定程序;(3)阻碍司法职责的正常运行;(4)在未决案件中,妨碍被告接受公正审判权的,将不在本法公开的范围之内。《刑事诉讼法典》(1929年4月4日颁布,第1412号),《民事诉讼法典》(1927年6月18日颁布,第1086号),《行政程序法典》(1982年1月6日颁布,第2577号)以及其他条例中另有特殊规定,则不受本法调整。

第21条规定私人通信、侵犯私人通信的信息和文件不受本法调整。

第22条规定关于个人隐私,已获得相关个人同意的附带条款中规定,如果信息和文件将不合理地妨碍健康记录、私人生活和家庭生活、荣誉和尊严及个人经济利益和专业利益,则不属于信息权的范围。为了公共利益的需要,如果至少提前7日通知有关个人,且得到其书面同意,公共机构可以公开有关个人信息或文件。

第23条规定关于商业秘密,在法律上被界定为商业秘密的信息和文件及机构从私人或公司人员处获取的并以保密为条件的商业信息和财政信息,均不受本法调整。

第24条规定关于著作权(科学和艺术作品),申请公开有关著作权的信息,应适用知识产权法的有关规定。

第25条规定关于机构的内部规则,机构内仅与其个人和内部事务相关而与公众无关的信息和文件,不属于信息权的公开范围。然而,受这些规则调整的机构员工有权获取这类信息。

第26条规定机构的内部意见、信息记录和建议,被界定为意见、信息记录和建议,有利于机构活动执行的信息和文件属于信息权的范围,除非机构作出相反的决定。在科学、文化、技术、医学、财政、统计、法律或其他类似专业领域有法律义务须做报告的单位、个人或机构所作出的意见,如果成为机构作出行政决策的基础,则属于信息权的范围。

第27条规定有关建议和意见的公开,“有关建议和意见的公开请求不受本法调整”。

第28条规定以前定密的信息和文件,“信息和文件在审判或者行政决定中不再是秘密信息,可以面向申请人公开;依据本法规定,尽管有些信息和文件属于不予公开的信息范畴，但它们在审判或者行政决定中却不再是秘密信息，并且可以向申请人公开”。

三、信息公开的方式及程序

（一）信息公开的方式

土耳其《信息权法》的第二章规定，公民可以向政府、公共机构等提出信息公开的申请，被申请机关应当依据申请给予申请人所申请的信息。

（二）信息公开的程序

1. 申请

根据土耳其《信息权法》的规定，申请人可以通过两种方式来获取信息。一种为提交申请书，申请书中要注明申请人的姓氏、名字、住所、地址，并附有本人的签名；若申请人为公司，那么需要注明公司的名称、被授权人的签名、授权证书等。另一种为通过电子或其他通讯工具，但必须能够核实申请人的签名。

2. 受理

土耳其《宪法》第 1 条第 1 款中，将信息公开确立为政府的义务，并要求最大限度的透明化。在土耳其《信息权法》第 10 条中，规定了被申请机关需要向申请人提供申请人所要求获取信息的副本。如果原始信息不易被复制，或复制会遭到损害，则被申请机关需要提供必要的帮助，如制作视听材料等。

被申请人在收到申请书之后，要在 15 个工作日内做出答复，一些需要联合处理的事项则需要在 30 日内做出答复。

3. 申诉

如果申请人的申请被拒绝，被申请机关可以通过电子邮件及其他形式告知申请人受理结果以及他们有权利提起上诉。申请人可以在收到通知后的 13 ~ 15 日内向信息公开委员会提起上诉，而委员会在 30 日内做出答复。而被申请机构有义务在 15 日内向信息公开委员会提交其所要求的信息和文件。

四、主管机构

在2005年11月法律修订后，允许所有案件上诉。在修订前，信息公开机构还会听取案件有关的其他事宜。它设定了委员会和工作小组，并邀请政府代表和外部组织参加会议。其秘书处由总理府决定。信息公开委员会由9名成员构成，并设有部长理事会，委员会主席由部长理事会从委员会成员中选取任命。委员会的成员有两名来自行政法院和上诉法院；有三名分别为宪法、刑法、行政法的学者；一名由土耳其律师协会提名；一名为司法部部长推荐；还有两位作为总干事。信息委员会成员的任期为四年。委员会每月至少要举行一次会议或在有需要的时候，可由总统召集。

五、争议解决

2004年10月，非营利组织BilgilenmeHakki机构对各部委实施信息公开法的初步情况进行了调查，调查发现各部委都认真贯彻执行了此项法律。所有的部委都成立了信息查询机构，并要求建立互联网门户网站。超过75%的请求已经通过，一些如司法部、贸易和工业部等部委在当天就得到了答复。然而，还有四个部委没有对这些请求作出相应的回答。

在2004年2月，政府公布了关于“国家机密”和“商业秘密”的草案。预计在“国家机密”的草案，将会对官员可以对文件进行限制和监管以便于分类的惯例予以确认。但该草案至今没有通过。“刑法典”禁止任何未经许可的信息公开，获得或发布任何国家的国家机密。如果违反其规定，将会处以长达十几年的监禁。获取或发布的“禁止性文件”（非公开的官方文件）也是不允许的。

在2003年，司法部出台了保护信息的草案，但到现在也没有开始启用。在2004年和2005年，非营利组织BilgilenmeHakki机构对各省和其省长进行调研时发现，虽然有一些州的政府网站能起到监督的作用，其州长对职责的认识确有所好转，但是在一些重大案件上没有起到决定性作用,网站也没有完全遵从规章制度。①

六、发展现状

非营利组织 BilgiEdinmeHakki 机构在土耳其的信息公开上起到了至关重要的作用。自 2004 年 8 月起,BilgiEdinmeHakki. Org 提出了几个信息公开的申请,申请日期分别为2004 年8 月、2005 年6 月、2006 年2 月和2007 年 2 月。但信息委员会并没有给予公布,或对其申请做出了拒绝公开的决定。2004 年至 2007 年提交的申请共有 2676 份,而申请驳回 355 份(占总数的 13%)。申请成功为 977 份(占总数的 37%),部分成功为 419 份(占总数的 17%),经审查驳回申请为 888 份(占总数的 33%)。Yaman Akdeniz 博士指出:"虽然知情权法案颁布是走向开放,透明和民主化在土耳其也是非常重要的一步。由于报告会,尽管知情权审查委员会的决定及行政法庭命令显示,仍有阻力提供资料,以及大量的公共当局的争论是理事会的决定,可以忽略它们,或通过诉诸行政法庭挑战这样的决定。因此,需要在当前打破保密系统,以使信息公开得到明显改善"。②

1. 保障公民普遍获取政府信息的权利。在土耳其《信息权法》中,规定了公民和法人有权从公共机关和有资格作为公共机关的私人机构中获取信息。在土耳其的外国人和在土耳其设立的外国公司,如果他们的本国允许土耳其公民有从其政府当局获取信息的权利,那么他们在土耳其也将享有互惠待遇,即有权获取与自身或自身利益相关的信息。这是一条互惠的待遇,因此保障公民普遍获取信息的权利,并且加大宣传力度以保证公民了解如何申请信息公开。

2. 建立起相对完备的互联网体系。土耳其信息公开在未来的发展中应当加入互联网的因素。土耳其的一些州政府虽然建立起了一些网站,

---

① David Banisar, *Freedom of information around the world* 2006, *Privacy International*, pp. 150 – 151.

② Dr. Yaman Akdeniz, *Freedom of information in Turkey: A Critical Assessment of the Implementation and Application of the Turkey Right to Information Act* 2003, 2008. 5.

但并没有收到实质性的成效,因此要加大力度,信息公开机关可以将应该公开的信息发布在互联网上供人们查阅。也应该引入相应的监督体系,公民可以通过网络对信息公开的实施进行监督和评价,这样既保证了政府的公开义务,又保障了公民的知情权。[①]

① David Banisar, *Freedom of information around the world* 2006, *Privacy International*, pp. 150 - 151.

亚美尼亚《信息自由法》概览

一、法律概要

亚美尼亚，全称亚美尼亚共和国，是位于亚欧大陆南高加索地区的共和制国家。亚美尼亚由单一民族构成，并且实行单一制、多党制，全民信奉基督教。亚美尼亚作为苏联成员，1920～1991 年，其法律制度在很大程度上受到苏联影响。[①] 1991 年亚美尼亚共和国成立，开始建立自己的法律体系，并于 1995 年 7 月 5 日颁布《亚美尼亚共和国宪法》(*Constitution of Armenia*，以下简称《宪法》)。[②] 这部《宪法》确定亚美尼亚为独立主权的、社会化的宪政国家，实行共和制政体。1995 年《宪法》共 117 条，赋予公民至高无上的权利，并明确规定如果要修改《宪法》或者改变国家领土边界，需要通过全民公投的形式决定。2005 年 11 月 27 日，亚美尼亚举行全国范围的宪政性公投并通过《宪法》修正案。该修正案赋予了公民更广泛的政治权利，成为制定亚美尼亚共和国《信息自由法》的最直接依据。亚美尼亚虽然为中亚国家，但由于其位于亚欧交界这样的特殊位置，因此在人权与公民权利保障以及限制政府公权力方面，还是沿袭了欧洲国家的传统。20 世纪 90 年代之后，亚美尼亚逐步开始关注行政职权行使中的信息公开问题，努力提升政府办公透明度，保障公民知情权。

亚美尼亚共和国《信息自由法》[③](*Law of The Republic of Armenia on*

---

① See Wikipedia：*Armenia*，http：//en. wikipedia. org/wiki/Armenia，最后访问日期：2014 年 4 月 1 日。

② See Wikipedia：*Constitution of Armenia*，http：//en. wikipedia. org/wiki/Constitution _ of _ Armenia，最后访问日期：2014 年 4 月 1 日。

③ 该法律可参见网站：http：//www. legislationline. org/documents/action/popup/id/6410，最后访问日期：2015 年 8 月 5 日。

Freedom of Information，以下简称《信息自由法》），2003 年 9 月 23 日由亚美尼亚共和国国家议会通过，并于同年 9 月 3 日起生效。其中第 7 条第 3、4 款由于涉及行政机关以年度为标准提交工作报告的问题，因此这两款的生效时间为 2004 年 1 月 1 日。

亚美尼亚《信息自由法》没有划分章节，全文共 15 条规定。

第 1 条规定了本法调整的对象以及适用范围。亚美尼亚《信息自由法》调整与信息自由、信息公开相关的社会关系，主要规范公民申请信息公开的过程，包括申请信息公开的程序、方式等。除此之外，本法还规范与国家、中央政府、地方政府及行政机关、社会组织等主体相关的信息公开事项，且其资金来源于国家财政或者社会组织筹集的资金。

第 2 条为信息公开法律体系。在亚美尼亚，其信息自由及信息公开的法律体系中主要包含《亚美尼亚共和国宪法》、相关法律、法规、规章以及法律文件。本条还特别规定，当亚美尼亚批准的国际公约中的规定与国内法律发生冲突时，国际公约具有优先适用的效力。

第 3 条为概念解释，用列举的形式逐一说明本法涉及的概念。(1)信息自由。在亚美尼亚信息法领域中，信息自由与信息公开的含义基本相同，是公民的一项权利，具体指的是向法律规定的信息保管者申请信息公开的权利。(2)信息。指的是依据法律法规的规定搜集整理到的相关信息种类，具体包括对事实、人物、现象、原因等内容的记录等，这些记录可以采取各种法定形式，如纸质复印件、电子文档、视频、音频、照片、图像、地图、笔记等。(3)信息保管者。在亚美尼亚，合法的信息保管者主要包括国家机关、地方政府、公共行政部门、国家预算部门以及有重要公共意义的社会组织。(4)有重要公共意义的社会组织。指的是在商品销售市场中占据主要地位或垄断地位的主体，或者是为公民提供身体健康、体育运动、教育文化、社会安全保障、交通运输、通讯等方面服务的主体。(5)咨询。具体指的是依法向信息保管者提交的口头或书面申请，要求获知有关信息的详细资料。(6)出版或公布。这是信息保管者的法定职责，指的是将相关信息通过报刊登载、网站发布等形式向公民公开的行为。

第4条为保护信息自由的基本原则,我们可以将其理解为整部《信息自由法》的指导原则。根据本条的规定,亚美尼亚保护信息自由的基本原则主要有:第一,对信息种类、信息保存以及信息统一性进行解释的原则。第二,保障公民获取信息自由的原则。第三,保障信息公开工作顺利进行的原则。第四,公开性原则。

第5条规定了信息的记录、分类以及保存规则。亚美尼亚共和国政府应当负责就信息公开过程中涉及的信息记录、信息分类以及信息保存工作进行补充性规定。

第6条明确了信息公开工作的具体实施办法。首先,任何一位亚美尼亚公民都有权依法向行政机关提出申请,要求公开与其个人有关的信息。其次,亚美尼亚公民有权享受本国法律以及国际条约中赋予的信息公开方面的权利。最后,根据亚美尼亚共和国《宪法》及相应法律法规的规定,公民申请信息公开的权利有理由受到限制。

第7条为保障信息公开工作顺利开展的措施,同时还旨在保障信息公开的公正和透明。此项规定中的特色之处表现为:信息保管者应当制定信息公开方面的行为准则并向社会公布。对于其中规定不甚明晰的地方,信息保管者应当或者通过立法机关进行解释和说明。且信息保管者将相关资料对外公开的时间应当是资料产生之后的10日内。由此可见,亚美尼亚立法对于掌握信息的行政机关要求相对严格,这样有利于更好地保障申请人的合法权利。

第8条为信息公开的范围,明确规定了哪些信息依照法律不予公开。首先,信息保管者不能公开涉密信息。其次,相关文件中包含的部分信息涉密、部分非涉密,则需要遵循特殊的公开规则。最后,本条还明确规定了行政机关不能拒绝当事人申请的情形,为保障申请人的合法权利做了进一步的保障。

第9条为程序性规定,明确了申请人应当遵循的信息公开申请程序。本条就公开申请所应包含的内容进行了特别规定,并且特别针对书面申请和口头申请做出不同规定。本条描述了几种情形,并规定当满足这些具体情形时,行政机关应当针对口头申请召开听证会。在听证会结束之后,行政机关应当立即将听证结果和处理意见告知信息公开申请人。对于申请人,本条进行了非常严格的程序规定,即申请人必须向行政机关告知其姓名,如果没有明确告知,行政机关则有权撤销当事人的申请。就行政机关对书面申请给出的答复来看,其中应当包含一些特定的内容,本条就此也作出了明确的规定。

第 10 条规定了行政机关或其工作部门提供信息的形式。根据亚美尼亚行政法规,行政机关应当严格按照要求提供信息原本或其复印件,向申请人收取的信息公开费用不得超过管理该信息的开支费用。然而在以下情况中,信息保管者则不能收取前述费用:对申请人的口头申请作出答复时不得收取费用;公开少于 10 页的信息时不得收取费用;通过互联网公开信息时不得收取费用;根据第 7 条第 2 款的规定对书面申请作出答复时不得收取费用;未按时作出信息公开答复时不得收取费用。对于具有重要公共意义的组织来说,其缴纳的信息公开费用同样也不应超过相关部门保管这些信息时所产生的费用。如果相关信息保管主体曾公布虚假的或不真实的信息,那么当有申请人要求其公开真实信息时,这些信息保管主体则应免费公开,不得收取费用。

第 11 条明确规定行政机关推迟公开信息必须有合理的理由并经过法定程序。如果申请人没有按要求缴纳公开费用,则相关行政机关可以拒绝其申请。当申请人以口头形式提出信息公开申请,且这一申请影响到行政机关正常的工作时,行政机关有权予以拒绝。如果申请人采用书面申请的形式,行政机关欲拒绝时则必须提前 5 日以书面的形式告知申请人。告知书中应当写明不予公开的理由(以及所依据的法律规定)、不予公开决定做出的时间并告知申请人其享有上诉的权利。根据本法的规定,如果申请人不服行政机关作出的不公开决定,有权向法律规定的上级行政机关提出申诉,或者直接向法院起诉。

第 12 条规定了信息保管者在维护信息公开过程中负有的职责。根据本法的规定，保管信息的行政机关负有以下责任：保障信息的自由公开；对相关信息进行记录、分类以及保管；针对其所保管的信息，向提出申请的当事人提供真实、完整的信息内容；向申请人说明并解释其工作流程，就口头申请和书面申请的形式作出讲解；设立信息公开工作的主管机构。

第 13 条明确了哪些个人在信息公开中负有职责，并规定了他们的职责内容。信息保管主体的负责人或者官方直接任命的官员，是在信息公开工作过程中负主要职责的人。根据法律规定，前述个人在信息公开环节中的职责和义务主要包括：确保并监督信息公开主体履行职责；向申请信息公开的公民说明并解释相关程序；制作信息公开方面的数据等。

第 14 条为责任条款，规定了违反本法所应承担的责任。对信息保管主体而言，如果其拒绝公开相关信息的决定是违法的，或者做出其他侵犯申请人合法权利的事，则依据本法及相关法律法规的规定，需要承担相应的责任。

第 15 条为最终条款，明确了本法自官方公布之后的 10 日起生效，但其中第 7 条第 3、4 款的规定则从 2004 年 1 月 1 日起生效。

亚美尼亚建国时间并不长，但在公民政治权利保障方面还是做出了一定努力。结合亚美尼亚当前的法律法规体系，调整信息公开的法律性文件主要有以下几部，监督着行政机关的工作，并保障公民知情权得以实现。与信息公开相关的法律还有：

（一）《国家秘密与官方机密法》

《国家秘密与官方机密法》（*Law on State and Official Secrets*）为亚美尼亚军事秘密与外交机密的等级划分提供依据，是保护这两种机密信息的行为准则。[①] 本法制定于 1999 年 11 月 25 日，并于 2001 年 11 月 20 日进行修订。整部法律共 17 条，明确规定了亚美尼亚国家秘密与官方机密

---

① David Banisar, *Freedom of Information Around the World—A Global Survey of Access to Government Information Laws*, *Privacy International*, 2006, p. 41.

所包含的具体内容,并指定了信息保护过程中履行职责的特殊机构。① 违反本法规定泄露国家秘密的,应依据《亚美尼亚共和国刑法》第306、307条的规定进行处罚。② 本法作为调整特殊领域的信息规则,为统筹性《信息自由法》的制定提供了参考建议。

(二)《个人信息保护法》

2002年6月20日,亚美尼亚议会制定《个人信息保护法》(*Law on Personal Data*),并于同年10月8日获得通过。③ 本法规定亚美尼亚公民有权向公共机关或者私人组织提交申请,要求公开与其个人有关的信息。公民还有权要求前述机关或组织修改与其相关的不实信息,并且不服处理决定时还有权向法院提起信息公开诉讼。

(三)《奥胡斯公约》

亚美尼亚于1998年6月签署《奥胡斯公约》(*Aarhus Convention*),并于2001年8月批准该公约。然而该公约在亚美尼亚的执行状况却不容乐观,官方调查结果显示只有17.5%的亚美尼亚公民知道这部公约。④ 这在环境信息公开方面释放了一个并不积极的信号,督促立法机关与行政部门在今后的工作中关注这一情况,在促进信息公开的同时实现国内立法与国际公约的良好配合。

二、信息公开的范围

本法通过第8条中三款具体的条文规范信息公开的范围,以列举的形式明确划定不予公开的信息,通过排除的形式明确了信息公开的范围,

---

① See Legislation on Line: *Law on State Secrets and Official Secrets* (1999 *as amended* 2001), http://www.legislationline.org/documents/id/5379,最后访问日期:2014年4月2日。

② David Banisar, *Freedom of Information Around the World—A Global Survey of Access to Government Information Laws*, *Privacy International*, 2006, p. 41.

③ Law of The Republic of Armenia—About Personal Data, See http://cis - legislation.com/document.fwx? rgn = 26531,最后访问日期:2014年4月2日。

④ David Banisar, *Freedom of Information Around the World—A Global Survey of Access to Government Information Laws*, *Privacy International*, 2006, p. 41.

为实际工作提供指导。另外,本法在这一部分还针对不予公开的信息做出例外规定,体现原则与例外相结合的精神。

《信息自由法》第 8 条规定:(1)如果相关信息涉及以下内容,那么信息掌握者可以拒绝提供:①涉及国家秘密、政府工作秘密以及银行商业秘密的信息;②侵犯公民隐私权(包括私人信件、电话会议、邮报和其他形式隐私)的信息;③涉及公共机关事先调查事项的信息;④包含专业性内容的信息;⑤侵犯知识产权的相关信息等。(2)相关文件中包含的部分信息涉密、部分非涉密,则需要遵循特殊的公开规则。(3)行政机关不能拒绝当事人申请的情形,具体包括:①相关信息涉及紧急情况,威胁公共安全与健康,以及自然灾害(包括官方预测的)和它们的善后事宜;②信息与整体经济形势有关,或者相关信息反映亚美尼亚共和国自然和环境保护、卫生、教育、农业、贸易和文化领域等的现实情况;③如果拒绝信息公开请求,将会对亚美尼亚共和国国家的发展造成不利影响,则不能拒绝其公开申请。

三、信息公开的方式及程序

虽然亚美尼亚《信息自由法》的篇幅不长,内容也非面面俱到,但其中的程序性规定相对科学,从申请人和行政机关两个方面加以规范,并明确区分了口头申请与书面申请的不同之处,因此应当采用不同的方式和程序对待这两种申请。

(一)信息公开的方式

本法第 1 条明确规定:为了保障信息公开工作的顺利进行,中央政府、地方政府及行政机关、社会组织等主体均应发挥其辅助和监督作用。换言之,亚美尼亚《信息自由法》开篇即表明国家对相对人申请权利的保障,从侧面表明依申请公开在信息公开工作中的重要地位。

(二)信息公开的程序

1. 申请

本法第 9 条为信息公开申请与信息查询的程序性规定,明确了信息公开申请人应当采取怎样的方式申请信息公开。本条以书面申请与口头申请为划分标准,分十一项进行规范,整理之后可以总结为以下几个方面:(1)书面申请的内容及相关注意事项。首先,当事人应当在书面申请中写明以下内容:姓名、国籍、住址、职业或学习经历;如果当事人是法人,则应当在书面申请中写明自己的名称和地址。其次,根据相关法律法规的规定,申请人应当及时向行政机关就书面申请进行登记备案,以便今后对其合法权利进行保障。此外,当满足以下条件时,信息保管主体有权对申请人提交的书面申请不予答复:第一,其申请公开的信息不符合本法的规定;第二,信息申请人的个人信息中包含虚假成分;第三,申请人重复提交申请。最后,本法明确规定信息公开申请人无需向信息保管主体证明其申请行为的合法性,这是行政机关主动审查的范围。(2)口头申请的相关内容及注意事项。首先,当事人提交口头申请时,必须将其姓名明确告知受理的行政机关。其次,如果申请涉及以下方面内容,则相关行政部门有权拒绝受理:披露相关信息会破坏国家安全、社会秩序、公共道德或公共健康、侵犯其他人的权利或自由、破坏环境的;收到申请的行政机关不是相关信息的保管主体;申请人没有依据程序性规定提交信息公开申请。最后,如果召开了相关的听证会,则应当在听证会结束之后立即告知申请人处理结果。如果口头申请信息公开的当事人没有说明其姓名,则根据本法的规定,保管信息的行政机关有权推迟公开的期限。

2. 受理与决定

该法第 9 条还规定:(1)答复的期限及形式。对于当事人以书面形式提交的信息公开申请,行政机关需要特别注意期限的起止日期:①如果相关申请没有被行政机关依法公布,则接到申请的行政机关应当在公开材料形成之后的 5 日内将相关信息予以公开;②如果相关申请已经被行政机关依法公布,则行政机关应当在接到公开申请之后 5 日内将相关信息告知当事人;③如果需要额外的材料辅助信息公开工作,则接到申请的行政机关应当在收到申请之后的 30 日内向申请人提供相关信息。

(2)相关信息非行政机关保管时的程序。如果接到信息公开申请的行政机关不是所涉信息的保管者,或者相关信息的公开超越其职权,行政机关必须在接到申请之后的5日内以书面形式告知申请人。如果条件允许,还应当将实际的信息保管人和申请方式告知信息公开申请人。

3. 救济

当申请人对行政机关作出的答复或者决定不服时,可以依据本法向有关机构申请追究责任。

(三)信息公开的费用

在信息公开的缴费问题上,《信息自由法》对不同情况下申请人缴费的标准进行了规定。本法第10条明确规定,行政机关应当严格按照要求提供信息原本或其复印件,向申请人收取的信息公开费用不得超过管理该信息的开支费用。然而在以下情况中,信息保管者则不能收取前述费用:对申请人的口头申请作出答复时不得收取费用;公开少于10页的信息时不得收取费用;通过互联网公开信息时不得收取费用;根据第7条第2款的规定对书面申请作出答复时不得收取费用;未按时作出信息公开答复时不得收取费用。对于具有重要公共意义的组织来说,其缴纳的信息公开费用同样也不应超过相关部门保管这些信息时所产生的费用。如果相关信息保管主体曾公布虚假的或不真实的信息,那么当有申请人要求其公开真实信息时,这些信息保管主体则应免费公开,不得收取费用。

亚美尼亚信息公开工作并不实行完全免费的原则,而是针对不同情况收取不同费用;这一方面有助于强化当事人申请信息公开时的责任感,避免草率申请、重复申请,另一方面还能够缓解财政压力,为信息公开工作提供资金支持。

四、主管机构

1.《信息自由法》规定的主体

亚美尼亚《信息自由法》没有采用世界各国尤其是欧洲国家的立法

例,即没有设置信息委员会或者信息专员作为信息公开的主管机构,而是通过明确职权的方式强化了各主体在信息公开过程中的责任,为推进信息公开工作提供了保障。

本法第 12 条规定了信息保管者在维护信息公开过程中负有的职责。根据本法的规定,保管信息的行政机关负有以下责任:保障信息的自由公开;对相关信息进行记录、分类以及保管;针对其所保管的信息,向提出申请的当事人提供真实、完整的信息内容;向申请人说明并解释其工作流程,就口头申请和书面申请的形式作出讲解;设立分管信息公开工作的机构或组织,以辅助其展开工作。

第 13 条明确了哪些个人在信息公开中负有职责,并规定了他们的职责内容。信息保管主体的负责人或者官方直接任命的官员,是在信息公开工作过程中负主要职责的人。根据法律规定,前述个人在信息公开环节中的职责和义务主要包括:确保并监督信息公开主体履行职责;向申请信息公开的公民说明并解释相关程序;制作信息公开方面的数据等。

2. 人权监察专员

根据亚美尼亚人权监察专员(Human Rights Defender)官方网站的记录,该机构应当监督全国信息公开工作的实施情况,并选出特定的工作人员负责信息公开的监督工作。[①] 人权监察专员还应当制作信息公开工作的年度报告,报告内容主要应当包含:信息公开服务的内容;信息公开预算与决算;信息公开的形式;负责信息公开的人员名单(包括正式人员以及实习生);工作人员招聘流程;信息记录单等。另外,人权监察专员还应当将可以公开的信息情况公布在其官方网站上。[②]

---

① 参见亚美尼亚人权监察专员官网:http://www.ombuds.am/en,最后访问日期:2014 年 4 月 22 日。

② David Banisar, *Freedom of Information Around the World—A Global Survey of Access to Government Information Laws*, *Privacy International*, 2006, p. 40.

五、发展现状

亚美尼亚《信息自由法》篇幅不长,但为政府信息公开工作提供了明确可循的依据。本法从实体规定到程序规范,以简明的形式指出信息公开的总体规程,并且为申请人和保管信息的行政机关都提供了行为准则。

从亚美尼亚行政机关提交的2012年信息公开年度报告中,我们可以看到其日常工作量,并由此得知亚美尼亚共和国信息公开工作的发展情况。表1是2012年亚美尼亚各地方行政机构统计得到的数据,反映出各地区信息公开的现状。表2是2012年弱势群体提交信息公开申请的情况统计,从侧面体现出行政机关对弱势群体的关怀。

表1　2012年各地方行政机构接到的申请数量①　　　单位:个

地区	接到的申请数量
Yerevan(首都)	1157
Lori	282
Shirak	272
Gegharquniq	175
Kotayq	117
Syuniq	85
Ararat	75
Tavush	73
Vayoc Dzor	51
Armavir	45
Aragacotn	37
其他地区	51
总计	2420

① 资料来源:亚美尼亚信息公开年报2012,参见亚美尼亚人权监察专员官网:http://www.ombuds.am/en,最后访问日期:2014年4月22日。

表 2　2012 年社会弱势群体提交的申请数量①　　单位：个

弱势群体类别	提交的申请数量
残疾人	152
被监禁者	139
老年人	138
需扶助者	78
儿童	45
难民	32
军人	27
无家可归者	23
妇女	10
行动不便者	8
少数民族	5
少数族群	2
少数宗教派	1
总计	660

① 资料来源：亚美尼亚信息公开年报 2012，参见亚美尼亚人权监察专员官网：http://www.ombuds.am/en，最后访问日期：2014 年 4 月 22 日。

以色列《信息自由法》概览

一、法律概要

以色列信息公开法律制度的确立发展受到了基本法、司法实践以及民间组织的影响与推动。

1. 基本法的基础作用。以色列没有成文宪法，其政府的运作都是依据以色列国会颁布的法规进行的，包括一系列重要的"基本法"（*Basic Laws*）。基本法在以色列扮演着宪法的角色，目前为止共有 11 个基本法：《基本法：人性的尊严和自由》、《基本法：工作自由》、《基本法：耶路撒冷——以色列的首都》、《基本法：国家总统》、《基本法：国会》、《基本法：政府》、《基本法：国家经济》、《基本法：军队》、《基本法：以色列土地》、《基本法：司法》、《基本法：国家审计长》。其中，基本法中并没有明确规定政府信息公开制度，但是公民的隐私权以及信息公开的相关内容散见于各基本法中。

1992 年通过并颁布的《基本法：人性的尊严和自由》第 7 条规定了公民的隐私权，所有人都有个人隐私及生活秘密受保护的权利。非经本人允许，私人领域不得擅入。私人领域、身体与所有物不得被搜查。个人的谈话、通信与文书保密性不得被侵犯。第 8 条规定："除非通过适合以色列国伦理价值、为适当目的制定且未超过所需必要限度的法律，或者通过根据前述法律明确授权制定的法规，否则不得侵犯本基本法赋予的权利。"

1964 年通过并公布的《基本法：国家总统》中体现了国会、总理负有相关信息公开的义务，具体是其 24 条关于《瑞修莫特公告》（*Reshumot*）的规定："1. 国会议长应在瑞修莫特公告：①总统就职的日期；②总统职位的空缺；③国会议长依第22条第1款第2项与第3项的规定以临时总统或者代理总统身份暂代职务的开始或者中止。2.总理应在瑞修莫特公告总统离开国境及其回国的情况。”第25条规定：“无论其他法律如何规定，本法不得因紧急法令而变更、终止或者附加限制条件。”

自2001年通过、2003年生效的《基本法：政府》对相关事项的保密性作出规定。具体为第35条第1款规定以下有关政府和部门委员会的审议与决策的事项具有保密性质，禁止泄露或者公布：①国家安全；②国家外交关系；③政府认为其保密对国家确有必要，并适用本法规定以命令宣布者；④任何政府决定加以保密的事项，禁止泄露或者公布，仅限于知晓该项决策者。但是接着该条第2款规定：“第1款的规定并不适用于政府、总理或者政府、总理授权的人准许公布的或者依任何法律规定必须公布的事项。”

2.司法判决的重要影响。以色列的法律体系受到了英美普通法系、大陆法系、犹太法典以及其建国宣言等的共同影响。在司法制度上以色列继承了英美“服从先例”的传统，司法判决在以色列政治、法律、经济、社会制度建设中发挥着重要的作用。其中，政府信息公开制度引起人们的广泛关注并最终得以确立就始于以色列最高法院在1990年审理的“沙利特案”。最高法院判决公民有权获知选举过程中政党之间达成的联盟协议的内容。法官在案件具体判决书中写道：“公众对政府的了解且其想法的自由是一个民主政权的应有之义，民主政权应当建立在与公众不断分享有关公共生活信息的基础之上。不公开信息只有在例外情形下才允许，这些例外情形是指可能损害国家安全或外交关系，或是有损害一些重要公共利益的危险。信息公开的第三个原因是公众享有知情权，言论自由是我们法律体系的基本原则之一。言论自由是一种复杂的价值，最重要的一点是对自身想法的表达自由以及听取他人见解的自由。为了实现这种自由，法律赋予人们由言论自由发展而来的附加的权利。在这些附加权利中就有获得信息的权利。与公民获得信息权相对的是政府机构对提供信息的研究。”[①]法官从民主政权的含义和言论自由等出发,论证了公民了解政府信息的应然性。由于“服从先例”的司法传统,最高法院的这项判决使得之后以色列国内的各个法院都必须承认公民的信息公开申请权,司法实践进一步推动了国会立法的进程。

3. 民间组织、活动的积极推动。1992 年以色列“信息自由联盟”发起了一场旨在争取信息公开申请权、实现专门信息公开立法的活动。这项活动为《信息自由法》的制定奠定了广泛的社会基础,并促使以色列国会将制订《信息自由法》提上议程。至今,在以色列仍然活跃着各种民间组织,它们在推动《信息自由法》实施以及信息公开制度的完善方面起到了重要作用。例如,2013 年 10 月以色列司法部长理夫尼(Livni)宣布申请信息公开的费用将减少 80%,并且将会公开执行公共职能的私人组织的更多信息。而这一突破是“新以色列基金会”(New Israel Fund)和“信息自由运动组织”(Freedom of Information Movement)共同发起的一项运动的结果。[②]

在基本法和司法实践的基础上以及民间组织的推动下,以色列国会最终制定并于 1998 年 5 月全票通过了《信息自由法》[③](*Freedom of Information Law*),《信息自由法》是以色列有关政府信息公开最重要的一部法律。

以色列《信息自由法》没有进行章节的设置,全文共 21 条。主要内容如下:

该法第 1 条规定,以色列公民或居民依本法享有从公共机关获取信息的权利。第 2 条对“联合委员会”、“信息”、“负责”、“获取信息”、“公

---

① H. C. 1601 -4/90 Shalit et al. v. Peres el at. ,44(3)P. D. 353. See Debbie L. Rabina, Access to government information in Israel: stages in the continuing development of a national information policy, See http://www. ifla. org/IV/ifla66/papers/018 -160e. htm,最后访问日期:2013 年 10 月 23 日。

② 参见网站:http://www. freedominfo. org/2013/10/israel - to - cut - foi - fees - cover - private - functions - livni - sa - Ys,最后访问日期:2013 年 10 月 28 日。

③ 该法律可见网站:http://www. right2info. org/laws/constitutional - provisions - laws - and - regulations,最后访问日期:2015 年 8 月 4 日。

共机关”、“公共机关的领导人”、“由当地公共机关控制的组织”等词汇的含义进行了界定。第3条对“负责人”作出规定。第4条规定，政府应当公布本法第1条和第8条中提到的公共机关的清单，清单需包括各公共机关的职能、其负责人的联系方式以及从该机关获得其占有信息的其他方式。本地机关还需特别对其自身情况和其控制且适用本法的公司的情况进行公开。第5条规定了“定期报告”制度。第6条规定对信息公开中适用的指导原则和细则作出了规定。第7条就公民进行信息公开申请的程序和公共机关的处理程序进行了规定。第8条对公共机关在何种情形下可拒绝信息公开作出了规定。第9条就禁止公开的信息和无义务公开的信息进行了4项规定，第10条规定了公共机关自由裁量拒绝进行信息公开时的考量因素。第11条针对第9条禁止公开和无义务公开的信息作了进一步的规定。第12条规定了可以申请信息公开的主体。第13条规定了对第三方的保护。第14条规定了《信息自由法》不得适用于特定机关及其制定、收集的信息。第15条规定联合委员会的会议应当保密及特殊规定。第16条就信息改正进行了规定。第17条对申请人、第三方的起诉权，法庭具体审理等事项进行了规定。第18条对信息公开中针对申请人的收费问题进行了规定。第19条规定了司法部长负责本法的实施，并经宪法法律司法委员会批准有权就本法实施设定法规。第20条规定《信息自由法》的所有规定不得减损其他成文法的规定，有例外情形的除外。第21条规定了《信息自由法》的生效时间。与信息公开相关的法律还有：

（一）《沙利特法》

《沙利特法》（*Shalit*）[①]要求国会议员向公众披露所签署的联合协约的内容，但有关国家安全、外国事务、社会和经济事务的协议应限制公开的程度。

---

① 罗曼：《信息政策》，科学出版社2005年版，第166页。

(二)《法利珀维特法》

《法利珀维特法》(*Filipovitz*)[①]确定了私营公司在提供政府信息中的合法地位,规定政府部门有权决定本部门信息传播的渠道。鉴于此,许多政府部门在考虑到自身运作能力(如部门的技术能力、预算限制、传播能力等)的基础上,通过外包方式由私营公司负责传播政府信息,包括重要的文件、法律判决和立法等。

(三)《病人权利法》

以色列于1996年颁布《病人权利法》(*Patient' s Right Law*)[②],该法共九章、36条。其目的是保障要求接受治疗或正在接受治疗的病人的权利、尊严与隐私。该法第6(A)条规定,病人有权获知为其治疗的人员的身份和职务;第6(B)条规定,相关主管人员应当确立认定医生及其他医院工作人员身份的方式。

(四)《隐私保护法》

《隐私保护法》(*Protection of Privacy Law*)[③]共五章、37条,就以色列公民隐私保护进行了具体规定,其中该法第13条规定"任何人或由其授权委托的人等可以向数据库的管理者要求公开涉及其本人的信息。"

二、信息公开的范围

以色列信息公开遵循公民私权利领域的"法无禁止即自由"的原则,除法律作出明确规定禁止或限制信息公开外,信息都应当予以公开。以色列《信息自由法》有3处对信息公开作出了限制或不予公开的规定,分别是:

1. 该法第8条规定的在特定情形下公共机关可以拒绝公开信息。该

---

① 罗曼:《信息政策》,科学出版社2005年版,第166页。

② 参见网站:http://waml. haifa. ac. il/index/reference/legislation/israel/israel1. htm,最后访问日期:2013年11月26日。

③ 参见网站:http://www. right2info. org/laws/constitutional - provisions - laws - and - regulationssection - 58,见 Israel 下 Privacy Law,最后访问日期:2013年11月26日。

规定不涉及信息的保密性质，主要是针对公开活动本身的不合理、不必要、不可能性等，包括：(1)信息的公开将使得资源配置不合理；(2)公共机关制定或获得该信息已经超过7年或确定该信息的地点具有实质性困难；(3)经过适当努力仍找不到信息或者信息已经不为其所有；(4)信息已经公布且为公众知晓，或是公民可通过付费或免费获得信息；(5)信息为其他机关制定，且使申请人向其他机关申请信息不会增加不合理的负担。

2. 该法第9条第1款规定了不予公开的信息，包括：(1)公开会损害国家安全，外交关系，公众安全或者个人安全、福祉的信息；(2)国防部长在联合委员会批准的决议中指明的有关维护国家安全的信息；(3)公开会构成对《隐私保护法》规定的“隐私”造成侵犯的信息，除非公开经过法律允许；(4)其他为法律所禁止公开的信息。可见，这些绝对禁止公开的信息主要是与国家安全、外交关系、公众安全、公民个体安全及隐私这样的重要法益相关的信息。该法第9条第2款规定了限制公开的信息，包括：(1)公开很可能扰乱公共主管当局的正常运作，或破坏其履行职责的信息；(2)仍在形成之中的政策信息；(3)与公共机关之外的公司、个人谈判的信息；(4)公共机关内部讨论的信息，机关雇员、成员或顾问之间内部磋商的记录，内部调查中的协商记录，决策中所提的想法、草稿、咨询意见及建议和依法确立的磋商会议(内容)除外；(5)公共机关内部管理的信息，该信息与公众无关，对公众也不具有重要性；(6)适用商业或职业保密义务的信息，或者有其经济价值、发布该信息易对其价值造成实际损害的信息，与私人企业商业或职业事务相关若公开很可能对其职业、商业或经济利益造成实际损害的信息，但例外情形是当该信息：①涉及有关排放、泄露到环境中物质的，②涉及对非私有财产进行的噪音、气味或放射性测量结果的信息可以公开；(7)公共机关以保密方式获取的信息，或者其公开不利于信息进一步获得的信息；(8)涉及执法性公共机关或依法行使调查、监督或处理投诉权力的机关工作方法或程序的信息，如果公开该信息很可能：①妨害这些机关执法、监督或处理投诉，②妨害调查程序、法律程序或是个人得到公正审判的权利，③导致或可能导致保密信息来源相关信息的泄露;(9)涉及对公共机关雇员(包括军人、警察、狱警或在公共机关的其他任职者)纪律处分的信息,但依法涉及公共程序的除外;(10)公开会影响已故者隐私的信息。

3. 该法第14条规定以下机关不适用《信息自由法》,即对其掌握的信息不予公开。这些机关主要包括:(1)以色列国防部的情报机构,以及经联合委员会同意,国防部长基于国家安全因素而明确指定的其他军队部门;(2)以色列安全机构以及特定公共机关中的安全部门;(3)情报机构或执行特殊任务的机构;(4)国防部中的安全部门;(5)经联合委员会同意,分别由总理或国防部长明确指定的,主要处理涉及国家安全或外交关系的总理办公室或国防部的下属部门;(6)以色列原子能委员会以及对其负责的核研究中心;(7)外交部政治研究中心,裁军事务部,政策制定部门以及经联合委员会同意,由外交部长明确指定的其他涉及国家安全、外交关系的外交部部门;(8)依法被授权进行侦查的机构、机关(涉及符合侦查目的的信息以及情报信息的);(9)以色列警局中的情报和侦查部门,以及经联合委员会同意、国内安全部长明确指定的警局中其他部门;(10)以色列监狱系统中的情报、安全部门;(11)依照内部程序讨论公民身体状况的准司法机关。此外,该条还授予了司法部长相当的权力来决定除上述机关、机构外其他的部门不适用此法,具体是:(1)司法部长与有关部长协商且经以色列宪法法律司法委员会或其附属委员会同意后,可以在上述11类部门的基础上增加一定的机构(此命令有效期不超过6个月,若此命令提前撤销,司法部长可以再重新延长此命令,只要总的期限不超过6个月即可);(2)经合理考察可能损害其经济或商业活动的,经以色列宪法法律司法委员会同意,司法部长同相关部长协商后决定地方社团不适用此法。

三、信息公开的方式及程序

(一)信息公开的方式

依据《信息自由法》第5条,公共机关应当制定、公布包含其活动、职责信息的年度报告，并且包括该机关信息公开负责人就信息公开工作制定的报告。依据《信息自由法》第7条第5款，信息应当以公共机关保存信息的形式向申请人公开，公共机关没有按照申请人要求的形式进行信息公开的义务。如果是电子文稿，则应按照公共机关惯用的方式提交给申请人。

（二）信息公开的程序

1. 申请

依据《信息自由法》第7条第1款的规定，申请人向相应公共机关主管信息公开事务的负责人或是负责人授权的人员提交信息公开的申请，该申请必须以书面方式作出。依照《信息自由法》第12条规定，非以色列公民或居民的人只要信息关系到其在以色列的权利的，都可以享有信息公开申请权，且不需说明理由。

2. 受理

依据《信息自由法》第7条第2、3款规定，公共机关应当在收到申请30日内作出公开或不予公开的决定，并将决定通知申请人。必要时，机关领导人或经其授权的人有权决定在作出决定期限基础上再延长30日，该延长决定须书面告知申请人并说明理由。基于信息的掌握程度或是复杂性，机关领导人有权再次延长作出决定的期限，但须向申请人作出充分的解释，在任何情形下再次延长期限不得超过60日。

3. 决定

以色列公共机关就信息公开申请可以作出公开决定、延迟处理决定和不公开决定。依据《信息自由法》第7条第4～6款，如果公共机关作出公开信息的决定，则应当依情形在合理期限即不晚于15日内公开信息；特殊情形下负责人可以作出延迟公开的决定；公共机关应当告知申请人信息公开的时间和地点；信息应当以公共机关保存信息的形式向申请人公开，公共机关没有按照申请人要求的形式进行信息公开的义务，如果是电子文稿，则应按照公共机关惯用的方式提交给申请人。如果公共机关作出不公开信息的决定，无论是全部或部分不公开，都应书面通知申请人其决定、决定的理由以及告知申请人依《信息自由法》第 17 条所享有的起诉权。申请人必须在公共机关公开信息前支付相关费用,否则公共机关可不公开信息。第 13 条中规定,当被申请公开的信息涉及到第三方的个体信息、信息公开可能损害第三方利益时,公共机关应当书面通知第三方相关情况,第三方须在 21 日内向公共机关提出反对信息公开及合法理由。公共机关认为第三方反对无效而决定公开信息的,应当向第三方作出书面决定并说明理由(该理由可以依据《信息自由法》第 9 条规定或是任何其他法律的规定),并告知其享有的对该项决定的起诉权。其中第三方作出反对的期限(21 日)不算在公共机关受理期限之内。此外,在第三方起诉期内或是在法庭作出驳回起诉的判决之前,公共机关不得向申请人公布信息,除非第三方以书面通知的形式放弃其起诉权。由此,申请人积极的信息自由不会在“涉及第三人个人隐私的,不得公开”这样的规定下被迫丧失,第三方消极的信息自由也可得以保障。也就是说,第三方在同意其信息公开时其信息自由自然不会被侵犯,当第三方反对其信息公开且公共机关认可而不予信息公开时,其信息自由也得到保障;只有在其反对信息公开而公共机关不予认可时,其信息自由有可能受到侵犯,而法律对此规定了起诉权,将争议交由法院裁决,司法救济保障了最终的公正。依据《信息自由法》第 16 条的规定,如果申请人发现相关机关公布的有关其个人的信息不正确、不完整、不清楚或是已经失效的,可以要求该机关予以改正。

(三)信息公开的费用

《信息公开法》第 18 条就申请信息公开涉及的费用问题进行了规定:依据该法第 6 条的规定公共机关必须主动向公众公开的信息,以及公民申请公开有关其个人的信息,公共机关不得收费。但在任何情形下(即包括前述情形),公民都需支付因复印、打印、传达该信息而产生的费用;公民申请信息公开的,当机关为找到该信息而付出特殊努力时,申请人也应支付相关费用。该条还规定具体的收费制度由司法部长经宪法法律司法委员会同意后设定,并且在该收费制度中应当明确免于收费的情形;司法部长还有权规定信息公开申请人必须在支付应付费用后,《信息公开法》规定的公共机关提供信息的期限才可适用,即只有申请人付费后才可受到该法的保护,否则公共机关可以不公开或延迟公开信息。依据1999年《关于信息自由法收费法令》[*Ordinances of the Freedom of Information Law*(*Fees*) -1999],申请人可以通过两种方式支付申请信息公开所需支付的费用,一种是可以在当地邮局支付,另一种是在政府支付服务网站(government payments service website)上通过信用卡在线支付。①

四、主管机构

1.联合委员会(Joint Committee)。该委员会由宪法法律司法委员会(Knesset Constitution, Law, and Justice Committee)及外交国防委员会(Knesset Foreign Affairs and Defense Committee)组成。《信息自由法》第9条规定不予公开的信息很多情形下须由司法部长进行具体明确,而前提是须经过联合委员会的同意。其中,如涉及法律问题的,司法不正须征得宪法法律委员会的同意;如涉及外交、国防等问题的,司法部长则须征得外交国防委员会的同意。

2.司法部长(Minister of Justice)。《信息自由法》第19条明确规定了司法部长负责本法的实施,并且有权为了本法的实施制定相关法规。司法部长法定的很多权力都可能影响到信息公开,如其对信息公开设置收费制度,可以决定不适用《信息公开法》的机关、机构、社团等。

3.信息公开负责人(Person Responsible)。《信息公开法》第3条规定了负责人制度,即公共机关领导人应任命一位机关工作人员作为主管信息公开工作的负责人。负责人的职责包括向公众公开相关信息、处理信息公开申请以及保障《信息自由法》的实施,他是公民在申请信息公开过程中最先、直接接触到的人,因此其工作态度、能力是决定信息公开效果

① 参见网站:http://old.justice.gov.il/MOJEng/HofeshMeda/,最后访问日期:2013年11月1日。

的重要因素，也相应影响着民众对信息公开的满意程度及信心。

五、争议解决

以色列信息公开制度为申请人提供的救济方式主要是司法救济。信息公开过程中涉及的争议主要有：(1)针对信息公开申请被拒时，申请人与公共机关产生的争议；(2)针对涉及第三方反对公开信息而公共机关否定这种反对时，第三方与公共机关产生的争议。这两种争议中，首先，申请人和第三方可在收到公共机关决定之日起30日内向行政法院提起诉讼，当申请公开的信息为《证据法》规定的保密信息时，则应当由最高法院进行审理。其次，在审理过程中除非是涉及《信息自由法》第8条规定而起诉的案件，法院有权审阅所有需要的信息，涉及第9条禁止公开的信息时，原告及其代理人不得出庭，法庭对相关公共机关法定代表人的答辩进行秘密审理。再次，在作判决时如果信息公开很可能损害第三方的权利，法庭不得作出信息公开的判决，除非第三方声明不予反对。最后，极其重要的一点是，涉及国家安全、外交关系、军事安全、个人隐私等重大利益的信息时，公共机关依据《信息自由法》第9条作出拒绝公开决定的，如果法庭认为公开信息影响的公共利益要优先于上述利益，且公开信息不为法律禁止时，法庭可以命令公共机关公开信息并说明理由。

信息公开过程中还存在申请人与公共机关就信息公开费用产生的争议，针对这种争议，当事人可向地区法院起诉。

六、发展现状

1998年《信息自由法》第9条具体提到了环境信息，在1999年一般性法规中规定了进一步实施情况，但是很少有主动公开的，特别是关于具体环境问题。2009年2月2日，以色列国会及其本土环境保护委员会批准了几项新法规，这些法规将迫使以色列公共机关向公众公开环境信息。这些新法规明确了向公众公开的信息的类型，以及如何有效公开信息。环境信息特别是关系到公共健康的信息，包括向环境中排放、释放的物质的数据,以及私人物体之外的噪音、气体、辐射的测量结果。所有的公共机关,包括政府部门、地方机关和其他的机构都将适用这些法规。

依据《信息自由法》第5条,以色列公共机关必须公布法规、指导方针和其他信息,详细说明其如何具体地实施《信息自由法》,并且公共机关必须就他们的活动发布一份年度报告,并委任一名负责该法案执行的官员。政府部门也需要在他们的网站发布有关他们活动报告在内的信息。但前些年的审查表明《信息自由法》的实施一直不是特别的成功。行政事务委员会从未成立一个部门去执行本法,没有对审查年度报告的组织实行中央监管,同时也没有对相关信息公开工作人员进行专门培训。大部分部委每年收到的申请少于100份,并且大多为非个人信息申请,公民个体申请公共机关信息公开的热情较小。新闻记者也很少关注《信息自由法》。以色列国内民间组织——"信息自由运动"①评论道,"《信息自由法》规定以色列境内的每个公民都享有获取公共机关信息的权利,该法也是维持政府有效治理的重要举措之一。它允许公众监督,增加了人们对公民权利的享有程度。然而,体制改革并没有带来之前急切期待的那种信息透明。以色列大多数公共机关并没有落实信息自由原则,部分原因是长期公共机关对信息集中保密的传统,不愿向公众进行信息公开"。②

以色列内阁在2011年3月6日批准在司法部内设立一个信息自由法实施监察机构——信息自由法监察官(Supervisor of Freedom Information Law)。该机构有权对政府部门处理信息公开申请中出现的错误做法进行指导,主动就公布信息设定指导方针,建立处理信息公开申请的程序,以及收集法律实施情况的信息。但本机构自身无权强制相关机构进行信息公开。

---

① David Banisar, *Freedom of Information Around the World 2006—A Global Survey of Access of Government Information Laws*, Privacy International, 2006, p. 91.

② 参见 About Us,载"信息自由运动"组织官网 http://translate. google. com/translate? hl = en&rurl = t - ranslate. google. com&sl = auto&tl = en&u = 1&u = http://meida. org. il,最后访问日期:2013年11月28日。

印度《信息权利法》概览

一、法律概要

印度宪法没有明确规定保护知情权。[①] 印度最高法院在1975年作出规定，获取政府信息是言论表达自由这一基本权利中的重要部分。[②] 尽管这一规定非常明确，但印度信息权利法的产生仍然经历了很多年的探索。在这一过程中，基层民众的权利诉求运动对法的形成起到了重要的推动作用，其中，拉贾斯坦邦的人民组织MKSS（Mazdoor KisanShakti Sangathan）对这部法的形成起到了重要的推动作用；该组织通过权利运动，迫使政府回应人民提出的信息要求并对人民负责，拉贾斯坦邦的邦长最后宣布人民有权利要求并获得关于政府在其村子里为发展工作而支出的详细情况。[③] 在这一背景下，伴随着针对公职人员的冷漠、不回复、缺少责任等问题开展的行政改革，1997年印度政府成立了关于实现信息权利和促进政府公开透明的工作小组，主要负责考察和研究出台全面的信息权利法的可行性和必要性。[④]

2002年，全国性的《信息自由法》在历经多年的公开辩论以及在印度

---

① 托比·曼德尔：《信息自由：多国法律比较》，龚文庠等译，社会科学文献出版社2011年版，第71页。

② State of Uttar Pradesh v. Raj Narain and Others [(1975)4 SCC 428. Also see S. P. Gupta vs. Union of India(AIR 1982 SC 149); See Government of India, Report of the Working Group on Right to Information and Promotion of Open and Transparent Government, May 1997. For a detailed review of the situation of freedom of information in India until 2001, See Article 19, Global Trends on the Right to Information: A Survey of South Asia, July 2001. Available at http://www.article19.org/，最后访问日期：2013年10月20日。

③ 孙彩红："印度《信息权利法》的实施及其启示"，载《中国行政管理》2011年第9期。

④ 孙彩红："印度《信息权利法》的实施及其启示"，载《中国行政管理》2011年第9期。

许多邦已通过信息权法的情况下，于 12 月获得通过。① 该法效力微弱、广受批评，且未能由政府在官方公报上进行通报，所以从未发生法律效力。②

2005 年，在对《信息自由法》进行了修改后，议会于 5 月通过了《信息权利法》(*Rightto Information Act*)，总统于同年 6 月签署。③

《信息权利法》④适用于除了查谟 - 克什米尔邦之外的地区。根据该法第一章的规定，部分基本条款当即生效，而所有条款于 2005 年 10 月生效，《信息自由法》自《信息权利法》颁布之日起废止。相比较而言，2005 年的《信息权利法》明显比《信息自由法》更进步，主要体现在：更成熟的主动公开制度、增加了一个独立的监督机构、包含强有力的促进措施和涉及范围窄得多的例外信息规章。⑤《信息权利法》的正式颁布，是印度行政改革的一个具有标志性的重要举措，是其民主发展过程中的里程碑。

《信息权利法》共分为六章，共 31 条。第一章(第 1 ~ 2 条)说明了法的适用地区，对相关机构进行了定义，包括适当政府(Appropriate Government)、中央和州信息委员会(Information Commission)、中央和州公共信息专员(Information Commissioner)、法定权能机构(Competent Authority)、公共机构(Public Authority)，以及可以依法获取的信息的类型和信息权。第二章(第 3 ~ 11 条)明确了所有公民都享有信息权，详细规定了公共机构的责任义务和申请信息公开的程序和方式，说明了公共信息专员的设立要求，并以列举式说明了不予公开的信息范围。第三章

---

① 若要详细了解印度早期地区和国家信息权的发展，请参考第 19 条组织可选政策中心，巴基斯坦英联邦人权倡议组织和人权委员会，《信息权全球趋势：南亚概览》(伦敦，2007 年 7 月)。

② 托比 · 曼德尔：《信息自由：多国法律比较》，龚文庠等译，社会科学文献出版社 2011 年版，第 72 页。

③ http://www.right2info.org/laws/constitutional - provisions - laws - and - regulationssection - 55，最后访问日期：2013 年 10 月 20 日。

④ 该法律可见网站：http://www.righttoinformation.gov.in/rti - act.pdf，最后访问日期：2015 年 8 月 4 日。

⑤ 托比 · 曼德尔：《信息自由：多国法律比较》，龚文庠等译，社会科学文献出版社 2011 年版，第 72 页。

(第12~14条)阐述了中央信息委员会的组成,首席信息专员和信息专员的任职条件、任职期限以及解除职务的事由等。第四章(第15~17条)阐述了邦信息委员会的组成,邦首席信息专员和信息专员的任职条件、任职年限以及解除职务的事由等。第五章(第18~20条)阐述了信息委员会的职能,上诉程序以及处罚规则。第六章(第21~31条)对前述内容进行了补充。与信息公开相关的法律还有:

(一)《官方秘密法》

印度《官方秘密法》(*Official Secrets Act*)产生于特殊的时代背景中,它的制定一方面是为了维护印度的国家安全,另一方面在维护英国在印度的殖民统治方面也发挥了重要的作用。①

《官方秘密法》根据1911年英国《官方秘密法》制定。英国的《官方秘密法》禁止未经授权对秘密信息进行收集或公开,在现实生活中,英国《官方秘密法》经常被援用以拒绝对媒体进行信息公开。②《官方秘密法》给政府和军方启动调查活动设置的门槛很低,从而使该法在相当程度上被滥用。实际上,印度官方在使用该法时很随意,受害者除了外国游客还有印度国内的媒体和研究人士。③

《官方秘密法》与《信息权法》存在不少冲突,包括基本理念和具体内容。在现实中,《官方秘密法》有时甚至凌驾于《信息权法》之上,从而引发各种批评。④ 到目前为止,《官方秘密法》仍没有被废除,印度外界反对意见最大的是对第5条所规定的国家秘密缺乏清晰、合理的界定。⑤

《信息权利法》第22条规定:如果1923年的《官方秘密法》或者现在正在实施的其他法律中的相关规定与本法不一致,以本法规定为准。

---

① 安吉:"印度《官方秘密法》的前世今生",载《论坛》2011年第7期。

② See Govt still not clear on what's a secret, Times of India, 8 January 2003.

③ 安吉:"印度《官方秘密法》的前世今生",载《论坛》2011年第7期。

④ 安吉:"印度《官方秘密法》的前世今生",载《论坛》2011年第7期。

⑤ 安吉:"印度《官方秘密法》的前世今生",载《论坛》2011年第7期。

(二)《公共记录法》

1993 年,印度颁布《公共记录法》(*The Public Records Act*)。[①] 这部法律的制定是为了规范对公共记录的管理和维护。《公共记录法》中所规范的公共记录来源广泛,包括中央政府、邦政府、公共机构、法定机构、企业、由中央政府或邦政府建立的委员会以及与之有关的事项。[②]

1997 年,印度中央政府根据《公共记录法》制定《公共记录条例》,该条例规定:获取公共或个人记录,应当向档案的主管人提出申请,主管人可以以公共利益为由拒绝提供。主管人可以以维护印度的国防安全为由拒绝提供与国防和外交有关的地图和制图记录。外国人申请获取公共记录必须有使馆所出的介绍信。[③]

《信息权利法》和《公共记录法》在信息可以公开的年限规定方面存在不一致。《公共记录法》第 12 条规定,如果转存在档案馆的非保密的公共记录已经有了 30 年历史,该记录可以提供给研究人员。[④]《信息权利法》规定,在提出信息公开申请时,除了为维护主权、国家安全、战略利益、同其他国家的关系、涉及议会的特权和内阁文件等三种例外情况,如果信息所涉及的事件已有 20 年历史,那么任何人都有权获取。

(三)查谟 – 克什米尔邦的《信息公开法》

出于宪法规定的特别的原因,《信息权利法》并不适用于查谟 – 克什米尔邦,查谟 – 克什米尔邦的立法机关在 2009 年 3 月颁布了适用于该地区的《查谟 – 克什米尔邦信息权利法》(*Jammu and Kashmir Right to Information Act*)。该法除了缺少“中央信息委员会”一章,其他部分编排

① 参见网站:http://www.right2info.org/laws/constitutional – provisions – laws – and – regulationssection – 55,最后访问日期:2013 年 10 月 20 日。

② 参见网站:http://www.nationalarchives.gov.in/ShowContent.aspx? uid1 = 2&uid2 = 21&uid3 = 0&uid4 = 0,最后访问日期:2013 年 10 月 20 日。

③ 参见网站:http://www.nationalarchives.gov.in/ShowContent.aspx? uid1 = 2&uid2 = 21&uid3 = 0&uid4 = 0,最后访问日期:2013 年 10 月 20 日。

④ 参见网站:http://www.nationalarchives.gov.in/ShowContent.aspx? uid1 = 2&uid2 = 21&uid3 = 0&uid4 = 0,最后访问日期:2013 年 10 月 20 日。

与印度的《信息权利法》相一致，内容基本一样。[①]

二、信息公开的范围

《信息权利法》第二章第 3 条规定，所有公民都享有获取信息的权利。为了充分保障公民的信息权，该法规定了比较宽泛的信息公开范围。

《信息权利法》第一章第 2 条第(f)款对公民可以获取的“信息”进行了定义，包括以记录、文件、备忘录、电子邮件、新闻、通知、日志、合同、报告、样本、模型以及电子数据等任何形式存在的任何信息，包括公共机构根据其他法律可以获取的与个人有关的任何信息。第 2 条第(i)款将“记录”界定为任何文件或手稿、缩微胶卷或传真、复制品或计算机或其他设备产生的任何制品。

对不予公开的信息范围，《信息权利法》第 8 条至第 10 条以及第 24 条进行了规定。

第 8 条所规定的例外情况主要包括可能危害国家安全、影响刑事侦查以及危及个人生命安全，具体有：公开该信息将对国家主权和完整、安全、战略、科学或经济的利益，或与外国的关系产生不利影响，或将煽动犯罪行为；该信息已明确地被法院禁止公布，或者公开该信息将构成藐视法庭；信息公开将侵犯议会或者邦立法机关的特权；包括商业秘密、知识产权在内的信息的公开将损害第三方的竞争能力，除非为了更广泛的公共利益的需要而将其公开；公民基于信托关系所持有的信息，除非为了更广泛的公共利益需要而将其公开；来自外国政府的机密信息；信息公开将会危及任何人的生命或安全，或暴露为执法或安全目的而存在的秘密信息的来源；公开将妨碍调查、拘捕或者起诉犯罪嫌疑人；包含部长理事会和其他官员的讨论记录在内的内阁文件，但在决定做出后以及相关事项结束时应当向公众公布部长理事会所做决定的内容、理由以及作出决定的

---

① 参见网站：http://www. right2info. org/laws/constitutional - provisions - laws - and - regulationssection - 55，最后访问日期：2013 年 10 月 20 日。

依据,除内容、理由和依据之外的事项不应当被公开;与公共利益无关的个人信息,或者公开将导致对个人隐私权的无端侵犯,除非中央或邦信息公开专员或上诉机构根据具体情况,为了更广泛的公共利益而将此类信息予以公开;若信息不得向议会及邦立法机构隐瞒,则不得对任何人隐瞒。

第 9 条规定,当申请公开的信息将侵犯个人版权而非国家拥有的版权时,中央或邦信息公开官员可以根据具体案件,在不影响第 8 条规定的情况下拒绝公开申请。

第 24 条规定,由印度中央政府建立的情报局、内阁秘书处的研究和分析中心、营收情报委员会、中央经济情报部、执行委员会、毒品管制局、航空研究中心、半军事化特种部队、边境安全部队、中央后备警察部队、印藏边界警察、中央工业安全部队、国家安全卫队、阿萨姆步枪队、特殊服务机构、刑事调查局安达曼和尼科巴群岛分支、刑事调查局达德拉 · 纳加尔哈维利犯罪分支、拉克沙群岛警察部队 18 个机构,或者由上述机构提供给政府的信息均不适用本法规定,但是有关腐败指控和侵犯人权的信息不排除在本节之外。如果拟搜集信息有关侵犯人权的指控,只有经过中央信息委员会的批准才可以提供该信息;并且不受第 7 条的限制,此类信息应当自接到申请之日起 45 天内提供。中央政府可以通过官方公报、修改一览表等方式,根据具体情况,增加或减少情报机构以及安全机构。依据第(2)款所做的通知公告应经过议会两院的批准。由邦政府建立的,以政府公报公告的形式公布的情报及安全机构也不受本法调整。详细说明如下:有关腐败指控及侵犯人权的信息不排除在本节之外;如果拟搜集信息有关侵犯人权的指控,只有经过邦信息委员会的批准才可以提供该信息;并且不受第 7 条的限制,此类信息应当自接到申请之日起 45 天内提供。依据第(4)款所做的通知公告应通过邦议会批准。

三、信息公开的方式及程序

(一)信息公开的方式

根据《信息权利法》第二章第 4 条至第 7 条的规定,印度公共机构信息公开的方式主要有以下两种:主动公开和依申请公开。其中,主动公开的主要是涉及公共机构职能的信息。

1. 主动公开

《信息权利法》第一章第 2 条第(h)款对公共机构(public authority)进行了界定,包括由宪法或依据宪法、依据由议会或邦立法机构通过的任何法律或依据由政府颁布的任何通告设立的当局、机构或自治组织,并包括任何政府拥有、控制或充分资助的机构,包括非政府组织。①

《信息权利法》第一章第 4 条规定了这些公共机构必须履行的广泛的主动公布信息的义务。每个公共机构都必须在本法公布的 120 天内建立自己的信息资源目录,包括以下内容:组织、职能和职责的详情;雇员的职权和职责;决策过程遵循的程序;任何履行其职能所遵循的规范;规则、章程、说明书和手册;持有的各类文件及其电子形式的类目;有关政策的制定或执行的公共咨询安排;所有董事会、理事会、委员会和其他机构的说明,以及他们的会议或会议记录是否公开;一份所有员工和工资的目录;分配给每一个机构的预算和所有计划的细节、拟议的支出和报销的报告;资助项目的执行和受益人情况;特许权、许可证或其他批准书领受人的详情;公民获取信息的设施(包括阅览室);所有信息官员的联系方法;以及可能发布的其他类似信息。② 公共机关应当及时公布与制定政策相关的所有事实和影响公共利益的决定,并对行政和司法决定做出合理解释。

该法还要求公共机构必须主动提供尽可能多的信息,信息传播应当考虑成本、当地的语言和传播区域最有效的传播手段,并尽可能以电子方式传递。应当免费提供这些规则所涉及的信息,或只收取工本费或成本价。

---

① 参见托比·曼德尔:《信息自由:多国法律比较》,龚文庠等译,社会科学文献出版社 2011 年版,第 73 ~ 74 页。

② 参见托比·曼德尔:《信息自由:多国法律比较》,龚文庠等译,社会科学文献出版社 2011 年版,第 76 页。

2. 依申请公开

《信息权利法》第6条第1款规定，申请人可以通过书面或口头形式向公共信息官员申请信息公开。第6条第2款和第3款以及第7条详细说明了公共机构对信息公开申请的处理程序。

(二)信息公开的程序

1. 申请

该法第6条规定申请人应当使用英语或者印地语或者当地官方语言，以书面或者电子手段向合适的信息官员申请信息公开。申请应当提交给由公共机构中每个部门所指定的公共信息官员。申请也可以发到当地指定的助理公共信息官员，并由他将请求送达相关公共信息官员。该法第5条第3款规定，如果无法提供书面申请，无论是什么理由，公共信息官员应提供一切合理的援助，使申请形成书面文本。该法第7条第4~6款规定对于感官残疾者，信息官员应当提供援助，包括通过查阅材料的方式，使残疾者能够获取信息。①

申请人不得被要求提供任何关于要求信息公开的理由和个人信息，除非为了方便联系申请人。

2. 决定

该法第7条第1款和第2款规定收到申请后，公共信息官员必须在30日内以书面形式答复。如果该请求涉及个人的生命或自由，公共信息官员须在48小时之内答复。不在上述规定的时间内进行答复视为对申请的拒绝。

若信息官员打算披露涉及第三方，或由第三方提供并且被第三方视为机密的信息，则应在收到申请5日之内，将披露信息的意向以书面形式通知第三方，并给第三方在10日内陈述的机会。② 第7条规定的时限在

---

① 参见托比·曼德尔：《信息自由：多国法律比较》，龚文库等译，社会科学文献出版社2011年版，第74页。

② 参见托比·曼德尔：《信息自由：多国法律比较》，龚文库等译，社会科学文献出版社2011年版，第74~75页。

这种情况下并不适用，根据该法第7条第7款和第11款，此时信息官员须在40日内答复申请人。

该法第6条第3款规定，若申请的信息由其他公共机构保存或者与该机构的职能有更紧密联系的，被申请的公共机关应当自收到申请之日5日内，将申请要求转达有关机关，并立即告知申请人。

信息通常应以申请人指定的形式提供，除非这样做会不成比例地转移公共机构的资源或不利于记录的保存或安全。该法第2条第(j)款明确列出了一些获取形式，包括直接查看产品或记录，记笔记或获取经过核准的副本，获取经过核准的样本，打印版，磁盘、磁带、视频或任何其他电子形式的版本。①

该法第7条第8款规定，若申请被拒绝，须告知申请人理由，以及上诉机构和期限。根据可分割性原则，若记录只有部分获准公开，公共机构须向申请人提供有关被拒绝的申请部分更为详细的通知；其中，不仅包括作出决定的理由，也包括对一些实际问题的解答，以及做出公开决定的人的姓名及头衔。

（三）信息公开的费用

《信息权利法》规定，信息的获取取决于交费情况，包括以电子形式提供信息，但收费须以合理必要为限。不应向生活在贫困线以下的公民收取任何费用。该法第27条第2款(b)项规定，中央和和各邦政府，以及一些法院制定了有关的收费标准。中央政府规定的申请费是10卢比，每一页A4纸或标准信函纸影印本收费2卢比，样品或模型按实际成本收费，每个软盘收费50卢比。第一个小时的查阅应该是免费的，而其后每小时收费5卢比。②

若公共机构接受了申请，应通知申请人将会收取的费用、计费标准、

① 参见托比·曼德尔：《信息自由：多国法律比较》，龚文庠等译，社会科学文献出版社2011年版，第73页。

② 参见托比·曼德尔：《信息自由：多国法律比较》，龚文庠等译，社会科学文献出版社2011年版，第75页。

申请人具有的质疑所估算的费用的权利和提出质疑的详细方法。[①] 公共信息专员应当及时告知申请人费用的增加。对于应当公开而公共机关没有在规定时间内公开的信息,申请人可以免费获得该信息。

四、主管机构

关于信息公开的主管机构,《信息权利法》第三章和第四章分别规定了中央信息委员会和邦信息委员会的组成,第五章第 18 条规定了信息委员会的职能。该法包含两个很重要的规定:建立信息委员会,设立公共信息专员。

《信息权利法》设置了独立于政府部门的信息委员会。《信息权利法》明确规定,信息委员会独立行使指导、管理和监督的权力,不受任何其他机构的影响。作为重要的信息监督机构,信息委员会的职责是保障公众的知情权、为公众提供信息获取渠道、保障信息公开法律的实施;同时具有民事法庭的权力。该法第 19 条规定,当公民的合法知情权受到侵害时,可以在收到通知后的 30 日内向信息管理委员会提起上诉。

1. 中央信息委员会(Central Information Commission)

中央信息委员会由中央政府设立,总部设在新德里,全国各地区设分部。中央信息委员会由首席信息专员和信息专员组成,人选由委员会推荐并由总统任命。首席信息专员和信息专员应当独立并且专职履行职责。

2. 邦信息委员会(State Information Commission)

邦信息委员会由邦政府设立,总部设在邦政府所在地,经邦政府的批准,邦信息委员会可以在邦的其他地方建立办事处。邦信息委员会由首席信息专员和信息专员组成,人选由委员会推荐并由邦长任命。邦首席

① 参见托比·曼德尔:《信息自由:多国法律比较》,龚文库等译,社会科学文献出版社 2011 年版,第 75 页。

信息专员和信息专员独立并且专职行使职权。

3. 信息委员会的权力和职责

信息委员会的职责主要是受理并调查投诉，投诉理由包括：无法向中央公共信息官或邦公共信息官提交申请，无论是因为没有任命信息官，或是助理公共信息官拒绝接受申请或上诉；被拒绝访问任何信息；没有在规定的时间限制内得到回复；认为自己缴纳了不合理的费用；认为所获取的是不完整的、误导性的、错误的信息。

《信息权利法》规定，若信息委员会认为有调查的必要性，可以开展调查，并且在调查以下事实时具有与依照《民事程序法》（*Code of Civil Procedure*，1908）审判案件的民事法庭同等的权力，具体表现在：传唤证人并要求他们提供口头或书面证明；要求对文件进行检查；接受宣誓后陈述的证据；要求法院或公共机关出示文件，包括任何公共记录；签发传票核实证据；规定范围内的任何其他事项。必要时，信息委员会可以通过发布命令以保证法得到遵守，这类命令包括要求公共机构公布信息、任命新的公共信息专员、制作年度报告并对管理记录进行更改。同时，该法也规定了对信息专员不履行职责的制裁措施和对投诉人的补偿措施：如果信息委员会认为信息专员无合理理由拒绝受理某申请、或没有在指定时限内提供信息、或恶意拒绝申请、或故意提供不正确的不完整的或误导性的信息、或蓄意破坏申请的信息、或以任何方式阻碍申请人获取信息，应处以每天250卢比的罚款，直到相关信息被提供，而罚金最多可达25,000卢比。在问题不能得到纠正的情况下，可能最高额度会自动适用。在实施这种制裁之前，委员会应给予相关信息官员一个听证机会，由信息官员承担举证责任，即证明其工作合理和勤奋，尽管过失只涉及缺乏合理理由，而不是缺乏不懈努力。对于屡犯过失者，委员会应建议采取惩戒行动。[①] 这些规定说明信息委员会的决定具有一定的强制性，对在执行过

---

① 参见托比·曼德尔：《信息自由：多国法律比较》，龚文庠等译，社会科学文献出版社2011年版，第80页。

程中违背该法律的机构或个人具有约束力。

最后,《信息权利法》还规定了信息委员会有积极促进信息公开的职责,要求中央和邦信息委员会在每年年底都要向中央和邦政府提交一份年度报告,并由中央政府将这份报告提交给议会。报告中应包括有关实施本法的情况,各个公共机构编制的报告内容,公共机构收到的请求数量、拒绝请求和上诉的数量、采取行动的详情以及收费情况。通过这些内容,信息委员会对信息获取情况进行评估和反馈的工作,来改进下一年度的工作目标和任务。

五、争议解决

《信息权利法》第 19 条规定,包括第三方在内的申请人,没有在规定的时限内收到答复或对拒绝答复的通知不满,可在 30 日内向指定的级别较高的公共信息官员提出申诉。申请人还可以自决定做出或收到答复之日起 90 日内,向有关的信息委员会提起第二次申诉。相关机构必须在 30 日内对第一次申诉作出决定,或延长到 45 日,但必须以书面形式说明理由。拒绝申请的信息官员应解释拒绝提供信息的理由。《信息权利法》第 20 条第 1 款规定,有关其他事项的投诉,如收费过多或不当拖延,也由信息官员举证。

《信息权利法》没有规定申请人可以向法院起诉,但由于获取政府信息的权利是宪法赋予的权利,当这项权利被侵犯的时候,申请人仍有权到高级法院或最高法院起诉。实际生活中,许多信息权案件已经在法院得到判决。

六、发展现状

《信息权利法》通过的时候,印度 8 个邦和 1 个地区已经通过了自己的信息公开法。《信息权利法》的颁布,使各邦的法律失效或被废除。但是,由于查谟 - 克什米尔邦拥有特殊的宪法地位,作为对邦公共权威的尊重,查谟－克什米尔的地方法律将继续有效。[①]

《信息权利法》在全国范围内实施,获得了不同程度的成功。它的颁布有效促进了政府官员和印度公民之间的交流,印度公民在涉及政府财政透明、公共工程预算和支出、土地征用补偿甚至法律个案程序透明度等各方面利用《信息权利法》维护了自身权益。《信息权利法》在揭露腐败方面也发挥了特别的作用,但该法在印度国内各地的实施情况不一样。

尽管提议颁布这部法的中央政府比较积极,但是在建立到位的系统方面、保证主动公开方面和建立中央信息委员会方面仍然进程缓慢。地方政府在实际建立信息委员会和向信息委员会提供必要的工作资源过程中,也存在进程缓慢的问题。新法的实施也影响到官员执行职务的效率,据报道,当地村务委员会的官员根据本法执行职务时尤为缓慢。[②]

在相关法律体系方面,2006 年 6 月印度政府行政改革委员会在其提交的报告中建议:废除《官方秘密法》,将该法重要的内容纳入《国家安全法》中并专列一章,同时要明确界定国家秘密的内容和范围,将其排除出公共领域。该委员会认为,《官方秘密法》与《信息权利法》存在重大冲突,这会影响到印度作为一个民主社会的透明度的高低。但由内政部、司法部、情报局、中央调查局和警方代表组成的工作组反对废除《官方秘密法》,更倾向于进行修改,主要是对国家秘密进行清晰、合理的界定。[③]

2009 年 7 月,《信息权利法》评估与分析小组(RTI Assessment & Analysis Group)和信息权运动组织(National Campaign for People's Right to Information)完成了一份对《信息权利法》实施情况的评估报告。该报告建立在超过 17,000 个访谈、对 630 个焦点小组的调查以及对来自全国的超过 800 个申请的研究的基础上。样品来自 10 个邦和德里,每个邦随

① David Banisar, *Freedom of Information Around the World—A Global Survey of Access to Government Information Laws*, *Privacy International*, 2006, p. 86.

② David Banisar, *Freedom of Information Around the World—A Global Survey of Access to Government Information Laws*, *Privacy International*, 2006, p. 86.

③ 安吉:"印度《官方秘密法》的前世今生",载《论坛》2011 年第 7 期。

机选取了3个地区和8个村庄。报告显示:65%的城乡居民同意,信息公开将极大地帮助他们解决许多基本问题;45%的城市居民声称知晓《信息权利法》,但在农村,只有20%包括一个及一个以上成员的焦点小组知晓《信息权利法》;90%来自农村的申请人和85%来自城市的申请人是男性;在来自农村的申请人中,30%属于经济弱势阶层,拥有贫困线下证明或贫困家庭发放粮食配给卡(Antyodaya Ration Card)。在来自城市的申请人中,15%生活水平在贫困线以下;75%的信息专员承认他们经济不独立。该报告否定了政府官员所持的这样一种观点:信息权法主要由受教育和特权阶层使用,或由政府雇员援用来纠正他们对升职、惩戒措施等的不满。同时,报告研究了媒体报道对于信息公开的作用,研究人员通过跟踪一个申请的处理过程,发现了制约印度信息公开系统发挥作用的因素,包括有限的政府资源、信息专员经济不独立等。①

2010年,一份来自萨福克大学法学院法律和公共政策专业的Alasdair Roberts对《信息权利法》实施情况的总结报告中指出:首先,《信息权利法》得到了积极的适用。在该法通过的第一个两年半中,大约提交了二百万个申请,这些申请大多数提交到中央政府和邦政府办公室。许多申请旨在促使官员提供承诺过的服务和福利,如配给食物、补发工资和养老金、道路和其他公共工程或为小学提供教师。当地行动小组正在学习如何将本法适用到他们的反腐败行动中。其次,存在影响《信息权利法》实施情况的障碍。一是民众普遍缺乏通过该法主张权利的意识。一项调查表明,只有15%的印度公众知晓《信息权利法》,这一比例在农村贫困人口地区更低。同时,申请人要获取信息必须克服一些实际和心理障碍。许多办公室对填写申请书不提供指导。一些政府机构把责任赋予给没有经过培训、没有权力或回应申请所需要的资源的底层职员。公民申请信息时,经常受到恐吓或威胁,尤其是在农村地区。中央政府和邦

---

① 参见网站:http://www.freedominfo.org/2009/07/safeguarding-the-right-to-information-report-of-the-peoples-rti-assessment-2008-in-india/,最后访问日期:2013年10月20日。

政府在实施该法的监督管理方面应当表现出更认真的态度。二是在该法的执行过程中也存在障碍。《信息权利法》允许公民对不充分的回应向中央或邦信息委员会提起上诉。许多研究认为,由于多是任命已退休的公务员作为信息专员,信息委员会的信誉被渐渐的破坏。同时,不断增长的上诉被积压。2007 年,马哈拉施特拉邦的信息委员会收到 16,000 例上诉,多于英国整个国家的信息专员同年收到的上诉量的 5 倍。普华永道的研究表明,快速增长的上诉量创造了"一个需要紧急干预的严重情况"。最后,《信息权利法》在各邦的实施现状差别很大。虽然它是由议会通过的,中央政府机构就该法的实施也已经给予广泛的指导,但该法的适当实施还取决于 35 个邦及地方政府的努力。这不可避免地导致不一致。当然在处理问题的过程中也带来了大量的创新机会。①

2011 年 10 月,时任中央信息委员会信息专员的 Shailesh Gandhi 与 Shonali Ghosal 记者的一次访谈中提到,他认为,影响《信息权利法》发挥作用的因素不仅包括信息专员的缺乏,还包括信息专员责任意识的淡漠。伴随着申请量的不断增长,信息专员的工作效率却逐年下降,举例来说,三年前每个信息专员平均每年处理 2000 ~ 2500 个申请,现在大多数每人每年处理不超过 1000 个申请。这种低的处理效率直接打击了申请人的热情,影响到《信息权利法》的实施。Shailesh Gandhi 认为,应当通过为信息委员会建立一定的规范来尽可能实现其功能的最大化。②

2012 年 8 月,印度政府出台一项规定,要求根据《信息权利法》提交的申请不能超过 500 字,为向中央信息委员会提交的上诉申请规定了新的格式。人事部 7 月份出台的新规定同时要求上诉人或他的代表人必须本人亲自到中央信息委员会或通过视频会议参与。新规定要求,提交申请应当缴纳 10 卢比的费用,除去包含中央公共信息官和申请人地址的附

---

① 参见网站:http://www.freedominfo.org/2010/01/indias-right-to-information-act-the-first-four-years/,最后访问日期:2013 年 10 月 20 日。

② 参见网站:http://www.freedominfo.org/2011/12/what%e2%80%99s-ailing-rti-resource-issues-plague-indian-law/,最后访问日期:2013 年 10 月 20 日。

录，内容不超过500字。同时也规定信息专员不能拒绝超过500字的申请。首席信息专员 Satyananda Mishra 接受《印度斯坦时报》采访时表示，随着上诉量的增加，更多对上诉过程的规范是必要的，原因在于“处理不完整甚至是难以辨认的上诉对我们来说是极其困难的”。但也有人对新规定持消极态度，《信息权利法》活动家 Lokesh Batra 认为“这对所有人是一个残酷的玩笑”，他主张，要求上诉人本人或代表亲自到场将使上诉更加困难，他质疑举行视频会议的可行性。①

在对该法的修改方面，2013年6月，中央信息委员会裁决政党不能被排除在《信息权利法》之外；但到了8月1日，印度内阁通过了有关修正案，主要内容是将依据《1951年人民代表法》登记为或视为政党的组织和个人排除第一章第二条所规定的依据议会通过的法律所建立起来的公共机构。8月12日，印度国大党领导的执政团结进步联盟将修正案提交到下议院。9月，《信息权利法》的修正案提交至议会。针对这一修正案，反对者认为，修正案违背了宪法规定的权利平等，平等对待所有的人的原则。它试图把政党作为一个单独的类别从其他大幅资助的非政府组织划分出去，同时也质疑审议该修正案的程序不合法。而支持者的主要理由是，《信息权利法》会阻碍政党作为一个公共权威的内部工作，同时，政治对手可能滥用法的规定对政党的形象产生不利影响。②

从内容及实施情况来看，《信息权利法》主要存在以下几方面问题：

1.《信息权利法》几乎将各类情报和安全机构完全排除于其管辖范围之外

《信息权利法》第24条规定，包括情报局、麻醉品管制局在内的18个情报和安全机构不适用该法。政府可通过公告的形式增加或减少这些情报和安全机构的数量，但必须提交给议会。邦政府也可以在官方公报上

---

① 参见网站：http://www.freedominfo.org/2012/08/word-limit-imposed-on-indian-rti-requesters/，最后访问日期：2013年10月20日。

② 参见网站：http://www.freedominfo.org/regions/east-asia/india/，最后访问日期：2013年10月20日。

公告情报和安全机构,但也必须提交相关邦立法机构。从保障公民信息权的角度来看,完全彻底的排除这些机构是不适宜也是不必要的。

2. 对信息委员会支持不够

《信息权利法》要求公开的信息涉及到政府工作的方方面面,从组织、职能和职责的详情到会议记录,从分配到每一个机构的预算和所有计划的细节、拟议的支出和报销的报告到决策制定的过程,几乎使政府处于一个透明的状态。这样规定的确是对公民信息权的有力保障和对政府的强大约束,但也造成了政治和行政系统实施该法的意愿大大降低。虽然《信息权利法》中要求政府及时提供信息,并规定了不及时提供信息的惩罚规则,但这并不能缓解实际生活中政府信息公开过程中存在的拖延滞后的现象。

3. 部分机构拖延处理申请

近年来,在非政府组织和媒体的推动下,越来越多的印度人开始意识到信息权的重要性,试图依据权利法申请获取信息,向信息委员会提出申请的人数逐年快速增加。在克什米尔邦,平均每天有 30 ~ 50 个申请,[①]而在整个印度,2011 ~ 2012 年度,估计有 400 万人通过权利法申请获取信息,[②]但实际上,公民对信息的申请和诉求常常被搁置,得不到及时处理和回复;从 2005 年到现在,在整个印度,约有几十万件悬而未决的申请和申诉。[③] 对申请的拖延搁置一方面削弱了人们对《信息权利法》的信心,另一方面也挫伤了公民向政府申请获得信息的积极性。

4. 信息官员处理申请不够负责

《信息权利法》规定,首席信息专员和信息专员应当是杰出的,他应当在法律、科学技术、社会服务、管理、媒体、管理和治理方面拥有广博的知识和经验。具有这样素质的信息官员在处理申请时应当是及时、勤奋

---

① 参见网站:http://www.freedominfo.org/2013/07/colonial - mindset - visible - in - rti - respons/,最后访问日期:2013 年 10 月 20 日。

② 参见网站:http://www.freedominfo.org/2013/10/eighth - anniversary - prompts - reflections - on - indian - rti - act/,最后访问日期:2013 年 10 月 20 日。

③ 参见网站:http://www.freedominfo.org/2013/10/eighth - anniversary - prompts - reflections - on - indian - rti - act/,最后访问日期:2013 年 10 月 20 日。

的,但在实际生活中经常出现的却是,申请人申请获取的是大量的信息,但实际上只拿到了一两页的简单回复。[①] 这样不够负责的态度主要是印度长久以来的等级意识导致的,甚至有部分官员认为,认真对待一个普通印度民众的申请将会有损自己的权威。

5. 部分申请人因揭露暗中交易或非法活动而死于非命

自颁布以来,《信息权利法》已经成为印度贫困人口的一种维权工具。印度政府收到的申请的内容从教师考勤到农村基建的经费,再到电子投票机的年限,几乎涵盖所有领域。许多印度平民利用该法律改善了生活中的许多问题,如水龙头质量差、公共分配系统不均等。这也使得贫困家庭能够在政府经营的特殊商店内以较低的价格购买日常必需品。但这些申请中有不少涉及并挑战了政商利益,每年都有申请政府机构信息公开的个人因为揭露暗中交易或非法活动而死于非命。[②]

附件

2005~2006 年印度信息委员会接受申请及拒绝公开的数量[③] 单位:件

部门	收到的申请数量	拒绝公开的数量
财政部	4770	1748
铁道部	2665	94
城市发展部	2504	0
通信和信息技术部	1722	136
运输部	1680	0
内政部	1316	377

---

① 参见网站:http://www.freedominfo.org/regions/east-asia/india/,最后访问日期:2013 年 10 月 20 日。

② 参见网站:http://www.chinatransparency.org/newsinfo.asp? newsid=8404,最后访问日期:2013 年 10 月 20 日。

③ 详细内容请见印度中央信息委员会官网:http://cic.gov.in/,最后访问日期:2013 年 10 月 30 日。

续表

部门	收到的申请数量	拒绝公开的数量
能源部	1012	256
煤炭部	809	0
人事与社会保障部	1038	96
人力资源部	896	0
国防部	197	95
劳动部	647	数据未找到
其他部门	6833	585

2006~2007 年印度信息委员会接受申请及拒绝公开的数量① 单位:件

部门	收到的申请数量	拒绝公开的数量
财政部	20, 310	6160
铁道部	12, 147	512
城市发展部	13, 328	177
通信和信息技术部	21, 548	1004
运输部	12, 147	512
内政部	56, 115	2444
能源部	4209	667
煤炭部	3515	143
钢铁部	1764	167
纺织部	558	56
民用航空部	1630	148
环境部	868	45
人事与社会保障部	5767	1090
国防部	5804	734

① 详细内容请参见印度中央信息委员会官网:http://cic. gov. in/,最后访问日期:2013 年 10 月 30 日。

续表

部门	收到的申请数量	拒绝公开的数量
劳动部	5316	682
东北地区发展部	38	1
外事部	2590	109
食品加工部	44	7
新能源部	63	12
海外事务部	45	2
Panchayati 邦事务部	10	0
议会事务部	63	0
乡村发展部	185	21
部落事务部	122	11
青年发展与体育事务部	77	0
少数民族事务部	75	0
消费者事务部	1822	92

2007～2008 年印度信息委员会接受申请及拒绝公开的数量① 单位：件

部门	收到的申请数量	拒绝公开的数量
财政部	31, 413	7354
铁道部	27, 176	417
城市发展部	18, 521	93
农村产业部	305	42
通信和信息技术部	32, 848	2281
内政部	20, 965	2316
能源部	5659	877
煤炭部	6859	423

① 详细内容请参见印度中央信息委员会官网：http://cic. gov. in/，最后访问日期：2013 年 10 月 30 日。

续表

部门	收到的申请数量	拒绝公开的数量
电力部	1855	301
钢铁部	3731	277
人事与社会保障部	9888	721
人力资源部	10, 188	366
国防部	6385	504
劳动部	10, 973	947
食品加工部	44	数据未找到
新能源部	94	数据未找到
Panchayati 邦事务部	35	0
议会事务部	121	0
化肥部	3647	数据未找到
企业事务部	1907	0
社会正义部门	1352	0
地球科学部	174	2
妇女儿童发展部	152	0

2008～2009 年印度信息委员会接受申请及拒绝公开的数量① 单位：件

部门	收到的申请数量	拒绝公开的数量
财政部	47, 711	10, 852
铁道部	35, 633	674
通信和信息技术部	41, 798	2341
内政部	26, 906	2473
能源部	10, 514	1184
煤炭部	5796	406

① 详细内容请参见印度中央信息委员会官网：http://cic. gov. in/，最后访问日期：2013 年 10 月 30 日。

续表

部门	收到的申请数量	拒绝公开的数量
钢铁部	4801	326
人事与社会保障部	11,052	956
国防部	6018	525
劳动部	17,222	1165
东北地区发展部	40	数据未找到
食品加工部	48	数据未找到
新能源部	33	数据未找到
Panchayati 邦事务部	50	数据未找到

2009～2010 年印度信息委员会接受申请及拒绝公开的数量①　　单位：件

部门	收到的申请数量	拒绝公开的数量
财政部	70,286	15,202
铁道部	50,097	614
城市发展部	20,465	151
通信和信息技术部	59,674	3018
内政部	45,488	2862
人事与社会保障部	23,211	2109
人力资源部	26,288	421
国防部	16,771	1434
劳动部	23,439	1137

① 详细内容请参见印度中央信息委员会官网：http://cic.gov.in/，最后访问日期：2013 年 10 月 30 日。

2010~2011 年印度信息委员会接受申请及拒绝公开的数量①　　单位:件

部门	收到的申请数量	拒绝公开的数量
财政部	18,801	1715
铁道部	40,590	241
城市发展部	19,261	5
通信和信息技术部	71,421	5492
内政部	58,480	4670
能源部	9562	568
人事与社会保障部	26,344	2937
人力资源部	36,934	492
外事部	15,158	36

2011~2012 年印度信息委员会接受申请及拒绝公开的数量②　　单位:件

部门	收到的申请数量	拒绝公开的数量
财政部	133,864	21,881
铁道部	84,141	5804
内政部	52,875	6302
能源部	16,506	938
人事与社会保障部	22,646	2287
国防部	19,340	2016
劳动部	44,603	2363

① 详细内容请参见印度中央信息委员会官网:http://cic.gov.in/,最后访问日期:2013 年 10 月 30 日。

② 详细内容请参见印度中央信息委员会官网:http://cic.gov.in/,最后访问日期:2013 年 10 月 30 日。

约旦《信息公开法》概览

一、法律概要

约旦[①]的政府信息公开法以第47号法令的形式于2007年7月17日通过。在该法第1条中规定,该法被命名为“信息获得权利保障法”[②](*Law on Securing the Right to Information Access*)。

约旦的信息公开法共有20条规定。第一部分共有6条,是关于该法基本信息的介绍,即该法的名称和生效时间等。第2条是关于词汇概念的界定,包括信息(所有的政府文件)、机密文件(在该法中被分类为机密的,或者其他相应立法条文所保护的文件)、一般文件(任何非秘密文件,在政府掌控之下的文件)、机构(负责信息公开的公共权力机关)、负责官员(包括部长、主席或部门负责人)、信息委员会、主席(文化部部长)、信息专员(国家图档部门负责人)等几个重要词语。第3条至第5条规定了信息委员会的成员构成、成员的薪酬、信息委员会的会议组成和决策形式。第6条是专门规定信息专员的条款,规定了信息专员的工作任务,如准备信息申请的形式和接受申请、申诉的相关指引等。

---

① 约旦哈希姆王国(Hashemite Kingdom of Jordan),简称约旦,位于亚洲西部,阿拉伯半岛的西北,西与巴勒斯坦、以色列为邻,北与叙利亚接壤,东北与伊拉克交界,东南和南部与沙特阿拉伯相连。1991年的第一次海湾战争给约旦的经济带来了很大的困难,约旦被迫停止偿还它的债务。约旦国内的大批巴勒斯坦难民,其他海湾国家对约旦的资助以及从约旦去其他国家工作的公民都给约旦的经济带来了极大的混乱,从而使得整个国家的经济非常不稳定和复杂。大部分为阿拉伯人,其中60%以上是巴勒斯坦人,还有少数土库曼人、亚美尼亚人和吉尔吉斯人。阿拉伯语为国语,通用英语。92%以上的居民信奉伊斯兰教,属逊尼派;信奉基督教的约占6%,主要属希腊东正教派。以上摘自360百科,http://baike.so.com/doc/2794932.html,最后访问日期:2014年4月16日。

② 该法律可参见网站:http://www.right2info.org/laws/constitutional - provisions - laws - and - regulations,最后访问日期:2015年8月4日。

第二部共有2条,分别规定了法律所赋予的权利与义务。第7条和第8条分别规定了公民获得信息公开的权利“公民依法享有信息获取的权利”和负责官员进行信息公开的义务“负责官员应该依法促成信息的获取和确保及时公开”。

第三部分共有12条,都是关于程序性事项(第9条、第10条、第12条、第14条)、权力分配(第15条、第16条、第18条、第19条、第20条)、禁止公开的信息的种类(第10条、第13条)和救济方法及程序的规定(第17条)。

与信息公开相关的法律制度是约旦在1971年以第50号法令的形式颁布的《国家秘密文件保护法》,该法仍然在实施中。

二、信息公开的范围

(一)公开的信息

该法第2条首先对可公开的政府文件进行了解释说明,信息是指任何口头或者书面的数据,书面的、印制的或者电子存储的记录、统计或者文件,或者其他只要在官方控制和责任范围内的任何形式存储的文件,即任何在行政负责官员控制和责任范围内的非机密性的政府文件。

(二)不予公开的信息

第2条对机密文件下了定义:任何口头信息或书面的、印制的、电子的或其他方式存储的文件,在复印纸上用蜡封的文件,录制的记录或视频、计划或其他相类似的,被分类为现行立法条文所规定的属于机密的或受保护的文件。

专门通过法条对什么文件不公开做出了详细的说明。如上面所述,该法第10条规定禁止请求带有宗教、种族、民族、性别或肤色歧视性质的信息。约旦是一个阿拉伯国家,主要人口都信仰伊斯兰教[1],因此其法律都带有一定的民族和宗教色彩。

---

① 参见网站:http://baike.so.com/doc/2794932.html,最后访问日期:2013年11月28日。

第 13 条规定依照现有适用的法律法规的规定,主管官员应避免以下相关信息的公开:被另一法律保护的秘密和文件;列为机密受保护的文件以及通过与他国的协议将要签订的文件;与国防、国家安全或外交政策有关的秘密;形成决策前已提交给主管官员的包括分析、建议、提案或协商等受其关注的信息,不同政府部门间的通信联系或信息交流也包含在内;与教育或医疗人员相关的个人信息和文件,职业的记录,银行账户和转移及专业的保密信息;带有私人或保密性质的通信联系,无论是以邮递、电报、电话或任何其他的技术手段的形式,以及与政府部门的随附答复的通信联系;披露该信息会不利于联合王国和其他国家机关的谈判;由检察、司法系统或安全主管当局在其权力范围内进行的有关犯罪或诉讼的调查,以及有关当局为公开金融、海关和银行的违规行为所进行的调查;除非有关当局允许其公开;带有商业、工业或经济性质的信息,科学的研究或技术的竞投信息,其公开会导致对著作产权和知识产权的侵犯,违背合法和公平竞争,使人非法获利或亏损。

第 2 条中机密文件的范围包括被其他相应立法中条文所保护的文件,这一条说明当其他相应立法中有一些信息是规定不予公开时,就应该认为是该法所规定的机密文件,是不予公开的。也就是说,其他立法优先于信息公开法,当两者相冲突时,优先适用其他立法中关于信息的规定。由于我们只能找到约旦 1971 年第 50 号法令,那就是约旦《国家秘密文件保护法》。但是根据本条文可以清晰地知道,当以上法律规定的信息出现时,该法将让位于这些法律,其中规定的信息将会不再予以公开。

三、信息公开的方式及程序

(一)信息公开的方式

第 9 条规定了公民申请政府信息公开的方式,信息公开的申请必须提交用于信息公开目的的表格,也就是说要经过书面申请的方式进行。第 1 款对表格上的内容做出了明确的规定,那就是申请者的姓名、住所、职位和其他该信息委员会认为必要的资料。而且根据第 2 款规定,申请者必须明确地提出他所需要的信息的主题，就是说申请者对申请信息的内容要明确下来，以便于查询工作的进行。

第7条规定每一个约旦的公民都依法享有信息获取权。该条说明，只有约旦的公民才有权利申请信息公开，不包括外国国籍和无国籍人，也不包括法人和其他组织。我们可以看出，该法的宗旨是在于保护本国公民的信息获取权，其针对的主体仅是本国的自然人。这与其本国的宪法是相呼应的，宪法所规定的知情权的主体也是本国的公民。

（二）信息公开的程序

1. 受理与决定

相关管理信息公开的部门应该按照专业和技术方式负责信息和文件的索引和组织，同时应该将信息进行分类，哪些属于机密和受保护的信息，应该按照法律的规定分出来。这些工作必须在信息公告刊载后的3个月内完成，如果在此期限内不能完成，该权力机构的官员需要得到总理的批准，可以延长期限，但是不能超过3个月。

第9条第3款规定负责信息公开的官员应该从收到申请之日起30日内回复或者拒绝，第4款规定，在上述期限内不予答复视为拒绝公开。信息公开被拒绝必须有合法的理由。

第11条第1款规定，信息如果可以被复制，那么复制的费用要由申请者来承担。如果有些信息不能被复制，申请者只能进行查询。第2款规定，为了防止申请查询的信息有一部分是涉及秘密的、有一部分是不涉密的这种情况出现，该申请必须在法律规定的期限内进行答复。同时根据第12条规定，如果被查询的信息不能提供查询或者已经被毁损，负责信息查询的官员必须向申请者进行澄清和说明。

另外根据第16条的规定，负责信息公开的官员可以依法以书面形式将其权力委托给部门的下一级。

2. 救济

如果公民对于政府的信息公开不满意，或者认为政府机关没有按法律规定进行公开，可以在法律规定的期限内进行申诉。第6条规定，信息专员应向信息委员会提交信息公开申请者的投诉。第4条规定，信息委员会应审议申请者所提交的投诉。根据第17条的规定，信息委员会应该在提交后的30日内对该申诉做出决定，否则这个申诉将被视为拒绝。

根据该法第17条的规定，高院可以受理申请者的针对负责信息公开官员提起的诉讼。但是该申请者应该提交上诉状，并且在申请者获得批准、遭到拒绝或者不予答复期限届满后的30日内提起。当然，在向信息委员后提交申诉后30日内如果该委员会没有做出决定，那么该上诉期限中断，从30日届满后重新开始计算上诉时间。

（三）信息公开的费用

该法第11条第1款规定，信息公开请求者应该承担复制信息的费用。这一款明确了申请者的费用负担义务，这一点毋庸置疑。同时该法并没有规定其他的费用，所以信息主管机构不能在复制信息费用以外另外收取其他费用。

四、主管机构

约旦设置信息委员会，该法第3、4、5、6条规定了信息委员会（Information Board）。该信息委员会是在法律规定的情况下成立的。

第3条规定了信息委员会的成员：文化部长担任主席，信息专员（国家图档部门负责人，Information Commissioner）担任副主席，司法部的秘书、传媒理事会秘书、国家统计局的执行长官、国家信息技术中心长官等担任委员。但是主席和委员们并不能再从国家财政上获得工资报酬。

第4条规定了信息委员会的工作任务、法定的职责，如在法律规定的范围内确立信息条款，考虑信息公开请求者上交的申诉并解决该问题，批准信息公开请求表格，发出公告并做出相类似的行为来解释和扩大人民获取信息的权利，批准由信息专员提交的关于信息公开执行情况的报告，并上交给总理。

第5条规定了信息委员会的会议组成和决策形式,本委员会至少1个月一次会议,或者由主席和副主席在任何必要的时候召开会议,或者由至少四个成员提议来召开会议。会议只有在至少5个人参加的情况下才是合法的,包括主席和副主席。会议的结果还必须是全体一致同意或者多数人同意才能通过。另外本委员会有权利邀请任何适格的公民或者专家来参加会议,但是这些人并没有投票的权利。

第6条规定了信息专员的工作任务。首先该法的第15条规定法定情形下信息专员的获取信息的法定权限仅限于其部门,这说明信息专员只在其本部门的范围内有以下权限和任务:和政府机构一起准备信息公开申请表格,并把这个上交给信息委员会;需要准备关于受理、解决或提交申诉给信息委员会解决的说明;需要受理信息公开申请者的诉讼并提交给信息委员会加以解决;需要执行行政的专业的程序,这是他们任务和权力行使的需要;国家图档部门要按法律的规定来完成由信息委员会和信息专员授予的任务和职责。

严格来说信息委员会并不是一个真正的该法的监管机构,而只是负责研究信息公开的相关情况并处理申请者的申诉等问题,可以是一个综合处理机构。

该法的第19条规定,内阁应制定该法实施的相关规则如受保护文件30年内不公开。所以说我们可以认为约旦的内阁是该法的监管机构,负责该法的实施和运行。

五、发展现状

2007年约旦成为了第一个阿拉伯国家中通过信息公开法的国家,但是对法律的适用仍然停留在早期阶段。在2009年4月,约旦的民间社会组织发起了一场信息公开法适用的训练活动,举办了一系列为期两天的训练研讨会。27名记者和新闻媒体的成员在阿曼参加了第一届研讨会,第二届的研讨会的主题是关于私权领域和商业组织的。最后,48名约旦政府组成人员参加了对信息公开实施的最佳时间问题的研讨会。民间组织对于该法案是非常积极的，如何更好地实施和执行该法案，是每个民间组织所关心的问题。[①]

目前政府和社会正在推动该法案的修改。2009 年 9 月初，约旦的部长会议批准了对 2007 年法律的草案，这个草案来源于对集体需求的收集，为了方便实施信息公开条例。但是至今还没有获得议会的批准，并没有上升到法律的高度。该草案包括以下几项内容：[②]

（1）本草案赋予了非约旦国籍的自然人获得政府信息的权利，但是本权利是受限的，那就是必须要有一个合法的利益或者正当理由。

（2）另外该草案的实施主体仍然是 2007 年法律规定的政府机构。但是许多股东表示，该信息公开法的实施主体应该包括由政府出资建立的私营机构。这样可以保证这些股东对本私营机构的信息知情权，更好地保护股东们的利益。

（3）该草案的条文中规定了负责官员必须接到信息申请 15 日内做出予以公开或者拒绝公开的决定。条文也允许申请者向信息委员会提交申诉，该申诉应于上述拒绝公开决定后的 15 日内提起（原来 30 日）。而信息委员会要在接到申诉申请后的 15 日内做出决定。如果被拒绝，申请者有权在该信息委员会做出决定后的 60 日内向最高法院进行起诉。

（4）这部草案同时增强了信息委员会中民间社会的代表权。为了确保更大的透明度，该草案规定了该法的实施将会报告给总理、众议院和参议院。信息委员会的成员被修订成包括新闻出版部门部长、约旦律师协会主席和约旦新闻协会主席。经过修改的信息委员会的成员包括：文化部长（该委员会的主席）、信息专员、司法部秘书长、内务部部长、统计部部长、国际信息技术中心部长和武装部门的精神文明建设部门部长、人权部部长。

---

① 参见网站：http://www. freedominfo. org/2009/04/jordanian - civil - society - group - organizes - freedom - of - information - training/最后访问日期：2013 年 11 月 28 日。

② 参见网站：http://www. freedominfo. org/2012/10/jordan - council - approves - modifications - to - foi - law/，最后访问日期：2013 年 11 月 28 日。

这些草案虽然是在权利方面的又一次进步，但是仍然不能使该法律上升到国际水平，更进一步的改革仍然需要进行。

通过修改法律来适应新的国际标准将是一个全国性的课题，这将使更多的普通公民来当家作主，得到不仅是选举权，还包括更广泛的决定权。这些决定权包括了打击腐败、水电的信息公开权和其他重要领域。

2013 年 6 月 14 日一个具有全国性质的财团联盟机构在约旦成立，目的是推动“信息获得权保障法”的修订。约旦的阳光政府中心作为这项活动的组织者表示，27 个来自民间的社会组织和 23 名来自法律和传媒公司的活动者将要参加进来。可见本次对法律的修改将是一次全方位的、公民普遍参与的立法活动。该联盟机构最近讨论了在 2009 年 9 月初通过的修正案，这些修正案是政府向国会提出的，希望得到议会的讨论和通过。该机构还根据他们的选择草拟了一些建议案。

有关人士指出，这些少量的修正案是不充分且不足够的。在这修正案中，政府部门在没有经过协商的情况下，等待的时间从 30 日减少到了 15 日，并且增加了法律和新闻机构的负责人来作为信息委员会的成员，但是由于法律条文提供的专业术语和缺少一个合适的期限设置而没有得到很好的实施。直到今天，该法无论在反腐败措施方面还是在公民之间平等性方面均不是很完善。①

---

① 参见网站：http://www.freedominfo.org/2013/06/consortium-in-jordan-plans-to-push-rti-amendments/，最后访问日期：2013 年 11 月 28 日。

欧　　洲

（26 个国家）

国家	法律名称	制定时间
爱尔兰	《信息自由法案》	1997 年
爱沙尼亚	《公共信息法》	2000 年
白俄罗斯	《白俄罗斯信息、信息化及信息公开保护法》	1998 年
冰岛	《信息法》	1996 年
波斯尼亚和黑塞哥维那	《信息公开自由法》	2000 年
波兰	《信息公开法》	2001 年
丹麦	《行政文件公开法》	1970 年
德国	《德意志联邦政府信息公开管理规定》	2005 年
芬兰	《政府活动公开法》	1999 年
荷兰	《政府信息法》	1991 年
捷克共和国	《信息公开自由法》	1999 年
科索沃	《获取公共文件法》	2010 年
克罗地亚	《信息公开法》	2003 年
马其顿	《公共信息公开法》	2006 年
挪威	《信息自由法》	2006 年
欧盟	《欧共体法律案》	2001 年
葡萄牙	《政府信息公开法》	1993 年

续表

国家	法律名称	制定时间
瑞典	《新闻自由法案》	1949 年
瑞士	《关于行政透明原则的联邦法律》	2004 年
塞尔维亚	《塞尔维亚公共信息公开法》	2004 年
斯洛伐克	《信息公开法》	2000 年
斯洛文尼亚	《信息公开法》	2003 年
苏格兰	《苏格兰信息自由法》	2002 年
乌克兰	《信息公开法》	2011 年
意大利	《信息公开法补充:关于行政文件公开程序及申请权利的新规定》	2001 年
英国	《信息自由法》	2000 年

爱尔兰《信息自由法案》概览

一、法律概要

爱尔兰《信息自由法案》[①]于1997年予以批准，于1998年4月生效，并于2003年进行了修正。该法在序言中便提到，此法是在确保公共利益和个人隐私的前提下，保证公民能够最大限度地获取政府机构所掌握的信息。

爱尔兰《信息自由法案》分为五章，共48条。第一章(第1~5条)阐述了导言及一般条款，规定了法律的生效、该法中一些基本词语的释义，部长权限、政府或公共机构可以委托其他机构代为公开信息，以及根据该法行政管理所产生的费用等。第二章(第6~18条)阐述了有关访问记录的内容，规定了公民可以自由访问信息，政府应当协助申请者获取信息，其信息持有机构要将申请者的信息记录在案，对于该法案生效前的信息访问，信息公开的方式，自收到申请信息公开的期限，公共机构的职责，信息公开的费用问题等。第三章(第19~32条)为例外条款，主要规定了一些会对公共利益造成损害的信息是不予公开的信息，以及个人信息的保护。第四章(第33~40条)为对信息专员的规定，指出了政府设立信息专员，规定了信息专员的义务和权利等具体事项。第五章(第41~48条)为其他事项。最后在附表一、二、三中，分别详细列举出了所有的公共机构，详细阐述了与信息专员相关的内容。

爱尔兰与信息公开相关的法律还有：

---

① 该法律可见网站：http://www.irishstatutebook.ie/1997/en/act/pub/0013/index.html，最后访问日期：2015年8月2日。

(一)《数据保护法》

爱尔兰政府于1998年颁布了《数据保护法》(*Data Protection Act*)并于2003年进行了修订,该法主要对个人数据的收集、处理、存放、使用和披露做出了详细的规定,对个人信息的访问以及保护也做出了规定。

(二)《欧洲共同体条约(公共信息的重复使用)》

在2005年7月1日,爱尔兰政府适用《欧洲共同体条约(公共信息重复适用)》[*European Communities*(*Re – Use of Public Sector Information*) *Regulations*]。该条约规定了个人或法人可以对政府机关或公共机构发布的文件进行再利用,同时也对其再利用做出了限制性的规定。

(三)《国家档案法》

爱尔兰政府于1986年通过了《国家档案法》(*National Archives Act*)。该法要求国家建立档案局,并对档案的管理和保护做出了详细的规定。

(四)《官方秘密法》

1963年爱尔兰政府通过了《官方秘密法》(*Official Secrets Act*),该法对于官方信息的使用、披露和保护做出了详细的规定。

二、信息公开的范围

《信息自由法案》在第三章中规定了一些不予公开的信息。

第19条第1款规定:如果被要求公开的信息涉及以下情况,则负责人应当拒绝依据第七部分所提出的公开请求。(1)已经或被建议提交到政府,并由政府大臣或司法部长予以审核,且该信息被提交时即是出于该目的。包括一种交流——它是两名或多名政府成员之间关于已经被提交到政府或被建议提交到政府的某项问题的交流,或者政府认为某项问题涉及一个团体,则由该团体中的两名或多名成员进行交流,且该交流与所涉问题有关。(2)它是代表政府向公众公开的政府决定所依据的信息之外的其他信息。(3)包含在政府会议上主要以政府商务交易为目的,而由政府成员、司法部长、州长、政府秘书或政府助理秘书所使用的信息(包括建议)。

第19条第2款规定：如果被要求公开的信息涉及以下情况，则负责人应当拒绝依据第七部分所提出的公开请求。(1)包含在政府会议上所作出的全部或部分声明，或者能反映或推测出全部或部分声明实质的信息；(2)不是某项政府决定所依据的信息，而该决定是代表政府向公众公开的政府决定；(3)依据第七部分所提出的公开请求涉及或在信息存在的情况下会涉及第1款所指向的信息，且相关负责人认为对某项信息是否存在予以公开会损害公共利益，则该负责人会拒绝该项请求且不会向相关请求人公开该项信息是否存在。

第20条规定：如果相关信息记录涉及一个公共团体的审议过程，则负责人会拒绝当事人依据第七部分所提出的公开请求，具体包括团体、团体负责人或团体成员为推进审议所提出的意见、建议、推荐及磋商结果。尽管存在前款所述内容，负责人会拒绝某项依据第七部分所提出的信息公开请求，而该信息记录须由国务院秘书长书面证明其包含与国务院审议过程相关的内容。在书面证明生效后，国务院秘书长认为相关审议过程已结束，那么秘书长应以书面形式撤回前项证明，随即其信息终止适用。

第21条规定：如果负责人有理由认为公开相关的信息记录会出现以下情况，则负责人会拒绝依据第七部分所提出的公开请求：损害由公共团体所指导的测验、考试、调查、咨询或审计的效力，或进行此项指导所使用的过程或方法；对公共团体的管理功能的发挥有很大的负面影响，这种管理包括企业交往和员工管理；或者以代表政府或公共团体利益进行谈判为目的，公开已经或打算采取的态度或者已经或准备遵循的计划、程序、标准或指令。

第23条规定：如果负责人有理由认为公开相关的信息记录会出现以下情况，则负责人会拒绝依据第七部分所提出的公开请求：(1)对违法行为的预防、侦查、调查，对违法者的逮捕或起诉，或者为了解决前述问题而使用的法律方法、体系、计划或程序；(2)对法律的实施、遵守和执行；(3)为确保公共安全和个人的人身与财产安全而使用的法律方法、体系、计划或程序；(4)刑事诉讼程序、民事诉讼程序及其他程序的公平与公正;(5)刑罚机构的安全;(6)精神病中心医院的安全;(7)建筑物或交通工具、船舰、轮船、航空器的安全;(8)爱尔兰警察局、武装部、税收委员会、刑罚机构的内部或外部通讯系统的安全;威胁到任何人的生命或安全,因民法的实施、执行或通过其他途径而向公共团体秘密提供信息,而导致个人身份信息的泄露,利于违法行为的实施。

第24条规定:如果负责人有理由认为公开相关的信息记录会产生如下消极影响,则负责人会拒绝依据第七部分所提出的公开请求:(1)国家的安全;(2)国家的防御;(3)国际关系;(4)或者与北爱尔兰相关的事务。

根据该法的第28条的规定,在此部分法律规定之下,如果负责人认为公开相关信息会导致个人信息的泄露(包括与死者相关的个人信息),那么负责人会拒绝依据第七部分所提出的公开请求。

第31条规定:负责人可能会拒绝依据第七部分所提出的公开请求,如果负责人认为:(1)有关信息记录包含与代表公共团体利益而进行研究相关的信息,公开该信息或在研究完成之前公开此信息,很可能会使团体或者为了团体利益或研究主题而实施研究的个人陷入不利的局面;(2)信息公开很大程度上会损害文化、传统或者植物区或动物区的自然资源、物种或物种栖息地。

第32条规定:如果存在以下情况,则负责人会拒绝依据第七部分所提出的公开请求:(1)法令禁止相关信息的公开(除非法令中的一览表中的第三栏做了专门规定);(2)信息的不予公开是法令在特定情形之下所规定的,则依照规定负责人可以拒绝公开信息。

三、信息公开的方式及程序

(一)信息公开的方式

1. 主动公开

信息公开内容,需要部长与其他部长商议后,制定并发布公共准则,公共机构应当编制并公布它的机构组织、职能权力和职责以及它可以提供的服务。在公开的信息中还要包括该公共机构的规则、程序、指导方针等以及自身机构的义务等。

2. 依申请公开

根据《信息自由法》第 6 条的规定，公民有权利访问政府和公共机构所持有的任何信息，并且政府和公共机构要对访问的公民予以合理的协助。

(二)信息公开的程序

1. 申请

根据《信息自由法》第 6 条的规定，公民有权根据自己的需要访问信息。如果申请人为残疾人，则被申请部门需要提供相应的帮助。

2. 受理

根据《信息自由法》第 7 条的规定，被申请部门应当向申请人提出书面或其他任何可以确定的形式的申请，申请中要注明此信息为依据《信息自由法》而公开，资料中要详细注明所申请信息的内容，如果申请人要求以特定的形式访问要予以满足。被申请机构应当在收到申请的两个星期内将信息公开的程序和细节，提供给申请人。如果申请机构发现此申请为多个机构的信息，则要在收到申请后的两个星期内将申请的文件或副本转交由其他相关的机构，并以书面形式告知当事人此种情形。在申请人无法通过所申请机构获得申请信息时，该申请机构需要告知申请人访问权力，以及提供给申请人相应的协助。申请人可以在提出申请的两周内做出撤销申请的决定，被申请机构经过审查合理的，应予以批准。《信息自由法》第 8 条规定，被申请机构应在收到请求的四周内做出予以公开或拒绝公开或是公开部分信息的决定，并以书面或其他确定的形式发于申请者，并将该信息的提供机构、经办人以及所需费用等一并提供给申请者。被申请机构可以提供给申请者信息记录，抑或是信息副本，或是其他电子形式，如视听资料等，或是其他可以确定其信息内容的形式。《信息自由法》第 15 条规定，公共机构应当编制并公布它的机构组织、职能权力和职责，以及它可以提供的服务。

(三)信息公开的费用

根据《信息自由法》第 47 条的规定，申请人应当向公共机构支付申请信息公开的费用,费用包括检索信息的费用和提供资料副本等其他形式载体的费用,此费用由公共机构决定。如果在涉及国家的信息时,公共机构可以向申请人收取适当的押金。公共机构所收取的费用不能超过其成本金额。

四、主管机构

政府应当设立信息专员办公室和信息职员,其统称为信息专员,其署长在其功能性上是独立的。信息专员主管一些费用上的问题,延长时限的申请,涉及不予公开信息访问的决定,或根据《信息自由法》对信息公开的相关事宜做出批准或撤销的决定。申请人在申请遭到拒绝后,可向信息专员提出复核。信息专员要安排公共机构编写年度报告并提交,并予以审查,审查是否有法律中规定的不予公开的信息予以公开。如果有人妨碍信息专员履行其职能,则处以 6 个月以下监禁或 1500 欧元以下罚款。署长应在次年年初,编写一份信息公开的年度报告,报告上列举其信息专员一年的活动,提交给议会。

信息专员也要鼓励出版机构出版公共机构所公开的信息,并推广给广大市民。

五、发展现状

信息专员在 2012 年收到了 338 份申请,比 2011 年同比增长了 38%,而受理的申请也增加了 35%。在收到的申请中,有部分是申请不在信息专员审查的范围内,也有一些申请是由申请人自行撤回的。在 2012 年度,信息专员作出驳回决定的案件为 35 件,其中有 15% 的案件为维持原不予公开的决定[①](详见附表)。

---

① 参见网站:http://www.oic.gov.ie/en/publications/annual-reports/2012-annual-report/online/media/information_commissioner_ar_english_web.pdf,最后访问日期:2014 年 3 月 16 日。

2009～2012年信息处理情况表① 单位:件

	收到的申请	受理的申请	作出驳回决定的申请
2009年度	235	无数据	34
2010年度	310	220	39
2011年度	245	174	27
2012年度	338	236	35

---

① 资料来源:http://www.oic.gov.ie/en/publications/annual-reports,最后访问日期:2014年3月16日。

爱沙尼亚《公共信息法》概览

一、法律概要

《爱沙尼亚宪法》第 44 条明确规定：每个人都有权自由获得信息。除了法律禁止泄露的信息和仅供内部使用的信息，所有的州和地方政府及其官员都有义务根据爱沙尼亚公民提出的申请，在其职责范围内提供信息。同时，除非法律另有规定，其他国家的公民和在爱沙尼亚的无国籍人也平等享有此项权利。[①]

爱沙尼亚《公共信息法》[②]（*Public Information Act*）于 2000 年 11 月获得批准，并于 2001 年 1 月生效。[③] 该法规范国家和地方机构，以及承担包括教育、医疗、社会或其他公共服务等公共职责的公法法人和私人实体。[④] 该法经过四次修正：第一修正案于 2002 年 6 月 19 日获得通过，于 2002 年 8 月 1 日生效；第二修正案于 2002 年 6 月 19 日获得通过，于 2002 年 9 月 1 日生效；第三修正案于 2003 年 2 月 11 日获得通过，于 2003 年 7 月 1 日生效；第四修正案于 2003 年 2 月 12 日获得通过，于 2003 年 10 月 1 日生效。

《公共信息法》共分为七章，69 条规定。第一章（第 1 ~ 8 条）阐述了立法目的、本法适用范围、信息公开的原则，定义了公共信息、信息的持有人、申请及申请人等概念。第 2 条第 2 款以列举式说明了不予公开的信息范

---

① *Constitution of Estonia*，参见网站：http://www.oefre.unibe.ch/law/icl/en00000_.html，最后访问日期：2014 年 3 月 10 日。

② 该法律可参见网站：https://www.riigiteataja.ee/en/eli/ee/Riigikogu/act/522122014002/consolide，最后访问日期：2015 年 8 月 2 日。

③ *Public Information Act*，Passed 15 November 2000. RT I 2000，92，597. 参见网站：http://www.legaltext.ee/text/en/X40095K2.htm，最后访问日期：2014 年 3 月 10 日。

④ David Banisar，*Freedom of Information Around the World – A Global Survey of Access to Government Information Laws*，*Privacy International* 2006，p. 68.

围。第二章(第9~12条)阐述了在信息公开过程中信息持有人的义务以及处理信息公开申请的基本程序,另外规定了文件登记数据库和文件登记的要求。第三章(第13~27条)分为三节,第一节规定了信息公开申请的提出和接受,包括申请的方式和内容以及持有人对申请的记录;第二节阐述了准许信息公开和拒绝信息公开,包括公开方式、处理期限和申请的转交、拒绝公开的原因以及对申请处理情况的登记;第三节规定了信息公开的费用,包括支付标准、免除的情况、支付程序。第四章(第28~33条)分为两节,第一节阐述了主动公开的信息以及公开方式和方式的选择;第二节规定了在公共数据通信网络公开信息,包括维护网络的义务以及维护的具体要求。第五章(第34~43条)阐述了限制公开信息的定义、将信息分为内部信息的依据和程序、禁止分为用于内部使用的信息、公开只能内部使用的信息和包含个人数据信息的程序以及这种限制的失效。第六章(第44~54条)阐述了数据保护检查员的权利,包括监督权和训诫权,同时也规定如果个人的本法规定的权利受到侵犯,他可以亲自或通过代理人向本法规定的监督机构或行政法院提出质疑。第七章(第55~69条)阐述了在实施本法过程中国家和州政府的义务,要求公共图书馆必须在2002年接入计算机网络,确保能够通过公共图书馆获取公共信息、维护网站、建立文档管理程序。此外,还包括《刑法》修正案、《回应请愿法》修正案、《个人数据保护法》修正案、《数据库法》修正案、《国家费用法》修正案、《档案法》修正案、《公共图书馆法》修正案、《环境监测法》修正案、《大法官法》修正案、《数字签名法》修正案中与本法有关的内容。与信息公开相关的法律还有:

(一)《国家秘密法》

《国家秘密法》(*State Secrets Act*)于1999年1月获得通过,于1999年2月生效,1999年到2004年经过13次修正。为了满足北大西洋公约组织的要求,该法于2001年8月进行修正。[①]

---

① David Banisar, *Freedom of Information Around the World—A Global Survey of Access to Government Information Laws*, *Privacy International*, 2006, p. 69.

《国家秘密法》规范秘密信息的创建、使用和传播。[①] 该法将信息分为四个级别，分别是限制、机密、秘密和绝密，并要求长达50年的信息都要进行分类。该法规定了有权获取国家秘密的人，各类机构保护国家秘密的职责，以及政府要建立保护国家秘密委员会协调和组织国家秘密保护工作。

《国家秘密法》第六章第22条规定，出于三方面原因，国家秘密也是可以被获取的：出于职务的原因，主要包括总统、议会成员、政府成员、法官、军队的总司令和指挥官等公职人员；满足一定条件的自然人和法人都可以申请获取；依据调查员或检察官的命令或法院的判决可以获取。

（二）《监视法》

《监视法》（*Surveillance Act*）于1994年2月获得通过，于1994年3月生效，1995年到2004年经过24次修正。制定本法的目的是规范监视的条件和程序以确保爱沙尼亚及爱沙尼亚公民的安全。该法规定，监视的原则是合法、透明和保密。

（三）《个人数据保护法》

《个人数据保护法》（*Personal Data Protection Act*）于2007年2月获得通过，于2008年1月生效。2007年到2010年进行过三次修正。制定该法的目的是保护在处理个人数据过程中个人的基本权利和自由。

《个人数据保护法》允许个人获取和修改由公共和私人机构掌握的包含个人信息在内的记录。该法由数据保护检查员监督执行。[②] 规定处理个人数据的原则包括合法、安全、针对性、必要性、限制使用、个人参与等原则。

---

① State Secrets Act RT1 I 1999,16,271. See http://www.legaltext.ee/text/en/X30057K6.htm. See also Approval of Procedure for Protection of State Secrets and Procedure for Issue of Permits for Access to State Secrets, Government of the Republic Regulation No. 216 of 8 July 1999, RT I 1999,61,622. See http://www.legaltext.ee/text/en/X40004K4.htm，最后访问日期：2014年3月20日。

② *Personal Data Protection Act*. RT1 I 2003,26,158,12 February 2003. 参见网站：http://www.legaltext.ee/text/en/X70030.htm，最后访问日期：2014年3月20日。

（四）《环境登记法》

爱沙尼亚于1998年6月签署了《奥胡斯公约》，并于2001年8月批准。[①]《环境登记法》（*Environmental Register Act*）于2002年6月获得通过，于2003年1月生效。

《公共信息法》适用于环境信息的公开。该法要求在一个数据库里存储与环境相关的详细信息，包括污染、废弃物和放射性污染、转基因生物、自然环境因素、许可和其他信息。[②] 同时，该法规定，信息是公开的，除非信息公开会危及公共安全或造成环境损坏或信息包含知识产权的秘密。

二、信息公开范围

《公共信息法》第一章第1条指出，制定本法的目的是在开放社会的民主法治原则的基础上，确保每个人有机会获取用作公共用途的信息，并创造机会让公众监督公共机构。第4条第2款规定所有公民都有权以最快和最简单的方式获得信息。为了充分保障公民的信息权，该法规定了比较宽泛的信息公开范围。

《公共信息法》第一章第3条对"公共信息"进行了界定，公共信息指的是以任何方式和任何介质记录或保存的，公共机构依法履行职权时获取或创建的信息。

对不予公开的信息范围，《公共信息法》第2条第2款规定了以下例外：

属于国家机密的信息；根据《档案法》（*Archives Act*）规定的程序公开档案机构所掌握的公共档案；在处理诉状和备忘录时，如果在回复的过程中需要分析、整合记录或附加信息，应当按照《回应请愿法》（*Response to*

---

① David Banisar, *Freedom of Information Around the World – A Global Survey of Access to Government Information Laws*, *Privacy International* 2006, p. 69.

② *Environmental Register Act*, Passed 19 June 2002 (RT I 2002, 58, 361). 参见网站：http://www.legaltext.ee/text/en/X60041.htm，最后访问日期：2014年3月20日。

Petitions Act)规定的程序进行;如果有其他特别法或者国际公约规定信息公开的限制条件、特殊条件以及过程和方法,按照特别法或者国际公约的规定公开信息。

三、信息公开的方式及程序

(一)信息公开的方式

《公共信息法》第8条规定,信息公开的方式主要有以下两种:主动公开和依申请公开。

1. 主动公开

《公共信息法》第5条规定了信息的保管主体,包括:国家和地方政府机构、公法人、私法人及自然人依据法律、行政法规以及涉及教育、医疗卫生、社会或其他公共服务内容的条款履行公共职责时,对于与其工作职责有关的信息的处理应当遵守信息持有人义务;涉及商品和服务的条件、供应以及变化有关的信息,具有市场支配地位,或享有特殊或专有权,或自然垄断的经营者被视为信息的持有人;涉及国家或地方政府的预算资金分配使用有关的信息,非盈利协会、基金会以及公司,作为创建人或参与者的国家以及地方政府或私法法人被视为信息的持有人。第28条规定,这些信息的持有人有义务公开与其履行职责有关的信息,主要有以下方面:

经济统计数据和经济预测;犯罪的统计数据;政府法规以及政府机关的结构说明;申请的格式以及说明;官员工作内容的描述;政府职位的介绍,包括官员的姓名,教育背景、专业领域、电话号码和电子邮件地址;危害到生活、健康和个人财产的信息;政府工作报告;公法法人的监事委员会和管理委员会的成员姓名和电子邮件地址;公法法人的管理报告和收入——支出报表;预算和预算草案;国家财政预算收入;有关环境状态以及危害环境的信息;有关国家监督的已经生效的决策;包括说明书在内的立法草案、规定和计划;文件草案、发展计划、重要项目以及相应的获批或采用的文件;政府机构需要的有关研究和分析的信息;政府机构的职位空缺信息;政府组织的公共采购信息;政府已经转移给由政府建立或参与的私法法人的资产使用信息;公共项目信息;政府机构工作内容的改变信息;国家元首和当地政府首脑的办公时间;政府机构的工资率和合法根据,以及支付额外报酬和附加福利的程序;居于市场主导地位或具有特殊或专有权或自然垄断的公司的价格形成信息;公共服务和有关公共服务条件和价格的变化;政党的成员列表;已经生效的法院判决;由法律规定由文件登记机构存储的信息;文档注册登记机构;基于国际协议或立法规定的公开义务或信息的持有者认为有必要公开的其他信息。公开以上信息的同时,已知的记录信息的人、时间、法律依据以及与该信息有关的解释,都应当公开。

第 29 条规定,信息的持有人应当在网站上公布以上信息,除此之外,还可以通过广播、报刊、政府机构或公共图书馆,或官方出版物,或其他法律法规规定的方式公开。

第 30 条要求信息的持有人应当采取一种能使信息尽可能快的到达的方式公开信息。如果法规或国际协议规定了信息公开的方式,按照规定的方式公开信息,如果这种义务源自本法第 31 条规定,类似信息还应当在网站上公布。信息的持有人应当及时公开任何威胁到生命健康或个人财产或环境的信息,应当选择最快的和最合适的方式,为了避免危险和减轻可能的后果。如果公共利益可以被预期,政府机构应当在广播和印刷媒体公开所掌握的事件和事实。

《公共信息法》包括重要的有关电子访问和信息公开规定。政府部门必须设置并保存文件登记册(电子数据库)。

国会办公室、总统办公室、大法官办公室、国家审计署、法院、国防总参谋部、政府机构和公法法人应当维护主动公开信息的网站。城市或农村自治区政府应当组织维护网站,为的是提供城市或农村自治区政府机构的活动细节,以及公开其所掌握的信息。在合同的基础上,城市和农村自治区政府组织维护联合网站。国家总理府、部门和县政府必须采取措施协助他们所管理的国家机构维护网站。

第31条和第32条规定国家和地方政府有义务维护网站,并在网站上设置一个信息列表:发布数据通信地址告知公众可以访问网站;在网站上发布专门的消息;不在网站上公布过时、不准确或误导性信息;及时采取措施消除任何阻碍访问网站的技术问题。信息的持有人应公布每个文档更新的日期。由国家总理、部长、县政府管理的机构的网站可以直接访问。

2. 依申请公开

《公共信息法》第6条规定,信息公开的申请指的是依照本法规定的程序,由申请人向信息的持有人所提交的获取信息的请求。第三章规定了依申请公开信息,第13条至第16条规定了申请的形式、具体要求和对申请的登记。

(二)信息公开的程序

1. 申请

申请应当直接或者通过电话向信息的持有人口头提出申请,也可以直接或通过邮寄、传真或电子邮件递交书面申请。

第14条详细说明了对申请的要求。口头或书面提出的申请应当包含以下信息:申请人的姓名;提出申请的法人或机构的名称;申请人的详细信息(住址、电子邮件、传真或电话号码),以便于信息的掌握者发布信息或联系申请人;信息的内容或类型、文档的名称和内容已经应申请公开的文档的必要信息;信息公开的方式。如果申请公开的信息包含敏感信息或有关其本人或第三人的个人信息,信息的持有人应当确定申请人的身份。如果申请人对于口头提供的信息不满意,信息的持有者有权要求申请人提交书面申请。如果政府官员或雇员为了执行职务申请信息公开或申请获取的个人信息与第三人有关,应当将依据和目的告知信息的持有人。申请人不得凭借其职责或职位为了其他目的申请公开信息。

第16条要求对申请进行登记。信息的持有人应当自收到申请之日起或不晚于收到申请后的工作日登记申请。信息的持有人有义务帮助申请人。如果要求公开的是本法第14条第1款中所指的信息,或者是有关处理申请的雇员或机构的信息,这些信息以及处理申请的最后期限都应当保存在文档登记数据库中。如果申请是匿名的或申请是口头提出的并要求立即公开,则这样的申请不需要登记。

2. 处理

第 18 条规定,信息的持有人应当自收到之日起立即处理申请,不得迟于 5 个工作日。如果由于所提交的申请的信息不足导致申请无法被处理,信息的持有人应当通知申请人在 5 个工作日内以明确所请求的信息。对申请的处理期限应当自登记申请之后的工作日开始计算。第 19 条规定,如果信息的持有人需要时间明确申请的要求或识别信息比较耗时,信息的持有者可能延长处理答复的时间,最多延长 15 个工作日。持有人的信息应当在 5 个工作日内将延长的期限和理由通知申请人。

第 22 条规定,如果要求公开的信息依据本法或其他法律已经被公开,信息的持有人应当立即通知申请人,最迟在不晚于 5 个工作日内;并提供给申请人公开的方式和地点,除了要进行官方确认的信息。

第 17 条对信息公开的方式进行了全面而详细的规定。信息的持有人应当按照申请人所要求的方式公开信息,包括:将信息转到移动电子设备中或按申请中的电子邮件地址发出;将文档副本或记录的纸质版直接寄送给申请人;传真;口头送达;到持有人处获取;以任何其他方式。如果没有技术手段、或媒介类型不符合规范,或由于耗时,口头提供可能会阻碍信息持有人行使职责,信息持有人也可拒绝以申请人要求的方式公开,并选择合适的方式处理申请;如果可能的话,在处理之前与申请人进行商议。如果申请人同意,并且信息尚未被公开,信息持有人可以公开文档副本的纸质版。信息持有人依申请公开信息以及主动公开信息时,如果官方确认对于行使权利和自由以及履行申请人的义务是必要的,要进行确认。口头发布信息的情形包括:要求公开的信息是关于请愿、备忘录等其他的处理;要求确认信息是否由被申请人掌握。处理口头申请时,处理人不能大声朗读文件。如果申请并未说明处理方式,也无法确定处理方式,应当由持有人选择一种合适的方式,并优先考虑申请提出的方式。

第23条对于拒绝公开的情形进行了详细规定。存在以下情形时,信息的持有人可以拒绝公开信息:要求公开的信息在访问限制内以及信息请求人没有访问所请求信息的权利;信息持有人不掌握申请人申请公开的信息,也不知道谁拥有它,且无法识别和定义持有人所要求的信息;由于申请人申请公开的信息无法明确,无法按申请进行公开;申请人尚未支付国家费用或者其他相关费用;信息已经发送给申请人,且申请人无法证明第二次向其发送该信息的合法性;自然人或私法法人要求公开的信息与履行公共职责无关;公开信息会改变信息持有人的工作组织,阻碍其之后公共职务的履行,也可能带来不必要不成比例的费用;请求公开的信息无法只通过单一信息源获得;申请公开的是将信息系统化且分析过后记录下的新信息,这种申请应当按照《回应申请书法》中的程序进行回应;申请人已被法院剥夺了法律行为能力;没有申请人的地址或联络方式。以上拒绝公开的决定应在5个工作日内通知申请人。

第24条规定,准许公开和拒绝公开的决定都应当注册登记,除了匿名申请或口头申请并要求立即公开。登记的内容包括:公开信息的人(主动公开和依申请公开的人);文件的必要信息或已公开信息的必要信息;公开或者不予公开的日期;信息公开的方式,或视作已经公开的理由,或拒绝公开的理由;申请人是否已经支付公开的费用,以及信息的持有人是否撤回对费用的主张。

(三)信息公开的费用

《公共信息法》第25条规定,信息的持有人应当支付与公开有关的费用,除非法律另有规定。信息的持有人应当支付政府机构公开信息的费用。若信息以纸质版公开,申请人应当从21页起支付每页最多3克鲁恩,除非法律另有规定。

第26条规定了费用的减免,当出现以下情况,信息的持有人可以免除申请人的费用:征收费用经济效率低下;申请人请求公开信息是为了做研究;申请人请求公开信息是为了行使权利和自由,或是为了履行义务,同时申请人没有支付费用的能力。

第27条规定了费用的支付程序。申请人应在信息发布之前向信息的持有者支付费用。如果法律规定公开信息或文件要支付国家费用,申请人应当在信息公开之前根据《国家费用法》规定的程序支付费用。收取费用之后,信息的持有人应当发给申请人费用收据。

四、主管机构

《公共信息法》第44条规定,由数据保护检查员(data protection inspectorate)依照本法规定的程序进行监督,同时上级机构也有权进行监管。数据保护检查员有权要求信息持有人进行说明,检查信息持有人持有的信息和限制公开的内部文件;对信息持有人进行训诫;向信息持有人提出建议。数据保护检查员应当通知提出质疑的人、信息的持有人和其上级机构。监督结果应当在数据保护检查员的网站上公布。

数据保护检查员要对信息持有人进行国家监督。数据保护检查员可自行或在质问的基础上发起监督程序。在行使监督权的时候,数据保护检查员应确定是否:依照法律规定的程序登记了申请;申请的处理符合程序要求,符合法律规定的期限和方式;依法拒绝处理特定的申请;按照法律规定的程序确定限制公开的信息;信息持有人履行义务主动公开信息;信息持有人按照法律规定的程序履行义务维护网站。

数据保护检查员有权对信息持有人进行训诫,使其活动符合法律的要求,如果检查员发现信息的持有人:非法拒绝公开信息;没有在规定的期限内回应申请;没有按要求公开信息;没有按要求处理申请;没有履行维护网站的义务;非法限制信息公开;没有依法限制信息公开;公开了依据本法限制公开的信息。信息持有人应当自收到训诫之日起5个工作日内采取措施并通知数据保护检查员。数据保护检查员应在其网站上发布通知。如果信息持有人没有遵守数据保护检查员的训诫,也没有到行政法院提起诉讼,数据保护检查员可发起行为不端诉讼,或信息持有人可向上级机构提出进行监督的要求。监控机构应当在收到训诫之后一个月内开展监督工作,并通知数据保护检查员监督控制结果。

数据保护检查员应当于每年12月1日向议会宪法委员会和大法官提交符合本法的报告。报告应包含犯罪的概述、犯罪人、挑战、训诫、行为不端诉讼、处分以及其他有关本法的实施内容。报告应发表在数据保护检查员的网站上。

五、争议解决

《公共信息法》第4条第5款规定,若认为限制公开违反了个人的权利和自由,每个人都有权对其提出质疑。第46条规定,如果本法规定的权利受到侵犯,个人可以自行或者通过代理人向数据保护检查员或上级机构提出质疑,或向行政法庭提起诉讼。

第47条规定,向数据保护检查员申请开展国家监督,应当提交一份书面质疑,内容包括:提出质疑的人的姓名;邮寄地址或电话号码;拒绝公开、或不回应申请或公开的信息不正确的信息持有人;信息公开申请的内容;认为信息持有人的活动非法的理由;明确的请求。其中,如果认为信息持有人拒绝公开信息是非法的,或公开了不正确的信息,提出质疑的人应当提交一份信息持有人书面拒绝公开的决定,或持有人公开的不正确的信息。

六、发展现状

根据《公共信息法》第6部分的规定,数据保护检查员可以审查公共机构的程序和接受投诉,可以要求政府机构解释和检查内部文件,可以要求某一机构遵守该法以及公开文件。[①] 检查员可以向数据的持有人进行问询,确信该法得到普遍遵守。[②] 2004年,数据保护检查员调查了34个对《公共信息法》的投诉。公共机构可向行政法庭提起上诉。到目前为

---

① David Banisar, *Freedom of Information Around the World—A Global Survey of Access to Government Information Laws*, *Privacy International*, 2006, p. 69.

② Council of Europe, Responses to the Questionnaire on National Practices in Terms of Access to Official Documents – Estonia, Sem – AC(2002)002 Bil, 18 November 2002, p. 154.

止,只有少量上诉案件。[①]

在2005年报告年度期间,数据保护检查员共收到40个违反《公共信息法》所规定的权利的质疑。在这40个质疑中,13个被驳回,27个被受理。驳回质疑的主要原因是上诉所针对的申请并不是对记录或文件信息,而是要求分析、合成记录或文件信息或需要额外收集信息。如果支持这样的申请,有一半的信息持有人是违反《公共信息法》的。对这样的申请,《公共信息法》并不适用。在9个案件中,信息的持有人受到了处罚,平均罚款10,000克鲁恩。违反的主要方面包括:超过法定期限;没有公开信息或没有在网站页面上公开信息;错误解释《公共信息法》;非法限制信息公开;不合理地拒绝信息公开申请。[②]

2005年10月1日到2006年9月30日,数据保护检查员收到99个根据《公共信息法》提出的解释的要求或质疑,开始了8个行为不端诉讼程序。质疑大多数是违反维护网站的要求(政府机构、农村政府)或信息的持有人没有依申请公开信息。大多数关于违反维护网站的是缺乏一个文档注册中心或没有登记。限制公开声明为内部使用的文件是非法的。基于目前迅速发展的信息技术,建立一个合法的个人数据数据库是完全可行的,但之后它的使用目的可能不再被控制,因此不能保证数据当事人的私人生活不被侵犯;AKI认为,公开并不意味着无限公开个人数据和通过网站访问个人数据。因此,网站应公开关于金融资源如何使用的信息,以及最小程度和不侵犯私人生活地公开个人数据。[③]

在2007年的年度报告中,数据保护检查员提出要尽可能提高公众的

---

① David Banisar, *Freedom of Information Around the World—A Global Survey of Access to Government Information Laws*, *Privacy International*, 2006, p. 69.

② *A report on the observation of the Personal Data Protection Act and Public Information Act* 2005. 参见网站:http://www. aki. ee/en/inspectorate/annual - reports,最后访问日期:2014年3月25日。

③ *Report Concerning the Performance of the Perrsonal Data Protection Act and the Public Infoamation Act* 2006. 参见网站:http://www. aki. ee/en/inspectorate/annual - reports,最后访问日期:2014年3月25日。

意识和发展行政实践,包括提高行政能力和改进后续活动。[①]

在2008年的年度报告中,数据保护检查员通过研究收到的投诉和质疑,发现《公共信息法》的实施存在以下问题:(1)信息持有人存在疏忽和懒惰,表现在申请没有在规定的期限内得到答复,没有很好地履行维护文档注册或在网页上发布信息的义务;(2)申请人和信息持有人之间有关于限制公开的合法性基础的纠纷;(3)申请人错误地认为每封发给信息持有人的信件都是信息公开的申请,并应当在5个工作日内得到回复,实际上很多申请都是要求解释信息;(4)信息持有人的网页不是以用户为中心而是以机构为中心的方式建立的。[②]

2009年,通过对机构网站的监测,数据保护检查员认为对《公共信息法》的贯彻存在不规则、不统一的现象,官员没有经过必要的培训就开始适用该法;概括来说,该区域似乎是一个"无人区"。它由文件管理部门、公共关系部门、人事部和信息技术部门共同处理。根据实际情况,只有在出现问题时才会有高级管理人员进行干预。没有专门机构负责处理信息公开的事务,如关于法律的公开是由司法部负责的,组织官员培训是由财政部负责的。2009年12月,一份建议稿提交给国务大臣,建议在所有有权的国家机构和个人之间分配责任,协调贯彻《公共信息法》,并进行监督。这些人也要跨部门合作。跨机构合作会提高工作效率,同时整合不均匀的网络信息,更面向用户。于2009年12月28日生效的《公共信息法》的补充规定使爱沙尼亚信息公开更加合法化。补充规定让信息持有人在中央信息服务网站 www. eesti. ee 发布活动信息和服务内容。数据保护检查员改变其有关监督执行《公共信息法》的政策。通过比较监督、指导和提高意识,数据保护检查员更多的是影响该法的实施而不是回应

---

① *Report on the Implementation of the Personal Data Protection Act and Public Information Act* 2007. 参见网站:http://www. aki. ee/en/inspectorate/annual - reports,最后访问日期:2014年3月25日。

② 参见网站:http://www. aki. ee/en/inspectorate/annual - reports,最后访问日期:2014年3月25日。

投诉。数据保护检查员认为，允许机构单独委托他人解决技术问题是一个错误，这导致：在文档管理和机构网站方面，解决方案没有方便用户；缺少跨部门解决方案（有一个文档交换系统但没有文档搜索系统）；较小的机构贯彻该法方面存在困难，尤其是在地方政府层面。[①]

在 2009 年和 2010 年进行的一项监测显示，《公共信息法》的实施在各地有差距。大部分机构都没有建立网站和文档注册机构。在该法的解释（尤其是在有关信息限制公开方面）或网络信息的结构方面缺乏一致性。原因包括：(1) 在国家级别上没有确认公共信息的所有人；(2) 缺乏足够的培训和指导；(3) 每一个行政机关和地方政府是被迫独立开发类似的信息系统，包括文档注册机构和网站，这导致资源的浪费和不一致性，给用户带来困难，互联网上关于爱沙尼亚和其公共部门的信息存在很多的不一致；(4) 对《公共信息法》的监督主要是根据投诉进行的，当越来越多的问题开始出现的时候，这样显然是不够的。2010 年 5 月，发布《关于贯彻〈公共信息法〉的一般准则》，在 2010 年 6 月，发布了提供给私法上的信息持有人的删节版的特别准则。2010 年 11 月，数据保护检查员向国务秘书提出建议，要求确认公共信息的所有人以及遵守相关修正案。它要求政府机构指定人员负责公开该机构的文件和保护个人数据。这些人员很大程度上与文档管理机构的人员是重叠的。根据相关规定，这些人必须协调机构各部门之间的相关活动。为了建立起人员之间联系网络，2010 年 8 月 27 日和 9 月 10 日，数据保护检查员在信息中心的协助下，开展了为期 2 天对网络信息人员的培训。[②]

在 2011 年的年度报告中，在信息公开方面的主要活动包括：比较监测上百个公共机构；在财政部和政府办公室的合作下，广泛组织培训；准

---

① 参见网站：http://www.aki.ee/en/inspectorate/annual - reports，最后访问日期：2014 年 3 月 25 日。

② 参见网站：http://www.aki.ee/en/inspectorate/annual - reports，最后访问日期：2014 年 3 月 25 日。

备和介绍指导方针;任命政府机构信息协调人;创建一个网络协调员。①

在2012年9月27日(国际公共信息日),数据保护检查员以交通信号灯颜色的形式发布了监测政府机构网站的结果。虽然在2009年开始监测时多数机构存在严重问题,但是到2012年,已经没有那么严重了。随着情况的改善,2013年,在公共信息领域将开展年度监测。数据保护检查员提出了《公共信息法》的修正案及关注公共信息的再使用。建议完全复制数据库和混合不同来源的数据时,必须认真考虑对个人数据的保护。②

---

① *Annual Report For The Year* 2011 *to The Constitutional Committee Of The Riigikogu* (Estonian Parliament) And To The Legal Chancellor: *On Compliance With The Public Information Act And Personal Data Protection Act*. 参见网站:http://www.aki.ee/en/inspectorate/annual-reports,最后访问日期:2014年3月25日。

② 参见网站:http://www.aki.ee/en/inspectorate/annual-reports,最后访问日期:2014年3月25日。

白俄罗斯《信息公开法》概览

一、法律概要

白俄罗斯是位于欧洲东欧平原的内陆国家，首都为明斯克，于1990年7月27日宣布主权独立[①]，并于1991年8月25日从苏联加盟共和国独立，同年12月19日改称白俄罗斯共和国。[②] 在信息公开领域，白俄罗斯与欧洲的进程相一致，均是于20世纪90年代开始致力于信息公开和公民知情权的保障。1991年至1994年是白俄罗斯社会自由意识高涨的时期，就在这段时间里许多独立的报社纷纷成立与国有公共传媒相比拥有更广泛的自由权利。1994年，首位由白俄罗斯公民通过自由民主选举而产生的总统开始执政，媒体界开始反抗当权部门的压制、谋求信息公开的保障，这在很大程度上推动了白俄罗斯制定《信息公开法》的进程。[③]

《白俄罗斯共和国宪法》(*Constitution of the Republic of Belarus*)于1996年11月24日经全民公决通过，总统卢卡申科于11月27日签发并公布。本法序言部分载明："我们，白俄罗斯共和国人民，出于对白俄罗斯共和国的现在和将来所负的责任，认识到自己是国际社会的充分权力的主体和证明自己忠于全人类价值，基于自己享有不可剥夺的自决权，根据白俄罗斯国家许多世纪的发展历史，努力确立白俄罗斯共和国每个公民的权利和自由，渴望保障公民和睦、不可动摇的人民政权和法制国家的

---

① See "Belarus Index", http://www.servat.unibe.ch/icl/bo__indx.html，最后访问日期：2014年3月20日。

② See Wikipedia: *Belarus*, http://en.wikipedia.org/wiki/Belarus，最后访问日期：2014年3月20日。

③ See Analytical Papers: *Access to Information in Belarus*, http://bk.baj.by/analityka/access_eng.htm，最后访问日期：2015年8月2日。

基础，通过本宪法——白俄罗斯共和国的根本法。”[①]由此可见，白俄罗斯公民确实是基于谋求权利和自由的出发点，推动了本宪法的制定。《白俄罗斯共和国宪法》明确赋予白俄罗斯公民以各项政治权利和自由，成为《信息公开法》制定的依据。

《白俄罗斯信息、信息化及信息公开保护法》[②]（*Law Of The Republic Of Belarus*“*On Information*，*Informatization and Protection of information*”，以下简称《信息公开法》）于1998年4月3日颁布，同年10月3日正式生效。

白俄罗斯《信息公开法》全文共十章，58条规定。

第一章总则，包含6条，分别就以下六个方面的问题做出规定：

1. 现行法律的适用范围

第1条规定：搜集、传递、接受、储存、使用、配置以及规范信息时所产生的关系，创新、使用国际化技术手段以及信息系统的过程中所产生的关系，规范信息服务过程中产生的关系，组织和确保信息安全过程中产生的关系，都是本法的调整对象。第2条规定：与大众传媒相关的社会活动应当由《白俄罗斯共和国大众传媒法》（*Mass Media Law of the Republic of Belarus*）进行调整，这也从侧面限缩了本法的适用范围，即不能用于规范大众传播媒介的工作。第3条规定：如果涉及的信息内容与白俄罗斯国家秘密相关，则应属于《白俄罗斯共和国国家机密法》（*State Secrets Law of the Republic of Belarus*）的调整范围。第4条规定：本法不适用于调整因知识产权问题而产生的社会关系。

2. 现行法律中的术语及解释

第2条对本法涉及信息公开领域中的关键术语进行了梳理和解释，主要涉及以下几个概念的定义：（1）数据库。指的是依据相关规则组合在一起且有结构的、相互关联的一系列数据。（2）数据银行。这是数据

---

① 摘自《白俄罗斯共和国宪法》，1996年11月27日。

② 该法律可参见网站：http://www.right2info.org/resources/publications/laws-1/laws_belarus-foi-law，最后访问日期：2015年8月2日。

库的上位概念,一个数据银行由多个数据库组成并负责监管数据库的运行工作。(3)技术手段、信息系统以及信息网络。依据相关法律法规的规定,白俄罗斯政府、公民、私人企业以及其他法人均有权使用其拥有所有权的技术手段以实现获取信息的目的。(4)国家信息系统。指的是由国家或地方政府预算、预算外资金或者其他地方法人主体出资建立的信息体系。(5)国家信息资源。如国家信息系统一样,信息资源指的同样是获得国家或地方政府预算、预算外资金或其他地方法人主体出资支持,所收集到的相关信息资料。(6)公民。本法中所指的公民并不仅仅局限于拥有白俄罗斯国籍的人,还包括外国人和无国籍人。(7)文件信息(文件)。指的是包含在特定文件中,且可以被单独提取出来予以分析的信息。(8)网域名称。根据信息网络的定位规则,网域名称指的是可以由此确定具体方位的字符键或字符键集合。(9)信息公开。指的是接触相关信息的权利,具体包括获得信息资源以及使用信息资源等。(10)信息保护。为了防止相关信息遭到非法截取、损毁、冻结、复制等,特制定一系列保护信息安全的具体措施,这些措施具有合法性、组织性以及科技化程度高等特征。(11)信息化。指的是通过一系列高科技的、高效率的、社会经济学的方法所实现的信息资源融合过程。信息系统、信息网络等均为信息化的实现奠定了基础。(12)信息。这是本法中最为核心的概念之一,此处信息所包含的内容有主体、客体、事实、现象以及处理方法。(13)信息公开的限制性条款。根据白俄罗斯法律法规的规定,不能对外公布的信息,本法中将以条文形式予以规范。(14)不予公开的信息。是由白俄罗斯法律明文规定禁止公开的信息种类。(15)信息系统。指的是数据库中已有信息的集合,而且还包括用以提供信息的各种高科技手段。(16)有限制的信息系统。这是在前述信息系统的基础上进行的进一步划分,有限缩范围之义。此类信息系统包含依法不予公开的全部信息。(17)信息网络。为了传输信息并提供信息公开服务,利用高科技手段创建的信息工程就是信息网络。(18)信息服务。指的是提供信息搜集、检索、储存、处理以及公开等内容的服务。(19)信息资源。主要指包含相关信息的独立文件或者独立的文件片段,其来源可以是图书馆、档案室、基金会、信息银行或者其他的信息系统。(20)信息媒介。指的是向信息管理者、信息公开申请人或者信息使用者提供中介服务工作的公民、私营企业或法人组织。(21)信息关系。具体指在信息搜集、检索、传输、接收、储存、处理、更新、使用以及公开过程中产生的社会关系,而且上述过程中还使用到了信息技术、信息系统以及信息网络的相关技术工具。(22)信息技术。是一系列技术性手段的总称,这些具体手段被广泛应用于相关信息的搜集、检索、传输、接收、储存、处理、更新、使用以及公开过程中。(23)程序与技术的综合。这指的是为信息处理过程提供帮助的各种高科技手段。(24)信息的保密性。这一规定指的是,当没有得到信息主体或者白俄罗斯法律规定的其他有权组织的同意时,不能将相关信息予以公开的制度。(25)非政府信息系统。指的是由非政府组织或者公民个人出资建立的信息系统。(26)非政府信息资源。与前一条相似,非政府信息资源指的是由非政府组织或者公民个人搜集并加以使用的信息。(27)信息和信息技术的所有者。依据白俄罗斯现行法律规定,享有信息收集、储存技术的政府机关、公民或法人。(28)可以公开的信息。指的是依法不属于保密范畴的信息、文件。(29)公共信息系统。这一系统主要包含了以下信息,即不需要考虑其用途即可由所有者予以公开的信息。(30)信息系统的管理者。指的是负责监管信息系统运行全过程的法人或者私营企业。(31)政府机关(组织)官方网站。由政府部门或者其他组织建立的网站。(32)个人信息。指一系列有关公民个人事项的信息集合,通过这些信息能够对个人情况进行准确的了解。(33)信息的提供。指的是了解信息覆盖范围的一系列手段与方式。(34)信息、信息系统以及信息网络的使用者。指的是依据白俄罗斯相关法律法规的规定并且获得相关部门的允许,有权接触信息、使用信息的政府部门(组织)、公民、私营企业或者法人。(35)专业秘密。指的是在公民搜集专业信息过程中接触到的有关第三人的信息。(36)公共信息。依据白俄罗斯法律的规定,包含政府机关(组织)、法人工作内容的信息被称为公共信息。(37)信息分配。指的是获取不特定信息主体资料的过程。(38)信息系统、信息网络以及高科技手段的应用主体。指使用和管理信息系统、信息网络的政府机关(组织)、公民或法人。(39)网站。指的是集信息资料于一体的网站,其网址是特定的且使用专属的网域名称、数据库、计算机程序,从而提供所需信息。(40)网址。指的是在信息网络中,特定信息的所在位置。(41)互联网。在信息公开领域,互联网特指包含公共信息内容的国际互联网络。(42)信息的科技保护措施。指的是保护机密信息以及其他依法不予公开的信息的特定措施,以防止泄露前述信息而产生不可预测的后果。(43)互联网信息。指的是从信息系统中传输、接收的信息,具体包括文本信息、图表信息、试听信息以及其他形式的信息。(44)法人。不仅包括依据白俄罗斯法律成立的国内法人,还包括外国法人。

3. 第3条主要涉及信息、信息化以及信息保护方面的立法

基于《白俄罗斯共和国宪法》的相关规定制定信息及信息保护法律法规,立法类型包括白俄罗斯总统法令、白俄罗斯现行法律、其他国内法律以及规范信息关系的国际公约。

4. 第4条为信息公开的原则

5. 第5条规定了信息关系的客体

本法中信息关系所包含的客体主要有以下几个方面:信息、数据库及数据银行、信息资料、信息技术、信息工程与技术的综合、信息系统、信息网络以及信息服务。

6. 第6条规范了信息公开的主体

根据本法的相关规定,白俄罗斯信息公开的主体包括:共和国中央政府及地方政府(组织)、公民、个体私营企业、法人、国际组织以及外国国家机关。这些信息主体在信息公开过程中主要扮演如下角色:信息及信息技术的所有人;信息技术及信息网络的所有人或者处理者;信息、信息系统或信息技术的使用者;信息中介机构;信息系统的管理者。

第二章规定了信息、信息化以及信息保护的范围。根据相关规定,可对白俄罗斯信息公开的范围获得相应了解。

本章明确了白俄罗斯信息公开领域国家政策的发展趋势，即对公民、法人等在信息公开方面的合法权益提供保障。同时，为了适应经济、社会及科学的高速发展，应当建立高效的信息保障体系，确保信息公开申请权的独立性。第7条规定：为推进信息公开工作的发展，国家应投入资金等支持信息技术的建设和发展。提高筹集款项的能力，促进信息公开工作技术水平的提升。努力提升公民、法人及其他组织参与信息公开工作的积极性，并且促进这些主体在信息公开过程中的合作。另外，提出保障公民、法人及国家的信息安全，从而逐步提高白俄罗斯共和国在信息、信息化以及信息保障方面的立法水平。

第8条规定了本国负责管理信息公开工作的机构，并且明确了其职责范围。

第9条至第14条依次明确了白俄罗斯共和国相关政府机关或部门，主要包括总统、国家信息安全中心、国家科技部、通信和信息化部、其他国家机关或者社会组织等，在信息公开工作中的具体职责。

第三章规定了两个方面的内容，分别是信息公开的权利以及信息的类型。

1. 信息公开的权利

第15条至第17条明确了信息公开权的内容，主要包括以下几个方面：国家机关、公民以及法人有权依据白俄罗斯法律的相关规定制作、搜集、传输、接收、储存、处理、使用和申请公开信息。针对信息公开过程中的权利滥用问题，本章明确规定不得出于违反宪法规定的目的申请信息公开，这些目的主要包括：破坏国家完整和统一；宣扬和鼓吹战争；宣扬暴力；反社会、反国家或者破坏宗教和谐；侵犯公民个人尊严或者侵犯其法定权利等。鉴于信息公开申请权的重要性，本法规定了国家机关（组织）在保障这项权利方面负有的职责：为保障信息公开申请权提供必要条件。如果白俄罗斯法律法规中没有相反规定，则不得就信息公开收取费用。如果相对人的上述权利受到不法侵犯，那么根据本法的规定，他们有权向上级行政机关（组织）提出申诉，或者向法院提起诉讼。如果行政机关

(组织)在信息公开过程中有过错并且损害了申请人的合法权利,则应当依据白俄罗斯相关法律承担责任。如果发生以下情况,相关部门则应当按照《白俄罗斯共和国民法》的相关规定对申请人进行补偿:行政机关拒绝信息公开申请没有法律依据;未在法定时间范围内提供相应信息;虚假的或者不完整的信息造成申请人合法权利的损害等。

2. 信息的类型

第 18 条至第 24 条围绕信息公开,就信息的分类标准和具体的信息种类进行了详细规定。信息的分类标准:以信息的外在形式为标准,可以将信息分为文件信息与非文件信息,即依托文件存在的信息和不以文件为依托而单独存在的信息。以信息能否被分割为标准,可以将信息分为可分的信息与不可分(或分割受限)的信息。以管理权来源为标准,可以将信息分为不受其他限制,完全由信息主体决定其公开与否的信息;由协议双方共同决定其公开与否的信息;受白俄罗斯普通法律调整的信息;受特殊法律调整的信息;法律规定不予公开的信息。白俄罗斯相关法令也可能会规定其他的信息类别,基本是依据信息的特征而进行的划分。具体的信息种类:(1)文件信息(文件)。指的是由白俄罗斯法律规定可以公开或者经协议双方同意公开的文件。(2)对外公开的信息。指的是依法公布在媒体或者发布在网络上的信息,其公开与否不受信息主体主观意愿的限制。针对此类对外公开的信息,政府机关(组织)、公民和法人享有以下权利:搜索、接收、使用相关信息;详细了解并储存这些信息。(3)能否公开受到法律限制的信息。根据本法的规定,能否受到法律、法规严格限制的信息包括:有关公民个人隐私的信息;涉及国家秘密、商业秘密或者专业机密的信息;部分公共服务信息;与未结案的刑事案件有关的信息;行政机关、法人工作中涉及的科技信息,具体包含初步裁决、内部官员信息等。对于前述信息的合法使用者而言,应当严格遵守法律的规定,保证这些信息的安全,并承诺不将上述信息泄露给第三人。限制公开的规定也有例外,如果涉及以下方面,则相关信息不可限制公开:有关公民个人权利、自由方面的信息;涉及紧急情况、突发事件、环境或地质灾害以及其他公共安全事件方面的信息;与白俄罗斯国家合法地位相关的信息;涉及刑事预警工作的信息等。(4)不予公开的信息。依据本法的规定,以下信息属于不予公开的信息:破坏白俄罗斯宪法体系的信息;宣扬或者鼓吹战争的信息;可能会激发民族、种族、宗教矛盾的信息;侵犯公民或者法人的自由、尊严、道德荣誉感和商业信誉的信息;白俄罗斯法律法规规定的其他不予公开的信息。(5)与公民个人生活相关的信息。公民的个人隐私受到法律保护,有关公民个人资料的信息依法不予公开,不得被搜集、传递或者自私保存。任何人都无权要求公民公开与其个人有关的信息,这些信息主要包括:涉及该公民隐私或家庭秘密的信息;与该公民身体健康状况相关的信息;与公民政治观念、宗教信仰相关的信息等。当个人信息安全受到不法侵犯时,公民有权寻求法律上的援助。当收集、处理、使用和储存前述信息获得法律允许时,应当就收集、处理的目的进行说明。(6)国家秘密、政府机密、商业秘密以及专业性机密。涉及国家秘密的信息是否应当公开,这一问题属于法律保留事项,即必须由白俄罗斯法律予以规范;有关政府秘密的事项应当由白俄罗斯内阁会议负责管理;有关商业秘密的事项应受到白俄罗斯民事立法的调整;基于保护信息安全的目的,如果在协议双方均同意的条件下,则涉及专业性机密的问题应当属于立法保护的范畴。另外,前述专业性机密主要包括以下内容:病人隐私、嫌疑人的供述、银行或商贸机密、社会安全机密、选举中的选票信息等。除了法律法规规定的情形之外,只有法庭判决才可以指令公开涉及专业机密的信息。

第四章为信息公开的程序性规定,其为白俄罗斯信息公开工作提供了明确的制度化依据。

第25条规定了信息公开程序中的基本问题,具体包括:(1)基本准则。在法律规定的信息公开手段运行良好的情况下,信息公开奉行完全免费的准则。(2)信息公开文件的法定内容。在信息公开文件当中,必须依法列明信息主体以及信息公开方式的基本情况,目的在于明确责任承担者。(3)当信息公开工作将使用到科技手段加以辅助时,信息保管者及信息中介机构必须告知申请人其拥有选择权,即有权选择是否使用经科技手段获取信息。(4)当信息保管者、信息中介机构或者信息网络的管理者收到公民关于不愿使用相关信息的声明时,他们必须及时将相关信息予以收回。(5)如果将信息发布在网站或者通过其他邮递的方式公开信息是出于商业广告的目的,那么信息公开方务必要考查白俄罗关于电子通信、邮政服务以及广告业的法律法规,看其中是否有对此类行为的禁止性规定。关于信息公开程序的强制性规定(包括强制公开文件复印件等),均由白俄罗斯立法、总统法令以及行政法规予以调整。

本章的其他条款属于具体的程序性规范,依次明确了信息公开环节中需要注意的问题。第 26 条规定依申请公开公共信息的普通程序;第 27 条规定以口头形式或者电子申请的形式请求公开公共信息的程序;第 28 条规定以书面申请形式请求公开公共信息的程序;第 29 条规定国家政府机关(组织)公开公共信息可采纳的方式;第 30 条规定政府机关(组织)官方网站的信息公开职责。

第五章为信息资源,对白俄罗斯境内可接触到的信息资源进行了分类并解释了各类别的含义。

第 31 条将合法的信息资源分为两大类,即官方资源与非官方资源。官方资源又可以称为政府资源,具体包括基础资源、部门资源以及地区资源三项,官方资源的管理与应用由白俄罗斯内阁会议统一领导。政府机关、公民和法人均有义务向负责管理信息资源的部门或者其授权的组织提供信息。对白俄罗斯国家主权完整和经济、社会、文化、国防事业发展有促进作用的信息,依据相关法律法规的规定属于具有重大国家意义的信息。

本章其余条款逐条列明了各项信息资源的内容。第 32 条规定:国家登记的信息资源。为了建立国家统一的信息管理体系,白俄罗斯创设了国家登记这种信息资源,为国家机关更好地搜集、储存信息提供有利条件。第 33 条规定:基础信息资源。基础资源是为公共信息的公开提供辅助作用的,主要包括依据白俄罗斯法律规定所形成的国家登记信息等信息种类。基础信息构成了国家登记信息的重要组成部分。基础信息主要包含以下内容:人口统计信息、国内法人及私营企业的注册信息、房地产注册信息及合同信息、白俄罗斯法律规定的其他信息。第 34 条规定:部门信息资源。此项信息主要指的是与白俄罗斯政府机关日常工作相关的信息,而且这些信息只能由掌握信息的政府部门自行使用。第 35 条规定:地区信息资源。地方行政机关在执行日常管理职务过程中形成的信息就是地区信息,这些信息的制作和使用主体都是地方行政机构、执法机构。

第六章主要围绕信息化、信息技术、信息系统与信息网络这四方面内容进行规定。第 36 条规定:信息网络作为一种新兴手段,在信息公开的过程中发挥着重要作用。信息网络也可以分为政府的与非政府的,能够全部公开的与只能部分公开的。政府信息网络的主要作用是提供社会服务、促进政府效能的发挥以及推进社会与政府的相互合作。另外,在信息公开过程中能否使用非政府信息网络,这是由信息主体或者其代理人决定的。政府信息网络与非政府信息网络共同构成了国家信息体系,属于国家财产的一部分。第 37 条规定:信息系统与信息资源相同,也有"国家登记信息系统"这一分类。政府信息网络是法律规定的强制登记内容,而非政府信息网络登记则不受法律的强制性约束。第 38 条规定:在信息技术、信息系统与信息网络的构建方面,享有体系构建权的主体只有国家、公民或者法人。本章规定了构建相关系统的法律依据、权力划分情况以及体系中所包含的内容。第 39 条规定:在信息系统的使用问题上,具体的程序需要依据白俄罗斯《通信法》(*Communications Act*)的相关规定进行。依据本法规定,国与国之间通过信息网络交换信息是完全免费的。另外,使用信息网络实施信息公开过程中的禁止性事项由白俄罗斯立法规定。

第七章明确了信息关系中主体的法律地位。第 40 条至第 47 条依次规定了以下几类信息主体的职责,具体包括:(1)信息掌握者(又称信息持有人);(2)信息使用者;(3)信息技术、信息系统及信息网络的所有人;(4)信息系统、信息网络技术的所有者;(5)信息中介者;(6)信息系统的管理者;(7)前述信息主体之间的关系;(8)不同主体的法律责任。本章依次规定了不同的职责及义务,以协调这些主体在信息公开过程中的相互配合。

第八章为信息保护条款。第 48 条规定了信息保护的目的——防止非法获取信息,保障公民的合法权利。第 49 条逐一列出信息保护的主要工作内容,分别是:信息保护的范围要覆盖信息所有者、管理者以及其他相关主体;保护公共信息、国家信息系统等需要国家安全部、国家信息安全中心等部门的合作;保障国家信息系统的良好运行等。第 50 条围绕保护信息和信息系统安全,鼓励信息管理者和信息使用者通过协议解决争议,使用密码等工具保护信息安全。第 51 条规定:本法所涉及的信息保护对象是公共信息,保护主体是相关信息的公开者,并且就保护主体应当履行的职责进行了详细的规定,主要包括防止非法采用信息、对修改过的信息进行重新搜集等。第 52 条规定:不同信息主体在保护信息安全的过程中应当发挥其应有的作用,实现职责的良好配置。关于个人信息的保障,第 53 条规定了提供保障的起始时间,即当个人信息被收集到行政部门时,这些信息即获得了被依法保障的权利。另外,如果个人信息是通过非法途径获取的,则相关主体不能使用这些信息。

第九章规定了信息公开中的国际关系。本章主要围绕国际合作和国际条约两个方面展开,明确了国际合作在信息公开工作中是必不可少的。第 54 条指出,应当依据白俄罗斯法律法规的规定促进信息公开、信息保障中的国家间合作。第 55 条规定:如果国际条约中规定的某些事项在白俄罗斯现行法律法规中没有规定,那么实践中应当以条约为准。

第十章为补充性条款。规定了违反本法可能承担的责任形式,即违反本法规定可能产生民事、行政或者刑事责任。最后明确了本法的效力,具体包括生效时间及其修正案等。

由于白俄罗斯 1991 年从苏联独立出来,因此其法律体系也是自 1991 年起开始建立。与信息公开相关的法律还有:

(一)《传播交流法》

《传播交流法》(*Law on Communications*)于1994年10月5日通过,是传播交流、信息公开领域的又一重要指导性文件。本法明确了传播交流的目的:促进白俄罗斯经济的发展与社会结构的构建并且满足人们对于了解信息的需求。① 本法全文共24条,规定了信息传播与公开可采用的技术手段以及部门在此环节中的具体职责。

(二)《出版及大众传媒法》

1995年1月13日,白俄罗斯国家立法机关通过《出版及大众传媒法》(*Law on the Press and Other Mass Media*)。本法前后经多次修改,最后一部修正案颁布于1999年12月13日。该法保障了言论自由权、出版自由权以及信息自由权的行使,其保障对象包括报社以及其他传媒机构。②

二、信息公开的范围

《信息公开法》围绕信息公开作出明确规定,将公共信息与个人信息相区分,分别针对总体性和具体事项进行规定。

(一)总体性规定

《信息公开法》第二章明确了信息公开的范围,但又不仅仅局限于范围性规定,还包含了信息和信息化的范围。由于信息及信息化与信息公开的关系非常紧密,所以在此可以将其作为一体,分析白俄罗斯信息公开范围中具体涵盖了哪些内容。本章指出确定信息公开范围的意义,并规定了信息公开范围的建设、发展趋势。最大限度地保障公民信息自由权,是设定信息公开范围的根本出发点。为支持信息公开工作并构建一种创新型的信息公开模式,本章特别明确了不同部门在此环节中的职责,为不

---

① See *On Communications Law of the Republic of Belarus*, http://www.e-belarus.org/docs/communicationslaw.html,最后访问日期:2014年4月25日。

② See *Belarus: Law of 1995 on Press and Other Mass Media*, http://www.refworld.org/docid/409209fe4.html,最后访问日期:2014年3月20日。

同性质、不同类别的信息公开划定权力边界,并且指明信息化的发展是需要特定科技手段作为辅助的。

(二)不予公开的信息

第三章有关信息公开的法律规定中,以列举的形式规定了不予公开的信息种类。第16条明确指出信息公开申请权不得被滥用,特别是当相关信息与以下内容有关联时法律明确禁止其公开:破坏国家《宪法》;破坏国家主权的完整和统一;鼓吹或宣扬战争;宣扬暴力行径;引起社会、国家、民族或宗教的争议;影响公民人权或者影响国家的荣誉和尊严;侵犯公民或法人的法定权利、自由和利益;以及其他法律规定的非法事项。第18条对白俄罗斯境内的信息进行了分类,主要包括文件信息与非文件信息、可全部公开的信息与可部分公开的信息等。第19条至第24条则在解释这些信息的过程中明确了不予公开的信息范围。第21条明确规定,涉及以下内容的信息需要视具体情况而部分公开:与公民个人隐私有关的信息;包含国家秘密、商业秘密或者专业机密的信息;法律明确规定只能部分公开的官方工作文件;刑事案件结案之前与案件相关的信息;行政机关、法人工作中涉及的科技信息,具体包含初步裁决、内部官员信息等。对于前述信息的合法使用者而言,应当严格遵守法律的规定,保证这些信息的安全,并承诺不将上述信息泄露给第三人。限制公开的规定也有例外,如果涉及以下方面,则相关信息不可限制公开:有关公民个人权利、自由方面的信息;涉及紧急情况、突发事件、环境或地质灾害以及其他公共安全事件方面的信息;与白俄罗斯国家合法地位相关的信息;涉及刑事预警工作的信息等。

第22条至第24条以列举的形式明确了不予公开的信息种类:破坏白俄罗斯宪法体系的信息;宣扬或者鼓吹战争的信息;可能会激发民族、种族、宗教矛盾的信息;侵犯公民或者法人的自由、尊严、道德荣誉感和商业信誉的信息;与公民个人生活相关的信息;涉及国家秘密、政府机密、商业秘密以及专业性机密的信息(其中"专业性机密"主要包括以下内容:病人隐私、嫌疑人的供述、银行或商贸机密、社会安全机密、选举中的选票信息等)；白俄罗斯法律法规规定的其他不予公开的信息。

三、信息公开的方式及程序

白俄罗斯《信息公开法》内容完整，不仅明确了信息公开的原则及范围，而且还就其程序进行单章规范，凸显对于程序的重视。本法第四章为信息公开与信息配置的程序，为申请人、行政机关以及信息公开的各主体提供可遵循的程序和步骤。

(一)信息公开的方式

本法没有就信息公开的方式进行明确划分，但第6条规定：白俄罗斯信息关系的主体包括共和国中央政府及地方政府(组织)、公民、个体私营企业、法人、国际组织、外国国家机关，这些信息主体在信息公开过程中主要扮演如下角色：信息及信息技术的所有人，信息技术及信息网络的所有人或者处理者，信息、信息系统或信息技术的使用者，信息中介机构，信息系统的管理者。由此可见，行政机关主要负责保管相关信息，待相对人提出申请时则予以处理。

第15条至第17条明确了信息公开权的内容，主要包括以下几个方面：国家机关、公民以及法人有权依据白俄罗斯法律的相关规定制作、搜集、传输、接收、储存、处理、使用和申请公开信息。任何白俄罗斯公民都有权从国家机关(组织)处获取与其个人相关的信息，即与他的基本权利、自由、法律权利与义务直接相关的信息；与此相同，任何法人也有权从国家机关(组织)处获取与其自身直接相关的信息。任何公民和法人都有权获取与政府机关、行政部门的日常工作相关的信息。

(二)信息公开的程序

1. 申请程序

(1)依申请公开公共信息的普通程序

本章第26条对公民依法申请信息公开作出规定，这属于信息公开程序中的普通规定，具有普遍指导性。首先，就依申请公开的信息而言，其公开必须依附一定的申请行为，即申请人需要提交符合官方要求的信息公开申请文件。前述申请可以以口头或书面的方式提交，或者通过能够被查收的电子邮件形式提交。其次，公民或法人可以以自己的名义或者委托他人代为提交申请，在此过程中需要注意的是，申请中必须写明以下内容：信息保管人的姓名及地址；信息申请人的基本情况（包括公民申请人的姓名、住址，或者法人申请人的名称、地址）；所申请信息的名称及内容；公民的签名或者公司法定代表人的签章等。最后，如果申请人是通过其代理人提交信息公开申请的，那么提交的材料中还应当包含符合民法规定的授权委托书。

（2）以口头形式或者电子申请的形式请求公开公共信息的程序

以第 26 条为普遍准则，本法第 27 条针对信息公开申请的特殊形式——口头或电子申请进行规定。如果当事人仅以口头形式提出信息公开申请，则信息保管者应当将此申请加以记录。记录应当以书面或电子的形式进行，并且需要写明收到申请的具体日期和时间。如果相关申请通过审核，那么相关部门应当严格按照《信息公开法》的规定进行处理。

（3）以书面申请形式请求公开公共信息的程序

第 28 条规定的是信息公开申请的另一种形式——书面申请。作为申请信息公开的常见形式，《信息公开法》中关于书面申请的规范均属于基本性的。首先，就是否公开相关信息，行政机关应当在收到申请之后及时作出答复，答复期限为接到申请之后的一个月。作出是否公开的答复之后，当事人则享有在 15 日之内接到处理情况的权利。其次，如果接受相关申请的行政机关、法人不是信息的真正保管者，则其需要在 5 日之内将该申请转交至正确的信息保管者处。最后，如果信息公开的申请被拒绝，则申请人有权向行政机关索要情况说明，具体包括：相关信息是否涉及了国家秘密、商业秘密或个人隐私；相关信息的公开是否影响到了国家安全及社会、公共利益等。

2. 受理及决定程序

（1）国家政府机关（组织）公开公共信息可采纳的方式

对于行政机关（组织）而言，依申请或依职权公开信息是其日常工作内容，本法第29条详细规定了国家政府机关（组织）在公开相关信息时可利用的方式。因为，在前述条文中包含有行政机关的工作步骤，所以，本条没有列明行政机关的具体工作程序，仅就其可选择的工作手段加以规定。行政机关应当采用科技手段保障公开工作的良好进行，支持官方网站的运行并且为信息公开申请者提供制度保障。

（2）政府机关（组织）官方网站的信息公开职责

伴随着科技的进步，白俄罗斯政府十分关注利用互联网公开信息，并且就官方网站应当公开哪些内容进行了如下规制，指明政府网站公开时应当一并写明：政府部门（组织）的名称；政府部门的地址、联系电话及邮箱；政府部门（组织）的内部组织结构；该部门的工作日程；规范该部门日常工作的法律文件；其他与该部门工作相关的内容。同时，官方网站中不应提及以下内容：选举或公投之前的煽动性文字、广告内容、禁止对外公开的信息。

3. 救济程序

当申请人对行政机关作出的答复或者决定不服时，可以依据本法向有关机构申请追究责任，这些内容在下述第五部分争议解决中将会进行阐述。

（三）信息公开的费用

《信息公开法》第25条规定了信息公开的费用问题：在法律规定的信息公开手段运行良好的情况下，信息公开奉行完全免费的准则，而且国与国之间通过信息网络交换信息也是完全免费的。除此之外，关于费用方面的其他问题，本法则未予规定，因此我们可以认为白俄罗斯的信息公开工作实行普遍免费的原则。

四、主管机构

白俄罗斯《信息公开法》并没有确定信息公开主管机构制度，也没有明确确立信息公开的主管部门，但却逐条规定了信息公开过程中不同主体的职责，实际上起到一种自管自治的作用。

根据本法第七章的规定，白俄罗斯的信息公开参与主体主要包括：信息掌握者（又称信息持有人），信息使用者，信息技术、信息系统及信息网络的所有人，信息系统、信息网络技术的所有者，信息中介者以及信息系统的管理者。根据本法规定，信息掌握者拥有使用和分配信息的权力、决定信息是否公开的权力、根据法律规定授权其他主体使用信息的权力，并且负有保障公民信息权不受第三方侵犯的职责。信息使用者的权利主要包括接收其个人信息，使用信息技术、信息系统以及信息网络等。信息主体应当注意不滥用其权利，并且在应用信息技术的过程中不侵害其他公民的合法权益。信息中介者的职责在于保护信息主体以及信息使用者的合法权利，并且在信息公开的过程中向前述两个主体提供服务。对于信息系统管理者而言，既要负责政府信息系统，又要管理非政府信息系统，并且要与信息系统的所有人进行沟通，管理信息系统的运行。综上所述，各主体必须严格按照法律规定行使权力和权利，信息中介应当发挥其桥梁作用，促进不同主体在信息公开过程中的合作。

五、争议解决

就信息公开申请权遭到侵犯的情形，本法第八章“信息保护条款”明确了救济方式。在保护信息和信息系统安全方面，白俄罗斯法律规定了一系列可以采纳的措施，具体包括鼓励信息管理者和信息使用者通过协议解决争议、使用密码等工具保护信息安全等。

当相关行政部门对信息的保护没有达到法律规定的程度时，信息、信息技术、信息系统以及信息网络的主体都有权向上级行政机关或组织提出申诉。当然，前述主体在保障信息安全的过程中还应当履行法定的职责，包括建立信息使用程序、防止非法获取及传输信息等。

关于个人信息的保障，本法特别规定了保障发生所用的起始时间：当个人信息被收集到行政部门时，这些信息即获得了被依法保障的权利。另外，如果个人信息是通过非法途径获取的，则相关主体不能使用这些信息。

六、发展现状

白俄罗斯自1991年独立之后就致力于法律制度的构建,在信息公开及公民知情权保障方面做出了较大努力。针对《信息公开法》而言,内容详实,规定全面,涉及信息公开工作中的众多关键内容和环节。白俄罗斯《信息公开法》第七章对信息公开中的主体进行种类划分,将其分为六类,范围覆盖信息领域和技术领域。对主体进行这样详细的划分:一方面有利于明确各自的职责,从而防止职权混乱;另一方面还可以促进信息的科技化步伐,提升不同主体之间的相互带动,实现良好的信息公开互动模式。

冰岛《信息法》概览

一、法律概要

冰岛《信息法》[1]（*Information Act*）诞生于1996年，这部法律以1970年挪威和丹麦的信息法律为范本，最终于1997年1月1日正式生效。

冰岛《信息法》分为九章，共30条规定。第一章（第1、2条）规定了该法的适用范围。第二章（第3～8条）对公众获取信息的权利给予详细阐述，对信息是否可以公开做了详细规定，以及在什么样的情况下可以自由获取信息。第三章（第9条）规定了如果信息与特殊党派有关，那么政府机关需要根据特殊党派的要求为其提供信息，根据该法第6条，除非其要求获得的信息与重大公共利益有关。第四章（第10～13条）规定了申请获得信息的方式、得到信息的形式。如果申请人申请的信息没有在7日之内给予回复，政府机关需要以书面形式告知申请人原因以及将要回复申请的时间。第五章（第14～19条）规定了申请人上诉的权利、信息委员会的作用以及其给予答复的程序，以及信息委员会需要每年公布其这一年来有关工作的总结。第六章（第20、21条）规定了在信息提交到冰岛档案馆后，申请人申请获得此类信息的权利及方式。第七章（第22、23条）阐述了政府机构对司法案例材料的保存。第八章（第24、25条）规定了公共信息重复使用的目的及范围。第九章规定了该法的生效时间。与信息公开相关的法律还有：

---

① 该法律可参见网站：http://eng.forsaetisraduneyti.is/acts-of-law/nr/15，最后访问日期：2015年8月5日。

（一）《数据保护法》

冰岛于 2000 年 5 月 10 日颁布了《数据保护法》（*Data Protection Act*），[①]该法的目的是促进个人数据处理的实践。根据该法的规定，对个人数据和隐私进行保护，从而确保数据在内部市场和欧盟经济区域中自由流动。为此，冰岛特设立了数据保护部门，负责监控行政规则。

（二）《国家档案法》

冰岛于 1985 年正式通过了目前的《国家档案法》（*National Archives Act*）。[②] 该法对档案的管理、移交、监督管理委员会等做了详细规定，该法规定当档案期限满 30 年时，应移交到冰岛国家档案馆。

（三）冰岛现代传媒倡议

2010 年 6 月 17 日，"冰岛现代传媒倡议"（*Icelandic Modern Media Initiative*，简称 IMMI）获得冰岛议会通过。这意味着冰岛从 2010 年起要修改一系列法律，以达到对媒体、记者和线人的最大保护。该议案提出了两个目标：一是通过增强对言论和信息自由的保护来提高冰岛的国际地位；二是要求政府增强冰岛言论和信息自由，加强对信源和线人的保护。[③]

二、信息公开的范围

该法适用于州和市的行政管理工作以及享有个人权力的第三方团体。该法不适用于登记、执法程序、查封、禁令、销售、延期偿还债务、和解、清偿、遗产不动产分割及其他正式分割、刑事案件的调查或起诉、受《行政程序法》和《个人信息保护法》管理的信息以及冰岛签署的国际协议管理的情形，除非冰岛党派另有要求。该信息需经过评估或经过 30 年

---

① *Law on State Secrets*，http://www.legislationline.org/documents/action/popup/id/6443，最后访问日期：2013 年 12 月 27 日。

② *Law on State Secrets*，http://www.legislationline.org/documents/action/popup/id/6442，最后访问日期：2013 年 12 月 27 日。

③ Icelandic Modern Media Initiative[OL]，详细资料参见 IMMI 官网：http://immi.is/Icelandic_Modern_Media_Initiative，最后访问日期：2013 年 12 月 27 日。

(个人信息为80年)后方可获得。

根据该法第4条,申请人获取公共信息的内容不包括:(1)国务院会议和内阁会议的备忘录以及为会议准备的相关资料;(2)政府机关和专家就法律诉讼或调查意见有关是否起诉的通信记录;(3)包含政府部门事务处理的最终决定的工作文件;(4)申请人申请获得信息时所留的名字、地址、工作信息。如果申请人所申请的信息涉及私人利益,比如个人隐私、金融事务、商业机密或者有关其他法人实体的,也不予公开。涉及重大的公共利益或者包括重要的信息的,那么这些信息也不予公开,其中包括:(1)国家安全或国防问题;(2)与其他国家或国际组织的关系的;(3)包含国有企业、地方企业或同一领域中有竞争关系的商业机构的商业信息的;(4)国家或地方政府进行资助时的计划措施;(5)有关环境方面的,如稀有物种、矿物、化石和岩层的地理位置的信息。此外,未经当事人同意,不得泄露任何与个人生活或企业及其他法人的重要财务或商业利益相关的信息。

根据特殊团体的要求,如果其申请公开的信息与其自身有关,那么根据其要求,政府机关有义务公开这些信息。这些信息不包括该法第4条中规定的内容,以及该法第6条规定的与重大公共利益有关的信息,以及有关私人事务或其他个人信息。如果申请人需要获得有关其医疗记录的信息,那么公共机关要根据《健康记录法》的规定来决定其要求的信息是否可以公开。除非该法第5条或第6条的第1、2、3款另有规定,一旦完成全部措施或检查,第6条的第4款中包含的材料都可公开。当没有理由说明信息交流可能会对外界造成严重影响时,第6条的第5款中所述信息可以公开。当资料已存在30多年(包括30年),第4、5、6条中包含的其他资料可以公开,个人隐私信息除外;关于个人隐私信息,只有存在80年以上(包括80年)的才可公开。

《刑法》规定,对于泄露"冰岛与其他国家就其存在利益或权利冲突事件所制定的国家秘密协议、计划或决议,或对冰岛具有重大财政或商业意义的国家秘密协议、计划或决议"的行为,最高可处以16年监禁,对泄露军事机密最高可处以10年监禁。

当申请人申请的信息被提交到档案馆后,档案馆有权决定其要求的信息是否可以被公开。在给出结果之前,档案馆应采纳公共机关所提供的材料。

根据冰岛《国家档案法》,文件在30年后移交国家档案馆。根据《信息法》第20条的规定,申请人如需查阅该档案资料或者希望获得副本等资料,需经过档案馆有关部门的同意,公共机关可向档案馆提供相关材料。根据该法第14条的规定,如申请人遭到拒绝可向信息委员会上诉。

在冰岛《信息法》第26、27条,还对公共信息的重复使用进行了规定,目的在于增进公共信息的再使用以造福整个社会,并进一步将关于公共信息再使用的标准纳入国家法律。

公共信息的再利用指私人或私有实体将原本出于政府机构利益收集的信息用作其他目的。而政府部门间出于举行活动的目的进行的信息交流则不在此类。

根据该法案的第3条或者法案中的其他条款,公众被赋予了对政府机构持有的信息的使用得权利。但是以下两种情况除外:(1)公共部门出于商业目的收集的信息;(2)第三方依据《版权法》享有法律保障的权利的数据库记录中的资料、文件与信息。然而,依据第25条第1款中所指出的,国家、自治市及国家与自治市下属的公共机构对此类资料具备专有权,前提是代表该项权利的政府机构未纳入第25条第3款。根据该法第25条,本章条款既涵盖了国家、自治市、国家与自治市下属的公共机构或者其他公共部门组织,还涵盖了由这些组织单独或联合形成的协会组织。上述公共部门组织是指当某个组织具有法定权利并承担法定义务,其成立以实现公众利益为目的,且该组织不从事等同于私有部门机构的经营活动,如在贸易或工业领域的经营时。此外,公共部门组织必须符合以下其中一条规定:(1)其运营经费在极大程度上由国家、自治市、国家与自治市下属的公共机构或者其他公共部门组织予以资助。在公共资助超过运营经费的50%的情况下,可以认为该组织的运营经费大部分由国家、自治市、国家与自治市下属的公共机构或者其他公共部门组织予以资助。某个组织基于与公共部门组织的互惠商业协议获得的收入不应看作公共资助。(2)该组织从属于国家、自治市、国家与自治市下属的公共机构或者其他公共部门组织的监管之下。(3)该组织从属于大部分由国家、自治市、国家与自治市下属的公共机构或者其他公共部门组织进行委任的专门委员会。除了冰岛国家广播服务,不同等级的学校、图书馆、档案馆或者研究机构以及文化事业。

该法第 26 条对公共信息的再使用也规定了相应的条件,如:信息的再使用不得违反法律,包括但不限于《刑法》、《版权法》、《隐私保护法》中有关个人信息处理或者第三方权利的条款;对公共信息的再使用应提及信息来源;当信息可由其他人获得时,必须明确指出哪一方为其处理承担责任。

根据该法第 27 条,获取公共文件中信息的使用权时,政府机构应有权规定信息的再使用须服从许可,且必须满足特定的要求,例如数据质量与数据更新。针对公共文件中信息的再使用制定这些规则时,应确保一致性与等效性,不得过分限制信息再使用的竞争与可能性。同时,政府机构应在其网站上给出文件列表,其中包含由该机构持有且允许再使用的信息,以及控制此类再使用的要求。公共文件信息再使用许可的申请应送往依法对相关文件负有输入与处理责任的政府机构。

根据该法第 27 条的规定,当接到申请人就信息再使用的申请时,公共机构应该尽快完成对公共文件信息再使用许可申请的处理。如果接到申请 20 日内未能对其进行处理,则须明确告知申请人对处理延迟的原因及预期的决议时间。

依据《版权法》,第三方享有受法律保护的权利,基于和第三方达成的协议,当政府机构使信息网络公开时,权利持有者的名称必须明确。

根据该法第 28 条,任何政府机构不得制定受本章条款制约的公共信息再使用专有权的协议,第 2 款不在此列。

公共信息不会在有关公共利益的服务中被再次使用,除非这么做是建立在专有权的基础之上,如果这样做的理由适当,可获得授权制定协议。专有权协议必须接受定期审查或至少每 3 年接受审查。

三、信息公开的方式及程序

任何人都有权以书面形式向公共机构提出申请,获得其需要的信息,并无需出示任何理由。

根据该法第 11 条的规定,申请人申请获得信息时,需要将书面申请提交给政府部门;政府部门应当在 7 日之内给予申请人回复,如果没有及时回复,需要以书面方式告知申请人未能回复的原因并给出具体回复的时间。若申请人申请的信息属于第三方持有者的,那么根据《版权法》,回复请求时需注明第三方的名字。获得信息的程序需要根据《行政程序法》。收到申请人的申请后,政府机关需要对其所要求的信息作出是否可以公开的决定。如果申请人的申请合理,便有权向政府部门获取有关信息。如果公共机关只持有该信息的电子版,则需要将其打印后交给申请人;如果材料数量过大,公共机关可以指定其他打印机构进行打印,申请人则需支付相关的费用方可获得。如果政府机关拒绝了申请人的书面请求,那么同样地,他们需要给出合理的书面解释。

根据第 12 条第 3、4 款,提供公共文件信息的使用权时,公共机关可以收取一定费用。相关公共机构应设经部长审批的费用明细表,应当在《法律与内阁公报》B 部分为费用明细表刊登广告,且在政府机构网站上要提供费用明细表以供申请人获取。

四、主管机构

为了保护申请人的利益,冰岛特设立了信息委员会,信息委员会具有独立的裁决权利。部长选出 3 人进行为期 4 年的任职,其中两名委员会成员可以获得地方法庭的资格聘书,并分别承担委员长及副委员长的职务。任何一名委员会成员都不会被冰岛政府永久性雇用。如果有必要,信息委员还可以授权给相关专家,并授予他们提出建议和协助裁决的权利。同时,委员会成员应对所有信息保密。根据该法第五部分的规定,在公共机关拒绝了申请人的请求后,申请人可以向信息委员会(Information Committee)提出诉讼。

五、争议解决

申请人对政府部门拒绝提供信息或副本的行为可以向信息委员会上诉,信息委员会对争议进行裁决。行政机构应遵守信息委员会的裁决,但有权向法院上诉。根据该法第一章第14条的规定,委员会接到上诉后,要在30日之内给予答复。在决定最终结果前,委员会可以给予公共机关一定的期限,允许其在期限内提供当时未给申请人信息的理由和证据,公共机关有义务向委员会出示有关理由的副本文件。若委员会成员对有关案件有不同意见,则以投票方式解决。委员会成员在执行公务时应遵从第七章所谈到的《行政程序法》的相关规定。裁决后,信息委员会需要通知有关政府机关并给予意见。如果有特殊原因,根据政府机关的需求,信息委员会可以决定推迟公开信息的时间,并不得超过3日。裁决法律效力的延期需满足如下条件,公共机关在裁决法律效力延期的决定宣布7日内将该事宜提交法院,并请求对其进行优先处理。如果优先处理的请求被拒绝,则须在该拒绝发生之时的7日内提起诉讼。同时,信息委员会每年都需要公布他们对每起诉讼的裁决,并发布年度报告。

六、发展现状

欧洲理事会反腐败委员会于2003年对冰岛进行了调查,认为该国具有很高的透明度。

冰岛于1998年6月签署了《奥胡斯公约》,但尚未正式批准。不过,可根据《环境信息公开法》获得有关环境的信息。冰岛环境部长也有义务公开相关信息。

冰岛现行的《信息法》诞生于1996年,虽然已经经过了六次修改,但是依然不符合欧洲理事会和《奥胡斯公约》对信息环境的要求;这说明冰岛的《信息法》关于国民在有害物质、地区环保活动讯息以及公共机关所持有的环境相关讯息方面,没有给予公众更多的有关这些信息的获得方式。因此,IMMI 要求强化信息透明度,修改相关法律并使之适用于政府部门和任何非政府团体,甚至企业在何种程度上对自己的信息进行封锁都将受到严格的限制。

附件:冰岛信息申请数量及其处理情况

1997~2012 年信息申请数量及处理情况表①(2007 年数据缺失)

年份	收到的请求	同意的请求	拒绝公开的请求	不予受理的请求	同意部分公开的请求	延期的请求	拒绝重新采录材料的申请	转为其他诉讼	之前判决改判为失效
1997	47	14	13	10	10	0	0	0	0
1998	42	5	19	12	6	0	0	0	0
1999	25	7	10	4	4	0	0	0	0
2000	27	12	9	3	3	0	0	0	0
2001	33	11	10	8	4	0	0	0	0
2002	20	4	4	8	4	0	0	0	0
2003	12	4	2	2	4	0	0	0	0
2004	29	9	10	5	5	0	0	0	0
2005	32	7	11	10	4	0	0	0	0
2006	22	4	6	5	7	0	0	0	0
2007	数据缺失	数据缺失	数据缺失	数据缺失	数据缺失	数据缺失	数据缺失	数据缺失	数据缺失
2008	21	2	4	7	5	2	1	0	0
2009	33	10	8	6	8	1	0	0	0
2010	27	3	6	10	7	0	1	0	0
2011	51	11	9	10	19	1	1	0	0
2012	74	16	16	19	17	2	1	2	1

---

① 详细内容请参见冰岛信息委员会官网 http://ursk. forsaetisraduneyti. is/,最后访问日期:2013 年 12 月 28 日。

波斯尼亚和黑塞哥维那《信息公开自由法》概览

一、法律概要

波斯尼亚和黑塞哥维那(以下简称波黑)宪法第 2 条第 2 款规定,《欧洲保障人权与自由公约及其协议》(以下简称《欧洲人权公约》)中所规定的权利和自由可以直接在波斯尼亚和黑塞哥维那适用,且欧洲人权公约优先于国内其他法律适用。根据《欧洲人权公约》和欧洲理事会于 1981 年通过的《获得公共机构信息的第 19 号建议》的规定,为了充分保障信息自由,波黑成立了一个由国内外专家组成的工作组,参考世界范围内的优秀实践经验,于 2000 年 6 月制定了波黑《信息公开自由法》[①](*Freedom of Access to Information Act for Bosnia and Herzegovina*)的草案,[②]并于 2000 年通过。之后,波黑穆克联邦和波黑塞族共和国分别于 2001 年 7 月和 2001 年 5 月通过了《信息公开自由法》,并于 2002 年 2 月生效。[③] 该法案是在波斯尼亚和黑塞哥维那的高级代表——卡洛斯·韦斯滕多普要求欧洲安全与合作委员会制定信息公开自由法案之

---

① 该法律可参见网站:http://www. legislationline. org/documents/action/popup/id/6402,最后访问日期:2015 年 8 月 2 日。

② David Banisar, *Freedom of Information Around the World—A Global Survey of Access to Government Information Laws*, *Privacy International*, 2006, p. 50.

③ *Freedom Of Access To Information Act For The Federation of Bosnia and Herzegovina*, July 2001, http://www. ohr. int/ohr - dept/media - d/med - recon/freedom/default. asp? content_id = 7269, 最后访问日期:2014 年 2 月 15 日;*Freedom Of Access To Information Act For The Republika Srpska*, 18 May 2001. 参见网站:http://www. ohr. int/ohr - dept/media - d/med - recon/freedom/default. asp? content_id = 7270,最后访问日期:2014 年 2 月 15 日。

后通过的。[①]

《信息公开自由法》规定了一个广泛的信息公开权,该项权利适用于波斯尼亚国内和国外的任何个人或法律实体。该法案不适用于正在有效管理国家的国际组织,例如欧洲安全与合作委员会。[②]

相比较而言,2000 年生效的《信息公开自由法》与之后穆克联邦和塞族共和国通过的两部《信息公开自由法》差别并不大,都由七部分组成,分别是:基本条款、信息公开权、公开程序、个人信息、公共机关的职责、申诉专员和最终条款。三部法律的内容基本一致,但公开程序部分第 13 条的规定有细微差别,波黑的《信息公开自由法》第 13 条规定:被申请信息公开的公共机关不是主管机关的,应当尽快在不晚于 8 日内,将收到的申请转交给相应的主管机关,并书面通知申请人。穆克联邦的《信息公开自由法》的时间期限同样是 8 日,而塞族共和国的时间期限则为 15 日。

《信息公开自由法》共分为七章,有 28 条规定。第一章(第 1 ~ 3 条)阐述了立法目的,定义了包括信息、公共机构、个人信息、主管机构等在内的相关概念,明确了对本法的解释是旨在通过合理的最低成本最大程度地推动和促进信息公开。第二章(第 4 ~ 10 条)阐述了信息公开权以及不予公开的信息范围。第三章(第 11 ~ 16 条)讲了信息公开的程序。第四章(第 17 条)阐述了对个人信息的修改和评论权。第五章(第 18 ~ 20 条)阐述了公共机关的职能,包括协助任何自然人或法人根据本法行使权利、设立信息专员、为民众提供指导、建立索引、统计数据、提交报告等。第六章(第 21 ~ 22 条)阐述了申诉专员在信息公开过程中的职能。第七章(第 23 ~ 28 条)阐述了申请人的上诉权、公共机关之间的协助义务,明确了穆克联邦和塞族共和国的行政法和行政程序法中的一般共同原则适用于本法规范的事项。与信息公开相关的法律还有:

---

① David Banisar, *Freedom of Information Around the World—A Global Survey of Access to Government Information Laws*, *Privacy International*, 2006, p. 50.

② David Banisar, *Freedom of Information Around the World—A Global Survey of Access to Government Information Laws*, *Privacy International*, 2006, p. 51.

(一)波斯尼亚和黑塞哥维那联邦《信息公开自由法》

根据《波斯尼亚和黑塞哥维那和平总体框架协议》(*Freedom Of Access To Information Act For The Federation Of Bosnia and Herzegovina*)也称为《代顿协议》,波斯尼亚和黑塞哥维那制定了新宪法。宪法规定,波斯尼亚和黑塞哥维那分为两个实体,其一为波黑联邦(以下称"穆克联邦"),其二为塞族共和国。这两大实体享有较大的自主权,各自有独立的宪法、议会和政府。

穆克联邦作为波黑的一个政治实体,在2001年7月通过了《信息公开自由法》,并于2002年2月生效。① 该法的编排与波黑的《信息公开自由法》相一致,但内容方面缺少关于上诉权和过渡条款的规定。

(二)塞族共和国《信息公开自由法》

塞族共和国在2001年5月通过了《信息公开自由法》(*Freedom Of Access To Information Act For The Republika Srpska*),并于2002年2月生效。② 该法的编排与波黑的《信息公开自由法》相一致,内容上有两点不同:首先,是缺少关于上诉权的规定;其次,是上文提到的塞族共和国的《信息自由公开法》第13条规定被申请信息公开的公共机关不是主管机关的,应当尽快在不晚于15日内,将收到的申请转交给相应的主管机关并书面通知申请人。

(三)《个人信息保护法》

2001年12月,波黑制定《个人信息保护法》(*Law on the Protection of Personal Data*)。③ 该法允许个人从公共和私人机构获取或者修改包含个

---

① *Freedom Of Access To Information Act For The Federation of Bosnia and Herzegovina*, July 2001, http://www.ohr.int/ohr-dept/media-d/med-recon/freedom/default.asp? content_id = 7269,最后访问日期:2014年2月15日。

② *Freedom Of Access To Information Act For The Republika Srpska*, 18 May 2001. http://www.ohr.int/ohr-dept/media-d/med-recon/freedom/default.asp? content_id = 7270,最后访问日期:2014年2月15日。

③ David Banisar, *Freedom of Information Around the World—A Global Survey of Access to Government Information Laws*, *Privacy International*, 2006, p. 52.

人信息的文件,规范对个人信息的处理,它的制定是为了确保波斯尼亚和黑塞哥维那每一个人的权利和基本自由得到尊重。《个人信息保护法》不仅适用于公共机构也适用于私人机构。该法由一个数据保护委员会执行。

二、信息公开的范围

《信息公开自由法》第一部分第 1 条规定,制定本法的目的包括三点:(1)认可公共机关所掌握的信息是有价值的公共资源,信息公开有助于促进公共机关的透明度和问责制,对民主进程至关重要;(2)在与公共利益相符的前提下,每个人都有权最大程度地访问这些信息,同时公共机关有相应的义务披露信息;(3)准许每一个人请求修正公共机关所掌握的个人信息。

《信息公开自由法》第 4 条规定所有自然人和法人都享有获取信息的权利,每一个公共机关都有相应的公开信息的义务。为了充分保障信息权,该法规定了比较宽泛的信息公开范围。

《信息公开自由法》第 3 条对自然人和法人可以申请获取的信息进行了定义,包括事实、观点、数据或任何其他内容的任何材料,包括副本或材料的一部分,无论材料的形式、特点、创建的日期以及分类。该法适用于任何公共机关,包括履行公共职能的任何法律实体所掌握的以任何形式表现出来的信息。

对不予公开的信息范围,《信息公开自由法》第 5 条进行了概括规定,第 6 条至第 9 条分别规定了四种不予公开的情形。具体如下:

第 5 条规定,当主管机关根据本法第 6 ~ 8 条的规定,以及根据本法第 9 条进行公共利益测试后,确定信息公开不利于公共利益,被请求的信息基于个案分析确定不予公开。

第 6 条说明了基于政府职责不予公开的情形。在合理的情况下,信息公开可能会损害立法目的或造成重大损失时,主管机关可以申请对相关信息不予披露,具体包括:国防和安全利益;公众安全的保护;货币政策;预防犯罪和破案;保护公共权力机关的审议过程,因为它涉及公共权力雇员的意见、建议或推荐，或任何其他人士或代表公共权力机关的表达，并不涉及事实的、统计、科学、技术资料。

第 7 条规定了基于保护商业机密不予公开的情形。主管机关有合理理由认为请求公开的信息涉及第三方的商业机密，主管机关应立即将请求公开的信息书面通知第三方，并告知第三方要进行信息公开，除非第三方从收到通知之日起 15 日内书面回应认为该信息涉及商业机密，并给出理由说明公开的损害。一旦收到第三方的书面回应，主管机关确定信息不予公开。

第 8 条规定了为了保护个人隐私不予公开的情形。涉及第三人个人隐私的信息，主管机关应确定不予公开。

第 9 条规定了基于公共利益测试不予公开的情形。尽管依据本法第 6 ~8 条确定所请求的信息应不予公开，但如果在考虑了公开的益处和好处之后，确定信息公开符合公共利益的要求，主管机关应决定公开相关信息。在确定信息公开是否符合公共利益时，主管机关应考虑的因素包括：任何未能遵守的法律义务，存在的任何罪行，审判不公正，滥用权力或疏忽履行公务，擅自使用公共资金，对个人、公众或环境的健康或安全带来危险等。如果主管机关认为依据第 7 条或第 8 条的规定不予公开的信息符合公众利益，主管机关应当书面通知第三方，自收到申请 15 日之后公开相关信息。该通知需告知第三方可以上诉，上诉机构及联系方式，上诉的最后期限和费用。同时告知第三方有权向申诉专员申请以及申诉专员的联系方式。

第 10 条规定，如果主管机关决定不予公开所请求的信息的一部分，主管机关应当公开剩下的部分，除非剩下部分信息的公开使得信息变得不可理解。

三、信息公开的方式及程序

(一)信息公开的方式

根据《信息公开自由法》第 11 条第 1 款的规定，波黑的信息公开方式是依申请公开,即应当事人的请求而向其公开有关的信息。

(二)信息公开的程序

1. 申请

第11条第2款规定,申请人应当使用波黑的官方语言,以书面形式向申请人所认为的主管机关提交申请。申请应当包含对所申请的信息足够多的细节以便于公共机关能够通过合理的努力识别所申请的信息以及申请人的名字和地址。第11条第3款规定,公开个人信息的申请必须由与该信息相关的自然人或申请人的法定代表人或经过书面授权的人提出。如果申请是由与该信息相关的自然人提交的,他应当签名,并提供本人的照片。如果信息公开的申请是由申请人的法定代表人或者经授权的人提出的,这个人应当在申请书中签名并提供本人的照片、法定代表或授权的证明以及申请人的法定证明的复制件。公共机关不能要求申请者提供任何原因或理由。

2. 决定

第12条规定,对于不满足本法规定要求的申请,在条件允许的情况下,公共机关应当自收到申请之日起不晚于8日尽快书面通知请求者。此通知应当告知申请者可以进行上诉,上诉的机构以及必要的联系方式,上诉的最后期限和费用。通知还应当告知申请人有权向申诉员投诉,并告知必要的联系方式。申请不符合第11条第2款要求的,通知应当进行说明并提供第20条规定的指导的复制本。通知应当提示申请人,第二次申请将被视为一个新的申请。

第13条规定,被申请信息公开的公共机关不是主管机关的,应当尽快在不晚于8日内将收到的申请转交给相应的主管机关,并书面通知申请人。如果在此期间,所请求的信息确定由被申请信息公开的机关所掌握,经转交之后收到申请的主管机关无权反对由被申请信息公开的公共机关处理该申请。被申请信息公开的公共机关的由此被视为主管机关,并按照本法第14条规定的程序处理申请。当主管机关无法确定,而被申请公开的公共机关掌握所要求的信息时,被申请机关应被视为主管机关。

当主管机关无法确定,而被申请机关没有掌握所要求公开的信息时,被申请机关应当在不晚于 8 日内书面通知申请人。

第 14 条规定,收到申请后,主管机关应在考虑所有与该申请有关的事实和情况的基础上,采取一切合理措施收集要求公开的信息。如果信息公开得到全部或部分准许,主管机关应当以书面形式通知申请人。通知的内容包括:准许信息公开;通知申请人信息是否可以复制以及复制的成本。如果复制异常复杂和耗时,复制应在一个申请人和主管机关都能接受的时间内进行。告知申请人若符合本法第 16 条的规定则可以免费进行复制。如果信息公开申请被全部或部分拒绝,主管机关应当以书面形式通知申请人。通知应当包括不予公开的法律依据以及公共利益等所有考虑在内的因素,并通知申请人可以进行上诉,具体的上诉机构以及联系方式,上诉的最后期限和费用。还应当通知申请人可以向申诉专员申请,以及申诉专员的联系方式。以上通知应当尽快发出,不能超过自收到申请之日起 15 日。对于根据第 17 条和第 9 条第 3 款规定必须尽快处理的申请,15 日的时间期限可以相应延长。延长的期限和理由要立即通知申请人。

第 15 条规定,信息应当以波黑的一种官方语言提供给申请人,如果申请人所使用的语言和任何一种官方语言不同,应当尽可能合理的使用原始语言。主管机关没有义务将申请公开的信息从波黑的一种官方语言翻译成另一种。

(三)信息公开的费用

《信息公开自由法》第 16 条规定,公共机关不得依据本法收取申请或通知的费用,只能在部长理事会决定的范围内收取复印的费用。按照标准尺寸复印的,前 10 页应当是免费的。

四、主管机构

《信息公开自由法》第六部分规定了申诉专员制度。第 21 条规定,依据本法所设立的申诉专员应当依据《波斯尼亚和黑塞哥维那宪法》第

2 条第 1 段、《代顿协议》的附件 6 以及相关后继立法的要求履行其职能。

在执行职能时,申诉专员应当尤其考虑:制造和传播相关信息,例如有关行政和实施本法的指导和建议;在年度报告中用一个专门的部分描述与本法相关的活动;结合穆克联邦和塞族共和国的申诉专员制度,向波黑的所有主管部门提出关于实施本法的指导意见。

五、争议解决

《信息公开自由法》第 23 条规定了上诉权,每个申请者都有权对由公共机关负责人依据本法做出的决定提出行政上诉。收到上诉之后,公共机关负责人应当依据第 26 条第 1 款规定的行政法律的共同原则进行处理。任何自然人和法人都享有平等的权利提出行政上诉和要求进行司法审查。同时,被拒绝公开的申请人还可通过法院提出对不予公开决定的异议。[①] 穆克联邦和塞族共和国的申诉专员可以接受申请人的上诉。[②]

六、发展现状

《信息公开自由法》在实施过程中遇到很多问题。联邦申诉专员的年度报告中有专门的一个部分报告信息公开法的实施。在《信息公开自由法》生效之前的第一个报告中,申诉专员呼吁政府部门发布指南和登记簿并选择信息官。[③] 他们描述 2004 年的信息自由的情况为"存在适用不公平、不一致的现象,但是总体来讲,比起最开始的两年,信息自由法得

① David Banisar, *Freedom of Information Around the World—A Global Survey of Access to Government Information Laws*, *Privacy International*, 2006, p. 51.

② David Banisar, *Freedom of Information Around the World—A Global Survey of Access to Government Information Laws*, *Privacy International*, 2006, p. 51.

③ *Ombudsmen of the Federation of Bosnia and Herzegovina*, *Recommendation for the implementation of the freedom of access to information act*, Sept 2001. http://www.bihfedomb.org/eng/reports/special/secretfiles.htm,最后访问日期:2014 年 2 月 15 日。

到了更有效的应用”。[①] 具体而言,“信息公开权经常受到限制,一方面是由于大部分政府机关缺乏相应准备,另一方面则是因为现有的法律体系和新颁布的信息公开法不配套”。他们提出,存在不同机构对该法的解释不一致、基于非法类豁免无法评估公共利益等问题,之后议会通过立法,非法限制了信息公开的的权利。申诉专员认为,“某些公共机关”不认为自己有义务实施这部法律,因为“没有人要求他们这样做,或者提醒他们”。他们建议,在2005年对法律体系进行系统审查,以满足信息自由的要求。[②]

2004年12月,申诉专员报告,只有142个公共机构按照信息公开的要求执行。申诉专员建议司法部建立登记簿,用来提高所有公共机构的意识。他们还建议政府要求公共机构制作并上交季度报告。在塞族共和国,申诉专员发现,只有少数公共机构为信息公开法的实施进行了准备,多数机构都没有指定信息官或者创建索引进行指导,多数机构都没有意识到自己的义务或是对信息公开法有错误理解。由信息自由公开中心于2005年制作的一份调查显示,只有57%的公共机构对信息公开的申请进行了回应。[③]

欧洲安全与合作组织驻波黑代表团于2004年12月举行了地区会议,发现“市政代表指出,许多市民并不清楚这项立法,要求信息公开的申请数量是最小的”。[④]

---

① See *Ombudsmen of the Federation of Bosnia and Herzegovina*, *Right to Free Access to Information Human Rights Protection and Media Freedoms*. Annual Report for 2005, May 2005. http://www.bihfedomb.org/eng/reports/2003/rpt2003mediafreedom.htm,最后访问日期:2014年2月15日; See also *Citizens' Rights to Information and Situation in the Area of Journalistic Freedoms*. Annual Report for 2002, March 2003. http://www.bihfedomb.org/eng/reports/2002/rpt2002media.htm,最后访问日期:2014年2月15日。

② *Special report on non – harmonisation of the Criminal Procedure Code and the Law on Tax Administration with freedom of access to information act for FBiH – following drawing attention of the Government of the Federation of BiH and the Ministry of Justice of the Federation of BiH at this fact*, 27 June 2005.

③ 参见网站:http://www.cspi.ba/index2.html,最后访问日期:2014年2月16日。

④ OSCE Statement by the Spokesperson, *Access to information for the BiH public*, 1 December 2004.

在2004年，申诉专员共收到将近100起投诉，从第一年的30起上升至第二年的60起。90%的投诉都具有正当理由，并在申诉专员的干预下得到处理，申请人最终获得信息。公共机构拒绝遵守的8个建议，最终有5个得到了遵守。在塞族共和国，申诉专员在2004年共收到138起投诉，2003年收到了26起投诉。大多数投诉都具有正当理由，并通过申诉专员联系相关机构得到解决。①

《信息公开自由法》规定了一个公共利益豁免原则：如果泄露国家机密是为了向公众披露违反了宪法或国际协议的事实，而且这种公开不破坏波黑的国家安全。申诉专员发布关于《信息公开自由法》的重要报告中提到萨拉热窝和乌纳萨纳州过于宽泛的信息公开禁令，原因是"危及国家机密"。②

以下是2009年至2012年年度报告的主要内容。

2009年年度报告的主要内容包括：

1. 通过分析公共机构关于履行该法规定的义务情况，申诉专员发现，公共机构并没有贯彻《信息公开自由法》。公共机构不按要求履行义务导致申诉专员没有数据来准备关于信息公开活动的报告。申诉专员经常书面要求公共机构履行义务，但公共机构的反馈比较消极。

2. 在申诉专员的要求下，很多公共机构都指定了专人负责信息公务事务。在61个公共机构中，只有5个没有指定负责人。公共机构不履行义务的理由主要有：在其组织内部没有相应的职位，或由于是上诉受理机构而没有获取任何新信息。但是，公共机构的解释并不能免除他们公开信息的义务。在答复情况方面，有52个公共机构完全履行了向公众分发指导手册的义务，有9个公共机构只部分履行了该义务。在61个机构中，只有45个提交了2009年的数据，多数机构都没有按照第20条的要

---

① Ombudsman of Republika Srpska, Annual Report 2004.

② *Special report on violation of media freedoms through legislation on public information and media in Canton Sarajevo and Una - Sana Canton*, 23 December 2003. http://www.bihfedomb.org/eng/reports/special/lawchange.htm，最后访问日期：2014年2月15日。

求提供完整的和可理解的统计数据,原因在于缺乏信息公开和数据维护机制。

3. 公共机构都没有保存对个人申请的处理数据,只是提交了所有的申请。多数公共机构都强调口头或电话申请是可行的,但是并没有保存相关记录。公共机构没有提交申请数量、拒绝公开的数量等数据。

4. 在处理投诉的过程中,申诉专员注意到,在实施本法过程中存在很多问题:比较突出的是,公共机构没有根据地以保护个人信息和公共利益为由拒绝公开。《信息公开自由法》规定个人信息和机密文件不能自动被排除在公开之外。①

2010 年年度报告的主要内容有:

1. 2010 年,公民基本权利和政治权利保护中心收到 226 个有关信息公开的投诉。截止到 2010 年 12 月 31 日,103 个得到处理。多数投诉在申诉专员的干预下得到处理,其中 18 个原告缺席,31 个投诉没有合理根据。最常见的投诉原因有:没有在 15 日的法定期限内回复;决定的形式不符合《信息公开自由法》的规定;决定没有说明上诉的可能性和受理机构的名称;不予公开的决定或是没有说明理由或是没有说明公开不符合公共利益。

2. 仍有 2 个机构没有指定信息官员。在履行指导和索引登记义务方面,58 个公共机构都完成此义务,还有 3 个机构没有按要求履行。75% 的公共机构在 2009 年按季度提交统计数据,到 2010 年降至 47%,这说明了整合、分析数据是公共机构的弱项。

3. 提交的统计数据缺乏对申请或申请程序的描述,特别是在拒绝公开的案例中。②

---

① *Annual Report on Results of the Activities by the Institution of Human Rights Ombudsman of Bosnia and Herzegovia* 2009. http://www. ombudsmen. gov. ba/Dokumenti. aspx? id = 27&tip = 1&lang = EN,最后访问日期:2014 年 2 月 15 日。

② *Annual Report on Results of the Activities by the Institution of Human Rights Ombudsman of Bosnia and Herzegovia* 2010. http://www. ombudsmen. gov. ba/Dokumenti. aspx? id = 27&tip = 1&lang = EN,最后访问日期:2014 年 2 月 15 日。

2011 年年度报告的主要内容有：

1. 2011 年，《信息公开自由法》的实施方面有很大提高，申诉专员的干预也得到了积极的回应。2011 年度，申诉专员共收到 243 个投诉，66 个是关于没有在法定期限内决定，47 个是关于拒绝信息公开的，4 个是关于程序及救济。申诉专员发出 17 封建议书，有 9 封得到了实施，另外 8 封没有得到反馈。

2. 通过分析投诉情况，申诉专员发现，在公共机构中有大量没有受过培训的雇员不理解《信息公开自由法》的目标和目的，公共机构也没有建立专门的机构来实施该法。该法没有得到很好的遵守，体现在：没有指导、索引；没有指定信息官员，或即使指定了信息官员，多数是负责公共关系的人；缺少公共利益测试，无法平衡公共利益和个人隐私保护；法定期限内没有实施决定，没有按照法定要求决定；决定的内容不包括关于上诉的内容。同时，从申请内容的不准确程度和对程序的不熟悉程度，申诉专员认为，申请人对《信息公开自由法》也没有足够了解。①

2012 年年度报告的主要内容有：

1. 申诉专员共收到 225 个关于信息公开的投诉，其中，萨拉热窝区域办事处收到 111 个，巴尼亚卢卡办公室收到 92 个，莫斯塔区域办公室收到 10 个，利夫诺区域办公室收到 2 个。

2. 通过分析收到的投诉，申诉专员认为，在《信息公开自由法》的实施方面存在以前提到过的问题，包括：适用不一致的法律来规范信息公开活动；主管机关的决定形式上和实质上不当，经常没有合理根据和法律救济。

3. 2012 年申诉专员也收到很多民间社会组织的投诉，多数是主张主管机构没有依申请提供信息。②

---

① *Annual Report on Results of the Activities by the Institution of Human Rights Ombudsman of Bosnia and Herzegovia* 2011. http://www.ombudsmen.gov.ba/Dokumenti.aspx? id = 27&tip = 1&lang = EN，最后访问日期：2014 年 2 月 15 日。

② *Annual Report on Results of the Activities by the Institution of Human Rights Ombudsman of Bosnia and Herzegovia* 2012. http://www.ombudsmen.gov.ba/Dokumenti.aspx? id = 27&tip = 1&lang = EN，最后访问日期：2014 年 2 月 15 日。

波兰《信息公开法》概览

一、法律概要

波兰现行宪法是于1997年颁布并生效的，它是波兰最重要的法律渊源，是社会政治体系的基础。[①] 宪法第二章“公民的自由、权利与义务”第61条对公民的信息公开权作出了较为细致的规定。第61条规定为：(1)公民享有获取有关公共机关以及担负公共职能的人员活动信息的权利。该权利还应当包括获取有关自治性的经济或专业机构以及其他执行公共机关义务、管理公共财产或国库财产的人员或组织单位的活动信息。(2)信息获取权应确保文件的公开，并且公民可以参与普选产生的公共机关的集体会议，制作视听记录。(3)只有在为保护其他人和经济实体、公共秩序、国家安全和国家重大经济利益的时候，才可通过成文法对第1、2款中规定的权利进行限制。(4)第1、2款涉及的信息规定的程序应当由成文法进行具体明确，并参照下议院和上议院有关程序方面的相关规则。宪法第61条构成了波兰公民信息公开权的宪法性基础，并为之后波兰制定专门的信息公开法奠定了宪法前提。波兰关于信息公开的专门性法律——《信息公开法》[②](*Act on access to Public Information*)于2001年9月6日颁布，并于2002年1月1日生效。其主要目的是该法第2条第1款规定的“使每个人都享有公共信息公开权”。

波兰《信息公开法》共分为三章26条，第一章(第1~5条)为一般性

---

① 参见世界知识产权组织官方网站：http://www.wipo.int/wipolex/zh/details.jsp? id=7539，最后访问日期：2014年2月15日。

② 该法律可参见网站：http://www.legislationline.org/documents/action/popup/id/6757，最后访问日期：2015年8月2日。

规定,规定了公共信息的概念、信息公开权的赋予与权利内容、信息公开的义务主体、信息公开权的限制。第二章(第6~23条)规定了信息公开的范围、方式、费用,建立"公共信息公告"网页以及在该公告上进行信息公开的内容、主体等,信息公开的具体程序(信息公开的申请、处理、救济、处罚等)。第三章(第24~26条)为过渡条款和最后条款(其中涉及对现有条款的修改),主要规定了该法在特别情形下的适用情况以及生效时间。与信息公开相关的法律还有:

(一)《秘密信息保护法》①

波兰《秘密信息保护法》(*Classified Information Protection Law*)于1999年1月22日通过,全文共十三章91条。该法规定涉及了政府机构收集到的且公开可能会损害国家利益、公共利益或法律保护的公民或组织利益的秘密信息。本法将秘密信息分为国家秘密和公共服务秘密两类。国家秘密被认定为最高秘密或绝密。公共服务秘密被认定为机密信息或限制性秘密。大部分国家秘密的保密期限为50年,保密期限结束后该信息可以公开,而一些涉及间谍和情报人员的信息以及从其他国家获取的信息的保密期限则不得被限定,即可能永久不被公开。机密信息的保密期限是5年,而限制性秘密的保密期限是2年。

(二)《个人信息保护法》

《个人信息保护法》(*Act on the Protection of Personal Information*)于1997年8月29日通过,并于2004年进行了修改。全文共分为九章62条,对公民个人信息受保护权以及相关内容、程序进行了规定。依据本法,公民可以在公共机构或私人机构处获取或修正其个人信息。个人信息保护监察局监督本法的实施。

(三)《环境、环境保护与环境影响评估信息公开法》

《环境、环境保护与环境影响评估信息公开法》(*Act on Access to*

---

① David Banisar, *Freedom of Information Around the World 2006—A Global Survey of Access of Government Information Laws*, *Privacy International*, 2006, p. 125.

Information on the Environment and its Protection and on Environment Impact Assessments)于2000年11月9日颁布,并于2001年1月1日生效,是有关环境与环境保护信息公开的专门性法律。该法共分为八章68条,第1条第1款中规定了本法应当为环境与环境保护信息公开提供原则,并在第2章就信息公开作出了专章规定。其中第4条规定,每个人都享有本法所规定的环境与环境保护信息的获取权。第5条规定,公共行政机构应当向所有人公开其掌握的有关环境与环境保护的信息以及应当公开的信息,包括:公民或组织向公共行政机构提起的、有关决定污染物(固体、噪音、气体)排放的种类和数量的申请以及移除树木等和环境有关的申请;污染物排放种类及数量的记录;行政机构作出的有关违反环境保护要求的处罚决定等。申请环境与环境保护信息公开的形式可以是口头的,但特别情形下需进行书面申请。

二、信息公开的范围

第5条是信息公开的例外规定,依据该规定:(1)公共信息公开权受到有关信息保密以及成文法保护的其他秘密的规定限制。(2)公共信息公开权受到有关自然人隐私、单位秘密的限制。但是如果个人在履行与其职责相关的公共职能包括接受委托履行相关职能之时以及个人、企业家辞去其公职之后,提出信息公开申请,则不受此限制。(3)涉及国家机关处理的事务的信息,特别是行政、刑事、民事诉讼中,当诉讼涉及公共机关或其他履行公共职能实体或人员(在其职责范围内)为了保护当事人的利益时,诉讼中涉及的相关信息可不进行公开。(4)第3款涉及的对信息公开权的限制,不得侵犯民众对进行诉讼的机构的组织和工作,特别是案件调查的时间、方式、地点等的信息公开权。

三、信息公开的方式及程序

(一)信息公开的方式

《信息公开法》第7条对信息公开方式进行了总括规定:一是在第8

条提到的“公共信息公告”上公布包括官方文件在内的公共信息；二是通过第 10、11 条中规定的方式公开信息（依申请公开和公共机构主动公开）；三是参加由公众选举产生的公共机关的会议，可以通过视听和电话交流、制作会议记录的形式公开会议内容。此外该法第 10 条第 2 款还规定，在没有书面申请的情况下，对于能够立即公开的公共信息，应当以口头或书面形式进行公开。该法第 11 条规定公共信息公开的方式有：在公共场所公开或发放；在公共场所安装公布信息的设备。

公共信息公告（public information bulletin）是波兰进行信息公开的一种重要方式，《信息公开法》对公共信息公告（以下简称公告）进行了较为细致的规定；其中该法第 8 条规定，公告是官方信息电子公开载体，以在电子通信网络统一的系统中公开公共信息为目的。公共机构以及涉及经济和专业事务的地方机关，应当在公告上公开公共信息，并公开获取其目前掌握的公开信息的方法以及其在《公共信息公告》上没有公开的公共信息。在不予信息公开的情况下，应当在《公共信息公告》上公开不予公开的范围、法律基础以及机构或人员；符合第 5 条第 2 款规定的情形，即公共信息公开权受到有关自然人隐私、单位秘密的限制时，还应公开不予公开所保护的利益。在《公共信息公告》上公开信息的主体，应当：（1）指明被规定进行信息公开的义务主体；（2）提交信息制作人或责任人的信息；（3）附上在《公共信息公告》上公开信息的人员的信息；（4）指明信息产生和信息公开的时间等。第 9 条规定，主管公共行政事务的部门负责建立公共信息公告的网站，公共机构以及涉及经济的和专业事务的地方机关也应建立其自身的公共信息公告网页。

《信息公开法》第 6 条规定，下列信息公共机构应当主动公开：（1）国内政策及外交政策，包括：①立法机关和行政机关的计划；②法律草案；③公共任务的实施计划、实施方式、具体实施和实施结果。（2）公共机构以及涉及经济和专业事务的地方机关，包括其：①法律地位或法律形式；②组织机构；③工作范围及其职能；④履行其职能的具体机构和人员；⑤第 4 条第 1 款第 3 ~ 5 项规定涉及的实体（符合单行法规定的代表国库的实体；国有法人和地方机关的实体以及其他国家组织机构或地方机关组织机构的实体；其他履行公共职能、处置公共财产的人或组织机构，以及国库、地方机关单位、涉及经济的和专业事务的地方机关享有决定权的法人）的财产状况；⑥财产的处置。（3）公共机构以及涉及经济和专业事务的地方机关涉及的实体的运行原则，包括：①公共机关以及组织单位的工作方式；②履行公共任务的国有法人和地方机关法人组织的工作方式，以及其在财政预算内或预算外的活动；③通过公法和私法法案的方法；④接受和解决问题的方法；⑤收到案件的状况，其处理或解决情况；⑥制作的登记、书籍和档案，以及公开信息的方式和原则。（4）公共信息，包括：①官方文件的内容和形式，特别是：行政法案及其他决定的内容，有关实体已实施的管制、管制影响以及其相关观点、总结、报告的文件；②在符合刑法的规定下，公共机构和公共官员就公共话题的观点；③公共机构作出的其他陈述和评价；④有关国家、地方机关及其组织单位情况的信息。（5）公共财产，包括：①国库和国有法人的财产；②国家享有的其他财产权及债务；③地方机关单位和涉及经济的和专业事务的地方机关的财产，以及地方机关法人和病人办公室的财产；④第4条第1款第5项规定涉及的实体的财产，包括财产的处置、收益或负担；⑤相关实体享有《商业公司法》规定的支配地位的商业公司的收入和损失，以及收入的支配和弥补亏损的方法；⑥公共债务；⑦公共援助；⑧公共负担。

该法第14条规定了依申请公开的方式。其中，该条第1款规定，非法定例外情形下，除信息公开主体义务所掌握的技术手段无法使其按照申请要求的方法和形式进行信息公开的，信息公开应当按照申请要求的方法和形式进行。该条第2款规定，如果信息公开主体无法按照申请要求的方法和形式进行信息公开，其应当书面通知申请人原因以及指明可立即进行信息公开的方法和形式。

（二）信息公开的程序

1. 申请

依据《信息公开法》第4条的规定，信息公开义务主体包括“公共机关,公共机构,涉及经济和专业事务的地方机关;符合单行法规定的代表国库的实体,国有法人和地方机关的实体,以及其他国家组织机构或地方机关组织机构的实体,其他履行公共职能、处置公共财产的人或组织机构,以及国库、地方机关单位、涉及经济和专业事务的地方机关享有决定权的法人,工会和员工组织代表”。该法第 10 条规定了“本法允许任何人申请公共机构、履行公共任务的私人机构、工会和政党,公开其享有的公共信息、公共数据和公共财产”。且该法第 2 条第 2 款规定,申请信息公开时,不得要求申请人说明其法律目的或实际目的。《信息公开法》中没有明确规定信息公开的申请形式,但在实践中申请形式既可以是口头的,也可以是书面的。①

2. 受理

依据《信息公开法》第 13 条的规定,信息公开义务主体应当立即、在提交申请的 14 日内就申请公开的信息进行公开。如果不能在第 1 款规定的期限内公开信息,信息公开义务主体应当在该期限内通知申请人延迟期限的原因以及其将公开信息的日期,期限最晚可延迟至申请提交后 2 个月。第 14 条第 1 款规定,非法定例外情形下,除信息公开主体义务所掌握的技术手段无法使其按照申请要求的方法和形式进行信息公开的,信息公开应当按照申请要求的方法和形式进行。第 14 条第 2 款规定,如果信息公开主体无法按照申请要求的方法和形式进行信息公开,其应当书面通知申请人原因以及指明可立即进行信息公开的方法和形式。此种情况下在收到通知 14 日之内,申请人没有提交有关按照之前通知中指明的方法和形式进行信息公开的申请的,信息公开程序终止。

3. 决定

公共机关就信息公开申请可以作出延期处理决定、不公开决定、公开决定等。该法第 16 条规定,拒绝进行信息公开的或终止信息公开程序的

---

① David Banisar, *Freedom of Information Around the World 2006—A Global Survey of Access of Government Information Laws*, *Privacy International*, 2006, p. 124.

(第14条第2款规定涉及的情形),公共机关应当通过决定的形式作出,相关程序应当适用《行政程序法》(*Administrative Procedure Law*)的规定。拒绝信息公开的决定的理由,还包括信息公开程序作出决定的人的姓名、职责,并且指明相关联的利益实体。第17条规定,非公共机关自身机构而负有信息公开义务的主体,拒绝进行信息公开、终止信息公开程序的,适用第16条的规定。

4. 法律责任

该法第23条规定,违背法定义务、没有进行信息公开的义务主体,将被处以罚款、限制人身自由的刑罚或是最长1年的有期徒刑。

(三)信息公开的费用

《信息公开法》第7条第2款与第15条对信息公开的费用作出了规定。总体而言,在波兰,信息公开义务主体进行信息公开是免费的;但是由于按照申请人在申请中指定的方式进行信息公开或是传达信息而导致额外费用的,信息公开义务主体有权要求申请人支付额外费用。在上述情形中,信息公开义务主体应当在申请提交的14日内,通知申请人需支付的费用金额。

四、主管机构

波兰《信息公开法》中没有规定信息公开的专门性主管机构,与信息公开有关的机构包括国家记忆机构以及人权保护署。

1. 国家记忆机构(Institute of National Remembrance)①

该机构主要关注波兰在1939~1989年即第二次世界大战期间被德国和苏联分别占领时以及之后共产党执政下的波兰历史。团结工会(波兰政党)与波兰议会中大多数成员联合作出的、建立该机构的决定,与解决共产主义国家安全机构在1990年解散后所留下的文件难题有关。最终,该机构依据1998年12月18日波兰议会通过的法律建立,

① 参见国家记忆机构官方网站:http://ipn.gov.pl/en,最后访问日期:2014年4月26日。

然而该机构直到2000年由色姆(波兰国会下议院)选出其第一任主席时,才开始了实际的运行。因为过去受到外国控制波兰无法实现真正独立,相应地公民的政治权利和民主权利也不能得到保障,当时波兰公民是无法获得有关其个人情况的文件的。国家记忆机构接管了在前苏联控制下波兰共产主义时期由保密机构所掌握的政治警察的档案,并将对之前受过监控的人公开相关的文件。这些文件也被用来审查拥有公职的人的过去。

国家记忆机构是一个特殊的机构,具有国家和司法行政、档案馆、研究机构、教育中心以及(从2007年开始)实施审查的职能。该机构下设四个执行部门,针对波兰的犯罪检察委员会(Commission for the Prosecution of Crimes against the Polish Nation)、档案记录保护和公开办公室(Office for Preservation and Dissemination of Archival Records)、公共教育办公室(Public Education Office)、审查办公室(Vetting Office),其中档案记录保护和公开办公室负责收集、保存、保护、制作档案,并对相关文件进行公开。相关文件主要指有关波兰国家安全局(在1944年7月22日至1990年7月31日存续)以及纳粹德国和前苏联的文件。

2. 人权保护署(Office of Human Rights Defender)[①]

该机构主要由人权保卫者构成,有关人权保卫者的专门性法律是《人权保卫者法》,由于人权保卫者相当于是波兰的监察专员,该法律也通常被称为《监察专员法》。该法于1987年7月颁布,创建了人权保卫者这一设置。具体规定有:在任命上,前提条件是人权保卫者必须是一名波兰公民;拥有出众的法律知识、专业经历并在公民道德、社会责任感上具有很高声望。人权保卫者由下议院在经过上议院的同意后进行任命。人权保卫者的任期为5年,同一个人不得担任该职务超过两个任期。在职责上,人权保卫者应当维护宪法和其他法律中所涉及的公民权利与自由;在进行保护的过程中,人权保卫者应当调查相关组织、机构采取的作为或

---

① 参见人权保护署官方网站:http://www.rpo.gov.pl/en,最后访问日期:2014年4月27日。

不作为是否违背了法律以及公共生活和社会正义的基本原则。通过公民或公民组织的申请、自治机构的申请以及人权保卫者自己的主动调查，获得公共自由与权利受到侵犯的信息后，人权保卫者应当采取法定的措施，包括：受理案件、指导申请人可以有权采取何种行动、在职能范围内对案件进行调查或拒绝受理案件。受理案件的，可以实施其自身的解释程序，或是要求相关机构对案件进行解释，或请求下议院委任最高控制委员会对具体案件进行调查。人权保卫者应当每年向下议院和上议院汇报其工作以及公民自由与权利的维护状况，实践中人权保护署每年都会在其网站上公布上一年度的工作报告，这在推动《信息公开法》的实施上起到了积极作用；例如，在 2004 年的年度报告中，人权保护者“要求更多的透明，表明公民的信息公开权相对于公共官员的个人隐私来说应当被赋予优先的地位”。①

五、争议解决

波兰《信息公开法》本身没有对争议解决作出明确规定，只是在其第 16 条间接提到：针对拒绝信息公开的或终止信息公开程序的（第 14 条第 2 款规定涉及的情形）决定，应当适用《行政程序法》的规定，但就该类决定提起的申诉应当在收到决定的 14 日之内进行。申请人对拒绝信息公开的决定不服的，可以就拒绝决定向公共机构提起申诉，相关程序应当适用《行政程序法》的规定。②

《信息公开法》第 21、22 条对信息公开争议的司法解决途径作出了规定。其中第 21 条规定：就公共信息公开提起的诉讼，凡属于本法第 22 条涉及的情形，应当适用 2000 年 8 月 30 日颁布的《行政诉讼法》；但是，在法院收到起诉 15 日之内应当移交给法院信息公开涉及的文件以及就

---

① David Banisar, *Freedom of Information Around the World* 2006—*A Global Survey of Access of Government Information Laws*, *Privacy International*, 2006. p. 124.

② David Banisar, *Freedom of Information Around the World* 2006—*A Global Survey of Access of Government Information Laws*, *Privacy International*, 2006. p. 124.

申请作出的答复,法院在收到相关文件和答复的30日之内对诉讼案件进行审理。第22条规定:(1)由于信息公开的例外情形(为保护个人信息,隐私权,国家、官方、财政、统计秘密等其他秘密而不予公开信息),被拒绝公开公共信息的主体有权向法院提起诉讼,并请求信息公开义务主体公开相关的信息。(2)信息公开的例外情形所涉及的主体(如第三人、国家财政机构等),作为次要参与人可以站在被告一方(符合其合法利益)。(3)解决案件的适格法院,应当为拒绝公共信息公开的义务主体所在地的地区法院。

六、发展现状

波兰人权保护署2012年年度报告对波兰言论自由和信息公开权的情况进行了介绍。[①] 人权保护署收到了有关公共行政机关履行就其活动进行信息公开义务的投诉,该机构中的人权保卫者询问了行政信息部部长有关违背信息公开免费原则的法律例外规定,认为有必要制定一个规范对“额外费用”作出细致的定义,并且就公共行政机关在申请信息公开案件中作出的有关“额外费用”的决定进行监控。行政信息部部长答复称,将在修改《信息公开法》时删除专员指出的该法规定的不当之处。同时,在信息社会形成过程中,波兰法院的行动还是不充分的,如法院的判决只能向主要的法律研究机构有偿提供,这一情况引起了很大的争议。人权保卫者就公共信息公开的事项同最高法院首席大法官进行了沟通,最高法院法官作出声明会立即解决这个问题并且会建立一个有关最高法院判决的在线数据库。最终,最高法院在2012年10月22日建成了法院判决在线数据库,并出版了判决汇编。

2011年波兰信息公开活动家要求总统拒绝签署即将通过的信息公开法修正案。他们指出该修正案将在很大程度上对涉及公共财产商业化

---

① 参见网站:http://www.brpo.gov.pl/sites/default/files/Summary%20of%20Report%20on%20the%20Activity%202012.pdf,最后访问日期:2014年2月18日。

和私有化的信息公开构成限制。波兰议会于2011年9月16日通过了对该法的修正案,但是之后波兰宪法法院于2012年4月18日裁定波兰议会通过的该修正案的立法程序违宪,因而撤销了该修正案。[①]

---

① 参见网站:http://www.freedominfo.org/2012/04/foi-amendments-in-poland-illegally-passed-court-says/,最后访问日期:2014年2月20日。

丹麦《行政文件公开法》概览

一、法律概要

丹麦宪法中并没有就信息公开作出明确规定。丹麦首部涉及信息公开内容的法案是在1964年5月13日通过的《行政部分公开法》。[①]丹麦是议会内阁制国家，议会对采取该制度并不积极，所以原来只采取扩大利害关系人对特定案件有关文书的阅览权的制度。1964年制定了保障对行政文书有利害关系的人获取信息权的法律。随着1969年的政权交替，第二年即制定了一般的行政文书公开法。该法的特点是：(1)为了申请公文书的公开，必须表明与特定案件的关系；(2)公开的例外条款含义非常模糊，例如，规定由于“有特定情形必须作为秘密加以保护的其他利益”时可以不公开；(3)是否向官方直接请求，以何种形式请求，官方享有广泛的裁量权。丹麦行政文件公开法的实施机关有国家行政机关、地方公共团体、电力、煤气、供热等公共服务管理企业。[②] 1970年6月丹麦议会通过第一部关于公众获取行政档案文件的全面的信息自由法——《行政文书公开法》[③](*Act on Access of the Public to Documents in Administrative Files*)。该法在1985年被《行政文件公开法》(*Danish Access To Public Administrative Documents Act*)所取代。1985年《行政文件公开法》经议会通过后，于1985年12月19日由丹麦女王签署颁布，并于1987年1月1日生效，后丹麦议会对本法进行了修订。关于丹麦《行

---

① The Law on Party Access in Administration 13 May 1964. See Hallo, ed., Access to Environmental Information in Europe: Denmark(Kluwer Law 1996).

② 刘杰：《知情权与信息公开法》，清华大学出版社2005年版，第19页。

③ 该法律可见 http://www.legislationline.org/documents/action/popup/id/6833，最后访问日期：2015年8月2日。

政文件公开法》的最新修正案于2013年5月4日通过，并于2014年1月1日施行。[①]

丹麦《行政文件公开法》全文共分为五章18条。第一章（第1～3条）规定了本法调整的范围以及具体的适用情形，明确本法不适用于刑事案件，并且规定了有关部长在信息公开程序中的职权。第二章（第4～6条）规定了享有行政文件公开申请权的主体，适用及不适用信息公开申请程序的具体文件类型，以及当行政机关收到口头公开申请时应当履行怎样的职责。第三章（第7～14条）规定了不予公开的行政文件以及公开申请权受到限制的文件。不予公开的文件具体包括政府内部工作文件（但以某些特殊形式表现的除外），国务委员会的会议纪要，为科研或公共资源统计而收集的资料，涉及个人隐私或商业秘密的文件等；公开申请权受到适当限制的主要为涉及国家安全保障，对外交往，打击犯罪以及保护公共财政利益的文件。第四章（第15、16条）规定了行政文件公开申请的受理与决定。第五章（第17、18条）规定了本法的生效时间、适用的地域范围以及与其他法令的关系，此外本章还对“包含事实信息的文件”作出了特殊规定。

与信息公开相关的法律还有：

（一）《个人信息处理法》[②]

丹麦《个人信息处理法》（*Act on Processing of Personal Data*）于2000年颁布并施行，历经2001年、2005年、2007年三次修改。该法适用于对有关私人、财务问题在内的不得公开的个人信息的处理。除个人信息外，此法还适用于一些私人机构、公司信息的处理。其中规定个人有权从公共机构和私人机构处获取它们掌握的有关个人自身情况的信息。该法由信息保护局负责监督执行。

---

① http://www.freedominfo.org/regions/europe/denmark/，最后访问日期：2014年4月10日。

② http://www.legislationline.org/documents/action/popup/id/6481，最后访问日期：2013年10月29日。

（二）《公共部门信息再利用法》[①]

丹麦《公共部门信息再利用法》（*Act on the Re-use of Public Sector Infor-mation*）于2005年颁布并施行。“再利用”指除公共部门首次制定或获取相关信息目的之外的利用。该法的目标是为公共部门掌握的文件、信息的商业性的和非商业性的再利用建立一套通用的最低标准的规则。该法中所指的公共部门掌握的文件、信息不包括公共部门在其商业活动中产生、获得的文件或信息，以及第三方对其享有相关权利的文件或信息。此外，该法适用于国家和地方政府、由公法管理的机构以及由以上主体成立的社团，但该法不适用于教育研究机构、文化机构、法院、议会及其相关部门等机构。依据该法，公民和其他组织可以就公共部门的信息提出公开申请。

（三）《公共行政法》[②]

丹麦《公共行政法》（*Public Administration Act*）于1985年经议会通过，并于1985年12月19日由女王签署颁布。该法第9条规定，行政机关对一案件作出行政决定的，此案中所涉及的任何一方当事人可以向行政机关申请其提供有关本案的文件。申请人应当在其申请中说明想要获得的文件名称。通常情况下，行政机关工作人员应当遵守丹麦法律中有关保密信息的规定，即行政机关工作人员可以依据其他法律中保密信息的规定而免于履行信息公开的义务。但是依据《公共行政法》的规定，行政机关并不能依据保密信息的规定而不公开相关文件信息。此外，刑事案件不得适用该法。

二、信息公开的范围

丹麦《行政文件公开法》中涉及应当不予公开信息的规定主要有：第2条第1款中规定，涉及刑事案件的文件不予公开。第7条规定政府内

---

① http://www.legislationline.org/documents/action/popup/id/6834，最后访问日期：2013年10月29日。

② http://www.legislationline.org/documents/action/popup/id/6832，最后访问日期：2013年10月29日。

部的文件不予公开,具体有:(1)相关行政机关基于其自身的需要而使用的文件;(2)同一行政机关不同单位之间内部交流的文件;(3)在市政委员会及其常设委员会之间、部门及其他行政组织之间以及上述所列各行政单位之间内部交流的文件。第8条规定,如果上述第7条所列文件形成了如下的最后形式,则可进行信息公开:(1)文件中仅包含行政机关对某事项所作出的最后决定;(2)文件中仅包含行政机关依职责应当制作记录的信息;(3)行政机关为实际问题提供证据或阐明观点所提出的具有独立性的信息;(4)就一类案例所提出的宏观性指导。此外针对第7条的规定,第9条中规定了例外情形:如果自然人的身体健康状况包含在医院内部工作档案中,则该自然人有权申请公开上述所涉及的内部工作档案;也就是说,申请信息公开的权利应当适当地受到限制,但在特定情况下,这一权利应当让位于对其本人或他人权益的保护。

第10条规定不予公开的信息有:(1)国务委员会的会议纪要,部长发言记录以及行政机关为此类会议准备的相关材料;(2)部门之间相对接的文件,包括预算法案等;(3)为欧共体作出决定而起草的建议稿,或者对欧共体规则作出的相应解释;(4)一个机构作为权威秘书处而与另一个机构进行工作交接时提供的相应文件;(5)行政机关与相关专家就应诉程序或其他法律程序进行商讨时提出的文件;(6)为科学研究或者公共资源统计而收集起来的作为基础数据的信息。第12条规定不予公开的信息有:(1)涉及他人隐私或他人经济状况的信息;(2)对他人或公司企业有巨大经济意义的科技设备信息、商业活动运作信息及相应政策。但是若上述内容仅是某文件的一部分,则除此部分不予公开之外,文件的其他部分仍然能够依据程序予以公开。

该法第13条规定,为保护以下几种情况下的相关利益,申请信息公开的权利应当适当受到限制:(1)捍卫国家的和平及安全;(2)丹麦的国际政策及对外经济贸易利益,包括与其他国家的关系及对待国际制度的态度等;(3)抵御一切侵犯法律的行为,控诉罪犯,实施刑罚,保护被告人、证人及其他刑事活动中的当事人;(4)实施公共监督,管理并规划公共活动,评估税收活动是否依法进行等;(5)保护公共财政利益,包括在公共商业活动中的利益;(6)在隐私及秘密需要被保护的情况下,保护个人及公共利益。第14条规定了公务员或选举产生的官员应当受到法律规定应当保密的特殊条款的约束,依法不予公开特定的信息。

三、信息公开的方式及程序

(一)信息公开的方式

《行政文件公开法》第16条第1款规定了信息公开的方式,即行政机关决定进行信息公开的,应在其所在地予以公布或是通过寄送抄本、复本的形式公开文件。

(二)信息公开的程序

《行政文件公开法》对公共行政文件公开的申请、受理、决定等程序,主要有:

1. 申请

依据该法第1条,公民可以向之申请信息公开的主体包括:(1)行政机关;(2)发电量或输电量在500伏以上的电厂;(3)天然气公司;(4)达到每秒10兆焦以上供热能力的供热厂;(5)相关部长经与司法部长协商后,还可以扩展此主体范围,即还可包括使用政府资金、代表中央或地方政府利益的公司和其他机构。另外,任何丹麦人、外国人都可申请行政文件公开。该法第4条规定"任何人可以要求查看公共行政机关在其活动过程中获取或发布的文件,行政机关也可以在不被保密规定禁止的情况下,保障公民更加广泛的行政文件公开权利"。申请人在申请中应指明与其利益相关的文件且须说明理由(证明文件与所涉案件、利益的关联性)。信息公开申请可以为口头形式或书面形式。从2012年开始丹麦信息公开申请可以在网上提交。

2. 受理

在信息公开申请的受理方面,《行政文件公开法》第6条规定,任何行政机关获得涉及将由其决定的相关案件的口头信息或其他途径得到的信息，并且该信息可能影响到案件结果的，行政机关应当将信息的实质内容予以记录。但对于针对本案件已经获得信息则不用再做记录。此外，司法部长可以对以电子方式获取的报告的保存等有关行政特定领域的事项制定相应规则。

3. 决定

行政机关可就信息公开申请作出延期处理决定、不公开决定和公开决定。依据《行政文件公开法》第 16 条，行政机关应将尽快作出是否准予申请的决定，其作出同意公开文件决定的，应在其所在地予以公布或是通过寄送抄本或复本的形式公开文件。如果相关机关作出不予批准或拒绝申请决定，应通知申请人并说明理由。行政机关作出延期决定的，则应在收到申请之日起 10 日内通知申请人其所作的延迟决定并告知理由。

（三）信息公开的费用

《行政文件公开法》中对费用的规定非常少，仅有的一个规定是第 16 条第 3 款，“司法部长应当对文件抄本和复本的费用进行规定”。此外，《公共部门信息再利用法》中对于收费问题进行的规定有：如果允许再利用文件或信息，公共部门就可以进行收费。收费应不得超过公布该文件或信息所投入的边际成本，也就是包括对文件或信息的传达以及为了改善文件或信息质量而投入的成本。当文件或信息是作为公共财政收入生产活动的一部分，也就是该机构的主要任务就是从这项来源中获得财政收入，那么就可以在高于文件或信息实际成本的基础上进行收费。公共部门应当提前就其文件和信息的再利用制定收费标准以及公共部门应当对申请人明确费用的计算，同时还应当指出费用中包括哪些因素。

四、主管机构

《行政文件公开法》中没有规定主管机关。实际中存在受理公民针对行政机关信息公开投诉的国会监察专员（Danish Parliamentary Ombudsman）这一机构。

“由于法院判决案件缓慢且耗资较多，民众需要一个专门的机构来倾听他们的呼声、处理他们的抱怨、保障他们的权利，当行政机关违背法律的规定侵犯了民众的利益时，他们就可以找到这样的机构来迅速处理有关的投诉；另外，行政机关在不断地膨胀，为保证他们依法行政，也需要一个相应的监督机构，故国会监察专员就应运而生了。”[①]丹麦 1953 年宪法中对设立国会监察专员进行了明确规定，此后，国会还于 1954 年颁布了专门的《国会监察专员法》（*Law on Danish Parliamentary Ombudsman*），至今此法经过了多次修改，现行的是 1996 年 6 月 12 日颁布（1997 年 1 月 1 日生效）且于 2005 年和 2009 年再次得到修改的《国会监察专员法》。依据该法规定，国会监察专员必须是一名法律专业毕业生，由国会选举产生，但是不得为国会、市议会或地方议会的议员。国会监察专员的职责是接受并调查有关公共行政的投诉，受理信息公开投诉是国会监察专员的职责之一。现任国会监察专员是约根·斯汀·索恩森（Jørgen Steen Sørensen）（2012 年上任）。国会监察专员可以表示反对行政机关的决定并建议其重新作出决定，但是其自己不能直接作出信息公开的决定。国会监察专员可以就法律问题进行解答，但是事项涉及其他专业知识的则专员不可以进行解答。每年专员手下的监察部门会巡视大量的公共组织，近几年专员每年收到 4000 到 5000 起公民投诉的案件，专员也可以主动受理一些案件，如一些媒体关注的焦点案件。[②] 其中，每年收到 200 至 300 起与信息公开有关的投诉，最终有 15% 左右案件中行政机关等的决定被国会监察专员所否决。[③]

五、争议解决

丹麦《行政文件公开法》第 15 条规定了信息公开的争议解决方式，

---

① 季美君：“丹麦国会监察专员制度及其借鉴意义”，载《人民检察》2006 年第 15 期。

② 参见 About the Ombudsman，载丹麦国会监察专员官网：http://en.ombudsmanden.dk，最后访问日期：2013 年 11 月 28 日。

③ David Banisar：*Freedom of Information Around the World* 2006：*A Global Survey of Access to Governme－nt Information Laws*，http://www.freedominfo.org/regions/europe/denmark，最后访问日期：2013 年 10 月 29 日。

即公民可以到被指定为该决定机关的申诉机关进行申诉，或是到与申请公开信息的案件有关的总管机关进行申诉，而具体的程序、期限等问题没有提及。

申请人还可以向国会监察专员投诉，具体程序是：任何人不论是否具有丹麦国籍，都可以针对行政机关的行为或决定向国会监察专员投诉；投诉必须是实名的，该投诉必须最晚于事件发生后 12 个月内提出，特殊案件中，监察专员可以延长此期限。监察专员还可以主动进行调查。投诉人可以向其他行政机关申诉的，只有当行政机关针对申诉作出决定后才可以向监察专员投诉。监察专员应当就申诉展开调查，监察专员需要的信息和文件，属于监察专员管辖范围之内的行政机关等都负有提供的义务。

审理投诉中，专员需给予相关行政机关或人员陈述理由的机会，否则不得作出批评或提出建议。[①] 审查结束之后，监察专员需要三至五个月的时间针对具体案件做出处理。[②] 具体到信息公开案件中，丹麦议会行政监察专员可以审查行政机关的决定并出具意见，一方面建议行政机关公开文件信息，另一方面就行政机关公开文件提供更为充分合理的理由。国会监察专员不能命令公共机关采取某种行动但其建议一般会得到采纳。此外还存在司法救济，即申请人还可以向法院提起诉讼。与行政救济相比，虽然司法判决具有强制力，但进行诉讼的成本也较为高昂且花费的时间较长；因此，丹麦公民就行政机关公开信息的决定向法院提起诉讼的情形并不常见。行政救济以及向国会监察专员投诉是公民使用的重要救济措施。

---

① 季美君："丹麦国会监察专员制度及其借鉴意义"，载《人民检察》2006 年第 15 期。参见《丹麦国会监察专员法》（*Ombudsman Act*），载丹麦国会监察专员官网：http://en.ombudsmanden.dk/loven，最后访问日期：2013 年 11 月 28 日。

② David Banisar：*Freedom of Information Around the World* 2006：*A Global Survey of Access to Government Information Laws*，http://www.freedominfo.org/regions/europe/ denmark/，最后访问日期：2013 年 11 月 28 日。

六、发展现状

丹麦《行政文件公开法》在实施过程中不断被修改(包括部分内容的废止)。首先,是关于欧盟工作文件不予公开的规定于1991年被议会废止。其次,丹麦议会于2000年对本法进行了修订,以限制某些涉及行政工作人员个人隐私的信息被公开。丹麦信息公开制度还受到欧盟的影响,如丹麦于1998年6月签署了《奥胡斯公约》(*Aarhus Convention*)并于2000年9月批准该公约的实行。为了履行该公约,丹麦于2000年为贯彻实施欧盟就成员国公开环境信息的指令(90/313/EEC)而制定了《环境信息公开法》。关于2003年欧盟指令(2003/98/EC)中涉及公共部门信息再利用和商业利用的规定,丹麦于2005年颁布并施行了《公共部门信息再利用法》。因此,欧盟中相关立法和政策规定将很大程度上影响丹麦信息公开制度的建设,推动其相关修法、立法工作的开展。此外,就丹麦最新信息公开法修改方面,对国际上信息公开法进行评估的一个重要组织——法律与民主中心(Centre for Law and Democracy)认为,丹麦的2013年信息公开法修正案是退步的,不会解决现行丹麦信息公开体系中存在的主要问题,特别是修改一些例外情形会削弱丹麦法律。

1.信息公开的范围较为狭窄。丹麦《行政文件公开法》中对于不予信息公开的情形进行了很多规定,如对个人或公司企业有巨大经济意义的科技设备信息、商业活动运作信息及相应政策;国务委员会的会议纪要、部长发言记录以及行政机关为此类会议准备的相关材料;行政机关内部信息;实施公共监督、管理并规划公共活动,评估税收活动是否依法进行等涉及的信息,等等。这些领域内信息豁免公开就使得公众可以申请公开的信息范围大大缩减,而这些信息本身与国家安全、国际关系、公民生命健康等重大利益并无直接关系不应予以豁免公开。例如,对于那些公开会有损政府审议的信息,行政机关可以予以保留,但是第7、10条规定就远远超过了这个范围,它们规定机关基于自身使用可以使任何文件豁免公开,同时缺乏任何有力的审查。因此,要对内部信息进行具体区分，只有在特定情形下涉及国家、公共利益的信息才应不予公开；而对于很多其他类别的信息，进行信息公开才能充分保障公民及时对国家政策进行了解，从而促进公民对相关行政机关的监督，并为其参与政治活动、影响政府决策提供最基本的前提。

2. 作出处理决定没有明确的期限。世界很多国家的信息公开制度中都明确规定了公共机关作出处理决定的期限，以约束公共机关，进而使得公民的申请得到及时解决，保障信息公开的畅通。该法第 15 条规定了收到信息公开申请的有关权力机关应当尽快作出是否准予公开的决定，但如果无法作出准予或拒绝公开决定，应当在收到申请之日起 10 日内通知申请人并说明理由及能够作出决定的日期。“尽快”为权力机关留下了极大的自由裁量空间，这种决定作出时间的灵活性就可能造成权力机关在处理信息公开申请案件时的不积极和不及时，阻碍信息公开的良好运作，无法有效满足申请人的信息公开请求。

此外，《行政文件公开法》在延期决定、司法救济、费用等方面都缺乏具体的规定。

德国《信息自由法》概览

一、法律概要

在全球范围内,信息自由法的制定实际上是伴随着国家行政法治化的完善而逐步兴起的。特别是在20世纪末的1999年,颁布信息自由法律规范的国家数量较之前翻了一番;在此期间,德国十六个联邦州中的九个州也引入了有关信息自由的法律。[①]

德国作为传统的欧洲大陆法系国家,早在1986年和1994年就分别通过了两部联邦政府专业信息规划。1999年"21世纪信息社会的创新与工作机遇"纲要的制定,是德国向信息社会正式迈进的信号。[②] 在德国的法律体系当中,具有宪法性质的《德意志联邦共和国基本法》(*Basic Law for the Federal Republic of Germany*)虽没有明文规定联邦公民享有"信息公开申请权",但其第五条第一项中却赋予公民"言论自由权",规定"每个人都有权从一般的允许取得情报之处不受阻碍地获得信息",这也就构成了公民政治生活中"知情权"的最初依据,成为德国政府信息公开制度建立的基本宪法依据。[③] 其后,长期的行政工作使西德联邦议会逐步意识到信息公开在各个领域当中的重要性,因此制定一部专门性的政府信息公开法案被提上日程,联邦议会还就此宣布了一项关于制定政府信息公开法案的决定。英国媒体于2005年6月7日就此决定发表了评论。

---

① 参见德国联邦议员 Dr. Michael Bürsch 对德国《信息自由法》及其实施情况的介绍:《信息自由法——来自德国的经验》,中国政府法制信息网 http://www.chinalaw.gov.cn/article/dfxx/dffzxx/sh/zffzjb/200807/20080700050056.shtml,最后访问日期:2014年4月26日。

② 解志勇、崔晓婧:"德国信息安全法概况及研究",载《海外视点》2009年第8期。

③ 方跃平:"德国政府信息公开制度简析",载《淮北煤炭师范学院学报》(社会科学版)2005年第3期。

在此之后，联邦议会就开始将制定此部信息公开法的设想付诸实践，这也就促成了《德意志联邦政府信息公开管理规定》[①]（*Federal Act Governing Access to Information held by the Federal Government*）（以下简称《联邦政府信息公开规定》）的最终出台。《联邦政府信息公开管理规定》于2005年9月5日通过，并于2006年1月1日正式生效。本法赋予德意志联邦公民信息公开申请权，并对这一权利给予法律保障。

德国《联邦政府信息公开规定》未划分章节，全文共15条。

第1条主要规定信息自由法的基本原则，包括公开原则、保障原则等。具体来说，公民有权就政府信息提出公开申请，政府应当保障公民的申请权并为信息公开创设多种途径等。

第2条对本法中相关定义进行界定，特别明确了本法中"官方信息"和"第三人"的概念。在本法中，官方信息即为出于官方或者行政目的而制作的信息，但不包括未列入行政文件中的草稿、笔记等内容。这是因为草稿、笔记在行政程序中只是暂时性地记录工作人员的思考过程，因此无需纳入行政档案（即官方信息）的范畴。[②] 第三人在此主要指的是个人信息或个人资料中涉及的其他主体。

第3条至第6条为不予公开的信息，明确了联邦应当对以下性质的信息加以保护、不予公开：涉及特殊公共利益的信息，涵盖官方决策程序的信息，个人信息，知识产权及商业秘密。除此之外还指明行政机关可以拒绝申请人请求的具体情形，并且对申请人被告知的权利加以保护。

第7条为申请方式及程序，主要规定了申请人提交相关信息公开申请时应当遵循的程序、期限以及其他注意事项。

第8条规定了与第三人有关的程序，明确了在涉及第三人利益时，该第三人可以采取的措施及享有的权利。这一章基于平等原则，立法意图

---

① 该法律可参见 http://www.gesetze-im-internet.de/ifg/index.html，最后访问日期：2015年8月2日。

② 龙非："德国《信息自由法》中的'过程性信息'保护"，载《行政法学研究》2013年第3期。

在于保障可能受到信息公开过程影响的第三人权益。

第9条为申请的拒绝及法律救济,该部分主要规定在何种情况下可以拒绝申请人的申请,以及申请人可向哪个机构申请法律救济。

第10条规定了信息公开过程中的费用问题,规定了申请人应当缴纳一定金额的钱款以承担政府部门的行政开支。就公开政府信息而言,不得向申请人收取任何费用;但如果是为了确保政府信息公开工作的高效实现,则可以向申请人收取一定的费用。

第11条为政府信息公开的义务性规定,明确了行政机关在信息公开工作不同阶段的工作职责。具体包括:制作信息目录表,记录行政机关掌管相关信息的目的,并就上述记录制作电子文档。

第12条规定了德意志联邦信息专员制度,指明了联邦信息专员的任职条件以及主要的工作职责。这一章的规定借鉴了欧盟已有的法律规范,并以《数据保护法》创设的联邦数据保护专员制度为基础,进一步完善了德国的政府信息公开建设。

第13条为其他规范性文件的修正案。针对与《政府信息公开法》相关的法律规范(例如《联邦信息保护法》)中的一些条款,本条就其修订进行了说明。

第14条为信息公开报告及评估,主要规定的内容包括以下两个方面:政府应按时向议会提交信息公开申请情况的年度报告,议会应当就《政府信息公开法》的实施进行评估。

第15条明确了该部法律的生效日期。

与德国信息自由法共同起作用的国内法律及国际公约主要有以下几部:

(一)《德意志联邦档案法》

1988年,德意志联邦议会颁布了《德意志联邦档案法》(*Federal Archives Act*),规范德国联邦档案局的工作。该法规定大部分保存期限在30年以上的文件可以对外公开。对于个人信息而言,其保留期限为该个人去世后30年或者其诞生后110年。[①] 其他法律中也有对于信息公开的保留规定。《档案法》还规定了“各党派、公司、教会、协会等私人的档案是否移交档案馆保存,由他们自己决定”。《档案法》没有规定档案的移交期限,只要是行政机构的文件办理完毕不再使用的,就可以交到档案馆。但绝对不允许自己销毁文件和档案。据联邦档案馆介绍,各部门都会主动地将办理完毕的文件向档案馆移交,不存在拒不移交的问题。[②] 联邦政府于2006年4月声明将公开历史上大屠杀的相关档案。[③]

(二)《德国联邦数据保护法》

为执行欧盟1995年《欧盟个人数据保护指令》,德意志联邦议会于2002年1月制定本法。作为在全球范围内专门针对个人数据保护较早的立法之一[④],《德国联邦数据保护法》(*Federal Data Protection Act*)对德国乃至世界其他国家的信息保护工作都起到了积极的示范及促进作用。立足于保护个人隐私、防止个人数据在使用过程中被侵害这一立法目的,德国公民有权依据本法就有关其个人的信息向掌握该信息的政府部门或其他私人机构提出修改要求;另外,本法还确立了联邦数据保护专员制度,明确了保障个人数据的监管机构。可以说,《德国联邦数据保护法》的制定促进了对个人数据合法权利的保护,又为信息化时代信息自由流动和合法开发提供了法律规范,促进了信息经济的发展。[⑤]

(三)《斯塔西档案法》

1990年12月29日,德国国会正式通过《斯塔西档案法》(*Stasi Records Act*),允许申请公开前民主德国(东德)秘密警察的工作文件。

---

① David Banisar, *Freedom of Information Around the World—A Global Survey of Access to Government Information Laws*, *Privacy International* 2006, p. 78.

② 赵海军:《国外档案立法概览》, http://www.archives.sh.cn/dalt/wgdagz/201209/t20120920_36578.html,最后访问日期:2014年4月2日。

③ David Banisar, *Freedom of Information Around the World—A Global Survey of Access to Government Information Laws*, *Privacy International* 2006, p. 78.

④ 《德国联邦数据保护法》(全文)引言,盈科律师事务所北京总部冉德勇律师译, http://weibo.com/informationsociety,最后访问日期:2014年4月2日。

⑤ 马民虎、冯立杨:“德国联邦数据保护法的发展趋势”,载《图书与情报》2009年第1期。

该法创设了联邦委员会负责掌管前民主德国国家安全局的工作文件。该委员会共有3000名工作人员,负责将已成为碎片的文件资料拼凑起来,形成完整的、可利用的信息。自从前述档案可公开之日起,已有两百万份来源于个人的申请要求公开相关文件,以及三百万份申请要求公开相应的调查背景。研究人员和媒体引用已公开的文件信息也已达到一万五千次之多。关于是否公开前总理赫尔穆特·科尔任政党领袖时的违法行为,政界及法律界的探讨持续了很长时间。在2005年,前述很多文件均依法向公众公开,但其中不包括非法窃听获得的信息。[①]

(四)《奥胡斯公约》

德国于1998年12月签署《奥胡斯公约》(*Aarhus Convention*),但至今并未批准该公约。涉及环境资源的信息公开由《环境信息法》加以规范。欧洲法院已多次指出德国在实践中未完全遵循《欧盟1990指令》的相关规定。2005年德国《环境信息法》的出台实际上是在贯彻欧盟2003年第35号指令关于公开环境信息的内容。[②]

(五)各州法律的具体情况

勃兰登堡州、柏林州、汉堡州、北莱茵—威斯特法伦州、石勒苏益格州均已通过其行政长官实现了《信息自由法》与《信息保护法》的合并。另外三个州的法律合并情况还未确定。但至今为止所有州都已拥有其信息保护法律规范。[③]

二、信息公开的范围

《信息自由法》立足于信息公开的基本原则,规定了德国政府及其他行政机关可以公开的信息;同时,考虑到对涉密信息的保护,该法第三章

---

① David Banisar, *Freedom of Information Around the World—A Global Survey of Access to Government Information Laws*, *Privacy International*, 2006, p. 78.

② David Banisar, *Freedom of Information Around the World—A Global Survey of Access to Government Information Laws*, *Privacy International*, 2006, p. 78.

③ David Banisar, *Freedom of Information Around the World—A Global Survey of Access to Government Information Laws*, *Privacy International*, 2006, p. 78.

至第六章依次对不予公开的信息做出了特别规定，出于保护以下利益的信息不予公开：特殊公共利益保护，官方决策过程保护，个人隐私保护以及涉及知识产权和商业秘密的保护。

（一）特殊公共利益保护

依据本法第三章的规定，不予公开的信息具体包括以下六种：

1. 可能对如下利益造成不利影响时，相关信息不予公开：国际关系；军队和其他联邦武装部队的关键安全利益；内部或外部安全利益；金融、竞争和监管部门的监测监管任务；外部金融管制事项；防止进行非法国际贸易的措施；现行的司法诉讼程序过程中，个人获得公正审判或者刑事调查、行政或者纪律罪行的权利等。

2. 可能威胁到公共安全的信息不予公开。

3. 在以下两种协商过程中形成的信息不予公开：国际谈判中必要的保密性内容；不同行政机关之间就相关问题进行协商妥协之后达成的最终结果。

4. 根据相关信息保密法以及其他行政法规中关于信息分类的相关规定，或者基于个人或特殊机构的保密义务，一些特殊的信息不予公开。

5. 来源于其他行政机关的信息，且现掌握该信息的部门不计划将其制作为工作文件的一部分，则前述信息不予公开。

6. 公开之后将会危及联邦政府在贸易或商业上的利益，或者给社会保险机构的经济利益带来损失的信息，不予公开。

除此之外，当相关信息是通过秘密渠道得来时，在申请信息公开的过程中必须考虑到信息中所涉第三方的权益；德国情报部门及其联邦其他行政机关应当依据联邦第三号《安全调查法案》（*Security Clearance Check Act*）第10条的规定，履行其职责。

（二）官方决策程序的保护

本法第四章明确了何种官方决策信息属于不予公开的内容，与此同时还保护了申请人得到告知的权利。

本章规定，如果相关政府信息与联邦政府机构的运作及公共事务的管理直接相关,或者相关政府信息的公开将会给即将采取的行政措施造成阻碍时,这些信息将不予公开。取证和听证的结果,以及来源于第三方专家学者的建议和提议,均不应被视作前述与行政管理直接相关的信息,因此也就不被列入不予公开的范围之中。本章明文规定,相应行政机关应当告知信息公开申请人前述问题的决策过程。

(三)个人信息的保护

第五章立足于保护第三人信息的角度,就不予公开的个人信息做出明确规定:

明确了何种情况下应当对个人信息加以保护:当相关信息中涉及的个人利益大于第三方要求公开该信息可得的利益时,除非获得该信息当事人的同意,否则不予公开该信息。根据《联邦数据保护法》(*German Federal Data Protection Act*)第3条第9款的规定,只有在获得第三方的明示同意时,特殊类型的个人信息才可以予以公开。

虽然本法保护个人信息,但是个人利益仍然不能凌驾于以下利益之上:第三方行政部门或者被授权的第三方组织作为信息公开申请人时,前两者的利益就大于个人利益;同样,个人利益也不能超越基于职业或者官方保密规定而产生的利益。

在申请信息公开的过程中,如果相关信息涉及的内容仅限于以下几个方面,则申请人的个人利益大于第三方利益:该第三方的姓名/名称、学历、职业或专业领域、官方地址及联系方式,以及第三方在咨询方面或其专业领域所做出的声明。

若相关信息涉及行政机关司务员的姓名/名称,学历、职业或专业领域、官方地址及联系方式,且这些信息与其行政工作紧密相关,则不受前一项的限制,可以无例外地予以公开。

(四)知识产权和商业秘密的保护

第六章明确了本法对此两种秘密即知识产权和商业秘密采取不同的保护原则。对于知识产权而言,一切关于信息公开申请权的规定均不适用;而对于商业秘密而言,如果获得该秘密所有人的同意,则可以依申请予以公开。

三、信息公开的方式及程序

第7条至第11条规定了德国政府信息公开的方式及程序，为申请人提供了明确的可以遵循的信息公开申请模式，是通过程序保障实体权利的体现。由于第10条规定的是信息公开申请费用的问题，将在第五部分中详述，故本部分仅针对第7、8、9、11条进行说明。

（一）信息公开的方式

《信息自由法》没有明确规定行政机关主动公开的信息种类，但在第1条中就确定了依申请公开的原则，即行政主管部门应当依法保障当事人的信息公开申请权，并且应当按照申请人要求的形式提供相关信息。具体来说，公民有权就政府信息提出公开申请，政府应当保障公民的申请权并为信息公开创设多种途径等。

（二）信息公开的程序

1. 申请

就当事人申请公开信息的权利，第7、8条进行了明确的规定并提供相应法律保障。第7条立足于行政机关的行为方式，从侧面规定了当事人在申请信息公开时所需遵循的程序，此点将在“受理程序”中进行说明。

当被申请公开的信息涉及第三方利益时，本法第8条规定赋予其切实的制度保障。首先，如果该第三方享有某利益而且该利益确实因申请人的公开申请而受到损害，那么第三方可以在申请人提出公开申请之后的一个月内向行政机关提交书面声明。其次，当行政机关受理申请人的公开申请且认为应当公开相关信息时，应当将这一决定告知前述第三方。只有在以下情况下，才能够公开被申请的信息：信息公开决定是终局的，或者颁布了相关执行令，或者距告知第三方的时间已过两周且该第三方没有作出反对表示。

2. 受理

《联邦政府信息公开规定》第7条共5款规定，明确了行政机关在政府信息公开过程中的职能与责任。第7条第3款提供信息过程中的责任与义务。本章规定行政机关应当以口头、书面或电子文件的形式向申请人提供相应信息,但行政机关不负有核实信息内容真实性的义务。因为一旦规定了其核实的义务就有可能涉及行政负担和赔偿等问题,无形中扩大了信息公布机关的责任;但对于主动公开的政府信息而言,则必须确保其真实性并需要承担相应的法律责任。第4款对公民作为信息公开申请人时享有的权利加以保障。规定公民有权对其接收到的信息以记录、拍照、打印等方式进行复制。第5款为信息公开的时间。规定如果被申请公开的信息涉及申请人的个人利益,则该信息应当立即予以公开;其他情况下则须在一个月内公开相关信息。第11条属于义务性规范,明确了行政机关在信息公开过程中应当遵循的行为模式。首先,第1款规定:行政机关应当对其掌握的政府信息进行整合,制作相应的信息目录,并记录申请人申请公开前述信息的目的,以备日后工作查阅和参考。其次,根据本条第2款的规定,如果政府文件和档案资料中不涉及个人隐私,则相关行政机关应当依职权将其主动公开。最后,本条第3款规定:行政机关针对前述两种信息应制作规划表及目录单,对于其他类型的信息,应当将其制作成电子形式予以保存。

3. 决定

第7条第1款赋予行政机关决定权。也就是说,行政机关在接到信息公开申请之后,有权决定是否对被申请的信息予以公开。同时,行政机关应当将自然人或法人提交的公开申请文件进行登记备案。针对申请人数量在50人以上的情况,可以变通适用《德国行政程序法》(*Administrative Procedure Act*)第17节至第19节的相关规定。第2款对相关信息进行部分公开。在信息公开方面,本章实际上确定了这样一个规则,即在不泄露秘密以及不增加非合理性行政开支的基础上,允许对相关政府信息进行部分公开。这一规则同样适用于如下情形:被申请公开的信息涉及第三方权益,如果申请人同意不获取其中有关第三方权益的内容,那么可以在摒弃该内容的基础上对前述信息进行部分公开。

4. 救济

本法第9条为申请被拒绝时的法律救济方式。第1款规定,依据本法第7条第5款第2项,行政机关应当将其公布信息的决定予以公开。第2款规定,如果行政机关拒绝全部或部分公开相关信息,在其公示文件中应当指明何时可以将上述信息予以公开。第3款明确了不予救济的情形,即当相关信息已被申请人掌握或者申请人可以通过其他方式获得信息时,对于其申请被拒的情形则不予救济。第4款为诉讼救济途径,规定当申请人不服不予公开的决定时,可以向法院提起行政诉讼。行政诉讼要严格依据《联邦行政法院程序法》(*Code of Administrative Court Procedure*)第八章的相关规定进行。以上为德国《联邦政府信息公开规定》中规定的信息公开方式及基本程序,为行政机关和信息公开申请人都指明了行为模式,使其在政府信息公开的具体过程中有法可依。这既显示了程序法之于实体法的重要作用,也凸显出德国作为传统大陆法系国家法律完备的特点。

(三)信息公开的费用

关于申请人所需缴纳的信息公开费用,主要在本法第十章中进行了规定。申请人不需要缴纳费用,但行政机关可以为了提高信息公开工作的效率而适当地向申请人收取一部分费用。除此之外,本法规定由联邦内政部负责对信息公开中的具体情况进行评估,以确定在这些情况下收取的费用是否合理。本条法律出台之后,《德国行政预算法》(*Administrative Costs Act*)第15条第2款的规定即被废止。

四、主管机构

《联邦政府信息公开规定》第12条规定了德国政府信息公开过程中的特殊机构——联邦信息自由委员会(Federal Commissioner for Freedom of Information)。德国联邦信息公开委员会负责人(federal commissioner,即信息公开委员)由西德联邦议会(German Bundestag)任命,负责主管德国信息公开及信息保护事项。2014年1月6日,Andrea Voßhoff正式被任命为第六任信息公开委员。①

围绕这一机构,第12条具体规定了联邦信息自由专员的职责及作用,并明确了该委员会在工作过程中所应遵循的法律规范。首先,该委员会属于申诉机构,即当申请人提出的信息公开申请被拒绝时,除了依据前述救济规定向法院提起诉讼之外,还可以向联邦信息自由委员会提出申诉。其次,联邦信息自由委员会的职责主要是通过联邦信息保护委员的工作内容所体现出来的。最后,联邦信息专员的工作必须严格按照相关法律法规的规定进行。联邦信息自由委员会在其官方网站上发布的消息显示,其日常工作的职责主要为配合行政机关开展信息公开工作,并且监督、完善以下信息的公开过程,包括认定这些信息是否应当对公众公开:通讯服务信息(包含电信及网络通讯),科研数据信息,经济与金融信息,劳务信息,个人健康及社会安全信息,法律领域中其他相关信息等。

如上所述,《联邦政府信息公开规定》第12条第1款明确指出,申请人可以向信息自由委员会申诉。信息自由委员会在信息保护委员会的领导下处理具体的诉讼事宜。在这样的制度设置下,公开申请被拒的申请人可以向联邦信息自由专员提出申诉,要求获得信息保护并且享受申请信息公开的自由。该委员通常情况下还负责监督行政机关的执法情况,整理申诉情况,提出法律建议,以及一年中两次制作并提交相关工作报告。

五、争议解决

公民在政府信息公开的实践过程中有时会遇到申请被拒的情况,本法第九章“申请被拒后的法律救济”则为申请人明确了可供选择的权利保障途径。

当相关信息本身就是由申请人掌握时,或者申请人可以通过其他可行的方式获取该信息,那么以这些信息为对象的公开申请则很有可能遭

① 参见德国联邦信息自由委员会官网 http://www.bfdi.bund.de/EN/Topics/topics_node.html,最后访问日期:2014年4月25日。

到行政机关的拒绝。

当申请人的申请要求被行政机关以上述理由或者其他理由拒绝时，本法规定申请人可以通过诉讼的方式维护自己的信息公开申请权。诉讼行为适用德国《联邦行政法院程序规定》(*Code of Administrative Court Procedure*)第八章，联邦最高行政机关作出的不予公开决定也可以加以适用。

六、发展现状

德国《信息自由法》自实施以来在保障民众知情权方面发挥了重要作用。从2011年至2012年，共有9729位公民向信息公开委员会请求获得帮助。信息公开委员会共处理106件申请。[①] 立足于当前世界信息法治以及欧洲信息公开工作的发展现状，德国立法机关及行政机关都希望通过一系列有效的措施保障《联邦政府信息公开规定》的贯彻实施；这些传统的或创新的制度设置在实践中确实起到了一定的作用，成为德国信息公开法建设发展的优势。

1. 政府信息传播的途径较丰富，为公民获取相关信息提供了一定的便利。在德国，政府信息的传播主要通过解释、沟通和对话来实现。联邦宪法法院的相关判例进一步确认和强化了政府信息传播的功能，即这一功能的核心目的在于引导或改变公众的行为。其实现方式包括宣传手册、网络、通讯以及综合性的宣传活动等。[②] 德国政府结合本法的规定，实施构建了“电子政府”战略，以实现政府信息和服务内容的电子化、网络化。[③] 根据《联邦基本法》第42条第1项和第3项的规定，联邦议会的所有会议除秘密举行的之外，会议情况都会通过电视、广播、报刊等媒体

---

① 《德国2011~2012年政府信息公开委员会年度报告》，参见德国政府信息公开委员会官网 http://www.bfdi.bund.de/EN/Topics/topics_node.html，最后访问日期：2014年4月25日。

② 李以所：“德国政府信息传播：历史、经验和启示”，载《政治学研究》2013年第7期。

③ 吴才唤：“政府信息公开的国际经验与我国的现实选择”，载《新世纪图书馆》2009年第4期。

予以报道。[1]

2. 司法实践在很大程度上为信息公开提供了保障。一方面，联邦德国的法院严格依据其各自的法院组织法及程序法，践行公开原则，保障当事人直接阅览卷宗的权利[2]，并且确保当事人在审判过程中享有知情权。另一方面，法院通过判决的形式切实保障了公民、团体的知情权，属于信息公开过程当中的重要司法实践。

当前，德国的信息自由法律体系虽然较为完善，但在现实的运行过程中仍然面临着不可忽视的问题。实际运行过程中的问题主要表现在以下几个方面：

1. 公民对于如何合理利用本法维护自身权益仍然不甚了解。一方面，从本法的适用范围来看，在德国其仅仅适用于行政机关，而且只是一部分行政机关；对于其他行机关目前还尚无这样的专门立法，因此整个社会范围内的信息公开化历程还较为漫长。[3] 另一方面，虽然政府部门及行政机关能够依据本法履行职责、按照程序性规定公开政府信息，但是就公民个人而言，还是有很大一部分群体不知道如何申请政府信息公开，具体包括向哪些机关提出申请、在多长的期限内提出申请以及以何种方式提出申请等。

2. 媒体及社会舆论对信息公开的关注度有所欠缺，个别政府机关在推进本法实施方面所做的努力也不够，这些在实际上拉大了《联邦政府信息公开规定》与公民之间的距离。应当讲，政府信息公开是对社会公众，而不是仅仅针对特定的社会团体或组织。[4] 因此在整个社会的信息

---

① 方跃平："德国政府信息公开制度简析"，载《淮北煤炭师范学院学报》（社会科学版）2005 年第 3 期。

② 方跃平："德国政府信息公开制度简析"，载《淮北煤炭师范学院学报》（社会科学版）2005 年第 3 期。

③ 方跃平："德国政府信息公开制度简析"，载《淮北煤炭师范学院学报》（社会科学版）2005 年第 3 期。

④ 方跃平："德国政府信息公开制度简析"，载《淮北煤炭师范学院学报》（社会科学版）2005 年第 3 期。

公开与传播过程中,就需要依靠政府的号召和主流媒体的推动。结合德国现状来看,虽然政府信息在一定程度上得到来自电视、网络等传播媒介的报道,但这些宣传却往往局限在狭窄的领域中。例如,对国际事务的公开仅仅频见于涉外报道,而很难与公民生活产生直接交集,这对于整个社会的信息公开而言没有产生明显的促进效果。

3. 本法的实施没有得到其他行政部门的一致配合,诸如外交部等国家机关甚至声明将对公开信息征收较高费用,这无疑容易使得公民对于申请信息公开望而却步。

芬兰《政府活动公开法》概览

一、法律概要

芬兰2000年版《宪法》第12条规定,每个人都享有言论自由。言论自由包括不受任何人阻止地表达、传播和接收信息、观点和其他通讯。关于言论自由更详细的内容由一部法律规定。对与保护儿童有关的图形程序的限制可能由一部法律规定。公共机关掌握的文件和记录是公共的,除非有令人信服的理由,这些文件和记录的出版是被一部法律特别限制的。每个人都有权要求公开这些公共文件和记录。[①]

在政府文件公开方面,芬兰有着悠久的传统。作为一个曾经由瑞典人统治的国家,1766年的《公共记录法》适用于芬兰。《公共记录法》实际上是由芬兰牧师,同时又是国会议员的 Anders Chydenius 引进芬兰。[②]这部法律的效力持续到1809年,之后芬兰受到俄罗斯的控制,《公共记录法》失效。之后,芬兰通过一系列法律和行政法规规定,周期性地采用开放政策。[③] 芬兰于1917年独立,独立后制定的新宪法规定了表达自由权,但这项权利不包括信息公开权。1919年的《出版自由法》规定了一个开放的一般假设。[④] 法律中缺少关于这项假设的规定,1939年芬兰的第一任总统 K. J. Stahlberg 开始立新法。他的团队在1945年制定出《官方文

---

① Constitution of Finland,2000. http://www.uni - wuerzburg.de/law/fi00000_.html,最后访问日期:2014年3月30日。

② See Stephen Lamble, "Freedom of Information, A Finnish clergyman's gift to democracy", Freedom of Information Review, No. 97, February 2002.

③ For an detailed history of Finnish FOI, see Stanley Anderson, Public Access to Government Files in Sweden, Am. Jnl of Comparative Law Vol 21(3). Summer 1973.

④ Painovapauslaki 04/01/1919. http://www.finlex.fi/fi/laki/alkup/1919/19190001001 (In Finnish),最后访问日期:2014年3月30日。

件公开法》的草案，于 1951 年通过，[①]该法到 1999 年失去效力。

《政府活动公开法》[②]（*Act on the Openness of Government Activities*）于 1999 年 12 月生效，但该法第 14 条第 4 款对于准许信息公开的时限规定自 2003 年 1 月 1 日起生效。2003 年生效之后，第 14 条规定的事项应当立即处理，尽快准许公开属于公共领域的文件，第 14 条规定的两周和一个月的时间限制分别更改成一个月和两个月。在本法生效之前，征得相关人同意之后编辑的信息可以被使用，也被准许公开，不管第 28 条规定的条款，如果信息的使用和公开本质上与信息被同意发出的目的是相同的。第 18 条第 1 款第 1、2 项规定的索引和说明应当在自本法生效之日起一年内建立起来。本法生效之前已经投入使用的信息管理系统受到保护。为了保障信息的完整和质量，本法要求的准备工作应当在自本法生效之日起五年内完成。虽然《政府活动公开法》取代了 1951 年的《官方文件公开法》，但是《国会法》仍然有效，《官方文件公开法》第 28 条仍适用于国会的文件，而其他法规定的保密条款则被《政府活动公开法》的规定代替。根据《官方文件公开法》制定的要求保密的指令仍然有效。

《政府活动公开法》共八章，有 38 条规定。第一章（第 1 ~ 5 条）阐述了公开原则和本法的制定目的，说明了本法的适用范围，定义了权利机关以及可以依法获取的官方文件的类型和范围。第二章（第 6 ~ 8 条）讲了国家机关准备的和送交国家机关的文件何时进入公共领域，以及文件的一般传播。第三章（第 9 ~ 12 条）阐述了文件获取权。第四章（第 13 ~ 16 条）阐述了申请的形式和内容，处理申请的要求，移交申请以及文件的提供方式。第五章（第 17 ~ 21 条）讲了国家机关推进文件公开和信息管理经验的义务。第六章（第 22 ~ 25 条）阐述了保密义务。第七章（第 26 ~

---

① Act 83/9/2/1951.

② *Act on the Openness of Government Activities*, *No.* 621/99, http://www.finlex.fi/en/laki/kaannokset/1999/en19990621.pdf, *Decree on the Openness of Government Activities and on Good Practice in Information Management* (1030/1999). http://www.finlex.fi/pdf/saadkaan/E9991030.PDF，最后访问日期：2014 年 3 月 30 日。

32 条)阐述了文件保密状态的解除,主要内容包括:提供保密信息的一般原则,获取档案文件的条件,获得保密文件的官方许可,向其他国家机关、外国国家机关以及国际组织提供保密信息的条件和程序,解除保密状态的条件。第八章(第 33 ~ 38 条)阐述了上诉权、费用、处罚规则、本法的生效时间以及过渡条款。与信息公开相关的法律还有:

(一)《个人数据法》

《个人数据法》(*Personal Data Act*)于 1999 年生效。制定该法的目的是在处理个人数据的过程中,保护私人生活和其他涉及保护隐私的基本权利,促进好的实践经验的发展。《个人数据法》允许个人获取和纠正由公共和私人机构所掌握的与他们有关的记录。[①] 由数据保护专员监督和执行。[②] 每年 11 月,每个人的税务记录会被公开发布在报纸上。

(二)《档案法》

《档案法》(*Archives Act*)于 1994 年生效。规定要保留重要文件,[③]这些重要文件应当用适合长期保存的材料和方法。文件应免受破坏、损伤和未经授权的使用。

二、信息公开的范围

《政府活动公开法》第一章第 3 条规定,本法规定公开权和公共机构职责的目的是促进公开,推进政府信息管理方面的良好实践,并给个人及法人提供机会监督公共权力的行使和公共资源的使用,自由地形成观点,影响公共权力的行使,并保护其自身的权利和利益。为了切实促进公开,《政府活动公开法》规定了一个比较宽泛的信息公开范围,原则上,除非有一个特定的原因,官方文件都属于公共领域。

---

① *Personal Data Act*(523/1999). http://www.tietosuoja.fi/uploads/hopxtvf.HTM,最后访问日期:2014 年 3 月 30 日。

② 参见网站:http://www.tietosuoja.fi/1560.htm,最后访问日期:2014 年 3 月 30 日。

③ *Archives Act*(831/1994). http://www.narc.fi/law/lawfr.html,最后访问日期:2014 年 3 月 30 日。

第一章第5条对适用本法的官方文件进行了定义。官方文件指的是由国家机关掌握,或由国家机关、国家机关的服务人员准备的文件,或为考虑某事递交给国家机关的文件,或与国家机关履行公务有关的文件。此外,国家机关委托制作的文件视为由国家机关准备的文件。文件递交给国家机关委托的人或者代表国家机关的人视为递交给国家机关。不被视为官方文件的文件包括:国家机关服务人员或者选举产生的官员履行其他任务或者担任其他职务而送交的信函或者其他文件;为国家机关服务的人或者受国家机关委托的人所保存的注解,而这种草案尚未被公布供讨论或有其他考虑;国家机关进行培训、信息整理或者任何其他类似的内部活动所产生的文件;代表个人执行任务或者以此为目的而提供给国家机关的文件;作为遗失物遗留或者提交给国家机关的文件。[1]

为国家机关服务的人员之间或为国家机关和个人、公司之间协商或沟通准备的文件,或该国家机关其他类似的内部活动文件,只要文件包含《档案法》所规定的信息,则本法应适用,同时这些文件也要被归档。文件被归档之后,国家机关可以规定必须获得机关的许可才能提供这些文件。

对于不予公开的信息范围,芬兰的《政府活动公开法》在第10、11、22、24条进行了列举式规定。

第10条规定保密文件及其内容不予公开,除非本法另有规定。若文件的一部分是保密文件,如果可以不泄露保密的部分,可以向公众提供其余部分。

第11条规定某些涉及私人利益的信息不予公开。在某事件中,如果在公共领域尚未公开的文件内容有可能影响申请人、原告等利益相关者对于事务的考虑,那么该公共机构应当允许当事人获取该文件。但当事人、其代理人或者律师对以下文件没有第1款所规定的获取信息权:获知某文件会违反重要的公共利益,未成年人的利益或其他重要的私人利益;

① 周汉华主编:《外国政府信息公开制度比较》,中国法制出版社2003年版,第562页。

某文件是在刑事侦查或警方调查过程中产生的,如果将其披露会阻碍案件的处理进程;公共机构在决定作出前所作出的备忘录、决定草案或者类似的文件;但是,对于大学入学考试答卷和大学入学考试委员会任命的改卷打分人的身份等信息直到该委员会结束打分以后才可以向公众公布;公共机构作为诉讼当事人所准备或获得的文件,如果将其披露会违反第4条第2款所规定的公共公司、公司、基金会、组织或个人在诉讼中的利益;执行过程中制作的与债务人经济状况无关的信息;除非该信息对于法院采取行动恢复破产有必要;除了投标价格以外,与官方邀请投标和其他投标人商业秘密有关的信息;证人、受害人、其他相关当事人、举报人、根据《儿童福利法》第40条提供报告或者引起官方行动的其他报告的人,其地址、电话号码或其他相关联系信息,如果披露将危害证人、受害人、其他当事人及举报人的安全、利益或者权利;如果某文件涉及民事或刑事审判,当事人可以不受第11条第2款的限制而获取该信息,但第11条第2款第7项规定的情况除外。如果文件包含《司法程序法典》第一章第7条所规定的审议信息,那么必须经过公共机构的许可才允许向公众公开。个人基于城市成员或者其他团体成员的地位而要求公开某决定,那么依据本节规定,该个人有权获取该决定,但以公共领域为限。①

第22条规定,根据本法或其他法律规定,或国家机关根据法律宣布,或文件本身包含本法所规定的保密义务,官方文件应属于保密文件。保密的官方文件及其副本均不应向第三人出示或者提供,或者通过技术手段向第三人提供。

第24条规定了属于保密文件的官方文件。除非另有特别规定,此类官方文件属于保密文件:政府外事委员会的所有文件(由委员会作出决定的除外),外交部以及芬兰驻外使团的政治评价,与外国进行政治或者经济协商过程中的文件,外事管理中的加密信息(由部长作出决定的除外);除上述规定的文件以外,有关芬兰与外国或者国际组织有关的文

① 周汉华主编:《外国政府信息公开制度比较》,中国法制出版社2003年版,第571页。

件;含有国际法院、国际调查机构或者其他国际组织未决事项的文件;芬兰共和国、芬兰居民或者在芬兰经营的公司与外国国家机关、个人或者公司关系的文件。披露该文件会损害芬兰的国际关系或者影响其参加国际合作的能力;在案件判决作出前,公诉人决定放弃提起公诉前,或者案件被放弃之前,向警方或其他从事刑事调查的机关提供的犯罪报告,以及向检察官和负有侦查和监督职能的机关提供的犯罪报告;为刑事调查或者为提起公诉、作证申请、被告应诉而准备的文件;除非有明显证据证明,公开该文件并不会影响对犯罪行为的判决,不会对当事人造成伤害,不会影响法院基于《法院程序公开法》而将某文件列为保密文件的权力。警方及其他执行刑事调查的机关的登记簿;为预防犯罪而做的报告;在行政程序所采集的照片或其他识别信息以及有关个人身份证或其他旅行文件等特殊识别代码。该文件含有警方、边境护卫队、海关和监狱的技术计划和方法的信息,一经披露将妨碍预防犯罪、惩治违法行为,破坏公共秩序或影响刑罚机构的秩序;在决定作出前有关申诉的文件,一经披露将影响事项的解决或对当事人造成伤害。与个人安全、建筑安全、装置安全、数据与通信系统安全有关的文件;除非有明显证据表明公开后不会影响安全目的的实现。为预防事故、紧急情况、民防及事故调查而做准备的文件,一经披露将会影响安全的实现,影响事故调查或者侵犯受害人权利;除非公开该信息对于实现公共任务确有必要。有关国家安全机关的文件;除非公开明显不会危及国家安全。有关军队的军事情报、供给、编制、驻防、运行的,国家军队防卫及防御准备的库存、设施、装备、系统的文件,除非公开明显不会影响国防利益。该文件有关货币政策、外汇政策的决策制订或准备工作以及财政收入或相关研究的准备工作;一经披露会违反国家的利益,或者影响金融、货币及外汇政策的实现。含有市场、财政、保险、社保机构及其客户的信息,旨在履行监督金融市场与保险机构的法定职责的报告,一经披露公开会损害金融或保险系统的信誉,影响其运行。在按照第8条的规定公开传播以前,国家的经济统计数据、金融政策协议、运行计划以及其他明显会对资本市场和金融市场产生影响的信息。

含有濒危动、植物或者重要自然栖息地的保护的信息的文件，一经披露将影响对其进行保护。包含国家机关检查或者其他监督任务信息的文件，一经披露会影响检查目标的实现，或者对当事人造成伤害。为研究或者统计目的而主动提交给国家机关的研究和统计基本数据。包含有第 4 条第 2 款所规定的国家、城市、其他公共公司或者公司、组织或者基金会的商业机密的文件，以及包含有其他类似商业信息的文件，如果公开会造成上述公司、组织或者基金会的经济损失，增强其他公共公司或者个人的竞争地位，或者减少上述公司、组织或者基金会采购、投资、融资的机会。含有国家、城市或者其他公共公司作为劳动合同方或者合同争议方所编制或者获得的信息的文件，如果公开会违反公共公司作为雇主的利益；含有国家代表为农业补贴协商而编制或者获得的信息的文件，如果公开会违反国家作为协商方的利益。包含有国家机关作为诉讼当事人在诉讼中准备或者获得的文件，一经披露会影响第 4 条第 2 款所规定的公共公司、公司、公共机构、基金会或者个人在诉讼中的利益。包含个人商业秘密或专业秘密的信息，一经披露会给个人商业造成经济损失；前提是该文件与消费者健康保护或者环境保护无关，与商业税收的实现没有关联。文件涉及论文、科研、技术、开发项目及评估工作所使用的基本材料；除非公开明显不会影响论文、研究或者开发课题的完成。包含入学考试或者其他考试信息的文件，如果公开会影响实现考试的目的，或者阻碍以后的考试。关于某人年收入或者净资产数据，获得补贴或者利益的收入与资产的数据，或者描述某人经济情况的数据的文件；不过，除评估债务人资产与负债的记录以外，执行申请、执达官的决定以及执行程序记录应属于公共领域。有关难民或者寻求政治避难、居住许可或者签证的人的文件，除非公开明显不会危及难民或者与其紧密相联的人的安全。关于福利、利益或者社会服务接受信息的文件，或者关于某人健康或者残疾状况、接受的治疗、性行为与偏好的信息的文件。包含刑事犯罪中犯罪嫌疑犯、受害人或者其他人私生活信息的文件，以及公开后会违反受害人权利或者其他与之亲近的人的权利的，包含受害人信息的文件，除非履行公务必须要公开。包含有对犯罪嫌疑人进行心理检查,对年青犯罪人进行人格检查或者对作为替代管制措施的社区服务的可行性研究的信息的文件。包含有定罪、犯人或者其他被剥夺自由的人的信息的行政文件与登记簿,除非公开不会对这些人未来的生活、重新融入社会或者安全造成影响,并且有合理的原因要求公开这些信息。包含对人的心理测试或者能力测试,或者测试结果的信息的文件,或者包括征兵、招工、确定工资水平测试信息的文件。学生福利与免于教学的文件,对学生和候选人进行测试的结果以及学校学位和其他包含对学生个人特征口头测试的文件。包含个人提供的保密电话信息的文件,或者个人有理由相信其健康、安全或者家庭受到威胁并要求保密的个人的住所、暂时居住地、电话或者其他联系方式的信息的文件。包含个人政治信仰、私下表达的观点、个人的生活方式、自愿参加的社团、兴趣、家庭生活或者其他个人生活环境信息的文件;不过,个人在选举产生的职位上的活动、寻求这种职位的活动以及参与创设或者建立政党的活动或者选举联盟的活动的信息,属于公共领域。适用以上或者其他法律关于保密文件的规定时,应考虑第 17 条的规定。①

通过以上规定可以看出,《政府活动公开法》的公开范围原则上包括所有的文件和官方文件,保密文件一般不予公开;但也有例外,例外规定集中在本法第七章对文件保密状态的解除。

第 26 条规定了可以公开保密官方文件的特殊情形。如果法律对这种提供或者权利有明确的规定,或保密规定所保护的利益主体同意公开,国家机关可以提供保密官方文件。尽管有保密的规定,以下情况下,如果有必要公开,国家机关可以提供第 25 条第 1 款第 25 项关于经济地位、商业秘密或者福利接受者的信息以及第 25 条第 1 款第 32 项关于个人私生活的信息以及其他法律所规定的类似保密信息:(1)为实现个人或者其他国家机关的法定信息义务;(2)提供信息的国家机关为了支付或者考虑其他请求。如果必须提供保密文件才能协助或者履行任务,要求行政

① 周汉华主编:《外国政府信息公开制度比较》,中国法制出版社 2003 年版,第 575 页。

协助或者委托他人履行任务的国家机关可以提供保密文件。对于这种任务,如果由于数量太大或者其他原因而无法剔除保密信息,国家机关也可以提供。国家机关事先应保证有合适的措施安排和保护保密信息。[①]

第27条规定了已经归档的保密官方文件的公开。对于根据《档案法》已经归档的保密官方信息,为研究或者其他经许可的目的可以公开,除非送交文件归档的国家机关发出不同的命令。当作出提供的决定时,应适当考虑科学研究自由的安全。获得文件的人应书面承诺不使用文件损害文件相关的他人或者其亲人,也不得违反保密规定所保护的其他利益。[②]

第28条规定了为了特定目的可以公开保密文件。如果公开明显不会违反保密规定所保护的利益,除非其他法律另有规定,国家机关可以在个案的基础上,为科学研究、统计编制或者准备官方计划或者研究的目的同意提供保密文件。当作出提供的决定时,应适当考虑科学研究自由的安全。如果经保密规定保护的人的同意将保密文件交给了国家机关,只有符合同意中所规定的使用条件,才能将保密文件予以提供。上述所规定的许可可以在规定的时间里作出,同时应附加保护公共利益和个人利益的必要条件。如果需要,也可以撤销许可。[③]

第29条规定了可以向其他国家机关提供保密文件的情形,包括:(1)法律对提供或者权利有明确的规定;(2)利益受到保密规定保护的人同意提供;(3)考虑事先确定税收、初步裁决、对国家机关的决定提起上诉或者申诉、就司法行政或者调查向国际机构提出申诉所必须的文件;(4)国家机关履行特定的监督或者检查职能所要求的信息。国家机关可以向其他国家机关提供根据第24条第1款第31项保密的地址或者其他联系信息。如果其他国家机关决策过程中必须加以考虑,国家机关可以向其他国家机关开放个人数据登记系统的技术界面。如果对个人数据有保密规定,只能使用界面恢复已经同意使用个人的信息,对保密信息另有

① 周汉华主编:《外国政府信息公开制度比较》,中国法制出版社2003年版,第576页。
② 周汉华主编:《外国政府信息公开制度比较》,中国法制出版社2003年版,第576页。
③ 周汉华主编:《外国政府信息公开制度比较》,中国法制出版社2003年版,第577页。

规定的除外。[①]

第30条规定,除特别的规定外,如果对芬兰有约束力的国际协议包含有相互合作的规定,国家机关可以向外国国家机关或者国际组织提供保密官方信息。[②]

第31条规定,当法律规定或者依法确定的保密期限届满,或者当确定文件保密状态的国家机关废止了其命令,官方文件不应再作为保密文件。除非另有规定或者确定,官方文件的保密期限为25年。第24条第1款第24项至第32项所规定的保护个人私生活的文件或者根据其他法律所保护的类似的文件,应自文件记载的主体死亡后继续保密50年,如果死亡时间不详,保密100年。本条规定期限届满后,如果解密明显会严重损害保密规定所保护的利益,政府最多可以延长期限30年。官方文件的保密期限自其记载之日起算,或者如果文件没有记载日期,从其完成之日开始。个人交给国家机关的文件的保密期限应自国家机关收到文件之日开始。[③]

三、信息公开的方式及程序

(一)信息公开的方式

《政府活动公开法》第9条规定,每个人都有权获得处于公共领域的官方文件。要获取第6、7条所规定的尚未没有进入公共领域的文件,应当由国家机关自由裁量。当行使自由裁量权时,应考虑第17条的规定。要获取处于官方领域的文件,必须按照第四章的规定提出申请。因此,芬兰的信息公开方式为依申请公开。

(二)信息公开的程序

1. 申请

该法第13条规定,申请必须足够详细,以便国家机关确定申请的文

① 周汉华主编:《外国政府信息公开制度比较》,中国法制出版社2003年版,第574页。

② 周汉华主编:《外国政府信息公开制度比较》,中国法制出版社2003年版,第577页。

③ 周汉华主编:《外国政府信息公开制度比较》,中国法制出版社2003年版,第577页。

件。申请人应通过官方登记与目录明确其申请的文件。申请人不必表明其身份,也不用提供理由,除非出于国家机关行使其自由裁量权或者判断申请人是否有权获得文件的需要。当申请保密文件、由国家机关控制的个人登记系统或者任何其他文件时,必须符合某些条件才能提供;除非另有特别规定,申请人应表明该信息的用途,并详细说明是否符合条件。如果必要,解释采用了何种措施保护信息。[①]

2. 决定

该法第 14 条规定,除非另有规定,提供信息的决定应当由掌握文件的国家机关作出。除非委托关系另有要求,提供国家机关委托的文件的决定,或者提供建立在委托关系上其他国家机关履行任务的文件的决定,应当由委托机关作出。提供文件的内容应由国家机关专门指定的官员或者雇员,或者其职务所属的官员或者雇员进行。如果第 2 款所规定的官员或者其他人拒绝提供申请的文件,应该:(1)告知申请人拒绝的原因;(2)告知申请人可以要求由国家机关予以决定;(3)询问提出书面申请的人是否希望将事件提交该国家机关;(4)告知申请人考虑申请的收费。本条规定的事项应立即予以考虑,并尽快提供处于公共领域的文件,任何情况下,都应于国家机关收到申请后的 2 周内提供。如果申请的文件数量庞大,如果文件包括保密部分或者如果有任何类似的原因,作出决定需要特别考虑或者大量工作的,应自国家机关收到申请后的一个月内作出决定并提供文件。[②]

获取官方信息应通过向申请人口头解释其内容,在国家机关办公室提供文件供研究、复制或听取,或通过提供文件副本进行。获取公共文件应以申请的方式提供,除非这种方式因为数量巨大、复制困难或其他类似原因造成国家机关极端的不便。除非另有相反做法的特别原因,申请储存在国家机关电子登记中的公共信息,应以磁盘形式或者其他电子形式

① 周汉华主编:《外国政府信息公开制度比较》,中国法制出版社 2003 年版,第 567 页。

② 周汉华主编:《外国政府信息公开制度比较》,中国法制出版社 2003 年版,第 567 页。

提供副本。除非法律另有规定,类似的获知其他官方文件中的信息,由国家机关根据其自由裁量权决定。除非法律另有规定,申请获知由国家机关控制的个人数据登记系统中的信息,如果申请人根据个人数据保护法律可以录制和使用这种信息,可以以复制副本或者电子文本的形式提供。然而,为直接的市场促销、调查或者市场研究而申请个人数据,除非另有特别规定或者数据记载主体同意,不得提供信息。①

(三)信息公开的费用

《政府活动公开法》第34条就信息公开的费用问题进行了规定:以文件副本或者打印方式提供文件,或者以技术界面或者其他电子形式提供文件以及国家机关提供的回复和寄送服务,可以按照具体的规定收费。本法规定的其他公开方式不得收费。

四、主管机构

根据宪法和《申诉专员法》的规定,申诉专员的职责主要有:(1)行使监督权以确保政府和官员遵守法律、履行其职责;(2)通过分析收到的投诉监督机关活动的合法性;(3)申诉专员有权开展对机构,特别是监狱等非公开机构的调查。②

五、争议解决

《政府活动公开法》第八章第33条规定了上诉权,当事人可以向级别更高的公共机关提出对不予公开决定的上诉,之后向行政法院寻求帮助。

除非第2款另有规定,对国家机关的决定可以根据《行政司法程序法》提起上诉。可以对国家机关所作出的《行政司法程序法》第7条列举以外的决定向最高行政法院上诉。但是,对地方或者地区国家机关作出

① 周汉华主编:《外国政府信息公开制度比较》,中国法制出版社2003年版,第568页。

② 详细内容参见申诉专员的官方网站:http://www.oikeusasiamies.fi/Resource.phx/eoa/english/ombudsman/tasks/index.htx,最后访问日期:2014年3月30日。

的决定,对第4条第1款第8项和第4条第2款所规定的组织、公司、基金会或者行使公共权力的个人作出的决定,应向根据《行政司法程序法》第12条所规定的享有管辖权的行政法院提出上诉。如果案件当事人请求获得与在审案件有关的文件,有关法院的命令应按照主体争议中的上诉规定,可以被提起上诉。另外,《法院诉讼公开法》的规定适用于上诉权。①

关于对违反本法相关规定的处罚规则,《政府活动公开法》在第八章第35条进行了规定,以刑事处罚为主。具体内容为:违反第22条的文件保密规定或者第23条的不公开与禁止使用规定,除非该行为可以根据刑法典第38章第1条或第2条进行处罚,或其他法律规定了更为严厉的惩罚,应当按照刑法典第40章第5条处罚。对第27条所规定的承诺与第28条第2款所规定的命令的违反,也被认为是违反以上保密规定。

六、发展现状

申诉专员每年处理大约50个关于信息公开的投诉。在1999年和2002年,最高行政法院根据该法处理了40个案例。司法部在一次检查中发现,随着新法的适用,案例的数量增加,但没有出现大的问题。②

2003年司法部在一次检查中发现,该法进一步巩固了开放政策,特别是在准备阶段。③ 研究还发现,一半的公共机关已经开始实施良好的信息管理实践。77%的公共机关认为保密条款的修订是成功的,但仍有一些与贸易保护和职业秘密保护条款相关的评价问题。欧洲希腊议会委员会认为,2004年在芬兰,开放的政策和电子访问对于降低腐败将起到重要作用:

---

① 周汉华主编:《外国政府信息公开制度比较》,中国法制出版社2003年版,第578页。

② National Research Institute of Legal Policy, Act on Openness of Government Activities: Presentation and analysis of legal practices pertaining to the Act,2003.

③ Act on the Openness of Government Activities: An Evaluation of its Application by State Administrative Authorities,2003.

芬兰长久以来建立的信息系统可能是一个解释为什么在芬兰腐败案例很少出现的关键因素。对透明度的规定(主要是宪法和政府活动公开法)适用于所有行政级别,不仅将访问所有公共文档的权利作为主要规则,而且要求公共机关主动向公众提供信息。GET 认为没有任何迹象表明在公共行政中以各种方式频繁使用电子手段限制了透明度,相反促进了透明度。因其透明的电子政务政策,芬兰应该得到称赞。①

以下是 2008 年至 2012 年年度报告的主要内容。

2008 年,申诉专员向国家专利和注册委员会提出训诫,理由是该机构处理公开申请超过了一个月的法定最长期限。负责刑事调查的官员没有在自协议完成的两个星期内向已经提交申请的律师提供刑事调查协议,这样做是非法的。公开文件的申请没有得到恰当处理,病人在申请了三次之后才获得了他的医疗记录的副本。允许以口头形式申请获取由公共机关所掌握文件的信息,利害关系方有权口头申请查阅有关自己的文件。②

2009 年,申诉专员收到很多关于公开记录材料的投诉,很多投诉是关于处理申请的时间问题。《政府活动公开法》要求一个公共机构及时处理申请和尽快提供信息,不能晚于两个星期或不晚于自收到申请后 1 个月。③

2010 年,申诉专员收到的很多投诉是关于处理申请的时间问题。申诉专员向司法部和刑事制裁机构的中央行政单位提出训诫,理由是延迟处理申请。司法部自收到申请之后 5 个月才回复申请人。涉及刑事制裁

① GRECO, Second Evaluation Round – Evaluation Report on Finland, Greco Eval Ⅱ Rep(2003) 3E, 2 July 2004.

② Parliamenary Ombudsman of Finland Summary of the Annual Report 2008. http://www.oikeusasiamies.fi/Resource.phx/eoa/english/publications/annual.htx,最后访问日期:2014 年 3 月 30 日。

③ Parliamenary Ombudsman of Finland Summary of the Annual Report 2009. http://www.oikeusasiamies.fi/Resource.phx/eoa/english/publications/annual.htx,最后访问日期:2014 年 3 月 30 日。

机构的中央行政单位的有两个案例：在第一个案例中，中央行政单位自收到申请之后 5 个月才回复申请人；在第二个案例中，提交了三次申请，自第一次申请 3 个月后申请才被转交到主管机构，此外，对第一次申请的回复内容是所申请的信息是不需要的。还有一些机构，如社会保障部存在回复迟延的现象。①

2011 年，申诉专员向地方的教育董事会提出建议，应考虑在其年度报告中以这样一种方式呈现学生组别，即不能从报告中推断出有特殊需要的群体。邮政系统所保留的写给囚犯的文件，只有在特别场合或有非常合理理由的前提下，这些文件才能被公开。申诉专员认为，从公开原则来看，地方法院处理申请的过程是令人不满意的。依照有关国家专利和注册委员会服务费用的规定收取费用，这和《政府活动公开法》第 34 条第 1 款规定以电子方式递送文件收取费用是相冲突的。申诉专员发现这是不能接受的。②

2012 年，申诉专员认为，由于死者的医疗报告可以作为证据来证明是否存在玩忽职守的情形，公共机构决定不同材料的证明能力的自由裁量权不能被扩大解释，否则公共机构不会再提供不利于自己的材料。奥兰省关于文件公开的立法没有规定回复期限。《官方活动公开法》中关于回复期限的规定适用于奥兰省。③

---

① Parliamenary Ombudsman of Finland Summary of the Annual Report 2010. http://www.oikeusasiamies.fi/Resource.phx/eoa/english/publications/annual.htx，最后访问日期：2014 年 3 月 30 日。

② Parliamenary Ombudsman of Finland Summary of the Annual Report 2011. http://www.oikeusasiamies.fi/Resource.phx/eoa/english/publications/annual.htx，最后访问日期：2014 年 3 月 30 日。

③ Parliamenary Ombudsman of Finland Summary of the Annual Report 2012. http://www.oikeusasiamies.fi/Resource.phx/eoa/english/publications/annual.htx，最后访问日期：2014 年 3 月 30 日。

荷兰《政府信息法》概览

一、法律概要

信息公开化问题,是现代社会关系到建立起服务型政府的一项迫切的需要,也是宪法赋予公民知情权的一项具体的体现。信息公开化是基于宪法赋予公民的知情权而衍生出来的,指自然人、法人或者其他组织有权获得行使公权力的组织事项之外的任何信息的制度。

早在 1814 年《荷兰王国宪法》(*Constitution of the Kingdom of the Netherlands*)中便有对公众知情权的规定,政府机构在行使其职责时,应尊重议会法令赋予的公众了解情况的权利。虽然这条规定使得政府机构将信息公开,但没有具体的规定公民可以按照自己需求来获取信息。在修宪过程中,也对信息技术这方面有过讨论,然而却没有涉及信息公开的内容。

透明政府在荷兰已经受到长期的关注,在 1795 年的宣言中便指出,每个人都有权要求得知公共管理的工作人员做出行为的理由和依据。1978 年,荷兰首次出台了《政府信息(公开)法》,信息自由第一次在立法中被采用,标志着荷兰的信息公开制度走向成熟。1991 年 10 月,《政府信息法》[①](*Government Information Act*)颁布。该法规定,任何人都可以通过书面或口头的方式向政府或公共机构中提出获取相关信息的申请。该机构需要在两周之内做出答复,而信息委员会要在四周之内做出建议或意见。

《政府信息法》中开篇名义,说明了本法律是根据《荷兰王国宪法》中

---

① 该法律可参见网站:http://www.legislationline.org/documents/action/popup/id/6395,最后访问日期:2015 年 8 月 3 日。

第 110 条关于公民知情权的规定衍生出来的法律;是由内阁和荷兰国会联合批准颁布的。

《政府信息法》分为八章,共 27 条。第一章(第 1 条)为释义。对“文件”、“管理问题”、“内部咨询”、“独立信息委员会”、“混合信息委员会”、“个人意见”、“环境信息”、“再使用”、“公共权力”等一系列概念做出了详尽的规定,并规定了法律的适用范围。法律规定“独立咨询委员会”由政府任命一个或多个部门,其组成成员不包括公务人员,他们为行政机关作提交资料前的咨询。第二章(第 2 条)为公共访问。规定了行政机关依照其职能,在不妨碍议会法案和其他公共利益的基础上进行信息公开,并保证所公开的信息具有时效性、准确性和可比性。第三章(第 5 ~ 7 条)为信息应用。规定了任何人都可以根据自己的需求需要向行政机关或公共机构申请信息公开。申请人在提出信息公开时要注明所申请公开的信息,但不需要注明申请公开的理由。在申请人所提出公开的信息范围过于笼统时,被申请机构应当协助申请人完善申请信息。在信息公开时,应当考虑到本法的例外与限制。在必要的情况下,行政机关或公共机构应当通知申请人提交书面申请。申请人根据需要提出书面或口头申请,如果被申请机构做出不予公开的决定,则应作出书面答复,用于告知申请人应当注意的事项;若在申请中涉及第三方,则应由第三方做出书面答复。行政机关和公共机构应当尽快在两周之内对申请人的申请予以答复,若有需要超过两周的,则需要书面回复,并说明延期理由。此外,行政机关或公共机构公开的信息在利害关系人反对的情况下,其信息的披露必须延迟两星期后才可做出决定。行政机关所提供信息的形式要求。第四章(第 8、9 条)为依职权公开的信息规定了行政机关应当主动公开自己的信息政策、编制和实施方法,以方便申请人申请。并且要以便于申请人理解的方式提供给申请人,使申请人能够及时向行政机关提出意见。涉及与行政机关直接相关的信息,有关部门应确保其根据独立信息委员会或经独立咨询委员会授权的部门的建议和意见实行,在必要时应当向公众做出解释。第五章(第 10、11 条)为例外和限制规定了一些不予公开的信息,例如,威胁荷兰王室团结,或破坏国家安全以及涉及知识产权,或个人信息,或一些信息公开会造成更大利益的损失的信息也不予公开,公开后会给环境带来危害的信息都不予公开。一些内部文件和会议中有关个人意见的部分不予公开。第六章(第 13 ~ 18 条)为其他内容,规定了信息公开的费用。根据现行条例,在 1980 年 5 月 1 日之前发出的意见不具有强制性。中央和地方可以根据本法制定细则。对再利用的独家经营权的时效进行规定。第七章(第 19 ~ 24 条)为修订。规定了适用于咨询意见、建议和提议在本法令生效的前一天须继续适用。进入了本法案生效前施加的访问限制继续适用于根据 1962 年公共记录法案。第八章(第 25 ~ 27 条)规定 1978 年政府信息法废止,本法令生效日期由皇家决定,该法可引为政府信息(公开)法,刊登并贯彻执行。

二、信息公开的范围

(一)公开的信息

《政府信息法》第 8 条规定了行政机关应当主动公开自己的信息政策、编制和实施方法,以方便申请人申请。并且要以便于申请人理解的方式提供给申请人,使申请人能够及时向行政机关提出意见。第 9 条规定了涉及与行政机关直接相关的信息,有关部门应确保其根据独立信息委员会或经独立咨询委员会授权的部门的建议和意见实行,在必要时应当向公众做出解释。

(二)不予公开的信息

《政府信息法》第五章整章阐述了对不予公开的信息的规定,第 10 条和第 11 条对不予公开的信息进行了详细介绍。

第 10 条第 1 款规定王室信息、国家安全信息、商业信息、个人信息不公开,包括:(1)公开可能会威胁王室团结的信息;(2)公开可能会破坏国家安全的信息;(3)涉及公司和制造工艺,并且由自然人或法人秘密提供给政府的信息;(4)涉及《个人信息保护法》第二章第 2 条定义的个人信息,但公开不侵犯个人隐私的信息除外。

第10条第2款根据公开信息的重要性和不公开信息之间的衡量，规定：公开信息的重要性尚未超过下列情形的，也不得公开：(1)荷兰和其他国家或者国际组织之间的关系；(2)涉及国家和法律规定的其他组织或根据本法第一条a第3、4项提到的行政当局的经济和金融利益；(3)刑事犯罪的调查和起诉；(4)被行政当局检查、控制和监督；(5)尊重个人隐私；(6)收信人首个知道信息的重要性；(7)防止对自然人、法人或者第三人形成不公平待遇。其中个人信息不是绝对不公开，第10条第3款规定：在当事人同意公开的情形下，个人隐私信息可以公开。

环境信息比较特殊，第10条第4款规定：公开的信息会涉及到与垃圾排放有关的环境信息的，应当公开，不考虑上述第1款首句和第3、4项的规定(也就是涉及公司和制造工艺，并且由自然人或法人秘密提供给政府的信息；涉及《个人信息保护法》第二章第2条定义的个人信息)。如果公开的利益并不大于本法所规定的利益，上述第1款首句和第3项的环境信息也不公开。

对于环境信息的公开也要进行利益衡量，第10条第7款规定，如果该信息涉及环境保护，或者公司的安全以及对公司安全破坏的阻止，并且公开的利益并不大于不公开的利益，环境信息不予公开。

第11条规定个人意见信息，第1款规定：基于内部会议起草的文件中包含申请公开的信息时，其中有关政策的个人意见不予公开。第2款规定：出于高效民主管理的考虑，包含有关政策的个人意见的信息采取的形式不能追溯到任何人时，该信息可以公开。第3款规定：行政部门或者综合咨询委员会的建议中包含有关政策的个人意见，行政当局在委员会成员开始行动前，直接告知其行动目的的，该信息可以公开。环境信息需要进行利益衡量，第11条第4款规定：虽然上述第一款有规定，涉及环境信息时也应该在保护关于政策的个人意见的利益与公开的利益之间进行权衡。如果采取不能追溯到任何人的形式，涉及关于政策的个人意见的信息可以公开。

第11a条规定下列知识产权信息不公开，其中第1款规定：(1)行政当局不是制片人、表演者、录音制作人、电影首次固影的制片人时,《著作权法》上定义的文学、科学或艺术作品的信息,《邻接权法》上定义的录像、录音、电影的首次定影或者条目录制的信息,《数据库(法律保护)法》上定义的数据库信息;(2)出于执行政府广播任务的目的,政府广播公司或其子公司掌握的信息,或其他行政当局或其下属机构掌握的信息;(3)教育和研究机构掌握的信息;(4)文化机构掌握的信息;(5)出于单一的履行公共职责的目的而由行政当局交换的信息。

第 11a 条第 2 款规定:出于服务公共利益需要而授予的专有权,授予权利的政府当局至少每三年对授予专有权的理由是否存在进行审查。第 3 款规定:每一项被授予的重新使用的专用权应当通过规定的方式公开。

三、信息公开的方式及程序

(一)信息公开的方式

1. 主动公开

在《荷兰王国宪法》第 110 条中规定了公民的知情权,规定了政府机构在行使其职责时,应尊重议会法令赋予的公众了解情况的权利。而在《政府信息法》中也得以延续。在第 2 条中,指出了政府应当将信息公开,而第 3 条中,规定了任何人都可以根据自己的需求对行政机关或公共机构申请信息公开。在第四章中,规定了主动公开的信息,行政机关应当主动公开自己的信息政策、编制和实施方法,以方便申请人申请。并且要以便于申请人理解的方式提供给申请人,使申请人能够及时向行政机关提出意见。也就是说,这些信息无需申请人提出申请,政府应当主动公开。

2. 依申请公开

公民在获取信息上是自由不受限制的,在《政府信息法》中的第 3 条中规定任何人都可以根据自己的需求需要对行政机关或公共机构申请信息公开。申请者可以在信息持有者那里平等地、不受限制地获取信息。当然申请人在提出信息公开时要注明所申请公开的信息,但不需要注明申请公开的理由。

(二)信息公开的程序

1. 申请

该法第3条规定,任何人都可以根据自己的需要对行政机关或公共机构申请信息公开。申请可以以书面或口头两种形式提出。然而,法律特别规定,申请人对行政机关以外的机构提出申请时,应当以书面形式提出,行政机关也应该以书面形式告知当时人。当事人在提出信息公开申请时,如果范围过于笼统,则行政机关或被申请机构应当协助申请人,将申请内容具体化、详细化,完善申请信息。在申请人提出的申请被拒绝时,被申请机构应当予以书面答复,告知理由。如果在申请人提出的申请中有第三方涉及,则应当由第三方给予书面答复。

2. 受理

该法第6条规定,在申请人提交申请后,被申请机构应当在两周之内做出是否公开信息的决定,并回复申请人。如果超过两周是必要的,则被申请机构也需要在两周内,做出延迟申请的书面决定,并说明延期的理由。如果在公开的信息中涉及第三方的信息,并且利害关系人反对,那么其申请则必须要延迟两个星期才可以做出决定。而被申请机关应该为申请者提供所需信息的文件。要向申请者提供申请公开信息的文件副本或是具有确切内容的其他形式,或提供给申请人文件中的内容概要。如果其申请涉及如第19.1a提及的环境信息,则根据《环境管理法》第1条第2款的规定做出决定,如果行政机关认为有必要提供信息,则用其他方式来提供。

四、发展现状

就国家监察员在2012年的报告来看,在2012年共有43,934份申请,其中书面申请为15,040件,口头申请为28,894件。较2011年度增长了10%。

如果申请人的申请被拒绝了,则进行申诉,申诉可以通过内部进行;

当然,公民也可以向国家监察员投诉,国家监察员可以作为公民和公共管理机构之间的公正调节者,保护公民的利益,并监察公共机构的运作。申请人既可以从国家监察员处寻求帮助,也可以向行政法院进行起诉,法院有最终决定权。法院每年大概会接到150个案件。

根据2012年的年度报告,可以看出信息公开还存在以下问题:①

1. 对不予公开信息审查不严格

在信息公开的实际操作中存在一些审查不当的问题。例如,在2012年中,埃里克成功地运行了一个农业企业并将其展开,他要建立一个大谷仓。然而,他需要提交一份业务计划,得到直辖市和申请部门的规划许可。在两年后他申请成功,规划得到了批准,然而,他的申请信息却被政府泄露了,在那里有他的商业机密信息。这在政府信息法中是属于不予以公开的信息。

国家监察员发现,市政府在信息公开的方面存在这许多不负责和不专业的方面。例如上述案件,它应当对埃里克的商业计划保密。

由此可见,政府和公共机构在对待申请人提出的申请信息方面审查应当严格,不应公开法律规定中明确提到的不予公开信息,给国家或公民的利益造成不必要的损失。

2. 公开的信息不翔实

在政府机关或公共机构中公开的一些信息不尽翔实,存在一些错误的信息。例如政府道路运输管理局(RDW)在2012年发布了错误的信息,导致居住在荷兰外的公民无法获得驾照。这样的错误信息会使公民的利益造成损失,逐渐失去对政府和公共机关的信任,降低政府的诚信度。

---

① 参见网站:http://www.nationaleombudsman.nl/sites/default/files/summery_annual_report_2012_print_version_0.pdf,最后访问日期:2014年2月25日。

捷克共和国《信息公开法》概览

一、法律概要

捷克共和国在1993年的《基本权利和自由宪章》中确立了信息权，第17条规定：保障言论自由权和信息权；每个人都有自由表达意见的权利，无论是通过言辞、书写、出版、图片或其他形式，同时也有不论国界自由寻求、接收和传播思想和信息的权利；不允许审查；在民主社会中为了保护别人的权利和自由、国家安全、公共安全、公共卫生和道德，言论自由以及寻求和传播信息的权利有时要受到法律必要的限制。国家和地方自治政府机构应当以一个适当的方式公开他们的活动信息。履行这项职责的条件和形式由法律规定。[①] 这一规定为信息权奠定了宪法基础。

《信息公开法》[②]（*Law on Free Access to Information*）于1999年5月获得通过，于2000年1月生效。[③] 部分条款生效时间不同，本法第5条第2款规定的义务于2001年1月1日开始生效；而对于社区，第5条第2款规定的义务于2002年1月1日开始生效。第5条第3款规定的义务于2002年1月1日开始生效。第14条第3款C项规定的提供信息的期限，第14条第5款规定的延长期限，在本法发生效力的前12个月内期限延长至两倍，再延长的话，延长12个月的一半。

除非本法另有规定，根据第15条和第16条，行政规则适用于期

---

① Charter of Fundamental Rights and Freedoms，参见网站：http://www.psp.cz/cgi-bin/eng/docs/laws/listina.html，最后访问日期：2014年4月15日。

② 参见捷克信息委员会官网：http://www.otevrenaspolecnost.cz/pravo-na-informace，最后访问日期：2015年8月25日。

③ Law Dated 11 May 1999 Free access to information，106/1999 Coll. http://mujweb.cz/www/vaske/informace.htm，最后访问日期：2014年4月15日。

限和程序,除了有关诉讼延长的例外条款和关于审查决定的上诉程序。

《信息公开法》由两章组成,共22条。第一章(第1~9条)的主要内容可以分成三部分:第一部分(第1~6条)阐述了本法的目的,界定了责任实体、申请人、披露的信息、附加信息等术语,规定了国家机关和公共机构等其他责任实体的信息披露义务;第二部分(第7~12条)阐述了出于对秘密事实、人格和隐私、商业秘密、财产信息的保护而不公开或限制公开相关信息,以及对信息权的其他限制;第三部分(第13~19条)讲了对信息公开申请的具体要求,提交和处理书面申请的程序,处理决定,上诉权和费用。第二章(第20~22条)阐述了部分条款的特殊生效日期,规定政府要颁布法令调整国家行政机关和社区的相互关系,以确保社区能够依照本法履行义务。与信息公开相关的法律还有:

(一)《机密信息保护法》

《机密信息保护法》(*Act on Protection of Classified Information*)于1998年5月被批准,并作为捷克共和国的一部分加入北大西洋公约组织。[①] 该法规定了28种信息类型,分为四个级别。共产主义犯罪调查办公室负责安全检查。宪法法院于2002年6月裁决某些条款违宪,原因在于这些条款没有经过司法审查,而法律进行了修改。[②] 2004年3月,法院驳回了申诉专员的上诉,该专员认为,该法在信息分类上太过模糊。[③]

(二)《个人数据保护法》

《个人数据保护法》(*Act on the Protection of Personal Data*)于2000

---

① Act 148/1998 dated 11 June 1998 on *Protection of Classified Information and on Amendment to Certain Acts*. http://www. nbu. cz/en/act148. php. Most recently amended by Act No. 310/2002 Coll. Regulation 348/2002 concerning Security Eligibility of Individuals, 22 July 2002. http://www. nbu. cz/angl/regulation. html,最后访问日期:2014年4月15日。

② Finding No. 322/2001 Coll.

③ Pl US31/03, 11 February 2004. http://test. concourt. cz/angl_verze/doc/p - 31 - 03. html,最后访问日期:2014年4月15日。

年获得通过,2000 年至 2011 年经过 20 次修订。该法的立法目标是按照欧洲共同体法律和国际条约,保护个人隐私不受非法干扰,规范处理个人数据过程中的权利和义务,并确定个人资料可能被转移到其他国家的条件。该法允许个人访问和纠正由公共和私人机构所掌握的他们的个人信息,①并由个人数据保护办公室执行。②

(三)《环境信息公开法》

捷克共和国于 1998 年 6 月签署了《奥胡斯公约》,并于 2004 年 7 月批准。《环境信息公开法》(*Law on Access to Information on the Environment*)于 1998 年 5 月获得通过,该法于 2005 年进行了修订,使其与欧盟第 2003 号访问环境信息准则相兼容。③

《环境信息公开法》要求公共机构及时和完整地公开关于环境和自然资源的信息,保障了公众获取环境和自然资源信息的权利。

二、信息公开的范围

《信息公开法》允许任何自然人或法人访问责任实体掌握的信息。该法第 2 条规定责任实体包括国家机关、公共机构以及法律委托其决定法律事务,受法律保护的利益或公共管理方面的自然人或法人的责任的主体。

对于不予公开的信息范围,该法第 7 条至第 12 条进行了列举式规定。

第 7 条规定了秘密信息不予公开。如果所请求的信息,按照法律法规被标记为秘密,而申请人没有获得授权,责任实体不会将信息提供给申请人。

---

① Act of 4 April 2000 on Protection of the Personal Data, http://www.uoou.cz/index.php? l = en&m = left&mid = 01&u1 = legislation&u2 = leg_101_2000&t = ,最后访问日期:2014 年 4 月 15 日。

② http://www.uoou.cz/,最后访问日期:2014 年 4 月 15 日。

③ Law No. 123 /1998 on *Access to Information on the Environment*, of 13 May 1998. http://www.eel.nl/documents/czech_act.htm. Amended by Act No. 6/2005 Coll. 最后访问日期:2014 年 4 月 15 日。

第 8 条规定了涉及个人隐私的信息不予公开。对于包括自然人的品格和隐私,尤其是其种族、国籍、政治地位、党派和政党运动、宗教信仰、犯罪记录、健康状况、性生活和财产等的信息,主体只能依据特殊的法律规定,或由相关人签署事前书面同意而提供这些信息。如果有关人已经去世,只能在其人格尊严、个人荣誉、良好的信誉及名声被保护的基础上提供这些信息。有关自然人的性格的书面信息,以及肖像、图片、视频的信息,责任实体只能根据特殊法律规定的要求提供。

第 9 条规定了商业秘密不予公开。如果请求的信息被标记为商业秘密,责任实体将不会提供。有关国家预算、社区预算或根据 7 号法律成立的基金会的使用信息,或这些责任实体财产的使用信息,提供有关这些财产的数量和接受者的相关信息不被视为违反对商业秘密的保护。

第 10 条规定了责任实体将不会根据本法提供基于税收、收费、养老金或医疗保险或社会保障所获得的关于个人而不是一个责任实体的财产的信息。

第 11 条规定了信息的限制公开。责任实体可以限制提供信息,如果:(1)仅仅是关于责任实体的内部指南和人事规则;(2)责任实体准备做决定时产生的信息,除非另有法律规定;只有在准备结束决定做出的时候有效。责任实体将不提供信息,如果:(1)信息由法律没有规定这种义务的人传递,除非它与所提供的信息一致;(2)根据第 9 号特别法正在披露,从预先确定的固定期限到最近随后的期限;(3)由特殊法律规定的对知识产权的保护将被破坏。在提供信息的时候,责任实体根据第 11 号特殊法,为了完成任务而从第三方获取的信息,有义务沉默或采取其他安全措施以防止泄露或不当使用;但可以根据该本法提供信息,责任实体将只提供直接与其活动相关的信息。此外,主体将不会提供与以下内容有关的信息:(1)正在进行的刑事程序;(2)法院的裁决活动;(3)情报服务;(4)最高管制办公室机构对成果控制的准备,执行和回顾。

第 12 条规定,对信息权的所有限制,责任实体将提供所需的信息,包括由法律规定的附加信息。拒绝信息的权利只持续到拒绝理由持续期间。在合理的情况下,责任实体会核实拒绝的理由是否仍然存在。

三、信息公开的方式及程序

(一)信息公开的方式

《信息公开法》第4条规定,信息公开的方式分为两种:主动公开和依申请公开。

1. 主动公开

《信息公开法》第5条规定,责任实体在其经营场所、其办公场所、公众都能进入的场所主动公开以下信息:(1)建立责任实体的理由和方式,包括活动条件和原则;(2)对其组织结构,地点和方式,如何获取相应的信息,向哪里提出申请或索赔,或提出建议,发动或一些其他要求或接收决定;(3)地点、期限和方式,向哪里提出对责任实体的决定的整改意见,包括申请人提出的明确要求以及对程序和规则的描述,即在这些活动中必须坚持的各自的标题形式、获取方式和地点;(4)责任实体必须遵守的程序,处理申请、提案和其他要求,包括其他必须遵守的相应条款;(5)最重要的法规概述,根据该责任的实体的行为和决定,其中规定获取信息权和提供信息的义务,修改公民的其他权利与主题有关的信息,包括检查该信息的时间和地点;(6)提供信息的价格和费用;(7)在年报中概括其在上一年度提供信息的相关活动。

以上列出的责任实体也应当支持信息远程访问,但不适用于自然人主体。责任实体负责维护和管理登记簿,基于特殊立法,登记簿应当允许所有人获取。责任实体有责任以清晰的形式和能够实现远程访问的方式披露这些信息。责任实体也可通过其他方式披露信息。

2. 依申请公开

《信息公开法》第3条第1款规定,信息公开申请指的是任何自然人或法人要求获取信息的申请。第13条至第15条分别规定了提出申请、处理申请和决定。

(二)信息公开的程序

1. 申请

《信息公开法》第 13 条规定,信息公开申请可以以书面或口头方式提交,也可以通过电信设备提交。如果申请人没有得到信息是由于申请由口头提出,或申请人认为基于口头申请获得的信息不充足,有必要以书面形式进行申请。但需要注意的是,本法第 14 条至第 16 条和第 18 条只适用于以书面形式提交的申请。

第 14 条明确指出,申请提交的日期即是责任实体收到的日期。申请人坚持要求根据第 6 条第 2 段获取信息的主张,被认为是一个新申请。对于每个提交的申请,责任主体以及申请人是显而易见的。通过电信设备提交的有关申请人身份的申请,必须注明(如电子地址)。如果申请不包含这些信息,那么根据本法视为无申请提交,该申请将被搁置。

2. 决定

第 14 条规定,当相关部门收到申请后,由责任实体审查申请;如果该申请难以理解,导致无法知道所要求的信息是什么,或阐述太含糊,责任实体将要求申请人自提交申请后 7 日内采取措施使申请更准确。如果申请人在 30 日内未提交一份更详细的申请,责任实体将决定拒绝该申请。如果申请所要求的信息不属于责任实体的活动范围,他将搁置该申请,并在 3 日内将这一结果通知申请人。

第 14 条第 3 款指出,责任实体最迟自受理申请或收到符合要求的详细申请的 15 日内,通过检查有记录的文件,包括制作复制品或存在存储器上,以书面形式提供所要求的信息。提供信息的过程应当记录下来。

第 14 条第 5 款规定,出于以下重大原因,提供信息的期限可最大限度延长 10 日:(1)需要在其他办公室寻找和收集所请求的信息,与处理申请的办公室是分开的;(2)一个申请要求搜索和收集大量分散和不同的信息;(3)咨询其他责任实体,有兴趣处理该申请,或两个或两个以上单位的责任实体,对申请主体有间接兴趣。在提供信息的时间期限届满前,申请人必须被明确告知时间周期的延长和原因。

第 15 条第 1 款规定，如果责任实体不处理申请，或只是部分处理了申请，在处理期限内他应当发出决定，除了根据本法规定搁置申请的例外情况。如果责任实体是一个社区，应当由社区办公室发出决定。第 2 款规定，前述决定必须包括的内容有：责任实体的指示，证据数量及发出决定的日期，决定接收人的指示，法律法规清单，以及限制信息权的正当理由，提交整改意见的地点、时间和形式，责任实体中，获得授权人员的签名以及姓名和功能。决定应当交到申请人手中。

第 15 条第 4 款规定，如果机构在处理申请的规定时限内没有提供信息，或没有发出根据以上内容做出的决定，根据本法认为它已经发出拒绝该申请的决定。申请人可以自处理申请期限届满之日起 15 日内，针对这个决定提起上诉。

（三）信息公开的费用

《信息公开法》第 17 条对信息公开活动中的费用进行了规定。第 17 规定，提供信息的责任实体有权要求报销费用，费用不能超过相关的搜索、复印、获取信息和将信息发送到申请人的成本。可能的报销金额必须在申请中确认。该责任实体可以以提前付款或同时付款为条件发布信息。这部分费用构成责任实体的税收的一部分。

四、主管机构

根据相关法律规定，个人数据保护办公室的职责包括：管理公共管理信息系统；公开办公室的相关活动信息；监督电子通讯行业在处理个人数据过程中履行义务等。①

五、争议解决

《信息公开法》第 17 条规定，申请人可自交付决定后 15 日内，或根据

① 参见网站：http://www.uoou.cz/en/vismo/zobraz_dok.asp?id_org=200156&id_ktg=1111&p1=1111，最后访问日期：2014 年 4 月 15 日。

本法第15条的规定,自处理申请的时间过去后,对拒绝决定提起上诉。对责任实体的决定提出的上诉由发布决定或者本应发布决定的责任实体的上级义务主体处理。如果该决定是由公共办公室做出,内容是关于社区自主活动的信息,对上诉的处理应当由社区委员会进行。除非社区代表宣布由另一个社区机构作出决定。在其他情况下,对上诉的处理须由发布决定或者本应发布决定的责任实体的领导人进行,发出或应已发行的决定,并有权以责任实体的名义进行协商。

第16条第3款规定,上诉机构应当在自收到义务主体提交的上诉之日起15日内做出对上诉的处理决定。如果在该时间内没有做出决定,视为已经做出了一个决定,驳回上诉并认可了之前争议的决定;上诉期限届满之日的翌日被视为交付本决定之日。第16条第4款规定,不能对上诉的决定提起上诉。第5款规定,对国家行政中央机构做出的有关驳回申请的决定,可以提出反对意见,由国家行政机构的高级管理人员进行处理。之后,申请人可以依据其他法律对拒绝的决定向法院提出上诉。法院已经就一些情况作出判决,涉及公开程序、信息自由公开法和其他法律之间的关系、法院判决,除非其他法律已经规定了一个完整的公开程序,信息自由公开法优先于其他法适用。在还未决定是否披露案件时,从法院获取决定的副本是困难的。① 对于驳回申请的决定,可以由法院根据特别法进行修改。

申请人可以向申诉专员进行投诉。② 2004年,申诉专员共收到19起投诉。他们发现,最大的问题是公共机构无法识别并登记申请,没有进行回应,违反不予公开的程序,以及拒绝向活动的一方当事人公开信息。③ 申诉专员也指出,病人和其家属获取医疗期间所收集的他们的个人信息存在问题。申诉专员在2005年提出建议,允许死者家属获取与死者有关

---

① David Banisar, *Freedom of Information Around the World—A Global Survey of Access to Government Information Laws*, *Privacy International*, 2006, p. 61.

② 参见网站:http://www.ochrance.cz/en/index.php,最后访问日期:2014年4月15日。

③ Annual Report for 2004.

的医疗文件。[①]

六、发展现状

2005年上交给联合国欧洲经济委员会的报告显示，信息权的实现存在很多问题，包括信息公开法和行政程序法存在冲突；执行不力，即使是法院判决要求公开信息；缓慢而“无效”的法院审查；政府官员不公开信息；不遵守法律的规定。[②] 非政府组织Otevrená Spolecnost（开放的社会）在2001年和2002年开展信息权项目，他们的研究显示，在大多数情况下，申请人能够获得申请的信息，不存在因为申请数量过多而不能及时处理的情况。[③] 这项研究还发现一些问题，包括过多的经费、过多的使用商业秘密的和数据保护作为理由拒绝公开，国家机关不合理地拒绝申请，理由是他们不受该法的约束，或者干脆无视该法，国家机关不提供可分离的信息。

《信息公开法》于2006年进行了修订。根据新的修订法，法院可以要求公共机关公开信息，而不是将案子发回公共机关进行再处理。费用限于直接成本，并放宽关于豁免的规定，与公共资金资助的活动有关的个人信息和商业机密可以被公开，要求公共机构发布应申请已经公开的信息。这些改进也执行了欧盟的再利用和商业开发公共部门信息的指令（2003/98/EC）。[④]

1996年4月，议会通过了一项法律，允许任何捷克公民获得由共产

---

① *The right of patients and the bereaved to receive information contained in medical documentation*, January 2005.

② UNECE, *Implementation Report – Czech Republic* ECE/MP. PP/2005/18/Add. 6, 12 May 2005.

③ *Free Access to Information in the Czech Republic*, August 2002. http://www. otevrete. cz/index. php? id = 142&akce = clanek，最后访问日期：2014年4月15日。

④ David Banisar, *Freedom of Information Around the World—A Global Survey of Access to Government Information Laws*, *Privacy International*, 2006, p. 62.

主义时期的秘密警察创建的关于他或她的文档。[1] 2002 年 3 月,哈维尔总统签署法案扩大了对文件的访问。[2] 捷克任何 18 岁以上的公民几乎都可以访问任何文件。内政部下属的共产主义罪行调查办公室负责管理这些文件。[3] 据估计,内政部掌握 60,000 条记录,大部分于 1989 年被毁。另一个涉及持不同政见者和外交官的档案于 2005 年被发现。政府于 2003 年在外交部网站公布了一张包含 75,000 人的共产主义时期的秘密警察合作者名单。[4]

---

① Act N. 140/1996 Coll. of 26 April 1996 on *Disclosure of Files Established by Activities of the Former State Security Force*. http://www. mzv. cz/washington/newslet/c09 – 1296. htm,最后访问日期:2014 年 4 月 15 日。

② *Act* 107/2002 *amending Act No.* 140/1996 *Coll. on providing access to volumes created within the activities of the former State Security*, and some other Acts.

③ 参见网站:http://www. mvcr. cz/policie/udv/english/,最后访问日期:2014 年 4 月 15 日。

④ Radio Prague, *Czechs wait thirteen years for official names of secret police collaborators*, 24 March 2003. http://www. radio. cz/en/article/38934,最后访问日期:2014 年 4 月 15 日。

科索沃《获取公共文件法》概览

一、法律概要

科索沃[①]原来是南联盟塞尔维亚共和国的一个省。科索沃议会于2008年2月17日通过独立宣言,宣布脱离塞尔维亚,并颁布实施了《科索沃宪法》(*Constitution of the Republic of Kosovo*)。在2010年7月,颁布了《获取公共文件法》。《获取公共文件法》[②](*Lawon Accessto Public Documents*)是基于《科索沃宪法》第41条保障公民访问公共文件的权利这一规定而衍生出来的。

《获取公共文件法》分为七章,共29条。第一章(第1～3条)为总则,规定了制定本法的目的、本法的适用范围和对公共机构、国家、立法和司法机构、自然人或法人等概念的界定。第二章(第4～11条)为对申请信息公开处理的规定,阐述了查阅权、与公民的负责人、申请人提出申请的程序、获取官方文件的程序、延续条款、复核申请的问题、申请人若没有被批准则应当告知申请人可以启动法律程序和获取官方文件的类型。第三章(第12～15条)为不予公开的信息,规定了不予公开信息的例外、官方文件不予公开、获取机密文件的申请应按照合适的、关于加密信息和安全规则的法律提交和申请信息公开的行政程序。第四章(第16条)为公

---

① 科索沃位于欧洲东南部巴尔干半岛上,科索沃东、北面为塞尔维亚其余部分,南临马其顿共和国,西南面为阿尔巴尼亚,西北为黑山。最大城市为首都普里什蒂纳。科索沃已经单方面宣布独立,未获国际社会广泛承认,自定国名为科索沃共和国的地区。科索沃问题一直悬而未决,阿尔巴尼亚族坚持要求独立,但塞方要求保证塞尔维亚领土完整。各方于2006年2月20日起就科索沃问题展开谈判。经过两年的谈判与周旋,科索沃议会于2008年2月17日通过独立宣言,宣布脱离塞尔维亚。目前已获得了104个国家的正式承认(截至2013年10月)。

② 该法律可参见网站:http://www.right2info.org/resources/publications/KosovoLawonAccesstoPublicDocuments.pdf,最后访问日期:2015年8月3日。

共机构主动发表的文件,规定了公共机构的信息可以通过电子形式访问。第五章(第 17 条)为访问公共文件的独立权限,规定了监察机构有访问文件的独立权限。第六章(第 18 ~ 22 条)为实施,规定了公民可以依照本法使用各自的语言、访问信息的权利告知公众、公共机构的信息和报告应当具有全透明性、申请信息公开的费用和被申请机构要保留访问信息的纪录。第七章(第 23 ~ 27 条)为过渡及最后条款,规定了行政机关和公共机构要保护个人资料、本法不应损害著作权,规定了除本法另有规定外,一般行政程序的开展应受到其他相关公共文件、准法律行为、惩罚性条款和生效条款的调整和制约。

二、信息公开的范围

科索沃《获取公共文件法》并没有对信息进行详细的界定,只在第 3 条第 2 款中规定了公共文件为任何正式的文件。而在《获取公共文件法》的第三章中对不予公开的信息做出了详细的规定。

(一)信息公开的限制

根据本法第 2 条的规定,获取文件权应按照本法规定行使,不能有损法律及国际法律文书对获取公共文件的更多权利规定。第 3 条规定,本法不能有损机构所维护的获取公共文件权,该机构的强制履行义务是源自国际法律文书或法案。第 4 条规定申请人申请到的公开的信息不能用于诋毁、宣传或商业目的。

(二)不公开的信息

任何申请者应有权获取公共文件。第 12 条规定,应适当地行使对这一权利的限制,且只为了保护:(1)国家安全、国防和国际关系;(2)公共安全;(3)预防、侦查和犯罪活动的调查;(4)纪律调查;(5)公共机构的检查、控制和监督;(6)隐私和其他私人的合法权益;(7)商业和其他经济利益;(8)国家经济、货币和外汇政策;(9)当事人在法庭程序中的平等和高效的司法行政;(10)环境;(11)公共机构内或不同公共机构之间关于考核事务的审议。第 13 条规定,获取公共文件的申请会被拒绝:(1)无论公共机关怎么协助,申请仍相当不清楚,以致无法识别文件;(2)若达到本法第11条第2段的条件和规定。第14条规定,获取机密文件的申请应按照合适的、关于加密信息和安全规则的法律提交。

(三)个人信息的保护

第23条至第24条规定,个人信息保护法生效之前,公共机构只有经有关人士的事先明确的同意才能公布该信息。本法不应损害任何现有的版权规则,其限制第三方复制或利用已公布的文件的权利。

三、信息公开的程序

1. 申请

《获取公共文件法》第1条规定了本法保证每一个自然人和法人拥有访问权,不受任何歧视,并且申请人可以无需说明理由而获取自身需要的信息。本法第6条规定,申请人可以以任何可以辨识的方式对信息公开提出申请,包括口头和书面形式,并且无需说明获取信息的理由。如果申请程序规定不明,则被申请机关应当向申请人明确其程序,并协助申请人进行信息公开的申请。申请人有权要求对第三方保持匿名,并且申请的正式手续不能凌驾于申请处理的关键。

2. 决定

本法第7条明确规定,每个公共机构都有义务指定单位或人员来负责信息公开事项,并且对其进行初步的审查。当公共机构接到申请之后,应当将申请交由负责部门或相关负责人。如果该公共机构没有此部门,则应当在5个工作日内将申请移送到相应的机构或部门来处理,并且有义务通知申请人其处理部门的变动。起算日期为申请信息到达相应机构或部门的当日。此外,如若必要时,公共机构应当协助申请人以确定的方式做出正式的书面申请文件。公共机构应当在平等的基础上对申请进行及时的处理。公共机构应当在收到申请的7日内做出是否予以公开的决定。如果拒绝信息公开,或拒绝公开部分信息,则应当对申请人做出书面答复,在书面决定中详细说明拒绝公开的理由,并同时告知申请人可以启动审查程序。在申请人收到拒绝信息公开的书面答复后的15日内,可以向该机构提交审查申请,要求该机构对于是否进行信息公开重新做出决定。

第9条指出,申请人可以在7日内登记申请审查,复审请求应由科索沃上级主管机构决定。若申请机构给予申请人拒绝信息公开的答复,则应当告知申请人可以申诉或启动法律程序进行诉讼。

根据本法第21条之规定,公民申请访问信息应当是免费的,但这不排除档案馆和博物馆等提供相关服务的费用。如果申请公开的信息需要以文件副本的形式提供给申请人,则可以收取合理的影印费用,但不得超过实际的复印费用。生产、文件复印和服务费用应当由财政部颁布,并统一为所有公共机构的子法律行为加以规范,并且成本费用应予以公布。

四、主管机构

科索沃《获取公共文件法》第5条规定,公共机构有义务指定单位或人员专门负责申请文件的接收和初步审查。与公民负责人或高级管理人员在接收初步审查访问官方文件后,应将文件分配到相关的单位部门,从前述部门取得该公文后,依据相关规定将该信息送达申请人。与公民负责人或高级管理人员须备存精确记录访问文件的程序和数量,以及同意信息公开或拒绝信息公开的数量。公民负责人或高级管理人员应编制定期报告,并将总体报告发送给科索沃政府或办公室等相关单位。

本法第17条明确指出,监察员机构是一个独立的机构,公民可以在它的协助下访问那些被拒绝公开的信息。其职责是确保公民可以顺利地申请信息公开,特别是在需要采取必要的措施才能申请公开信息之时。监察员机构应当为公民提供免费的服务,并且在申请信息公开被拒绝时,对公共机构进行审查。

第20条规定,公共机构为保证其信息的高效及全透明性,应定期做出并公开其年度报告。在公布的年度报告中还要包括一些申请的事例，举例说明当局拒绝公开的访问申请，并详细阐述拒绝公开的理由。每个公共机构都要在新一年的一月之前向科索沃总理府提交年度报告。总理府应当在新一年的三月底之前汇总出年度总报告，根据实际情况提出意见或建议并采取相应的措施。

五、发展现状

从科索沃 2002 年至 2012 年的信息公开年度报告中可以看出，公民对于信息公开的权利了解越来越多，因此信息访问量也逐年递增。尤其是在科索沃单方面宣布独立后(2008 年后)，其申请信息公开的数目激增(见下表)。

科索沃政府应当采取具体的行动来增强行政机构的公开度和透明度，提高公众意识，让公众对政府、公共机构、事业单位等的权利、义务有所了解，知道什么问题需要由哪个部门解决。还要让各公共机构意识到他们有义务提供给申请人所需要访问的信息，有义务尊重这项权利。对于各种信息，按文件进行分类整理以避免法律规定不予公开的信息而被公开，并应作出文件列表，列举出不予公开的信息。[①]

内容 年度	收到申请	不予受理的案件	积极解决的案件	进行公开调查的案件
2002	590	294	无数据	24
2003	399	69	无数据	13
2004	420	124	无数据	75
2005	446	136	138	20
2006	379	191	110	20
2009	1031	224	127	无数据

① 参见网站：http://www.ombudspersonkosovo.org/repository/docs/48705_Raporti_2011_ANGLISHT_846107.pdf，最后访问日期：2014 年 3 月 24 日。

续表

年度 \ 内容	收到申请	不予受理的案件	积极解决的案件	进行公开调查的案件
2010	1233	160	183	1233
2011	1453	86	162	无数据
2012	1670	86	162	无数据

年度 \ 投诉人种族背景	阿尔巴尼亚人	塞尔维亚	波斯尼亚	土耳其	其他
2002	421	135	无数据	无数据	43
2003	306	81	无数据	无数据	14
2004	289	96	无数据	无数据	35
2005	323	104	无数据	无数据	23
2006	288	32	无数据	无数据	12
2009	923	50	20	16	12
2010	1080	89	23	10	31
2011	1284	87	39	16	27
2012	1464	125	26	18	39

克罗地亚《信息公开法》概览

一、法律概要

克罗地亚《宪法》第38条第4款规定："保障公民获取公共机构所掌握的信息的权利。对该项知情权的限制，应当与法律所规定的个案中的限制需要的性质以及在自由民主社会予以限制的必要性成比例。"①此规定为克罗地亚信息公开法律制度的建立发展奠定了宪法性基础。克罗地亚信息公开法律制度中，最重要的一部法律是《信息公开法》②(*Act on the Right of Access to Information*)，该法在2003年颁布并施行。2013年2月15日克罗地亚议会通过并由总统伊沃·约西波维奇于同月21日签署颁布了新的《信息公开法》，其中第3条明确规定了立法目的，即"保障和实现克罗地亚共和国宪法中规定的自然人和法人在公共机关和公众活动中的信息公开及信息再利用的权利"。

克罗地亚新《信息公开法》分为十一章，共72条。第一章(第1～5条)为一般性规定，主要规定了本法的内容、目的以及"信息公开和信息再利用权利的受益人"、"公共机关"、"信息"、"国际信息"、"信息公开权"、"均衡性和公共利益测试"等相关概念的界定。第二章(第6～9条)规定了信息公开的原则。第三章(第10～14条)规定了公共机关的义务。第四章(第15、16条)规定了对信息公开权利的限制。第五章(第17～26条)为程序性规定。第六章(第27～34条)规定了信息再利用的

---

① 《世界各国宪法》编辑委员会:《世界各国宪法:欧洲卷》，中国检察出版社2012年版，第334页。

② 该法律可见网站:http://www.right2info.org/laws/constitutional-provisions-laws-and-regulations，最后访问日期:2015年8月3日。

内容。第七章(第35~40条)规定了信息专员。第八章(第41~59条)规定了对本法实施情况的监督。第九章(第60条)规定了信息公开的报告制度。第十章(第61~63条)规定了处罚制度。第十一章(第64~72条)规定了过渡条款和最终条款。与信息公开相关的法律还有:

(一)《信息保密法》①

《信息保密法》(*Data Secrecy Act*)由克罗地亚议会于2007年6月13日通过,2007年6月18日由总统签署颁布。该法规定了秘密与非秘密信息,秘密等级,设定秘密信息及解密程序,秘密及非秘密信息的获取、保护等内容。其中自然人要获得秘密信息的,要有相关个人安全证明(personnel security clearance);国家机关、地方自治政府机构、享有公权力的法人及自然人要获取秘密信息的,须获得国家安全委员会的证明,若涉及安全因素的,还须另经过安全情报机构的审查。

(二)《个人信息保护法》②

《个人信息保护法》(*Act on the Protection of Personal Data*)由克罗地亚议会于2003年6月12日通过,2003年6月18日由总统签署颁布。该法的目的是在收集、处理、使用个人信息的过程中,保护自然人的个体隐私以及其他基本人权和自由。该法主要规定了对有关自然人个人信息的保护以及相关方面的监督。该法具有普遍适用性,每一个在克罗地亚境内的自然人都受到该法的保护,无关其国籍、居住地、种类、肤色、性别、语言、种族、财产、出生、教育、社会地位等因素。在该法中第7条规定:"只有在本法及特定法律规定的情况下,个人信息系统管理者才可处理个人信息。"可以处理个人信息的情形主要有:(1)本人的同意;(2)为履行法定义务、保护本人或他人生命安全而本人没有能力表达同意时;(3)为保护公共利益或保障公权力必要行使。此外,公民个人可以依据此法来查

---

① 参见网站:http://www. zsis. hr/Site/LinkClick. aspx? fileticket = ORnfuvKK% 2bFk% 3d&tabid = 69&mid = 488,最后访问日期:2013年10月26日。

② 参见网站:http://www. right2info. org/resources/publications/laws - 1/croatia - personal - data - protection - act,最后访问日期:2013年10月26日。

阅自己的信息记录。2004 年成立的个人信息保护局负责监督本法的实施。

(三)《档案和档案机构法》[①]

克罗地亚 1997 年 9 月 19 日颁布了《档案和档案机构法》(*Archives and Archival Institutions Act*),该法规定了对公共档案的保护,查询、保管、使用和处理档案,公共档案服务,以及公共档案机构的职责和任务等内容。每个人都有权利平等地查阅公共档案,同时档案机构中的公共档案可以用于官方目的、科学研究、公共目的、教学、展览、出版、个人权利的实现和保护以及其他合法目的。包含个人信息的档案也可用于以上目的,但法律作出特别规定以及在档案转移到档案机构时有特别约定的除外。此外,一般档案在 30 年内可供查阅,涉及国家安全、国际关系和国防事务的档案将被封存 50 年,涉及个人信息的档案将被封存 70 年。

二、信息公开的范围

克罗地亚《信息公开法》第四章对不予公开的信息进行了规定。该法第 15 条第 1 款规定:“公共机关不得公开相关部门在调查前期和调查阶段的信息。”第 2 款规定公共机关限制公开的信息,包括:(1)属于相关法律规定的秘密资料级别的信息;(2)依据法律为商业或专业领域机密的信息;(3)依据法律为税务机密的信息;(4)受法律保护的个人信息;(5)提前公布会严重影响到公共机关内部工作以及决议通过的信息;(6)依据国际协议,公开受到限制的信息;(7)法律规定的其他信息。第 3 款规定在相关情形下,公共机关对信息公开存在重大怀疑,则可以限制信息的公开。这些情形包括:(1)信息公开将妨碍有效、独立、公正的司法、行政或其他法律程序的进行,以及法律裁决或惩处的执行;(2)信息公开将妨碍行政监督机关和检查机关以及负责合法性监督机关的工作;

---

① 参见网站:http://www.legislationline.org/topics/country/37/topic/3,最后访问日期:2013 年 10 月 27 日。

(3)信息公开将侵犯知识产权,但获得作者或所有者明确书面同意的情况除外。此外,第4款规定,当因本条第3款第3项规定不予信息公开将造成损失时可予以信息公开,这种情形下的信息指产生不超过20年的信息,法律或其他法规未规定时限的情况除外。第5款规定,如果公众需要获取的信息部分包含本条第2、3款涉及的限制公开的情形,则信息其余未被限制的部分仍可向公众公开。第6款规定,在公共机关限制信息公开权利后,信息停止向公众公开。

克罗地亚宪法第38条中明确规定了一种考量方式,对于信息公开申请权的限制应当与个案性质以及在自由民主社会予以限制的必要性成比例。克罗地亚《信息公开法》遵循宪法,规定了“均衡性和公共利益测试”条款。“均衡性和公众利益测试”是指在公共利益优先的前提下,对公开信息的理由和不予公开信息的理由进行评估(本法第5条第7款)。具体关于其应用的规定主要体现在第16条中:(1)公共机关在处理本法第15条第2款第2~7项和第3款所述的信息公开申请时,须在做出决议之前,进行均衡性和公众利益测试。本法第15条第2款第1项所述信息的所有者,在得到国家安全委员会办公室的意见后,有义务在做出决议前进行均衡性和公众利益测试。(2)在进行均衡性和公众利益测试时,公共机关有义务确定是否可以限制信息公开,基于保护本法第15条第2、3款所述需要受到保护的利益;确定是否在每种情况下,公众要求获得的信息公开都会严重地损害上述利益;确定是限制信息公开更重要还是公众利益更重要。如果是公众利益更为重要,即使公开受保护的信息会带来损失,公众仍可获得信息。(3)公众可在不经过本条第1款所述程序的情况下获取关于公共资金分配的信息,除非信息属于秘密级别信息。

三、信息公开的方式及程序

《信息公开法》第二章明确规定了信息公开的原则,该些原则在公共机关开展信息公开工作以及处理信息公开申请过程中具有全局指导意义。主要原则有以下几点:(1)信息公开和自由获取原则。该法第6条规定“每一个克罗地亚本国或国外的自然人和法人可依据本法规定的信息公开情形和限制条件获取信息”。(2)信息的及时性、完整性和准确性原则。该法第7条规定“公共机关公布和提供的信息须具备及时性、完整性和准确性”。(3)平等原则。该法第8条对平等原则做出了具体规定,该条第1款规定:“获取信息和再利用信息的权利在同等方式、同等条件下属于所有使用者。使用者在实现该权利的过程中是完全平等的。”第2款规定:“公共机关不允许将使用者置于不平等的位置,特别是不允许优先为某些使用者提供信息或利用其他方式给予某些使用者特权。”(4)信息处置原则。该法第9条规定了信息处置原则,其具体规定为“根据本法获得信息的使用者,有权将该信息向公众公布”。

(一)信息公开的方式

《信息公开法》第17条对信息公开的方式作出了细致的规定,分为两种情况。第一种针对公共机关应主动公开信息的,公共机关应以适当和可行的方式在公共机关的网页或公共媒体以及“克罗地亚共和国官方文件中央目录”上及时公布关于自身工作等情况的信息,以实现信息的公开性。

《信息公开法》第10、12条规定了除依公民或法人申请外,公共机关应主动公布的信息。这些信息往往和广大民众的利益相关,具有普遍影响力,因此公共机关应主动公开,以便于民众知晓和监督。第10条第1款规定的信息包括:(1)与公共机关工作范畴相关的法律和法规;(2)与公众利益相关的一般法案和决议,并附上决议和法案通过的原因;(3)根据本法第11条规定,公布法律、法规及一般法案的草案;(4)公共机关的年度计划、方案、战略、指导方针、工作报告、财政报告和工作范畴内的其他相关文件;(5)关于资金来源、预算以及预算执行的资料;(6)关于国家援助、拨款或捐赠的信息,包括使用者的名单列表和数额总量;(7)关于公共机关内部组织的信息,包括机关负责人名字和各部分组织负责人的名字及联系方式;(8)公共机关官方会议的记录、总结和在上述会议上通过的官方文件,以及其职权范围内的正式工作情况;(9)有关公共采购程序的信息和招标文件,以及有关合同执行情况的信息;(10)关于公开招标和投标文件的消息;(11)关于公共机关工作范畴内的登记簿和数据库的信息,以及其获取方式;(12)有关如何获取相关信息和再利用信息的方法,并附上提供信息的工作人员的联系方式;(13)获取信息和再利用信息的费用;(14)最常被查找的信息;(15)其他信息(新闻、公共出版物以及其他活动的资料)。该条全部规定不适用于本法规定的不予公开的信息。此外,该法第12条第1款还规定公共机关有义务告知公众:(1)公共机关的会议议程和开会时间、方式以及公众是否可以直接参加其会议;(2)可同时直接参与公共机关事务的公众人数,以及安排登记顺序。但是,当公众工作内容涉及法律规定的排除公众参与的范畴,或是本法规定的限制信息获取权利的信息时,公共机关没有义务确保公众直接参与其工作。

针对依申请公开信息的,公共机关应通过下列方式给予申请人信息:(1)直接提供信息;(2)以书面形式提供信息;(3)提供包含所需信息的文件或文件复印件;(4)提供包含所需信息的文件副本;(5)其他适用于获取信息的方法。此外,申请人可在要求信息公开的申请中表明希望获得信息的方式,若未指明特定方式,信息将以其提出申请的方式提供。

(二)信息公开的程序

《信息公开法》第五章第17~26条就信息公开程序作出了规定。

1. 申请

该法第18条就提出信息公开申请的程序和方式进行了规定,具体有:(1)申请人须通过口头或书面的方式向相关机关提出信息公开的申请。(2)如果申请是以口头或电话的方式提出的,公共机关将对其进行正式记录;如果申请是通过电子通讯的方式提交的,公共机关会将其视为通过书面方式的申请。(3)书面申请包括:申请提交的公共机关的名称和地址,有关公共机关识别申请公开的信息的重要资料,提出申请的自然人的姓名和住址或企业法人的名称和地址。(4)申请人无需说明获取信息的理由。

2. 受理

针对申请信息公开的，该法第 20 条第 1 款规定，公共机关须在申请人提交公开信息申请的 15 日内作出是否公开信息的决定。第 2 款规定，对于信息不全或表意不明的申请，公共机关须立即通知申请人进行修改，申请人在收到修改通知的 5 日内重新提交申请。如果申请人未按照规定的方式进行修改，使得公共机关无法准确确定申请者要求获得的信息，公共机关可取消该申请。

3. 决定

公共机关在受理案件后可以作出移送决定、延长处理决定、不公开决定和公开决定。

该法第 21 条规定了案件的移送，即如果公共机关未拥有所需信息，且知道拥有该信息的机关的，则须在收到申请之日起 8 日内将该申请移送至拥有信息的机关，并告知申请人，并且信息公开的期限将从后一机关收到移送申请之日算起。如果公共机关接收到本法第 15 条第 2 款第 1 点所述的属于法律规定的秘密信息，并且其不是该信息的所有者，则须在接到申请之日起 8 日内将申请移送至信息所有者，并告知申请人。当公共机关收到要求公开国际信息[①]的申请时，须在收到申请后的 8 日内，将申请移送至信息所有者处，并通知申请者。特殊情况下，公共机关若根据其所有的信息可准确找出申请者所需国际信息的，可立即进行直接公布。

该法第 22 条规定，对于信息公开申请，特定情形下公共机关可以在作出决定的 15 日期限上将信息公开期限再延迟 15 日。这些情形包括：(1) 如果信息需要至公共机关所在地以外的地方获取；(2) 如果一份申请要求获取多种信息；(3) 如果为了保障信息的完整性和准确性而必须延长；(4) 如果依据本法规定须进行均衡性和公众利益测试。关于延长期限的决定，公共机关须在收到申请后 8 日内告知申请人，并通知其延期

---

① 克罗地亚《信息公开法》第 5 条第 4 款："'国际信息' 指其他国家或国际组织在克罗地亚共和国提供的信息，上述国际组织须是克罗地亚与其有合作关系或是为其成员的国际组织。"

理由。

该法第23条规定，在下列情况下，公共机关不对申请进行处理：(1)申请人已获得要求公开的信息；(2)申请人申请的信息是之前已经公开的同样的信息，并且距离上次提交申请少于90日；(3)申请人申请公开的信息将会对全部公众公开；(4)申请人可基于法律规定的程序获得司法、行政和其他方面的信息公开；(5)根据本法第1条第4、5款规定有义务维护信息的保密性。① 根据本条第1款第2、3、4、5项的理由，公共机关拒绝受理的，须即刻以书面方式通知申请者。当信息可向申请人公开时，公共机关根据本法第16条第1款的规定处理申请。公共机关在不拥有信息并且不知信息所有者的情况下，可取消申请。公共机关在下列情况下可拒绝申请：(1)符合本法第15条第1款规定的条件；(2)符合本法第15条第2、3款以及第16条第1款规定的条件；(3)确定没有依据补充或更正本法第24条所述的信息；(4)需要的信息并非本法第5条第3款规定范畴内的内容。

此外，该法第24条规定了信息的补充和修正。如果申请人认为公共机关提供的信息是不准确或不完整的，可以在获得信息后的15日内要求公共机关进行修改或补充。公共机关须依据第23条受理申请的程序规定，在收到申请后15日内对该申请进行处理。

(三)信息的再利用程序

克罗地亚《信息公开法》第27条中规定信息再利用主要指"依据本法规定，任何人不论基于商业目的或非商业目的，都享有申请重复利用信息的权利"。该法第六章中第27～34条规定了信息再利用的程序。

1. 申请

该法第28条规定："为申请再利用信息，除本法第18条第3款要求的信息外(前述)，申请者还需提交：(1)需要再利用的信息；(2)希望接收

---

① 克罗地亚《信息公开法》第1条第4款："本法条款不适用于具有保密性的信息，此类信息由克罗地亚共和国安全与情报系统的相关法律规定。"第5款规定："本法条款不适用于所有权属于国际组织或其他国家的信息，或者所有权属于与国际组织或其他国家合作框架下的公共机关的信息。"

所申请信息的方式;(3)再利用信息的目的(商业或非商业目的)。"

2. 受理

该法第29条规定:(1)公共机关须在收到申请后的15日内对信息再利用申请作出决议。(2)对于信息不全或表意不明的申请,公共机关须立即通知申请者进行修改,并在收到修改通知的5日内重新提交申请。如果申请者未按照规定的方式进行修改,公共机关可取消该申请。(3)根据本法第22条第1款第1~3项所述的原因,公共机关处理信息再利用申请的期限可延长15日,自公共机关须对申请作出决议之日算起。(4)如需延长期限,公共机关应在8日内通知申请者,并告知期限延长的原因。

3. 决定

该法第30条规定:(1)当确定信息可再利用时,公共机关无需对申请作出处理。(2)授予信息再利用权利的公共机关可规定再利用信息的条件。除非必要上述条件不得限制再利用信息或用于限制市场竞争。(3)当需要给予使用者单独再利用信息权利时,根据本法第34条第1款,公共机关须同使用者签订条约,规定再利用信息的条件。(4)公共机关在下列情况下可拒绝信息再利用申请:①本法第15条第1款所述信息;②本法第15条第2、3款所述信息;③受第三方所有者知识产权保护的信息;④广播电台和电视部门拥有的信息,或提供公共教育、科学、研究和文化服务的部门拥有的信息;⑤其他法律规定的特定获得授权的公众可再利用的信息;⑥不属于公共机关工作范畴内的信息。此外第33条规定:(1)对于公众再次使用信息的条件,不允许存在歧视。(2)公共机关允许全部申请者以相同的费用和条件再次使用信息。信息再利用申请者人数不受限制。机关不可以以协议、合同或决议的方式允许某些申请者再次利用信息而禁止其他申请者再次利用信息。(3)如果公共机关自身要因商业活动而再次使用自己的信息,并非因自己的公开工作范畴,则同与其他使用者处于再利用信息的相同地位。第34条还规定:(1)本法第33条第2款的例外情况为,如果是为提供公共服务或基于公共利益的必要,公共机关可批准重复利用信息的专有权。信息专员须至少每3年对批准信息再利用的原因有效性进行一次检查。(2)所有规定的关于批准和检验授予信息再利用专用权的协议资料须自签订协议之日起15日内提交给信息专员。信息专员向公众公开关于所有专有权的检验记录。(3)关于本条第1款所述信息再利用和专有权批准的详细条件、公布内容和方式,以及检验程序均由一般行政部(General Administrative Service)的部长通过条例进行规定。

(四)信息公开的费用

克罗地亚《信息公开法》第19条对信息公开的费用做出了规定:(1)信息公开过程中无需向公共机关支付行政费用。(2)公共机关有权依据本法第17条向申请人收取信息公开产生的实际费用,或递送信息产生的费用。依申请人要求,公共机关有义务提供费用计算的具体方式。(3)本条第2款涉及费用金额和支付方式的准则由信息专员规定。(4)基于本条第2款收取的费用属于公共机关的财政收入。此外,第31条规定了公众对信息再利用的费用,包括:(1)如果公众所需要再利用的信息已经免费在网上公布,则无需向公共机关支付信息再利用费用。(2)公众根据本法第19条第2款向公共机关支付信息再利用的费用。

四、法律责任

《信息公开法》第60条规定了报告制度来监督该法的实施。具体内容包括:所有公共机关有义务与信息专员合作,公共机关有义务向信息专员在次年1月31日前提交关于上一年本法实施情况的报告。报告须包括以下内容:(1)收到的关于信息公开和信息再利用的申请数目;(2)批准的申请的数目;(3)部分批准的申请的数目;(4)根据本法第23条第2款发出通知书的数目;(5)拒绝申请的数目和拒绝申请的原因;(6)取消申请的数目和取消申请的原因;(7)转交申请的数目;(8)收到的需要修改或补充信息的申请数目;(9)批准的修改或补充信息的申请数目;

(10)拒绝的修改或补充信息的申请数目;(11)修改或补充信息的申请数目;(12)期限内处理完的申请数目;(13)超出期限处理完的申请数目;(14)未处理的申请数目;(15)中止程序的数目;(16)申诉的数目;(17)接受申诉的数目;(18)拒绝申诉的数目;(19)取消申诉的数目;(20)提起诉讼的数目;(21)关于信息再利用专有权的协议数目;(22)本法第19条所述费用的总数;(23)根据本法第10条规定公布的信息。公共机关有义务根据提交的本条第3款涉及的资料,对现情况做出解释和评价。信息专员须规定该报告的形式,并确定提交资料的方式。信息专员须在次年1月31日前向克罗地亚议会提交关于上一年本法情况的报告。

第61条对违反本法的行为规定了处罚措施,主要有:(1)对于违反本法规定,妨碍或限制实现信息公开和信息再利用权利的公共机关,将处2万至10万库纳的罚款。(2)对于本条第1款所述违反本法规定的公共机关个人,将处5千到2万库纳的罚款。(3)对故意损坏、销毁、隐藏或以其他方式处理文件,使信息公开权利无法实现的自然人,将处2万至5万库纳的罚款。(4)对本条第3款所述情况的公共机关和公共机关的责任人,将处2万至5万库纳的罚款。(5)对违反本法第32条所述信息再利用公开条件而使用信息的自然人,将处1千至5万库纳的罚款;对法人将处2千至10万库纳的罚款。第62条规定,如果公共机关有下列违法情况,将被处2千至4千库纳的罚款:(1)不依据本法第10条第1款和第11条公布信息;(2)不指派专门的信息官员;(3)不提交关于本法实施情况的年度报告。对违反上述情况的公共机关责任人,将处1千至2千库纳的罚款。如果公共机关有下列违法情况,将被处5千至1万库纳的罚款:(1)不遵从信息专员的处理意见;(2)不提供信息专员需求的信息或提供不完全和不准确的资料;(3)妨碍检查员进行监督检查;(4)在记录规定的期限内未改正其违法、违规行为和记录指出的不足之处。对于违反本条第3款所述情况的公共机关责任人,将处3千至5千库纳的罚款。此外,第63条规定,公共机关有义务实现申请人的信息公开权利。在无理拒绝或限制信息公开权利的情况下，公共机关将受到惩处。

五、主管机构

《信息公开法》规定信息专员（information commissioner）作为信息公开的负责机构，监察专员（inspeltor）作为监督机构。

（一）信息专员

《信息公开法》第七章第35～40条分别专门规定了信息专员的宗旨、保护和职责，信息专员的选举，信息专员的选举条件，信息专员的罢免，信息专员办事处的结构，信息专员规章制度和内部条例。主要规定如下：

1. 信息专员的宗旨、保护和职责

该法第35条第1、2款规定："信息专员的宗旨是依据克罗地亚共和国宪法，保护、监督和促进信息公开权利的实现。信息专员不得因表达意见或在其工作范畴内采取行动而被追究责任、拘留或惩罚，除非专员自身的行为违反了法律。"第35条第3款规定信息专员的职责包括：(1)在处理信息公开和信息再利用权利申诉时执行二级审理部门的工作；(2)监督本法的实施情况；(3)跟踪本法和其他关于信息公开的法规的执行情况，并公布其执行情况报告；(4)根据本法向公共机关提出建议，使公共机关采取措施改善信息公开权利的实现；(5)向公众宣传关于实现信息公开权利的内容；(6)向公共机关的信息官员提出建议，使其完善和提升自身的专业素质和业务能力，将自己的义务与本法的规定相结合；(7)通过或修改法规，以促进信息公开权利的实现；(8)向克罗地亚议会提交本法实施情况报告和其他认为必要的报告。(9)参加克罗地亚议会的工作，并出席克罗地亚议会关于专员职权范畴内日常工作相关问题的会议；(10)提交起诉书并对轻度违法行为给予处理。对于工作过程中接触到的保密性资料，信息专员和国家安全委员会办公室工作人员须满足特别法律规定的条件，根据规定资料保密性的法律保护好全部个人和其他机密资料。

2. 信息专员的选举

该法第36条规定:(1)信息专员由克罗地亚议会每5年进行一次选举。(2)克罗地亚议会宪法、规章和政治体制委员会(Committee on the Constitution, Standing Orders and Political System)于信息专员届满前6个月内或因其他原因终止工作30日内公开征集信息专员候选人名单建议。(3)克罗地亚议会宪法、规章和政治体制委员会根据克罗地亚议会信息、信息化和媒体委员会(Committee on Information, Computerization and the Media)的初步意见,并给予公开征集的建议和克罗地亚议会提名,确定至少2名专员候选人。(4)信息专员的工作是独立的,其工作直接由克罗地亚议会负责。

3. 信息专员的任职条件

该法第37条第1款规定:信息专员的选举须满足下列条件:(1)拥有克罗地亚国籍和克罗地亚共和国居留权;(2)完成本科和硕士阶段的大学学习或法律、社会专业的综合本科和硕士阶段的学习;(3)至少有10年的专业工作经验;(4)在保护和推进人权、媒体自由和民主发展领域有着丰富经验的著名专家,其道德方面和专业方面都受到公认的好评;(5)从未违反法律法规,在其职权范围内也从未做出违法行为;(6)不属于任何政党的成员。该条第2款规定,信息专员适用"国家公职人员义务和权利法"规定的条款。该条第3款规定,信息专员的薪酬与克罗地亚议会副主席的薪酬水平持平。

4. 信息专员的罢免

该法第38条规定第1款规定,下列情况下克罗地亚议会将在信息专员任期届满前罢免其职位:(1)专员主动要求离职;(2)专员的条件不再满足本法第37条规定的专员选举条件;(3)专员6个月以上不履行其职责;(4)专员不依据本法执行工作。该条第2款规定,信息专员的罢免程序由克罗地亚议会宪法、规章和政治体制委员会启动。该条第3款规定,克罗地亚议会罢免信息专员须预先征得克罗地亚议会信息、信息化和媒体委员会的初步意见。

5. 信息专员办事处的机构

该法第39条规定:(1)信息专员设有专员办事处,以提供专门服务。(2)信息专员办事处应根据工作类型的不同设立单独的内部各部门。(3)信息专员办事处的工作规章制度应用"国家公职人员"的条款。(4)信息专员为专员办事处的负责人。(5)专员办事处的内部组织由规章制度规定。(6)专员办事处的总部设在萨格勒布市。(7)专员办事处的经费由克罗地亚共和国国家预算保障。

6. 信息专员规章制度和内部条例

该法第40条规定:(1)专员须制定经克罗地亚议会确定的工作规章制度。该规章制度须在《人民报》[①]上进行公布。(2)工作规章制度应规定内部结构、专员的工作方式、规划和执行工作的方式以及其他涉及专员工作的重要问题。(3)信息专员须制定内部条例,规定专员办事处所需国家公职人员人数、其基本工作和任务的内容说明和指示、公职人员需具备的专业条件,其职权范围和责任,以及其他涉及专员工作的重要问题。

(二)监察专员

监察专员(inspector)对《信息公开法》的实施情况进行监督,但本法第42条第1款规定:"对本法实施情况的监察,由信息专员办事处的监察专员和其他经授权的工作人员进行。"第43条规定:"监察专员监督检查工作须在信息公开和信息再利用申请人同意的情况下进行,或基于第三方的建议及工作的需要。"第44条规定:"监察专员的工作是独立的;在监督检查法律实施情况和进行经授权的其他工作时,任何人不可利用职权或其他方式阻挠或干预监察员的工作。"

依据第45条规定,监察专员根据本法执行监督检查工作,主要包括:(1)公共机关是否指派专门的信息官员,以及信息官员是不是依据本法的规定执行工作;(2)公共机关是否制定了官方登记册,并且官方登记册是否包括了信息公开和信息再利用权利实现的要求、程序和决议;(3)公

---

① 注:《人民报》即Narodnim Novinama,克罗地亚国家官方报纸。

共机关是否依据本法第 19 条第 2 款的规定公布信息公开和信息再利用的费用;(4)公共机关是否依据本法第 10 条第 1 款的规定进行信息的公布;(5)公共机关是否依据本法第 60 条规定提交报告;(6)在信息公开和信息再利用的申请过程中本法条款应用的合理性;(7)公共机关进行其他信息公开和信息再利用的处理过程中的工作。在进行监督检查的过程中,监察员有权依据本法向公共机关要求获得相关全部信息(不适用于本法第 1 条第 4、5 款涉及的信息)。依据第 49 条规定,在监督检查完成后,监察员应完成关于公共机关违法、违规和不足之处的记录,其中包括公共机关应如何改正与法律规定不符合之处以及改正的期限。如果在监督检查过程中未确定公共机关工作的违法、违规和不足之处,监察专员须以书面形式通知受到监督检查的公共机关的负责人。此外,《信息公开法》还对监察专员的任职条件、工作方式、权利和义务等做出了规定。

六、争议解决

《信息公开法》第 25 条规定:(1)如果对公共机关的处理有异议,申请人可以在得到处理结果后的 15 日内向信息专员提出申诉。(2)如果公共机关未在规定期限内对申请作出决议,申请人也可提出申诉。(3)专员须在收到申诉后的 30 日内通过一级部门对申诉进行处理。(4)公共机关有义务在信息专员处理涉及本法第 15 条第 2、3 款规定的关于限制公开的信息的申诉时,向信息专员提供上述信息的资料,并说明情况。关于本法第 15 条第 2 款第 1 项所述信息,专员须征求国家安全委员会办公室的意见,并依据法律规定的关于资料保密性的条款进行处理。(5)信息专员有义务在收到申诉后的 60 日内,通过一级部门,进行均衡性和公众利益测试,或对(公共机关已进行的)均衡性和公众利益测试结果的准确性进行调查。(6)当专员就本法第 15 条第 2 款第 1 项涉及的信息向国家安全委员会办公室征求意见时,有义务通过一级部门将处理结果提交相关部门,期限为申请提交后的 90 日内。(7)当确定申诉有效时,信息专员可向申请人公开信息。

《信息公开法》第 26 条规定，如果对信息专员给予的申诉处理结果有异议，当事人不可直接提出反对，而是需要通过克罗地亚共和国高等行政法院启动行政诉讼程序。克罗地亚共和国高等行政法院需在 90 日对行政争议做出裁决。期间公共机关向申请人公开信息的，诉讼终止。在处理行政争议的过程中，公共机关有义务向法院提供诉讼主要涉及的本法第 15 条第 2、3 款涉及的信息。

七、发展现状

2013 年《信息公开法》与 2003 年《信息公开法》（以下分别简称新法和旧法）相比，有很多发展，主要有：

1. 扩展了《信息公开法》调整和保护范围

旧法第 2 条中规定了《信息公开法》的目的是“依据此法及其他法律，通过公共机关的公开及公共服务确保自然人及法人信息公开权的行使”；新法中则规定《信息公开法》的目的除了确保自然人及法人的信息公开权之外，还保障其对信息再利用的权利，并在该法中针对信息再利用进行了专章规定，涉及信息再利用的申请、处理、费用、禁止歧视等内容。

2. 缩小了不予公开信息的范围

旧法中第 8 条中规定，不予公开的信息包括已被定为国家机密、军事机密、政府机密、职业秘密、商业秘密的信息或是依据信息保护方面的法律而受到保护的个人信息。新法中取消了这一绝对性的规定，而是将这些秘密信息或涉及个人隐私的信息列为可限制公开的信息，最终信息的公开与否要取决于公共机关进行的均衡性和公众利益的测试。这种转变使得公共机关在处理信息公开事务中更能够针对实际情况对信息所涉不同利益进行衡量，从而更具有灵活性和应变性，客观上扩大了公众申请信息公开的范围，较好地保障了公众的信息公开权。

3. 增设了信息专员

旧法第 22 条规定了公共机关中信息官员的设置，第 24 条中规定了“行政事务部是对本法实施情况进行监督的机关”。而信息官员是公共机关处理信息公开工作的基础人员,并可能成为有关信息公开的行政争议中的一方,行政事务部则不具有专门性和专业性;因此,克罗地亚长期以来一直缺乏一个独立的、专门的、有力的信息公开主管和监督机构。为了弥补这一缺陷,新法中增设了信息专员这一主管和监督机构。首先,信息专员由议会选举产生,其工作是独立的,直接对议会负责;信息专员选举时即不得属于任何政党的成员;信息专员的薪酬和克罗地亚议会副主席的薪酬水平持平。这些都有利于保障信息专员中立的地位。其次,信息专员有权接受公众有关信息公开的申诉,摆脱了旧法中由该争议公共机关的上级机关作为申诉机关的规定,从而有利于促进信息公开争议的公正解决,增加公众对信息公开整体工作的信任和信心。此外,信息专员认为公共机关信息公开工作中有违法事项的,可以进行记录并要求公共机关更改;在公共机关不采取措施更正其工作中的违法部分时,信息专员可向克罗地亚中央政府、负责管理国家行政事务的中央行政机关或该公共机关的主管机关等报告,从而使得信息专员的决定具有相当大的威慑力。

此外,新法的改进之处还有:增加信息公开的及时性原则,对信息公开费用作出了进一步规定,对信息公开引起的行政诉讼程序的明确等。

马其顿《公共信息公开法》概览

一、法律概要

马其顿[①]《宪法》(*Constitution of Macedonia*)第16条规定:"保证个人信念、道德观念、思想和公开表达思想的自由;保证言论、公开演说、公开信息和为公开信息而设立机构的自由;保证信息的自由通道和接收及传播信息的自由;保证通过大众宣传媒介作出答复的权利;保证用大众宣传媒介进行纠正的权利;保证保护大众宣传媒介信息来源的权利;禁止新闻检查。"[②]根据1991年马其顿《宪法》第16条的规定,在2006年1月25日颁布了《公共信息公开法》(*Law on Free Access to Information of Pubic Character*),而该法在2006年9月生效。

马其顿《公共信息公开法》[③]分为十章,共50条。现对各章进行简单介绍:第一章(第1~7条)为一般规定,规定了该法的主体、该法的目标、公民获取信息自由、年度报告,以及详细罗列了信息公开的例外和部分信息访问;第二章(第8条)信息调解的官员,规定了信息持有者应有相应的信息官员作为中介与申请人和信息持有人联系;第三章(第9~11条)信息持有人的职责,规定了信息列表、信息调解等内容;第四章(第12~28条)申请信息公开的程序,规定了申请信息的程序,包括口头申请和书

---

① 马其顿共和国是位于东南欧的巴尔干半岛南部的内陆国家。原为南斯拉夫的一部分,1991年南斯拉夫社会主义联邦共和国解体后获得独立。首都与最大都市是斯科普里。议会国家最高立法机构,议员通过直选产生,每届任期四年。

② *Law on Free Access to Information of PublicCharacter*. http://www.freedominfo.org/documents/Macedonia%20FOI%20Law%20ENG%20Official%20Gazette%2013-2006.doc,最后访问日期:2013年12月20日。

③ 该法律可参见网站:http://www.freedominfo.org/documents/Macedonia%20FOI%20Law%20ENG%20Official%20Gazette%2013-2006.doc,最后访问日期:2015年8月3日。

面申请、提交申请的程序、申请的内容、需要补交的材料、需要转寄他处的申请、对于申请的处理、申请所需的期限、特殊情况下的期限延迟、提交申请所需要的语言、上诉程序、申请信息公开的费用等;第五章、第六章(第29~33条)信息委员会,规定了信息委员会的地位、委员会的组成和任免、委员会的职权及其操作方式和司法保护;第七章(第34条)规定了关于公共信息的获取;第八章(第35、36条)为对年度报告的规定;第九章(第37~43条)为刑法上的罚款规定;第十章(第44~48条)为过渡条款和最终条款。与信息公开相关的法律还有:

(一)《信息分类法》

2004年,马其顿制定了《信息分类法》(*Law on Classified Information*),该法主要确定信息的条件、标准等,并对其采取分类、保护以及使用等,并规定了对于信息应用于国际交流中的安全等问题。

(二)《个人信息保护法》

马其顿政府于2005年制定了《个人信息保护法》(*Law on Personal Data Protection*),该法主要规定保护个人的基本权利和自由,特别是关于个人信息等隐私的保护。该法适用于在国家机关、法人或私人企业的活动中所使用到的涉及个人的信息。

二、信息公开的范围

马其顿共和国《公共信息公开法》第3条概括指出"公共信息"是信息持有者以任何形式创建出来的信息,而对不予公开信息和部分公开信息做出了详细的规定。

(一)不予公开的信息

《公共信息公开法》第6条规定了信息公开的例外情况:(1)依据法律相关规定,作为信息持有者的政府主体可以拒绝公开一部分政府信息,但这些信息必须与以下几方面内容有关:①根据法律规定,包含机密情报、机密资料的信息,或者含有涉密性质的政府信息;②包含披露个人隐私内容的信息,这些信息违背个人信息保护原则;③档案文件中具有机密性质的信息；④包含披露征税内容的信息，这些信息违背税收程序秘密原则；⑤为了完成行政诉讼程序或者民事诉讼程序而披露的、包含在违法犯罪活动调查过程中的信息，这些信息的披露会对上述程序造成不利后果；⑥包含商业利益或其他经济利益在内的信息，如体现财政、税收政策利益导向的信息，这些信息的披露会影响现存各项制度运行的稳定性；⑦现行文件中包含的相关信息，这些信息关系到与信息掌控者之间关系的和谐与否，上述信息的披露可能会造成对讨论中文件的一定误解；⑧涉及环境保护内容的相关信息，且根据人类健康及环境保护原则，这些信息具有不宜公布的性质；⑨损害工业产权或知识产权的信息（专利、模型、样本、商品或货物标志、货物原始特征等）。（2）上述第（1）款中所列各项不予公开的信息，待其不予公开的事项消除后，即可公开。（3）在上述第（1）款规定的不予公开的情况下，如信息已公开发布，则信息持有者应当允许相对人查阅该信息；对利益的保护要小于公共利益的实现，这是上述信息发布应当达到的维护后果。

（二）部分公开的信息

还有一些信息不全部公开，可以部分公开。《公共信息公开法》第7条规定，在下列情况下可部分公开：如果任何文件或者其中的部分章节包含上述第六章第1款所提及的情况，而且这些文件或者相关章节能够与整体文本相分离，则信息持有者应当在不损害整体文本安全的情况下将其分离出来，并将其他可以公开的部分予以公开。

三、信息公开的程序

1. 申请

根据马其顿《公共信息公开法》第12条之规定，申请人可以通过口头和书面或电子形式对信息公开提出申请。申请人包括马其顿自然人和法人以及依照本法享有获取信息权的外国法人和自然人。

第13条规定，如果信息申请人提出口头申请，那么信息持有人有义务提供其所要求公开的信息，并详细记录在案、编制书面说明、形成文本形式。如果申请者所申请的信息不属于信息公开之例外,那么信息持有者应当立即或在10日内提供信息申请者所申请公开的信息。如果该信息持有者无法立即对申请者进行信息公开,则应由信息官员起草一份书面证明。如果申请人提出的为书面申请,在本法没有规定的情况下,依照《一般行政程序法》进行。

2. 受理及决定

本法第16条规定,信息持有人有义务向信息访问者提供由信息委员会指定的申请信息公开的表格,并且表格中应当含有信息持有者的机构名称、信息请求者的个人基本信息等,以及其申请公开信息的内容。申请人无需公开申请理由,但要提出获取信息的请求。

第17条指出,如果申请者提出的信息申请不完整,则信息持有者应当要求信息申请者加以补正,并声明不进行补正的后果。而申请者有义务在收到要求补正信息通知的3日内,修正其请求。负责调解的官员应当对此进行适当的援助。如补正后,依然不能满足本法的要求,则信息持有者有权拒绝公开信息。

第18条规定,如果信息持有者在收到信息后,发现不属于自己部门所管辖,则有义务在10日内移交给相应的部门,并通知申请人。

第20条规定,如果信息持有人公开信息,则应当编制有关报告;如果信息持有人决定全部或部分拒绝申请,则应当写明拒绝公开信息的原因。

第22条规定,如果申请的信息具有一定的特殊性或由于范围较大,则可以延长申请所需时间,不能超过40日。信息持有者必须以书面形式通知申请者时限的延长,并说明延长时限的理由。而通知必须在原期限到达的3日前发出。若信息持有人没有及时采取措施,申请人有权在8日内向信息委员会提出申诉。

第26条规定,如果信息持有者根据法律做出不予公开全部或部分信息的决定,则应当书面通知申请人。

3. 申诉

本法第28条规定,如果申请者的申请被拒绝,则有权在收到通知的

15 日内向信息委员会提出上诉。而信息委员会则需在收到上诉的 15 日内做出决定。

根据《公共信息公开法》规定,获取信息应为免费的;然而,信息持有者提供给申请者的复印件等,申请者应当缴纳相应的费用。而马其顿政府也应该根据财政部的建议,对信息持有者进行一定的成本报销。在申请者申请的信息范围较大时,信息持有者可以要求申请人预先支付获取信息的成本费。

四、主管机构

本法第 30 条规定,信息委员会在《公共信息公开法》所规定的职权范围内,其决策是独立的。信息委员会的运作资金由马其顿共和国的财政预算提供。委员会设在斯科普里。该委员会每年向马其顿共和国提交年度报告。委员会由五名成员组成,有一位主席和一位副主席,其成员的任期为 5 年。其委员会的主席、副主席和其他成员应当由马其顿议会任命或罢免,每 5 年有重新委任权。委员会的主席应代表委员并指导其工作。

第 32 条明确了委员会的职责,具体包括:(1)当信息申请人的申请遭到拒绝时,有权提出反对,并作出予以公开的决定;(2)确保《公共信息公开法》得到良好的执行;(3)编制信息持有机构名单;(4)对当下施行的法律提出意见或建议;(5)对有关的信息持有人进行处理信息的培训;(6)配合信息持有者进行信息公开;(7)对信息委员会的资金进行预算并及时上报;(8)应起草一份关于其运作的年度报告,并提交给马其顿共和国议会;(9)参加国际组织项目的实施,并应与其他国家的机构和组织在信息公开的领域进行合作;(10)关于信息公开的诉讼,管辖法院有争议时,指定法院。

2001~2010 年度关于信息公开投诉处理概况

	2001 年度	2002 年度	2003 年度	2004 年度	2005 年度
受理投诉	1107	1878	2605	1959	3053
投诉人数	5026	3077	3854	2299	3440

续表

			2001 年度	2002 年度	2003 年度	2004 年度	2005 年度
上一年留下的案件			316	360	672	1243	882
处理投诉总数			1423	2238	3277	3202	3935
处理方法	确认匿名投诉案件数量		4	11	14	25	33
	驳回投诉		662	913	1391	1828	1347
	投诉人自主放弃投诉		20	32			
	其他		59	58	79	50	84
	确定违规	提出建议或意见	318	552	550	569	803
		申诉专员介入的案件	186	329	356	417	478
		申诉专员没介入案件	132	223	194	152	299
解决案件总数量			1063	1566	2034	2320	2729
悬而未决的案件			360	672	1243	882	1206

			2006 年度	2007 年度	2008 年度	2009 年度	2010 年度
受理投诉			3076	3029	3022	3632	4043
投诉人数			3344	3271	3309	3847	4125
上一年留下的案件			1206	1039	679	824	784
处理投诉总数			4282	4068	3701	4456	4827
处理方法	确认匿名投诉案件数量		11	11	11	18	19
	驳回投诉		2329	2387	2143	2614	2981
	投诉人自主放弃投诉						
	其他		102	78	89	96	108
	确定违规	提出建议或意见	1005	965	327	1071	981
		申诉专员介入的案件	758	848	605	787	791
		申诉专员没介入案件	204	77	75	158	86
解决案件总数量			3243	3349	2877	3672	4009
悬而未决的案件			1039	679	824	784	818

挪威《信息自由法》概览

一、法律概要

1814 年《挪威王国宪法》(*Constitution of the Kingdom of Norway*)是挪威的现行宪法,第 100 条第 5 款(经 2004 年修正)规定:"人人都享有对国家和政府文件的信息公开权,以及出席法院和人民选举产生的行政机构的权利。为了保护公民个人信息安全以及有其他重要理由时,法律可以就例外情形作出规定。"该条规定构成了挪威公民信息公开权利的宪法基础。但是在宪法没有明确公民信息公开权之前,挪威即在 20 世纪 70 年代在信息公开领域进行了立法实践。

挪威第一部有关信息公开的法律是《行政公开法》(*Act Relating to Public Access to Documents in the Public Administration*),该法于 1970 年颁布。该法的制定受到当时挪威新闻界与在野党发动的要求公开行政文书运动的影响,同时也受到丹麦立法的影响,随着 1965 年挪威的政权交替,主张制定一般的行政文书公开法的政党获得政权,并效仿丹麦法于 1970 年 6 月 19 日制定了《行政公开法》。该法的主要特点是:(1)规定行政文书公开如果明显招致国民误解时,可以推迟公开或不公开;(2)关于行政文书公开的方法,要考虑公务的正确执行;(3)该法对既存的文书不适用。该法的实施机关有国家行政机构、地方公共团体和公共机构。[①] 后该法经过 1997 年、2003 年两次修改并于 2006 年废止。2006 年 5 月 19 日挪威颁布了《信息自由法》[②](*Act Relating to the Right of Access to*

---

① 刘杰:《知情权和信息公开法》,清华大学出版社 2005 年版,第 19 页。

② 该法律可参见网站:http://app. uio. no/ub/ujur/oversatte - lover/data/lov - 20060519 - 016 - eng. pdf,最后访问日期:2015 年 8 月 3 日。

Documents Held by Public Authorities and Public Undertakings，简称为 *Freedom of Information Act*)，该法就挪威信息公开法律制度进行了重新规定与改进，成为挪威在信息公开领域最重要的一部专门性法律。《信息自由法》第1条规定，本法的目的是推进建立公开和透明的公共行政，并由此加强信息自由、言论自由、民主参与、对公民的法律保护、公民对公共机关的信任以及公众对公共机关的监督。该法还将促进对公共信息的再利用。

挪威《信息自由法》全文共分为五章33条。第一章(第1、2条)主要为介绍性规定，包括本法的目的、范围。第二章(第3～12条)主要规定了信息公开的主要原则，其中包括对“文件”等相关含义的明确，以及延期公开、禁止歧视原则、公共信息的利用、信息公开的收费原则、申请校对信息库中的信息、行政机构制作记录和在互联网上进行信息公开等内容。第三章(第13～27条)主要规定了不予公开的信息即信息公开的例外情形，包括保密信息不公开、内部文件不公开、皇室特定文件不公开、法院文件不公开、因外交利益不公开等。第四章(第28～32条)主要规定了信息公开的程序和申诉，包括信息公开的申请、处理程序、信息公开的方式、申诉等内容。第五章(第33条)最终条款主要规定了该法的生效时间和过渡规定。

挪威除《信息自由法》外，《安全法》、《国防秘密法》、《刑法》中也涉及了信息公开的内容。

挪威于1998年5月20日制定《安全法》(*Security Act*)[①]，该法旨在采取有效措施保护国家领土安全和其他重要的国家安全利益的因素，维护公民的宪法权利，以及确保人们对监督防护安全服务基本系统的信任和及对该系统的简化。行政机构必须适用该法规定。该法第四章涉及信息安全的内容，其中第11条就秘密信息的密级进行了划分，分别为绝密、

① 该法全文可参见网站：http://www.legislationline.org/documents/action/popup/id/5473，最后访问日期：2014年2月10日。

机密、秘密、限制性秘密，并规定一项秘密信息的保密期限不得超过30年。此外由国家安全局负责该法的实施。《国防秘密法》(*Act on Defence Secrets*)中规定禁止政府官员公开军事秘密，同时也禁止其他包括记者在内的人或组织对军事秘密进行收集和公开。《刑法》(*Criminal Code*)第90、91条规定对泄露秘密的人将处刑罚，而刑罚包括最长至10年的监禁。[①]

二、信息公开的范围

《信息自由法》第2条规定了进行信息公开的义务主体。对于非信息公开义务主体的组织、机构，公民不得申请其进行信息公开。第2条规定本法适用于：(1)国家、郡、自治市的公共机关；(2)制定个别裁定或规章的其他法人组织；(3)国家、郡、自治市的公共机关直接或间接享有的股份可以使其在(法人组织)最高机构享有过半以上投票权的独立的法人组织；(4)国家、郡、自治市的公共机关直接或间接享有的股份可以使其在(法人组织)最高机构享有对选举人员过半以上投票权的独立的法人组织。但(3)、(4)两款规定不适用于主要作为私法人组织从事商业竞争活动的法人组织。对于被公共收购或是类似(3)、(4)中提到的实体，本法从符合条件(完成收购等)之月后的第4个月末开始适用。国王可以规定(3)、(4)中涉及的独立的法人组织不适用本法，或是规定对这些组织持有的特定文件不得适用本法。此类规定必须结合该法人组织的性质、竞争力或是其他的特殊因素进行考量。同样对于法人组织的绝大部分文件免于公开的，也应当进行重要的考量。国王还可规定(3)、(4)之外的由国家或自治市公共机关所有的独立的法人组织全部或部分地适用本法。本法不适用于议会、[②]审计署、议会监察专员等其他议会组织机构，以及适用涉及行政司法化法律的法院及其他公共机构。此外，本法也

---

① David Banisar, *Freedom of Information Around the World 2006—A Global Survey of Access to Government Information Laws*, *Privacy International*, 2006. p. 117.

② 注：挪威议会(挪威语：Stortinget)的英文名称为“Storting”。

不适用于执行《刑法》时的警察局和检察院。国王可以规定哪些法律可视为涉及行政司法化,也就是说一些适用行政司法化法律的机构可能仍适用本法。除国王作出特别规定外,本法适用于斯瓦尔巴特群岛。

该法第 3 条规定,除法律法规作出例外规定外,行政机构的事例文件、记录或登记必须公开。任何人都可以申请行政机构公开其自身的事例文件、记录或登记。第 4 条规定,"文件"指的是为了以后的阅读、听取、展示、传送或类似的目的而储存在一定媒介上的一定数量的信息。行政机构的事例文件指的是行政机构在其职责或活动范围内自身制定或收到的文件。当行政机构对一文件进行分发时,该文件视为制定完成。如果上述没有进行分发,则当文件实际完成时视为制定完成。下列文件不得作为行政机构的事例文件:(1)任何图书馆或博物馆收藏的文件;(2)任何私法人组织为了安全向公共档案馆提交的文件;(3)任何交由行政机构在其发行的期刊公报上公开的文件;(4)任何行政机构收到的与具体事例无关的报纸、广告等;(5)任何由行政机构的工作人员通过非工作身份获得的文件。"行政机构"指的是适用本法的一切实体。第 6 条规定了禁止歧视原则:依据本法处理信息公开案件时,针对类似的申请,禁止歧视。不得订立批准任何人享有信息专有权的协议。申请人是行政机构或是国有机构的,如果申请的目的并不涉及该机构的法定职责,则这种情况不构成歧视。为了公共利益必须订立信息专有权协议的,可以不适用第 1 款的规定。订立信息专有权协议理由的有效性,必须每 3 年进行一次审查。依据本款订立的信息专有权协议必须公开。针对法律法规规定公众享有公开权的信息,不得订立信息专有权协议。

关于信息公开的范围,《信息自由法》第 11 条规定,除不予公开的情形外,行政机构应当全部或部分公开信息。当信息公开所涉及的公共利益重于不予公开的需要时,行政机构应当进行公开。因此明确不予公开的信息,对于确定信息公开的范围具有重要意义。该法第三章第 13 ~ 27 条对于不予信息公开的情形进行了具体规定。不予公开的信息包括:

1. 保密信息。第 13 条规定,依据法律负有保密义务的信息不予公开。信息的保密义务只有经过相关权利人同意才得终止，当申请公开的文件包含保密义务的信息时，应当将该申请以及申请理由提交给相关权利人，该权利人在合理期限内作出答复。相关权利人没有作出答复的，应当视为拒绝终止信息的保密义务。

2. 行政机构的内部文件。第 14 条规定，行政机构的内部文件可以不予公开，但不适用于包含行政机构对案件作出最终决定的文件或文件的若干部分；行政机构处理案件的一般准则；内阁会议中已经由国王批准的提案的理由；对文件内容作出的简要描述，但不包括涉及内部评价的描述。但是国王也可以规定涉及国家机构或国有机构的特殊文件必须公开。

3. 为处理案件从外部获取的文件。第 15 条规定，为了确保作出正确的内部决定，行政机构可以对其从下属机构获取的帮助其处理案件的文件不予公开。一个政府部门也可以对其从其他部门获取的帮助其作出决定的文件不予公开。此外，任何文件涉及行政机构获取的帮助其处理案件的建议和评价的，出于保护该案件中的政府利益，也可以不予公开。本条不予公开的情形相应地适用于涉及上级机构同其下属机构之间开会的会议记录、政府部门同行政机构以及为其提供建议和评价的任何个人之间开会或接见的记录。但对某一事项进行蹉商时按一般程序所获取的文件可以公开。但第 16 条规定，上述第 14、15 条不予公开的规定不适用于：(1)提交给由选举产生的自治市机构或郡机构的事例文件及附件；(2)任何自治市机构或郡机构会议的议程；(3)任何自治市或郡的筹划委员会、审计机构或申诉委员会制定或获取的文件；(4)第 14 条规定还不适用于任何自治市筹划委员会及该委员会秘书处与郡筹划委员会及委员会秘书处之间交换的文件。此外，同样依据特殊法律建立或是承担了《地方政府法》(*Local Government Act*)第十一章规定的义务的自治市机构或郡机构产生或获取的文件，可以公开。

4. 皇室的特定文件。第 17 条规定，涉及皇室成员将作出或已经作出的讲话的文件以及涉及皇室成员旅游行程的文件，可不予公开。但皇室成员已经正式作出最终讲话的、涉及该讲话的文件可以公开。旅游已经进行或旅游行程已经公开时,有关旅游行程的文件可以公开。

5. 行政机构的诉讼文件。第 18 条规定,行政机构在挪威法院作为诉讼一方当事人制定或获取的文件可不予公开。

6. 同萨米议会(Sami Parliament)[①]谈判中交换的文件。第 19 条规定,在国家机构(state agencies)同萨米议会及萨米组织(Sami Parliament and Sami Organizations)就《国际劳工组织公约》(*International Labor Organization Conventions*)中《关于独立国家土著和部落民族的 169 号公约》(*No. 169 Concerning Indigenous and Tribal Peoples in Independent Countries*)第 6 条进行谈判过程中互换的文件,可不予公开。但就任何事项进行谈判过程中作为一般程序互换的文件,可予公开。

7. 涉及挪威外交利益的信息。第 20 条第 1 款规定,为保护挪威的外交利益,以下信息可不予公开:(1)依据国际法规定,不得公开的信息。(2)依情形或既有惯例不得公开的信息。(3)涉及挪威在尚未结束的谈判中的谈判地位、谈判策略等信息;谈判结束的,有合理理由认为会就同样事项继续进行谈判的,上述信息仍可不予公开。该条第 2 款规定,挪威同国际组织就有关可能对挪威法律产生影响的国际标准的制定进行互换的官方文件中包含的信息,依据第 1 款第 2 项,只有在其涉及挪威重大外交利益时可不予公开。在谈判过程中已经呈现出的、有关挪威谈判地位的信息可免于公开。不符合前两款提及的情形,但关涉到挪威特别重大的外交利益的信息可不予公开。

8. 涉及国防利益和国家安全利益的信息。第 21 条规定,涉及国家安全利益或国防利益的文件,不予公开。

---

① 注:萨米人也称"拉普人",是北欧地区的原住民,欧洲最大的原住民族群之一,也是欧洲目前仅存的游牧民族。萨米人把自己所开垦的区域称为萨米(Sápmi),横跨芬兰、挪威、瑞典、俄罗斯四国国境,包括瑞典 2 万人、挪威北部 4 万人、芬兰 6500 人和俄罗斯科拉半岛的部分地区 2000 人。1956 年由芬兰、挪威与瑞典的萨米人建立了萨米议会,旨在将整个北极地区视作一个"萨米国家",增加自主权,维护萨米人整个族群的共同利益。

9. 特定预算信息。第 22 条规定,政府部门制定的涉及政府预算的文件可以不予公开。下属机关和机构、皇室、国家行政法院、萨米议会涉及政府或政府部门初步预算拨款信息的文件,也可不予公开。

10. 涉及政府管理、谈判立场、招标等的文件。第 23 条规定,为保障相关机构进行财务、薪酬、人事方面妥善的管理,相关信息可不予公开。为保障谈判的良好进行,涉及同农业、渔业、驯鹿饲养组织谈判的框架协议的信息可不予公开。在决定供应商之前,涉及受《公共采购法》(*Act of 16 July* 1999 *No.* 69 *Relating to Public Procurement*)规则约束的招标(报价)及相关记录的信息可不予公开。涉及国家、郡、自治市机关享有所有权利益的公司的文件,除该公司在本法适用范围内的,可不予公开。

11. 涉及管制措施、有助违法行为、损害公民利益和环境利益的信息。第 24 条规定,信息公开违背公共管制措施或其他行政命令、规定,或妨碍其执行的,该信息可不予公开。公民就违法行为作出的报告、密报或类似文件,可不予公开。在案件得到裁判之前,公共机构对违法行为作出的报告、密报等文件,也可不予公开。信息公开有利于犯罪行为的,则该信息可不予公开。同样,信息公开会损害公民利益或是有利于危害(特别脆弱或濒临消失的)生态环境的行为的,该信息可不予公开。

12. 涉及任命、升职等信息。第 25 条规定,涉及公务员任命和升职的文件,可以不予公开。但涉及主教任命的提名决定或选举结果、有关公务员申请人的名单必须进行公开。相关机构应当在提交申请的最后日期结束后制定一份名单,其内容包括申请人的姓名、年龄、职位或专业技术职称以及居住地或工作所在地。但是,经申请人要求,有关申请人的信息可不予公开。在决定是否同意申请人的要求时,应当参考其申请职位是否具有特殊的重大公共利益。涉及申请人要求不在名单上公开其姓名,但最终仍必须公开情况的,招聘公告上必须对此予以说明。

13. 第 26 条规定,涉及考试答案、成绩、奖励的信息、个人信息及特定政府信息,考试或类似测试中提交的答案以及在比赛或类似活动中提交的记录,可不予公开。在相关考试或类似测试、比赛进行之前,考试、测试或比赛的内容可不予公开。有关教育认证的成绩和证书也可不予公开。涉及某人将获取奖励、荣誉的信息，在颁奖之前可不予公开。当涉及某人已经获得奖励、荣誉的信息时，在颁奖之后也可不予公开。记录在个人信息登记簿上的个人照片，可不予公开。通过持续、定期不断地人身监控所获得信息，也可不予公开。涉及政府财政援助或咨询案中研究思路或研究计划的信息，可不予公开。

此外，第二章第12条还规定，行政机构对文件部分免予公开的，该机构也可对文件的其余部分不予公开，如果：(1)其余部分会引起人们对文件内容明显的误解；(2)没有合理的理由要求该机构作出分别处理；(3)免于公开的信息构成了文件最重要的部分。第27条则规定，对于文件的绝大部分内容可以或应当不予公开的情形，国王可以规定文件全部内容都不予公开。国王还可以规定，出于维护安全的必要考虑，档案库中的文件可以不予公开。

三、信息公开的方式及程序

（一）信息公开的方式

《信息自由法》第10条规定了行政机构主动进行信息公开的方式，即“依据《档案法》以及相关法律法规的规定，行政机构负有制作记录的义务。国王可以规定行政机构在因特网上公开其制作的记录以及公开的方式。除文件具有法定的保密性外，适用本法的行政机构可以在因特网上公开其文件。国王可以规定，不得在因特网上公开涉及私人信息和第三方享有知识产权的信息。”

《信息自由法》第30条规定了行政机构依申请进行信息公开的方式，依据该条规定，申请人可以申请行政机构提供文件的纸质或电子复印件。由国王特别规定的实体，有权复印所有现存的格式或语言文本。对于文件已经公开格式或版本的，申请人不享有获取文件复印件的权利。国王可以作出规定，对第三方享有知识产权的文件以及出于保护文件的原因，申请人不享有获取文件电子复印件的权利。

(二)信息公开的程序

《信息自由法》第四章第28～31条就信息公开的申请、受理和决定程序进行了规定,主要有:

1. 申请

该法第28条就信息公开申请进行了规定,“信息公开申请必须涉及某一具体案件或者是对案件具体类型进行了合理限定。该规定不适用于公报或类似登记的申请”。但该法对申请形式等并没有涉及。在挪威具体信息公开实践中,申请信息公开可以以任何形式(书面、口头等)提起,同时可匿名提起信息公开申请[①]。

2. 受理

《信息自由法》没有规定就申请作出答复的期限,但在实践中收到申请的公共机关必须就申请立即作出答复,司法部制定的内部指导文件规定公共机关必须在3日内作出答复。议会监察专员在2000年规定,除涉及特殊实际困难的情况外,应当在申请的当天或至少是在3个工作日内作出决定[②]。该法第29条规定,收到信息公开申请的行政机构应当就申请进行实质和独立的考量。对申请的处理不得有不合理的延误。针对不同类型的案件,应当由何种行政机构进行处理,国王可对此依法制定规则。

3. 决定

决定形式包括延期公开决定、不公开决定和公开决定等。该法第5条则规定了延期公开的情形,即如果有理由认为信息会对事例直接造成误解,信息公开会因此给公共利益或私人利益造成损害的,在获得利益相关者认可或是发生了一定事件必须公开文件时,公共机构可以在此特殊情况下决定延期公开文件。但具体可延迟的期限法条没有涉及。该法第

① David Banisar, *Freedom of Information Around the World* 2006—*A Global Survey of Access to Government Information Laws*, *Privacy International*, 2006, p. 116.

② David Banisar, *Freedom of Information Around the World* 2006—*A Global Survey of Access to Government Information Laws*, *Privacy International*, 2006, p. 116.

31条规定了拒绝信息公开的程序，即拒绝信息公开申请的，应当以书面形式作出。行政机构应当指出拒绝公开所依据的法条。当依据第13条拒绝的（保密信息不公开），行政机构还应当指出设置保密义务的法条。当拒绝是依据规章作出的，行政机构应当对此进行说明并且指出拒绝信息公开所依据的规章条款。拒绝公开的通知应当告知申请人其享有申诉权以及提出申诉的期限。需要注意的是，该条还规定，任何申请被拒绝的人可以在收到拒绝通知的3周内要求行政机构进一步提供拒绝的理由，其中包括作出拒绝的重要考量因素。行政机构应当在收到该申请后10个工作日之内尽早提供书面的理由。

（三）信息公开的费用

《信息自由法》第8条规定了关于信息公开费用的主要原则，包括：第1款规定，行政机构只能依据本法就信息公开收费，在这种情况下，依据第2、3款制定的法规也可规定收费。第2款规定，国王可以就抄本、打印本或复印本的收费制定法规。收费标准应当为整体收费不得超过复印及传送文件所花实际费用。第3款规定，国王可以就文件本身性质的特殊性或是行政机构有合理理由，规定对信息公开收费。收费标准应当包括不超过收集、制作、复制或传送信息以及投入精力等所应获得合理报酬所花实际费用的整体费用。

四、主管机构

《信息自由法》中没有规定信息公开的主管机构，但在挪威极其重要的一个涉及信息公开以及其他公共行政事务监督和主管机构是监察专员，该机构在保障公民基本权利、处理行政争议方面具有突出作用。监察专员（全称为议会公共行政监察专员，storting's ombudsman for public administration）。有关监察专员的产生、职能、运行等内容详细规定在其专门性法律——《监察专员法》（*Act concerning the Storting's Ombudsman for Public Administration*）中，该法于1962年6月通过并于当年10月生效，挪威议会在2011年12月通过了对该法的修正案。

1. 在产生、运行方式方面,挪威每一届议会选举完成后,应当选举议会监察专员。监察专员必须符合担任一名最高法院法官所应具有的资质,且不得为议会成员。除了议会就监察专员的职能作出的一般性规定外,监察专员独立于议会、自主地履行其职能。未经议会同意,监察专员不得担任其他公、私职务。

2. 在职能任务方面,监察专员的任务是作为议会的代表,按照本法中规定的方式,努力确保公共行政机构不对公民个人实施不正义之事,并帮助公共行政机构尊重和保障人权。监察专员的权力可以约束公共行政机构和所有参与其服务的人。但是,监察专员的权力范围不涉及议会已经作出决定的事项、内阁会议上国王批准的决定、法院的职能、法律规定的只能由自治市委员会和郡委员会作出的决定等。

3. 在案件处理方面,监察专员可以依其职权主动处理案件,也可以依申请进行。任何人认为自己受到公共行政机构不公正对待的,可以向监察专员投诉,投诉应以书面的方式作出,并注明投诉人的姓名。该投诉必须在行政行为实施或终止后 1 年内提起。如果投诉人先前向原行政机构的上级机构进行申诉,则投诉期限从该上级机构作出决定时起算。监察专员应当考量受理投诉的理由是否充分。监察专员可以要求公共官员以及在公共行政机构工作的所有其他人员向其提供其履行职责所需的信息。监察专员可以进入任何其管辖范围内的行政机构和企业的工作场所、办公室和其他场所。监察专员的事例文件是公开的。监察专员有权对一份文件全部或部分不予公开作出最终决定,监察专员应对其在工作过程中接触到的信息作出保密承诺,且其离职后保密承诺仍有效。监察专员可以指出公共行政机构的不作为或行为不当,认为理由充分的,还可通知检察院或涉案官员的任命机关采取必要的措施。

五、争议解决

挪威《信息自由法》在第 32 条规定了申请人对于批准信息公开的决定不可进行申诉,对依本法作出拒绝信息公开的决定,可以向作出决定的行政机构的上一级行政机构进行申诉。若拒绝决定是由自治市或郡行政机构作出的，则申诉机关为郡长。国王可以制定法规，规定涉及中央政府机构等作出决定的申诉机关。当申诉是针对一个政府部门提起的，该部应当告知申诉人，对于在内阁会议中国王通过的决定，申诉人不享有向议会监察专员申诉的权利。申诉机构在收到申诉后应当进行及时处理并作出决定。此外，适当情形下，还应当适用《公共行政法》。

除《信息自由法》规定的申诉方式外，公众还可以在申诉后向监察专员投诉或向法院起诉，但向法院起诉的情况并不多见。[①] 依据《监察专员法》，监察专员的职责是调查公共机关在处理公共事务的过程中是否存在行为不当或是给予人们不公正对待的情形，并对符合这种情形的事项给出法律意见；该意见不具有法律约束力，但是通常行政机关会接受监察专员的意见（少数情况下不接受监察专员意见的，专员会建议投诉人到法院起诉[②]）。监察专员不仅可以审查行政机构的决定，而且也可审查其他行政行为等与该机构活动有关的事项。专员享有自主调查权，但实践中主要是通过公民个人、组织或其他法律实体向监察专员投诉进而促使专员开展调查的。当行政机构不能就书面申请作出答复或是处理申请的时间超出了法定期限，公众就可以向监察专员投诉，从而获得由这样一个中央独立机构对案件进行调查的机会。相对于到法院提起诉讼来说，向监察专员寻求救济是一种有益的、实用的选择。很重要的一点是公民可以自主和专员沟通、解释，而不需寻求律师等专业人员的帮助，节省了相关救济成本。公众可以通过书面形式投诉，也可以到监察专员的官方网站上填写电子投诉表。

---

① David Banisar, *Freedom of Information Around the World* 2006—*A Global Survey of Access to Government Information Laws*, *Privacy International*, 2006, p. 116.

② 《挪威监察专员 2011 年年度报告》, http://www. sivilombudsmannen. no/getfile. php/Filer/Årsmelding/Do - k4 - eng - 2011. pdf, 最后访问日期：2014 年 2 月 11 日。

监察专员处理投诉流程图①

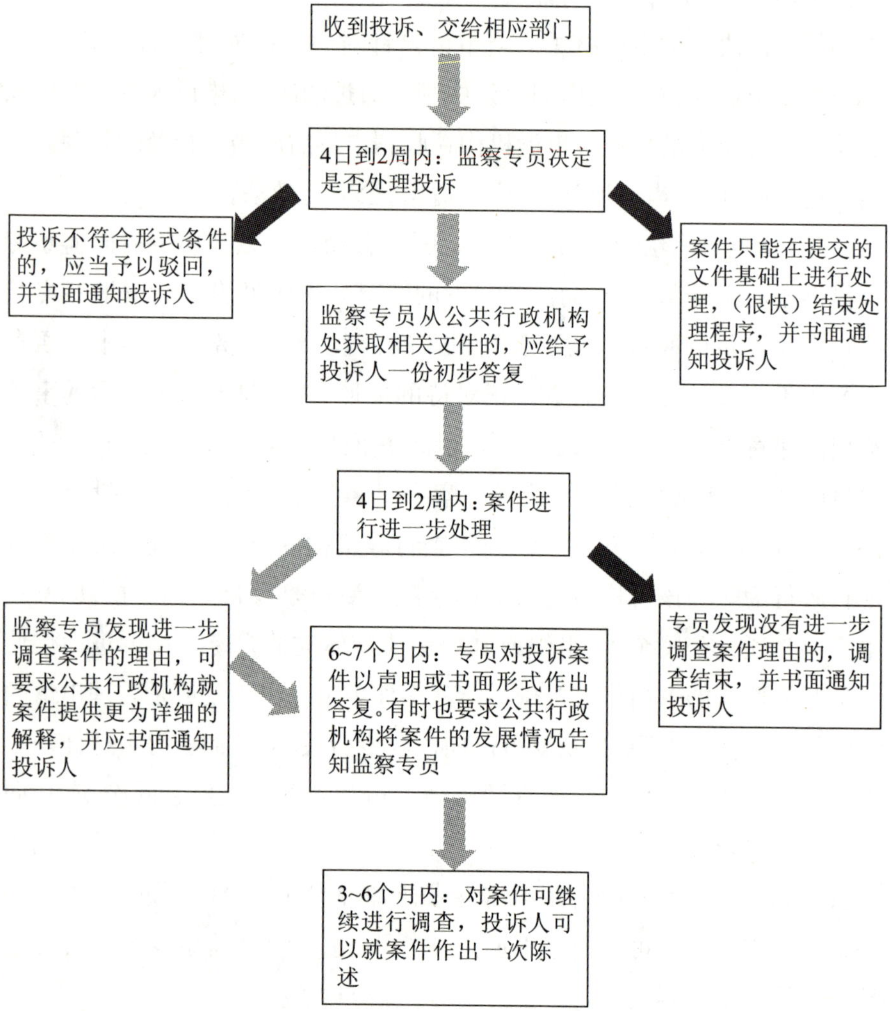

六、发展现状

挪威政府一直在积极推动本国信息公开的发展与完善，主要表现在

① 《挪威监察专员 2012 年年度报告》，http://www. sivilombudsmannen. no/getfile. php/Filer/Årsmelding/Annual%20report%202012. pdf，最后访问日期：2014 年 2 月 11 日。

资金的支持;例如,2007 年 4 月,挪威政府向泛美开发银行投入 490 万美元资金,用来开展有关信息公开、透明化和反腐败活动。泛美开发银行以此基金建立了一个新的信托基金——反腐败活动基金,来增强泛美开发银行成员国的机构能力、提升整体政府管理水平、防范腐败、促进政府信息公开与透明。同时,挪威还积极地参与信息公开领域内的跨国协作,如 2009 年 6 月 18 日,挪威签署加入了《官方文件公开公约》,该公约是由包括挪威在内的 12 个欧盟委员会成员国签订的、有关公权力机关公开官方文件的、第一个具有国际约束力的法律文件。其他 11 个国家分别是比利时、爱沙尼亚、芬兰、格鲁吉亚、匈牙利、立陶宛、马其顿、黑山、挪威、塞尔维亚、斯洛文尼亚和瑞典。在未来欧洲委员会成员国也可以自由加入。该公约也存在一定的问题,如不能强制立法和司法机构适用该公约;缺乏能够强制政府机构实施信息公开的申诉或监督机构;政府主动公开的不涉及特定重要信息,如财政信息、采购信息等;对处理申请的期限没有作出规定。① 加入该公约对于挪威在信息公开领域方面加强同欧洲范围内其他国家间的相互协作与监督起到了积极的作用。

2010 ~ 2012 年挪威监察专员接受、处理案件表

年份	案件总量(件)	撤销(件)	处理(件)
2010	21	8	13
2011	29	15	14
2012	39	14	25

① 参见网站:http://www. freedominfo. org/regions/europe/norway/,最后访问日期:2014 年 2 月 18 日。

欧盟信息公开法概览

一、法律概要

欧洲联盟(European Union)并不是一个主权国家。欧盟的发展共分为四个阶段①,因此在对欧盟的信息公开法进行探讨时,或多或少会涉及它的四个发展阶段的立法情况,在这四个阶段中出现的法律文件也是对欧盟信息公开法的有益补充。

在关于获取欧盟议会(European Parliament)、欧盟委员会(Commission)和理事会(Council)文件法律案(Public Access to European Parliament,Council and Commission Documents)颁布前,由欧洲联盟机构掌管的获取文件的权利由关于对欧盟理事会和委员会文件的公开的1993年法典所规定。该法典规定了由欧盟部长理事会和欧盟委员会所持有的文件的获取权。访问者不仅可以查询文件还可以免费获得该文件。文件可因以下原因而被拒绝访问:为了保护公共利益,包括公共安全、国际关系、货币稳定、法院诉讼程序、检查和调查;涉及隐私、商业和工业机密、共同体的财务利益、机密的保护和各机构程序机密的机构利益的

---

① 欧洲联盟简称欧盟,总部设在比利时首都布鲁塞尔,是由欧洲共同体(European Community)发展而来的,主要经历了四个阶段:1951年4月18日,法国、联邦德国、意大利、荷兰、比利时和卢森堡在巴黎签订了建立欧洲煤钢共同体条约,欧洲煤钢共同体正式成立。1957年3月25日,这六个国家在罗马签订了建立欧洲经济共同体条约和欧洲原子能共同体条约,统称《罗马条约》,欧洲经济共同体和欧洲原子能共同体正式组建。1965年4月8日,六国签订的《布鲁塞尔条约》决定将三个共同体的机构合并,统称欧洲共同体。1991年12月11日,欧共体马斯特里赫特首脑会议通过了以建立欧洲经济货币联盟和欧洲政治联盟为目标的《欧洲联盟条约》,亦称《马斯特里赫特条约》(简称"马约")。1993年11月1日"马约"正式生效,欧共体更名为欧盟。克罗地亚于2013年7月1日成为欧盟第28个成员国。以上摘自 http://baike. baidu. com/link? url = HU1o6t8MG0Yztnk5qR5ZB0F_jdtXPo89346Xeyxh1hwQK_iJjySV - MvzKdMooqZn,最后访问日期:2014年4月20日。

保护。如果申请访问者的要求被拒绝,他们可以向欧盟申诉专员(european ombudsman)投诉。

欧盟议会、欧盟理事会和欧盟委员会在2001年5月30日颁布了2001年第1049号欧共体法律案即《关于获取欧盟议会、欧盟委员会和欧盟理事会文件法律案》[①]。在伯明翰、爱丁堡和哥本哈根召开的欧盟理事会会议的结论强调了需要在欧盟机构的工作中引入更大的透明度。该法律巩固了该动议,并且欧盟机构已经采取措施以期提高决策过程的透明度。

由于公开文件信息等问题并没有写在欧洲钢铁共同体和欧洲原子能共同体的条约中,欧盟议会、欧盟理事会和欧盟委员会应该根据附在阿姆斯特丹条约最后法案的第41号声明,在涉及到这两个条约中有关活动的文件时从该法律案中汲取指导。

在欧盟机构立法能力包括获授权力,同时在保持机构决策程序的有效性而采取的活动上,更广泛的获取官方文件的权利应当被赋予。这些文件应当在最大可能的程度上可以进行直接访问。

现行的欧盟信息公开法为关于获取欧洲议会、欧洲委员会和理事会文件法律案,该法案于2001年5月颁布,共分为两大部分。

第一部分对该法案的产生、依据和基本信息进行了综合的概述,但并没有采用条文的形式展示,而是在条文前面用叙述性的语言加以阐述的。包括了以下几项内容:对敏感文件(sensitive content)进行了概述,即在考虑到高度敏感的内容时,一些官方文件应给予特殊考虑。通知欧盟议会关于这些文件内容的安排,应该通过机构间的协议做出;例外条款事项,即原则上,所有的关于这些机构的文件应该公之于众。涉及特定的公共和私人利益时,需要由一些例外条款的方式加以保护。这些机构应当被授权来保护内部商议和探讨,这些商议和探讨对于保证他们有能力来履

① 该法律可参见网站:https://en. wikipedia. org/wiki/Freedom_of_information_laws_by_countrycite_note-31,最后访问日期:2015年8月25日。

行义务来说是必要的。在评价这些例外的事项时，应该考虑涉及私人数据保护的共同体立法上的原则，共同体的立法涉及了联盟的所有方面的活动。文件的范围，即为了使这些机构的工作进一步开放透明，获取该文件的权利应由欧盟议会、欧盟理事会和欧盟委员会来赋予。这些文件不仅包括由该机构制定的文件也包括由这些机构接收的文件。所有涉及这些机构的文件的公开的规定应当符合该法。救济途径，为了确保获取官方文件的权利得到充分的尊重，应当采取双层的行政程序，与此同时还有法庭诉讼程序和向申诉专员的投诉程序。权力机构的义务，每个机构应该采取必要的措施来告知公众新的规定，培训工作人员协助公民在该法的规定下行使自己的权利。为了确保公民更容易行使他们的权利，各个机构应该提供查询文件的公共文件登记录(public registers of documents)。该法第11条对公共文件登记录也进行了规定：为了确保在该法适用过程中公民权利的有效性，每个机构应当提供公共文件登记录。文件的登记应该以电子形式进行提供。对文件的参考应当及时记录在登记录上。对每个文件来说，该登记录应该包含一个查询号码(包括去哪申请，如何在不同的机构间进行查询)，主题和对文件内容的一个简短的描述，并且还要有该文件接收的日期或创制的日期和登记在册的日期。该参考应该以不破坏第4条规定保护的利益的方式做出。该机构应该在2002年6月3日以前立即采取必要的措施建立一个登记录，这是对欧盟机构建立公共登记录的要求。欧盟权力机构和成员国之间的关系，在忠实的合作原则下，保持着机构和成员国的联系。各成员国应该注意不要妨碍正确适用该法律并且应该尊重该机构的安全规则。该法律对于成员国、司法当局或者调查机构的获取官方文件的权利是公平的。

第二大部分是对该法案全文的详述。该法案共有19个条文，每个条文下都对本条文的内容用简单的词语进行了总结。第1条立法目的：首先是确定关于获取涉及公共或私人利益的欧盟议会、理事会和委员会(以下简称欧盟机构)的文件的原则、条件和限制理由。该法的第一个目的就是确立信息公开的原则、条件和限制理由，做到有法可依。其次是建立保证最简单地行使这项权利的规则，即保障公民方便、快捷地行使该项权利。最后是促进获取文件良好的行政实践。这是该法的最终目的，即通过官方文件的公开促进本联盟的行政实践的发展，更好地为公民服务。第 2 条是受益者和范围；第 3 条是有关定义，包括“文件”和“第三方”的定义；第 4 条是关于不予公开文件的情况；第 5 条是关于成员国文件的情况；第 6 条是申请的形式；第 7 条是初步申请的程序；第 8 条是关于复议程序；第 9 条是对于敏感文件的处理；第 10 条规定了申请后的决定公开的程序；第 11 条是关于登记簿的情况；第 12 条是关于通过电子形式等记录形式直接获取文件的规定；第 13 条是关于有些文件需要在官方公报上予以刊登的情况；第 14 条是关于信息的情况；第 15 条是关于各机构的行政实践情况；第 16 条是关于文件的复制情况；第 17 条是关于对各机构年度报告的要求；第 18 条是关于各机构适用该法律采取的措施情况；第 19 条是关于该法案的生效情况的叙述。与信息公开相关的法律还有：

(一)欧洲共同体条约

《欧洲共同体条约》(*EC Treaty*)是早期六国签订的条约，欧盟议会和欧盟理事会考虑到建立欧洲共同体的条约，尤其是第 255 条第 2 款，并考虑到该共同体的建议，按照该条约的第 251 条的程序采取了行动，制定了该法。

《欧洲共同体条约》第 1 条第 2 项坚持开放的理念，这表明该条约在增强欧洲各国的信息联系方面迈出了新的一步。其中做出的决定的公开性越来越可能并且和公民越来越紧密地联系在了一起。开放性让公民更紧密地参与了决策过程，保证了政府在民主体制下享有更大的合法性，并且政府更加有效并更加负责。开放性有助于加强民主原则，并且也是对欧盟条约第 6 条中关于基本权利和欧洲基本人权宪章的尊重。

根据《欧洲共同体条约》第 28 条第 1 款和第 41 条第 1 款，获取信息的权利同样适用于涉及普通外交和安全政策、警察和犯罪问题的司法合作等事项。每个机构应该尊重其安全规则。

(二)欧盟条约

《欧洲联盟条约》(*Treaty of Maastricht*),通称《马斯特里赫特条约》,它是于1991年12月9日至10日第46届欧洲共同体首脑会议上签署的条约,包括《欧洲经济与货币联盟条约》和《政治联盟条约》。这一条约是对《罗马条约》的修订,它为欧共体建立政治联盟和经济与货币联盟确立了目标与步骤,是欧洲联盟成立的基础。① 欧盟条约中规定的内容直接被该法律案所引用,尤其在申诉专员方面起到了补充该法案的作用,下面有关内容将做阐述。

(三)欧洲人权公约

《欧洲人权公约》(*European Convention on Human Rights*,*ECHR*)第10条表明,表达和信息自由权作为一项基本人权受到保护。《欧洲人权公约》第10条与《世界人权宣言》(UDHR)第19条、《公民权利和政治权利国际公约》(ICCPR)和《美洲人权公约》(ACHR)第13条的细微差别在于,《欧洲人权公约》保护"接受和传递"信息的权利,而不是"索取"信息的权利。②

(四)欧盟基本权利宪章

由欧盟27个成员国(现在是28个)于2000年通过的《欧盟基本权利宪章》(*Charter of Fundamental Rightsof the European Union*)确立了欧盟所保障的人权。《宪章》第42条准许在下列条件下享有获取欧盟机构所持文件的权利:欧盟的任何公民以及任何在欧盟成员国居住或拥有注册办公处的自然人或法人,都有权获取欧盟议会、欧盟理事会和委员会的文件。

---

① 参见网站:http://baike. baidu. com/link? url = g _ IQ3W - jWyk _ g7QO5cR1FsDRpj7QcQCT6GhijS8J1Td1LrucAldQhTA5AAmD1hzT,最后访问日期:2014年4月20日。

② 托比·曼德尔:"牙买加的信息公开法",龚文库等译,载联合国教科文组织《信息自由:多国法律比较》2008年版,参见网站:http://www. chinatransparency. org/newsinfo. asp? newsid = 9484,最后访问日期:2014年4月20日。

《欧盟基本权利宪章》本是一个"政治性"文件,凭借修正《欧盟条约》的《里斯本条约》第6条和建立欧洲共同体的《条约》(《改革条约》),《宪章》将具有法律约束力。欧洲的国家元首们于2007年12月签署《改革条约》,后获得了批准。《欧盟基本权利宪章》建立在各成员国的宪法传统之上,因此,《宪章》对信息权的承认意味着这一权利不仅普遍被认可,而且被欧盟国家广泛地视为一种基本权利。

(五)阿姆斯特丹条约

《阿姆斯特丹条约》(*Amsterdam Treaty*)第255条规定:本联盟的任何公民、任何居住在成员国的自然人或者具有在成员国注册办事处的法人,有获取欧盟议会、欧盟理事会和欧盟委员会文件的权利,但是应根据该法的规定遵照于该法第二段和第三段的原则、条件。由于考虑到公众和私人利益可能会限制获取文件的权利,对于这些问题的基本原则和限制条件应由理事会来决定,该行动应该根据《阿姆斯特丹条约》生效后两年内按照第251条规定的程序进行。上面提到的机构应该根据获取他们信息的情况就具体规定加以详细说明,也就是在《阿姆斯特丹条约》的规定下做出细化规定。

二、信息公开的范围

该法第2条规定了政府文件的概念:为了该法的目的,"文件"是指任何涉及这些机构责任范围的有关问题的政策、活动和决策的内容,无论其载体是什么。这些载体可能是写在纸上,也可能存储成电子形式,也可能作为一种声音、视觉或者视听录音形式。这里的机构是指欧盟议会、欧盟理事会和欧盟委员会。该法律适用于由一个机构持有的所有文件,这些文件无论是由该机构创制、接收还是由其占有。这一规定适用于欧盟所有领域的活动。

当然依上述内容,这些文件可以分为几个种类,即一般性文件、豁免性文件、敏感文件和在官方公报进行刊登的文件。一般性文件和在官方公报进行刊登的文件当然是可以进行公开的文件。而豁免性文件则是不予公开的文件。对于敏感文件应该视情况而定,敏感文件应当登记在册并只能在掌握文件的机关同意的情况下才能进行公开。当该机构决定拒绝对敏感文件的公开时,需要给出这种决定将不会损害第4条所保护的利益的理由。

(一)公开的信息

根据上述"文件"的分类可以看出,可以进行公开的文件包括了一般的文件和在官方公报进行刊登的文件,也包括了经有关机关同意应当登记在册的可以公开的敏感性文件。

(二)不予公开的信息

本法第4条对不予公开的信息进行了规定,具体内容包括拒绝公开的敏感文件和不公开的文件。在掌握文件的机关不同意的情况下敏感文件是不能予以公开的,同时相关机构应该给出理由;而对于不予公开的文件,则是绝对不能予以公开的。

第4条第1款规定,如果公开该文件会损害:国防与军事事务利益;国际关系利益;关于欧共体或成员国财政、货币或经济政策等公共利益和个人信息的机密性与完整性,特别是为了遵循关于保护个人信息欧共体法律利益保护的,欧盟机构应当拒绝公开文件。

第4条第2款规定,如果公开文件将损害以下利益的,欧盟机构应当拒绝文件的公开,除非公开这样的文件存在一项高于一切的公共利益:对包括知识产权在内的自然人或法人的商业利益;法院诉讼程序与法律意见;为检查、调查与审计目的。

第4条第3款规定,除非公开文件存在一项高于一切的公共利益,欧盟机构应当拒绝针对其为内部使用准备或其收到的文件的访问请求。除非公开文件存在一项高于一切的公共利益,含有内部审议与初步讨论的观点的文件访问请求将会被拒绝。即使已经做出决策,也应当予以拒绝只要公开该文件将严重损害欧盟机构的决策程序。

第4条第3款指明,对于第三方文件,除了事实表明文件应该或不应公开以外,欧盟机构应当咨询第三方以评估第1、2款的不予公开情况的可适用性。成员国可以请求欧盟机构在未得到其事先同意时不公开来源于本成员国的文件。当然,如果请求访问的文件仅有部分是不予公开的,该文件的其余部分应当公开,这是区分原则的体现。

本条还对不予公开的文件的期限作出了规定。第4条第1~3款规定的不予公开情形应当只适用于对文件内容采取不予公开具有正当性的情况下。不予公开的期限不超过30年。但如有必要,涉及隐私或商业利益而不予公开的文件和敏感文件在30年后继续不予公开。

三、信息公开的方式及程序

(一)信息公开的方式

该法第6条规定,申请文件公开应当以任何书面形式做出,包括电子形式,并依照《欧洲共同体条约》的第314条中规定的一种语言做出申请,同时应当以足够精确的方式使得相关机构能够识别该文件。如果申请不够精确,该机构可以要求申请者澄清该申请并且协助申请人完成该项工作,比如说提供该申请文件的公共记录等来帮助该申请人。在一些申请涉及了很长的文件或者大量的文件时,该机构可以与申请人进行非正式的协商,以找到一个公平合理的解决方案。除此之外,该机构应该提供给公民如何申请文件公开及申请公开地点的信息和帮助。

(二)信息公开的程序

1. 受理和决定

该法第7条规定了初步受理的程序(processing of initial applications)。对于文件公开的申请应当及时处理,这是及时便民原则的体现。收到的确认应该发送到申请人。从申请登记日开始的15个工作日内,该机构不仅应该提供申请公开的文件,在该期限内根据第10条规定提供的公开方式进行公开,还要以书面回复的方式说明完全或者部分拒绝公开的原因并且通知申请者可以根据本条的第二段提出验证申请。

该法第10条规定了申请后的公开程序和方式(access following an application)。申请者有权当场获得文件,也可以通过接收副本的形式而获得，在可能的情况下根据申请者的选择电子副本形式也是可以的。如果文件已经由该机构进行了公布并且很容易由申请者进行查询，并且向申请者说明了如何获得该信息，则该机构已经履行了公开官方文件义务。文件应该在充分考虑到申请人的选择的情况下以现有版本和形式进行提供（包括了电子形式或者盲文、磁带等方式）。

2. 救济

（1）申请验证（confirmatory application）

该法第7条和第8条规定了申请验证的救济方式，即从申请登记日开始的15个工作日内，该机构以书面回复的方式说明完全或者部分拒绝的原因，并且通知申请者可以根据本条的第二段做出申请验证。在完全或者部分拒绝的情况下，在收到该机构回复的15个工作日内，申请者可以提出验证申请，要求该机构重新考虑该问题。在例外情况下，比如说当一个文件申请涉及很长的文件或者大量的文件时，在第一段规定的期限基础上可以延长15个工作日。

也就是说在规定的期限内该机构没有作出答复时，该申请者有权提出验证申请，如果该机构在15个工作日内没有答复申请者，那么申请者应该得知他的申请已经被拒绝了。[①]

（2）司法途径

该法第8条中规定该机构应根据欧共体条约的第230条规定告知该申请者提起法院诉讼的救济方式。

（3）向申诉专员提出申诉

该机构应告知该申请者根据欧共体条约195条规定的条件向申诉专员提出申诉的救济方式。关于申诉专员的问题将在监管机构中进行

---

① 参见网站：http://translate. google. com. hk/translate? hl = zh – CN&sl = en&u = http://www. wobbing. eu/news/eu – confirmatory – application – step – step&prev = /search% 3Fq% 3Dconfirmatory% 2Bapplication% 26newwindow% 3D1% 26safe% 3Dstrict% 26client% 3Daff – 360daohang% 26hs% 3DJXj% 26affdom% 3D360. cn% 26biw% 3D1045% 26bih% 3D537% 26site% 3Dwebhp，最后访问日期：2014年4月20日。

阐述。

当然对于第2种和第3种方式是可以选择适用的,也可以同时适用,两者之间并没有冲突。在规定的期限内该机构没有作出答复时,将被视为一个否认的答复。这将赋予申请者向法院起诉的权利或者根据欧共体条约的条款向申诉专员提起申诉的权利。

(三)信息公开的费用

该法第10条中对费用问题进行了明确规定,产生的费用或者发送副本的费用应当由申请者负担。当然这种费用不能超过实际产生的费用和发送副本的费用。当场获得文件、复印少于20张A4纸和直接进行电子查询或通过登记录的方式查询是免费的。

四、主管机构

主管机构即欧洲申诉专员办公室。《马斯特里赫特条约》建立了欧洲申诉专员办公室作为欧洲联盟公民组织的一部分。作为联盟的成员国或居住在一个成员国的公民,可以向欧洲申诉专员投诉。企业、协会或在联盟注册办事处等机构也可向申诉专员投诉。有关欧盟运作的条约的第24条向公民提供了向欧洲申诉专员申诉的权利,这一权利是欧盟公民所享有的组织权利之一。欧盟基本权利宪章中也包括了这项权利。申诉专员进行的调查活动主要来自申诉人的申诉,当然他们也会主动进行调查。有关欧盟运作的条约、申诉专员法案和实施条款等是申诉专员工作的准则。申诉专员法案和实施条款在信息专员网站是可以查到的,也可以从申诉专员办公室拷贝。

申诉专员的职权来源于有关欧盟运作的条约第228条授予申诉专员接受申诉的权利,这些申诉涉及到了欧盟机构、实体、办事处等。欧盟机构是指在欧盟条约的第13条中列出的机构。欧盟实体、办公室和办事处并没有明确的或者权威的清单。"实体"(entity)这一术语包括了由条约建立的或者立法建立的实体。里斯本条约扩大了申诉专员的职权活动范围,包括了可能的共同外交和政策安全框架的行政适当行为。对成员国的公共部门的投诉并非欧洲申诉专员的职权范围内，即使这些案件涉及的事情属于欧盟法律的范围之内。

在网络中的申诉专员是独立和公正的，它是由宪法或者法律建立起来的处理针对公共权力机关的申诉。他们试图实现对每个申诉适当的处理结果。当申诉专员经过调查该申诉发现他有正当理由时可以批评已经发生的事，并且根据自己的想法指出如何适当的解决。在很多国家，申诉专员可以建议救济方法，比方说审查该决定，给予道歉或者提供经济赔偿。有些申诉专员可能试图对申诉的问题提供一个友好的解决方法。

一些案件中，该申诉可能通过两种途径进行，那就是向申诉专员申诉或者向法院起诉。然而正常情况下，申诉专员在法院正在审理或者已经审理完该案件时不能处理该申诉。申诉专员不像法院一样能够做出一个有法律约束力的决定，但是公共权力机构通常都会遵从申诉专员的建议。如果涉及的欧盟机构不遵从申诉专员的建议，那么该申诉专员可以通知议会来引起政治上的关注和公众对于该案件的关注。

除了处理申请人提出的申诉，申诉专员也会积极工作来提高社会管理和公共服务的质量。他们鼓励良好的管理制度并尊重公民的权利，对体制问题提出相应的建议方案，推广最佳实践做法并促进服务意识的培养。申诉专员鼓励公共权力机构把申诉当成一个契机，使之与申诉人进行有效的沟通并且改正相关机构在服务工作中的缺点。①

五、发展现状②

2012 年对申诉专员办公室和工作人员来说是特别忙碌的一年，案件的调查和结案的数量都打破了纪录。465 个案件的调查与 2011 年相比

① 参见网站：http://www.ombudsman.europa.eu/en/home.faces，最后访问日期：2014 年 4 月 20 日。

② 参见网站：http://www.ombudsman.europa.eu/en/home.faces，最后访问日期：2014 年 4 月 20 日。

增加了 18%，调查结案数字与去年相比增加了 23% 并且以 390 个结案达到了一个新的顶峰。在 2011 年申诉专员帮助超过 22,000 个人解决了他们的申诉(2442 个案子)，对他们请求获取信息的申请做出了回复(1211 个案子)，通过网上内部指导提供了帮助(共 19,281 件)。

向申诉专员提交的申诉的总数已经连续四年呈下降趋势，这进一步体现了内部指导的成功。这个数字已经从 2008 年的高达 3406 件下降到了 2012 年的 2442 件，主要原因是越来越少的人会因为不适当的原因而向申诉专员进行申诉了。当实际上他们应该在其他地方进行申诉的时候，申诉专员的工作人员努力劝说他们或者转移该案件，这也就是所谓的内部指导。在 2012 年将近 60% 的申诉在申诉专员网站的职权范围内，在这 60% 的申诉案件中只有超过一半的案件(总数的 30%)在欧洲申诉专员的职权范围内。在职权范围之外的申诉是 1720 件，是近十年内最低的。

由于对那些超出职权范围的申诉精简处理，2012 年处理这些问题变得更加迅速。然而由于增加的案件，在 2012 年平均情况下完成调查需要 11 个月，与 2011 年的 10 个月相比稍微有点长。尽管如此，申诉专员的工作人员在一年内继续完成了大部分的调查(69%)，比 2010 年的 66% 稍微有所提高。他们在 2012 年仅用了在编的 66 个职位和将近 95,165 欧元的预算就完成了所有的这些任务。

2011～2012 年案件处理情况统计表①

年份 事项	2011	2012
案件调查数量	394	465
案件结案数量	317	390

① 参见网站：http://www.ombudsman.europa.eu/en/home.faces，最后访问日期：2014 年 4 月 20 日。

2011 年申诉专员办公室解决事项的统计表①

事项 \ 年份	2011
解决申诉的数量	2442
解决获取信息的申请数量	1211
内部指导案件数量	19,281

2008 年和 2012 年提交申诉总数的对比表②

数量 \ 年份	2008	2012
提交申诉的总数	3406	2442

① 参见网站:http://www.ombudsman.europa.eu/en/home.faces,最后访问日期:2014 年 4 月 20 日。

② 参见网站:http://www.ombudsman.europa.eu/en/home.faces,最后访问日期:2014 年 4 月 20 日。

葡萄牙《政府信息公开法》概览

一、法律概要

自1976年开始，葡萄牙宪法就规定了公民享有获取政府信息的权利。1989年《宪法》第268条规定：(1)如果公民要求获悉与其利益直接相关的诉讼活动的进程及与其相关的判决结果，公共机构应当予以提供。(2)公民有权查看关于国内外安全问题、犯罪调查及个人隐私法律规定的行政记录、文件。(3)通知当事人某种行政行为的方式应当符合法律规定，不得损害当事人的合法权利及利益，除非另有法律规定或者有合理的理由。(4)法庭应当为当事人的合法权利及利益提供有效的保护措施，这些保护措施包括确认其合法权利及利益及对抗侵害上诉合法权利及利益的行政行为，且不论该行政行为为何种形式，以此促使行政行为的合法实行及对当事人合法权利及利益的保护措施的实行。(5)公民也有权反对具有外部效力的行政法规及正在损害其合法权利或利益的行政法规。同时该法规定公共机构应当在尽可能长的时期内遵守上述第1、2款的规定。[①]

1993年通过的《政府信息公开法》[②](*Law of Access to Administrative Documents*，简称*LAAD*)是上述宪法条文的具体化，其规定任何人都有权向国家权力机关、公共机关及当地各权力机关请求公开它们管理的信息。该法第1条规定，公共行政机关依据公开、透明、平等、公正、公平的原则

---

① David Banisar, *Freedom of Information around the World 2006—A Global Survey of Access to Government Information Laws*, p. 126.

② 该法参见网站：http://www.cada.pt/modules/news/index.php? PHPSESSID = 73kg86645dgclgp3ippu17mjce8d7ppe，最后访问日期：2015年8月25日。

保障公民的信息公开申请权。

该法总共分为四章，共 24 个条款。第一章(第 1 ~ 11 条)为一般规定，主要对立法原则、立法目的、适用范围、名词解释进行了规定，不仅如此，本章还对信息公开的相关问题和访问权、访问具体文件、个人信息的更正、信息的滥用、信息主动公开作出了明确的规定。第二章(第 12 ~ 17 条)为信息公开申请权的具体实施，包括：申请权的行使方式，申请的形式，公共机构公开信息的责任、行政机构的回复期限，未作出及时回复时申请者的救济途径，向信息委员会的申诉，向法庭起诉。第三章(第 18 ~ 21 条)为政府信息公开委员会(Committee of Access to Administrative Documents)，包括：机构的性质和职能；机构的组成人员及其任职资格、任职期限等；机构的权力；与行政机构的合作。第四章(第 22 ~ 24 条)为终局和过渡性条款规定，包括关于环境问题的规制、关于政府信息公开委员会的设置问题及生效实施问题。

二、信息公开的范围

《政府信息公开法》对涉及国家安全的信息不予公开：该法第 5 条第 1 款规定，如果其公开可能产生对国家的内部或外部安全的损害或造成威胁，则该信息应根据特别立法规定和必要的期限严格进行保密，禁止公开或经授权公开。第 2 款规定，如果被解密或者规定的保密期限已到，上述保密文件可以依法申请公开。

第 6 条规定，对所涉事项包含司法秘密的信息的公开由特别立法进行规定。

第 7 条第 7 款规定，对公证领域和公共登记制度领域的信息、有关公民身份和犯罪记录的信息、自动处理的个人资料以及保存在历史档案馆内的信息的申请公开，由特别法律进行规定。

三、信息公开的方式及程序

该法第 7 条第 1 ~ 4 款规定，每个人都有权申请公开非个人信息。有权申请公开个人信息的主体限于该信息所涉及的个人以及可根据本法相关条款证明与该信息具有利害关系的第三方。申请信息公开权包括获得所申请公开信息的复印件的权利和获知被申请信息的存在及内容的权利。被申请公开的信息所保存的位置不能妨碍公民在任何时候行使申请公开该信息的权利的行使。

第7条第5款规定,尚在制定程序中未被决议的或者即将被决议的公文,只有在决议程序完全结束或者该公文的决议程序已经过1年以上的时间这两种情况下才允许公开。第6款规定,对与行政调查相关的信息,仅在纪律处分程序期限结束后才得申请公开。

该法第8条规定了个人信息的公开。包含于行政文件中的个人信息的公开申请权的行使,由关于个人信息自动处理和适当修改的特别法规定。医学性质的信息只能由与该信息相关的人申请,并由该申请人预约的医生进行提供。第7条中提到的"具有利害关系"的认定,必须由意图行使相关申请权的个人提交政府信息公开委员会出具的支持意见后才能被支持。第三方对个人资料的公开申请在如下情况下可以被允许:(1)申请人持有与该资料有利害关系个人的书面授权;(2)申请获得该个人资料的目的是保护与该资料有利害关系的个人的法律利益,当该个人不予授权时,申请人持有政府信息公开委员会出具的支持意见。根据信息的性质,若其没有继续保存价值或者其公开不会产生泄露他人隐私的风险时,可以提供给第三方。

该法第9条规定,对个人资料的更正、完善,对不准确、不完整以及过时的个人资料的删除,由有关个人信息自动处理和适当修改的特别法决定。相关行政机关只能使用和提供完整准确的个人资料。该法第10条规定,未对相关信息的版权和专利权表示应有的尊重时不得使用该信息;不得以不公平竞争为目的复制、删除、使用文件和信息。第三方不得在被授权的目的范围之外使用对其提供的个人资料,否则应该依照法律规定对造成的损失承担责任。

该法第11条规定,公共行政机关应当以适当的方式公布如下信息:

(1)包含行政管理活动范围的内部正式决定、通知以及指导方针的信息；(2)对法律的解释或行政程序的解析的公开应该制作索引，该索引中除应包含标题和相关资料之外，还应包括主题、起因以及信息的查阅位置。信息的公布和索引的更新应该至少每六个月进行一次，从而鼓励和便利利害关系人的查询。

该法第13条规定，必须以书面形式申请，申请中应当包括检索相关信息的所有必要索引以及申请人的姓名、住址和利益相关人的签字。

该法第15条规定，受理申请的行政机关应该在10日内作出如下答复：准予公开并按所申请的方式提供信息；全部或部分不予公开，并以宪法和本法为依据告知不予公开的理由；告知申请人所申请信息不属于本机关保存，如果知道保存机关，应告知申请人或利害关系人正确的保存机关；告知申请人可以向政府信息公开委员会申请。如果对某些信息是否可以申请公开有疑问，被申请的机关可以请求政府信息公开委员会提供意见，该意见也应该于20日内抄送利害关系人。如果被申请机关在35日内没有答复，则视为拒绝该申请。对行政机关作出的任何明示或默示的不予公开的决定，或任何妨碍信息公开申请权行使的决定，利害关系人有权向政府信息公开委员会控诉。

该法第12条规定，公民可以在指定地点免费查询，可以通过照片等视听技术方式复制，也可以在政府正式发行的文件资料中查询。所申请的信息只能复制一份，收费严格限于所支出的材料和服务成本。如果免费公开查阅可能对该文件造成损害，利益相关人可以提供副本或其他形式的复制件以供查阅。

四、主管机构

葡萄牙设置政府信息公开委员会主管信息公开工作。该法第14条规定，各部级政府、区级政府、地方权力机关以及公共机构和组织都应指定机构负责本行政机关政府信息公开的日常工作。

该法第18条规定，政府信息公开委员会是为了监督本法的实施而设立，其隶属于共和国议会，是独立的公共组织，享有技术和行政支持。第19条规定，委员会由以下成员组成：(1)主席一名，由行政和财政法院最高委员会任命最高行政法院的法官担任；(2)由共和国议会选举的成员两名，其中一名由支持政府的最大的议会党团提名，另一个由反对党提名；(3)由共和国议会主席任命的法律教授一名；(4)由政府任命的高声望者两名；(5)每个自治区有一位代表，分别由该自治区政府任命；(6)由葡萄牙国家城市组织任命的高声望者一名；(7)由律师协会任命的律师一名；(8)由国家电子化个人数据保护委员会任命的成员一名。任何成员都可以根据自己的提议被任命该成员的机构替换。每个成员的任期为两年，可以连任。在该成员的任命理由和任职资格消失时其成员资格亦终止。主席作为最高行政法院的成员享受最高行政法院的薪金和福利，其他成员都应该同时行使其在原机构的职能。成员的权利和法律权益由规定本法实施的法律文件决定。与委员会所讨论事项有利害关系的成员，可以列席会议，但不得行使投票权。

该法第20条规定，政府信息公开委员会享有下列职权：(1)制定内部管理规则；(2)审议决定收到的控诉；(3)根据本法规定对指定信息的公开提供意见；(4)决定信息的保密；(5)根据政府和共和国议会的请求，对本法的实施以及与实施问题相关的其他法律的制定和实施提供建议；(6)向总理和共和国议会提供关于本法实施状况和委员会活动状况的报告，以便检查和公开。委员会的内部管理规则应该予以公开。委员会的专门意见由委员会成员或者由主席依照内部管理规则指定的工作人员起草。该专门意见应该根据委员会的内部管理规则公布。行政工作人员应该配合政府信息公开委员会的工作，否则将承担相应的责任。

五、争议解决

该法第16条规定，对行政机关作出的任何明示、默示的不予公开的决定或任何妨碍信息公开申请权行使的决定不服，利害关系人有权向政府信息公开委员会控诉。该利害关系人必须在10日内向政府信息公开委员会提出控诉。政府信息公开委员会应该在30日内作出评估报告,送达相关机关和个人。收到该报告后,被控诉机关应该在15日内将最终决定送达利害关系人,否则视为对控诉的拒绝。对个人资料和指定信息的公开申请被拒绝后,利害关系人也可以向政府信息公开委员会控诉。

该法第17条规定,利益相关人可以依据相关行政立法和程序规则对任何关于控诉的最终决定向法院提起诉讼,要求查阅相关信息或者提供复件。

六、发展现状

葡萄牙于1998年6月签署了关于政府信息公开的奥胡斯公约并于2003年批准生效,但是环境信息公开的事项却以其1993年的《政府信息公开法》为准。因此,1998年欧盟委员会提出了一个合理的论断,即葡萄牙没有遵守1990年欧盟做出的关于政府信息公开的指令。之后葡萄牙对其《政府信息公开法》做出修改,并于2001年结束了这种现象。2006年4月葡萄牙国民议会通过了一项符合《公约》及2003年欧盟指令的新法律。①

公民获取政府信息的权利在现实生活中往往不能得到实现。其中的原因包括:(1)具体公共部门公开公众所要求的某些信息(如关于公共采购及建筑许可证的信息)需要花费过多的时间;(2)获取政府信息的程序延迟(有时甚至是长久的拖延),特别是在需要信息公开委员会提供在先意见的情况下,政府信息公开的程序可能延迟长达两个月的时间。而葡萄牙行政机关从未表示政府信息提交速度慢,也未表示信息公开委员会的在先意见在某些敏感的情况下(如获取识别第三方的个人信息)可以

① David Banisar, *Freedom of Information around the World* 2006—*A Global Survey of Access to Government Information Laws*, p. 127.

被批准。因此,葡萄牙行政机关应当在获取政府信息及审查造成程序延迟(有时是拖延)的原因上采取更为有效的政策,以给予公民行使要求信息公开的权利提供适当的便利。[①].

① David Banisar, *Freedom of Information around the World* 2006: *A Global Survey of Access to Government Information Laws*, p. 127.

瑞典信息公开法概览

一、法律概要

瑞典是君主立宪制国家，拥有成文宪法，其规定了政府的组织形式。开放性原则在瑞典法律中已经很悠久了，瑞典是坚持对政府文件进行公开的传统国家。宪法规定了立法和行政权的关系，以及公民的基本权利和自由。瑞典的宪法由四部法律组成，效力优先于其他法律：政府组织法（*Instrument of Government*），继位法（*Act of Succession*），新闻自由法（*Freedom of the Press Act*）[①]和表达自由基本法（*Fundamental Law on Freedom of Expression*）。[②]

瑞典的情况有些独特，因为整部信息权法都是瑞典宪法的组成部分，《新闻自由法案》也是其中之一，该法案的第二章事实上就是瑞典的信息权法。瑞典的独特之处还在于它是世界上第一个立法保证个人有权获取公共机构所掌握信息的国家。《政府组织法》是宪法的组成部分，从中世纪以来对于如何管理国家的成文法已经存在，第一部政府组织法在1634年就制定下来了，并且在进行着修改和更新。在1974年，瑞典通过了当前的政府组织法。政府组织法包含了瑞典民主制实现的规则，议会、政府、郡县委员会和法院的分权情况。它也建立了瑞典人民的基本权利和自由。[③] 第二章第1条规定所有的瑞典公民有以下的权利：信息自由是

---

① 该法律可参见网站：http://www.wipo.int/wipolex/zh/text.jsp? file_id = 267691，最后访问日期：2015年8月3日。

② 参见网站：http://www.wipo.int/wipolex/zh/details.jsp? id = 11805，最后访问日期：2014年4月20日。

③ 参见网站：http://www.riksdagen.se/en/How - the - Riksdag - works/Democracy/The - Constitution/The - Instrument - of - Government/，最后访问日期：2014年4月19日。

指获得或者接收信息的自由,或者以别的方式了解他人信息的自由。

另外与信息公开法相关的《个人资料法》规定了获取、更正个人资料的权利;《保密法》也以例外信息规章的形式成为信息权法的一部分,其中包含了诸如登记档案的义务、在充分考虑获取官方信息的权利的基础上编录数据库等各种规定,来落实信息权。[①]

瑞典议会颁布的1766年信息法案是世界上第一部信息公开法,对于信息公开的特别规定包含在新闻自由法案中。目前的版本于1949年获得通过并在1976年加以修改。在该法案的第二章官方文件获得权中规定:每一个瑞典公民可以免费获得官方文件。公共权力机关必须及时回复对官方文件的申请。该请求可以是任何形式并且可以是匿名的,这使得一般公民可以去总理办公室并查阅所有的信件的副本成为可能。

第一章第1条解释了什么是出版自由(freedom of the press):出版自由被理解为每一个瑞典公民(every swedishcitizen)发表书面文件的权利,在发表时无需受到公共权力机关或者其他公共实体的阻碍。并且在发表之后不能以它的内容为由受到追诉,除非向一个有合法管辖权的法院进行起诉或者因为内容违反了明确的法律规定。该文件的发表还要保持公共秩序,不能对公共信息进行抑制。按照第一段落所涉及的关于出版自由的原则,并且为了保障观念的自由交流和广泛信息的可利用性、为了保护私人权利和公共安全,在该法律所包含的规则下,每一个瑞典的公民应该自由地在文件中表达他的想法和观点。

第三段和第四段还规定了出版自由的平等权。除本法另有规定外,为了出版的目的,无论是对于作者或者可能被认为是在出版物中起主要作用的创始人,对于编辑或者特约编委办公室,或者对于专门向定期刊物提供新闻或者其他信息的企业来说,所有人应该是同样自由地来交流关于任何主题的信息和情报。除该法另有规定外,为了出版的目的或者为

---

① 托比·曼德尔:“牙买加的信息公开法”,龚文庠等译,载联合国教科文组织《信息自由:多国法律比较》2008年版,http://www.chinatransparency.org/newsinfo.asp? newsid = 9484,最后访问日期:2014年4月19日。

了在上述段落下交流信息,所有人还有权促成任何主题的信息和情报。

第2条至第4条规定了对出版自由的保障。在印刷出版之前不允许有任何对于出版物的审查,也不允许禁止出版物的印刷。在该法没有授权的情况下,任何公共权力机构或者公共实体不能以它的内容为由,采取任何行动来阻止印刷和发表出版物或者它在一般公众之间的传播。任何人在判断是否滥用出版自由权或者是否合乎该法的规定时,需要考虑的是:出版自由是自由社会的基础,主导它的思想的是主题和想法是否合法而不是表达是否合法,是目的而不是表现形式。

第5条规定,该法律适用于所有的使用印刷及产生的书面材料,它同样适用于通过模板、影印或者其他技术手段复制的书面材料。

《新闻自由法案》第二章,又叫"官方文件公开"(*on the public nature of official documents*),是事实上的信息公开法。本章共有18个条文,分别对该法的目的、文件的定义、权力机构的定义、接收和制定的定义、例外条款、费用问题、标注问题、申请程序和受理程序以及救济程序做出了规定。该法第1条规定,为了鼓励观点的自由交流和广泛的信息的可获得性,每个瑞典公民(every swedish citizen)都被赋予了获得官方文件的权利。也就是说,该法的目的是为了鼓励观点的交流和信息的可获性。

该法案规定有四种例外情况不需要登记:不太重要的权力机关的行动的文件;不构成秘密的文件或者无论它们是否已经被接收或者制定都能被确定的文件;政府已根据保密条例进行不予公开的被大量保存的文件;已经登记的电子记录并能从其他部门的得到的文件。更重要的是,类似于草稿、备忘录和草案等内部文件不被视为正式的官方文件,除非它们已经备案登记或者它们包含了在考虑到决定时新的实时信息。权力机关没有义务保存非官方文件。

根据该法案,对于保护国家安全和外交关系、财政政策、公共机关的检查和监督职能、犯罪预防、公共经济利益、保护隐私和植物或动物物种等都可以酌情不予公开。

对公共权力机关做出的拒绝信息公开决定的申诉可以在内部提出。

然后,他们还可以上诉到一般行政法院,最终可以由最高行政法院进行终审。申诉也可以向议会监察专员提出。议会监察专员对信息的公开有一定的监督职能。议会监察专员可以进行调查并发出不具约束力的决定。议会监察专员在2004年7月至2005年6月收到了288份与访问文件和出版自由有关的投诉,并就其中的90个案例向政府部门发出了告诫。与信息公开相关的法律还有:

(一)《个人资料法》

世界上第一部数据保护法是1973年瑞典议会颁布的《个人资料法》(Swedish Personal Information Act)。该法律的目的是保护个人隐私规范个人信息的数据库被滥用。① 根据本法,个人有权获得和更正由公共机构和私营机构持有的个人信息。

(二)《公众获取信息和保密法》

瑞典有关不公开的信息种类大概有160种,这都规定在1980年的《公众获取信息和保密法》(Public Access to Information and Secrecy Act)中。大多数对这些文件的限制是需要证明信息的公开对于保护利益是有害的。信息可以被保密2~70年。《保密条例》对保密法的一些条文进行了额外的补充。一个政府专家小组在2003年发现《保密法》从1980年开始逐渐的发生了变化。

《公众获取信息和保密法》在2009年6月30日生效。该法案的条款具体体现获得官方文件权利的出版自由法中的条款。比方说关于公共权力机关登记官方文件的义务的条款,关于对权力机关作出的决定的申诉条款等。该法案还包含了关于市政企业及若干私人实体在公众获取信息方面的适用。该法案还包含了有关保密的条款。该保密条款也涉及了在《新闻自由法案》规定下的公众获取官方文件的权利和在《政府组织法》规定下的公众表达自由权利的限制。

---

① 参见网站:http://people. dsv. su. se/ ~jpalme/society/eu - data - directive - freedom. html,最后访问日期:2014年4月19日。

该法可分为七个部分,第一部分包含了有关管辖事项的介绍性条款,这些规定包括了第一章规定的内容、第二章关于范围的规定和第三章关于定义的规定;第二部分包含了权力机关对官方文件的管理的条文,这些条文包括了第四章规定的方便获取官方文件的一般措施、第五章规定的对官方文件的登记和对秘密文件的标注和第六章规定的对官方文件和信息的公开及申诉;第三部分包含了第七章到第十四章规定的关于机密的一般条文;第四部分包含了第十五章到第二十章规定的保护公共利益的秘密条款;第五部分包含了第二十一章到第四十章规定的保护个人信息或者个人财务情况的秘密条款;第六部分包含了关于特别实体秘密的特别条款,这些条款涉及了瑞典议会和政府、议会监察专员、司法部长办公室、安全和维护统一委员会、调查委员会和法院,该法案第十三章规定了关于如何使获取信息的权利和对秘密条款进行协调的解释性条款;第七部分包含了保密义务的条款,这些条款是由除了公众获取信息和保密法和其他限制交流和信息公开权的法案之外的成文法的条文规定的。①

二、信息公开的范围

该法第 3 条对什么是文件进行了具体的阐述:文件应当被理解为任何书面或者图片,或者可以被阅读或者听的或者其他只使用技术辅助就能够被理解的影音记录。如果一个文件被官方所持有那么它就是官方文件,并且如果该文件可以被视为依据第 6 条或者第 7 条规定,由这样一个权力机构接收或者制作的文件也是官方文件。

然而一个来自于为自动数据处理而记录的材料的信息汇编,如果其中包含了个人信息或者该权力机关并没有法律或者法定文书的授权,就不再被视为该文件由该权力机关持有。个人信息是指任何可以直接或者

① 参见网站:http://www.regeringen.se/content/1/c6/14/10/34/20793bb4.pdf,最后访问日期:2014 年 4 月 19 日。

间接地查询到的关于私人的信息。

当然对于什么不视为官方文件,该法也作出了具体规定。第 11 条规定:以下的文件不视为官方文件:公共权力机构仅为了以后的交流目的而传送或制定的信件、电报或者其他类似的文件;公共权力机构仅为了期刊发表的目的而传送或制定的通告或者其他文件;为了关心或者安全考虑或为了研究或者学习目的,在图书馆或者个人收藏的印制品、声音或者图片的记录或者其他文件;为了查阅目的而由公共权力机构保留的书面文件或者记录;在第三点规定下的文件内容的记录如果由公共权力机构所持有,那么这些原始的文件就不视为官方文件。根据以上对文件的分类我们可以得知,可以公开的政府文件首先是"文件",而不视为文件的"文件"被当然地排除在可以公开的政府文件之外。所以对于一般的政府文件来说都是可以进行公开的。

根据该法第 2 条的规定:获得官方文件的权利只有在出现以下情况(即限制公开有必要)时才能被限制:国家安全及其与外国或国际组织的关系;中央政府的财政、货币政策;公共机构的检查、控制或者其他监督活动;为了预防或起诉犯罪行为;公共机构的经济利益;对个人隐私或个人经济环境的保护;动植物物种的保护;对获取官方文件的任何限制都必须通过一部专门法律加以详细规定。在特定情形下,由其他法令加以规定更为合适。政府可针对信息公开申请通过法定手段制定更为详细的规定。瑞典议会或政府依据上述的授权,针对具体情形,依法允许公开某特殊文件。

当然,对于有些文件部分属于例外条款规定的范围时,其不涉及部分应该予以公开。该法第 12 条规定:如果因为文件部分内容涉密而无法公开,该文件的其他不涉密部分应当以副本或复印件的形式向公众提供。

瑞典的信息公开法一个重要的特点就是信息公开法与其他相关法有密切的联系,特别是上面提到的《公众获取信息和保密法》。该法第二章第二节就规定了什么样的文件会被保密,这与新闻自由法中规定的七种保密文件是相同的,该法也引用了新闻自由法中的保密事项。为了保护除了上述列出来的几项的利益,官方文件一般是不应该保密的。哪些官方文件是保密的案件应当细致地规定在一个特别的法律中,也就是《公众获取信息和保密法》。然而,对于那些该法提到的涉及秘密的其他成文法中条款也应该包括在上述所说的特别的法律中。也就是说,《公众获取信息和保密法》必须标明所有涉及秘密文件的实例。政府可能不能决定哪些文件是秘密的,因为这是议会的专有权。但是在《公众获取信息和保密法》的一些条款中,政府被赋予了补充规定的权利。政府的规定也被包含在《公众获取信息和保密法》中。

对于加密的文件,应当加以标注(note),该法第16条进行了具体规定:只有在第2条规定的条款下的文件,需要对这些文件加以标注,这些标注涉及了该文件不能加以公开的原因。这些标注应参照相应规定。

三、信息公开的方式及程序

(一)信息公开的方式

该法第14条规定,查阅官方文件的申请应向持有该官方文件的公共权力机关提出。该申请由持有该官方文件的公共的权力机关进行审查和批准。然而当出现特殊理由时,应适用第2条第2款的规定,那就是在适用这一规则时审查和批准应由另外一个公共权力机关进行。在关乎国家安全的核心重要性文件的案子中,该申请的审查和批准只能由一个特殊的权力机关在授权的情况下加以发布。在上述情况下,该申请应交由主管的权力机关。

该法并没有明确说明提出申请的方式是书面还是口头,但是根据以往的经验和其他各国的实践,我们可以推测其书面申请是原则;但出现特殊情况时,口头申请也应该是可以的。

瑞典信息权法的一个很重要缺陷是它没有具体规定任何主动公开的义务。然而实际上,大多数瑞典公共机构通过其网站主动提供了丰富的信息。

此外,别的各种法律法规对公共机构的公开义务作出了规定。政府必须公布所有法律,各种授权批准法规的国家机构也有公开这些法规的义务。如政府委员会的提案等构成立法基础的材料应按照特定的序列进行公布,该序列是政府在向议会递交提案前、在就此法规向公众征询意见时确定的。

瑞典信息权法并没有规定公共机构具有协助申请人的义务,但按照行政程序法所列的义务款项,公共机构在处理一切公共事项时,均有协助并提供服务的义务。①

(二)信息公开的程序

1. 受理和决定

该法第12条和第13条规定了受理程序。第12条规定,凡是允许向公众公开的官方文件,都应当以最快的方式向申请者提供且不收取费用。任何人都可以在该文件放置处获取。该文件应以阅读、视听或者其他可以理解的形式存在并可以为公众所复制、重新生成或者用声音来传播;如果因为文件部分内容涉密而无法公开,该文件的其他不涉密部分应当以副本或复印件的形式向公众提供。如果申请者可以从附近的公共机构获取该文件较为方便,公共机构也没有义务非得依据第3条第1款提供记录。

第13条规定,想要获取官方文件的人同样被赋予获得文件的副本或者复印本的权利,但是相应地就要承担固定的费用。对官方文件副本和复印本的请求应当及时解决。

瑞典是第一个立法保证公民享有获取信息权利的国家,其对公开有着独到的见解,体现在及时性要求上。该法第12条规定:凡是允许向公众公开的官方文件,都应当以最快的方式向申请者提供且不收取费用。第13条规定:想要获取官方文件的人同样被赋予获得文件的副本或者复

① 托比·曼德尔:"牙买加的信息公开法",龚文庠等译,载联合国教科文组织《信息自由:多国法律比较》2008年版,http://www.chinatransparency.org/newsinfo.asp?newsid=9484,最后访问日期:2014年4月19日。

印本的权利,对官方文件副本和复印本的请求应当及时解决。这是对及时性要求最好的展现。通过查阅的方式获取信息的申请应“在第一时间或尽快”处理,文件副本或复印件的申请应“及时”处理。虽然两种情况均未对具体时限作出规定,但大多数要求都被迅速回复。斯沃斯多姆称,信息一般在2~3日内提供。①

2. 救济

第15条规定了救济程序,任何人可以对拒绝提供或者限制获取信息的行为提起申诉。其中对于部长决定的申诉由政府加以解决,对于由一个权力机关的决定的申诉应向法院进行,对于多数情况,是通过法院进行解决的。也就是说对公共权力机关做出的拒绝公开的决定可以向普通的行政法院进行申诉,最终可由最高行政法院进行终审。除上述方式外,还可以向议会监察员(parliamentary ombudsman)提出申诉,正如上面所提到的,议会监察专员可以进行调查并发出不具约束力的决定。

(三)信息公开的费用

瑞典的信息公开是不收取费用的,第12条明确规定,凡是允许向公众公开的官方文件都应当以最快的方式向申请者提供且不收取费用。但是对于要求获得副本或者复印本的情况则应收取费用。根据第13条第1款的规定,想要获取官方文件的人同样被赋予获得文件的副本或者复印本的权利,但是相应地就要承担固定的费用。

四、主管机构

议会监察专员办公室[parliamentary ombudsmen(JO)]是信息公开主管机构。议会监察专员办公室是根据在1809年生效的《政府组织法》建立的,由瑞典议会任命,以确保公共部门及其工作人员遵守法律。由于国

---

① 托比·曼德尔:“牙买加的信息公开法”,龚文庠等译,载联合国教科文组织《信息自由:多国法律比较》2008年版,http://www.chinatransparency.org/newsinfo.asp? newsid =9484,最后访问日期:2014年4月19日。

王古斯塔夫三世专制统治的缘故,立法者引入新的宪法制度,那就是允许议会一定的行政权力的控制权。依宪法成立的常委会因此被赋予了监察部长行动的权力,并且可以选举特别的议会监察专员来监视公共权力机关执行法律的情况。1810 年的议会法案包含了涉及由议会选举的审计员来巡视公务员的行为、瑞典银行和国家债务办公室的条文。1905 年,一个军事监察专员[a military ombudsman(MO)]被建立以监视军队当局。1941 年,对议会监察专员的选举周期从一年延长到了四年。1957 年,议会监察专员被赋予检查地方政府机关的权力。1967 年,军事监察专员办公室[office of the military ombudsman(MO)]被取消,并且议会监察专员的数量增加到了三个。1975 年增加到了四个。①

议会监察专员直接对瑞典议会负责,并成为瑞典议会控制权力的一个支柱。议会控制是议会审查和监察政府和公共管理部门的特别权力的总称。它由三个支柱构成。议会审查:议会的成员向政府做出提问的权利,议会宪法委员会审查部长的行为和政府事项的管理,议会有权提出对部长或者政府的不信任案;司法审查:议会监察专员确保政府机构按照法律来对待公民;效益审计:瑞典国家审计局审查政府资金的用途和使用的有效性。

四个议会监察专员直接由议会任命。议会监察专员对他们的决定享有完全的独立性,他们只向议会负责。每年秋天他们向议会提交一份年度报告,其中包含了过去一年的工作实行的统计和决策情况。②

现在有四个议会监察专员,他们直接由议会任命。他们的任期是四年,并且可以连任。其中一个议会监察专员被称为首席议会监察专员(chief parliamentary ombudsman),他负责管理和决定,如将职责分配给其他监察专员。但是,他或她不能干涉另一个申诉专员的检查或者裁决。每个议会监察专员都以他们的行动直接对议会负责。四个议会监察

---

① 参见网站:http://www. jo. se/en/About - JO/History/,最后访问日期:2014 年 4 月 19 日。

② 参见网站:http://www. jo. se/en/About - JO/The - Parliamentary - agency/,最后访问日期:2014 年 4 月 19 日。

专员中的每一个人都对一个监察区域负责，这些区域包括了许多公共权力机关。[①]

议会监察专员的主要任务是确保符合法律规定。监察专员尤其确保公共权力机构和法院遵守政府文件的关于公正性和客观性的条文，并确保公共部门并没有对基本自由和公民权利进行侵犯。监察员的监督包括确保公共权力机关处理他们的案件和按照现行法律执行任务。该监察员的调查是由公众发起投诉或由监察员自己发动。

如果由公共权力机关或者一个公共机构人员采取的措施与现存的法律或者法规相冲突，或者在某些方式上是不正确的或不适当的，议会监察专员有权发出声明。该监察员有权发出旨在促进法律统一和恰当地适用法律的咨询意见。如果一个政府官员忽视他的责任和职权并触犯了刑法，监察员可以就该官员发起法律诉讼；监察员可能会报告一个公务员失职；监察员可以向议会或者政府提出对法律的修改建议；监察员可以将案件指定给一个定期的监察机关。[②]

五、发展现状[③]

2012～2013 年的工作，7097 件新的案件被监察专员记录下来。其中 6872 件都是申诉案件。去年的数量是 6818 件，增加了 55 件，同比增长 0.81％。今年案件中有 93 件是由监察专员在检查时自己发现的，或者在检查过程中、新闻报道中或者其他途径依据观察的结果做出的。另外 130 件是关于新的立法的，在这些案件中监察专员被赋予了表达他们对政府提出的法案等意见的机会。

7068 件案子在本年度中得到了解决，比去年增加了 159 件，同比增

---

① 参见网站：http://www.jo.se/en/About－JO/The－Ombudsmen/，最后访问日期：2014 年 4 月 19 日。

② 参见网站：http://www.jo.se/en/About－JO/The－Parliamentary－agency/，最后访问日期：2014 年 4 月 19 日。

③ 参见网站：http://www.jo.se/en/About－JO/Statistics/，最后访问日期：2014 年 4 月 19 日。

长2.3%。其中有6836件案子是关于申诉的,103件案子是由监察专员自己发动的,129件案子是关于新的立法的。

瑞典信息公开中最突出的问题就是信息公开法与保密法之间的关系问题。最早的保密法是1980年的《保密法》,在2002年政府发出了一个提案,那就是合并保密法和公共记录法成为一个单一的官方文件管理法。这将解决所有的可能由权力机关所面临关于官方文件的问题。该提案由于考虑到它的合宪性而被终止。政府后来考虑由一个小组提出议案,来编纂新的保密法。该专家小组建议,将该保密法经过重组使其更加人性化,语言现代化包括该保密法中的定义。他们还建议某种形式的外部监督,这将是对于一些案件在显示伤害方面需求的改善,也是一种对公共利益的测试;这一举措将提高在健康和性活动方面信息的保密性,并提高对敏感的个人信息的保护以及真实的和虚构的身份之间联系的保护。

由此可见即使在这样一个长期坚持开放性原则的国家,在信息公开方面仍然存在一些问题,定期的保密法的变化更增加了关注度。

在对保密法的认识方面也存在问题。一位在哥德堡大学的研究员因拒绝遵循法院的命令来公布他的信息,并且对他的信息进行了销毁,而被罚款4500美元。议会检查员表示该大学在保护信息方面做得并不好,议会副检查员在2005年5月的报告中指出,在信息保护方面往往缺乏基本知识,尤其是地方行政部门。直到2009年新的《公众获取信息和保密法》出台,两部法律之间的矛盾才得到缓解,但是两者之间仍然存在或多或少的问题需要继续加以解决。

瑞典政府在2002年发起了一项名为"开放瑞典运动"的活动来提高公共部门的透明度,提高公众的信息公开政策的认识水平,并鼓励积极的公民的广泛参与和辩论。政府曾发表声明说:从公众、记者、工会和专业组织的里尔信号表明在对公众获取信息原则方面的知识不足,并表现在它的应用方面。这些不足表现在这些情况中:在公布官方信息时的延迟,不恰当的对秘密的请求等。许多市民都对这些权利的认识不足,因此对于他们将很难行使这些权利。政府认为这些类型的开放是民主社会的基石之一,而且它必须继续这样做。

瑞典信息权法的优点和不足都很多。一些常见于许多新制定的信息权法中的条款,如主动公开的义务、独立的行政诉讼以及主动采取措施促进公开等,瑞典信息权法都没有规定。另外,并非公共机构掌握的所有信息都在该法律范围内,一些文件被排除在外,列入例外信息规章。但同时,它又有许多非常先进的规定:要求所有的保密条款都集中在一部核心法律中;信息权法还订立了严格的程序保障,如规定公共机构负有对其掌握的所有文件建立公共登记表的义务。

人们普遍认同,有了200多年实践信息权的经验,瑞典形成了浓厚且根深蒂固的开放文化。斯沃斯多姆认为,这根源于政党间的共识——当他们在野时,开放将有助于推动建立一个更加公平的竞争环境。但同时,开放的文化面临不断的挑战,这包括《保密法》被频繁修订以图扩大保密范围。挑战也来自与欧盟的冲突,因为欧盟有时基于最小公约数原则,设法限制瑞典开放。①

2011~2012年申诉数量情况统计表②

事项 \ 年份	2012	2011
申诉总数	6872	6818
监察专员主动调查数量	93	无数据
有关新的立法的数量	130	无数据

① 托比·曼德尔:"牙买加的信息公开法",龚文庠等译,载联合国教科文组织,《信息自由:多国法律比较》2008年版,http://www.chinatransparency.org/newsinfo.asp? newsid=9484,最后访问日期:2014年4月19日。

② 参见网站:http://www.jo.se/en/About-JO/Statistics/,最后访问日期:2014年4月19日。

2012 年得到解决的问题的统计表①

事项	数量
总共解决数量	7068
申诉的事项	6836
自发解决的数量	103
有关新的立法的事项	129

2011～2012 年度由监察专员发动并解决的案件统计表②

涉及到的事项	完全解决的	受到批评的	被起诉的	总数
法院	1	1	0	2
行政法院	0	4	0	4
警察机构	7	1	0	8
监狱部门	12	7	0	19
社会福利部门	3	9	0	12
医疗部门	1	2	0	3
社会保险机构	1	3	0	4
建筑规划部门	0	1	0	1
通讯部门	0	1	0	1
学校机构	1	0	0	1
移民机构	0	1	0	1
表达自由和公开政府文件	0	1	0	1
总计	26	32	0	58

2012～2013 年度由监察专员发动并解决的案件统计表③

涉及到的事项	完全解决的	受到批评的	被起诉的	总数
法院	0	9	0	9
行政法院	0	6	0	6

① 参见网站:http://www.jo.se/en/About－JO/Statistics/,最后访问日期:2014 年 4 月 19 日。

② 参见网站:http://www.jo.se/en/About－JO/Statistics/,最后访问日期:2014 年 4 月 19 日。

③ 参见网站:http://www.jo.se/en/About－JO/Statistics/,最后访问日期:2014 年 4 月 19 日。

续表

涉及到的事项	完全解决的	受到批评的	被起诉的	总数
公诉机关	0	3	0	3
海关服务	0	1	0	1
警察机构	15	6	0	21
监狱部门	10	14	0	24
主要监护人	0	1	0	1
社会福利部门	8	11	0	19
医疗部门	0	4	0	4
社会保险机构	1	5	0	6
劳动市场联盟	0	1	0	1
建筑规划部门	0	3	0	3
学校部门	0	1	0	1
移民机构	1	3	0	4
总数	36	68	0	103

瑞士《信息公开法》概览

一、法律概要

瑞士[①]《宪法》第 16 条关于观点和信息自由的条款规定：观点和信息自由是有保障的；每个人都有权自由地形成、表达和传播自己的观点；每个人都有权自由地接受信息，自由地从一般能够获得的途径来收集信息，并且自由地传播。这从根本上为瑞士联邦的信息公开制度奠定了法律基础，为瑞士信息公开法的制定指明了方向。

关于行政透明原则的联邦法律（*Federal Action the Principle of Freedom of Information in Public Administration*）[②]在 2004 年 12 月得到通过，并在 2006 年 7 月发生效力。联邦信息公开法是由瑞士联邦议会颁布的，在颁布时，以《宪法》第 173 条第 2 款为基础，并考虑到 2003 年 2 月 12 日的联邦议会报告。该法律赋予了每个人（指在瑞士境内的任何人，包括外国国籍和无国籍人，下面将做具体阐述）查询官方文件和获得公共权力机关信息的权利。这些公共权力机关必须在二十天内进行回复。这部法律适用于联邦公共实体、其他组织机构和根据行政程序法和议会事务法做出决定的个人。信息自由法案只适用于 2006 年 7 月 1 日以后产生的官方文件。但并不适用于瑞士国家银行和瑞士金融市场监督管理局的文件。

---

① 瑞士联邦，简称瑞士，是西欧国家之一，是一个位于欧洲中部的联邦制国家；它也是世界著名的中立国，许多国际性组织的总部都设在瑞士。瑞士北接德国，西邻法国，南接意大利，东临奥地利和列支敦士登，划分为 26 个州，是全球最富裕、经济最发达和生活水准最高的国家之一，人均国民生产总值居世界前列，旅游资源丰富，有世界公园的美誉。以上摘自 360 百科，http://baike.so.com/doc/2722680.html，最后访问日期：2014 年 4 月 18 日。

② 该法律参见网站：https://www.admin.ch/opc/fr/federal－gazette/2004/6807.pdf，最后访问日期：2015 年 8 月 3 日。

联邦委员会可能会制定条文来管理诸如如何处理官方文件,何为属于官方文件的信息、官方文件的发布等公文管理制度。

《信息公开法》共有五个大的部分,24 个法条。第一部分共 5 个条文(第 1 条至第 5 条),介绍了该法的一般性条款,包括该法的目的、适用范围(属人管辖权、属物管辖权)、特别规定的保留和官方文件的定义。该法第 1 条对信息公开法的目的进行了规定,即该法案旨在提高关于公共行政机关的任务、组织和活动方面的透明度。为了这个目的,该法将有助于告知公众确保获得官方文件的权利。当关于政府部门的信息公开的联邦法案在 2006 年 7 月 1 日生效时,政府部门从不予公开原则转变为赋予公民更多的信息获取权。该信息公开法现在使得获取联邦部门、议会服务部门和公共或者私人组织的官方文件变得更加容易。在适用信息公开原则时,联邦部门的目的是提升它的机构和活动的公开性。这将有利于使所有的公民都能获取官方文件,从而增加对国家和有关部门的信心。更大的透明度意味着公众能够更清楚地了解有关部门的行动。

第二部分共 4 个条文(第 6 条至第 9 条),介绍了官方文件的获取权,包括了信息公开的原则、免责条款、特殊情况和个人数据保护法。第三部分共 8 个条文(第 10 条至第 17 条),介绍了获取官方文件的程序,包括申请程序、商议、权力机关的决定、调解、建议、决定、申诉和费用等问题。第四部分共 3 个条文(第 18 条至第 20 条)介绍了联邦数据保护和信息委员会,包括了该机构的职责和能力、评价、知情权和检查权。第五部分共 4 个条文(第 21 条至第 24 条)介绍了总结条款。其中对于适用范围、什么是官方文件、不予公开的信息、申请程序、调解、建议、申诉等做出了具体规定。任何人可以在不提供理由的情况下要求查看有关文件。如果相关文件可能会损害一个重要的公众或私人利益,获取信息的权利可能被限制。如果请求被拒绝了,该权力机关必须证明它的决定是合理的。如果权力机构限制、推迟或拒绝公开文件,则联邦数据保护和信息专员可以在申诉人的请求下启动仲裁程序。该程序的目的是允许双方达成迅速的谅解。如果该调解失败了,那么联邦数据保护和信息专员将会用建议的方式作出结论。[①] 如果对信息的申请被限制、改变或拒绝，或超出了最后期限造成延误，申请者可以要求联邦数据保护和信息专员进行调解。该信息专员必须在30日内提出建议。信息专员也可以监督公共实体，对联邦法律项目和影响公开的国家政府措施发表评论。

该法的一个亮点就是把联邦数据保护和信息委员会放到了单独的一部分进行规定，对其职责和能力、评价、知情权和检查权进行了详细的阐述，本文将在下面的内容中进行说明。

另外该法还规定，该法并不适用的官方文件种类，这些文件涉及民事和刑事程序、国际司法协助和管理、国际关系、公法管辖区、仲裁和在行政争议中由一个政党获得一份档案等问题。访问包含个人信息的文件由联邦数据保护法加以规定。如果公开会抑制观点的自由发展，对国内和国际安全、国际关系、联邦政府和各州关系、政策、经济或货币利益产生危害，或者透露专业秘密、打破秘密承诺，则这些文件应该是不予公开的。当公开的利益并不大于第三方利益时，获得这些官方文件的权利就应受到限制。与信息公开相关的法律还有：

（一）联邦数据保护法

1992年通过的《联邦数据保护法》（*Federal Data Protection Act*）赋予了个人获得和改正由联邦机构和私人实体持有的他们的私人信息。该法由联邦数据保护和信息专员负责实施。26个州中的大多数州都有他们自己的数据保护法和数据保护委员会。

（二）联邦档案法

根据《联邦档案法》（*Swiss Federal Archives Act*），超过30年的档案是可以公开的。个人信息被保护50年。行政法院可以请求延迟可公开文件的公开。

除以上相关法律外，对于国家秘密的泄露由瑞士联邦刑法和军事刑

---

① 参见网站：http://www.edoeb.admin.ch/oeffentlichkeitsprinzip/00887/00960/index.html?lang=en，最后访问日期：2014年4月18日。

法来制裁。这是针对国家秘密这一最重要的机密的特殊保护,采用了刑事制裁的手段。

瑞士是一个联邦制国家,划分为26个州,许多州也致力于公开法的工作。伯尔尼州在1993年通过了它的公共信息法,日内瓦在2002年通过了它的公共信息法。在索洛图恩,该法律是信息公开法和数据保护法的合体。在汝拉、纳沙泰尔和谢尔区,这些立法工作正在进行。许多州同样承认了他们的政府部门的信息公开原则。一些州在联邦法律的基础上建立了关于获取官方文件的法律,如阿尔高、伯尔尼、索洛图恩州、沃州、日内瓦和汝拉,此外信息公开原则也有建立在州宪法基础上的,如巴塞尔城市州、沙夫豪森、圣加仑州。如果申请者想访问任何州官方文件,应该向州政府申请,州政府将会帮助申请者获得相应的官方文件。①

二、信息公开的范围

(一)公开的信息

该法第5条对什么是官方文件进行了规定:官方文件应该是任何不考虑载体而被记录下来的,由权力机关保留并且涉及了公共职能执行的信息。那些通过一个简单的计算化的过程而产生的,来自于上述情形的被记录下来的信息将被视为官方文件。除此之外该法还规定了哪些文件不视为官方文件,如第3条是这样规定的,该法案不适用于涉及以下情况的官方文件:民事程序;刑事程序;国际法和行政协助程序;国际争端解决程序;宪法性和行政性的司法程序或者仲裁程序。同时该法案也不适用于在行政一审程序中由一方当事人做出的关于该法文件的磋商。涉及申请人的个人信息的文件的获取,应该按照1992年6月19日颁布的《数据保护法》来规定。第3条规定,那些由权力机关在商业上使用的、还没有发布出去的,或者仅供个人使用的文件不视为官方文件。

---

① 参见网站:http://www.edoeb.admin.ch/oeffentlichkeitsprinzip/00887/00888/index.html?lang=en,最后访问日期:2014年4月18日。

另外该法第 23 条也规定了官方文件的时间期限，即该法适用于那些在该法案正式实施之后产生的或者由权力机关接收的官方文件。

一般来说，除了该法规定的不予公开的官方文件以外的一般文件都应予以公开。当然不视为官方文件的不在公开的范围之内。

(二)不予公开的信息

对于哪些文件是不予公开的，该法第 7 条做了明确规定。如果查阅官方文件会出现以下情况，则这种查阅权会被限制、迟延或拒绝：严重损害受该法监管的当局或其他立法、行政、司法机关的意见自由形成过程和决策程序；影响当局做出的与其目标一致的具体措施的执行；很可能危害到瑞士的国内外安全；很可能影响瑞士在外交政策和国际关系方面的利益；很可能影响联邦政府和州之间或各州之间的关系；很可能影响瑞士的经济或财政利益；会揭露专业、商业或制造业的秘密；或者导致第三方自愿向当局提供的信息的泄露，而此前当局承诺保守秘密；如果查阅官方文件会损害第三方的隐私，则这种查阅权会被限制、迟延或拒绝，除非在例外情况下公共利益大于第三方利益。

另外对于一些特殊情况(special cases)，为了让公民能够更清楚对什么文件应该公开，什么文件是不予公开的，该法第 8 条也做出了阐明。对于联合公告程序没有获得官方文件的权利；只有那些政治性的或者行政性的决定已经做出并形成了这些文件的基本内容，获取信息的权利才能够被赋予；作为例外，即使规定已经被制定了，但是联邦委员会仍然可能决定暂停对那些从官方部门协商过程中产生的官方文件的获取权；对于那些处于未决状态的或者将来要产生的官方文件，任何情况下都不得被授予获取的权利；对于那些联邦行政机构工作的评估和它们措施有效性的报告获取权应当得到保证。

最后，第 4 条还规定了特别规定的保留(reservation of special provisions)，包含在联邦其他法律中的特别条文在以下情况下需要被保留，即声明有些信息是保密的或者声明一些信息按照不同于上述的需求是可以公开的。

三、信息公开的方式及程序

(一)信息公开的方式

本法第10条规定了申请程序,没有关于联邦政府部门主动进行公开的规定。对于获取官方文件的申请应当向发布文件或者从第三方接收到的文件的权力机关作出。该申请必须足够精确,它必须包含足够的细节来确定申请的文件。对相关部门来说掌握文件创制或者发布的时间、文件的名字或者参考是非常有帮助的。必要时相关部门可以要求申请者给予更多精确的信息。该权力机关必须尽力帮助申请者。

涉及个人数据保护的规定在第9条,涉及个人数据的官方文件应尽可能地在查询前匿名提供。对于那些不能被匿名提供的官方文件,在请求查询时应按照《联邦数据保护法》第19条的规定适用。相关的程序应按照该法律实施。

该法并没有对申请方式作出明确的规定,但是一般来讲,通过书面申请方式应该是最基本的方法,而对于特殊情况则当然可以用口头方式进行,这更能体现该法的立法目的和信息透明的原则。而在瑞士联邦的网站上我们可以看到对申请方式的规定。基本上,任何人包括法律实体和协会都有权获取文件,无论他们住在哪里或者他们是什么国籍。申请可以用口头或者书面申请表、信件、传真或者电子邮件的方式作出。申请时并不需要给出原因,并且该申请者不必声明任何特定的利益或者个人动机。

(二)信息公开的程序

1. 受理和决定

本法第10条规定,每个人都有权查询官方文件并且获得官方文件内容。该文件可以在现场进行查询或者得到一个副本。关于立法的复印件应当被保留。无论是纸质版的还是电子形式的,只要一个官方文件已经被联邦政府公布,那么上述条款规定就被视为已经履行完毕。

第12条规定,权力机关应该及时作出决定,不晚于在接到申请后的 20 日。对于特殊情况,如该申请涉及大量的文件或者这些文件非常复杂或者很难获得,最后期限可以被延长 20 日。如果被申请的文件包含个人信息,最后期限应被延长到需要的期限。当被申请查询的文件包含个人信息时,该权力机关应该暂停访问直到法律状况已得到澄清。该权力机关应该通知申请者任何延长最后期限、限制或者拒绝访问的理由。涉及限制或者拒绝访问的信息和原因应当以书面的形式传达。

第 10 条第 4 款明确规定,联邦委员会针对以下程序应制定规章:应该对于载体的特别需要进行考虑;对同样的文件有大量的申请时,可以制定其他管理本程序的规定;当特别需要延长该程序时,对于申请可以延长最后期限。

2. 救济

(1)调解程序(mediation)

本法第 13 条规定了调解程序。当申请者的获取官方文件的权利受到限制、推迟或者否认,或者在最后期限内权力机关没有作出决定时,申请者可以提出调解。对调解的请求必须与联邦数据保护和联邦信息委员会以书面形式作出,该申请应该在从接受权力机关的决定或者权力机关没有按照最后期限的规定作出决定时起 20 日内做出。如果该调解成功了,那么这个问题就被认为是被解决了。

(2)建议和决定程序

第 14 条规定,如果请求调解没有成功,那么联邦数据保护和信息委员会,将会向申请者提供一个关于该调解程序的书面的建议,该建议应在接受调解申请之日起 30 日内做出。在接到建议申请的 10 日内,该申请者根据行政程序法第 5 条规定可能会需要一个决定。此外,该权力机构应该针对该建议做出决定。该决定可能是限制、推迟或者拒绝进行官方文件的获取权,也可能是赋予对涉及个人信息的官方文件的获取权。决定应该在接收到建议或者申请者要求作出决定的 20 日内做出。

(3)司法程序

第16条规定,诉讼程序应当根据管理联邦司法部门的相关立法的一般条款进行。

(三)信息公开的费用

该法第17条对费用问题进行了规定,原则上获取官方文件应该支付费用。但对于以下情况可以不支付费用:对于那些花费很少的申请程序;调解程序;申请者要求权力机关作出决定前的程序。联邦委员会应该以实际的花费为基础制定出收费的方式和费用率。对于在其他立法案中的特别条款应予以保留。在任何情况下,费用应该依报道、小册子和其他印制材料和信息载体的发布而支付。

从官方网站上来看,获取官方文件一般都需要缴费。费用只有在超过100瑞士法郎的情况下才收取。申请人应该被告知该申请大概需要多少钱,如果该申请者决定继续该申请,他必须在10日内通知该机构,否则该申请自动作废。如果该申请被拒绝或者只是部分授予获取权,该机构应该免除或者减少该费用。

四、主管机构

该法第四部分对联邦数据保护和信息委员会(Federal Data Protection and Information Commissioner)做出了专门规定。第18条规定了其职责和能力,根据《联邦数据保护法》第26条规定有以下职责和能力:负责调解程序,如果调解没成功应做出建议;依职权或者根据个人或权力机关的请求,以获取官方文件的方式提供信息;对立法草案和联邦政府的措施发表评论,这对信息公开的原则有着根本性的影响。此外,联邦数据保护和信息专员会审查该信息公开法律的实施、有效性和成本,并定期向联邦委员会提交一份报告。①

① 参见网站:http://www.edoeb.admin.ch/oeffentlichkeitsprinzip/00887/00960/index.html?lang=en,最后访问日期:2014年4月18日。

而联邦数据保护和信息委员会的工作人员即联邦数据保护和信息专员,他们负责审查执行情况和该法案的有效性,特别是对于实施所产生费用问题进行审查,并负责向联邦委员会进行汇报。联邦数据保护和信息专员在该法案实施之日起的3年内应向联邦委员会提交关于该法案的实施成本的报告。联邦数据保护和信息专员的报告应该予以公布。在调解程序中,联邦数据保护和信息专员有获得官方文件的权利,即使该文件是保密的。联邦数据保护和信息专员和他的秘书应该对官方秘密进行保密,就像权力机构对他们审查的文件进行保密一样。

联邦数据保护和信息专员被赋予了许多职能:

1.该专员告知并建议公民个人如何获得官方文件;建议大量的行政机关和联邦部门如何实施该信息透明法案;在发生分歧时他充当调停人的角色;向相关人员发出书面建议;针对由联邦机构制备的对透明原则产生影响的法律文本发表意见;建立一个获取联邦行政部门和议会服务文件的权利。①

2.联邦数据保护和信息专员在数据保护方面也担任了重要的角色。数据保护涉及了:互联网和计算机、技术、商务及经济、工作领域、健康、保险、警察国防和移民、空闲时间和运动、文档、生物特征数据、电子商务、数据安全、数据文件、市场营销和视频监控等方面。②

3.联邦数据保护和信息专员还有以下几项特别的任务:他负责监督联邦机构;他负责监督私人机构;他向私人机构提出建议;他在数据保护领域协助联邦、州当局;他给联邦立法草案提出意见;他配合瑞士及海外的数据保护机构工作;他告知公众有关他的调查结果和建议;他维护和发布注册数据文件。为了完成他的任务,专员可以主动进行调查或根据第三方请求进行调查。根据这一调查,他可以发出建议。

---

① 参见网站:http://www.edoeb.admin.ch/oeffentlichkeitsprinzip/00887/00960/index.html?lang=en,最后访问日期:2014年4月18日。

② 参见网站:http://www.edoeb.admin.ch/org/00126/index.html?lang=en,最后访问日期:2014年4月18日。

4. 在私营部门，专员有主要的咨询功能。他尤其可以解释和评论有关数据保护的法律规定，对数据文件的登记、跨境数据登记以及有关获取文件请求提供他的意见。

5. 他也可以在涉及法律问题或数据安全技术方面的问题上提出建议。对于私人之间或个人与联邦机构之间的冲突，他试图找到解决办法。[①]

五、发展现状[②]

在2010年，申请获得由联邦部门持有的文件的数量于去年相比大约在相同的水平。在2010年239份申请提交给了联邦政府机构。其中106件案子申请者被赋予完全的公开，63件部分公开，62件被拒绝，8件仍在审理中。在统计数据上本年于去年相比并没有什么显著变化。32件申请调解的案子提交给了联邦数据保护和信息专员，去年这一数字是41件。自从透明法案实施以来，拒绝公开的案件数量持续下降。不同的联邦当局收到的申请数量之间存在巨大差异。例如，公共健康联邦办公室收到32个请求，而20个联邦机构宣布他们在2010年没有收到过任何请求。这表明，所报告的数字的重要性是比较低的，这是由于对于个人的访问请求都没有得到系统记录。还必须假设，在大多数情况下，当局甚至不知道该请求是根据信息公开法进行的。尽管联邦机构和政府部门不需要这样做，但是我们被告知花费在申请程序和参加调解程序的时间已经增加了，总共有815小时。其中8个案件中申请者需要付费。所有的费用加起来达到了3460瑞士法郎。根据已经登记的申请调解，一些机构已经要求增加更高的费用了。

2011年的请求获取信息的申请数量几乎是前一年的两倍。联邦当

① 参见网站：http://www.edoeb.admin.ch/org/00126/index.html? lang = en，最后访问日期：2014年4月18日。

② 以上资料来自于瑞士联邦数据保护和信息专员官方网站：http://www.edoeb.admin.ch/dokumentation/00153/01073/index.html? lang = en，最后访问日期：2014年4月18日。

局在2011年共收到466件访问请求。其中203件获得了完全的公开，128件只获得了部分的公开，126件被拒绝公开。与去年相比，请求信息公开的申请数量已几乎翻了一倍。11个政府部门共收费13,140瑞士法郎。共收到65件调解请求，比去年同期增加两倍。信息条例的部分修订生效于2011年7月，该条例延长了最后完成调解程序的期限，这是针对那些涉及复杂问题的案件。尽管如此，申请人仍必须等待更长的时间，因为年内收到的申请数量大幅增加，并且没有足够的资源来处理它们。

在2012年506份请求提交给了联邦当局。其中223个案件当局给予了充分的公开，而120个案件进行了部分公开，138个申请不予公开，19件申请被撤回，超过一半是由于权力机关规定的费用多少问题而导致的撤回。提出调解申请的数量增加了20%，共接到78件调解申请，于去年的65件相比增幅只是1/5。他们中的大多数由记者提交，共33件，其次是个人提交的21件。2012年，共有61件调解完成。其中，有20件是在2012申请的，35件是在2011年申请的，6件是在2010年申请的。在6个案子中都可以找到与有关各方协商一致的解决方案。我们在未能达成解决方案后，对19件案子提出了建议。26件申请通过调解得到了解决。在3个案件中，当局已批准调解过程中所请求的访问。16个申请被撤回，14个案件中透明法案申请的条件没有满足。在3起案件中，调解请求没有被按时交付。在25件案子中的10件，调解程序经过调解或者一个建议而得到解决。

由于请求越来越多，议会服务部门的员工资源是有限的，申请者的等待超过30日。通过对现状的分析我们不难发现，在费用和时间方面存在着一些问题。首先，费用越来越高了，很多案件都需要缴纳一些费用成为了申请者的一大负担。其次，由于服务部门的员工资源和设施资源的有限，对于一些申诉并不能及时有效地进行解决，导致大量案件的延迟。

2009～2012 年联邦机构收到申请数量和向申诉专员申请调解数量统计①

事项/年份	向申诉专员申请调解/件	联邦机构收到的申请/件
2009	41	无数据
2010	32	239
2011	65	466
2012	78	506

2010～2012 年公开情况统计②

年份/公开情况	2010	2011	2012
完全公开	106	203	223
部分公开	63	128	120
拒绝公开	62	126	138
仍在审理	8	无数据	6
撤回公开	无数据	无数据	19

① 以上资料来自于瑞典联邦数据保护和信息专员官方网站：http://www.edoeb.admin.ch/dokumentation/00153/01073/index.html? lang=en，最后访问日期：2014 年 4 月 18 日。

② 以上资料来自于瑞典联邦数据保护和信息专员官方网站：http://www.edoeb.admin.ch/dokumentation/00153/01073/index.html? lang=en，最后访问日期：2014 年 4 月 18 日。

塞尔维亚《信息公开法》概览

一、法律概要

塞尔维亚共和国作为欧洲东南部的国家，其法律领域中信息公开制度的构建也在很大程度上受到欧盟的影响。20 世纪 90 年代后期欧洲各国开始制定并完善信息公开法律制度，此时的塞尔维亚政府也逐步意识到信息公开法律制度的重要性。2004 年 7 月 8 日，欧洲理事会在贝尔格莱德举行圆桌会议，就塞尔维亚信息公开法发表评论，题为《信息公开申请权，一项得到法律保障的公民宪法权利》。[①] 在内外部法律环境俱臻成熟的情况下，《塞尔维亚公共信息公开法》（*Law on Free Access to Information of Public Importance*）的颁布被提上日程。2006 年 11 月 8 日，塞尔维亚共和国议会举行特别会议正式颁布新宪法，以代替 1990 年制定的塞尔维亚现行宪法，新宪法自颁布之日起生效。除序言外，新宪法共分 10 部分 206 款，[②]明确规定塞尔维亚实行议会民主制，并赋予其公民政治自由权，其中包括申请政府信息公开的权利。

《塞尔维亚公共信息公开法》[③]（*Law on Free Access to Information*，以下简称《信息公开法》）于 2004 年 11 月 5 日颁布，2004 年 11 月 13 日正式生效。同年，塞尔维亚信息公开法的立法专家团还编写了《信息公开法实施指导手册》（Guidebookon 2004 Law on Free Access to Information of

---

① 参见政府信息公开网：http://www.freedominfo.org/regions/europe/serbia/，最后访问日期：2014 年 4 月 24 日。

② 《塞尔维亚颁布新宪法》，http://news.xinhuanet.com/world/2006－11/08/content_5306690.htm，最后访问日期：2014 年 4 月 24 日。

③ 该法见网站：http://www.right2info.org/resources/publications/laws－1/serbia－law－on－free－access－to－information－of－public－importance，最后访问日期：2015 年 8 月 3 日。

Public Importance Abstract)[①],并得到欧洲安全与合作委员会(Organization for Security and Cooperation in Europe,OSCE)的支持,以及塞尔维亚开放社会基金会(Fund for Open Society Serbia)的资助。[②]

塞尔维亚《信息公开法》全文共十章,55条规定。

第一章总则,规定了以下六个方面的问题:

1. 立法目的。第1条规定:塞尔维亚立法会制定本法的目的在于维护公共利益,同时促进国内自由,促成公开政府的建设。

2. 概念界定。第2条:阐明本法涉及的重要概念,定义范围包括其内涵和外延:重要公共信息,信息公开主体,正当法律利益。重要公共信息,指的是形成于行政机关的工作过程中,能够构成行政文件的一部分,或者行政机关基于正当理由能够获知的信息。信息公开主体,具体包括国家、自治地区、地方自治主体、国家权力机关授权的组织,以及由国家提供全部或部分资金支持的法人。第3条:正当法律利益,这是本法为信息公开申请过程特别创设的概念。正当法律利益主要指的是正当公共利益,如果申请者申请信息公开是出于保护环境或者公共健康的目的,则为满足正当公共利益需求,公开主体应予公开。

3. 信息申请人资格。本法第4条规定:任何公民均有权获知行政部门是否保管着信息,并且有权获知这些信息是否能够公开。以重要政府信息为对象,公开申请权主要包括以下内容:任何人都享有查阅重要政府信息文件的权利,有权对这些信息进行复制,并且有权通过电子邮件、传真等方式从行政机关处获得上述信息的复制本。

4. 平等原则。本法第5条和第6条明确规定:任何人不论其是否享有公民身份,是否为永久居民,也不论其民族、种族、国籍、性别等,都有权在同等条件下依据本法的规定行使信息公开申请权。这是整部《信息公开法》所需遵循的最基本原则,同时也成为指导塞尔维亚政府信息公开

① 参见政府信息公开网:http://www.freedominfo.org/regions/europe/serbia/,最后访问日期:2014年4月2日。

② 参见网站:www.osce.org/serbia/14933/.pdf,最后访问日期:2014年4月2日。

工作的重要依据。依据平等原则的精神，政府部门及相应行政机关应当在工作过程中给予不同申请人以同样对待，严格按法律规定为其合法权益提供保障，切实贯彻平等原则在政治及法律生活中的作用。

5. 禁止歧视规定。第 7 条为禁止歧视规定，规定行政机关不得对任何新闻工作者或传媒机构存在偏私，当多个媒体机构同时申请信息公开时，行政机关应当对其同时公开相关信息。这实际上也是前述平等原则的重要表现。

6. 申请权的合理限制。第 8 条为信息公开申请权的合理限制，具体规定：一方面，申请人享有申请权的前提是不违背宪法及法律的规定，不侵犯宪法及法律所保护的利益；另一方面，对本法中的任何规定的解读均不得有碍于本法赋予之权利。

第二章为信息公开的例外规定，主要界定了不予公开的信息范围及内容，明确了涉及生命、健康、国家安全、司法、国防等内容的信息不予公开。在保障公民信息公开申请权的同时，为了防止该权利被滥用，本章特别明确了个人在申请信息公开过程中所享有的权利范围，为权利的行使划定边界。

第三章属于程序性规定，明确了申请人向行政机关提出信息公开申请时所应遵守的法定程序，同时还规定了公共机构的处理程序、信息公开费用的收取事宜、申请书副本的提交程序以及信息专员在整个过程中的职责。

第四章和第五章围绕塞尔维亚信息专员的设定及职责展开。第四章以单章的形式规定了与塞尔维亚信息专员相关的程序。主要内容包括申请人向信息专员投诉的条件、期限，信息专员对投诉进行审查、决定的程序，信息专员作出的决定的效力，以及不服信息专员决定时提起法律救济的方式等。第五章规定了信息专员的任命、法律地位及职权内容。

第六章规定了提高公共机关办公透明度的措施。具体包括由信息专员定期制作指南，维护信息媒介，举办人员的培训，以及构建完善的信息专员报告制度等。

第七章规定了损害的赔偿责任。当行政机关违背平等原则以及本法第7条的规定而仅向特定媒体提供信息，并造成个别媒体无权公布相关信息时，行政机关应当承担民事赔偿责任。

第八章至第十章包含监督条款以及惩罚性条款。

由于塞尔维亚共和国是在国际局势变革过程中建立的，因此其法律制度从整体上来看也带有一定的复杂性。特别是在2006年黑山宣布独立之后，塞尔维亚国会于同年6月5日也宣布独立并成为前塞黑联邦的法定继承国。从国际法的法条继承说来看，塞尔维亚继承了塞黑时期的大量法律规范。加之塞尔维亚独立之后重编或修订的法律，当前共和国境内与信息公开相关的法律主要有以下几部：

（一）《南斯拉夫公众传播系统基本法》

《南斯拉夫公众传播系统基本法》（*Basic Public Dissemination System in Yugoslavia*）为南斯拉夫报刊、广播电台、通讯社等公众传播系统的基本法，于1985年7月17日经议会联邦院通过，由主席团主席和议会主席颁布执行。[①] 本法围绕信息公开的问题对媒体日常工作进行了规范，凡依法通过的规范性文件中规定的机密种类和机密等级的信息，均不能予以发表。[②]

（二）《南斯拉夫塞尔维亚共和国公共宣传法》

《公共宣传法》最初于1975年10月颁布。[③] 1986年7月17日原塞尔维亚社会主义共和国议会立法委员会在对《公众传播修改补充法》进行了三次修改之后通过新的《共和国公共宣传法》（*Law on Public Information of the Republic of Serbia*）。[④] 本法在规范公共传播事业的同

① 赵玉明、王福顺主编：《中外广播电视百科全书》，中国广播电视出版社1995年版，第665页。

② 赵玉明、王福顺主编：《中外广播电视百科全书》，中国广播电视出版社1995年版，第665页。

③ 许崇德主编：《中华法系大辞典：宪法学卷》，中国检察出版社1995年版，第416页。

④ 赵玉明、王福顺主编：《中外广播电视百科全书》，中国广播电视出版社1995年版，第665页。

时体现出塞尔维亚政府对于信息公开的积极态度，新闻的发表和传播只有在法律规定的情况下才能受限制。[①]

（三）《个人信息保护法》

《个人信息保护法》（*Law on Protection of Personal Data*）于1998年颁布并生效，赋予了公民从公共组织或私立组织处获取及修改个人信息的权利[②]。公民有权就违反该法律规定的行为向法院提起诉讼。这部法律实际上并未被广泛知悉，而且当前法律界也正在努力出台新的法律替代该法。塞尔维亚政府如今正在制定新的法律以取代《个人信息保护法》。[③]

（四）《除垢法》

塞尔维亚还没有法律就保护国家机密制定相关程序性规定。早在2001年5月，米洛舍维奇任总统时期的塞尔维亚政府就曾公布两部法令，规定公民在获取国家安全局制作的信息时，其申请信息公开的权利将受到适当限制；公民有权查阅公共机关的总结性文件，但无权对其进行复制或记录其中内容。对于上述两项规定，人权律师委员会（The Lawyers Committee for Human Rights）曾要求宪法法院审查其是否违宪。宪法法院于2003年认定前述法令违宪并且于同年6月将该法令撤销。继而，塞尔维亚议会于2003年5月通过《除垢法》（*Lustration Law*），加大了对泄露国家秘密的打击力度。[④]

---

① 赵玉明、王福顺主编：《中外广播电视百科全书》，中国广播电视出版社1995年版，第665页。

② *Law on Protection of Personal Data*, 12 May 1998. 参见网站：http://www.gov.yu/informatics/documents/LawOnProtection.htm，转引自 David Banisar, *Freedom of Information Around the World—A Global Survey of Access to Government Information Laws*, *Privacy International* 2006, p. 132.

③ David Banisar, *Freedom of Information Around the World—A Global Survey of Access to Government Information Laws*, *Privacy International* 2006, p. 132.

④ David Banisar, *Freedom of Information Around the World—A Global Survey of Access to Government Information Laws*, *Privacy International 2006*, p. 132.

二、信息公开的范围

塞尔维亚《信息公开法》第二章以专章的形式明确了可以公开、不予公开的信息范围,列明不予公开信息的原因。对于可以分割的信息做了“部分公开”的规定。

就塞尔维亚《信息公开法》而言,其法律规范中没有将可以公开的信息逐条罗列,而是采取了排除式的立法模式,即除了不予公开的信息之外其他类型的信息原则上都可以公开。

《信息公开法》第9条主要明确了不予公开的信息范围,规定如果信息中涉及以下内容,则行政机关对相关申请不予批准:

(1)对公民生命、健康、安全以及其他重大人身利益造成威胁的;(2)危及或妨害以下活动的进行的:对刑事违法活动的侦查及控告,审前程序及审判活动,判决的执行及其他法律程序的开展,以及影响审判公正性的;(3)严重危及国防事业,国家安全以及国际关系的;(4)实质性削弱政府经济管理能力,或者阻碍正当经济利益的实现的;(5)法律或者其他官方文件应当对以下信息的公开设定限制,并将其规定为国家、政府、商业或者其他秘密:例如一些仅为特定群体所使用的信息,其公开将会造成严重后果,影响法律所保护的利益,并且因公开损害的利益大于其所获得的利益。

第10条规定了不批准信息公开申请的另一种情形,即被申请的信息已经由相关政府部门或行政机关予以公开,前述公开可以采用出版公开或网络公开等多种形式。与此同时,在本条第1款中所列明事项中,除了这些信息为常识性内容之外,公共机关负有通过信息媒体(官方媒介及出版物等)回应申请者的义务,告知其何时、通过何种途径可以获取该信息。

第14条立足于对个人隐私的保护,规定对于那些可能侵犯他人隐私的信息不予公开。当然,本条中也就前述不予公开规定了例外情形,即符合如下条件时,应当公开相关信息:第一,已获得信息相关当事人的同意;

第二,该信息涉及公共利益以及与公共利益相关的事件,或者涉及到国家及政府领导人,涉及他们所履行的公共职责;第三,申请人就关于其自身行为或隐私的信息提出公开申请。

第12条规定了政府信息的部分公开规则。在不允许公众查阅的文件中,如果某些信息涉及重要公共事项,且该信息可以与其依附文件中的其他信息相分割,那么公共机关应当将此部分信息分离出来,并准许申请者查阅。

《信息公开法》第11条规定了公共机关对已公开的信息内容产生争论意见时应当采取的措施。除本法第9条和第14条规定的不予公开的信息之外,如果公共机关就已公布且涉及重要公共事项的信息内容产生争论,则应当深入分析信息及文件,从而向公众确保相关信息的准确性和完整性。

三、信息公开的方式及程序

塞尔维亚《信息公开法》第三章和第四章以两个章节的篇幅规定了信息公开过程中,申请人、行政机关以及信息专员应当遵守的程序性规范,为其提供了可循的行为模式。

(一)信息公开的方式

围绕信息公开的方式,本法只明确规定了依申请公开一种。第6条规定:任何人都享有本法规定的信息公开申请权,不论其是否为塞尔维亚公民,不论其享有的是暂时性居留权或永久性居留权,也不论其民族、种族、国际、性别等。由此可见,塞尔维亚在信息公开方面,还是划定了一份非常宽泛的申请范围的。

(二)信息公开的程序

1. 申请

本法第15条就申请人应当如何提交公开申请进行了基本规定。主要围绕信息公开申请材料加以规定,明确了该申请的内容、形式以及行政机关的答复期限:(1)申请的限制条件。本法第13条在此作为权利的限制条款出现,防止信息公开申请权被滥用。本条明确规定,如果申请人滥用其公开申请权,尤其是存在不合理请求或提出申请过于频繁的情形时(如针对同一个或已经获得的信息反复提出申请,或一次性申请公开过多信息),公共机构应当驳回其信息公开申请。(2)申请的形式及内容。信息公开申请原则上需要以书面形式提出,但公民若以口头形式提出申请,则权力机关应当记录其中内容,并按照书面申请的处理方式进行处理。本法还明确了书面申请中应当包含的内容,并且特别指明在该书面申请中不需涵盖提出申请的原因。(3)申请存在瑕疵时的补充期限。如果申请人提交的信息公开申请存在瑕疵,那么相应行政机关的工作人员依据本法应当提供免费的修改指导,以保证申请人在合理期限内修改、补充其申请材料。当然,申请人修改、补充材料是有时间限制的,一般情况下应当在接到修改要求后的15日内完成,否则行政机关将视为申请人放弃信息公开申请。(4)查阅信息的权利。出于对申请人平等权的保护,当申请人有正当理由时,允许其依据自己选择的时间,而不是行政机关给出的特定时间对信息进行查阅和复制。如果申请人确实不能独自查阅相关信息,允许其在有人陪同的情况下进行查阅。

2. 受理与决定

第16条为信息公开的程序性规定:(1)答复的期限及形式。行政机关应当在接到信息公开申请之后的15日内作出答复,最简单的答复形式即为告知申请人该部门是否保管着被申请公开的信息。如果行政机关同意公开相关信息,则应当允许申请人查阅、复制该信息,或者将该信息的复制本邮寄给申请人。如果被申请公开的信息涉及对个人生命及自由的保护,或者涉及对公共健康及环境安全的保护,则行政机关应当在接到申请之后的48小时内作出答复并允许申请人复制相关信息。行政机关有义务接受申请人以口头形式提出的公开申请,应当在法定期限内对该申请进行审查并作出答复。行政机关应当制定一份信息公开申请书模板,以供申请人参考使用;但行政机关同样应当接受申请人提交的未按照前述模板形式制作的申请书。(2)答复期的延长。如果行政机关确有原因导致其不能在15日内作出答复，那么应当准许其对公开期限进行适当延展，但延展后的期限也不得超过接到申请之后的40日。行政机关如果没有在上述合理期限内作出答复，则申请人有权向塞尔维亚信息专员提出申诉。(3)告知义务。出于对申请人知情权的全面保护，准予公开信息的行政机关应当告知申请人查阅、复制相关信息的时间及地点，复制相关信息的合理费用；倘若行政机关不具备复制条件时，还应允许申请人自行复制相关信息。当行政机关做出不予公开相关信息的决定时，应当向申请人出具书面通知，并载明不予公开的理由。行政机关还应当告知申请人，如果对不予公开决定不服，有权向法院提出上诉。第18条具体规定了查阅及复制相关信息文件时的程序，特别明确了行政机关在此程序中所应履行的义务，主要包括：应当使用相关设备给申请人提供信息复制本；按照原信息承载体的形式(如照片、影音文件、录音录像、电子文档等)提供复制本；在确实不能提供前述形式的复制本时以其他形式提供信息；如果行政机关保管的信息文件有不同的语言版本，则应当按照申请人提交申请中使用的语言决定提供何种版本的信息。

第19条和第20条为本法中保障信息公开申请权的特殊程序性规定，同时也初步介绍了塞尔维亚信息专员在信息公开过程中的作用。当接到申请的行政机关没有保管相应信息时，申请人可以将其申请提交给信息专员，信息专员通过查找之后告知申请人相关信息的保管部门。如果信息专员发现由其指引的行政部门并非真正的信息保管者时，应当将申请材料主动转递至信息保管者处，并及时将这一情况告知申请人。塞尔维亚政府信息公开的程序性规定明确了不同主体应当遵循的行为模式，限制了行政机关的权力，并很好地保障了申请人的权利；体现了立法在协调政府与公民关系过程中的积极作用，使公民的政治权利得到彰显，值得我国借鉴。

3. 救济

当申请人对行政机关作出的答复或者决定不服时，可以依据本法向有关机构申请追究责任，这些内容在下述第六部分中将会进行阐述。

(三)信息公开的费用

《信息公开法》第17条属于对信息公开费用的规定,进一步确定了信息公开免费的原则。这一原则规定:如果行政机关同意某项公开申请,则申请人查阅相关信息不收取费用;但如果复制前述信息,则申请人需要缴纳一定的工本费。

需要注意的是以下两种情况不应收取前述费用:第一,如果申请人是媒体或非政府组织,基于专业报道或者保障人权的目的而查阅、复制相关信息时;第二,个人作为申请人时,其申请公开的信息与保障公共安全或环境安全有关。政府需要在年度财政预算中将信息公开支出列为一项内容。

四、主管机构

《信息公开法》第一章开篇即规定了塞尔维亚信息专员制度,为了保障公民信息公开权利的全面行使,设定塞尔维亚政府信息委员会(Commissioner for Information of Public Importance)作为政府信息公开过程中一个自主管理且独立行使权力的主管机构。根据官方网站记载,塞尔维亚政府信息委员会是一个自治性的权力机关(an organ of power of autonomy),独立行使权力。①

本法第四章和第五章对这一机构工作人员(即信息专员)的选任及运作进行了详细的规定。在规范信息专员制度之前,首先赋予申请人向信息专员提出请求的权利。如果相关行政机关拒绝申请人提交的信息公开申请,则申请人可以在15日之内向信息专员申诉。但需要注意的是,信息专员不能受理以下主体作出的不予公开决定:塞尔维亚共和国国民议会,总统,政府,最高法院,宪法法院以及检察官。基于公民的这一权利,以下内容为信息专员制度运行的关键:

① 参见塞尔维亚政府信息委员会官网:http://www.poverenik.rs/en/the-commissioners-authority-di.html,最后访问日期:2014年4月24日。

1. 信息专员的任职条件。依据本法第30条的规定，塞尔维亚政府信息专员必须获得法学学士学位并且具备10年以上工作经验，国家政府机构以及其他行政机关担任公职者不得担任信息专员。信息专员由塞尔维亚共和国议会经多数票通过并予以任命。政府信息专员每届任期7年，最长可担任两届。信息专员的工作地点设在塞尔维亚首都贝尔格莱德，该制度运行所需要的经费由塞尔维亚国家预算作为担保。

2. 信息专员的职责和权利。信息专员在工作中应当履行的职责主要包括：监督行政机关依据本法所进行的信息公开工作，并且在接到申请人申诉后30日之内作出具体裁决[①]；为保障公民充分享有信息公开申请权而提出本法的修改、完善建议；向行政机关提出建议，以进一步提高其工作效率；采取必要的措施对行政机关的工作人员进行培训，使其更为清晰地了解自己在信息公开领域享有的权利；受理申请人针对行政机关不予公开决定提起的申诉；履行本法规定的其他职责。除此之外，信息专员还需要履行一项重要的职责，即向塞尔维亚国民议会提交年度报告。报告的主要内容涉及行政机关依据本法所做出的行政行为，上一财政年度结束后3个月内该专员的个人行为及开支情况，以及由行政专员视情况而决定向国民议会汇报的其他情况。政府信息专员的权利主要体现在以下几个方面：独立地行使权力而不受其他行政机关的干涉；享受与最高法院法官相等的收入；就其因工作原因做出的决定，信息专员不需承担责任。

塞尔维亚《信息公开法》不仅明确了信息专员的独立、自治地位，还将其监督权以法律的形式确定下来，主要为负责监督行政机关决策的执行情况，为立法、行政机关规范的修改与完善提供建议等。[②] 由此可见，塞尔维亚信息专员的职责中包含了法律赋予的监督权，而且这项监督权的行使范围较广，能够在政府信息公开工作中发挥切实的保障作用。

---

① 参见塞尔维亚政府信息委员会官网：http://www.poverenik.rs/en/the-commissioners-authority-di.html，最后访问日期：2014年4月24日。

② David Banisar, *Freedom of Information Around the World—A Global Survey of Access to Government Information Laws*, *Privacy International* 2006, p. 132.

3. 促进信息公开的措施。为了不断提升共和国政府及其他行政机关的工作透明度,塞尔维亚《信息公开法》第六章特别规定了一系列措施,推动信息公开制度落实。(1)制作信息公开指南。第 37 条规定:信息专员应当定期制作信息公开指南,指南应就本法规定的信息公开条款的实施情况加以记录。应当以塞尔维亚语以及塞尔维亚官方语言同时制作和更新该指南。信息专员还应当通过出版物、电视传媒、网络、公众座谈会以及其他方式将上述指南中的内容告知公民。(2)构建完善的报告制度。第 38 条至第 39 条规定:在信息公开过程中,行政机关可以任命具体工作人员作为负责人,处理与申请人相关的事宜。该负责人应当定期向政府信息专员提交年度报告,报告中主要涵盖以下内容:本年度内行政机关受理的信息公开申请数量,其中批准全部公开、部分公开以及不批准公开的数量各是多少;对不予公开决定不服的数量及其具体不服原因;公开重要政府信息过程中收取的费用总金额;行政机关在制定信息目录时采取的具体措施;政府机关在维护信息媒介和培训员工过程中采取的措施。通过完整的年度报告,信息委员会将其每年接收的公开申请量及处理情况进行公布,提高了工作的透明性。

五、争议解决

对于信息公开过程中需要遵循的制度,本法不仅提供了实体及程序规范,还规定了发生争议后的解决办法。

围绕政府信息专员制度,本法规定了信息专员在接到申请后应当采取的行为模式,并且特别强调信息专员应当促进政府信息公开的透明化。如果申请人对信息专员做出的决定不服时,可以提起行政诉讼以解决争议。

六、发展现状

通过登录塞尔维亚政府信息委员会官方网站并下载相应年度报告进行查阅汇总,可知 2009 年至 2012 年历年申请数量、公开数量等作为判断信息公开状况的依据。[①]

内容＼数量＼年份		2009	2010	2011	2012
接收的申请总数量		1865	2899	4022	5044
进行调查的数量		—	71	159	365
拒绝公开的数量		—	—	1614	3533
要求相应行政机关予以公开的数量		—	—	—	894
因行政机关公开相关信息而使申请自动终结的数量		—	—	—	1104
本年度内未予终结的申请数量		—	—	—	2484
投诉信息专员的数量		3	45	78	154
申请涉及的主体	个人	0	—	—	432
	法人	429	—	—	65
	中央及地方行政机关	1436	—	—	72
申请涉及的事项	政府信息公开	—	—	—	3639
	个人信息保护	83	250	727	1405

塞尔维亚信息公开法实施中也存在一些问题：

1. 资金支持欠缺。信息专员制度是塞尔维亚共和国在信息公开过程中确立的监督体制，然而维持该制度的运行需要较为庞大的财政开支。信息专员自2004年12月接受委任以来，一直在获得办公资金的支持方面面临问题。最初阶段，用于促进工作的资金绝大多数来源于开放社会研究基金会（FOSS）以及欧洲安全与合作委员会（OSCE）对塞尔维亚和黑山的支援。但就目前的发展状况来看，上述资金已远远不能满足其工作需求。

---

① 数据来源：塞尔维亚政府信息委员会官网：http://www.poverenik.rs/en/o-nama/annual-reports/1562-izvestaj-poverenika-za-2012-godinu.html，最后访问日期：2014年3月4日。

2. 行政机关消极被动。2006年3月，一名政府信息专员曾在其工作报告中指出："国家机关将其全部工作信息予以公开的意愿……仍然处于较低层级。"[①]该信息专员同时对以下现状表示担忧，即公共组织日趋严重的"沉默式拒绝"，不公开决定的作出缺乏合理理由，以及对于其他组织提出的申请持有的拒绝态度。他发现上述拒绝行为当中百分之十以下都是不正当的。[②]

3. 宣传力度不够。塞尔维亚政府信息专员的工作报告中还反映出这样一个问题：大多数国家权力机关"未曾或者很少在法律实施方面对其公职人员开展宣传教育"，没有按照要求制作信息资料册、建立网站，并且从未制定或者延期提交其年度报告。在已提交年度报告的公开义务机关中，提出的延期申请就超过2000份。自由选举与民主中心以及国家机要公共信息委员会就五个自治市进行调研后发现，权力机关并没有向其工作人员提供完善的培训及充分的资源，因此导致市民对于法律的了解停留在较低的水平（20%）。[③]

---

① Commissioner for Information of Public Importance, Report of the Implementation of the Law of Free Access to Information of Public Importance, March 2006. 转引自 David Banisar, *Freedom of Information Around the World—A Global Survey of Access to Government Information Laws*, *Privacy International*, 2006, p. 132.

② David Banisar, *Freedom of Information Around the World—A Global Survey of Access to Government Information Laws*, *Privacy International*, 2006, p. 132.

③ David Banisar, *Freedom of Information Around the World—A Global Survey of Access to Government Information Laws*, *Privacy International*, 2006, p. 132.

斯洛伐克《信息公开法》概览

一、法律概要

现行斯洛伐克宪法于 1992 年 9 月 1 日通过，该宪法第 26 条第 5 款规定："国家机构和行政自治机构有义务使用本国语言并以适当的方式公开有关其活动的信息。具体信息公开执行情况和方式将由法律作出详细规定。"该条规定成为斯洛伐克信息公开的宪法依据。为了适应宪法的规定、履行宪法义务，经过近 8 年时间，斯洛伐克《信息公开法》[①]（*Act on Free Access to Information*）最终于 2000 年 7 月 13 日由斯洛伐克议会通过，2001 年 1 月 1 日生效，并于 2006 年进行了修改。

斯洛伐克《信息公开法》全文共分为 23 条。主要内容为：第 1 条规定了本法的内容，第 2 条规定了信息公开的"义务人"，第 3 条规定了公民享有信息公开权，第 4 条规定了特定词语如申请人的含义，第 5 条规定了义务人应当主动公开的信息，第 6 条规定了主动公开信息的方式，第 7 条规定了申请人申请已经公开的信息的处理情况，第 8 ~ 12 条规定了秘密信息、个人信息、商业秘密等信息公开的例外情形，第 13 条规定了信息公开不得违背其他特别法规定，第 14 条规定了信息公开的申请程序，第 15 条规定了信息公开申请的移送，第 16 条规定了信息公开的方式，第 17 条规定了义务人处理信息公开申请的期限以及延长处理的情形，第 18 条规定了义务人作出决定的形式，第 19 条规定了信息公开的救济程序，第 20 条规定了就信息公开申请制作登记，第 21 条规定了信息公开的费用及处罚，第 22 条是过渡和最后规定，第 23 条规定废除《环境信息公开法》。与

---

① 该法律可见网站：http://www.right2info.org/laws/constitutional - provisions - laws - and - regulations，最后访问日期：2015 年 8 月 3 日。

信息公开相关的法律还有：

（一）《保密信息法》

《信息保密法》(*Act on Protection of Classified Information*)于2004年3月11日通过，并于2004年5月1日生效。较之旧法涉及的领域更为广阔，并允许公共权力机关制定有关其自身保密信息的清单。如依据2002年的旧法，政府部长的工资被认定为保密信息。国家安全委员会领导人在2001年称，部长有权决定何为保密信息。这使得很多不适格人员有权决定保密信息的认定。

（二）《国家记忆法》

2002年8月斯洛伐克议会制定并通过了《国家记忆法》(*National Memory Act*)。该法规定公众有权获取前共产主义时期秘密警察所掌握的文件，并且规定要建立一个专门的"国家记忆机构"。2004年11月，国家记忆机构在其网站上公布了2万份相关文件，这是其网络公开6万份文件的初步举措。2005年5月又公开了投敌者的完整名单。

（三）《个人信息保护法》

斯洛伐克于2002年颁布了《个人信息保护法》(*Act on Protection of Personal Information*)，并于2005年对该法进行了修改。依据《个人信息保护法》，公民个人可以获取和修正公共机构和私人机构掌握的有关其个人的信息。该法的实施受到个人信息保护办公室的监督。①

二、信息公开的范围

《信息公开法》第2条规定"依据本法负有进行信息公开义务的人"(以下简称义务人)指的是：(1)由法律规定的，对自然人和法人公共行政方面的权利和义务享有决定权，且仅在决定权范围内的国家机构、自治市以及自然人和法人。(2)依据法律以及国家机构或自治市依据特别法建

① David Banisar, *Freedom of Information Around the World 2006—A Global Survey of Access to Government Information Laws*, *Privacy International*, 2006, p. 134.

立的法律实体也应当为义务人。(3)符合第1、2款规定的义务人建立的法律实体也应当为义务人。《信息公开法》第3条规定任何人对义务人可以公开的信息都享有信息公开权，但第2条第3款规定的义务人即国家机构、自治市以及国家机构和自治市依据法律建立的义务人所建立的法律实体，仅应当公开涉及公共资金管理和国家、自治区或自治市所有财产的处置的信息，环境信息，有关环境任务和专业措施以及既定协议的内容、执行实施活动的信息。此外，该法第8~12条对不予信息公开的情形以及该例外情形下的例外情况进行了规定，内容包括：

1. 秘密信息不予公开。该法第8条规定，如果申请公开的信息依据特别法已被认定为秘密信息，或是属于银行秘密或税务秘密，而申请人也不享有信息公开的授权，那么义务人不得公开此类信息，但是它应当指明分别引用的法律规定。

2. 个人信息不予公开。该法第9条规定：(1)涉及自然人人身和隐私的信息，如有关自然人或其个人言论的私人信件、图片和照片、录像和录音等，只有在有特别法规定或当事人事先同意的情形下，义务人才可进行公开。当事人已经死亡的，可以由当事人的亲属决定是否同意公开。有特别法律规定的情况下除外。(2)信息系统依据特别法规定的情形享有的自然人个人信息，只有在有特别法规定或当事人事先同意的情形下，义务人才可进行公开。当事人不具有法律行为能力的，可以由其法定代理人决定是否同意公开。当事人已经死亡的，可以由当事人的亲属决定是否同意公开。(3)为了让民众知晓，义务人应当公开信息系统依据特别法规定享有的自然人的个人信息，即官员、自治市议会成员、高级公务员、作为斯洛伐克共和国政府成员执行任务的专家、斯洛伐克共和国总统、国家议会的主席和副主席、执行公共利益事务的高管、公共机关雇用的高管、负责服务关系工作的高级工作人员或是评估委员会等其他参与决定公共资金使用的类似机构的成员的信息。该类个人信息公开应该包括下列内容：①依据的法律规定；②名；③姓；④工作职责及任命时间；⑤工作职位及履职时间；⑥工作地点及工作所在的机构；⑦由国家或其他公共财政预算支出的工资或工资状况以及其他工作获得的财务收入。(4)处理服务关系的高级工作人员的个人信息,义务人得为了第3款规定的目的并按照规定该款规定的公开程度进行公开,但该公开必须符合特别法规定的保密义务,并且不会危及斯洛伐克共和国的国家安全、国防安全、公共秩序或是这些人或其所在机构的工作的执行。不得适用第13条规定。

3. 商业秘密不予公开。该法第10条规定,义务人不得公开任何已被认定为商业秘密的信息。但公开下列信息不得认定为侵犯或损害商业秘密:(1)有关对民众健康、世界文化和自然遗产产生重大影响的信息;(2)有关环境污染的信息;(3)有关通过公共资金获取或者涉及公共资金使用以及国家、自治市所有财产处置的消息;(4)有关国家救助以及第3条第2款规定的信息。第2条第3款规定的信息即义务人为国家机构、自治市以及国家机构和自治市依据法律建立的法律实体所再建立的法律实体时,仅应当公开的涉及公共资金管理和国家、自治区或自治市所有财产的处置的信息,环境信息,有关环境任务和专业措施以及既定协议的内容、执行实施活动的信息。

4. 其他不予信息公开的情形。该法第11条规定:(1)义务人应当限制信息公开或是不予信息公开,如果:①该信息是从没有信息提供义务的人处获得的,并且该信息提供人以书面形式表明不同意进行信息公开。如果被批准同意信息公开的人从收到义务人申请之日起7日内没有对该申请作出答复,那么应当视为同意信息公开。申请中必须告知批准人相应后果。②该信息依据特别法规定公开;如果特别法事先规定该信息在一段期间内公开,那么该信息只能在该期间内公开。③依据特别规定信息公开可能侵犯知识产权,但是依据特别法规,被授权批准人同意义务人信息公开申请的,可以进行信息公开。④信息公开关系到法院,包括特别法规下的国际司法机关或法律执行机构决策权的;除特别规定不得公开外,有关决定或诉讼结果的信息可以公开。⑤信息公开涉及受保护的动植物、矿物和化石,并对其造成不合理的干扰、损害或毁灭的,不予信息公开。⑥限制或不予信息公开属于斯洛伐克共和国受欧共体、欧盟立法或国际条约约束内容。⑦信息公开涉及特别规定下公共机关管制、监督或审查执行的内容;但除有特别规定外,有关管制、监督或审查的决定或结果的信息可以公开。(2)第1款第1项规定不得适用于通过公共资金获取或者涉及公共资金使用以及国家、自治市所有财产处置的消息。(3)依据特别法规定义务人负有保密、遵守其他为保护信息不被公开或滥用而限定的义务,当义务人公开为履行该法规定的职责而从第三方处获得的、依据本法可以公开的信息时,可以进行信息公开,但只限于与义务人职责直接相关的信息。

5.不予信息公开的一般规定。该法第12条规定,义务人应当执行对信息公开权的限制,即排除依法不予公开的信息后,对申请公开的信息进行公开。拒绝信息公开的权利应当只在"不予公开"的原因存续时存在。

三、信息公开的方式及程序

(一)信息公开的方式

信息公开的方式分为两种不同情形,一种是义务人主动公开信息的方式,另一种是义务人依申请公开信息的方式,具体内容如下:

《信息公开法》第5条第1~9款就义务人应当主动公开的信息进行了规定,但不同义务人所主动公开的信息内容各有不同,具体为:

1.第1款规定:当义务人为由法律规定的且对自然人和法人在公共行政方面的权利和义务享有决定权的国家机构、自治市以及自然人和法人时,义务人应当公开:(1)义务人建立的方式,义务人的权力和职责及组织机构设置;(2)获取信息的地点、时间和方式;提交申请、建议、动议、投诉等的地点;(3)提交救济申请的地点、期限和程序,申请人有权就义务人的决定提起司法审查以及相应须满足的明确要求;(4)义务人在处理申请、动议等时必须遵守的程序,包括相应的期限;(5)指导义务人活动和决定或是规定了自然人、法人对义务人享有的权利和义务的法律法规、指导原则、命令和解释;(6)义务人就行政行为进行行政收费的标准,以及信息公开的收费标准。

2. 第 2 款规定斯洛伐克共和国议会(The National Council of the Slovak Republic)应当公开的信息包括:(1)议会及其委员会会议的日期,以及会议议程草案;(2)公开性会议的会议记录;(3)向议会提交的议案的复本(在向议会办公室提交议案后 3 日之内公开);(4)议会通过的法案的复本(在议会经过第 3 次审查、通过后 3 日之内公开);(5)有关议会议员参加议会、议会委员会会议的信息(在每次会议结束后 3 日之内公开);(6)有关议会议员在每一次议会会议上投票的信息,涉及秘密投票和非公开会议中投票的除外。前述内容也适用于自治市议会、市议会、地方议会以及自治区议会的信息公开。

3. 第 3 款规定斯洛伐克共和国总统办公室(The Office of the President of the Slovak Republic)应当公开的信息:(1)有关总统公务旅行的计划、结果、接待及地点的信息;(2)有关任何法案的签署或是将法案返回给议会的信息;(3)有关奖励授予的信息;(4)有关任免国家官员或是接受其辞职的信息;(5)有关赦免、减轻或撤销刑期的信息,以及不予进行、中止刑事诉讼的命令;(6)总统办公室的组织机构设置及其雇员人数。

4. 第 4 款规定:斯洛伐克共和国政府(The Government of the Slovak Republic)应当公开向政府会议提交的议案、报告、分析的复本以及其通过的任何决定(包括其补充内容)。

5. 第 5 款规定:政府各部门和其他涉及公共行政的中央、地方机构应当在法律草案完成内部评定程序后公开法律草案的副本及其目的、概念、战略性质。

6. 第 6、7 款规定:所有义务人(指公共机构而非工作人员)都应当公开国家、事业单位、自治市、自治区或公共机关所有的、购买价格超过公民年度最低工资 20 倍的不动产(包括公寓楼和非居民楼)、不动产的名目,公开有关义务人将财产转与他人(非公共机关)、转与日期的信息,以及公开获得该财产的个人信息等其他身份信息,身份信息则包括:(1)自然人的姓名或是公司名称;(2)住址或登记办公地;(3)公司注册号或自然人为自由职业者。依据法律特别规定的价格,将公寓楼和非居民楼转与现在租户的,不适用上述的规定。为了第6款规定的信息公开的目的,涉及建筑的购买价格应当参考建造成本,而不考虑当时、当地类似建筑的通常价格。义务人主动公开信息的,依据《信息公开法》第6条的规定,应当以"集中公开"信息的方式进行;信息公开指的是通过电信手段尤其是通过网络,对申请人不限人数的信息公开。

第6条规定:(1)第5条规定的信息应当以"大量信息公开"的方式进行公开,但该义务不得适用于自然人和自治市。依据第4条第2款规定,"大量信息公开指的是通过电信手段尤其是通过网络,对申请人不限人数的信息公开"。第5条第6款规定有关所有权转移或同意转移的信息应当从转移或同意转移之日起连续公开至少12个月;该期限终止后仍有信息公开的义务。(2)第5条第1款规定,信息应当在义务人总部及其所有办公地点中的公开场所进行公开。(3)除特别法作出禁止规定的,运行信息系统的义务人应当将该系统的信息在网页上进行公开。(4)义务人也可以以其他的方式公开前些款中规定的信息。除前些款中规定的信息外,义务人也可公开其他的信息。(5)在适用特别法的自治市,义务人还应当使用少数民族语言公开信息。

《信息公开法》第16条规定:义务人依申请公开信息的,信息公开应当主要通过查阅文件的形式进行,包括:制作复印本或注释,下载信息,提供原始文件复印本,以及电话、传真、邮件、电子邮件等方式。若不能按照申请人要求的方式提供信息,义务人和申请人应当就提供信息的方式达成一致。申请信息公开无须提供法律理由等其他理由或是说明利害关系的,义务人应当使任何人都能就文件制作复印本、注释和摘要。需注意的是,义务人应当审查将要公开的文件以防止违反第8~12条规定的依法不予公开的信息的泄露。

(二)信息公开的程序

《信息公开法》就信息公开的程序作了较为细致的规定,具体包括:

1. 申请

该法第 4 条第 1 款规定“申请人指的是提出信息公开申请的任何自然人或法人”。依据该法第 14 条的规定,申请可以通过书面、口头、传真、电子邮件或其他合理的技术方式提交。申请必须包括:义务人的名称,申请人的姓名或名称,住址或注册办公所在地,申请公开的信息,以及申请人建议信息公开的方式。申请不符合上述法律规定格式内容的,义务人应当立即或在 7 日之内通知申请人完成申请。义务人应当指导申请人完成申请。如果申请人在义务人的提示下仍不能完成申请导致因申请不完善而无法实现信息公开的,义务人应当驳回申请。适格义务人收到申请时视为申请提交成功。义务人应当确认提交的书面申请,并且(如果需要收费时)在就信息公开需要收费时通知申请人信息公开的预期费用。

2. 受理

依据该法第 20 条的规定,义务人应当就信息公开的申请进行登记,从而为审查义务人处理申请的程序提供必要的信息以及经常申请公开的信息。登记应当主要包括如下信息:(1)申请提交日期;(2)申请公开的信息以及建议公开的方式;(3)申请处理结果(信息公开情况、作出处理或是移送申请);(4)申诉的提起。

3. 决定

《信息公开法》涉及的决定包括公开决定、不公开决定、延期处理决定、移送决定等。依据该法第 17 条规定:(1)除例外规定外,义务人应当立即或者在收到申请或申请人完善申请后的 8 个工作日之内作出处理决定。(2)义务人基于重大原因有权就上款提到的期限进行延长,最多可延长 8 个工作日。以下可视为重大原因:①在义务人总部之外的地方查找、收集相关信息的;②一项申请中涉及查找、收集大量单独的、不同的信息的;③查找和公开信息遇到技术问题(需证明),而该技术问题被认为可在延长期内解决的。(3)义务人应当立即或在第 1 款规定的期限终止之前通知申请人期限的延长。通知应当包括延长期限的原因。依据该法

第15条的规定,如果义务人不持有申请公开的信息,并且知道从何处可能获取信息,该义务人应当在收到申请之日起5日之内将申请移交给持有相关信息的义务人。除此之外义务人应当作出拒绝申请的决定。义务人应当立即通知申请人申请的移送,同时处理申请的期限应当重新从义务人收到移送申请之日算起。该法第18条规定,如果申请人在法定期限内,依据前述第16条规定的方式提供信息,义务人应当作出书面决定。对该决定不得进行申诉。如果申请人不能进行信息公开的,义务人应当在法定期限内对此作出决定。如果义务人依据前述第14条第3款驳回申请的,义务人不必作出决定。如果义务人不能公开信息,或是在法定期限内公开信息,或是作出决定,那么认定该义务人作出拒绝信息公开的决定。此种情形下,决定应当视为在处理申请法定期限终止后第3日作出。如果义务人不能进行信息公开的,该义务人应当在3日之内向其建立者或就执行环保工作与其订立协议的另一方当事人提交其所做决定的动议。

4. 法律责任

依据该法第21条第1款规定,一个人若:(1)故意发布或公开不真实的、不准确的信息;(2)通过发布决定、命令或其他手段侵犯了他人信息权;(3)违反了本法规定的其他义务,则应被认定实施了违法行为。针对违法行为,可以处以最高5万斯洛伐克克朗的罚款,以及对相关活动最长两年的禁止。需明确的是,违法行为仅可以在受害人或受害人的法定代表人、监护人(以下简称原告)提起申请时进行审理。原告应当参与对违法行为的审理。同时申请必须包括受害人的姓名、原告指明的被告的姓名、违法行为实施的日期及方式。此外,本法规定的违法行为应当由地区办公室审理,并且涉及违法行为的一般性法律法规应当适用于上述违法行为及其审理。

(三)信息公开的费用

《信息公开法》第21条就信息公开的费用及相关情况作出了规定,主要包括:提供信息应当免费,如果收费,信息公开的费用不应高于制作复印本、信息技术载体以及向申请人交付信息所支出的费用；义务人也可以免于收费；信息公开费用的细节应当由斯洛伐克共和国财政部的一般约束性法规予以规定；收取的信息公开费用应当被视为义务人的收入。

四、主管机构

斯洛伐克《信息公开法》没有就信息公开的主管机构进行规定。实践中存在的相关机构有上述提及的国家记忆机构，该机构主要就前共产主义时期秘密警察所掌握的文件进行公开，但从公开的文件类型、管辖范围上讲，该机构都不具有普遍性。

五、争议解决

义务人拒绝信息公开的，或是没有在法定期限内公开信息的，或是公开信息不完整的，依据《信息公开法》申请人可以有两种途径解决争议。具体包括：

1. 申诉。依据该法第 19 条的规定，申请人可以就义务人拒绝信息公开申请的决定，在收到该决定或第 17 条规定的处理申请的法定期限终止起 15 日内，向作出或应当作出决定的义务人提起申诉。就义务人的决定提起的申诉，应当由该义务人的上级进行处理并作出决定。如果申诉的针对的是自治市机关的决定，则应当由市长对申诉作出决定。申请人可以就国家中央行政机构的决定提起申诉，该申诉将由国家中央行政机构的领导人作出处理决定。申诉机构应当在义务人提交申诉 15 日之内就申诉作出决定。如果申诉机构不能在该期限内作出决定，应视为申诉机构作出拒绝申诉、确认义务人所作决定有效的决定；该决定应视为在法定作出决定期限终止后的第 2 日作出。

2. 诉讼。该法第 19 条还规定，申请人可就拒绝信息公开申请的决定提起法律诉讼。

六、发展现状

斯洛伐克国内民间组织——公民与民主协会(The Citizen and Democracy Association)于2002年就信息公开法实施状况进行了四次审查,认为基本上公共机构对公共信息进行了公开,但是如合同和私有化等"有问题的信息"却经常不予公开。同时还发现公共机构经常随意决定不公开信息或是只有在律师参与进来时才进行公开。[①]

2010年6月,斯洛伐克建立了新政府。斯洛伐克新任总理和司法部长提出了一份关于《信息公开法》的修正案。该修正案重要的规定包括"义务人负有公开所有国家签订的合同的义务",该项义务不仅适用于有关处理公共以及国家资金、资产的合同,而且还适用于有关欧盟在斯洛伐克的资金、资产的合同。依据该项立法草案,所有的国家财政机构以及地方权力机关,将必须公开其在网上进行的购买或出售合同。而且这些合同只能在其公开10日后生效,在该期间内,合同可以被撤销。[②] 2011年9月斯洛伐克加入了"政府公开合作组织"[③](Open Government Partnership,简称OGP),该组织于2011年由8个国家最初建立,旨在致力于建立对公民更加开放、负责任的政府提供一个国际合作平台。从2011年到2014年,OGP已从8个成员国增加到63个。[④]

2011年斯洛伐克提出了一项关于信息公开法的修正案,该修正案遭到了其国内信息公开民间组织——"透明斯洛伐克"等组织的反对。它们称该修正案将会导致"巨大的倒退,严重削弱公民或记者的信息公开

---

① David Banisar, *Freedom of Information Around the World* 2006:*A Global Survey of Access of Government Information Laws*, *David Banisar and Privacy International*,2006. p. 133.

② 参见网站:http://www.freedominfo.org/2010/08/slovak – government – backs – transparency – for – contracts/,最后访问日期:2014年2月17日。

③ http://www.freedominfo.org/2011/09/seventeen – countries – pledge – to – join – open – government – partnership/,最后访问日期:2014年2月17日。

④ 政府公开合作组织官方网站:http://www.opengovpartnership.org/,最后访问日期:2014年4月20日。

权”。如一些政府部门建议处罚申请人,取消对违反信息公开法的官员进行处罚,延长申请处理期限等;此外,依据该修正案草案,国家享有控股权的股份制公司将可以不必就其经济绩效进行公开。[①] 最终该修正案没有得到通过。

---

① 参见网站:http://www.freedominfo.org/2011/07/slovakian - groups - criticize - ideas - to - alter - access - law/,最后访问日期:2014 年 2 月 17 日。

斯洛文尼亚《信息公开法》概览

一、法律概要

信息公开权由斯洛文尼亚共和国宪法予以保障,现行《斯洛文尼亚宪法》于1991年通过,后经过5次修改。[①] 该宪法第39条第2款规定:“除非法律有特别规定,任何人都享有获取具有公共属性信息的权利并对此依法享有正当的、合法的利益。”斯洛文尼亚于2003年3月22日颁布了其信息公开领域最重要的《信息公开法》[②](*Access to Public Information Act*)。为执行《公共信息再利用欧盟法令》以及《环境信息公开欧盟法令》,斯洛文尼亚于2006年5月对其进行了修改,此次修改建立了公共利益测试,并赋予信息委员会对认定秘密信息是否适当的审查权。

斯洛文尼亚《信息公开法》共分为十章46条。第一章(第1~3条)为介绍性条款,主要规定了本法的内容与目的。第二章(第4条)主要就“公共信息”和“信息再利用”这两个基本概念的含义进行了界定。第三章(第5~11条)基本条款,主要规定了信息公开的自由原则,信息公开的例外情形,信息官员的任命、公共机构主动公开信息的方式等。第四章(第12~30条)规定了申请信息公开和信息再利用的程序。第五章(第31条)规定了司法保护。第六章(第32、33条)规定了公共行政部的职责。第七章(第34~36条)规定了信息公开和信息再利用的费用以及其他情形。第八章(第37、38条)规定了国家和地方政府机构、中央政府制定年度报告的情况。第九章(第39条)规定了对违反《信息公开法》行为

---

① 《斯洛文尼亚宪法》分别于1997年、2000年、2003年、2004年、2006年进行了修改。

② 该法律可见网站:https://www.ip-rs.si/index.php? id=324,最后访问日期:2015年8月3日。

的处罚。第十章(第40~46条)为过渡条款和最后条款,主要对相关情形的期限以及本法的生效时间进行了规定。与信息公开相关的法律还有:

(一)《档案和档案机构法》①

斯洛文尼亚于1997年颁布并实施了《档案和档案机构法》(*Archives And Archival Institutions Act*),该法旨在管理档案的保护、利用情况以及规定档案机构的权力和任务。该法第22条规定,公共机关必须在其公共档案制定后30年内将之转交给档案机构。公共档案指的是公共机关的内部文件、官方和交易文件等类似由公共机关制定的文件材料。除公共档案外,还包含个人信息的档案、依法受到特殊保护的秘密档案。依据该法第27条规定,有关自然人和法人的记录如果符合档案属性的,应当由相关部门决定设为档案。其他执行公权力或履行公共职责的人的记录也应当视为公共档案。此外,该法第32~34条还规定,被认定具有档案属性的私人记录只有经过相关部门的批准才可短期携带出国,且必须在出国前由主管档案机构对私人记录进行复印。对于具有极其重要科学和文化价值的私人档案,相关部门可以规定禁止将其永久性地带往国外。国家应当对私人档案具有优先购买权,但国家可以将该项权利转授给地方自治政府。依据该法第38条,公共档案机构中的档案可以用于科学研究、文化与出版、档案介绍和教育等目的。法律和自然人在能够证明其合法利益的情况下,还可以在这些目的之外利用公共档案。依据该法第41条,不包含公共利益的公共档案应当在其产生30年后公开,包含可能损害国家安全、公共秩序或经济利益信息的文件则在其产生40年内不予公开,而包含个人信息的文件则必须在其产生75年内或当事人死亡后10年内不予公开。

---

① 英文版本选自网站:http://www.legislationline.org/topics/country/3/topic/3,最后访问日期:2014年2月14日。

（二）《个人信息保护法》[①]

斯洛文尼亚2004年6月通过并颁布了《个人信息保护法》（*Personal Data Protection Law*）。该法主要就个人信息处理过程中涉及的权利、责任、原则和措施进行了规定，以防止对个人的隐私和尊严的违宪、违法和不正当的侵犯。该法规定了合法和公正原则、适当性原则（即处理的信息必须明确且处理的方式必须与收集和处理信息的目的相适应）、禁止歧视原则。此外依据该法第8条，只有法律明确规定或当事人同意的情况下，才可对个人信息进行处理；并且处理个人信息的目的必须法定，或在当事人同意的情形下，必须提前书面或以其他适当方式告知当事人处理个人信息的目的。但是该法第11条还规定了例外情形，即当为了保护当事人的生命健康而必须对其个人信息进行处理时，可无需成文法规定的理由。依据该法第29条，个人信息保护国家监管局通常情况下应当允许任何人咨询信息系统并提交信息。咨询和提交信息的申请通常由该机构在8日期限内决定，否则申请应被视为拒绝。依据该法第30条，公民可以申请信息管理机构公开信息系统目录，或告知申请人其个人信息是否正被进行处理并允许其就该个人信息进行抄录和复印，或告知利用其个人信息的主体及利用依据和目的等。

二、信息公开的范围

斯洛文尼亚《信息公开法》第2条规定，“本法的目的是为了确保公共机构工作的公共性和公开性，并且保障自然人和法人主体实现其从公共机关处获取信息的权利。为了实现本法的目的，公共机构应当尽可能最大程度地就其工作向公众进行公开。”第4条第1、2款规定：（1）公共信息应当被认为是公共机构工作范围内产生的信息，并且该信息应当产生于文件、案例、卷宗、登记、记录或是其他的由公共机构、公共机构协同

① 英文版本选自网站：http://www.legislationline.org/document/action/popup/id/3828，最后访问日期：2014年2月14日。

其他机构制定的，或者从其他人处获得的文件性材料中（以下简称文件）。（2）依据《档案和档案机构法》中关于公共档案服务的规定，由符合资质的档案馆保存的档案材料，不属于本法规定的公共信息。

《信息公开法》第6条规定的信息，公共机构将不予公开。主要包括：

1. 第6条第1款规定，如果申请公开的信息涉及下列情况，公共机构应该不予公开信息：（1）依据《保密信息法》（*Data Secrecy Law*），该信息被认定是机密信息；（2）依据《公司管理法》（*The Act Governing Companies*），该信息被认定是商业秘密；（3）依据《个人信息保护法》，该个人信息的披露将会造成对个人信息保护的侵犯；（4）依据《政府统计活动法》（*The Act Governing Government Statistics Activities*），该信息的披露将会造成对个人机密信息的侵犯；（5）依据《税收程序法》（*The Act Governing Tax Procedure*），信息的披露将会造成对税收程序机密或税收秘密的侵犯；（6）为了刑事诉讼以及和刑事诉讼有关或者定罪程序收集获取的信息，信息的披露将会损害该类程序的进行；（7）为了刑侦管理程序收集获取的信息，信息的披露将会损害该程序的实施；（8）为了民事诉讼或民事非诉讼程序或者其他法庭程序收集获取的信息，而信息的披露将会损害该一系列程序的实施；（9）信息来自正在起草中的文件，且正在由公共机构商议，而该信息的披露将会导致对其内容的误解；（10）依据《自然与文化遗产保护法》（*The Act Governing the Conservation of Nature or Cultural Heritage*），为了保护自然和文化价值的目的，具有自然和文化价值的信息公众不可获取；（11）信息来自和公共机构的运行和活动有关的文件，该信息的披露将会导致公共机构的运行和活动出现混乱。

2. 第6条第2款规定，在不违背上述规定的情况下，如果公共利益披露较之公共利益或者他人利益不披露占据主导地位，那么可以批准进行信息公开，但以下情况除外：（1）信息属于《保密信息法》中规定的最高密级的信息；（2）信息包含或者是基于其他国家或者国际组织而准备的，该国家或者国际组织与斯洛文尼亚共和国签有信息交换和传送的条约；

(3)由斯洛文尼亚共和国公共机构传送到外国公共机构的包含或者是基于税收程序而形成的信息;(4)信息属于本条第1款第4项规定的,即依据《政府统计活动法》,披露将会造成对个人信息机密侵犯的信息;(5)信息属于本条第1款第5项规定的,即依据《税收程序法》信息的披露将会造成对税收程序机密或税收秘密侵犯的信息,但税收程序是最终程序或者纳税义务人发现税收并没有在规定的时间内缴纳的情形除外。

除第1款第1项、第5~8项规定的情形,以及关于公共财政管理和公共采购的法律有特别规定的情形外,在不违背上述第1款规定的前提下,下列情形中可以公开申请涉及的信息:(1)涉及的信息关系到公共基金的利用或者公务员的任用;(2)涉及的信息关系到工厂垃圾和危险物质的排放,或者是安全报告中包含的信息,以及《环境保护法》中规定的其他信息。

3. 第6条第5款还规定了不得批准信息再利用申请的情形,即公共机构应该拒绝申请人对再利用信息的申请,如果申请涉及:(1)本条第1款所规定的信息;(2)受第三方知识产权保护的信息;(3)在教育、研究、文化活动方面为公共机构进行公共无线电视或者公共活动服务的信息;(4)由其他法律规定的只有获得授权的人方可获取的信息。

第7条规定,如果文件或仅文件中的一部分信息包含了第6条中规定的信息,在不损害文件保密性的情况下,公共机构获得授权的人员可以将该部分法定不予公开信息从文件中排除出去,就余下信息进行公开并且参考其内容使申请人得以对文件余下的信息进行再利用。第4条第3款规定,"再利用"指的是自然人和法人对于公共机构最初为了履行公共职责而制定的文件进行商业和非商业目的的利用。公共机构之间仅仅是为了履行公共职责而进行的文件交换不属于"再利用"。

三、信息公开的方式及程序

(一)信息公开的方式

《信息公开法》第8条规定,公共机构应当持续地以适当的方式(通过该机构的官方公报、万维网等）公开其掌握的公共信息目录，同样地，在申请人现场咨询时，也应向其提供公共信息目录。此外，公共行政部有义务定期保持在因特网上公布国家公共信息目录。该法第10条还规定，公共机构应当在万维网上进行主动信息公开，主要包括以下信息：（1）有关该机构工作的统一规范文本；（2）对该机构同自然人和法人之间互动，以及对自然人和法人的权利和义务产生重要影响的该机构的一般性计划、战略、观点、意见、指导、研究，以及其他涉及该机构工作的类似文件；（3）规范的提案、计划、战略，以及其他涉及该机构工作的类似文件；（4）涉及规范公共采购的所有出版物和招标文件；（5）涉及机构的活动及其行政、司法和其他职能；（6）申请人3次以上申请公开的所有公共信息；（7）其他公共信息。公共机构主动进行信息公开的，当其公开信息目录时，可以通过官方报刊、万维网或是现场咨询的方式进行；当公开的信息属于上述第10条规定的信息时，应当通过万维网进行公开。

公共机构依申请进行信息公开的：（1）依据该法第6条中的规定，如果申请人可以通过公共登记或者其他形式如官方报刊、公共机构的公开刊物、媒体或专业出版物、网络等其他类似载体上自由获取其申请公开的信息的，那么公共机构可以选择不公开该信息，而仅仅指出信息的位置即可。（2）依据该法第25条的规定，如果公共机构批准申请，则应当通过现场告知或是交付抄本、复本以及电子记录的方式向申请人提供信息；如果申请的信息受到《著作权法》（*Copyright Law*）的保护，那么公共机构应当通过现场告知的方式进行信息公开；如果申请人要求现场告知其信息的，公共机构应当确保现场告知的时间能足够申请人熟悉信息的内容。

（二）信息公开的程序

《信息公开法》中主要就信息公开、信息再利用的申请程序、受理程序、决定程序、法律责任等进行了规定。

1. 申请

依据《信息公开法》第5条规定：（1）任何自然人或法人都享有获取斯洛文尼亚公共信息的自由。（2）针对申请人的请求，每一位申请人都应当享有从公共机构处通过现场咨询,获得副本、复印件或者电子记录等形式获取信息的权利。(3)在相同的情形下,每一位申请人都享有基于商业或非商业的目的而再利用信息的权利。依据该法第12条的规定,申请人申请信息公开或信息再利用的,可以通过书面方式申请,也可以通过"非正式"即口头方式进行申请,电子邮件属于书面方式。如果申请人提交了口头申请,除涉及的信息属于《信息公开法》中规定的不予信息公开的例外情形,公共机构都必须对申请人公开信息。但依据第13条的规定,书面申请和口头申请的区别在于:通过书面申请信息公开或再利用信息的申请人将受到法律保护,而口头申请人则不能。依第14条的规定,口头申请不属于行政申请程序,如果申请人在提交口头申请时希望受到进一步法律保护,比如向信息委员会申诉的权利和司法救济的,则应当要求公共机构就其申请进行登记。口头提交的申请经过登记后就享有与书面申请相同的法律效力。①

该法第15~18条就书面申请的内容和程序进行了较为细致的规定。其中,第15条规定:(1)公共机构应当依据本法规定的程序处理信息公开的书面申请。(2)对于书面申请的程序,本法未作出规定的,应当适用《一般行政程序法》(*The Act Governing General Administrative Procedure*)中的规定。第16条规定:(1)申请人应当向其认为拥有信息的公共机构提交信息公开的申请。(2)以电子形式提交信息公开申请的,应当适用相关电子商务和签名的法律规定。第17条规定:(1)申请必须指明其申请提交的机构,申请人的姓名、公司或法律实体的名称,指明申请人的全权代表人,以及申请人或是其全权代表人的住址。(2)申请人在其申请中,必须明确:①他希望获取的信息;②他希望获取信息的方式(现场咨询、副本、复印本或是电子记录)。(3)申请人不必给出申请的法律依据,或是明确地说明这是一次关于信息公开的申请。如果从申请的性质上很明显可以断定它涉及本法规定的信息公开申

---

① 参见网站:https://www.ip-rs.si/index.php?id=496,最后访问日期:2014年2月18日。

请,那么公共机构就应当依据本法就该申请进行处理。(4)申请再利用公共信息的,申请人必须明确:①其希望再利用的信息;②其希望获知的所申请信息内容的方式(传统记录或电子记录以及通常记录的形式和载体);③其希望再利用信息的目的(商业或非商业的目的)。此外,该法第18条还规定了补充申请,即如果申请不完整,并因此导致公共机构无法受理时,该机构必须在其规定的期限内告知申请人对申请进行补充。这一期限不得少于3个工作日。该法第9条规定:在申请人补充申请过程中,信息官员应当对申请人提供适当的帮助。如果申请人在规定的期限内没有进行申请的补充,或是即使进行了补充但申请仍不符合本法第17条规定的情形,使得公共机构无法进行受理的,公共机构则可依法驳回申请。

2. 受理

该法第21条就申请的受理进行了规定,该条第1款规定:公共机构的相关代表人或本法第9条规定的信息官员应当依据一般行政程序的法律规定的程序,对信息公开或再利用信息的申请进行受理和处理。该条第2款规定:当申请的信息涉及该法第6条第1款中规定的秘密信息、商业信息、个人信息等一般不予公开的信息时,当信息公开符合更重大的公共利益时,应当由公共机构代表人或是信息官员作出认定。而具体认定主体为:当该机构是一个政府行政机构、检察院、大律师办公室、公法主体、国家创立者、公权力享有者或是国家层面上的公共服务的合约方时,认定主体是政府;当该机构是一个法院时,认定主体是法院;当该机构是地方自治共同体、公法主体、自治机构创立者、公权力享有者或地方自治管理层面的公共服务合约方的一个机构时,认定主体是地方自治共同体委员会;当不涉及上面提到的任一机构时,认定机构是收到信息公开申请的公共机构自身。该认定程序也适用于该法规定的关于撤销信息保密认定的申请。

3. 决定

《信息公开法》主要规定了全部或部分公开决定、不公开决定、移送决定、延长处理决定等。该法第22条规定:“如果公共机构决定受理信息公开申请的,该机构应当正式通知申请人。如果公共机构全部或部分拒绝信息公开的,该机构应当作出书面决定。涉及再利用信息申请的,如果公共机构就再利用进行收费或是依据本法说明存在其他情形的,该机构应当作出书面决定。拒绝公开的,公共机构应在其决定中注明拒绝的原因,并告知申请人法律救济的方式。”依据该法第6条第5款第2项关于他人享有知识产权的信息不予公开的规定,公共机构全部或部分拒绝申请的,该机构必须在其决定中注明享有知识产权的主体,或者至少注明其是从何人处知晓知识产权范围的。如果公共机构在该法规定的期限内没有确保申请人可以获取信息,并且该机构没有做出拒绝该申请的,或是该机构没有做出同意申请人再利用信息的决定的,应当视为该机构拒绝了申请。依据该法第26条规定,公共机构如果发现申请涉及的信息或文件属于本法第6条规定的例外,那么该机构可以全部或部分拒绝该申请。

该法第20条规定了申请的移送。如果收到申请后,公共机构发现其并不拥有申请涉及的信息,那么该机构必须从收到申请之日起最晚3个工作日的期限内,将该申请立即转交给与申请内容有关联并有能力解决该申请的公共机构,同时将相关情况通知申请人。该法第23、24条分别规定了申请的处理期限以及期限的延长。公共机构应当立即在从收到完整申请之日起20个工作日内就申请人的申请作出决定。但当公共机构由于涉及该法第6条规定的不予公开的信息而决定部分公开,或是文件数量较大导致公开申请的信息需要更多时间时,该机构可以延长上述规定的期限,但最晚不得超过30个工作日。公共机构延长期限的,应当以延长令的形式向申请人作出决定,以及解释延长期限的原因,公共机构应当在收到申请后15个工作日内决定是否延长审理期限。申请人不得对公共机构的延长令进行申诉。适用本法第21条第2款的规定情形时,相关机构应当在收到申请15个工作日内向主管机构提交对决定的建议,主管机构应当在收到有关该建议后又一15个工作日期限内就申请作出决定。

4. 法律责任

《信息公开法》第 39 条规定了信息公开的法律责任,包括:(1)公民以阻止信息公开为目的,故意破坏文件、案例、卷宗、登记、记录或是其他包含公共信息的文件性材料的,应当处以最少 25 万托拉尔[①]的罚款。(2)公共机构信息官员以阻止信息公开为目的,故意破坏文件、案例、卷宗、登记、记录或是其他包含公共信息的文件性材料的,应当处以最少 35 万托拉尔的罚款。(3)公共机构工作人员无正当理由,没有在法定期限内就申请的信息进行公开,或是没有公布公开信息目录,或是公开的信息超过规定程度的,或是没有在法定期限内提交上述年度报告的,应当处以 15 万托拉尔以上 30 万托拉尔以下的罚款。(4)公共机构就信息再利用收费或是表明需要满足其他条件才能批准信息再利用,自然人或法人、企业没有得到公共机构批准而基于商业目的对信息进行再利用的,应当对自然人处以 15 万拉托尔以上 30 万拉托尔以下的罚款,对法人或企业处以 30 万拉托尔以上 300 万托拉尔以下的罚款。

(三)信息公开的费用

《信息公开法》第 34 ~ 36 条就信息公开(包括信息再利用)的费用进行了规定,主要内容包括:

1. 第 34 条规定了依现场咨询方式申请公开信息的,应当免于收费;公共机构通过副本、复印本或者电子记录的方式公开申请信息的,可以对申请人收取材料费;除为了提供信息、确保言论自由、文化和艺术和媒体的目的再利用信息外,公共机构可以对以商业目的再利用信息的申请人收费。但如果公共机构免费在网上公开相关信息,那么公共机关不得就信息再利用进行收费。公共机构就信息公开或信息再利用收取的费用不得超出收集、制定、复制和传达信息的费用,并且不得

① 拉托尔是信息公开法制定时斯洛文尼亚的法定货币,但斯洛文尼亚于 2007 年 1 月 1 日起取消拉托尔,将欧元作为该国法定货币。

超出投资的预期收益。收费标准必须依该机构实施的计算原则,在通常的一个会计年度内按照成本进行调整。收费的计算方式本身就是一项公共信息,依据本法,公共机构必须将其向每一个申请公开它的申请人公开。

2. 该法第35条还规定,应当由中央政府制定统一的指导性的收费标准。第36条规定,所有公共机构必须公布前条提及的收费标准,并且在申请人现场咨询时将其提供给申请人。公共机构通常应当提前在网络上公布所有信息再利用的情况、信息再利用的费用以及针对特别申请所适用的费用计算方法。如果申请人要求公共机构提前告知其信息交付所需费用,公共机构应当告知申请人需支付的费用。如果申请人的申请涉及较大规模的信息,那么公共机构可以要求申请人先行支付交付信息所需的整体费用。

四、主管机构

斯洛文尼亚《信息公开法》就信息公开设置了信息专员,主管来自民众的信息公开和信息再利用申请的工作以及依法就相关的信息进行主动公开、制定相关报告。此外,斯洛文尼亚还成立了主管全国公共信息公开和个人信息保护工作的信息委员会。

1. 信息专员(Information Official)。《信息公开法》第9条规定了公共机构应当任命一名以上有能力的官员负责公共信息的传达工作。在此前提下,若干公共机构可以联合任命一名以上有能力的官员负责公共信息的传达工作。

2. 信息委员会(Information Commissioner)。[①] 2005年11月30日斯洛文尼亚国会通过了《信息委员会法》(*Information Commissioner Act*),由此在2005年12月31日产生了信息委员会这一新的、独立的国家机

---

① 参见斯洛文尼亚信息委员会官网:https://www.ip-rs.si/,最后访问日期:2014年4月20日。

关。《信息委员会法》将原先的两个国家机关，即信息公开委员会(Commissioner for Access to Public Information)与个人信息保护监察委(Inspectorate for Personal Data Protection)进行了合并。信息委员会的领导人具有国家官员的地位，经斯洛文尼亚共和国总统提名并由国会任命。信息委员会的职责是：(1)就申请人对公共机构驳回或拒绝其信息公开或信息再利用申请的决定提起的申诉进行裁定，并且在申诉程序中监督公共信息公开法律及相关适用条例的实施情况。(2)审查有关个人信息保护、处理的法律法规的实施情况，以及这些法律法规规定的其他职责。(3)就公民对信息管理者拒绝准许公开个人信息的决定提起的申诉进行裁定。(4)在处理信息公开和个人信息保护事务的过程中，涉及公共机关运行的法律法规引起了对其合宪性或合法性的怀疑，信息委员会需向斯洛文尼亚共和国宪法法院提起对该项法律法规进行合宪性审查的请求，等等。在斯洛文尼亚2004年加入申根区[①]之后，信息委员会也承担起了监督《实施申根协议公约》(*The Convention of Implementing the Schengen Agreement*)第128条规定实施情况的职责，即作为一个独立的机构负责为实现上述公约目的对公民个人信息的转移进行监督。此外，依据《身份证法》(*Identity Card Act*)，信息委员会享有复印公民个人身份文件的权利。

信息委员会下共设有：信息委员会秘书处(The Secretariat of the Information Commissioner)、公共信息处(The Public Information Department)、个人信息保护处(The Personal Data Protection Department)、行政和技术服务处(Administ - rative and Technical Services)四个部门。截止2012年年底，信息委员会共有33名工作人员，其中有3名工作人员签署的是临时雇佣合同。信息委员会日常经费由国家财政支付；经信息

① 申根区(the Schengen Area)，指的是参加《申根公约》(Schengen Agreement)的成员国的整体。该公约最初于1985年6月14日由五个欧洲国家(联邦德国、法国、荷兰、比利时、卢森堡)在卢森堡的一个小城市申根(Schengen)签署，故称为《申根公约》或《申根协定》。在申根区国家相互之间取消边境管制，持有任一成员国有效身份证或签证的人可以在所有成员国境内自由流动。

委员会提议由国会决定向其拨付经费。在2012年财政年度中，国会在年初向信息委员会拨付了1487248.66欧元的经费，到年底信息委员会的实际拥有的经费达到了1666574.20欧元，其中包括欧洲相关基金计划的援助和2012年6月通过修改预算减少的支出。其中1138678.08欧元被用于支付工作人员的工资，252887.49欧元用于支付包括文具、调查、清洁、邮政服务、职工培训、制作宣传册等费用，且委员会办公场所的租赁费在经费支出中占据很大比例。①

五、争议解决

斯洛文尼亚《信息公开法》中规定了两种争议解决方式。一是依据该法第27条的规定，针对公共机构拒绝申请或是驳回申请的决定，以及当涉及该法第25条第4款规定的情形或是当申请人并不是以适当方式获取信息的，申请人可以提起申诉，且申诉应当由信息公开委员会进行处理。申诉程序应当按照一般行政程序的法律规定进行。二是依据该法第31条的规定，申请人可以对信息委员会作出的决定向法院提起行政诉讼。②

六、发展现状

根据斯洛文尼亚信息委员会公布的2012年年度报告，在2012年，信息委员会收到了519件关于信息公开的申诉案件，其中277件是针对公共机构拒绝信息公开的决定的，242件是针对公共机构不作为的。在处

---

① 《斯洛文尼亚信息委员会2012年年度报告》，参见网站：https://www.ip-rs.si/fileadmin/user_upload/Pdf/poro-cila/Annual_Report_2012.pdf，最后访问日期：2014年2月18日。

② 斯洛文尼亚《信息公开法》第27条第4款："如果申请人认定其从公共机构处获得的信息不是其申请公开的信息，那么他可以要求该机构公开其申请中涉及的信息，公共机构必须立即对此作出决定，且不得晚于3个工作日。"

第25条第4款："如果申请人认为其获取的信息并非申请中要求公开的信息他可以要求相关组织公开其申请公开的信息。组织必须依前述规定在不超过3个工作日内立即作出决定。"

第31条："依据法令，由委员办公室作出的决定产生的争议属于行政争议。"

理有关公民申诉的过程中,有 49 件案件实施了秘密审查。信息委员会在申诉程序中作出了 256 个决定:95 个驳回申诉决定;63 个准予申诉决定;27 个发回原公共机构进行重新受理的决定;70 个部分公开信息的决定;1 个不予支持申诉请求的决定。就申诉的提交主体来看,其中 169 件申诉是由自然人提交的,53 件申诉是由私法人组织提交的,21 件申诉是由记者提交的,13 件申诉是由公法人主体提交的。针对申诉中涉及公共机构不作为的,信息委员会大多数情况下会首先要求原公共机构尽快对信息公开申请作出决定。2012 年,信息委员会有 27 个决定(也就是相当于 10.5% 的决定)被申请人向行政法院提起了诉讼。这一比例同前些年的比例持平,表明了公共机构在其工作运行中较好的公开性和透明性,也表明了信息委员会的决定得到了大部分公共机构和申请人的认可。2012 年行政法院就起诉信息委员会决定的 32 个案件做出了判决,其中受理了 12 个案件并将所涉事项返给信息委员会重新处理,驳回了 16 项起诉,作出了 1 个部分支持原告的判决、1 个不予支持原告的判决以及 2 个延期判决。2012 年,信息委员会收到了关于请求其帮助公民获取公共信息的 776 个申请,其中特别涉及确认某文件是否包含公共信息的申请。信息委员会在其能力范围之内对所有的申请进行了回复,大多数情况下信息委员会将这些申请转交给了相关主管机构,即公共行政部。

在 2012 年信息委员会收到的针对公共机构不作为进行的申诉大幅减少,使得申诉的总量减少,该年针对公共机构不作为提起的申诉有 242 件,2011 年则有 549 件;该类申诉数量在近几年处于不断增长中,2012 年第一次呈现出下降的趋势,表明了公共机构在履行其职责方面得到了改善。信息委员会主席 Nataša Pirc Musar 在年度报告中指出要努力扩大信息公开的主体适用范围,对于受到国家和地方政府或公共组织决定性影响的公司应当列为信息公开的主体。[①]

---

① 《斯洛文尼亚信息委员会 2012 年年度报告》,参见网站:https://www. ip - rs. si/fileadmin/user_upload/Pdf/poro - cila/Annual_ Report_2012. pdf,最后访问日期:2014 年 2 月 18 日。

2003～2012 年斯洛文尼亚信息委员会作出的有关信息公开申诉决定的数量表①

年份	数量(件)
2003	6
2004	19
2005	96
2006	110
2007	83
2008	129
2009	161
2010	206
2011	251
2012	256

① 资料来源于网站：https://www.ip-rs.si/fileadmin/user_upload/Pdf/poro-cila/Annual_Report，最后访问日期：2014 年 2 月 18 日。

苏格兰《信息自由法》概览

一、法律概要

1993年7月,英国政府出版了《开放政府白皮书》(*Open Government White Paper*),赋予了公众查阅个人信息记录以及个人健康安全信息的权利,但这两项信息权利在实践中并未得到落实。[①] 就政府信息的获取,其实是以英国议会督察专员监督修订后的《实施法令》(*Code of Practice*)为依据。该法令于1994年4月4日生效,但其中包含了很多不予公开条例,这在实际运作中并无必要。

1996年,英国议会督察专员下属的特定委员会公布了它对“开放政府”的评议报告,并且指出有必要制定一部统一的《信息公开法》。政府拒绝了制定信息公开法的建议,但是承认有必要修订《实施法令》。1997年2月颁布了作了少量修订之后的新的《实施法令》。同年,英国政府出版《你的知情权》(白皮书),内容涉及信息公开的更广泛领域。同年,英国政府还承诺将《信息公开法》作为下一年度重要的立法议程。[②] 1998年5月,公共行政高级委员会在其提交的一份报告中呼吁应加速信息公开立法的进程,并于2000年通过了英国的《信息公开法》。

在这样的背景之下,《苏格兰信息自由法》[③](*Freedom on Information* (*Scotland*) *Act* 2002)于2002年4月24日由苏格兰议会通过,并于2002年5月28日获得国王批准生效。

---

① 宋华琳:“英国政府信息公开立法的演进及其启示”,载《政府信息公开制度》,中国社会科学出版社2004年版,第211~241页。

② 周斌:“英国政府信息公开制度的立法及其保障措施”,载《兰台世界》2011年8月中旬刊。

③ 该法律可见 http://www.legislation.gov.uk/asp/2002/13/contents,最后访问日期:2015年8月3日。

《信息自由法》全文共七章、76 条规定，确定了苏格兰信息公开的基本原则及具体程序。

第一章（第 1 ~ 24 条）为苏格兰公共信息公开的总则性规范，可以分为七节。

第一节对“公开申请权”进行明确定义，规定享有该权利的主体为信息公开申请人，并且这项权利得到法律的保障。本法定义了“申请人”的含义，即依据本章、第 2 章以及第 7 章的规定行使信息公开申请权的人均可以被称为“申请人”。规范了苏格兰公权力部门的职权，明确了申请人在提出申请过程中需要遵循法定时间限制以及缴纳公开费用。特别需要注意的是，如果申请人没有提出任何合理的申请理由，那么行政机关不负有对其公开相应信息的义务。针对公开申请涉及的信息，行政机关仅对申请提出时由其管理的那一部分承担公开义务。在一段合理的保管期间内，具备可公开性质的信息均不应被销毁。就法律规定的不予公开的信息而言，第一部分的总则性规定则不能完全适用于其中。仅在下述情况中可以继续适用本章规定，即不公开信息给公共利益造成的侵害大于其所维系的利益时。本节还围绕苏格兰公共机关进行如下规定：首先，苏格兰行政机关主要包括行政主体、个人（在此主要指苏格兰行政长官）以及行政部门的主管负责人。其次，本法中“由行政机关掌管的信息”主要有以下两个方面的限制：由行政机关而非个人所掌管；由英联邦政府部门掌握或者由代表英王室的行政长官所掌握。最后，由政府部门转交档案保管机关的信息并不由该保管机关负责管理，除非前述信息被政府定性为可以向公众公开的信息。本章对“行政机关”的范围进行详细规定，并且制定了一系列条件以限缩行政机关在信息公开过程中的权力，特别是就“公办公司”这样的主体进行了规定。公办公司由苏格兰行政长官个人所有，或者由本章前述规范中的主体所有。

第二节对信息公开申请人的行为进行了详细的规定，为申请人提供了明确的行为准则。首先，申请人应当提交书面申请，写明其申请公开的信息并且提出理由；如果有特殊情况导致当事人不能提交书面材料，则应当对申请人的口头申请进行录音录像，并将其制作成视频、音频等形式进行保存。为了查阅方便，书面申请中必须写明申请人的姓名和地址。另外，当事人以电子文稿以及其他可供保存的形式提交的申请都可以被视为是前述的“书面形式”。关于信息公开申请，苏格兰行政机关在接到当事人提交的公开申请后会出具一份书面通知，其中会告知申请人需要缴纳的公开费用。在申请人缴纳公开申请费之前，行政机关没有义务向其公开相应信息。在此，本法为申请人规定了一个“合理”的缴费时间，即从接到缴费通知之日起的3个月内均为该“合理缴费期间”。另外，在行政机关作出缴费决定之前，必须要征得苏格兰信息专员的考评和同意，这其实也是出于监督权力运行而做出的考虑。

第三节详细规定了信息公开申请的处理程序。规定接受信息公开申请的主体为管理相应信息的行政机关，行政机关应当在接到信息公开申请之后的20个工作日内向申请人作出答复。在申请人已经缴纳公开申请费用之后，则前述“工作日”的计算应当从发出缴费通知之日起算、自缴纳费用当日终结，即此时并不再单纯以20个工作日作为依据。本节对行政机关提供信息的具体行为模式也进行了规范，主要明确了提供信息应当采取何种形式，并规定了行政机关应当依据哪些因素来作出信息公开的决定。当行政机关不予公开前述信息时，应当严格依据本章的规定作出行为，包括出具通知函等；并对行政机关接受申请之后的行为做出进一步的规定。在规范行政机关行为的同时，本节继续对信息公开的费用进行规定和说明。在特定情况下，信息公开申请的费用缴纳方式及缴纳数量也与通常有所不同。针对当事人反复提出同一公开申请的情况，行政机关没有义务再次进行处理，除非申请人提出重复申请是基于合理理由，或者距上次提出相同申请已经经过了一段合理的期间。最后，作为信息公开的受理机关，苏格兰行政机关有义务为申请人提供相应的建议和帮助。

第四节规定了行政机关对信息公开申请作出的答复。当行政机关认为申请所涉信息不应公开时，应当严格按照本节第16条的规定作出行为,具体为向申请人出具书面通知函。通知函的内容根据具体情况而有所不同:首先,如果相关信息属于法定不予公开的信息,则行政机关应当在通知函中写明前述原因,并解释为何所涉信息属于不予公开的内容。其次,如果相关信息不是由该行政机关掌握,则通知函中应当写明这一原因。

第五节规定了救济方式。本节针对行政机关不予公开的决定,规定当事人享有请求救济的权利。当申请人的公开申请被行政机关驳回后,依本节规定,申请人有权向相关行政部门提出复议请求。本节明确了行政机关在接到复议申请之后,必须在 20 个工作日之内作出答复。需要特别注意的是,只有当作出不予公开答复的主体是苏格兰档案管理部门或者依据本法第 22 条第 4 款规定的其他行政主体时,申请人才可以基于不满而提起行政复议。

第六节为行政机关向苏格兰档案管理部门提供文件时的特别规定。本节明确了需要向档案管理者提供文件的具体情形,被提供给档案管理部门的信息主要有以下两种形式:由苏格兰行政机关制作并提供的信息,以及未被行政机关定性为开放信息的信息种类。

第七节规定了苏格兰"信息公开计划"。本节赋予苏格兰政府信息公开计划以法律效力,并且明确了该计划中的具体内容。在该项计划当中,苏格兰行政机关的职责和任务主要体现在以下三个方面:第一,根据苏格兰信息专员的指令制定"信息公开计划"的实施细则并加以贯彻;第二,将与该计划相关的资料予以公开;第三,实时监控该计划的实施情况并作出反馈。在该项计划当中,信息专员同样发挥着不可忽视的作用。信息专员应当推进信息公开计划的实施,并且在合适的时间撤销信息公开计划并提供合理的理由。

第二章(第 25 ~41 条)规定了苏格兰信息公开的范围,对不予公开的具体情形进行明确规定。本章首先明确了在信息公开过程中,有些特定的信息依性质是不可公开的。其次分条列明哪些信息属于不予公开的信息(详见本文"信息公开的范围"部分)。

第三章(第 42 ~46 条)规定了苏格兰信息公开的管理制度,即信息专员制度。这一部分围绕苏格兰信息专员制度,规定了该专员的任职条件及主要职责,并且特别强调了信息专员在管理信息公开事务过程中所必须遵守的保密义务(详见本文“主管机构及费用”部分)。

第四章(第 47 ~56 条)为信息公开活动的具体实施规范。本部分围绕信息公开过程规定了具体的操作办法,结合苏格兰信息专员制度明确了申请人享有的各项权利。首先,当申请人对行政机关作出的决定不服时可以向信息专员提出申请,请求其进行进一步的裁决。其次,对于信息专员而言,其作出裁决的过程也严格地受本章规范。信息专员必须将其接收到的申请以书面形式告知相应的行政机关;信息专员还应制作相应的“信息通告”,通告中需要包含以下内容:说明信息专员已按照本章前述规定接收了申请人提交的裁决申请,阐明所涉信息是否属于可以公开的范畴并说明理由,如果应当公开相关信息则需要明确提供信息的具体时间。再次,信息专员需要向行政机关出具“执行通告”,此通告是在行政机关不履行信息公开义务时所出具的,需要指定行政机关公开信息的期间限制。最后,针对行政机关不履行前述各项通告,本章特别规定了处理措施。信息专员除了尽到督促义务之外,还可以将行政机关不作为的行为诉至民事法院(Court of Session),从而使行政机关承担相应责任。

第五章(第 57 ~59 条)属于对苏格兰历史档案进行保存和公开的相关规定。首先,本章就何为“历史档案”进行了定义和解释,即自其产生制作之日起至今已经过 30 年的信息资料即为历史档案;如果制作日期不同的一系列材料被收集在同一文件中,那么这一文件的制作日期以其中最后产生信息的制作日期为准。其次,本章规定经过相当长的一段时间之后,原本不予公开的信息也会逐渐失去其保密的性质而得以向公众公开。最后,根据实际情况,前述信息的解密期间随着信息性质及种类的不同而有所不同,这在实践中需要具体问题具体分析。

第六章(第 60 ~61 条)为信息公开的行为守则。本章主要规定了苏格兰行政长官在信息公开过程中的职责,主要包括实时监督行政机关的工作,并根据反馈的信息制定并更新行政机关行为准则。在行为准则方面,主要涉及行政机关保存、管理以及销毁历史档案时应当遵循的主要行为规范。

第七章(第62~76条)为本法的最后一个部分,属于补充性的规定。首先,本章围绕环境信息制定了相应的公开措施,结合1998年6月25日制定的《奥胡斯条约》,明确了苏格兰政府、行政长官在公开环境信息方面所应承担的具体职责。其次,本章补充了苏格兰公共服务监察员的权利与义务,明确了监察员与信息专员在信息公开过程中的配合与协作。再次,本章就信息公开过程中可能涉及的领域补充了一些名词的具体解释,主要包括"苏格兰议会"、"苏格兰行政部门"、"儿童权利"等。最后,本章就《信息公开法》的修正案进行梳理,明确了各自的适用条件和范围。

苏格兰作为英联邦成员,其国内法律实际上属于英联邦法律体系的一部分,因此也受联邦法律法规的调整。英国的司法判例和法案继续深刻地影响着苏格兰,特别是在商法、劳动法、行政法领域。自1973年英国加入欧共体后,欧盟法律在苏格兰成为重要的法律渊源。[①] 在信息公开方面,除了《2002年苏格兰信息自由法》(以下简称《信息自由法》)以外,英国现行法律当中调整信息公开的法律法规主要有以下几部:

(一)《英国公共档案法》

1838年8月,英国议会通过第一个《公共档案法》(*British public records law*),确定成立英国公共档案馆。现行的《公共档案法》就是在1838年版《公共档案法》的基础上进行适当的修改而成的;它于1958年通过,并于1959年1月1日起生效,一直沿用至今。该法明确了公共档案管理工作包含的内容,具体包括档案的挑选、保存和销毁等事项。《公共档案法》是管理英国国家档案的主要和基础性法律,不仅建立起了完

① 万玲:"苏格兰地区法律渊源浅析",载《法制与经济》2009年7月刊。

善的档案保管体系,还为之后信息法律的制定和完善奠定了基础。[①]

(二)《英国官方保密法》

英国作为欧洲传统资本主义国家,其保密文化根深蒂固。1889 年英国制定了首部《官方保密法》(*The Official Secret Act of UK*),并于 1911 年制定了第二部《官方保密法》,规定所有公职人员未经授权而传播和外泄任何官方信息都是犯罪。[②] 英国现行《官方保密法》是于 1989 年修订通过的,减少了保密信息的种类,很大程度上扩充了公民可获取的信息范围,有力地推动了政府信息的公开进程。

(三)《公民宪章》

1991 年 7 月,英国政府以白皮书的形式提出《公民宪章》(*Citizen's Charter*),其内容包含了提高行政服务质量、扩大公众参与、向公众提供必要政府信息的政策,因此触及到了政府信息公开制度的核心。[③] 目前,制定和执行为社会提供公共服务的“宪章”,已经成为欧洲国家行政机关改革的共同趋势。

(四)《英国数据保护法》

《英国数据保护法》(*The Data Protection Act of UK*)于 1998 年 7 月 16 日通过并于 2000 年 3 月 1 日起生效。此法延伸并强化了 1984 年《数据保护法》中关于数据保护机制的规定,为取得、持有、使用以及揭露个人数据的处理过程提供了新的规范。[④]《数据保护法》在某种程度上已经具备信息公开法律规范的雏形,就数据保护原则、数据主体、数据保护除外条款等均进行了规定,成为苏格兰制定《信息自由法》的重要依据。

(五)其他相关法律规范

1987 年至 1989 年,英国联邦政府先后通过《个人信息公开法》

---

① 曹宇、赖文渊:“英国国家档案法律体系概述”,载《辽宁大学学报》(哲学社会科学版)2011 年第 5 期。

② 李云驰:“美国、英国政府信息公开立法的比较与借鉴”,载《国家行政学院学报》2012 年第 3 期。

③ 周斌:“英国政府信息公开制度的立法及其保障措施”,载《兰台世界》2011 年 8 月中旬刊。

④ 《英国数据保护法简介》,http://wenku.baidu.com/view/dd5dfc225901020207409c9a.html,最后访问日期:2014 年 3 月 1 日。

(*Access to Personal Files Act*)、《医疗报告公开法》(*Access to Medical Reports Act*),以及《环境和安全信息法案》(*Environment and Safety Information Act*),为公民获取不同性质的信息提供了全面的支持和保障。

苏格兰在执行英联邦法律法规的同时,又于2002年制定通过了自己的《信息公开法》,在双重法律制度下进行信息公开活动。由此可将苏格兰信息公开法律体系视作"双线并行"模式,法律覆盖的范围较为广泛。

二、信息公开的范围

就信息公开的范围而言,苏格兰《信息公开法》采用的是排除式立法,将不予公开的信息列明,不在前述范围内的信息则均可依据本法对申请人公开。这样的立法模式在很大程度上扩展了可以公开的信息范围,也是立法活动对英国保密传统的一次挑战。

本法第二部分采用排除的方式,明确规定了不予公开的信息范围,并且逐条列出这些信息的种类及具体表现形式。在苏格兰行政领域中,不予公开的信息主要包括以下几个方面:

第27条明确了科学研究进程相关信息的注意事项。首先,该信息是由苏格兰公权力部门发布的;其次,相关信息形成于某项研究活动进行期间,或者该信息来源于这一研究活动;最后,公开前述信息会给正在进行的研究活动造成不利影响。

第28条为与英联邦之间关系的信息。依据本法令的规定,如果相关信息的披露将会或可能会给英联邦任何行政机关或者其他类似机关之间的关系带来实质损害的,属于不予公开的信息。具体而言,前述"英联邦行政机关"主要包括:英联邦政府,苏格兰行政机关,北爱尔兰议会执行委员会以及威尔士国民议会。

第29条为关于苏格兰政府行政政策构想等的信息。当相关信息涉及以下内容时,则依据本法不予公开:政府政策的构想与发展规划,内阁对话,法律工作者提出的建议及对于该内容的征求意见稿,内阁或部长的私人办公内容。

第 30 条为对高效管理公共事业造成侵犯的信息。根据本法令的规定,如果相关信息的披露将造成如下影响,则该信息属于不予公开的信息:将会或者可能会给苏格兰政府集体责任制的存在与发展带来实质性损害的;将会或者可能会在实质上抑制意见建议自由发表的;或者将会或者可能会给公共事务的高效运作造成障碍的。

第 31 条为涉及国家安全及国防事业的信息。对于此项规定最有力的凭据即为由苏格兰政府成员签章的文书,该文书主要用于证明不予公开相关信息是出于国防保卫的目的。

第 32 条为涉及国际关系的信息。如果公开相关信息会在实质上给以下利益带来损害,则属于不予公开的信息:英联邦与其他国家之间的关系,英联邦与其他国际组织或者国际法庭之间的关系,英联邦的海外利益,或者英联邦提升或保护其海外利益所采取的措施。除此之外,来源于以下部门的信息属于机密信息:英联邦或其下属各州;国际组织和国际法庭。

第 33 条为涉及商业利益和经济利益的信息。依据本条的规定,除了包含商业及经济利益在内的信息不予公开之外,损害英联邦整体及各郡经济利益的信息,以及损害英联邦行政机关金融权益的信息同样不予公开。这一方面体现了国家立法对个体经济利益的保护,另一方面也对整个联邦的经济发展起到良好的保护作用。

第 34 条为涉及苏格兰行政机关调查过程的信息。苏格兰公权力部门或行政机关掌握的信息如果符合以下条件,则不予公开:信息是由公权力部门基于调查的原因制作或记录的,且来源于机密渠道。

第 35 条为与法律实施相关的信息。依据本法规定,如果公开相关信息可能会给如下几方面利益造成实质性损害,则该信息属于不予公开的信息:对违法犯罪活动的预防或侦查,对违法犯罪分子的逮捕或起诉,司法行政活动,赋税征收工作(或者其他任何性质相似的征收工作),对外来移民的管制工作,安全维护工作,监狱及其他合法关押嫌犯的场所秩序维护工作,以及其他任何公权力部门的执法工作。

第36条为涉及机密性文件的信息。如果当事人申请公开机密信息，且该信息是由苏格兰行政机关从第三方(包含其他行政机关)获取并加以制作的，则当行政机关将其公开后，原始信息掌握者或者其他任何人都有权就此提起泄露机密的诉讼。

第37条为法庭记录等。本法规定，如下与法庭活动相关的信息不予公开：在法庭监控下、出于案件进展程序所需的相关信息，为苏格兰行政机关的活动提供服务的信息，或者由法庭或者其行政工作人员基于上述诉讼程序而制作的信息。

第38条为个人信息。基于对公民个人隐私的保护，苏格兰立法机关针对个人信息的公开设置了重重标准。总结后即为：人口普查信息不予公开，违背个人隐私保护精神的信息不予公开，死者生前的健康记录不予公开。

第39条为健康、安全及环境信息。依据本法的规定，公开相关信息将会或者可能会给个人的身心健康及安全造成威胁的，则属于不予公开的信息。

第40条为与国家审计功能相关的信息。如果公开相关信息会在实质上损害苏格兰行政机关的账户审计工作，给整个联邦的审计利益造成损失，则不批准前述公开申请。

第41条为与英联邦女王的沟通函件。与如下内容相关的信息属于不予公开的信息：第一，公权力部门与英联邦女王、与王室或其成员的沟通内容；第二，女王依据其特权所为的具体行为。

综上所述，苏格兰在政府信息公开方面进行了较为翔实的立法，特别是就不予公开的信息的规定，更是覆盖了社会政治生活的方方面面。严格依据本法的规定开展信息公开工作，有利于在保障公民知情权的同时维护政府权益及整个社会的公共利益，颇具借鉴意义。

三、信息公开的方式及程序

本法第一部分和第四部分均对信息公开制度的实施做出相应规定，包含对行为方式的规范以及对具体程序的规范。针对苏格兰信息专员以及信息公开申请人，本法针对苏格兰信息专员以及信息公开申请人，从申请、受理、决定到救济四个方面，明确了这两个主体的行为准则，为信息公开工作的开展提供可循模式。

（一）信息公开的方式

苏格兰《信息自由法》没有划分主动公开与依申请公开的信息种类，主要的公开方式还是依据当事人提交公开申请而进行。第一章前两节主要围绕“信息公开申请权”以及申请人资格和申请人所要注意的事项进行规定，体现了苏格兰政府信息公开过程中保障相对人权利的精神。

（二）信息公开的程序

1. 申请

第一部分明确了信息公开申请过程中应当遵循的行为准则，对于申请人而言具有行为指导作用。第一，提交符合法律规定的申请材料。依据本法规定，申请人应当使其提交的材料满足以下特征：书面形式，或者其他可以永久保存的形式（例如录音或录像等）；有申请人姓名及联系地址；有明确的信息公开申请要求。另外，以下几种信息公开申请应当被视为是以书面形式提出的：通过电子文稿形式传输的；或者符合可供今后查阅这一条件的。第二，缴纳必要的申请费用。申请人需要就其提出的信息公开申请向行政机关缴纳一定的费用；在申请人按时缴纳费用之前，行政机关没有义务向申请人提供相关信息。在此，应当缴纳费用的法定期限为信息公开申请提出之后的3个月。

2. 受理与决定

对行政机关而言，本法第一部分特别针对以下几个方面进行规定，在限制公权力、保障私权利方面具有重要作用。第一，对作出答复的时间进行限制。行政机关应当在收到信息公开申请之后的12个工作日内作出答复。应予注意，“12个工作日”应当包含在以下时间段内：起于行政机关告知申请人应当缴纳信息申请费用之日，止于行政机关收到相关费用之日。第二，提供信息可采用的形式。依据本法规定，行政机关应当按照申请人要求的形式提供相关信息，采用可以永久保存的形式，或者采用申请人同意的其他形式。第三,对无理或反复提起的申请应当采取的措施。根据本法规定,对于没有合法、正当理由的信息公开申请,行政机关没有义务予以公开。另外,行政机关就申请人提出的相同或相似申请,仅公开其中的一个即可,没有义务逐个公开。第四,提供建议及帮助。苏格兰行政机关工作人员有义务向准备提交、或已经提交信息公开申请的当事人提供相关建议和帮助。第五,特殊规范。行政机关将法律规定不予公开的信息转交保管机构之后,保管机关应当如何对待相应的信息公开申请,本部分对此进行了较为详细的规定。

3. 救济

当申请人对行政机关作出的不予公开决定不服时,可以通过三种渠道实现权利的救济,分别是向行政机关提出审查申请、向信息专员提出异议以及向法院起诉。这些内容在下述第六部分中将进行详细介绍。

(三)信息公开的费用

《信息自由法》第一部分专门对信息公开过程中的费用问题进行了规范,明确了苏格兰行政机关信息公开工作所应收取的经费,并为申请人缴纳费用提供了准确可循的法律依据。在苏格兰,申请政府信息公开所应缴纳的费用主要可依分为以下三种类型:

1. 基本费用。本法第 9 条规定了缴纳信息公开费用的基本原则,指明行政机关应当向申请人出具费用通知单,在申请人未交费之前,行政机关不负有公开相关信息的义务。由此可见,在苏格兰境内获取政府信息的一个前提是缴纳一定的公开费用,而收取费用的金额由苏格兰行政部长发布的命令来决定。

2. 超额费用。本法第 12 条规定了超额费用的征收规则。以第 9 条规定的基本费用为参照,如果机关认为公开相关信息时所消耗的工作量远超过其平均工作量,那么则应当征收超额费用。苏格兰行政部长应当就此制定一部规程,列明工作量的评估过程和超额费用的计算办法;此规程颁布之前,还应当征求政府信息专员的意见。

3. 其他费用。本法第 13 条规定了其他的征费情况。苏格兰行政部长也应当就此制定规程，且必须在咨询信息专员的意见之后才能通过该规程。

四、主管机构

本法第三部分属于机构设置性规定，主要就苏格兰信息专员(The Scottish Information Commissioner)制度加以规范。

1. 信息专员制度的设置目的。本部分首先明确了信息专员制度的设置目的：为了更好地实现本法的立法精神，保障苏格兰公民在政治生活中的知情权。信息专员办公室设在圣安德鲁斯，由21人组成信息专员的工作团队。①

2. 信息专员的任职条件及任命方式。信息专员须为65周岁以下的苏格兰公民。根据苏格兰信息专员官网的记载，信息专员须经议会提名并由联邦女王在国民议会上加以任命。② 在免除其任职时，应当由该专员个人提出请求并获得女王的同意方可。信息专员享有的工资收入以及其工作过程中所需资金均来源于议会财政支出。第一任苏格兰信息专员Kevin Dunion于2012年2月23日卸任，其继位者Rosemary Agnew于2012年5月1日正式上任。③

3. 信息专员的基本职责。依据本法，苏格兰政府信息专员的主要职责包括以下几个方面：第一，促进行政机关相关法规条例的实施，至今共推进了三部法律的制定，分别是《苏格兰信息公开法》(2002)、《苏格兰环境信息规定》(2004)以及《苏格兰促进规章》(2009)④；第二，研究哪些信

---

① 参见苏格兰信息专员官网：http://www.itspublicknowledge.info/home/AboutSIC/AboutCommissioner.aspx，最后访问日期：2014年4月29日。

② 参见苏格兰信息专员官网，http://www.itspublicknowledge.info/home/AboutSIC/AboutCommissioner.aspx，最后访问日期：2014年4月29日。

③ 参见苏格兰信息专员官网，http://www.itspublicknowledge.info/home/AboutSIC/AboutCommissioner.aspx，最后访问日期：2014年4月29日。

④ 参见苏格兰信息专员官网，http://www.itspublicknowledge.info/home/AboutSIC/AboutCommissioner.aspx，最后访问日期：2014年4月29日。

息的公开可以促进公众了解法律实施情况及行政机关的工作内容，大力促进前述信息的公开，并且就此问题向公众提供咨询建议；第三，评估政府部门和行政机关的工作是否达到标准；第四，针对本部分提供的服务收取相应的费用；第五，向信息掌握者了解法规条例的实施情况；第六，受理申请人的不服申诉并作出答复，但在一些特定情况下不需要履行告知义务。

4. 信息专员的保密义务。信息专员及其身边的工作人员，对工作中获取的信息负有保密义务。但是如果符合以下条件，则可以将前述信息予以公开：对相关信息的公开得到了当事人的同意；最初获取该信息的目的就是向公众公开其中涉及的内容；公开该信息具有民事或刑事法律程序方面的意义。如果信息专员违背前述规定的话，则需要依法追究其刑事责任。

由此可见，苏格兰信息专员这样的机构设置主要起到的是监督和促进的作用，在政府信息公开的过程中享有相对独立的身份地位，这样有利于整个信息公开活动的顺利健康运行。

五、争议解决

苏格兰《信息自由法》赋予信息申请人如下两个方面的请求权，共同构成争议解决的方式。

1. 向行政机关提出审查申请。当申请人对行政机关做出的不予公开决定不服时，可以申请该行政机关对前述决定行为进行审查。申请人可以通过书面或者其他可以永久保存的形式向行政机关提出审查请求。为保障申请人的这项权利，本法还规定了行政机关的审查期限，以及行政机关在审查过程中需要遵守的规则。

2. 向信息专员提出异议。如果申请人与行政机关就权利告知书发生争议时，申请人可以向苏格兰信息专员提出异议。信息专员作为独立的第三方，应当严格依据本法的规定对申请人的申请进行审查，并且最终出具裁定。

如果申请人对行政机关做出的决定和信息专员经调查之后给出的答

复均表示不服,由于苏格兰没有行政诉讼,故可向苏格兰最高民事法院提起诉讼,这是对申请人权利的终局性保障。

六、发展现状

1. 信息委员会工作成效显著。苏格兰《信息公开法》自实施以来,政府部门与行政机关都在全力推进、积极配合。特别是设立信息委员会之后,信息公开工作更是日见成效。自信息委员会成立以来,其每年接收的公开申请数量及其处理情况如下表所示。

苏格兰信息委员会每年接收公开申请的情况表①

年份	申请涉及的行政机关	案件类别	申请量	
			实收案件数	调查之前撤销的申请
2004～2005	苏格兰行政机关及议会	社区管理、苏格兰政府或行政部门、苏格兰议会法人、苏格兰监狱服务等	16	0
	苏格兰政府非部长官员级部门	苏格兰档案管理	1	1
	地方政府	苏格兰各地方市郡议会	36	4
	国家健康服务	各地区国民健康保障董事会	7	1
	警察部门	各地区警署	6	1
	公共服务部门	社会保障事业、企业、法律援助、水利等	7	1
	国有企业	大型国有企业等	2	0
	其他部门		4	3
	总计		79	11

① 资料来源:苏格兰信息委员会官网 http://www.itspublicknowledge.info/home/ScottishInformationCommissioner.aspx,最后访问日期:2014年4月29日。

续表

年份	申请涉及的行政机关	案件类别	申请量	
			实收案件数	调查之前撤销的申请
2005～2006	苏格兰行政机关及议会	渔业服务、文物保护、法院服务、缉毒署等	150	30
	苏格兰政府非部长官员级部门	王室办公会议及地方检察官	17	10
	地方政府	苏格兰各地方市郡议会	293	55
	国家健康服务	各地区国民健康保障董事会	37	11
	教育委员会	苏格兰各地方公立学校	11	1
	警察部门	各地区警署	90	14
	公共服务部门	苏格兰审计署、教学专业议会等	29	9
	国有企业	大型国有企业等	10	2
	其他部门		16	16
	总计		653	148
2006～2007	苏格兰行政机关及议会	社区、渔业服务、建筑标准等	121	41
	苏格兰政府非部长官员级部门	王室办公会议及地方检察官	14	11
	地方政府	苏格兰各地方市郡议会	230	100
	国家健康服务	各地区国民健康保障董事会	24	11
	教育委员会	苏格兰各地方公立学校	15	5
	警察部门	各地区警署	51	19
	公共服务部门	苏格兰审计署、环保委员会	35	17
	国有企业	大型国有企业等	7	2
	其他部门		15	13
	总计		512	219

续表

年份	申请涉及的行政机关	案件类别	申请量	
			实收案件数	调查之前撤销的申请
2007～2008	苏格兰行政机关及议会	破产管理人、苏格兰社区等	104	31
	苏格兰政府非部长官员级部门	王室办公会议及地方检察官	11	8
	地方政府	苏格兰各地方市郡议会	155	87
	国家健康服务	各地区国民健康保障董事会	38	15
	教育委员会	苏格兰各地方公立学校	22	8
	警察部门	各地区警署	34	8
	公共服务部门	苏格兰审计署、体育委员会	28	7
	国有企业	大型国有企业等	10	3
	其他部门		13	15
	总计		415	182
2008～2009	苏格兰行政机关及议会	文物管理、法院服务等	84	22
	苏格兰政府非部长官员级部门	王室办公会议及地方检察官	17	14
	地方政府	苏格兰各地方市郡议会	167	43
	国家健康服务	各地区国民健康保障董事会	24	8
	教育委员会	苏格兰各地方公立学校	13	4
	警察部门	各地区警署	25	8
	公共服务部门	苏格兰审计署、苏格兰保护野生鹿委员会	43	10
	国有企业	大型国有企业等	7	1
	其他部门		20	21
	总计		400	131

续表

年份	申请涉及的行政机关	案件类别	申请量	
			实收案件数	调查之前撤销的申请
2009～2010	苏格兰行政机关及议会	苏格兰心理健康裁决等	95	20
	苏格兰政府非部长官员级部门	王室办公会议及地方检察官	7	5
	地方政府	苏格兰各地方市郡议会	178	49
	国家健康服务	各地区国民健康保障董事会	25	6
	教育委员会	苏格兰各地方公立学校	9	0
	警察部门	各地区警署	36	6
	公共服务部门	苏格兰审计署、警察投诉委员会等	41	8
	国有企业	大型国有企业等	13	2
	其他部门		9	9
	总计		413	105
2010～2011	苏格兰行政机关及议会	破产管理人、法院服务等	68	16
	苏格兰政府非部长官员级部门	王室办公会议及地方检察官	14	13
	地方政府	苏格兰各地方市郡议会	178	43
	国家健康服务	各地区国民健康保障董事会	22	7
	教育委员会	苏格兰各地方公立学校	30	4
	警察部门	各地区警署	14	5
	公共服务部门	苏格兰审计署、苏格兰工商委员会等	66	14
	国有企业	大型国有企业等	21	1
	其他部门		11	9
	总计		424	112

续表

年份	申请涉及的行政机关	案件类别	申请量	
			实收案件数	调查之前撤销的申请
2011～2012	苏格兰行政机关及议会	文物管理、苏格兰政府等	147	20
	苏格兰政府非部长官员级部门	王室办公会议及地方检察官	14	11
	地方政府	苏格兰各地方市郡议会	237	63
	国家健康服务	各地区国民健康保障董事会	23	3
	教育委员会	苏格兰各地方公立学校	20	6
	警察部门	各地区警署	26	8
	公共服务部门	苏格假释裁决委员会等	38	8
	国有企业	大型国有企业等	5	0
	其他部门		13	12
	总计		523	131
2012～2013	苏格兰行政机关及议会	文物管理、国家档案等	183	39
	苏格兰政府非部长官员级部门	王室办公会议及地方检察官	13	9
	地方政府	苏格兰各地方市郡议会	254	81
	国家健康服务	各地区国民健康保障董事会	51	22
	教育委员会	苏格兰各地方公立学校	12	3
	警察部门	各地区警署	30	6
	公共服务部门	教育委员会、健康福利委员会等	40	17
	国有企业	大型国有企业等	4	3
	其他部门		7	6
	总计		594	186

2. 特别强调了政府在国家信息共享中的作用。[①] 根据《信息自由法》当中的行政机关程序性规范可知，法律为政府部门及行政机关的工作划定了明确的界限，这一界限的范围较为广泛，使政府在整个信息公开的过程中成为最大的信息源，从而保障政策实施和机构改革的有效性。[②]

3. 法规体系的一致性支持。[③] 信息公开制度的建设不仅需要行政机关的努力，更需要立法机关制定一系列前后相续、内在相连的法律法规予以规范。就苏格兰现行法律制度来看，不仅有《信息自由法》作为信息公开的保障，还有英联邦范围内的信息法律体系，可以说构成了一个较为完整的支持链条，共同促进政府信息公开化的进程。

虽然苏格兰信息公开活动有来自英联邦的法律法规以及自身内部的规范机制做调节，但在实际的运行过程中仍然免不了承受一些阻力。结合苏格兰《信息自由法》的内容加以分析，其当前面临的最主要的问题包括：

1. 政府信息公开的范围有限，在很大程度上具有局限性和不完全性。[④] 就之前对苏格兰《信息自由法》立法背景的梳理我们不难得知，英国信息公开法的制定经历了一个较为漫长的过程。从 1996 年起英国立法领域就有人提议制定信息公开法律规范，但直至 2000 年《信息公开法》才最终制定并通过，这体现了王室保密传统与信息公开精神的斗争与妥协。因此，制定于 2002 年的苏格兰《信息自由法》也不免受到这一情况的影响，其中大量规定带有妥协的色彩。特别是第二章“不予公开”的部分中，本法非常详尽地罗列了 18 种不能公开的信息，这个数据还未包含每种项下的子类别，因此其数量之多在世界各国信息公开立法中均属罕见。

---

① 王正兴、刘闯：“英国的信息自由法与政府信息共享”，载《科学学研究》2006 年第 5 期。

② 王正兴、刘闯：“英国的信息自由法与政府信息共享”，载《科学学研究》2006 年第 5 期。

③ 杨扬、何一乐、王筱纶、李潭、钱嘉瑜：“英国政府信息化战略变化分析”，载《北京档案》2010 年第 6 期。

④ 李云驰：“美国、英国政府信息公开立法的比较与借鉴”，载《国家行政学院学报》2012 年第 3 期。

2. 对公民的知情权保障力度仍有欠缺。结合以上分析可知,苏格兰《信息自由法》虽然以较大篇幅规定了信息公开过程中申请人、行政机关以及信息专员应当遵循的程序和方式,但其中对不予公开内容却加以过多限制,这在实际上影响了申请人的知情权。英国是有着君主立宪传统的国家,因此在不予公开的信息范畴中加入了“与英联邦女王的沟通函件”,[①]并被规定为全部不予公开。但是如果函件中涉及重要的政治内容、工作内容,可能影响当事人合法权益,是否考虑应当将这些信息部分公开,从而切实保障公民在政治生活中的权利。

① 李云驰:“美国、英国政府信息公开立法的比较与借鉴”,载《国家行政学院学报》2012 年第 3 期。

乌克兰《信息公开法》概览

一、法律概要

乌克兰1996年《宪法》(*Constitution of Ukraine*)没有规定公民享有要求政府信息公开的基本权利,但却规定公民享有收集并传播信息的自由以及获取私人信息及环境信息的权利。该《宪法》第34条规定:"任何人都有权通过口头或书面及其他任何形式收集、储存、适用或传播政府信息。"第32条规定:"每个公民都有权查阅由国家权利主体、地方自治主体、机构及组织管理的他(她)们自己的私人信息,因为这种信息本不应被当做国家秘密或应当受到法律的保密。"第50条规定:"任何人都有要求公开关于环境状况、食物及消费品质量的信息,并有权自由传播此类信息。任何主体都不能对这些信息进行保密。"

《信息公开法》(*The Law of Ukraineon Access to Public Information*)制定于2011年。[①] 该法第2条规定,该法的目的是保证政府机构的公开和透明,保障每个公民申请信息公开的权利。该法第4条规定,信息公开依据以下原则:确保公民获悉政府信息的权利;政府行政行为透明、公开;免费获取和公开政府信息;无论种族、政治、宗教和其他信仰、性别、人种和出身、财富、居住地、语言或其他特征,一律享受平等的信息公开申请权;政府完整、准确、及时提供信息。[②]

---

① 该法律可见网站:http://www.right2info.org/laws/constitutional-provisions-laws-and-regulationssection-122,最后访问日期:2015年8月24日。

② 乌克兰《信息公开法》第4条:"确保公共信息公开的原则:1)政府机关活动的透明性和公开性;2)免费接收和分割信息除非本法作出限制性规定;3)任何公民享有平等获取信息的权利,无论其种族、政治立场、宗教信仰、性别、民族和社会地位、居住地、语言或其他因素;4)信息提供者应当无障碍并且及时向申请人提供完整、真实和正确的信息。"

《信息公开法》全文总共分为六章，共 29 条规定。第一章（第 1 ~ 4 条）为总则，包括信息的含义，该法的目的和范围，行使信息公开申请权的保障，信息公开的原则；第二章（第 5 ~ 10 条）是信息公开类型，包括可公开的信息，不予公开的信息，秘密信息和信息举报者的保护等；第三章（第 11 ~ 18 条）为信息公开中的各方主体，定义了信息申请者和提供者，信息提供者的责任，主动公开的信息，信息公开申请的处理，信息公开申请权的执法监督，由人权专员行使监督权的程序，信息提供者的信息登记；第四章（第 19 ~ 23 条）为确保通过信息请求获取信息，包括信息公开申请的提交，信息公开申请的形式要求，申请信息公开的最后期限，提供信息的费用，拒绝或延期公开信息等；第五章（第 24 ~ 29 条）为对信息提供者的决定、作为或不作为提出上诉的程序，人权专员的回应和违法公开信息的责任；第六章为该法的生效日期。①

1994 年乌克兰《国家秘密法》（*Law on State Secrets*）对何种信息属于国家秘密以及何种信息不得列入国家秘密范围做了明确详细的列举。②

依据该法第 8 条规定，属于国家秘密的信息包括：

乌克兰武装部队及其他军事编制的战略计划和执行计划以及其他作战控制信息，准备和实施军事行动、战略以及部队动员控制的信息，以及其他能够描述军队组织、数量、战斗的特点、动员准备、军事训练、装备和物质技术供给的信息；特定类型武器的创新设计和发展方向，军事和特种机械的数量、性能特点、组织和生产技术及其现代化，科研设计成果，及其他为国防利益的计划内容；乌克兰民防的力量和手段，移民的可能性，需保护的地区和特殊目标，人口的疏散，战时或紧急时期国民经济重要机能和生产活动的维持；对国防有重要影响的测地、重力、地图以及水文气象学数据和特征。

乌克兰经济动员计划，战略原材料的供应数量及储备、供应、输出、翻

---

① 参见乌克兰《信息公开法》。

② 参见网站：www. legislationline. org/documents/action/popup/id/6953，最后访问日期：2014 年 4 月 13 日。

新、建造及国家储备总量；与国家安全利益有关的运输、通讯、其他经济部门的生产能力及基础设施；为了满足安全和国防需要的计划及其设施、财政支持、公共命令的执行；矿藏及其他战略原材料的生产计划、储量及其他重要数据；国家的贵金属资源、珠宝、通货及其他贵重物品的操控，包括纸币和证券的生产、储存、安全保障、防伪、流通、兑换或者退出流通及其他国家金融措施；具有重要的国防、经济价值，对外国的经济活动或本国的国防安全产生明显影响的技术进步、新的技术生产方式及产品。

官员和代表团在与乌克兰的国家利益和安全有关的对外政治和经济活动中的指令和计划；乌克兰与其他国家在武器的进出口、军事和特种设备、战略原材料等军事和科技领域合作的信息，对该信息的公开可能对乌克兰的国家安全造成损害。

法律实施状况调查机构的人事部门；法律实施状况调查活动的手段、内容、计划、组织、资金和物质技术供应、形式、方法和结果；与开展上述活动的机构从事保密合作或曾经从事过保密合作的个人；开展上述活动的机构中的长期雇员信息；政府建筑、其他公共建筑、官员及其他人员的安全保护程序和组织；政府性或其他性质的特殊通讯系统；密码保护的发展计划、内容、组织和状态，以及密码领域的科研内容和结果；秘密信息的密码保护系统和手段，及其发展、生产、技术和使用；公共代码的发展、生产、技术和使用；秘密信息技术保护的现状、内容、计划和组织；检察官依据法定程序实施的法律遵守情况的检查结果，调查材料的内容，与本条有关的事项的审前调查和诉讼程序。

如果特定信息属于上述领域，且其公开可能会损害乌克兰的国家安全利益，则该信息属于国家秘密，按照其保密级别分为“特别重要”、“最高机密”、“秘密”。

但如下信息不得列入国家秘密信息范围：

环境状况，食品和生活用品质量；已经或可能发生并威胁公民安全的事故、灾难、危险的自然现象和其他特殊事件；国民健康状况，生活条件，包括食物、衣物、住宿条件、医疗和社会安全；社会人口学状况，法律秩序的水平,教育和文化;对公民权利和自由侵害的事件;政府机构,地方当局及其官员的非法行为;其他乌克兰议会决定签署的国际条约和法律规定不得保密的信息。

二、信息公开的范围

该法第7条及第9条规定,保密信息专指其公开对保护国家安全、领土完整、法律和秩序、防止暴乱或犯罪、支持公共健康服务、保护他人的名誉和权利、防止机密信息的泄露或保证公平公正所存在的潜在威胁大于公开所得到的公共利益的信息。保密信息包括秘密信息和机密信息。

依照《信息公开法》规定,秘密信息不得公开。秘密信息应被理解为法律上保密的,对其公开可能会对个人、社会和国家造成损害的信息,包括:国家、政府、职业或者银行秘密,侦查秘密,法律规定的其他秘密信息。

官方秘密应该理解为依法认定的秘密信息,其公开可能危害社会和国家,阻碍国家和地方政府机构行使权力,但不包含国家秘密。官方秘密信息包括:(1)政府机构的档案中包含的信息,即部门官方邮件、工作人员报告、在交付公众讨论前的与机构政策发展以及决策制定有关的建议和/或采纳的建议;(2)由政府机构收集的信息,作为其作出决定前行使监管职能的一部分。

机密信息可以根据程序并结合具体情况在其自由裁量范围内公开,机密信息应该被理解为由自然人和企业法人而不是政府机构占有、使用和管理的信息。除了涉及公共利益的信息,商业秘密、个人信息或者其他机密信息都应该认定为机密信息。根据该法第12条定义的掌握机密信息的政府机构和其他信息提供机构应当严格在其授权范围内,根据法律程序和信息提供者的同意管理信息,但是法律另有规定的除外。拥有商业、个人、企业、职业、银行业以及其他可以通过个人资金购买的信息以及会影响其职业、商业、生产、银行业、商业和其他利益的信息的除政府机构外的自然人和法人,在法律并没有严格限制公开此类信息时,其可以独立决定公开的方式,包括信息的机密状态以及采取何种措施对信息进行保护。

三、信息公开的方式及程序

该法第14条第1款规定,信息提供者应该主动公开如下信息:(1)组织机构、任务、职能、权力、主要工作、工作区域、财政信息(预算结构和数量、支出程序);(2)行为监管原则,其实施的监管活动及行政人员的个人法律行为,草案决议;(3)本机构提供的公共服务,所需的条件,形式和样本文件,及上述任务完成的指示;(4)信息公开申请的程序,因信息提供者的决定或者作为及不作为进行上诉的程序;(5)信息提供者的登记系统及信息种类的概况;(6)社会成员对信息提供者的政策发展及权力提出建议的方式和程序;(7)计划和会议安排;(8)申请者获取所需表格的地点;(9)本组织的一般规定和工作条例;(10)报告,尤其是处理信息公开申请的报告。

第14条第2~4款规定,信息提供者应该主动公开的信息一经产生,信息提供者即有义务立即在其官方网站上公布;或者在产生后5个工作日内以其他方式公布。提交个别信息提供者审议法律法规草案应在审议前不少于30个工作日公布。任何可能危害公民生命财产安全的事件和相关措施的信息都必须立刻公布。信息提供者有义务任命和组织相关工作人员的工作。依照信息提供者制定的程序所登记的公开申请应该由授权行政工作人员审阅。

第18条规定,为了信息的存储安全和公开,政府机构管理的所有文件都应在登记表中登记。登记表是一个记录和存储信息提供者管理的信息的系统,其包含了文件和信息的基本属性。登记表的制作应该依照政府机构负责人公布的指导方针进行。其应该包含以下信息:文件标题、制作日期、提交日期、文件来源(作者以及所属部门)、信息公开类别、归类依据、信息保密的理由和期限、所属领域、关键词、媒介形式、文件类型、文件的外形和位置。文件登记表不属于保密信息。信息提供者依照本法规定的程序负有公开文件登记表的义务。

该法第 19 条规定,每个人都有权向信息提供者申请信息公开,对申请的理由和申请者是否与该信息有利害关系不予审查。公开申请的主体可以是个人也可以是集体,可以以口头、书面、邮件、传真、电话等各种方式申请。口头申请仅适用于所申请公开的信息是即时信息或者是为制止违法行为和紧急事件的信息。书面申请适用于任何情况。为了简化书面申请程序,书面申请可以通过填写信息提供者提供的,在其官方网站上可供下载的个人信息申请表进行。该申请表应该对提交申请和获取信息的程序进行简要介绍。如果申请者无法填写书面申请,则由负责信息申请事务的行政人员代为填写并填写该行政人员的姓名和联系方式。该申请表应由信息提供者保留副本。

该法第 20 条规定,信息公开申请应该包含:姓名,通信地址或邮箱,电话号码;信息的概括描述,或所申请文件的题目、类型、必备条件;满足申请的方式;书面申请应该签名并填写日期。

该法第 21 条规定,信息提供者应该在收到申请之日 5 个工作日内尽快处理该申请。对涉及环境状况信息,生活用品及食品信息,威胁人民生命健康以及公共利益的即将到来或潜在的事故、灾难、自然灾害的信息,以及其他与公共利益有关的信息的公开申请,信息提供者应该在收到申请时 48 小时内处理该申请。如果所申请的信息内容较多或需提供大量数据资料,信息提供者可将处理期限延长至 20 个工作日,并在 5 个工作日内书面通知申请者和人权专员(Human Rights Commissioner)。信息提供者因不可抗力不能在法律规定的期限内公开信息的,可以延期,并将延期决定和上诉程序的说明书面通知申请人。延期决定应当明确:负责处理申请的信息公开单位的行政人员姓名;延期决定日期;延期理由;所延迟的期限。

该法第 22 条规定,依申请提供的信息不收取费用。如果所申请的材料超过 50 页,则申请者需要缴纳复印和打印的成本费用。该费用由信息提供者在内阁公布的限度内根据市场价格决定。如果信息的提供需要缴纳上述费用,信息提供者必须立即通知申请人。仅在该费用已缴纳或确定免除后,才得对申请进行处理。申请者对个人信息和涉及公共利益的信息的申请不收取费用。

该法第23条规定,信息提供者在下列情况下可以拒绝申请人的申请:被申请信息属于保密信息,且与公共利益无关;所申请的信息不由信息提供者保存;被申请的信息因未详细描述而无法确定;申请人未缴纳法律规定的工本费,且未申请免除费用;所申请信息已向申请人提供,且申请人未对重复申请提供充分的理由。如果信息提供者以所申请信息可根据公共资源渠道获得作为回复,或者对申请不做处理,则视为拒绝申请。如果收到申请的信息提供者未保存所申请的信息,但是知道或应当知道该信息的保存地点,此申请由收到申请的信息提供者处理。拒绝申请的决定应当明确:负责处理申请的信息公开单位的官员或行政人员;拒绝日期;拒绝理由;诉讼程序。

四、主管机构

第17条第1款规定,除了乌克兰《议会人权专员法》(*The Law of Ukraine On the Verkhovna Rada Human Rights Commissioner*)规定的权力外,人权专员(Human Rights Commissioner)应该参与发展和完善信息公开的国家政策;通过大众媒体引导公共意识,实施与信息公开相关的教育活动;采取必要措施促进信息公开;对负责信息公开的公务员进行培训;对信息公开问题展开专业学术研究;监控并整理促进信息公开的努力成果;在事后控诉和主动性方面对信息提供者针对信息公开申请的处理以及信息的主动公开活动进行检查;收集整理侵犯信息公开申请权的案例记录并对其解决提供建议;在信息公开的国际标准下与国际组织和外国机构进行合作。

人权专员应该对信息提供者决定的合法性以及对是否符合如下情形行使监督权:遵守公开申请的登记程序;在处理公开申请时遵守法定期限和程序;对信息的保密;遵守主动公开信息和保护保密信息的规定;信息提供者制作的登记表及其附件的立即可检索性;遵守关于防止未经授权

对公共信息进行删除和获取的规定。

在信息提供者处理公开申请期间或者处理结束后，人权专员可以依控诉或主动对该程序进行监督，其有如下权利：要求信息提供者提供解释和相关文件；检查信息提供者持有的包括保密信息在内的文件；公布违法行为时公布答复和申请过程，以要求信息提供者遵守法律规定；公布公务人员在答复和申请过程中违反信息公开法的纪律责任；向信息提供者提出建议以完善信息公开制度。

五、争议解决

该法第 24 条规定，申请人对信息提供者的决定、行为及不作为可以向信息公开机关、上级机关、人权专员或法院提出申诉或诉讼。对下列情况可以起诉：拒绝公开的决定；延期公开的决定；无法公开信息的决定；申请者认为所保存的信息不准确或不完整；未按期公开信息；其他侵犯申请人权利及合法权益的决定、行为及不作为。

第 25 条规定，认为信息公开机关或其工作人员的决定、行为及不作为侵犯其权利和合法权益的个人（申诉人），可以向人权专员书面提起申诉。该申诉包含如下内容：申诉人的姓名、通信地址、电话及邮箱；因其决定、行为或不作为被申诉的信息提供者的姓名、职务、单位、电话及邮箱；信息公开申请的内容；理由；相关附件。因拒绝申请或者保存不真实的信息而提出申诉的，申诉者应当提交信息提供者作出的拒绝决定副本或其他书面证据。

人权专员应该在收到申诉之日起 20 个工作日内对被申诉的决定、行为及不作为进行审查并判定其合法性。如果另需解释、文件以及开展其他调查行为，人权专员可以将审查期限延长至 35 个工作日，并在收到上诉之日起 10 个工作日内将延期决定通知申诉人。人权专员应该将审查结果通知申诉人和信息提供者。依据审查的结果，人权专员就该申诉作出决定，指令信息提供者依法公布或者向申诉人提供相关信息。

第 26 条规定，如果申诉人的申诉不符合上述内容要求，在其作出相应补正前,人权专员有权拒绝受理或者不做处理。如下情形应当驳回申诉:该申诉与信息提供者的行为无关;法院已受理同一案件;信息提供者所作的决定、行为及不作为是合法的。人权专员应将受理或拒绝受理的决定书面送达申请人,并告知拒绝受理的理由。

第 27、28 条规定,以人权专员对申诉的审查结果为依据,有权机关决定批准或驳回申诉。申诉批准后,人权专员可以责令信息提供者严格依照本法作出行为,尤其是在处理信息公开申请的程序中提供准确信息,并对行政人员在信息公开过程中的违法行为追究纪律责任。信息提供者有义务在接到人权专员的要求之日起 5 个工作日内采取措施,并将措施的实施情况在指定期间内通报人权专员。如果信息提供者不按照人权专员的要求采取措施,则申诉人有权向法院起诉,该种起诉免缴诉讼费。

第 29 条规定,如下行为属于违反信息公开法的行为,应该依法承担法律责任:违法不予公开信息;提供错误信息;未在期限内提供信息;故意隐瞒信息;无依据拒绝公开应主动公开的信息;无依据将某些信息视为保密信息;其他侵犯自然人和法人与信息公开有关的权利和法律利益的行为。认为其权利和法律利益受到信息提供者侵犯的公民,有权依照民法规定的程序要求物质和精神损害赔偿。

意大利《信息公开法》概览

一、法律概要

意大利从1990年8月7日起实施全国性的政府信息公开法，正式名称为《行政程序与行政文件公开法》，即《第241号法令》。[①]《第241号法令》第五章规定了公众可以查询行政文件，但是这里的权利是受到限制的，即必须具有某个法律利益时才能进行查询。《第241号法令》因其赋予公民的权利比较有限，后来进行了修改。1992年法律又进一步确认了公民的政府信息查阅权，它规定：考虑到对公共利益的实际损害，想要对信息保密必须被公民认为是正当合法的。同时也规定在以下三种情况下信息是不允许被公开的：当对国家安全和国际安全存在具体的、确定的损害时；当对货币和外汇政策有损害的危险时；当这些信息涉及法律强制及个人、法人、团体、企业和协会的隐私和秘密时。另外在1997年7月31日，意大利以《第249号法令》的形式颁布了新的信息公开法，并分别在1998年和1999年进行了修正。而目前正在实施执行的是制定于2001年5月24日会议的意大利《信息公开法补充：关于行政文件公开程序及申请权利的新规定》[②]（*New Provisions on Administrative Procedure and Right to Access to Administrative Documents*）。该法的制定参照了许多部法律及修正案中的相关条文，公布于2001年6月20日。

制定于2001年5月24日的意大利《信息公开法补充：关于行政文件

① 展江："意大利新闻法制初探"，http://www.21ccom.net/articles/qqsw/zlwj/article_2013092592628.html，最后访问日期：2014年4月14日。

② 该法律参见网站：http://www.gazzettaufficiale.it/atto/serie_generale/caricaDettaglioAtto/originario?atto.dataPubblicazioneGazzetta=2013-04-05&atto.codiceRedazionale=13G00076&elenco30giorni=false，最后访问日期：2015年8月25日。

公开程序及申请权利的新规定》共分三个部分5条规定。

第一部分是与制定该法相关的权威文件,即制定该法时所参照的法律及法律修正案的具体条文,以之作为该法规定的法律依据。如1990年8月7日《第241号法令》、1997年10月《第24号法令》以及西尔维奥委员长做的政府报告等。

第二部分属于介绍性章节,主要说明该法的实施主体、生效时间、颁布者等内容以及其后附件A的内容简介。

第三部分(即附件A)是该法的主体部分,共包含4个条文,具体规定了信息公开程序中的相关事项。第1条主要是定义,对该法涉及到的概念进行了解释。如"法令"(1997年7月31日的第249号法令)、"权力机关"(信息管理机构)、"议会组织"(信息管理机构委员会)、"委员会"(基础设施和网络工作服务的组织)、"组织部门""公告"等。这些概念都会出现在法条中,此处进行解释以便对法条的理解,类似于我国法律附则中的内容。第2条规定了享有信息公开申请权的主体,并规定了相关公权力机关在此程序中的职权。第3条主要规定一些组织机构享有反对信息公开的权力,但是需要依法提供相应的材料。第4条详细规定了哪些文件信息不属于公开的范畴。与信息公开相关的法律还有:

(一)《个人数据法》

《个人数据法》(*Data Protection Code*)是在2003年以《第196号意大利立法令》的形式颁布的,依据《个人数据保护法》第7条第1款规定:当事人有权获得与是否存在涉及当事人的个人数据(包括尚未记录的数据)有关的确认,以及采用可理解的方式的数据通知。第2款规定当事人有权获得以下信息:个人数据来源;处理目的和方式;采用电子工具辅助处理工作时使用的逻辑;由第5条第2款指定的处理职责持有人、负责人和指定代表人的详细身份信息;作为国家范围内代表人、负责人或员工、可能会获得数据传达或者获知数据的主体或主体类别。第3款规定,当事人有权获得:数据的更新、修改及与其有关时间的整合;删除数据,转为匿名形式,或阻止以违法方式处理数据,包括根据数据收集或后续处理目的而无需保存的数据;关于获得数据传达或分发的主体已了解第一和第二字段中操作及其内容的证明,除非无法履行或受保护权利与履行方式相比微不足道。第4款规定,当事人有权全部或部分以正当理由反对处理与其相关的个人数据,即使处理活动符合收集目的;反对以发送广告材料、直接销售、开展市场调查、或进行商业沟通为目的处理与其相关的个人数据。①

(二)《档案法》

1963年9月意大利颁布了《档案法》(Archives Act)。虽然时间已经过去了50年,意大利的社会也发生了巨大的变化,但这个法律仍然是意大利档案管理方面的主要原则依据。该法对国家机关制作的文件(即交由国家档案馆保管的档案)和国家机关以外机构(即所有公共和私人部门)制作的档案做了非常严格的区别。

意大利中央档案局所担负的保管和保护档案的角色事实上是与档案的制定机关的法律地位密切相关的。因此,它在管理国家档案和公共与私人档案方面的权力是不同的。在管理公共和私人档案方面,法律规定它的具体任务是"档案管辖",内容包括"监督"公共和私人部门的档案管理和保护。这个任务由档案监督处承担,它们的管辖范围包括意大利所有地区(事实上全国共有20个档案监督机构,一个处负责一个地区)。

档案监督处与私人档案之间是否建立了关系,主要取决于这些私人档案是否具有"重要的历史价值"。如果具备了这个"重要素质",那么私人(家庭、个人、银行、公司、政党、工会和协会等)制作的文件必须得到保护。事实上,意大利法律所指的"私人"一词具有非常广泛的含义,包括任何符合司法界定为"私人"的主体。

以上论述说明了意大利在保护私人档案方面的两个基本点。第一,如上所述,该档案必须具备重要的历史意义(而非一般意义上的,大多数

---

① 依据个人数据法做出的通告,参见网站:http://www.scavolini.cn/,最后访问时间:2014年4月14日。

私人档案都具有的历史意义)。第二,强调该档案或单份文件属于私人所有。①

(三)《奥胡斯公约》

意大利政府于1998年签署了《奥胡斯公约》(*Aarhus Convention*)并于2001年批准了该公约。该"绿色协定"是欧洲与中亚的35个国家在丹麦的奥胡斯签署的,被视为"环境知情权"的革命,于2001年正式执行;公民可以获悉他们使用的水、空气和土壤质量,并有权据此起诉政府和企业。② 在此公约中,环境信息的查阅权已得到广泛的确认,规定任何公民都有权获得由环境部举行的与环境有关的信息。同时在2006年1月意大利政府通过了一项法令,这项法令是为了执行欧盟的指令,它涉及了公共部门信息的再利用和商业开发。

此外,意大利《刑法》(*Criminal Code*)针对泄露国家秘密进行了规定。1997年10月《第24号法令》专门针对国家和官方机密采取了保护措施,《刑法》规定禁止泄露国家秘密和其他被明令禁止不许发表的信息,并且负责情报服务的中央安全办公室(CESIS)加强了对国家机密的保护。意大利的新刑法区分了调查性机密和职业性机密。调查性机密也就是法律性机密,它指的是由于与一个调查程序相冲突,因此相关信息不能公开。③

二、信息公开的范围

(一)公开的信息

《信息公开法》第二部分规定,公开的信息所指的文件是指任何图片、摄影、视频、电磁制品或者其他包括内部行为在内的包含行政内容的

---

① 保拉塔西尼:《意大利的私人档案地位》,郭年译。http://www.archivesnj.gov.cn/default.php? mod = article&do = detail&tid = 184259,最后访问日期:2014年4月14日。

② 展江:《意大利新闻法制初探》,http://www.21ccom.net/articles/qqsw/zlwj/article_2013092592628.html,最后访问日期:2014年4月14日。

③ 展江:"意大利新闻法制初探",http://www.21ccom.net/articles/qqsw/zlwj/article_2013092592628.html,最后访问日期:2014年4月14日。

法律文件,例如所有的指令、程序、规则、说明、通告以及所有的涉及公共管理机构组织、功能或目的的法令。这些文件都是由公共权力机关所做出的,并且都是用于行政目的的。政府机构必须建立有关信息请求的数据库,将这些予以公开的文件放入数据库中以备查询。另外还规定,这种数据库要与国家数据库相连接。一般的属于政府文件的都应予以公开。

(二)不予公开的信息

该法第三部分第 2 条第 3 款规定,当文件涉及秘密信息和个人的、商业的、工业的或者金融信息时都是不予公开的。第 4 款规定,当文件包含商业秘密时也不予公开。

信息公开法的立法目的是保障公民、法人和其他组织依法获取政府信息,提高政府工作的透明度,促进依法行政。而其首要的任务就是保护公民对政府信息的知情权,但是并不是说为了满足公民对政府信息的知悉权就将公民所要求的所有的政府信息均予以公开。公民仅能对法律规定的可以公开的政府文件进行查询,而对于涉及国际秘密、公共利益和个人隐私的政府文件是不予公开的,具体不予公开的内容将在下面公开范围中阐述。

《信息公开法补充》中第 2 条第 3 款规定,包含个人、商业、工业和金融内容的机密信息是不允许公开的,因为里面包含了个人和企业的信息。相关部门需要采取必要的措施来保护个人和企业的机密信息不被泄露。第 4 款规定,包含商业秘密的不予公开。第 4 条规定:相关部门基于科研或者立法准备而提出的解释、建议及其他文件;在初步研究过程中形成的法案及文件;有关向政府汇报工作的法案及文件;涵盖现存或潜在争议以及内部对应权利关系的法律意见书,除非相关部门能够形成一个合理合法的行动依据,并且得到上述权力当局的接受,否则不予公开;能够在法庭上被用于维护上述权力当局合法权益的相关文件;会议纪要,且其内容涉及上述不予公开的文件,或者涉及参会者的个人意见;一些无法与相关文件分离的涉及私人聚会内容的文件,并且这些内容对于政府决定的做出没有任何重要的参考意义则不予公开。

另外依据1990年第241号法令第24章第1条的规定,由上述公共权力机关制定的或者由其永久执行的文件不予公开。依据1990年第241号法令第24章第2条第4款规定,出于对自然人、第三人、法人团体及其他组织隐私和秘密的保护,以下几款是不予公开的内容:情报信息以及其他包含机密内容的涉及员工考核绩效的信息;涵盖竞争性考试内容或员工竞聘选拔考试内容的信息,直至相关程序结束;涉及员工升迁内容的信息,直至相关程序结束;涉及医学检验测试及个人身体健康状况的信息;特征文档及注册档案,或者包含员工个体发展情况的信息;包含刑事诉讼程序的信息,直至相关程序结束,且该刑事诉讼程序涉及在听证会及纪律程序中的保密和公开义务;包含训诫和预警程序的信息、包含员工上诉准备内容的信息;涉及在职及退休员工个人经济处理方案的信息,如果这些信息可以用来获取机密情报;涉及包括员工在内的家庭、金融财政、经济以及个人财产状况的信息,这些信息通常会以各种方式被用于行政管理活动。

三、信息公开的方式及程序

(一)信息公开的方式

该法第三部分第2条第1款明确规定任何人(在这里应指所有的意大利公民),当有个人的和实体的权益的情况下可以通过权力机关制定的书面的、合法的申请表向行政机关申请信息公开。当然这种请求还可以采取口头方式。

对于公民来说,虽然可以申请信息公开。但正如1990年法律规定的,想要查询行政文件必须要具有某个法律利益,即个人的具体利益应该在符合法律规定的相关情形下得到保护,公民才拥有行政文件的查阅权。只是这种查阅权的适用范围在不断扩大,例如2005年的法律规定,允许当一个人的信息请求代表了更广泛的公共利益时,也可以进行信息查询。

(二)信息公开的程序

1. 受理和决定

第 2 条规定:负责信息公开的公共权力机构人员必须在 30 日内做出答复,但是如果这种请求会严重妨害行政行为时,公共机构可以延迟答复。第 2 条第 2 款规定,负责信息公开的人员是执行者,在他刚开始上任之前是由另外的组织部门的公务人员负责整理和报送文件的。

对于公共权力机关而言,各级公共权力机关应该按照上述法律的规定将政府信息依法予以公开。不仅要依照法定的方式、程序、内容、期限进行公开,还要对法律规定的不予公开的政府信息予以保密。

2. 救济

该法第六部分规定,公民认为行政机关没有按照该法律进行信息公开的,采取的途径是向法院提起诉讼。意大利专门设有地区行政法院和最高行政法院。公民可以向地区行政法院进行诉讼来保护自己的合法权益。对于地区行政法院判决不服的可以上诉到最高行政法院。因此,意大利对公民信息查询权的救济是通过行政法院进行的,并且是两级行政法院采取两审终审来完成的。

另外由于意大利加入了奥胡斯公约,所以当意大利政府违反了公约中关于信息公开的规定时,由欧洲人权法院来进行审理和判决。例如在 1998 年的格拉诉意大利政府一案中,欧洲人权法院裁定,根据第 8 条(保护个人隐私和家庭生活)的欧洲人权公约,意大利政府有义务告知市民一家化学工厂存在的风险,而意大利政府却没有这样做。

四、主管机构

意大利总理办公室下设的管理行政文件公开的委员会(Commission on Access to Administrative Documents),负责监管该法律的运作,同时负责管理数据库的运作,包括地方的数据库和国家数据库。由此我们可以看出,该委员会是高于其他行政机构而存在的,在我国类似于在国务院下设的一个专门监管政府信息公开的机构。我国现在是这样规定的:国务院办公厅是全国政府信息公开工作的主管部门，负责推进、指导、协调、监督全国的政府信息公开工作。县级以上地方人民政府办公厅（室）或者县级以上地方人民政府确定的其他政府信息公开工作主管部门负责推进、指导、协调、监督本行政区域的政府信息公开工作。由此可见，在我国是各级政府确定一个专门的主管部门来对执行机构进行监督和管理的。

当然由于意大利政府参加了奥胡斯国际公约，因此其主管机构还应包括欧盟委员会。意大利政府应该严格执行欧盟的指令，否则欧盟将会采取行动对其进行制裁。例如在2005年7月，欧盟委员会宣布并采取法律行动，针对的是包括意大利在内的六个国家在获取环境信息上未能实现2003年欧盟的指令的行为。

五、发展现状

对于意大利来说，加入奥胡斯公约本身就是对自己的一个挑战。在加入的十几年中，出现了不少问题，要么被欧盟宣布采取法律行动，要么被本国公民起诉到欧洲人权法院并且以败诉告终。意大利政府在信息公开道路上确实存在着许多问题，国内的国际的都有，因此如何面对挑战，是该国政府面临的又一难题。

1. 公开方式。《信息公开法》规定，任何人可以通过口头和书面的方式向执行机构进行公开申请。这一规定的缺陷就是，执行机关是以一种被动的方式来进行信息公开的，而主动权却交给了公民自己。在这样一个公民权利意识还比较淡薄和政府机构依然以一种高高在上的姿态出现在公民面前的状况下，想让公民来主动进行公开的申请确实是一种不合时宜的做法。这样会导致公民不进行申请、害怕申请，执行机构不进行公开的恶性循环，最终导致信息公开法成为一纸空文。

2. 具体的公开途径。纵观意大利信息公开法制定的整个历程，我们不难发现，每个法律或法规都规定了哪些文件是能够公开的、什么形式的文件是可以公开的。但是，对于怎样公开、以一种什么样的途径进行公开，这些法律或法规的条文都没有明确加以规定。这就导致该法律执行起来会很困难，可操作性不强、灵活性差。

3. 信息公开法与其他法律之间的协调问题。政府信息公开法与保密法之间关系的处理是一个主要问题。政府信息公开法与保密法是两种不同的制度安排：政府信息公开法以促进行政机关向社会和公众公开信息为目的，它关注的是政府信息公开问题；而保密法则旨在避免关乎国家利益的重要信息的泄露，只关注不应当公开的问题。二者虽然都有存在的合理性，但价值取向不同。不过，保密法本身尽管不能增进政府信息公开，但它的确是政府信息公开制度中的重要问题，是营造更大公开氛围的关键性步骤。因此，二者之间哪项立法处于优先地位，将直接导向公开或者不公开。

从世界上看，虽然政府信息公开法与保密法之间的关系呈现出不同的形态，但在现代社会中，公开已成为主流取向，在大多数国家政府信息公开法自然取代保密法居于优先地位，并且在政府信息公开法对不予公开事项做全面列举，只是在列举事项中容许或认可保密法所确定的不公开事项。当然，也有少数国家的不公开事项不是由政府信息公开法确定，而由保密法确定。这一做法因可能潜在地严重破坏政府信息公开，引发了诸多批评。①

---

① 杨伟东、张艳蕊：《政府信息公开范围探讨》，Journal of Shandong University of Science and Technology ，Social Sciences，2010 年 4 月第 2 期第 12 卷。

英国《信息自由法》概览

一、法律概要

1996年，英国议会督察专员下属的特定委员会公布了它对“开放政府”的评议报告，并且指出有必要制定一部统一的《信息自由法》（*Freedom of Information Act*）。政府拒绝了制定信息自由法的提议，但承认有必要修订《实施法令》。1997年2月颁布了经少量修订之后的新《实施法令》。

在1997年5月的大选中，工党和自由民主党都承诺如果大选获胜，将制定信息自由法。保守党则承诺将在《开放政府白皮书》许诺的四年期限内，实现对个人资料和健康安全信息知情权的立法，但未承诺制定信息自由法。

1997年，尽管在大选中承诺信息自由法制定是英国新政府的首要任务，但是新政府上台之后还是决定先出版白皮书。白皮书计划在1997年7月出台，但最后还是延迟到同年12月。

1997年12月，政府出版了题为《你的知情权》（*Your Right to Know*）的信息公开白皮书，它的覆盖范围更为广泛，甚至包括了私有化的公有公共设施的信息公开，并尝试引入了“实质性侵害”概念。政府承诺在1998年初制定出《信息自由法》草案，但并未许诺将其列入国会下一年度的立法议程。

1998年5月，公共行政高级委员会在其提交的一份报告中，再次呼吁应加速信息公开立法的进程。

1998年7月，240名下院议员联名呼吁政府在下一年度的议会工作中将信息公开立法提上议事日程。同年，政府就公共行政高级委员会的报告做出回应,承诺在9月之前制定出信息自由法草案。在7月的内阁重组中,原来负责信息公开立法的内阁大臣 David Clark 被解职,同时政府信息公开的负责部门从内阁办公室转移到内政部。9月,内政部长 Jack Straw 宣称,信息自由法草案要于1999年年初方可制定完成,已经无法被列为1998~1999年度的议会立法项目。随后,下院议员 Andrew Mackinlay 提交了由 CFI 起草的信息自由法案,并且在经过微小改动之后,由保守党贵族议员 Crudwell 提交英国国会上议院,1999年2月进入二读程序。

1999年,斯蒂芬·劳伦斯城的警察调查后出具的 Macpherson 报告中认为,警察也应该服从信息自由法案的规定,只有在信息公开可能导致实质性侵害的时候才能够得以豁免。但是政府在3月的回应中拒绝了实质性侵害标准,取而代之的是适当的侵害标准,并且将两类重要的警察信息排除在信息公开之外。

2000年,英国通过信息自由法案。[①] 2005年1月,英国《信息自由法》正式生效。英国《信息自由法》赋予任何人可以获取超过10万家公共机构所掌握的信息的权利。[②]

《信息自由法》分为八部分,共88条规定。第一部分第1~16条对公民的知情权进行了介绍,第17~18条对信息官员和信息法庭进行介绍,第19~20条介绍了政府部门对公开信息的计划。第二部分第22~44条对不予公开的信息进行了规定。第三部分第45~49条分别介绍了国务卿、大法官的行为守则以及信息官员的职能。第四部分第50~56条主要介绍了信息公开的强制执行。第五部分第57~61条介绍了上诉的相关规定。第六部分第62~67条介绍了北爱尔兰公共档案馆的历史纪录。第七部分第68~73条介绍了1998年《数据保护法》(*Data Protection Act*)的修

① 该法律可见网站:http://www.legislation.gov.uk/ukpga/2000/36/pdfs/ukpga_20000036_en.pdf,最后访问日期:2015年8月4日。

② 涉及到的公共机构参见网站:http://webarchive.nationalarchives.gov.uk/+/http://www.dca.gov.uk/foi/coverage.htm,最后访问日期:2014年2月11日。

正案。第八部分第74~88条为其他一些补充及辅助条款。与信息公开相关的法律还有：

（一）《数据保护法》

英国《数据保护法》(*The Data Protection Act* 1998)[①]于1998年7月16日通过，并于2000年3月1日起生效。此法加强并延伸了1984年数据保护法中的数据保护机制，就取得、持有、使用或揭露有关个人数据处理过程等方面的问题提供新法规范。《数据保护法》综述如下：(1)重新声明原数据保护原则；(2)可适用于某些特定结构化人工记录（此部分并未受1984年《数据保护法》规范）及计算机化个人数据；(3)提供处理个人数据及具敏感性数据如种族、健康等信息时必须遵守的条件；(4)强化个人现行权利并创建若干新权利，例如告知当事人数据处理者及处理原因等，防止个人数据用作直接行销用途；(5)将其他法律规定的权利纳入数据保护新法规范；(6)将数据保护登记署长(registrar)更名为数据保护委员长(commissioner)，[②]并加强其职权；(7)为告知数据保护委员长，采用协商方式取代原登录方式。[③]

《数据保护法》内容共分为六部分：第一部分前言是对基本概念的界定，并明确定义了基本条款、敏感性数据、特殊目的、数据保护原则、本法适用范围等。第二部分阐述了数据主体(data subject)的权利：取得个人资料的权利，以及数据控制者应信息调查机构之要求，可能因数据处理而造成损害的求偿权利。第三部分阐述了对数据控制者的通知权：禁止未经登记径行处理数据、通告登记。第四部分阐述了例外条款：个人数据保护及其处理的例外情况分布于下列议题中，如国家安全，犯罪与课税，健康、教育与社会福利，管理行为，新闻业，文学与艺术，研究、历史与统计，

① 详细内容参见网站：http://www.legislationline.org/topics/country/53/topic/3，最后访问日期：2014年2月11日。

② 根据《数据保护法》规定，数据保护委员长需要获得女王的专利特许证。

③ 参考内容见网站：http://wenku.baidu.com/link?url=k7h2xndxho5hO93OwasTbzmy7mOvDq-5JSCzqk3AYLhgxWMhH859vYKJihzFPj7uuwG09cNbzqAl_NCmBL42fBeqbpnfGm2GjeLGb_xCrV7，最后访问日期：2014年2月15日。

依法要求或按合法程序揭露数据,以命令进一步指定例外情形的权力等。第五部分阐述了具体的执行内容:包括执行通知与取消、评估要求、发布信息、未能遵循规定者、上诉权利与判决等。第六部分明确了数据保护委员长的职能等。[①]

《数据保护法》对个人数据的处理者规定了以下八项基本行为守则:(1)处置个人数据应正当合法;(2)获得个人数据应依据一个或者多个明确合法的目的,不得以该目的外的任何形式处置个人数据;(3)个人数据应当保持充分、相关原则,不得超出约定的处置目的;(4)个人数据应当保持正确,在必要时及时更新;(5)依据一定目的被处置的个人数据保留时间不得长于该约定目的所必需时间;[②](6)处置个人数据应当符合数据保护法规定给予数据主体的权利;(7)应当采取适当技术和组织管理的措施以防止未经授权或非法处置个人数据,及防止个人数据意外丢失或破坏;(8)个人数据不得转移至欧洲经济共同体外的国家或地区,除非该国家或地区在个人数据处理方面对数据主体的权力和自由具有同等的保护水平。[③]

(二)《档案法》

1838 年 8 月 14 日,英国议会通过了第一个《公共档案法》(*Public Records Act*),[④]确定成立英国公共档案馆,由保管案卷的法官掌管。现行的英国《公共档案法》就是在 1838 年版《公共档案法》的基础上进行适当修改而成的,并于 1958 年通过,于 1959 年 1 月 1 日正式生效,一直沿用至今。该法以法律的形式确定了英国档案事业的基本原则和内容。该

---

① 参考内容见网站:http://wenku. baidu. com/link? url = k7h2xndxho5hO93OwasTbzmy7mOvDq - 5JSCzqk3AYLhgxWMhH859vYKJihzFPj7uuwG09cNbzqAl _ NCmBL42fBeqbpnfGm2GjeLGb _ xCrV7,最后访问日期:2014 年 2 月 15 日。

② 《数据保护法》规定,员工的个人档案应当在员工离职后 6 年内剔除,个人简历和职位申请应当在该一轮申请结束后 3 个月销毁,员工表现评估材料的保留期限为 2 年等。

③ 参考内容见网站:http://www. doc88. com/p - 084411822709. html,最后访问日期:2014 年 2 月 15 日。

④ 具体内容见网站:http://www. legislationline. org/topics/country/53/topic/3,最后访问日期:2014 年 2 月 15 日。

法分十三章,共47条,主要包括以下几个方面的内容:(1)该法第一章第1条规定,公共档案馆的领导权应由保管案卷的法官移交给大法官,大法官对实施、保存、管理和监督等工作全面负责;该法还规定设置公共档案咨询委员会向大法官提出建议,大法官按照他所确定的条件任命该委员会其他成员,同时,大法官每年都要向议会及两院报告公共档案馆的工作。(2)《公共档案法》规定了公共档案馆人员、工作职能及其费用。(3)《公共档案法》规定了档案管理工作的内容包括档案挑选、保存和销毁等事项。[①] (4)该法对存放在公共档案馆及其指定地点以外的法庭档案、原隶属于高等法院遗嘱验证部主任的其他法庭档案的管理权做出了明确的指示。(5)该法明确了档案利用和公布的基本问题以及档案复制件的法律效力问题。[②]

(三)《官方机密法》

英国《官方机密法》(*Official Secrets Act*)制定于1911年,1989年进行了修订,缩小了国家秘密的范围,并将部分违法行为的处分修改为内部处理。该法的目的主要是防止文官泄露官方信息。《官方机密法》适用于政府工作人员,包括军人、政府供货商和合同商。该法案过去常被用于控告政府告密者和公告有关安全服务信息的媒体。现行《官方机密法》规定的国家秘密有四类,分别是:涉及国家安全和情报的信息;涉及国防事业的信息;涉及国际关系和从外国或国际机构取得的保密信息;披露后可能引起犯罪或干扰正在进行的调查的信息。违反《官方机密法》的行为可以处三个月至两年刑罚、罚款或者两者并罚。

英国没有专门的保密机构。目前的《官方机密法》主要由司法部负责执行,首相安全事务顾问在保密方面向首相负责。内阁办公室秘书处负责制定政策,进行保密检查,确保不发生泄密问题。各部门设有保密专员,具体负责定密、制定保密制度等。各部门都有一些历史学家和档案管

---

① 档案销毁的前提条件是该部分档案与挑选出来作为永久保存的档案相重复,或由于其他特殊原因不便将其作为永久保存,在征得大法官和有关大臣或其他官员同意后,方能销毁。

② 曹于、赖文渊:“英国国家档案法律体系概述”,载《辽宁大学学报》2011年第5期。

理人员负责确定文件是否应当解密。一般文件满30年后移交档案馆,如果有人申请公开,则需提前对信息进行审查,此时则不受30年限制。[①]上议院于2002年规定,该法案中不存在公共利益防卫。[②] 此前,一些报纸曾因公布了有关英国首相与美国总统布什会面讨论轰炸半岛电视台的信息而受到威胁,两位官员在该案件中被拘捕。一位警察投诉委员会的工作人员因在YouTube上揭露了枪击巴西侨民事件也于2005年依据《官方秘密法案》被起诉。

二、信息公开的范围

《信息自由法》第二章阐述了不予公开的信息,其中第21~44条对不予公开的信息范围作了详细规定。该法案包含的豁免条款分为三个类别:在绝对豁免类别下,主要包含有关个人私生活及安全服务的信息,若披露可能构成违反保密协定的或依据其他法律受保护而不能被披露的法院记录和信息即属于此类。在"合格种类豁免"类别下,如果信息被判定为包含于广泛的被豁免信息类别中,包括有关政府政策规划、维护国家安全、调查、皇家通信、合法特权、公共安全的信息,或从外国政府秘密获得的信息,则该类信息可被截留。"公共利益测试"同样适用,前提是该信息仅可在维持免予披露时的公共利益比披露时的公共利益更大时保留。第三个类别是一种更为有限的豁免,其中政府部门必须说明披露信息对特定利益的害处以保留信息,这包括有关国防、国际关系、经济、犯罪预防、商业利益的信息,或可能损害公共事务的有效实施或抑制建议的自由提供的信息。公共利益测试同样适用于该类别的信息。具体条款及相关规定见下列内容:

第21条规定申请人可以通过合理的方式获得信息,即使是通过付费

---

① 有关资料参见网站:http://news. xinhuanet. com/theory/2010 - 02/08/content_12954738. htm,最后访问日期:2014年2月20日。

② 详细内容参见网站:http://www. parliament. the - stationeryoffice. co. uk/pa/ld200102/ldjudgmt/jd020321/shayle - 1. htm,最后访问日期:2014年2月15日。

的方式;申请人可以从公共机关那里通过合法途径获得信息,无论是免费或者付费。

第 22 条规定公共机关掌握的信息是以由公共机关或者任何人在将来公开为目的的,无论是否确定了公开的日期,该信息都属于不予公开的信息;并且在该信息公开的日期前,在任何情况下,公共机关都不得公开该信息。

第 23 条规定如果信息是由以下主体直接或间接地提供给政府机构的,则这些由政府机构掌握的信息属于不予公开的信息,上述主体包括:保安局、秘密情报局、政府通信总局、特种部队、根据《2000 年审查权利法案》第 65 条建立的法庭、根据《1985 年通讯拦截法案》第 7 条建立的法庭、根据《1989 年安全服务法案》第 5 条建立的法庭、根据《1994 年情报服务法案》第 9 条建立的法庭、安全审查上诉委员会、证券委托机构、国家刑事情报局、服务方面的权威国家刑事情报局。

第 24 条规定由内阁阁员签署的证书证明,或者在任意时间以保卫国家民族安全为目的的信息应当被视为不予公开的信息,此条款应服从于第 60 条之规定。

第 26 条规定根据该法案,如果信息披露后会对以下情况造成损害的,那么这些信息属于不予公开的信息,包括:与英国岛屿或任何殖民地的安全有关的信息,以及与相关武装力量有关的信息。

该法第 27 条规定,涉及英国和其他国家的关系、英国和其他国际组织或者国家法庭的关系、英国在海外的利益、英国在海外利益的促进与保护等内容的信息,如果披露这些信息会对相关利益造成损害,那么这些信息不予公开。

第 28 条规定,如果信息的公开会对英国政府与其他国家政府的关系造成损害,则这些信息不予公开。

第 29 条规定,如果信息的公开会对英国或者其他英联邦国家和地区的经济利益及金融利益造成危害,这些信息不予公开。

第 32 条规定,由公共机关持有的,包含以下内容的信息被视为不予公开的信息:(1)在法院处理的由于特别原因提起的诉讼中,已经备案或处于监护下的文件;(2)由公共机关提交的以诉讼为目的的特殊文件。

第35条规定,与政府部门或威尔士国民大会有关的信息属于不予公开的信息,具体包括:政府政策的制定和发展;部长级通信函件;法律官员提供的建议和对这些建议的请求;部长级私人办公室的工作内容。

第37条规定,与女王、王室以及王室其他成员的通信函件和由皇家授予的任何荣誉或称号均属于不予公开的信息。

第38条规定,如果信息的公开会危及任何人的身体或精神健康甚至人身安全,则不予公开。

第40条规定,与申请人个人资料有关的数据信息属于不予公开的信息。

第41条规定,由公共机关从他人手中获得的信息属于不予公开的信息。

第42条规定,涉及苏格兰的法律专业特权的和涉及受法律保护的通信隐私的信息属于不予公开的信息。

第43条规定,构成商业机密的信息属于不予公开的信息,如果公开某些信息会对个人的商业利益造成损害,那么这些信息不予公开。

第44条规定,当公共机关公开的信息具有以下特点时,也属于不予公开的信息,包括:法令明令禁止的,与社区职责不符的,以及将构成或被作为藐视法庭的信息。

三、信息公开的方式及程序

(一)信息公开的方式

《信息自由法》第8条第1款规定,信息请求者在提出信息请求时应以书面方式进行(包括电子邮件、信件或传真形式),并需要在请求书中提供申请者的名字及通讯地址,无须对所请求的信息进行描述。至于描述方式,该法没有特定说明,只要求请求者所提供的描述足以使公共部门识别和查找所请求的信息即可。如果申请是以电子、可读的或者可以作为后续资料使用的形式提出,则该申请也可以被视为书面形式。

(二)信息公开的程序

1. 申请

收到信息公开申请后,如果申请的内容不清楚,公共机关可以要求申请人提供进一步的资料,用以确认所申请的信息内容。第 9 条规定公共机关还有义务向将要提出信息公开申请的人或者已经提出信息公开申请的人提供咨询和帮助。

2. 处理

《信息自由法》规定公共部门对于每个申请都应及时处理。关于处理的具体时间期限,该法第 10 条规定,公共部门对于信息请求的处理过程不应超过 20 个工作日,[①]如有特殊情况,则处理时间不能超过 60 个工作日。

该法第 11 条规定,公共机关向申请人提供信息的方式有三种:(1)以永久形式的复印件或者其他可以被申请人接受的方式;(2)向申请人提供适当的机会查看相关信息;(3)永久的形式或者其他申请人可接受的方式包含相关信息的摘抄。如果行政机关不能以申请人要求的方式将信息提供给申请人,则行政机关应当通知申请人。同时,公共机关在向申请人提供信息选择方式时,应当考虑可能产生的费用,选择最合理的方式。

该法规定,在下列两种情况下,公共机关可以不提供信息:(1)如果公共机关估计提供信息所支出的费用超过了适当限度,[②]可以选择不提供该信息,但是公共机关必须告知申请人他所申请的信息是否存在。对于估计费用超过适当限度的,公共机关可以收取为提供该信息可能支出的费用,但该费用不得超过规章规定的最大限度。[③] (2)如果公开信息的请求是重复的,也就是说公共机关以前已经向同一个人提供了相类似的

① 将收费通知交给申请人之日起到收到费用之日的期间不计算在 20 个工作日内。

② 适当的限度是指该法第 12 条第 1、2、3 款规定的适用于各种情况的费用的数额。

③ 规定见该法第 13 条第 1、2 款。

信息,那么公共机关可以不提供申请者所申请的信息。①

《信息自由法》第 17 条第 1 款规定,如果申请人申请的信息是不予公开的信息,则公共机关可以依法拒绝提供该信息。具体分为两种情况:

(1)告知申请人公共机关拥有申请人所需要的信息,但是由于是不予公开的信息,所以不能提供;

(2)如果公共机关拒绝提供信息或者拒绝告知申请人是否拥有该信息,必须在 20 个工作日内向申请人发出通知。通知中应该说明事实情况以及不予公开的理由。

(三)信息公开的费用

该法规定了两种收费体系,一种适用于一般申请,另一种适用于更复杂的申请。第 9 条第 2 款规定,公共机构可以依据缴费情况对被申请信息进行有条件的公开,而且申请人须在 3 个月之内缴纳费用。收费必须依据国务大臣制定的规章,规章中规定了特定情况下无须付费的情形,并设定了最高收费额和计费方式。② 第 12 条规定,当提供信息的成本超过"指定的适当限度"时,采用第二种方法。2004 年的法规规定:向中央政府或者议会申请,收费上限为 600 英镑;向一般公共部门申请,上限为 450 英镑。公共机构为审查是否掌握该信息,查找、检索、提取该信息所花费的时间,按照每小时 24 英镑计费。③

四、主管机构

为了保护公民的知情权,英国设立了信息专员办公室(Information Commissioner's Office,简称 ICO)。④ 信息委员会负责该法案的监督和强

---

① 该规定见《信息自由法》第 14 条。

② 2004 年通过的规章规定,只收取通知申请人该组织掌握所申请的信息及通讯传达的费用(包括复制费和邮寄等传输费用),但不收取人工费。

③ [英]托比·曼德尔:《信息自由多国法律比较》,龚文庠译,社会科学文献出版社 2011 年版,第 164 页。

④ 其官方网站为:http://ico.org.uk/about_us/our_organisation/introduction,最后访问日期:2014 年 2 月 15 日。

制执行,并有权接受投诉及发布约束性判决。女王可以要求替换信息专员,也可以根据两院的建议免去信息专员的职务。信息专员可以在服务满十五年后或者年满六十五岁之后自动离职。信息专员的工资和退休金由下院决议规定,由统一基金支付。信息专员可以在取得国务大臣的同意后任命一名副专员、数名高级职员以及一般工作人员,并支付他所任命人员的工资和退休金。国务大臣将以国会提供的财政资金支付信息专员所有的费用。信息专员在执行职务过程中收取的任何费用都必须上缴给统一基金。这样的规定是为了保证信息专员的独立性,使其在处理申诉时可以独立行使权力。①

信息委员会 2005 年共收到 2385 起投诉,发布了 135 条决定。此外,信息委员会还颁布了很多豁免及实务指南。对信息委员会的决定提出上诉需向信息法庭提起。迄今为止,该法庭已发布了七条判决,其中包括几条控诉信息委员会并命令发布信息的。② 对信息法庭判决的上诉应向高等法院进行。但迄今为止,尚无此类案件。

当信息委员会指示根据公共利益测试发布信息时,该决议可由内阁证明推翻。信息委员会曾声明,其将发布所有信息的使用决议。政府于 2004 年 12 月曾宣布,这属于集体内阁决议,证明将在国会公布并依法接受司法审查。信息官员由女王任命,并需要每年向议会提交年度报告。信息委员办公室还为年轻人创建了网站从而保护年轻人的利益。③

宪法事务部(前大法官部)负责为中央政府执行和监督该法案的实施状况。④ 该部门还负责制定实务机构必须遵守的成文法典,为政府部门提供建议和指导,并向国会提交年度执行报告。2004 年,宪法事务部建立了一个颇具争议的获取信息交换中心,以协助中央政府部门回应敏

---

① 周汉华:《外国政府信息公开制度比较》,中国法制出版社 2003 年版,第 169 页。

② 信息法庭具体内容参见网站:http://www.informationtribunal.gov.uk/our_decisions/our_decisions.htm,最后访问日期:2014 年 2 月 20 日。

③ 参见网站:http://ico.org.uk/youth,最后访问日期:2014 年 2 月 20 日。

④ 参见网站:http://www.lcd.gov.uk/foi/foidpunit.htm,最后访问日期:2014 年 2 月 25 日。

感而复杂的各种申请。该机构已在逾3000个案子中提供了建议,但拒绝发布其自身活动的信息,并声称这可能危害法案的有效实施。

《信息自由法》允许政府废除其他法律中限制发布依法应予公开的信息的规定。在2005年的一次宪法事务部评审中,宪法事务部确定有210条限制信息发布的法律。[①] 其中27条无法消除,因为它们属于国际条约下的义务(共20条),或是在《信息自由法案》之后通过的(共7条)。其他的规定或正在审核中,或已经被废除。

五、争议解决

《信息自由法》第五章规定,当信息申请者对公共部门的回答感到不满意时,有权提起上诉。该法的救济制度包括信息专员的决定制度、信息裁判所的裁决制度和法院的上诉制度。

(一)信息专员的救济制度

信息专员在分析事情经过之后会做出相应的决定,并同时告知投诉者和公共部门。如果信息专员认为投诉者的意见合理,则可以向公共部门发出一份"信息通知书"。如果某一公共部门没有达到《信息自由法》第一部分中所规定的要求,信息专员还可以向之发出"执行通知书"。公共部门如果不按照"执行通知书"采取相应行动的话,申请者有权向法院提起诉讼。

信息专员处理申诉的手段主要是利用三种通知书,即决定通知书、提供信息通知书和执行通知书。

1. 决定通知书[②]

信息专员收到申请后必须作出决定,除非申诉人没有穷尽公共机关内部的申诉程序,向信息专员提出的申请不适当,或者是琐碎的、申诉人撤回或放弃申请的。信息专员不作出决定必须通知申诉人其没有做出任

① 《2005年宪法事务部年度报告》,http://www.dca.gov.uk/StatutoryBarsReport2005.pdf,最后访问日期:2014年2月15日。

② 周汉华:《外国政府信息公开制度比较》,中国法制出版社2003年版,第169页。

何决定以及没有做出决定的理由。如果作出决定,必须向申诉人和相关公共机关发出决定通知书。如果信息专员认为公共机关没有按照《信息自由法》公开信息,或者没有说明拒绝提供信息的理由,则应当在决定通知书中详细说明公共机关必须采取的措施,要求公共机关作出符合法律要求的行为以及采取措施的期限,同时在决定通知书中必须说明申请人有上诉权。在决定中规定的公共机关采取行为的期限的最后时间,必须在对该决定通知提起上诉的最后期限之前。如果申诉人或者公共机关提出了上诉,则公共机关不必采取任何措施。①

2. 提供信息通知书②

信息专员收到申诉人的申请后,若其认为应接受该申请或者为了判断公共机关的行为是否与法律的要求相一致、或者为了判断公共机关的行为是否与指导手册的要求相一致,他可以向该机关发出提供信息通知书,要求公共机关在通知书要求的时间内,以通知书要求的形式将与申诉有关的信息提供给信息专员。

通知书还必须包含以下内容:如果信息专员接受了要求审查公共机关的行为的申诉,则必须说明专员已经接受该申诉;如果是为了判定公共机关是否履行公开信息的义务或者是否与指导手册的要求相一致,则必须详细说明与他目的相关的信息以及他认为该信息与他目的相关的理由。提供信息通知书中还必须包含享有上诉权的内容。

提供信息通知书规定的要求公共机关提供信息的最后期限必须在上诉期限届满前,如果公共机关提起上诉,在没有做出裁决或者没有撤回上诉的期间内不必提供信息。信息专员可以撤销已经发出的提供信息通知书。

3. 执行通知书③

如果信息专员确认某一公共机关没有适当地履行提供信息的义务,

---

① 见该法第50条规定。

② 周汉华:《外国政府信息公开制度比较》,中国法制出版社2003年版,第170页。

③ 周汉华:《外国政府信息公开制度比较》,中国法制出版社2003年版,第171页。

可以发出执行通知书,要求该机关在通知书规定的期限内按照法律的要求提供信息。执行通知书必须包含以下内容:必须说明信息专员认为公共机关没有履行的义务以及信息专员得出该结论的理由。另外,必须说明公共机关享有上诉权利。

执行通知书规定的履行义务的最后期限必须在上诉期限届满前,如果公共机关提起上诉,在没有做出裁决或者没有撤回上诉期间不必执行该执行通知书。信息专员可以撤销执行通知书。

(二)信息裁判所的救济①

可以向信息裁判所申请裁决的有两种情况。一是申请对信息专员发出的通知书进行裁决。信息专员发出了决定通知书后,申诉人和公共机关对决定通知书有异议,可以向信息裁判所提出请求裁决。如果信息裁判所认为上诉涉及的通知书不符合法律规定,以其他形式行使自由裁量权,则可以接受该申请;或者要求公共机关改变适当的通知书代替原来的通知书,或者驳回申请。信息裁判所在审查时,可以审查通知书的依据。二是申请对公共机关的负责人为拒绝公开信息而发出的,说明有关信息是由安全机关提供或与执行安全事务的机关有关的信息,或是为了保卫国家安全需要作为例外信息的证明进行裁决。在这种情况下向信息裁判所提出申请的人可以是信息专员或者受到该证明影响的信息公开申请人。在审理的过程中如果信息裁判所认为涉及的信息不是由安全机关提供的或者与执行安全事务的机关无关,则信息裁判所应当受理申请并且取消该证明。

(三)法院救济②

争议的任何一方对裁判所的决定不服,都可以向有关法院提起诉讼。公共机关的地址如果在英格兰或者威尔士,则相关法院是英格兰最高法院(high count of justic)。法院作为独立的国家的裁判机关具有其他任何

---

① 周汉华:《外国政府信息公开制度比较》,中国法制出版社2003年版,第172页。

② 周汉华:《外国政府信息公开制度比较》,中国法制出版社2003年版,第173页。

救济手段不可代替的功能，它是最后一个救济手段。

六、发展现状

法案的执行工作极其缓慢。自2002年发布计划开始数年内分阶段进行，但从政府机构处要求获得信息的权利直到2005年1月才得以确认，这已经是法案通过后近5年了，是全世界国家中最慢的。不同于分阶段实施法案的是，所有国家和地方部门均同时在"大爆炸"中提供查询服务。可能是由于长期等待法案的通过及其实施，该法律一经生效即引起极大关注。在中央政府，前3个月即产生13000条申请。2005年，所有政府机构所获申请的估计总数在100000到130000条，其中包括中央政府部门收到的38108条申请。宪法事务部估计，2006年，中央政府部门收到的申请将在25000条左右。

初步审查一般是积极的。迄今为止最大的问题在于政府机构和信息委员会的答复和判决的迟缓。对于政府机构确定公共利益平衡点或内部上诉及信息委员会拒绝规定截止日期而言，尚无固定的时间限制。很多用户还举报了公共机构过度使用豁免机会的问题。

信息委员会一直饱受国内专家批评。大量未解决案件仍等待解决，很多案件悬而未决的时间甚至超过半年。同时，很多实质性问题依然存在。委员会所发布的决定中很少能够解决实质性问题，很多早期决定缺乏细则，无法描述原因。信息法庭对于委员会的部分案件有颇多不满。另外，2006年6月，委员会还被迫发布一份决议，批评其自身办公室未能遵守法律要求。非政府环保组织"地球之友"是《信息自由法案》及环保法规的重要运用者，该组织曾称信息委员会"越来越混乱，其在案件上的失败令其越来越难以履行强制执行的职能"。① 在《信息自由法案》之前，一条最初于1994年推出的非法令性"获取政府信息实施规程"规定了一些获取中央政

---

① Friends of the Earth, Information Commissioner Admits He Failed to Comply with Freedom of Information Act, 7 June 2006.

府部门持有的政府记录的方式。1995年,一条有关国家卫生服务的法规得以通过。若申请人申请被拒绝,其可通过一位国会议员向国会申诉专员提起投诉。① 现在,这两条法规均已被《信息自由法案》取代。

1998年6月,英国签订了《奥胡斯公约》,并于2005年2月批准该公约。2004年《环境信息条例》又取代了1992年《环境信息条例》,并执行有关公众获取环境信息的欧盟指令2004/4/EC和《奥胡斯公约》。新条例规定了比《信息自由法案》更多的获取信息方式。信息委员会被规定为外部上诉机构。信息委员会的上诉判决同样应由信息法庭做出,后者至今已做出一个判决,要求减少依据条例提交申请可能被征收的费用。

关于实施有关公共领域信息再利用和商业利用的欧盟指令(2003/98/EC)要求的条例已于2005年6月得以通过,并于2005年7月1日生效。②

2009~2013年度收到及处理的信息数量表③

涉及的法律 \ 年份		2009~2010	2010~2011	2011~2012	2012~2013
信息自由法	收到的信息数量	3734	4374	4633	4693
	处理的信息数量	4196	4369	4763	4697
数据保护法	收到的信息数量	33,234	26,227	12,985	13,802
	处理的信息数量	32,714	29,685	12,725	14,042
隐私和电子通讯法	收到的信息数量	无	无	7095	6386
	处理的信息数量	无	无	7381	6473

注:1. 2011年后表中所述信息自由法中包含环境信息自由法的内容。
2. 表中若收到信息的数量小于处理信息的数量,表明头一年还有未处理完的信息。

① 参见网站:http://www.cfoi.org.uk/coptext.html,最后访问日期:2014年3月15日。

② 详细内容参见网站:http://www.opsi.gov.uk/si/si2005/20051515.htm,最后访问日期:2014年3月15日。

③ 具体年度报告可参见信息委员会官方网站:http://ico.org.uk/about_us/our_organisation/introduction,最后访问日期:2014年2月15日。

美　　洲

（7 个国家）

国家	法律名称	制定时间
百慕大	《信息公开法》	2010 年
加拿大	《信息获取法》	1982 年
开曼群岛	《信息自由法》	2007 年
美国	《信息自由法》	1966 年
墨西哥	《联邦信息公开和透明法》	2002 年
特立尼达和多巴哥共和国	《信息自由法》	1999 年
牙买加	《信息公开法》	2002 年

百慕大《信息公开法》[1]概览

一、法律概要

百慕大[2]现行宪法于1968年制定。1973和1979年分别进行了两次修订。宪法规定,百慕大为英国殖民地,设自治政府;总督代表英国女王,通过总督委员会掌管外事、防务和内部治安。[3] 百慕大的信息公开法是由英国女王颁布的,通过百慕大参议院和众议院的建议和同意而通过的,叫作《公众访问信息法》(*Public Access To Information Act* 2010)。

百慕大的《公众访问信息法》共分为八个部分,66个条文。第一部分是前言,共4条(第1条至第4条),包括了该法的名字、目的、关键词的解释等。第二部分共7个条文(第5条~第11条),是关于公共权力机关的信息条款,包含了信息声明、其他信息条文、根据信息声明的申诉专员的权力、根据其他信息的申诉专员的权力、申诉专员命令的效力、在本部分中申诉专员的角色、豁免文件的保留。第三部分共9条(第12条至第20条),是关于公民获取信息的权利,包括获取信息、申请获取信息、对申请的决定、时间的延长、由于行政原因而对申请的拒绝、申请的方法、对个人信息修改的申请、对申请公开信息的费用问题。第四部分共20条(第21

① 该法律可见网站:http://www. bermudalaws. bm/Laws/Consolidated% 20Laws/Public% 20Access% 20to% 20Information% 20Act% 202010. pdf,最后访问日期:2015年8月3日。

② 百慕大(英语:Bermuda;又称百慕大群岛;旧称萨默斯岛)位于北大西洋属北美,是英国的自治海外领地。百慕大是历史最悠久的英国海外领地,早于英格兰殖民《1707年联合法案》(*Acts of Union* 1707)颁布及英国建立前的一、两个世纪。联合国非殖民化委员会自1945年起将其列为全球16个非自治领地之一。以上摘自360百科,http://baike. so. com/doc/5387216. html,最后访问日期:2014年4月17日。

③ 参见网站:http://news. 9ask. cn/falvlunwen/xflw/200912/281673. html,最后访问日期:2014年4月18日。

条至第40条），专门写了哪些文件是不予公开的。第五部分共4条（第41条至第44条），是关于内部审查的问题，包括权力机关的内部审查、适用内部审查的期限限制、审查行为等。第六部分共5条（第45条至第49条），是关于申诉专员（information commissioner）审查的，包括申请审查、调解、审查、做出决定、司法审查。而第七部分共9条（第50条至第58条），专门规定了信息申诉专员办公室的建立、职责和权力等。第八部分共9条（第59条至第66条），是关于其他事项的规定。

该法案第一部分的第2条共规定了5个立法目的：赋予公众获得最大程度地由公共权力机关掌握的信息的权利，除了那些为了公共利益或者保护他人权利的信息之外；对于公共机构掌握的信息提高透明度，消除不必要的秘密；提高公共机构的责任意识；向公众公开公共机构的行动，包括他们做出决定的方式；作为一种常规的方式，让更多的信息能够出现在公众的视野之内。

通过对立法目的的分析可以得知，百慕大的信息公开法不仅注重对公民信息获取权的保护，也注重对公共机构的管理和监督，让公共机关的行为受到更多的约束，以促进其依法履行其职责。

二、信息公开的范围

（一）公开的信息

百慕大信息法中规定的予以公开的政府文件分为两种，一种是信息声明（information statement），另一种是一般的政府文件（other information）。

首先根据该法第5条规定，每个公共机关都要准备好一个信息声明，包括以下内容：对权力机关和管理权力机关的立法机关的结构和组织的叙述；对权力机关的职能的运作、权利和义务的叙述；由权力机关提供的服务的总结；由权力机关掌握的所有记录的分类的叙述，而且要以足够的细节来方便公众获取信息权利的实现；由机关人员做出的管理和实施机关项目和活动的手册的叙述；由权力机关为了回应公民而作出的决定和建议的政策、规则和指南的叙述等。每个公共权力机关应该更新信息声明,要么至少每年更新一次,要么更加频繁地更新。

公共机构应该在报刊上公布一个公众可以进行查询声明说明的地点,包括了任何公共机关的网址。随着每一次的信息更新,每一个公共机构应该向申诉专员提供一个新的信息声明的复印本。

《信息公开法》第 6 条规定,关于普通的政府文件,在该法中又叫作"信息记录"(record)。"信息记录"在第一部分的词语解释中是这样定义的:由公共权力机关掌握的任何形式或载体的记录的信息。无论它是印制出来的还是影像制品或者电子形式的,包括了任何地图、图表、照片、影像、录像、录音或者可以机读的记录。为了该法的目的,任何由一个独立的合同一方与公共机构签订的合同中涉及的信息也被视为由那个公共机构所掌握的信息。

(二)不予公开的信息

该法第四部分共 20 个条款明确规定了什么文件是不予公开的。

第 21 条是出于公共利益的考虑。这部分的目的,是测试从公共利益角度考虑,是否公开一项记录会比不披露能够更好地服务公共利益。

第 22 条是出于对个人的健康或安全的考虑。一项记录如果出于公共利益考虑则必须被公开,如果该公开将会或者可能会危害个人的身心健康或安全,将不予公开。

第 23 条是关于个人信息的。第 1 款规定,依照本条的规定,包含个人信息的记录免于公开。第 2 款规定,如果出现以下情况,第 1 款不适用:依照第 3 款的规定,该信息和申请者有关系;涉及信息的个人书面同意披露该信息;记录中的信息和下面为同一类信息;公共机构信息是由信息关系人提供的且个人已经被公共官方机构代表机关告知,在信息给予之前,该信息属于或者可能属于可以由公众所获得的那一类信息;信息的公开对避免严重的或者即将到来的个人生命或健康伤害来说是必要的。第 3 款规定,将信息公开给申请者可能会伤害申请者的身心健康,公共官方机构可以拒绝申请者:关系到申请者医疗的或者精神状况的记录,保存信息的目的或者获得信息的过程涉及到了申请人的社会工作的进行。第

4 款规定,依照第 3 款的规定,官方机构必须在 2004 年《百慕大健康理事会条例》第 2 部分的规定内,为健康专业人士提供获得记录信息的途径,该健康人士对于该记录信息拥有专业知识。第 5 款规定,如果相关申请人是个人的父母或者监护人,如相关人不满十八周岁,或者申请人是个人不动产的被指定执行者或者管理者,公共官方机构可以允许涉及个人信息的记录申请。第 6 款规定,如果该公开是为了公共利益或者对个人有益,那么包含个人信息的记录必须被公开。

第 25 条是关于商业信息的规定。第 1 款规定,依照第 2、3 款的规定,包含下列信息的记录不予公开:任何人的商业秘密;信息、市场价值将会,或者可以合理预期的会由于公开而遭到破坏或减少;信息的公开将会或者可以合理预期的对信息设计的任何人的商业利益造成负面影响;信息的公开将会伤害或者可以被合理预期的伤害合同行为或者结果或者任何信息相关人的谈判。第 2 款规定,如果信息和申请者有关系,则第 1 款不适用;信息关联人书面同意公开;公共机构信息是由信息相关人提供的,且个人已经由公共机构代表机关通报,在信息给予之前,该信息属于或者可能属于可以由公众获得的那一类信息。第 3 款规定,如果公开有利于公共利益,该记录必须被公开。

第 26 条是关于秘密获得的信息。第 1 款规定,依照第 2 款的规定,包含下列信息的记录不予公开:信息是由第三人(非另一个公共官方机构)秘密地给予公共官方机构的,且知道它将会被作为机密对待;信息的公开将很可能会阻碍官方机构进一步获得官方机构需要的,以使合理地完成其职能的类似信息。信息的公开将会构成对法律规定的保密义务的违反。第 2 款规定,为了公共利益,一项记录必须被公开。

第 27 条是关于内阁文件的规定。第 1 款规定,依照第 2 款和第 3 款的规定,记录是指一个不予公开的记录,如果它是:已经被提交内阁考虑的记录或者已经被提议将要提交的记录,记录的产生是为了提交内阁考虑;内阁的任何商议或者决定的官方记录;记录是一个在前两段提到的记录的草稿或者复印件,或者是从其中提取的;记录的公开将会涉及或者可以被合理预期的涉及内阁任何的商议或者决定的公开,排除内阁官方出版的记录。第 2 款规定,第 1 款不适用于仅包含资料性的、技术的或者科学的材料的记录,除非该记录的公开将会涉及或者可以被合理预期地涉及内阁的任何商议或者决定的公开。第 3 款规定在关于内阁文件的部分,内阁包括内阁中的各个委员会。

第 28 条是关于内阁的责任的相关规定。第 1 款规定,依照第 2 款规定,记录在以下情况下将免于公开:如果其包含的信息的公开将会伤害或者可以被合理预期地伤害个人的内阁责任,包括部长之间或者部长和公共官员之间在履行公共职能的过程中自由地坦诚地讨论或者建议。第 2 款规定,为了公共利益,上述记录必须被公开。

第 29 条是关于公共官方机构的商议。第 1 款规定,依照第 2 款和第 3 款的规定,一项记录在以下情况下将免于公开:如果该公开将会损害或者可以合理预期地损害公共官方机构的商议程序,包括在程序进行过程中的自由坦诚的讨论和建议。第 2 款规定,第 1 款的记录如果包含以下信息将不适用:事实的或者统计的信息;一次调查或者执行分析而形成的信息,关系到一个公共机构职能的效率或者效果;科研或者技术报告、研究或者分析中的信息;公共机构做出一个特殊决定原因的信息。第 3 款规定,为了公共利益,该记录必须被公开。

第 30 条是关于公共机构的运转。第 1 款规定,按照第 2 款的规定,记录将免于公开,如果它的公开可能被合理预期地损害公共官方机构或者其代表机构施行的测试、检查、调查或者审计或者进行那些测试、检查、调查、质询或者审计的程序或者方法;对公共官方机构执行管理职能(包括工业关系和管理其自己的职员)有一个重大的、负面的影响;公开政府或者公共机构位置选取或将要选取、或者使用、遵循的或者将要使用遵循的计划、标准或者说明。第 2 款规定,为了公共利益,该记录必须公开。

第 31 条是关于财政和经济利益的。第 1 款规定,依照第 2 款的规定,记录将免于公开,如果它的公开或者不合适的公开可以被合理预期地将会对百慕大的金融财政利益造成严重的负面影响或者对政府管理国家经济的能力造成严重的负面影响。第2款规定,如信息公开是为了公共利益,该记录必须被公开。

第32条是关于国家安全、国防、国际关系的。第1款规定,依照第3款的规定,记录将免于公开,如果该公开将会损害或者合理预期损害的百慕大的国家安全和国防,或者百慕大和任何国家或者国际组织的关系;记录包含国家或者国际组织的秘密交流的信息。第2款规定,本部分所指"国家"包含英国和任何其他英国的海外领土。第3款规定,如果该公开是为了公共利益,该信息必须公开。

第33条是关于百慕大政府和英国的责任和交流。第1款规定,依照第2款的规定,记录将免于公开:如果记录包含的信息关系到百慕大1968年宪法第62部分关于政府的责任规定,该公开将会或者可以合理预期地损害实施公共事务的效果;它包含英国政府或者部门和机构与本国政府机构之间涉及商业交流的信息,该公开将会损害或者可以被合理预期地损害公共事务的管理的效果。第2款规定,如果公开是为了公共利益,则该记录必须公开。

第34条是关于法律执行的规定。第1款规定,依照第2款的规定,记录将免于公开如果它的公开将会或者可以被合理预期将会导致损害对违法或者可能违法的阻止、侦查或者调查;损害按照法律一致的任何法律执行或者行政管理;损害个人的公正审判或者特殊案件的不公正判决;泄露或者是一个人能够推断关于法律执行的秘密信息来源的存在或身份;泄露与阻止、侦查、调查或者处理出现违法或者规避法律有关的事项的方法和程序,该公开将会或者可以合理预期将会损害那些方法和程序的效果;危及任何人的生命或者安全;损害任何建筑、交通工具、船舶、船只或者飞行器;为犯罪的进行提供方便。第2款规定,第1款将不适用,如果它包含信息泄露未获得法律授权的法律执行调查的范围,或者超过了法律的界限;一个由机构采取的大概违法或者可能违法的计划;一个在计划中被公共机构采纳的有关处理违法或者可能违法的成功概率的报告;由拥有执法职能的公共机构进行常规的执法检查和调查而准备的报告;一份已经公开给个人或者机构的关于执法调查的报告,并且它的公开将会有利于公共利益。

第35条是关于法律专业特权的。第1款规定,依照第2款的规定,一项纪录将免于公开,如果它拥有这样的性质:它由于法律专业特权或因此免于法律程序结果。第2款规定,为了公共利益,该记录必须公开。

第36条是藐视法庭和议会特权的规定。一项记录将免于公开,如果它的公开将会或者可以被合理预期会藐视法庭或者和法庭、法官席或者其他司法机构的命令对抗;对议会特权的侵犯。

第37条是关于其他法律禁止公开的规定。第1款规定,一项记录将免于公开,如果它的公开被其他法律法规所禁止。第2款规定,部长可以通过规定废除、宣告无效或者修订任何第1款提及的法律规定。第3款规定,第2款规定的命令可以做出终结性的或者偶然性的相关法律规定的废除、宣告无效或者修订,并且命令可以包含任何过度的规定和合理地保留。第4款规定,按照第2款规定的命令属于积极地解决程序。第5款规定,在该部门法律规定禁止公开信息之后一项法律被制定,这项规定不应该产生影响。

第38条是针对信息存在状态的不公开。第1款规定,如果某项信息是否有在本身就属于豁免公开的内容,公共机构可以拒绝公开。第2款规定,如果公开某一信息的存在状态,符合公共利益,则应当公开信息。

三、信息公开的方式及程序

(一)信息公开的方式

根据该法第12条规定,百慕大的任何一名居民(resident)都有权获得由公共权力机关掌握的任何信息,那些不予公开的信息除外。这里的权利享有者指百慕大的居民,不仅包括拥有百慕大国籍的公民,还包括了无国籍人和外国国籍人。公共机构应采取合理措施来帮助那些申请人,并对该申请做出完全的、正确的、及时的回应。申请者不需要对申请提出任何理由。申请者身份需要被保密,除非征得申请者同意,不能透露给任何人。

按该法第13条规定，申请信息公开应该通过书面形式(in writing)向持有该信息的公共权力机关作出，申请必须明确信息或者包含足够的信息以有助于公共权力机关来确定信息。申请必须指出通过什么方式来提供信息，之后公共机关应该按照要求的形式或方法来提供信息。此处也只规定了申请公开这一种方式，并没有公共权力机关主动公开信息的规定。

(二)信息公开的程序

1.受理和决定

根据该法第13条规定，公共权力机关应在接到申请的5个工作日内对该申请做出回应，同时应告知申请者处理申请的程序以及该法所规定的权利。如果申请后发现该信息由另一个或另几个其他机关所掌握，那么收到申请的机关应在收到申请后不超过5个工作日内向另外的机关提供申请副本。如果涉及多个机关，则由最开始收到申请的机关决定交给其职能最接近该申请的机关处理。

公共机关应该通过多种途径向公众提供信息，以便公众能够以最小的代价获得信息。该法第17条规定了获得文件的方法，即公共权力机关将按该法案向申请者提供信息，其形式或方法是：一种合理的查询方法；文件的复印本；信息的副本；另一个电子机读设备或其他包含信息的设备；对于文件是音频或者视频的，采用合理地听觉或视觉的方法；信息是加密的，要对信息进行译码；由公共权力机关决定的其他方法。

公共机关应该对申请信息公开的申请作出记录，除了申请者的名字，还有任何可能揭露申请者身份的信息和任何人的个人信息。该记录应该显示申请是否得到公开或者拒绝公开，对于拒绝公开的，该记录应该包含拒绝的原因。应根据公众要求公开他们的季度支出。

根据该法第15条的规定，公共权力机关应在收到申请后或被视为收到申请后28天内决定是否公开，是完全不公开还是部分不公开。当决定已被作出，公共权力机关应向申请者立即发出书面公告。公共权力机关可以延长最原始的28日的规定,但不能超过28天。原因是没有足够的时间来考虑一些特别的信息的公开是否符合公共利益,或者在最初的28日内处理该申请将会不合理地干扰该机构的日常运转。在最初期限到期之前,公共权力机关决定延长期限的,应书面告知申请者并解释其原因。

该法第16条规定了由于行政原因而拒绝该申请的情形。在出现以下原因时,该公共权力机关会拒绝信息公开的申请:该信息在试过所有的合理的办法后,发现不存在或者不能被找到;由于申请没有包含足够的信息,使得机关通过合理的方法不能确定该信息;机关如果决定进行信息公开会干扰后者破坏公共权力机关的其他工作;公共权力机关认定该请求是琐碎的或者无理取闹的;该信息在公众的掌握下,很容易得知等。

除此之外,该法第18条规定了部分信息公开的情况,当申请公开的信息包含了不予公开的内容,相关的机关在可行的情况下将会准备一个复印本,这一复印本不包含不予公开的内容。如果复印本会造成误解的,公共权力机关不需要准备一个信息的复印本。

对于请求修改个人信息的,应根据第19条的规定,当由公共权力机关掌握的个人信息是不完整的、不正确的或造成误解的,该机关将会根据相关人的书面申请,修改该文件信息。可以通过以下方式:通过修改信息使之变得完整、正确且不造成误解;通过添加信息使之变得完整、正确且不造成误解;删除文件中的信息使之变得完整、正确且不造成误解。该申请在可行的情况下应该明确相关信息和修改的内容。有关权力机关应在收到申请后5个工作日内进行受理,并在28日内决定是同意还是拒绝该申请,并用书面或者决定的其他形式向申请人告知。当权力机关认为28日不足的,可以决定延长期限,但最长不能超过28日。做出延长决定后应在原始期限到期前向相关申请人发出通知并告知其原因。当申请被拒绝时,应确定拒绝的原因,如果同意申请,应明确该文件进行修改的方式。

如果对信息进行了修改,公共权力机关应提供给申请者该信息确实进行了修改的证据,方式为通过允许申请者审阅一个复印本的修改记录。

在本部分,该申请是不需要支付费用的。

2. 救济

(1)内部审查程序

该法第五部分对内部审查程序(internal review)作出了专门规定。申请者或第三方可以以书面的方式向公共权力机关申请内部审查。该申请针对的是任何由公共权力机关作出的决定,包括:一个同意或者拒绝公开的决定;公开方式的决定;完全或部分将申请转到另一个机关的决定;延长时间期限的决定;要求支付费用的决定;拒绝修改个人信息的决定;拒绝公开现存文件的决定;在规定期限内的不作为。申请内部审查有时间限制,一个内部审查的申请应以收到决定之日起 28 日内作出,对于在规定期限内不作为的,申请应在期限届满后 28 日内行使。公共权力机关将在自由裁量范围内延长申请的期限限制。

根据该法第 43 条的规定,对公共权力机关作出决定的内部审查应该由相关公共权力机关的负责人(head of the public authority concerned)进行决定。该负责人将在收到内部审查申请后的 21 日内完成审查,并针对该审查作出决定。除此之外应该告知申请者或第三方该决定和作出决定的原因,同时告知申请者或第三方向监察专员申诉的权利。

根据该法第 44 条的规定,在作出内部审查决定后,可向监察专员进行申诉。如果申请内部审查的申请书交到监察专员处,它将被当做申诉来进行处理。相应机关将在收到申诉后 5 日内通知申请人该申请已被提交给监察专员,并被视为申诉。

(2)监察专员的审查程序

第 45 条规定了申请审查的内容,申请者或第三方可以书面向监察专员提出申请审查,包括以下情况:在接到内部审查决定后 28 日内作出的任何决定;28 日内内部审查的不作为。监察专员可在自由裁量范围内延长申诉的期限。

在监察专员审查程序中,一个重要的环节就是调解(mediation)。监察专员在任何时候都会试图将问题通过谈判、调解或其他方式解决。监察专员可指定任何一个人作为调解员。参加调解是自愿的,任何一方都可随时退出调解程序。调解者可随时终结调解并说明作出该决定的原因。在调解过程中的任何言论、自认和任何为了调解目的而准备的文件不能作为接下来程序中针对一方当事人的证据,这些只适用于调解程序。如果监察专员决定不试图采用调解的方法进行解决或者该尝试已经失败,监察专员将对本案进行审查。

监察专员可以根据该法决定进行审查的程序,每个审查都应私下进行。监察专员应该给出合理的机会让申请者、公共权力机关和第三方作出陈述,未经监察专员同意,任何人无权在一方向监察专员申述时出现或者获取、评论一方的陈述。监察专员将在可能的情况下完成审查,并针对审查作出决定,通知申请者、权力机关和第三方作出的决定和做出决定的原因。监察专员可以作出确认、改变或推翻公共权力机关的决定,还可以根据该法作出其他命令。监察专员的决定将会对所有人产生约束力,将会有类似与最高院决定执行力。

(3)司法审查程序

根据该法第 49 条规定,任何人(包括公共权力机关)对监察专员的决定不满都可以向最高法院进行申请审查,在经过审查后可以作出确认、改变或不予理会的决定。申请司法审查的应由法官当庭作出审判和决定。

(三)信息公开的费用

关于费用问题,该法在不同的条文中进行了规定,有以下三个方面:对于请求修改个人信息的申请是不需要支付费用的;对于申请文件记录公开的费用,该法第 20 条规定,申请公开的费用的计算方法应根据第 59 条的规定进行,即由部长作出规定,包括计算费用的方法、不收费的情形和最高收费标准等。简单的公开申请是不需要支付费用的。根据该法规定,只有支付了相应费用才能获得申请的信息的公开,申诉服务是免费提供给每个人的。

四、主管机构

该法第七部分规定了信息公开的主管机构即监察专员办公室[①]（Office of the Ombudsman）。它提供了一个替代性纠纷解决的公正的形式，并不是太正式，但是比通过法院解决更加灵活和更加有效。任何人如果觉得受到了一个公共权力机构行政行为的不公正待遇都可以提出申诉。申诉服务是免费提供给每个人的。

可以进行申诉的内容包括任何行政行为，不论大小，包括故意或者过失作出的决定、建议，也包括未能提供决定的原因。一个不利的、不公平的、武断的、不合理的、强制的、低效的、不当的、疏忽的、无故拖延的或者适用法律和事实错误的行政行为，在已经试着与公共权力机关进行解决或者通过现有的程序解决该问题后才可以进行申诉。申请者可以通过信函、电子邮件、传真、电话或者亲自申请等方式进行申诉。[②]

当申请者做出申诉后，监察专员可以找到相应的被投诉机构，作出初步查询，这通常就会解决该申诉，无需进行调查。还可以做出全面的秘密的调查，审查所有的相关文件并采取证据，如果有必要还可以进行宣誓。还可以对申诉做出调解，这似乎是最合适的了。除此之外还可以提出建议。[③]

根据该法第 50 条的规定，监察专员将由总督与总理商议后任命，而总理应事先与反对方首领进行商议。监察专员将有 5 年或者更长时间的任期。在执行任务时，监察专员将不会受到任何人或机关的影响和控制。

---

① 监察专员这个概念是从土耳其借鉴的，在 1712 年瑞典国王任命了一个高级官员来监督皇室成员。这在 1809 年演化成了第一个完全独立的现代监察专员制度。在过去 30 年里该制度如雨后春笋般地发展。在百慕大，该监察专员办公室是根据宪法设立的，并且根据 2004 年法案来进行监管。在与总理进行商议后，总督在 2005 年 8 月 1 日任命了第一个监察专员，当然总理在与总督商议之前首先与反对党领袖进行了协商。以上资料来源于百慕大监察专员办公室官网：http://www.ombudsman.bm/about.html，最后访问日期：2014 年 4 月 18 日。

② 参见网站：http://www.ombudsman.bm/complaint.html，最后访问日期：2014 年 4 月 18 日。

③ 参见网站：http://www.ombudsman.bm/complaint.html，最后访问日期：2014 年 4 月 18 日。

监察专员可以建议以下事项:有过失或者迟延的可以予以纠正;对决定或者建议可以取消或者更改;给出行为或者决定的原因;对行为、程序或者行为过程加以更改;对法律或者法规进行审查;关于如何提高程序和政策提出意见。[①] 监察专员应该尽快对申诉进行调查并及时从权力机构那里得到反馈。很多案子可以在几个星期内得到解决,但是很多复杂的案子则需要更长的时间。

该法第7条规定了监察专员关于信息声明的权力。监察专员可以针对权力机关对信息声明的准备提供指导,审查每个权力机构的信息声明,来决定信息声明是否符合该法第5条的规定。当权力机构不公布信息声明或者不按照第5条的规定来,那么该监察专员可以向权力机关发出命令,要求它发表声明或者按照第5条的规定进行。这个时间可以由监察专员来确定。

第8条规定了监察专员关于其他信息的权力。监察专员可以根据第6条关于其他信息的规定对公共权力机关进行监督和提供指导。如果权力机构不按照第6条的规定来,那么该监察专员可以向权力机关发出命令,要求它按照第6条的规定进行。这个时间同样可以由监察专员来确定。

第9条规定了监察专员命令的效力。根据第8条和第9条由监察专员发出的命令对公共权力机关是有约束力的,这将具有最高法院命令的效力并且与该法院的命令具有相同的执行力。

五、发展现状[②]

通过百慕大监察专员办公室官方网站提供的数据,从2008年到2012年该办公室接到的申诉数量分别为143件、248件、89件、203件和166件。其中在2008年,公开了35件,拒绝了26件,移交其他机构解决了53件,处理了29件。在2009年,公开了58件,拒绝了66件,移交其他机构

---

① 参见网站:http://www.ombudsman.bm/complaint.html,最后访问日期:2014年4月18日。

② 以上资料来自于百慕大监察专员办公室官网:http://www.ombudsman.bm/annual_reports.html,最后访问日期:2014年4月18日。

解决了80件,处理了44件。在2010年,公开了21件,拒绝了34件,移交其他机构解决了30件,处理了5件。在2011年,公开了48件,拒绝了78件,移交其他机构解决了54件,处理了23件。在2012年,公开了47件,拒绝了32件,移交其他机构解决了57件,处理了30件。

对于移交案件的情况作了如下统计:在2010年,转交劳动和培训机构的有13件、消费者协会的有6件、移民机构2件、其他的9件;在2011年,转交劳动和培训机构的有14件、消费者协会的有7件、养老金委员会的4件、家庭法院的立法机构4件、其他的25件;在2012年,转交家庭协会的有16件、律师协会的有11件、社区和文化发展的有11件、其他的11件。

2008年至2012年监察专员办公室接到申诉数量统计表① 单位:件

年份 数量	2008	2009	2010	2011	2012
申诉数量	143	248	89	203	166

2008年至2012年案件处理情况统计表② 单位:件

处理 年份	公开案件数量	拒绝案件数量	转交案件数量	转交后处理案件数量
2008	35	26	53	29
2009	58	66	80	44
2010	21	34	30	5
2011	48	78	54	23
2012	47	32	57	30

① 以上资料来自于百慕大监察专员办公室官网:http://www.ombudsman.bm/annual_reports.html,最后访问日期:2014年4月18日。

② 以上资料来自于百慕大监察专员办公室官网:http://www.ombudsman.bm/annual_reports.html,最后访问日期:2014年4月18日。

加拿大《信息获取法》[①]概览

一、法律概要

加拿大是较早建立信息公开制度的国家之一。[②] 加拿大公民核心价值观念之一就是保障公众的信息资源获取权和公民的知情权。他们认为公共信息应当在全体加拿大人民中实现广泛共享，国家需建立信息公开制度以保障人民充分享有和使用信息资源，为此，加拿大财政委员会于1982年颁布了《信息获取法》（*Access to Information Act*），[③]并于1985年正式生效。作为规定信息公开的一部重要法律，该法赋予每一个加拿大公民和加拿大永久居民查阅政府机构信息的权利。加拿大政府致力于建设开放型政府，在其门户网站上公布了信息取得政策（Access to Information Policy）、一般性服务政策（Common Services Policy）、公共咨询政策（Communications Policy）、政府信息管理政策（Management of Government Information Policy）、信息技术管理政策（Management of Information Technology Policy）和政府安全政策（Government Security Policy）等。[④] 同时，为了充分实现加拿大公民的信息获取权，加拿大政府还设立了隐私专员（privacy commissioner）办公室[⑤]以及信息专员

---

① 该法律可见网站：http://laws-lois.justice.gc.ca/eng/acts/A-1/page-1.html，最后访问日期：2015年8月3日。

② 世界上第一个立法保证个人有权获取公共机构所掌握信息的国家为瑞典。

③ 详细内容参见网站：http://laws-lois.justice.gc.ca/eng/acts/A-1/page-1.html，最后访问日期：2013年12月19日。

④ 详细内容参见网站：http://www.canada.gc.ca/，最后访问日期：2013年12月19日。

⑤ 详细内容参见网站：http://www.priv.gc.ca/index_e.asp，最后访问日期：2013年12月19日。

(information commissioner)办公室。[①]

加拿大《信息获取法》分为十四章,共77条规定。第一章规定了加拿大《信息获取法》的名称。第二章主要介绍了本法制定和颁布的目的。第三章对主要相关定义进行界定。第四章规定了申请人获取政府信息的权利。第五章对不予公开的信息进行了规定。第六章为信息涉及第三方权益时的有关规定。第七章至第九章、第十一章至第十二章对信息专员的职责进行阐述,并规定了信息专员应当接受外界的调查与投诉,并且信息专员每年应向国会提交有关行政机关行为的报告。第十章规定了申请人的上诉权利。第十三章主要讲本法不适用的特定情况。第十四章明确了特定部长的职责。与信息公开相关的法律还有:

(一)《隐私权法》

加拿大在保障信息公开和公民知情权的同时,也注重对公民隐私权的保护。所以在加拿大颁布《信息获取法》的同时,还颁布了《隐私权法》(*Privacy Art*)[②];作为对《信息获取法》的补充,该法的宗旨是为政府信息公开中的个人信息安全提供法律依据。《隐私权法》对加拿大150个联邦政府部门以及中介机构收集、利用、公布个人信息的行为作出了限制。该法规定:非出于当前任务所必需,则政府机构不得采集个人信息;如有特殊情况,政府部门应向当事人直接采集,并告诉当事人采集信息的目的。个人信息只能用于既定目的并只允许在限定的条件下公开。政府机构必须为含有个人信息的数据库编制目录并至少每两年修订一次。《隐私权法》还赋予个人查阅及更正与本人有关的信息的权利,当政府机构收到公民的申请时,应在30日之内作出答复。如果申请人所申请的信息与《信息获取法》相违背,则政府机构有权拒绝申请人的申请。同时,《隐私权法》对政府机构公开个人信息的行为进行了严格限制,并规定只有满足以下情况,政府机构才可以在未获取信息相关人许可的时候向申请

---

① 详细内容参见网站:http://www. oic - ci. gc. ca/eng/,最后访问日期:2013年12月19日。

② 详细内容参见网站:http://laws - lois. justice. gc. ca/eng/acts/P - 21/page - 1. html,最后访问日期:2013年12月19日。

人提供个人信息：有议会法律条款的授权；法院的授权、命令或规定；为执行国家法律规定；根据协议或合同向外国政府或国际组织公开信息等。

（二）《个人信息保护与电子文件法》

2000年，加拿大通过了《个人信息保护与电子文件法》（*Personal Information Protection and Electronic Documents Act*，以下简称PIPEDA），[①]并于2001年1月、2002年1月和2004年1月三个阶段逐步生效，该法进一步规范了加拿大私营部门在商业活动过程中收集、使用或披露个人信息的行为。PIPEDA虽然为保护个人隐私和个人信息提供了法律依据，但也成为政府部门拒绝提供档案的理由。

（三）《加拿大图书档案馆法》

2004年4月22日得到王室批准后，加拿大于同年5月21日颁布了《加拿大图书档案馆法》（*Library and Archives of Canada Act*）。[②] 与此同时，原来的《国家档案法》（*National Archives of Canada Act*）和《国家图书法》（*National Library of Canada Act*）一并废除。该法的颁布使加拿大图书档案馆所控制的信息资源能在《信息获取法》等相关法律的调整下得到更好的利用，也使得这两部法律的内容相协调。关于档案利用工作中的安全问题，该法要求获得记录的机构和个人必须谨遵各项要求，采取一切措施保证安全。同时，为了保障信息的安全性，该法规定加拿大图档案馆不得将《信息获取法》第69条第1款中规定的信息提供利用，除非得到枢密院的同意。

二、信息公开的范围

《信息获取法》第五章整章阐述了对不予公开的信息的规定，其中第13条至第25条对不予公开的信息进行了详细规定。

---

① 详细内容参见网站：http://laws - lois. justice. gc. ca/eng/acts/P - 8. 6/page - 1. html，最后访问日期：2013年12月19日。

② 详细内容参见网站：http://www. collectionscanada. gc. ca/index - e. html，最后访问日期：2013年12月19日。

根据第 13 条,外国政府、国际组织、地方政府及其分支机构秘密获得的信息不予公开。

第 14 条规定,政府机构的负责人可以拒绝公开关于联邦、省的磋商或审议,或关于加拿大政府采取或将要采取的与处理联邦、州事务有关的战略或策略的信息;如果该信息公开,很可能对加拿大政府处理联邦、省的事务产生危害。

第 15 条规定,政府机构负责人可以拒绝公开可能对国际事务的处理及加拿大国防事业产生危害的信息:比如与军事策略或战略有关,或与为防御敌对活动所展开的军事演习或操作有关,或与侦测、防御、镇压危险行为以及敌对活动有关的信息不予公开;与武装或其他防御设备,以及被设计、开发、生产或被用来作为武器或其他防御设备的任何事物的数量、特性、性能或部署有关的信息不予公开;与任何防御设施、任何武力、部队或人员,或与任何负责侦测、防御或镇压危险或敌对活动的组织或人员的特性、性能、绩效、潜能、部署、功能或角色有关的信息不予公开;与加拿大或任何与加拿大联盟的国家的防御有关,或对于危险或敌对活动的侦测、防御或镇压有关的信息不予公开;加拿大政府在审议和磋商过程中或在处理国际事务时所使用的,与外国、国际组织或外国居民有关的情报信息不予公开;与上述条款中所提及的信息之收集、评估或处理方法、科技设备或与该信息的来源有关的任何信息不予公开;对于目前及将来的国际协商,加拿大政府、外国政府或国际组织所采取或将采取之立场的任何信息不予公开;构成与外国或国家的国际组织交换的外交通信或与加拿大外交使团或外国领馆交换的官方通信的任何信息不予公开;与外国通讯或加密系统有关的用于国际事务、对加拿大或与加拿大结盟或有关的任何国家的国防、与对危险或敌对活动的侦测、防御或镇压有关的信息不予公开。

第 16 条规定,如果申请人申请获得的信息包括任何政府部门拟定的关于犯罪侦查、加拿大某州法律实施的,以及根据《加拿大安全情报局法》的规定,疑似对加拿大的安全构成威胁的活动,政府机构的负责人可以拒绝公开任何信息。涉及具体合法调查的技术或方案的信息也不予公开。第16条还规定了如果对于该信息的公开很可能对加拿大或某个省任何法律的实施或对合法调查的进行存在危害,那么此类信息也不予公开,其中包括:与某特定调查在性质上有关的信息;将揭露机密消息来源的信息;在调查过程中获得的信息;如果信息的公开可能对刑事机构的安全产生危害的信息。同时,政府机构的负责人应拒绝公开包含由加拿大皇家骑警根据《加拿大皇家骑警法案》第20款的安排在为某省或市执行警务时获得或拟定的信息的任何记录;根据该省或市的要求,加拿大政府已经同意不会公开该信息。

第16条第1款规定,政府机构的负责人应拒绝公开包含在其或其授权下的调查、检验或审计过程中由其或其代表而获得或创建的信息的任何记录,具体包括加拿大审计署署长、加拿大官方语言专员、信息专员及隐私专员。

第16条第2款规定,信息专员应拒绝公开包含该信息专员或其代表在其或其授权下进行的调查过程中获得或创建的信息的任何记录。

第16条第3款规定,根据《加拿大选举法》(*Canada Elections Act*)第541款的规定,总选举事务主任可以拒绝公开包含由其个人或其代表在履行该个人在《加拿大选举法》项下职能而进行调查、检验或检查时所获得或创建的信息的任何记录。

第16条第4款规定,公共部门信息专员应拒绝公开包含如下信息的任何记录:在按照《公务员披露保护法》对某一披露事项进行调查或按照本法第33条开始调查的过程中,由该专员或其代表获得或创建的信息;按照本法第19条第1款在试图对一项投诉达成和解的过程中由调解人得到的信息。如果向调解人提供信息的人员同意公开该记录,则信息可以被公开。

第17条规定,政府机构的负责人可以拒绝公开任何很可能因披露而对个人安全构成威胁的信息的记录。

第18条规定,政府机构负责人可以拒绝公开包含如下信息的任何记录：

（1）属于加拿大政府或政府机构的商业秘密或金融、商业、科学或技术信息，并且该信息具有或很有可能具有重要价值；（2）对该信息的公开很可能损害政府机构的竞争地位或妨碍政府机构的契约性或其他性质的谈判；（3）通过政府机构的官员或雇员的调查研究获得的科学或技术信息，该信息的公开很可能使该官员或雇员丧失优先权；（4）对于该信息的公开很可能极大地损害政府机构的财政利益或对加拿大政府管理加拿大经济的能力造成极大损害，或很可能造成某人的不当得利，包括与下列内容相关的信息，如加拿大货币、造币或法定货币；银行利率或政府借款的预期变化；税率、税收、关税或任何其他收入来源的预期变化；金融机构经营条件的预期变化；证券或货币的预期买卖；土地或财产的预期出售或收购。

第 18 条第 1 款规定，政府机构的负责人可以拒绝公开关于加拿大邮政公司、加拿大出口开发公司、公共部门养老投资董事会或 VIA 加拿大铁路股份有限公司的有关商业技术的信息。

第 19 条规定，政府机构的负责人应拒绝公开包含《隐私权法》第 3 条定义的个人信息的任何记录，除非与该信息有关的个人同意公开。

第 20 条规定，政府机构的负责人应拒绝公开包含第三方商业机密的信息，如果此类信息被公开，很可能会对第三方造成极大的经济损失，损害第三方的竞争地位。如果申请人要求公开的信息经第三方同意，可公开。如果申请人申请信息的目的是出于公共健康、公共安全或环境保护之考虑，则政府机构可以将其公开。

第 20 条第 1 款规定，公共部门养老投资董事会的负责人应拒绝公开包含董事会秘密从第三方获得的与投资有关的建议或信息的记录，并且该董事会一直将该建议或信息视为机密。

第 20 条第 4 款规定，如果国家艺术中心公司的负责人被要求公开的信息将揭示表演艺术家的服务合同条款或已秘密捐款的捐款人的身份信息，且该公司一直将该等信息视为机密的，则负责人应拒绝公开信息。

第21条规定,政府机构的负责人可以拒绝公开包含为政府机构或内阁阁员提出的建议或推荐的信息,有关政府机构的主管、官员或雇员、内阁阁员或内阁阁员的员工参与的咨询或审议报告的信息,以及政府机构的还未生效的关于人事或行政管理计划的信息。

第22条规定,政府机构的负责人可以拒绝公开包括与检测或审计程序或将要做出的特殊检测或将进行的审计的技术或细节有关的信息,前提是如果该信息被公开,将侵害特定检测或审计的应用或结果。

第22条第1款规定,政府机构的负责人可以拒绝公开包含政府机构内部审计的报告草稿或任何相关的审计工作底稿的任何记录的信息(如果在要求公开时,该记录的存在少于15年)。

第23条规定,政府机构的负责人可以拒绝公开包含受律师客户保密权约束的信息的任何记录。

第24条规定,政府机构的负责人应拒绝公开本法中一览表Ⅱ所列明的任何规定所禁止披露的信息。

第25条规定,尽管有本法其他规定的存在,对于向政府机构提出信息公开要求而该政府机构的负责人由于记录中包含的信息或其他资料的原因有权依本法拒绝公开的情况,该机构负责人应公开未包含该信息或资料的任何部分,以及可以同包含该信息或资料分离的信息内容部分。

三、信息公开的方式及程序

(一)信息公开的方式

加拿大《信息获取法》中第5条规定了三种信息公开的形式,包括政府出版物的主动公开方式,依申请人要求获得信息的原件或影印资料的公开方式,以及当申请人申请获得的信息与公共权益有关时的公开方式。该法第71条规定,对于政府机关的职员执行或推动与公共权益有关的业务或工作时,该机关首长应当在其主要办公处所及分支机构所在地提供适当场所或设施,使公众能够通过查询记载该信息手册的方式了解该信息。

(二)信息公开的程序

1. 主动公开

在加拿大《信息获取法》中对公开信息的程序规定比较简单,该法第5条规定,政府机关应就有关政府机关的特定信息在政府出版物和政府公报上定期向社会大众公布,并依照人人均有权取得信息的适当渠道原则,确保公众在加拿大境内各个地方都可索阅政府出版刊物和政府公报。①

2. 依申请公开

加拿大依申请公开信息的程序大致包括以下环节:

第6条规定,当事人提出申请时,依照该法请求取得资讯,应以书面形式向持有该记录的政府机关提出申请,并提供详细资料使受理机关的资深工作人员能够查找该记录。如果接受公开请求的机关首长认为请求公开的记录与其他政府机关有利害关系,则应依法在受理当事人申请后15日内,将该请求或连同其他请求公开的记录一起移送至该政府机关,并同时以书面方式将移送信息的请求情况告知申请人。第8条第1款、第18条第3款对其进行了补充,规定了认定与其他政府机关有利害关系的记录的两条标准:一是该项记录最初是由该政府机关制定或是为该政府机关而制定的;二是该记录虽不满足第一条标准,但该记录是由该政府机关最先取得原件或影印资料的。

对于申请信息的期限,第7条规定,一般情形下政府机关决定是否提供申请记录的期限是30日。第9条规定,如果所请求公开记录的工作量太大,受理机关遵守30日的原则期间将影响该政府机关的其他正常业务,或者该公开申请需要进行协商或需要征求第三方的意见,无法在原则期间内提供记录时,政府机关首长则可以将期限延长,并将延长后的期限及延长期限的理由告知申请人,并且书面通知申请人,申请人可针对期限的恶意延长向资讯局局长申诉。第10条规定了两种拒绝公开的情况:一

① 石国亮:《国外政府信息公开探索与借鉴》,中国言实出版社2011年版,第81页。

是行政机关首长可以以明示的方式通知申请人拒绝公开其请求的理由，并告知申请人可以根据拒绝公开信息的情形向资讯局局长申诉；二是如果政府机关首长未能在法定期限内向申请人提供其所请求公开的全部或部分记录，则视为政府机关首长拒绝提供该信息，此时申请人可以进行申诉。第27条规定，政府机关首长认为申请公开的记录载有或有理由足以认为申请人申请的信息与第三方的特定信息有关，则政府机关应在申请人提出请求后30日内通知第三方，如果第三方同意提供该记录，则政府机关可以向申请人提供其申请的信息。第28条规定，如果第三方提出异议，则有权在收到政府机关通知后的20日内向该政府机关以书面形式陈述不提供该信息的理由（如果得到该政府机关首长的同意，第三方也可以以口头方式陈述）。受理行政机关应在给第三方发出通知的30日内决定该记录是否应提供给申请人，并以书面形式将其决定告知第三方。[1]

该法第12条规定，政府机关应提供记录的原件或记录的影印资料给申请人。如果申请人要求以特定的官方语言提供记录，则在该记录已由政府机关以该特定语言持有的情况下，或掌管该记录的政府机关认为在适当期限内可以准备出该记录的相关语言的译本时提供给申请人；当符合公共利益时，可以以申请人所要求的语言提供给申请人。

（三）信息公开的费用

加拿大《信息获取法》在收取费用上没有给出特别具体的规定。第11条第1款规定申请人申请查阅记录时，需支付不超过25美元的申请费；如要求制作复本，则需依照具体规章规定的计算方法支付能够反映复制成本的费用，或者如要求将存档转换成其他保存形式或该存档已经被制成该保存形式的，则需依照具体规章的规定支付能够反映该形式载体成本的费用。第11条第2款规定，若有人请求查阅本法案下所及之存档，而检索该等存档或将其任何部分备妥以供查阅所需的合理时间超过5小时的，则接受请求的政府机关负责人可以在上述第1款规定的费用

① 石国亮：《国外政府信息公开探索与借鉴》，中国言实出版社2011年版，第81页。

之外，要求按照具体规章规定的计算方法支付额外费用，并且可以要求在提供查阅该等存档之前收取该等额外费用。第 11 条第 3 款规定，若被请求查阅的存档是由一政府机关控制下的机读存档请求所产生的，则接受请求的政府机关负责人可以要求申请人按照具体规章规定的计算方法支付一定费用。第 11 条第 4 款规定，若接受请求的政府机关负责人依据第上述第 2 款或第 3 款规定要求请求查阅存档者支付费用的，该负责人可以要求在检索或制备该等存档、或将该等存档部分备妥以供查阅前支付合理比例的费用作为押金。第 11 条第 5 款规定，若接受请求的政府机关负责人依据本条规定要求请求查阅存档者支付费用的，该机关负责人须向查阅人提供书面通知及在通知中说明查阅人有权就所要求支付的费用向信息委员会提出申诉。第 11 条第 6 款规定，接受查阅本法案下存档请求的政府机关负责人也可放弃要求请求人根据本条规定支付费用，或退还根据本条规定收取的全部或部分费用。

四、主管机构

为了帮助联邦法院处理信息获取过程中的纠纷，加拿大设立了信息委员会。第 54 条第 2 款规定信息专员（information commissioner）[①]由议会会长在取得参众两院同意后任命，任期为 7 年，可以连任。信息专员不得为了报酬而担任其他职位或从事其他职业。加拿大《信息获取法》第 54、55 条规定，信息专员配有一名或多名助理，信息专员助理有专业化的要求，其职责是协助信息专员完成其职责和功能，任期为 5 年，可以连任。信息专员每年需要向议会递交报告。第 56、57 条规定在每个财政年度结束后的 3 个月内，信息专员应就该财政年度内的公务活动向议会提交一份年度报告。信息专员递交的年度报告和特别报告都会成为对《信息获取法》实施进行审查的参考。加拿大信息专员署包括 3 个分支机构：申诉

---

① 详细内容见其官方网站：http://www.oic - ci.gc.ca/eng/home - accueil.aspx，《2010 年 6 月 30 日，Suzanne Legault 女士被任命为加拿大联邦信息专员》，最后访问日期：2013 年 12 月 20 日。

处理与实施评价科(The Complaints Resolution and Compliance Branch),该机构执行调查并努力解决争议,处理申诉;合作服务科(The Corporate Services Branch),该机构在策略性问题上对高级管理者提供指导和建议;法律事务科(The Legal Services Branch),该机构代表信息专员出庭并就调查、立法以及行政问题提供法律建议。① 第 30 条第 1 款规定信息专员可以受理下列书面申诉并展开调查:(1)被拒绝披露的记录;(2)被要求支付不合理的费用;(3)披露信息的期限被不合理拖延;(4)没有以官方语言披露记录或者在合理期限内没有以官方语言披露记录,没有以所要求的替代方式披露记录或者在合理期限内没有以所要求的替代方式披露记录;(5)任何关于部长应该定期发行的出版物或者公告;(6)任何关于依据《信息获取法》进行的请求或者获取记录相关的其他事项。当信息专员认为有合理理由去调查有关依据本法请求或者获取的记录事项时,信息专员可以就相关事项提起控告。信息专员对申诉进行的调查应该是独立、秘密的,并且自主决定调查所采用的程序。在调查过程中,信息专员的权限由法律授予,通常享有以下六种权利:(1)传唤并强制涉案人员(如申诉人、有关政府机构的首长以及披露记录所涉及的有利害关系的第三方)出席调查、提供经过宣誓的证据以及信息专员认为必要的文件或事物;(2)管理宣誓;(3)受理并采纳涉案人员提供的经过宣誓的或者信息专员认为合适的证据或信息,而不管这些证据或者信息在联邦法院的规则里是否是可以采纳的;(4)进入任何政府机构的场所;(5)在政府机构里与任何人进行私下的交谈,并在信息专员的授权范围内进行调查研讯;(6)检查并获得在政府机构内找到的包含与调查相关的任何事项的书或者其他记录的副本或者摘录。在对申诉进行的调查中,任何机构和人员都不得以任何理由向信息专员隐瞒任何受《信息获取法》调整的政府机构掌握的记录。对申诉的调查结束后,如果发现该申诉是成

---

① 详细内容参见网站:http://www.oic - ci.gc.ca/eng/abu - ans_our - structure - notre - structure.aspx,最后访问日期:2013 年 12 月 20 日。

立的,那么信息专员应提供一份包含以下内容的报告给管控该记录的政府机构首长:(1)调查的发现以及信息专员认为适当的建议;(2)要求政府机构首长在确定的期限内,告知信息专员对其所提建议是否已经或将要采取行动去完成,或者没有采取行动的理由。提出建议报告的同时,信息专员应向信息获取的申诉人或任何有权就调查结果作出陈述的第三方作出报告。但如果信息专员在建议报告里要求政府机构首长对采取的行动向其作出告知的情况下,在该确定期限未届满之前,可以不向申诉人或第三方作出报告。如果在确定的期限内,信息专员没有收到政府机构首长关于建议实施的通知,或者信息专员认为政府机构首长采取的行动不充分适当或者没有在合理的时间里完成,那么信息专员可以在对申诉人或第三方的报告中建议申诉人,并作出他认为适当的评论。如果政府机构在收到建议报告后告知信息专员将披露信息,那么应随即将记录或部分记录披露给申诉人;如果政府机构首长没有告知信息专员其将要披露记录,信息专员应告知申诉人其有向法院提出上诉的权利。

五、争议解决

当申请人申请从政府机构获取相应信息被拒绝,且政府也没有采纳信息专员的建议时,信息专员应告知申请人有权向联邦法院提起上诉,并且该上诉应在信息专员就案件调查结果作出通知后的45日内提起,也可以在联邦法院确定或者允许的更长的期限内向联邦法院申请对该事项进行审查。根据《信息获取法》第41条的规定,信息专员可以代表申请人出庭,也可以在获得联邦法院许可后,作为对依据《信息获取法》第41条或第42条申请的任何审查的一方当事人出庭。当政府机构首长得到已向法院申请审查关于其拒绝披露信息的事实的通知,如果该政府机构首长有意披露该记录,那么他应随即将对申请的书面通知送达给任何第三方。收到该通知的第三方,可以作为该审查的一方当事人出庭。对于政府机构首长拒绝披露的从外国政府或其机构以及从国家间的国际组织或其机构秘密获得信息、《信息获取法》第15条规定的关于国际事务和防御方面的信息的案件，应该由联邦法院首席法官或者由首席法官授权其他该联邦法院法官进行听证和裁决。[①] 联邦法院对案件进行审查后可以作出下列判决与命令：(1)当联邦法院判决政府机构首长没有拒绝披露记录的授权时，联邦法院应该命令该政府机构首长在符合联邦法院认为适当的条件下，将记录或记录的一部分披露给申请人，或者应该作出联邦法院认为适当的此类其他命令。(2)当政府机构主张披露记录会对加拿大联邦或者省级事务造成危害，而联邦法院判决该政府机构首长拒绝披露记录的行为没有合理依据，联邦法院应命令该机构首长在符合联邦法院认为适当的条件下，将记录或记录的一部分披露给申请人；或者应作出联邦法院认为适当的此类其他命令。(3)联邦法院在依据第44条对一项申请作出裁判后裁决，要求政府机构首长拒绝披露记录或记录的一部分，联邦法院应该命令该机构首长不得披露记录或记录的一部分，或者应该作出联邦法院认为适当的此类其他命令。总结起来，就是联邦法院可以发布披露信息或者禁止披露信息的命令。

六、发展现状[②]

2004～2005年，加拿大信息委员会收到了1506份投诉并完成了1140份调查。委员会平均做一份调查需要用时7个月。多年后重复提交的诉讼请求会被政府拒绝。

从2004年到2005年，法庭根据该法案作出了19项决定。在过去的几年中，尽管政府部门采取了29次法律行动来对抗委员会，以削减其调查的权力，法庭也采取一系列针对委员会权力的决策，但法庭一般都会支

---

① 对于涉及他国的信息公开案件，加拿大采用以非公开方式听证以及单方陈述的特别听证规则。

② David Banisar：*Freedom of Information Around the World* 2006 A Global Survery of Access to Goverment Information Laws，Privacy International 2006，p. 55.

持委员会的决定。在2002年7月，最高法庭规定，内阁文件中所涉及的不予公开的信息可以由法院、信息委员会裁决是否可以公开，以确保程序的正确性。根据这项决定，在2003年2月，联邦上诉法院规定，经过讨论后包含问题分析以及政策选择的信息可以被公开。

根据该法案，信息请求的数量稳定增长。从2004年到2005年，申请总数超过了25,000份。从1983年以来，申请信息的总数超过了270,000份，其中以商业请求和公众请求为主。从2004年到2005年，商业请求占47%，公众请求占32%，非政府组织请求占8%，媒体请求占11%。

本法案得到广泛认可的同时也在不断更新。从生效至今，大部分条款没有经过变动，但近几年来一些条款也在不断修订。2004年，新的议会委员会就《获取信息法》、《隐私法》和《道德法》举行听证会。2005年，自由党政府发布了本法案修订版本的框架，信息委员会的John Reid起草了法案。2006年，委员会向与自由政党政府有直接关联的魁北克广告公司支付2.5亿美元调查"赞助丑闻"以促进民族团结，同时委员会根据信息专员的建议，推荐了很多改革举措。

从1998年到2004年，委员会收到对政府机关回复申请人需求的延期申请比之前超过了4倍多，政府部门向收到延误投诉最多的机构出具报告单，目的在于及时补救出现的问题，大多数收到报告单的机构会在接下来的几年中提高他们的办事效率。委员会审查了42家机构对于延期的处理方法，发现40%到80%的延期请求中存在重大问题。

根据《隐私法》，人们可以从联邦政府机构获取或者更改其信息。从2004年到2005年，已经有超过36,000份请求。自1983年以来，请求已经超过925,000份。根据《个人信息保护法》和《电子文档法》，人们可以获取和改正商业机构所持有的其个人信息，如果他所在州或省有类似的法律，那么要遵从本州或省的法律。对这项法案的监督由与信息委员会权利相似的隐私委员会进行。自2005年以后的很多年中，人们都认为隐私委员会与信息委员会应当合为一体。考虑到这可能会导致到两个不同机构的权力的冲突，这个建议被拒绝了。[①]

同时，加拿大的信息公开制度还存在很多问题：

1. 资源限制。财政预算缩减导致了《信息获取法》申请程序所花费的时间显著增加，反之这也导致对信息专员拖延的投诉增加。政府减少信息公开工作方面的财政预算，导致信息专员处理案件效率的降低，并进而导致公众对信息专员的不满；而公众对信息专员的不满和不信任导致公众在政府机构不予披露信息时不再愿意提起申诉或者放弃对权利的主张，从而使法律规定的以公民申诉为主导的强制执行机制不能发挥作用。

2. 工作关系出现矛盾。信息专员署与官僚高层的工作关系明显恶化，信息专员广泛使用传唤政府机构人员进行讯问的权力，遭致政府高层官员的不满，进而导致政府机构的不合作态度加剧。信息专员对不遵守《信息获取法》的机构及财政部的高级管理人员提出非常严格及硬性的要求。根据《信息获取法》，信息专员有权要求个人出庭并在宣誓之后对调查中的问题提供证据。在其他专员拥有类似的权力却很少使用的情况下，信息专员署认为对这些权力进行更加广泛的运用是正当的，除了具体情况的原因之外，还因为联邦法院的判决鼓励信息专员署更加果断地使用其调查权力来解决不遵守《信息获取法》的问题。1999 年至 2002 年 3 年间，信息专员向高级官员发出 36 张传票，强迫高级官员参加由信息专员署职员主持的讯问。

3. 申诉成本高。1999 年的财政年度中，信息专员署的财政预算是 3900 万美元。信息专员署在那年收到了 1679 件申诉。这暗示调查申诉的平均成本是 2340 美元。财政部秘书处估算联邦机构为支持信息专员署调查花费了 1400 万美元。这将调查申诉的平均成本提高到 3170 美元，且该成本估算没有包括协商解决以《信息获取法》为中心的法庭案件的成本。如果要降低成本，无疑就会影响执行的效果，从而造成执行的拖延。

---

① 安大略省于 1988 年 1 月 1 日生效实施的《信息自由和隐私保护法》(*The Freedom of Information and Protection of Privacy Act*)的第 4 条至第 9 条规定了关于信息与隐私专员的事项，信息专员与隐私专员为同一人。

1990 年至 2013 年年度报告中关于申请的数量统计表①　　单位:件

年份	收到的请求	处理的请求	拒绝公开的请求	延期的申请
1990	1203	745	454	135
1991	1107	877	635	107
1992	959	720	376	135
1993	1009	733	378	221
1994	1290	960	432	342
1995	2042	1530	471	843
1996	1894	1497	641	675
1997	1802	1379	576	594
1998	2093	1351		
1999	2101	1530	537	749
2000	2259	1337	534	575
2001	1961	1232	690	348
2002	1635	1004	589	163
2003	1995	970	724	194
2004	2525	1140	494	318
2005	3533	1678	430	339
2006	3500	1846	415	300
2007	3936	1618	516	
2008	4284	1770	467	
2009	4203	2025	1073	
2010	3222	2061		
2011	2676	1496		
2012	3018	1622		
2013	1460②	1053		

① 具体内容可见加拿大信息委员会官网:http://www.oic-ci.gc.ca/eng/rp-pr_ar-ra.aspx,最后访问日期:2013 年 12 月 20 日。

② 1460 为 2013 年新收到的申请,不能代表本年度总共的申请数量,因为总申请数量 = 去年没有处理的申请数量 + 今年新收到的申请数量。

1990 年加拿大信息委员会处理信息申请的结果及数量表①　　单位：件

涉及的有关机构	决定公开的请求	不予公开的请求	申请者放弃或中断的请求	总数
加拿大农业部	2	7	0	9
加拿大大西洋机遇署	1	2	0	3
加拿大审计长办公室	0	1	0	1
加拿大银行	0	4	0	4
加拿大劳工关系委员会	1	0	0	1
加拿大港口公司	1	1	0	2
加拿大房屋中介	2	1	0	3
加拿大人权委员会	0	1	0	1
加拿大国际开发机构	4	3	0	7
加拿大广播电视电话委员会	1	0	0	1
加拿大交通安全委员会	3	3	0	6
加拿大安全情报局	21	8	0	29
通信公司	5	2	0	7
总审计长办公室	0	1	0	1
消费者委员会	0	3	1	4
著作权委员会	0	1	0	1
加拿大矫正局	6	3	0	9
国防建设(1951)有限公司	0	1	0	1
就业及移民机构	4	9	0	13
能源、矿产和资源机构	2	2	0	4
加拿大环境部	11	8	0	19
对外事务机构	8	7	0	15
联邦实业发展银行	2	0	0	2

① 1990 年数据报告的时间段为 1990 年 4 月 1 日至 1991 年 3 月 31 日。以下每年的报告时间跨度都为每年 4 月 1 日至下年 3 月 31 日。

续表

涉及的有关机构	决定公开的请求	不予公开的请求	申请者放弃或中断的请求	总数
财政部	20	2	4	26
海洋部	2	2	0	4
健康及福利机构	21	18	4	43
移民及难民委员会	2	1	0	3
印第安事务及北部发展部	2	10	1	13
科学与技术机构	2	3	0	5
国际发展研究中心	1	0	0	1
加拿大投资局	1	3	0	4
司法部	15	13	0	28
劳动部	1	1	0	2
加拿大国家档案馆	3	3	0	6
国家首都委员会	10	4	0	14
国防部	54	25	0	79
国家假释局	0	1	1	2
国家研究委员会	1	0	0	1
国家运输机构	1	0	0	1
私营化法规事务部	3	1	0	4
枢密院办公厅	10	13	3	26
公共服务委员会	1	0	0	1
市政工程机构	5	4	1	10
税收—关税和消费税机构	7	2	0	9
税收—征税机构	106	51	8	165
皇家造币厂	1	0	0	1
加拿大皇家骑警	5	15	1	21
国务卿	4	3	1	8
司法部长	7	1	0	8

续表

涉及的 有关机构	决定公开 的请求	不予公开 的请求	申请者放弃 或中断的请求	总数
财务主管办公室	1	1	0	2
供应和服务机构	5	24	1	30
秘书处	0	1	0	1
西部经济多元发展局	2	1	0	3
其他	0	0	1	1
总计	403	308	34	745

1990 年申请信息者的地理分布表

单位:人

地理位置	数量
加拿大以外	1
纽芬兰	50
爱德华王子岛	3
新斯科舍	7
新不伦瑞克省	6
魁北克	129
国家首都	206
安大略省	116
马尼托巴湖	12
萨斯喀彻温省	3
亚伯达	119
不列颠哥伦比亚省	77
育空	8
西北地区	16
总计	745

1991 年加拿大信息委员会处理信息申请的结果及数量表　　单位：件

涉及的有关机构	决定公开的请求	不予公开的请求	申请者放弃或中断的请求	总数
加拿大农业部	1	7	0	8
加拿大大西洋机遇署	0	1	0	1
原子能委员会	0	1	1	2
加拿大存款保险公司	1	0	0	1
加拿大劳工关系委员会	1	0	0	1
加拿大房屋中介	0	5	0	5
加拿大商业公司	0	1	0	1
加拿大国际开发机构	0	5	0	5
加拿大安全情报局	12	28	1	41
通信公司	9	3	0	12
消费者委员会	1	4	0	5
加拿大矫正局	3	5	0	8
国防建设(1951)有限公司	1	0	0	1
就业及移民机构	8	9	1	18
能源、矿产和资源机构	3	2	0	5
加拿大环境部	14	7	1	22
对外事务机构	13	10	0	23
农业信贷公司	0	1	0	1
联邦实业发展银行	2	2	0	4
联邦与地方关系机构	0	2	0	2
财政部	18	8	1	27
海洋部	2	1	1	4
健康及福利机构	8	12	2	22
移民及难民委员会	2	7	0	9
印第安事务及北部发展部	0	6	0	6

续表

涉及的有关机构	决定公开的请求	不予公开的请求	申请者放弃或中断的请求	总数
科学与技术机构	0	6	0	6
国际发展研究中心	1	0	0	1
加拿大投资局	1	3	1	5
司法部	6	12	3	21
劳动部	1	0	0	1
加拿大国家档案馆	5	12	2	19
国家首都委员会	5	2	0	7
国家能源局	0	1	0	1
国家研究委员会	1	2	1	4
国家运输机构	2	0	0	2
专利药品价格委员会	1	2	0	3
私营化监管事务部	1	0	0	1
枢密院办公厅	15	15	0	30
公共服务委员会	3	2	0	5
税收—关税和消费税机构	21	6	2	29
税收—征税机构	37	30	208	275
加拿大皇家骑警	4	15	0	19
国务卿	2	5	1	8
情报审查委员会	10	0	0	10
首席检察官	3	2	0	5
加拿大统计局	0	3	0	3
金融机构监管公司	2	0	0	4
供应和服务机构	6	21	2	29

续表

涉及的有关机构	决定公开的请求	不予公开的请求	申请者放弃或中断的请求	总数
加拿大交通部	38	35	8	81
秘书处	2	2	0	4
退伍军人管理处	0	3	0	3
西部经济多元发展局	2	1	0	3
总计	303	335	239	877

1991 年申请投诉者的地理分布表

单位:人

地理位置	数量
加拿大以外	6
纽芬兰	45
爱德华王子岛	3
新斯科舍	8
新不伦瑞克省	1
魁北克	334
国家首都	217
安大略省	96
马尼托巴湖	18
萨斯喀彻温省	5
亚伯达	88
不列颠哥伦比亚省	38
育空	0
西北地区	18
总计	877

1992 年加拿大信息委员会处理信息申请的结果及数量表 单位:件

涉及的有关机构	决定公开的请求	不予公开的请求	没有找到相关公开依据的	申请者放弃或中断的请求	总数
加拿大农业部	4	0	13	2	19
加拿大大西洋机遇署	2	0	0	1	3
大西洋引航机构	1	0	0	0	1
加拿大银行	0	0	2	0	2
加拿大委员会	0	0	1	0	1
加拿大存款保险公司	1	0	0	0	1
加拿大港口公司	1	0	1	0	2
加拿大房屋中介	0	0	1	0	1
加拿大妇女地位咨询委员会	0	0	1	0	1
加拿大电影发展基金会	2	0	0	0	2
加拿大国际开发机构	5	0	2	0	7
加拿大淡水鱼机构	1	0	0	0	1
加拿大安全情报局	14	0	13	0	27
加拿大安全情报局检察长	7	0	1	0	8
通信公司	8	0	2	2	12
消费者委员会	2	0	6	0	8
加拿大矫正局	1	0	1	0	2
就业及移民机构	11	0	11	0	22
能源、矿产和资源机构	1	0	2	0	3
加拿大环境部	9	0	7	1	17
对外事务机构	13	0	7	0	20
联邦省关系办公室	1	0	0	0	1
财政部	16	0	3	0	19
海洋部	6	0	8	0	14
健康及福利机构	14	0	7	0	21

续表

涉及的 有关机构	决定公开 的请求	不予公开 的请求	没有找到相关 公开依据的	申请者放弃或 中断的请求	总数
移民及难民委员会	62	0	10	2	74
印第安事务及北部发展部	9	0	11	1	21
科学与技术机构	0	0	4	1	5
加拿大投资局	0	0	1	0	1
司法部	8	1	13	2	24
劳动部	0	0	2	0	2
加拿大国家档案馆	9	0	4	0	13
国家首都委员会	5	0	0	0	5
国防部	20	0	10	1	31
加拿大国家美术馆	1	0	0	0	1
国家研究委员会	1	0	0	0	1
退休金上诉委员会	0	0	1	0	1
枢密院办公室	27	10	10	2	49
公共服务委员会	2	0	0	0	2
公共服务人员关系委员会	0	0	1	0	1
市政工程机构	4	0	2	0	6
税收—关税和消费税机构	8	0	10	1	19
税收—征税机构	10	0	8	2	20
皇家造币厂	0	0	2	0	2
加拿大皇家骑警	10	0	20	0	30
加拿大皇家骑警投诉机构	1	0	1	0	2
国务卿	0	0	7	0	7
安全情报评估委员会	2	0	4	0	6
社会科学与人文研究机构	1	0	0	0	1
首席检察官	3	0	4	0	7
财务主管办公室	0	0	1	0	1

续表

涉及的有关机构	决定公开的请求	不予公开的请求	没有找到相关公开依据的	申请者放弃或中断的请求	总数
供应和服务机构	11	0	12	1	24
加拿大交通部	69	0	63	3	135
运输安全委员会	1	0	2	0	3
秘书处	2	0	4	1	7
退伍军人管理局	2	0	0	0	2
西部经济多元发展局	0	0	1	0	1
外部授权	0	0	0	1	1
总计	388	11	297	24	720

1992 年申请投诉者的地理分布表

单位:人

地理位置	数量
加拿大以外	1
纽芬兰	31
爱德华王子岛	11
新斯科舍	8
新不伦瑞克省	3
魁北克	121
国家首都	199
安大略省	95
马尼托巴湖	13
萨斯喀彻温省	13
亚伯达	147
不列颠哥伦比亚省	72
育空	1
西北地区	5
总计	720

1993年加拿大信息委员会处理信息申请的结果及数量表　　单位：件

涉及的有关机构	决定公开的请求	不予公开的请求	没有找到相关公开依据的	申请者放弃或中断的请求	总数
加拿大农业部	12	0	3	1	16
加拿大大西洋机遇署	4	0	0	0	4
大西洋引航机构	1	2	1	0	4
原子能委员会	2	0	1	0	3
加拿大银行	2	0	0	0	2
加拿大委员会	2	0	0	0	2
加拿大劳工关系委员会	1	0	0	0	1
加拿大纽芬兰省近海石油委员会	0	0	1	0	1
加拿大港口公司	1	0	1	0	2
加拿大房屋中介	1	0	1	1	3
加拿大文化财产出口委员会	4	0	1	0	5
加拿大电影发展基金会	1	0	0	0	1
加拿大人权委员会	6	0	2	0	8
加拿大国际开发机构	1	0	0	0	1
加拿大电视通讯机构	1	0	5	0	6
通讯机构	11	0	6	0	17
消费者委员会	2	0	5	0	7
加拿大矫正局	7	0	5	0	12
就业及移民机构	23	0	11	3	37
能源、矿产和资源机构	4	0	0	0	4
加拿大环境部	15	0	9	2	26
对外事务机构	16	0	8	0	24
联邦区域开发办公室（魁北克）	0	0	1	0	1
联邦省关系办公室	10	0	0	0	10

续表

涉及的有关机构	决定公开的请求	不予公开的请求	没有找到相关公开依据的	申请者放弃或中断的请求	总数
财政部	12	0	4	0	16
海洋部	13	0	4	2	19
林业部	1	0	0	0	1
粮食运输机构管理员	0	0	1	0	1
健康及福利机构	11	1	3	3	18
移民及难民委员会	57	0	41	5	103
印第安事务及北部发展部	9	0	3	1	13
科学与技术机构	5	0	12	2	19
司法部	10	0	4	0	14
加拿大劳动部	1	0	0	0	1
加拿大国家档案馆	5	0	17	0	22
国家首都委员会	2	0	1	0	3
国防部	31	0	20	1	52
国家电影委员会	2	0	0	0	2
国家假释委员会	0	0	1	0	1
国家研究委员会	0	0	1	0	1
国家运输委员会	1	0	0	0	1
金融机构监督办公室	1	0	0	0	1
专利药品价格审查委员会	0	0	1	0	1
枢密院办公室	53	0	8	2	63
公共服务委员会	1	0	0	0	1
市政工程机构	12	0	1	1	14
税收—关税和消费税机构	19	1	5	2	27
税收—征税机构	4	0	6	0	10
皇家造币厂	1	0	1	0	2
加拿大皇家骑警	1	0	15	0	16

续表

涉及的有关机构	决定公开的请求	不予公开的请求	没有找到相关公开依据的	申请者放弃或中断的请求	总数
国务卿	11	0	8	0	19
情报审查委员会	1	0	3	0	4
首席检察官	2	0	0	0	2
供应和服务机构	10	0	7	1	18
加拿大交通部	32	0	12	1	45
运输安全委员会	0	0	2	0	2
秘书处	1	0	0	0	1
西部经济多元发展局	0	0	4	0	4
总计	448	4	253	28	733

1993 年申请投诉者的地理分布表

单位:人

地理位置	数量
加拿大以外	15
纽芬兰	23
爱德华王子岛	0
新斯科舍	29
新不伦瑞克省	5
魁北克	166
国家首都	196
安大略省	121
马尼托巴湖	11
萨斯喀彻温省	9
亚伯达	70
不列颠哥伦比亚省	78
育空	0
西北地区	10
总计	733

1994年加拿大信息委员会处理信息申请的结果及数量表　　单位：件

涉及的有关机构	决定公开的请求	不予公开的请求	没有找到相关公开依据的	申请者放弃或中断的请求	总数
加拿大农业部	9	0	10	1	20
加拿大大西洋机遇署	4	1	0	0	5
大西洋引航机构	1	0	0	0	1
原子能委员会	0	0	1	0	1
加拿大银行	3	0	0	0	3
加拿大委员会	0	0	1	0	1
加拿大存款保险机构	1	0	0	0	1
加拿大房地产公司	0	0	1	0	1
加拿大港口公司	1	0	2	0	3
加拿大文化财产出口委员会	7	0	0	0	7
加拿大遗产部	8	1	5	1	15
加拿大人权委员会	0	0	2	0	2
加拿大国际贸易法庭	0	0	0	1	1
加拿大自然博物馆	2	0	1	0	3
加拿大电视通讯机构	0	0	1	0	1
加拿大安全情报局	4	0	2	0	6
加拿大太空局	1	0	0	0	1
加拿大公民及移民机构	126	0	13	10	143
通讯机构	3	0	0	0	3
加拿大矫正局	18	0	9	0	27
加拿大国防建设机构	0	0	1	0	1
就业及移民机构	2	0	0	1	3
加拿大环境部	8	0	4	0	12
联邦区域开发办公室（魁北克）	2	0	0	0	2
财政部	2	0	3	0	5

续表

涉及的有关机构	决定公开的请求	不予公开的请求	没有找到相关公开依据的	申请者放弃或中断的请求	总数
海洋部	24	0	5	4	30
外交事务及国际贸易	14	0	10	0	24
淡水鱼销售局	1	0	1	0	2
政府服务部	2	0	3	0	5
加拿大卫生部	10	0	3	1	14
健康及福利机构	16	0	3	0	19
加拿大人力资源发展部	17	0	4	0	21
移民及难民委员会	25	0	29	0	54
印第安事务及北部发展部	9	1	10	1	21
加拿大工业部	6	0	7	0	13
司法部	14	0	3	4	21
加拿大国家档案馆	18	0	16	1	35
国家首都委员会	1	0	2	0	3
国防部	77	0	31	6	114
国家能源局	2	0	0	0	2
国家假释裁决委员会	0	0	2	0	2
加拿大自然资源部	0	0	1	0	1
加拿大自然科学与工程研究委员会	1	0	0	0	1
加拿大安全情报监督员办公室	6	0	0	0	6
金融机构监督办公室	7	0	0	0	7
枢密院办公室	28	0	10	1	39
公共服务委员会	2	0	0	0	2
市政工程机构	19	1	8	1	29
加拿大税务局	31	2	16	40	89

续表

涉及的有关机构	决定公开的请求	不予公开的请求	没有找到相关公开依据的	申请者放弃或中断的请求	总数
皇家造币厂	31	2	16	40	89
加拿大皇家骑警	1	0	1	0	2
加拿大皇家骑警公众投诉委员会	1	0	1	0	2
国务卿	7	0	3	0	10
情报审查委员会	1	0	1	0	2
加拿大妇女地位部	0	0	1	0	1
首席检察官	2	0	0	0	2
供应和服务机构	4	0	4	0	8
加拿大交通部	27	1	21	0	49
运输安全委员会	1	0	0	0	1
秘书处	3	0	5	0	8
加拿大退伍军人事务部	0	0	4	0	4
西部经济多元发展局	1	0	0	0	1
总计	601	8	281	70	960

1994 年申请投诉者的地理分布表 单位:件

地理位置	收到的请求	处理的请求
加拿大以外	7	11
纽芬兰	13	17
爱德华王子岛	13	6
新斯科舍	29	30
新不伦瑞克省	10	9
魁北克	264	242
国家首都	355	326
安大略省	134	128

续表

地理位置	收到的请求	处理的请求
马尼托巴湖	22	23
萨斯喀彻温省	19	20
亚伯达	47	45
不列颠哥伦比亚省	101	101
育空	0	0
西北地区	2	2
总计	1016	960

1995 年加拿大信息委员会处理信息申请的结果及数量表 单位:件

涉及的有关机构	决定公开的请求	不予公开的请求	没有找到相关公开依据的	申请者放弃或中断的请求	总数
加拿大农业部	21	0	7	0	28
加拿大大西洋机遇署	21	0	1	0	22
大西洋引航机构	1	0	0	0	1
原子能委员会	1	0	1	0	2
加拿大银行	6	0	1	0	7
加拿大委员会	2	0	0	0	2
加拿大房地产公司	1	0	1	2	4
加拿大港口公司	1	0	0	1	2
加拿大商业公司	1	0	1	0	2
加拿大遗产部	22	0	5	2	29
加拿大人权委员会	1	0	0	0	1
加拿大自然博物馆	2	0	0	0	2
加拿大电视通讯机构	0	0	1	0	1
加拿大安全情报局	6	0	4	0	10
加拿大太空局	3	0	0	0	3
加拿大公民及移民机构	106	0	43	10	159

续表

涉及的有关机构	决定公开的请求	不予公开的请求	没有找到相关公开依据的	申请者放弃或中断的请求	总数
加拿大矫正局	20	0	16	1	37
加拿大国防建设机构	0	0	1	0	1
加拿大环境部	15	0	4	0	19
联邦实业发展银行	0	0	1	0	1
联邦区域开发办公室（魁北克）	2	0	1	0	3
财政部	20	0	3	182	205
海洋部	17	0	7	0	24
外交事务及国际贸易	19	0	6	4	29
淡水鱼销售局	0	0	0	1	1
加拿大卫生部	47	0	9	0	56
加拿大人力资源发展部	14	0	8	1	23
移民及难民委员会	15	0	13	1	29
印第安事务及北部发展部	10	0	4	0	14
加拿大工业部	4	0	13	1	18
司法部	6	0	9	0	15
加拿大国家档案馆	31	0	9	1	41
国家首都委员会	40	0	6	0	46
国防部	359	5	53	4	421
国家能源局	2	0	0	0	2
国家假释裁决委员会	2	0	1	0	3
国家研究委员会	0	0	1	0	1
加拿大自然资源部	5	0	3	4	12
金融机构监督办公室	2	1	0	0	3
枢密院办公室	26	0	8	0	34
公共服务委员会	1	0	1	0	2

续表

涉及的有关机构	决定公开的请求	不予公开的请求	没有找到相关公开依据的	申请者放弃或中断的请求	总数
市政工程机构	26	0	15	3	44
加拿大税务局	42	0	15	1	58
皇家造币厂	0	0	1	0	1
加拿大皇家骑警	19	0	16	1	36
加拿大皇家骑警公众投诉委员会	3	0	0	0	3
情报审查委员会	3	0	1	0	4
加拿大妇女地位部	0	0	1	0	1
加拿大社会科学与人文科学研究机构	0	0	0	1	1
首席检察官	2	0	0	1	3
加拿大统计局	1	0	3	0	4
加拿大交通部	22	0	12	1	35
加拿大财政委员会	7	0	9	0	16
加拿大退伍军人事务部	2	0	3	1	6
西部经济多元发展局	3	0	1	0	4
外授权	0	0	0	1	1
总计	980	6	319	225	1530

1995 年申请投诉者的地理分布表　　单位:件

地理位置	收到的请求	处理的请求
加拿大以外	6	4
纽芬兰	20	16
爱德华王子岛	2	9
新斯科舍	25	30
新不伦瑞克省	13	11

续表

地理位置	收到的请求	处理的请求
魁北克	347	366
国家首都	829	716
安大略省	183	166
马尼托巴湖	34	24
萨斯喀彻温省	12	14
亚伯达	50	45
不列颠哥伦比亚省	179	118
育空	0	0
西北地区	12	11
总计	1712	1530

1996 年加拿大信息委员会处理信息申请的结果及数量表 单位:件

涉及的有关机构	决定公开的请求	不予公开的请求	没有找到相关公开依据的	申请者放弃或中断的请求	总数
加拿大农业部	9	0	7	1	17
加拿大大西洋机遇署	10	0	8	1	19
原子能委员会	2	0	1	0	3
加拿大银行	2	0	0	0	2
加拿大商业开发银行	2	0	0	0	2
加拿大委员会	3	0	1	0	4
加拿大存款保险公司	0	0	1	0	1
加拿大房地产公司	3	0	2	0	5
加拿大近海石油委员会	1	0	0	0	1
加拿大港口公司	2	0	0	0	2
加拿大商业公司	3	0	0	0	3
加拿大遗产部	18	0	26	1	45
加拿大人权委员会	2	0	1	0	3

续表

涉及的 有关机构	决定公开 的请求	不予公开 的请求	没有找到相关 公开依据的	申请者放弃或 中断的请求	总数
加拿大国际开发署	1	0	0	1	2
加拿大安全情报局	2	0	1	1	4
加拿大太空局	4	0	0	0	4
加拿大公民及移民机构	90	0	19	51	160
加拿大矫正局	41	0	4	1	46
加拿大环境部	14	0	9	1	24
联邦区域开发办公室（魁北克）	0	0	1	0	1
财政部	30	0	3	0	33
海洋部	33	0	15	2	50
外交事务及国际贸易	21	0	7	6	34
淡水鱼销售局	3	0	2	0	5
加拿大卫生部	25	0	31	4	60
历史遗迹和纪念碑机构	1	0	0	0	1
加拿大人力资源发展部	17	0	8	1	26
移民及难民委员会	48	3	31	1	83
印第安事务及北部发展部	30	0	5	0	35
加拿大工业部	5	0	13	0	18
加拿大投资局	0	0	0	1	1
司法部	28	0	25	1	54
加拿大国家档案馆	7	0	11	0	18
国防部	184	4	61	7	256
国家假释裁决委员会	3	0	2	0	5
国家研究委员会	1	0	2	0	3
加拿大自然资源部	4	0	2	1	7
金融机构监督办公室	2	0	1	1	4

续表

涉及的有关机构	决定公开的请求	不予公开的请求	没有找到相关公开依据的	申请者放弃或中断的请求	总数
太平洋引航机构	1	0	0	0	1
枢密院办公室	37	0	8	2	47
公共服务委员会	2	0	0	0	2
市政工程和政府服务机构	35	2	12	3	52
加拿大税务局	166	0	16	4	223
皇家造币厂	1	0	0	0	1
加拿大皇家骑警	30	0	23	2	55
情报审查委员会	3	0	0	0	3
首席检察官	3	0	3	0	6
加拿大统计局	1	0	3	0	4
加拿大交通部	30	0	10	2	42
运输安全委员会	1	0	0	0	1
加拿大财政委员会	2	0	9	1	12
加拿大退伍军人事务部	2	0	9	1	12
西部经济多元发展局	0	0	0	0	1
总计	963	9	390	135	1497

1996 年申请投诉者的地理分布表

单位:件

地理位置	收到的请求	处理的请求
加拿大以外	23	22
纽芬兰	15	17
爱德华王子岛	3	3
新斯科舍	45	32
新不伦瑞克省	20	18
魁北克	399	411
国家首都	467	517

续表

地理位置	收到的请求	处理的请求
安大略省	166	177
马尼托巴湖	35	42
萨斯喀彻温省	16	15
亚伯达	52	56
不列颠哥伦比亚省	105	164
育空	1	1
西北地区	35	22
总计	1382	1497

1997 年加拿大信息委员会处理信息申请的结果及数量表 单位:件

涉及的有关机构	决定公开的请求	不予公开的请求	没有找到相关公开依据的	申请者放弃或中断的请求	总数
加拿大农业部	1	0	5	0	6
加拿大大西洋机遇署	14	2	1	1	18
大西洋银行机构	0	0	1	0	1
原子能委员会	2	0	1	0	3
加拿大银行	8	0	0	0	8
加拿大新闻办公室	2	0	0	0	2
加拿大房产抵押公司	2	0	1	0	3
加拿大港口公司	0	0	2	0	2
加拿大商业公司	0	0	1	0	1
加拿大遗产部	17	0	11	3	31
加拿大人权委员会	2	0	1	0	3
加拿大国际开发署	2	0	0	0	2
加拿大自然博物馆	1	0	0	0	1
加拿大电视通信委员会	1	0	2	0	3
加拿大安全情报局	3	0	4	0	7

续表

涉及的有关机构	决定公开的请求	不予公开的请求	没有找到相关公开依据的	申请者放弃或中断的请求	总数
加拿大太空局	5	0	0	0	5
加拿大公民及移民机构	181	0	14	12	207
加拿大矫正局	35	0	9	1	45
国防建设(1951)有限公司	1	0	1	0	2
加拿大环境部	7	0	5	0	12
联邦区域开发办公室（魁北克）	1	0	0	0	1
财政部	60	0	9	0	69
海洋部	37	0	19	3	59
外交事务及国际贸易	39	0	22	3	64
淡水鱼销售局	1	0	2	0	3
加拿大卫生部	36	0	8	3	47
历史遗迹和纪念碑机构	0	0	0	1	1
加拿大人力资源发展部	14	0	8	1	23
移民及难民委员会	13	0	2	0	15
印第安事务及北部发展部	28	0	21	0	49
加拿大工业部	22	1	12	1	36
加拿大司法部	28	0	22	0	50
加拿大国家档案馆	7	0	9	0	16
国防部	190	0	58	12	260
国家假释裁决委员会	1	0	0	0	1
国家研究委员会	3	0	1	0	4
加拿大自然资源部	4	0	1	2	7
金融机构监督办公室	1	0	0	0	1
枢密院办公室	23	0	14	8	45
公共服务委员会	4	0	1	0	5

续表

涉及的有关机构	决定公开的请求	不予公开的请求	没有找到相关公开依据的	申请者放弃或中断的请求	总数
公共服务人员关系委员会	1	0	1	0	2
市政工程和政府服务机构	27	0	12	5	44
加拿大皇家骑警投诉委员会	1	0	0	0	1
加拿大税务局	69	0	13	1	83
皇家造币厂	1	0	0	0	1
加拿大皇家骑警	16	0	22	2	40
情报审查委员会	5	0	2	0	7
首席检察官	10	0	1	0	11
加拿大统计局	0	0	2	0	2
加拿大交通部	26	0	21	0	47
运输安全委员会	1	0	0	0	1
加拿大财政委员会	17	0	3	1	21
加拿大退伍军人事务部	1	0	2	0	3
总计	969	3	347	60	1379

1997 年申请投诉者的地理分布表

单位:件

地理位置	收到的请求	处理的请求
加拿大以外	21	19
纽芬兰	25	19
爱德华王子岛	1	3
新斯科舍	51	58
新不伦瑞克省	14	21
魁北克	200	212
国家首都	689	640
安大略省	182	166
马尼托巴湖	24	28

续表

地理位置	收到的请求	处理的请求
萨斯喀彻温省	12	15
亚伯达	32	46
不列颠哥伦比亚省	147	134
育空	2	1
西北地区	5	17
总计	1405	1379

1998 年加拿大信息委员会处理信息申请的结果及数量表 单位:件

涉及的有关机构	决定公开的请求	不予公开的请求	没有找到相关公开依据的	申请者放弃或中断的请求	总数
加拿大农业部	16	0	1	0	17
加拿大大西洋机遇署	2	0	0	1	3
加拿大商业开发银行	0	0	0	1	1
加拿大新闻办公室	7	0	0	0	7
加拿大房产抵押公司	1	0	2	0	3
加拿大港口公司	5	0	3	0	8
加拿大环境评估机构	1	0	0	0	1
加拿大电影发展公司	2	0	1	0	3
加拿大食品监督局	1	0	0	0	1
加拿大遗产部	7	0	8	1	16
加拿大国际开发署	6	0	12	1	19
加拿大电视通信委员会	2	0	0	1	3
加拿大安全情报局	5	0	7	0	12
加拿大太空局	2	0	0	0	2
加拿大公民及移民机构	76	0	32	22	130
加拿大矫正局	21	0	9	0	30
加拿大环境部	13	0	5	2	20

续表

涉及的有关机构	决定公开的请求	不予公开的请求	没有找到相关公开依据的	申请者放弃或中断的请求	总数
加拿大农场信贷公司	1	0	0	0	1
财政部	25	0	4	0	29
海洋部	24	0	12	2	38
外交事务及国际贸易	36	0	19	2	57
淡水鱼销售局	1	0	0	0	1
加拿大卫生部	47	0	16	2	65
加拿大人力资源发展部	30	0	4	3	37
移民及难民委员会	4	0	2	0	6
印第安事务及北部发展部	73	0	70	0	143
加拿大工业部	24	1	14	2	41
雅克卡蒂亚和尚普兰桥合作有限公司	0	1	0	0	1
加拿大司法部	21	0	13	0	34
加拿大国家档案馆	7	0	8	0	15
国家首都委员会	1	0	1	0	2
国防部	193	15	34	3	245
加拿大国家电影局	1	0	1	0	2
国家假释裁决委员会	1	0	1	0	2
加拿大自然资源部	4	0	1	0	5
加拿大自然科学和工程研究委员会	0	0	1	0	1
西北地区水利资源委员会	1	0	0	0	1
枢密院办公室	45	0	2	2	49
公共服务委员会	3	0	0	1	4
市政工程和政府服务机构	27	0	3	4	34
加拿大皇家骑警投诉委员会	3	0	0	1	4

续表

涉及的有关机构	决定公开的请求	不予公开的请求	没有找到相关公开依据的	申请者放弃或中断的请求	总数
加拿大税务局	88	0	22	14	124
加拿大皇家骑警	15	1	22	1	39
情报审查委员会	6	0	0	0	6
加拿大首席检察官	6	0	2	0	8
加拿大标准化委员会	0	0	2	0	2
加拿大交通部	43	0	10	4	57
运输安全委员会	0	0	2	0	2
加拿大财政委员会	11	0	2	0	13
加拿大退伍军人事务部	1	0	6	0	7
总计	909	18	354	70	1351

1998 年申请投诉者的地理分布表 单位:件

地理位置	收到的请求	处理的请求
加拿大以外	8	11
纽芬兰	35	38
爱德华王子岛	2	2
新斯科舍	44	44
新不伦瑞克省	131	126
魁北克	101	93
国家首都	916	608
安大略省	211	217
马尼托巴湖	35	26
萨斯喀彻温省	8	7
亚伯达	35	30
不列颠哥伦比亚省	141	143

续表

地理位置	收到的请求	处理的请求
育空	1	2
西北地区	2	4
总计	1670	1351

1999 年加拿大信息委员会处理信息申请的结果及数量表 单位:件

涉及的 有关机构	决定公开 的请求	不予公开 的请求	没有找到相关 公开依据的	申请者放弃或 中断的请求	总数
加拿大农业部	16	0	3	0	19
加拿大大西洋机遇署	3	0	2	1	6
原子能控制委员会	1	0	0	0	1
加拿大商业开发银行	1	0	1	1	3
加拿大海关及税收机构	45	0	22	11	78
加拿大存款保险公司	1	0	0	0	1
加拿大新闻办公室	0	0	0	1	1
加拿大房产抵押公司	1	0	1	1	3
加拿大港口公司	5	0	1	0	6
加拿大商业公司	0	0	0	1	1
加拿大文化财产出口委员会	0	1	0	0	1
加拿大环境评估机构	2	0	0	0	2
加拿大电影发展公司	0	0	1	0	1
加拿大食品检验机构	8	0	5	0	13
加拿大遗产部	4	0	4	0	8
加拿大人权委员会	1	0	0	0	1
加拿大人员法庭	1	0	0	0	1
加拿大国际开发署	2	0	2	0	4
加拿大人文博物馆	2	0	0	0	2
加拿大安全情报局	3	0	8	1	12

续表

涉及的有关机构	决定公开的请求	不予公开的请求	没有找到相关公开依据的	申请者放弃或中断的请求	总数
加拿大公民及移民机构	91	1	19	24	135
加拿大矫正局	28	0	18	0	46
加拿大环境部	15	1	9	1	26
加拿大农场信贷公司	0	0	1	0	1
加拿大财政部	8	0	5	0	13
加拿大海洋部	26	0	16	0	42
外交事务及国际贸易	28	0	14	1	43
淡水鱼销售局	1	0	0	0	1
加拿大卫生部	294	0	9	4	307
加拿大人力资源发展部	10	0	7	1	18
移民及难民委员会	9	0	3	0	12
印第安事务及北部发展部	125	0	34	8	167
加拿大工业部	21	0	2	1	24
加拿大司法部	28	0	17	1	46
加拿大国家档案馆	10	0	41	2	53
国防部	149	0	52	15	216
加拿大国家电影局	0	0	1	0	1
国家假释裁决委员会	1	0	0	0	1
加拿大国家研究委员会	0	0	1	0	1
加拿大自然资源部	4	0	5	0	9
检察长办公室	0	0	1	0	1
枢密院办公室	22	0	2	1	25
加拿大公共服务委员会	1	0	2	0	3
市政工程和政府服务机构	21	0	4	2	27
加拿大皇家骑警投诉委员会	5	0	0	0	5
加拿大皇家造币厂	0	0	1	0	1

续表

涉及的有关机构	决定公开的请求	不予公开的请求	没有找到相关公开依据的	申请者放弃或中断的请求	总数
加拿大皇家骑警	22	0	16	3	41
加拿大首席检察官办公室	6	0	0	2	8
加拿大统计局	1	0	1	0	2
加拿大妇女地位委员会	1	0	0	0	1
加拿大交通部	44	0	12	6	62
加拿大运输安全委员会	2	0	0	0	2
加拿大国库委员会	17	0	2	0	19
温哥华港务局	1	0	0	0	1
加拿大退伍军人事务部	2	0	3	0	5
西方经济多元化委员会	0	0	0	1	1
总计	1088	3	350	89	1530

1999 年申请投诉者的地理分布表

单位:件

地理位置	收到的请求	处理的请求
加拿大以外	82	64
纽芬兰	17	16
爱德华王子岛	0	1
新斯科舍	84	65
新不伦瑞克省	6	8
魁北克	263	249
国家首都	488	757
安大略省	168	165
马尼托巴湖	60	33
萨斯喀彻温省	7	6
亚伯达	30	26
不列颠哥伦比亚省	152	140

续表

地理位置	收到的请求	处理的请求
育空	1	0
西北地区	1	0
总计	1359	1530

2000年加拿大信息委员会处理信息申请的结果及数量表 单位:件

涉及的有关机构	决定公开的请求	不予公开的请求	没有找到相关公开依据的	申请者放弃或中断的请求	总数
加拿大农业部	10	0	4	0	14
加拿大大西洋机遇署	4	0	1	0	5
加拿大商业开发银行	1	0	1	0	2
加拿大海关及税收机构	29	1	6	1	37
加拿大魁北克地区经济发展机构	2	0	1	4	7
加拿大新闻办公室	2	0	2	0	4
加拿大房产抵押公司	2	0	0	0	2
加拿大纽芬兰海洋近海石油委员会	1	0	0	0	1
加拿大新斯科舍近海石油委员会	1	0	0	0	1
加拿大港口公司	4	0	0	0	4
加拿大环境评估机构	0	0	1	0	1
加拿大电影发展公司	1	0	0	2	3
加拿大食品检验机构	5	0	7	0	12
加拿大遗产部	7	0	14	6	27
加拿大人权委员会	4	0	0	1	5
加拿大国际开发署	9	0	3	0	12
加拿大人文博物馆	0	0	0	1	1
加拿大核安全委员会	4	0	1	0	5

续表

涉及的有关机构	决定公开的请求	不予公开的请求	没有找到相关公开依据的	申请者放弃或中断的请求	总数
加拿大电视电信委员会	1	0	0	0	1
加拿大安全情报局	1	0	6	1	7
加拿大太空局	2	0	0	0	2
加拿大公民及移民机构	222	0	37	16	275
加拿大通信安全机构	1	0	0	0	1
加拿大矫正局	13	0	11	2	26
加拿大环境部	7	0	5	0	12
加拿大财政部	8	0	3	1	12
加拿大海洋部	60	0	16	1	77
外交事务及国际贸易	59	0	28	6	93
弗雷泽河港务局	1	0	0	0	1
哈利法克斯港务局	0	0	0	1	1
加拿大卫生部	14	0	7	8	29
加拿大人力资源发展部	139	0	20	6	165
移民及难民委员会	12	0	7	0	19
印第安事务及北部发展部	20	0	3	13	36
加拿大工业部	9	0	19	9	37
加拿大司法部	20	1	10	13	44
加拿大国家档案馆	38	0	15	0	53
国家首都委员会	0	0	8	0	8
国防部	50	0	12	6	68
国家能源局	1	0	1	0	2
加拿大国家博物馆	0	0	1	0	1
加拿大国家电影局	0	0	1	0	1
加拿大国家研究委员会	1	0	0	0	1
加拿大自然资源部	2	0	0	0	2

续表

涉及的 有关机构	决定公开的请求	不予公开的请求	没有找到相关公开依据的	申请者放弃或中断的请求	总数
加拿大国防和军队监察专员	1	0	0	0	1
金融机构监督员办公室	0	0	0	2	2
加拿大太平洋银行机构	1	0	0	0	1
枢密院办公室	16	0	14	8	38
市政工程和政府服务机构	32	0	10	2	44
加拿大皇家骑警投诉委员会	2	0	1	0	3
加拿大皇家造币厂	2	0	0	0	2
加拿大皇家骑警	25	0	30	3	58
加拿大社会科学和 人文科学研究委员会	0	0	6	0	6
加拿大首席检察官办公室	1	0	5	1	7
加拿大统计局	2	0	1	0	3
加拿大妇女地位委员会	0	0	0	1	1
多伦多港务局	2	0	0	1	3
加拿大交通部	14	0	7	1	22
加拿大运输安全委员会	1	0	0	0	1
加拿大国库委员会	11	0	1	9	21
温哥华港务局	2	0	0	0	2
加拿大退伍军人事务部	0	0	1	1	2
西方经济多元化委员会	4	0	0	0	4
总计	883	2	326	123	1337

2000 年申请投诉者的地理分布表

单位:件

地理位置	收到的请求	处理的请求
加拿大以外	12	25
纽芬兰	33	25

续表

地理位置	收到的请求	处理的请求
爱德华王子岛	4	2
新斯科舍	34	41
新不伦瑞克省	11	9
魁北克	100	99
国家首都	772	622
安大略省	271	187
马尼托巴湖	40	57
萨斯喀彻温省	6	8
亚伯达	39	38
不列颠哥伦比亚省	361	218
育空	0	1
西北地区	5	5
总计	1688	1337

2001 年加拿大信息委员会处理信息申请的结果及数量表 单位:件

涉及的有关机构	决定公开的请求	不予公开的请求	没有找到相关公开依据的	申请者放弃或中断的请求	总数
加拿大农业部	12	0	3	0	15
加拿大大西洋机遇署	4	0	1	2	7
加拿大商业开发银行	2	0	3	0	5
加拿大海关及税收机构	35	1	22	6	64
加拿大魁北克地区经济发展机构	0	0	3	3	
加拿大房产抵押公司	1	0	0	0	1
加拿大纽芬兰海洋近海石油委员会	0	0	0	1	1
加拿大环境评估机构	1	0	0	0	1

续表

涉及的有关机构	决定公开的请求	不予公开的请求	没有找到相关公开依据的	申请者放弃或中断的请求	总数
加拿大电影发展公司	0	0	1	0	1
加拿大食品检验机构	4	0	5	2	11
加拿大遗产部	6	0	6	3	15
加拿大人权委员会	0	0	2	0	2
加拿大国际开发署	5	0	3	0	8
加拿大电视电信委员会	1	0	1	0	2
加拿大安全情报局	1	0	8	6	15
加拿大太空局	0	0	1	1	2
加拿大公民及移民机构	150	0	75	5	230
加拿大矫正局	27	0	26	1	54
加拿大环境部	10	0	10	1	21
加拿大农场信贷公司	1	0	0	1	2
加拿大财政部	13	0	6	0	19
加拿大海洋部	42	0	12	4	58
外交事务及国际贸易	29	0	9	8	46
加拿大卫生部	28	0	26	13	67
加拿大人力资源发展部	54	0	9	1	64
移民及难民委员会	5	0	1	1	7
印第安事务及北部发展部	4	0	4	3	12
加拿大工业部	19	0	9	0	28
加拿大司法部	21	0	10	4	35
加拿大国家档案馆	25	0	30	0	55
国家首都委员会	1	0	1	3	5
国防部	45	0	25	60	130
加拿大国家美术馆	0	0	1	2	3
加拿大国家研究委员会	2	0	0	1	3

续表

涉及的有关机构	决定公开的请求	不予公开的请求	没有找到相关公开依据的	申请者放弃或中断的请求	总数
加拿大自然资源部	4	0	3	1	8
监察长办公室	1	0	0	0	1
金融机构监察长办公室	1	0	0	0	1
加拿大太平洋引航机构	0	0	0	1	1
加拿大公园管理机构	1	0	0	0	1
枢密院办公室	19	0	5	2	26
加拿大公共服务委员会	0	0	1	1	2
市政工程和政府服务机构	31	0	10	14	55
加拿大皇家骑警投诉委员会	2	0	1	0	3
加拿大皇家骑警	32	0	40	5	77
安全情况审查委员会	0	0	3	0	3
加拿大首席检察官办公室	1	0	3	1	5
加拿大统计局	2	0	1	0	3
加拿大妇女地位委员会	0	0	2	0	2
多伦多港务局	0	0	1	0	2
加拿大交通部	14	0	9	4	27
加拿大运输安全委员会	1	1	0	0	2
加拿大国库秘书处	11	0	7	0	18
加拿大退伍军人事务部	1	0	2	0	3
西方经济多元化委员会	1	0	0	0	1
总计	671	2	401	158	1232

2001 年申请投诉者的地理分布表　　单位:件

地理位置	收到的请求	处理的请求
加拿大以外	4	10
纽芬兰	13	23

续表

地理位置	收到的请求	处理的请求
爱德华王子岛	0	2
新斯科舍	44	37
新不伦瑞克省	3	6
魁北克	91	96
国家首都	442	500
安大略省	166	223
马尼托巴湖	64	56
萨斯喀彻温省	19	11
亚伯达	47	46
不列颠哥伦比亚省	148	217
育空	2	1
西北地区	5	3
努勒维特	1	1
总计	1049	1232

2002 年加拿大信息委员会处理信息申请的结果及数量表 单位:件

涉及的有关机构	决定公开的请求	不予公开的请求	没有找到相关公开依据的	申请者放弃或中断的请求	总数
加拿大农业部	11	0	1	0	12
加拿大大西洋机遇署	1	0	1	0	2
不列颠哥伦比亚省条约委员会	0	0	1	0	1
加拿大商业开发银行	15	0	7	0	22
加拿大海关及税收机构	28	0	23	3	54
加拿大魁北克地区经济发展机构	2	0	0	0	2
加拿大房产抵押公司	2	0	0	1	3

续表

涉及的有关机构	决定公开的请求	不予公开的请求	没有找到相关公开依据的	申请者放弃或中断的请求	总数
加拿大新斯科舍海洋近海石油委员会	0	0	1	0	1
加拿大商业公司	1	0	0	0	1
加拿大电影发展公司	0	0	1	0	1
加拿大食品检验机构	2	0	1	0	3
加拿大遗产部	4	0	3	1	8
加拿大人权委员会	0	0	1	0	1
加拿大国际开发署	5	0	0	0	5
加拿大电视电信委员会	1	0	0	1	2
加拿大安全情报局	1	0	10	1	12
加拿大太空局	1	0	1	1	3
加拿大公民及移民机构	56	0	45	10	111
加拿大通信公司	8	0	0	0	8
加拿大矫正局	17	0	10	1	28
加拿大环境部	31	0	7	16	54
加拿大财政部	4	0	1	2	7
加拿大海洋部	32	0	17	1	50
外交事务及国际贸易	30	0	11	5	46
淡水鱼市场营销公司	1	0	0	0	1
加拿大卫生部	24	0	6	2	32
加拿大人力资源发展部	17	0	7	0	24
移民及难民委员会	6	0	6	1	13
印第安事务及北部发展部	7	0	6	0	13
加拿大印度寄宿学校	0	0	1	0	1
加拿大工业部	15	0	5	0	20
加拿大人权和民主发展中心	2	0	0	0	2

续表

涉及的有关机构	决定公开的请求	不予公开的请求	没有找到相关公开依据的	申请者放弃或中断的请求	总数
加拿大司法部	29	0	12	4	45
加拿大国家档案馆	7	0	20	1	28
国家首都委员会	1	0	0	0	1
国防部	50	0	33	1	84
假释裁决委员会	0	0	1	0	1
加拿大自然资源部	5	0	0	0	5
监察长办公室	1	0	0	0	1
金融机构监察长办公室	2	0	0	2	4
加拿大国防和军队监察专员	1	0	0	1	2
加拿大公园管理机构	0	0	2	0	2
枢密院办公室	24	0	20	1	45
加拿大公共服务委员会	1	0	0	0	1
市政工程和政府服务机构	53	0	15	2	70
加拿大皇家骑警	24	0	29	7	60
加拿大首席检察官办公室	3	0	1	0	4
加拿大统计局	2	30	0	2	34
加拿大交通部	12	0	4	0	16
加拿大运输安全委员会	0	2	0	0	2
加拿大国库秘书处	44	0	5	1	50
Trois – Rivieres 港务局	1	0	0	0	1
加拿大退伍军人事务部	0	0	2	0	2
西方经济多元化委员会	2	0	1	0	3
总计	585	32	319	68	1004

2002 年申请投诉者的地理分布表 单位：件

地理位置	收到的请求	处理的请求
加拿大以外	20	12
纽芬兰	26	16
爱德华王子岛	2	0
新斯科舍	71	77
新不伦瑞克省	9	9
魁北克	81	79
国家首都	347	427
安大略省	146	113
马尼托巴湖	34	32
萨斯喀彻温省	11	17
亚伯达	52	53
不列颠哥伦比亚省	149	163
育空	0	1
西北地区	4	3
努勒维特	4	2
总计	956	1004

2003 年加拿大信息委员会处理信息申请的结果及数量表 单位：件

涉及的有关机构	决定公开的请求	不予公开的请求	没有找到相关公开依据的	申请者放弃或中断的请求	总数
加拿大农业部	6	0	2	0	8
加拿大大西洋机遇署	8	0	1	1	10
贝拉顿港务局	0	0	1	0	1
加拿大商业开发银行	0	1	1	0	2
加拿大房产抵押公司	2	0	1	0	3
加拿大纽芬兰近海石油委员会	1	0	0	0	1

续表

涉及的有关机构	决定公开的请求	不予公开的请求	没有找到相关公开依据的	申请者放弃或中断的请求	总数
加拿大税务局	63	0	19	2	84
加拿大环境评估机构	1	0	0	0	1
加拿大电影发展公司	1	0	0	0	1
加拿大枪械中心	1	0	1	0	2
加拿大食品检验机构	4	0	8	0	12
加拿大军队申诉委员会	2	0	1	0	3
加拿大遗产部	5	0	11	0	16
加拿大国际开发署	3	0	0	2	5
加拿大国际贸易法庭	1	0	0	0	1
加拿大人文博物馆	2	0	0	1	3
加拿大核安全委员会	3	0	0	1	4
加拿大电视电信委员会	1	0	0	0	1
加拿大安全情报局	1	0	2	0	3
加拿大太空局	4	0	2	0	6
加拿大公民及移民机构	41	0	14	2	57
加拿大通信公司	1	0	0	0	1
加拿大矫正局	19	0	7	1	27
加拿大环境部	25	1	9	3	38
加拿大财政部	11	0	11	0	22
加拿大海洋部	16	0	8	0	24
外交事务及国际贸易	45	0	9	1	55
加拿大卫生部	15	0	4	0	19
加拿大人力资源发展部	8	0	9	3	20
移民及难民委员会	2	0	0	0	2
印第安事务及北部发展部	17	0	2	0	19
加拿大印度寄宿学校	5	0	2	0	7

续表

涉及的有关机构	决定公开的请求	不予公开的请求	没有找到相关公开依据的	申请者放弃或中断的请求	总数
加拿大工业部	30	0	8	2	40
加拿大司法部	43	4	13	2	62
加拿大国家档案馆	41	1	16	2	60
国家首都委员会	2	0	2	0	4
国防部	55	0	7	6	68
假释裁决委员会	1	0	0	0	1
加拿大国家研究委员会	1	0	0	0	1
加拿大自然资源部	4	0	2	1	7
加拿大研究委员会	1	0	0	0	1
矫正局调查员办公室	3	0	0	0	3
金融机构监察长办公室	2	0	1	0	3
加拿大国防和军队监察专员	1	0	0	0	1
加拿大公园管理机构	1	0	0	0	1
枢密院办公室	20	0	21	5	46
加拿大公共安全和应急准备办公室	13	0	1	1	15
加拿大公共服务委员会	1	0	1	0	2
市政工程和政府服务机构	48	0	12	4	64
加拿大皇家骑警	33	0	13	1	47
加拿大统计局	1	2	1	0	4
加拿大交通部	55	0	3	5	63
加拿大运输安全委员会	0	1	0	0	1
加拿大国库秘书处	10	0	4	1	15
西方经济多元化委员会	1	0	1	0	2
总计	681	10	231	47	970

2003 年申请投诉者的地理分布表 单位：件

地理位置	收到的请求	处理的请求
加拿大以外	15	19
纽芬兰	22	24
爱德华王子岛	8	1
新斯科舍	36	18
新不伦瑞克省	8	4
魁北克	109	82
国家首都	569	396
安大略省	325	243
马尼托巴湖	44	31
萨斯喀彻温省	25	16
亚伯达	52	36
不列颠哥伦比亚省	119	94
育空	1	0
西北地区	4	5
努勒维特	4	1
总计	1338	970

2004 年加拿大信息委员会处理信息申请的结果及数量表 单位：件

涉及的有关机构	决定公开的请求	不予公开的请求	没有找到相关公开依据的	申请者放弃或中断的请求	总数
加拿大农业部	0	0	2	0	2
加拿大大西洋机遇署	5	0	1	1	7
加拿大商业开发银行	1	0	0	0	1
加拿大边境服务局	9	0	1	0	10
加拿大枪械中心	8	0	6	1	15
加拿大房产抵押公司	3	0	0	0	3

续表

涉及的有关机构	决定公开的请求	不予公开的请求	没有找到相关公开依据的	申请者放弃或中断的请求	总数
加拿大新斯科舍近海石油委员会	0	0	1	0	1
加拿大税务局	34	0	13	3	50
加拿大航空运输安全局	0	0	0	2	2
加拿大商业公司	2	0	0	0	2
加拿大食品检验机构	3	0	3	2	8
加拿大遗产部	3	0	4	1	8
加拿大国际开发署	1	0	2	0	3
加拿大核安全委员会	2	0	0	0	2
加拿大电视电信委员会	1	0	0	0	1
加拿大安全情报局	2	0	3	0	5
加拿大太空局	3	0	0	0	3
加拿大旅游局	5	0	2	4	11
加拿大公民及移民机构	40	0	15	2	57
加拿大矫正局	12	0	21	1	34
外交部	27	0	3	6	36
国际贸易部	6	0	0	0	6
加拿大环境部	17	2	3	1	23
加拿大财政部	13	0	5	1	19
加拿大渔业及海洋部	36	0	9	2	47
加拿大卫生部	16	0	6	2	24
加拿大人力资源和技能发展部	5	0	5	0	10
移民及难民委员会	4	0	0	0	4
印第安事务及北部发展部	12	0	5	1	18
加拿大印度寄宿学校	1	0	0	0	1

续表

涉及的有关机构	决定公开的请求	不予公开的请求	没有找到相关公开依据的	申请者放弃或中断的请求	总数
加拿大工业部	19	0	8	3	30
加拿大基础设施部	0	0	1	0	1
加拿大司法部	33	1	12	0	46
加拿大图书档案馆	19	0	12	2	33
国家首都委员会	4	0	1	0	5
国防部	71	2	17	42	132
加拿大国家美术图书馆	5	0	0	0	5
假释裁决委员会	0	0	1	0	1
加拿大自然资源部	0	0	1	0	1
加拿大自然科学和工程研究委员会	0	0	1	0	1
矫正局调查员办公室	4	0	0	0	4
金融机构监察长办公室	3	0	1	0	4
加拿大国防和军队监察专员	1	0	0	0	1
枢密院办公室	41	0	20	2	63
加拿大公共安全和应急准备办公室	4	0	3	0	7
加拿大公共服务委员会	1	0	0	0	1
加拿大公共服务人员关系委员会	1	0	0	0	1
市政工程和政府服务机构	56	1	19	8	84
加拿大皇家造币厂	1	0	0	0	1
加拿大皇家骑警公众投诉委员会	1	0	0	0	1
加拿大皇家骑警	67	0	21	8	96
加拿大安全情报审查委员会	5	0	0	0	5
加拿大社会发展部	17	0	2	0	19

续表

涉及的有关机构	决定公开的请求	不予公开的请求	没有找到相关公开依据的	申请者放弃或中断的请求	总数
加拿大标准局	1	0	0	0	1
加拿大统计局	0	96	0	0	96
多伦多港务局	0	0	2	0	2
加拿大交通部	54	1	6	0	61
加拿大国库秘书处	14	1	6	0	21
加拿大退伍军人事务部	1	0	0	1	2
西方经济多元化委员会	2	0	0	0	2
总计	696	104	244	96	1140

2004 年申请投诉者的地理分布表

单位：件

地理位置	收到的请求	处理的请求
加拿大以外	11	11
纽芬兰	11	17
爱德华王子岛	6	5
新斯科舍	29	39
新不伦瑞克省	7	8
魁北克	156	122
国家首都	557	468
安大略省	153	222
马尼托巴湖	31	49
萨斯喀彻温省	40	26
亚伯达	36	39
不列颠哥伦比亚省	464	128
育空	0	0
西北地区	5	4
努勒维特	0	2
总计	1506	1140

2005年加拿大信息委员会处理信息申请的结果及数量表 单位:件

涉及的有关机构	决定公开的请求	不予公开的请求	没有找到相关公开依据的	申请者放弃或中断的请求	总数
加拿大农业部	7	0	2	1	10
加拿大大西洋机遇署	4	0	0	0	4
加拿大商业开发银行	0	0	2	0	2
加拿大边境服务局	21	0	2	1	24
加拿大枪械中心	9	0	10	0	19
加拿大土地有限公司	0	0	0	1	1
加拿大房产抵押公司	4	0	1	0	5
加拿大税务局	368	1	7	3	379
加拿大航空运输安全局	1	0	0	0	1
加拿大商业公司	2	0	2	5	9
加拿大环境评估局	0	0	0	1	1
加拿大食品检验机构	6	1	1	1	9
加拿大遗产部	0	0	8	0	8
加拿大人权委员会	3	0	0	0	3
加拿大卫生研究院	0	0	1	0	1
加拿大国际开发署	1	0	0	0	1
加拿大核安全委员会	0	0	1	0	1
加拿大电视电信委员会	3	0	1	0	4
加拿大太空局	2	0	1	0	3
加拿大公民及移民机构	16	1	12	3	32
加拿大矫正局	12	0	14	14	40
外交事务及国际贸易机构	43	0	3	2	48
加拿大环境部	11	0	13	0	24
加拿大财政部	8	0	3	0	11
加拿大渔业及海洋部	30	0	14	2	46

续表

涉及的有关机构	决定公开的请求	不予公开的请求	没有找到相关公开依据的	申请者放弃或中断的请求	总数
加拿大卫生部	30	0	3	12	45
加拿大人力资源和技能发展部	4	0	1	0	5
移民及难民委员会	8	0	2	1	11
印第安事务及北部发展部	17	0	3	19	39
加拿大印度寄宿学校	3	0	0	0	3
加拿大工业部	16	0	2	0	18
加拿大基础设施部	0	0	1	0	1
国际人权和民主发展中心	1	0	0	0	1
加拿大司法部	18	2	5	1	26
加拿大图书档案馆	8	0	1	1	10
麦肯其峡谷土地水利委员会	1	0	0	0	1
蒙特利尔港务局	8	0	0	0	8
纳奈莫港务局	1	0	0	0	1
国家首都委员会	0	0	2	0	2
国防部	38	0	9	22	69
加拿大国家美术图书馆	2	0	0	0	2
加拿大国家研究委员会	2	0	0	0	2
加拿大自然资源部	1	0	1	0	2
金融机构监察长办公室	1	0	2	4	7
加拿大公园管理机构	0	0	2	0	2
枢密院办公室	62	6	17	13	98
加拿大公共安全和应急准备办公室	10	0	2	2	14
加拿大公共服务委员会	2	0	1	0	3
市政工程和政府服务机构	57	0	10	9	76

续表

涉及的有关机构	决定公开的请求	不予公开的请求	没有找到相关公开依据的	申请者放弃或中断的请求	总数
加拿大皇家造币厂	0	0	1	1	2
加拿大皇家骑警公众投诉委员会	1	0	0	0	1
加拿大皇家骑警	101	1	13	3	118
加拿大安全情报审查委员会	0	0	2	0	2
加拿大社会发展部	13	0	1	0	14
圣约翰港务局	2	0	0	0	2
加拿大统计局	2	1	1	0	4
加拿大妇女地位部	0	0	1	0	1
加拿大交通部	19	1	2	0	22
加拿大运输安全委员会	1	0	0	0	1
加拿大国库秘书处	8	0	8	0	16
加拿大退伍军人事务部	1	0	3	0	4
总计	989	14	194	122	1319

2005 年申请投诉者的地理分布表

单位:件

地理位置	收到的请求	处理的请求
加拿大以外	9	7
纽芬兰	4	6
爱德华王子岛	0	2
新斯科舍	21	26
新不伦瑞克省	12	26
魁北克	81	67
国家首都	572	513
安大略省	137	144
马尼托巴湖	17	27

续表

地理位置	收到的请求	处理的请求
萨斯喀彻温省	51	40
亚伯达	35	22
不列颠哥伦比亚省	464	435
育空	2	1
西北地区	3	3
努勒维特	0	0
总计	1408	1319

2006 年加拿大信息委员会处理信息申请的结果及数量表 单位:件

涉及的有关机构	决定公开的请求	不予公开的请求	没有找到相关公开依据的	申请者放弃或中断的请求	总数
加拿大农业部	14	0	6	0	20
加拿大大西洋机遇署	2	0	0	0	2
加拿大商业开发银行	1	0	0	2	3
加拿大边境服务局	50	0	1	1	52
加拿大艺术委员会	1	0	0	0	1
加拿大枪械中心	8	0	2	1	11
加拿大房产抵押公司	2	0	0	0	2
加拿大税务局	28	0	8	353	389
加拿大航空运输安全局	5	0	0	0	5
加拿大食品检验机构	1	0	2	2	5
加拿大军队申诉委员会	0	0	1	0	1
加拿大遗产部	8	0	6	3	17
加拿大人权委员会	3	0	2	0	5
加拿大国际开发署	3	0	1	0	4
加拿大人文博物馆	0	0	1	0	1
加拿大电视电信委员会	2	0	0	1	3

续表

涉及的有关机构	决定公开的请求	不予公开的请求	没有找到相关公开依据的	申请者放弃或中断的请求	总数
加拿大安全情报局	4	0	1	2	7
加拿大太空局	0	0	2	1	3
加拿大旅游局	0	0	1	0	1
布雷顿角发展公司	1	0	0	0	1
布雷顿角基金增长公司	1	0	0	0	1
加拿大公民及移民机构	15	0	13	1	29
加拿大通信安全部	1	0	0	0	1
加拿大矫正局	17	0	11	2	30
外交事务及国际贸易机构	31	0	4	3	38
布雷顿角企业	1	0	0	0	1
加拿大环境部	20	0	9	2	31
加拿大财政部	8	0	2	1	11
加拿大渔业及海洋部	19	0	4	1	24
汉密尔顿港务局	3	0	0	0	3
加拿大卫生部	40	0	4	6	50
加拿大人力资源和技能社会发展部	3	0	1	3	7
移民及难民委员会	12	0	0	0	12
印第安事务及北部发展部	6	0	6	6	18
加拿大印度寄宿学校	1	0	1	0	2
加拿大工业部	5	0	4	1	10
国际人权和民主发展中心	1	0	0	0	1
加拿大司法部	17	0	7	7	31
加拿大图书档案馆	5	0	12	0	17
兵宪投诉委员会	1	0	0	0	1
国家首都委员会	1	0	0	0	1

续表

涉及的有关机构	决定公开的请求	不予公开的请求	没有找到相关公开依据的	申请者放弃或中断的请求	总数
国防部	42	0	20	12	74
加拿大国家美术图书馆	2	0	0	3	5
国家假释委员会	0	0	2	0	2
加拿大国家研究委员会	2	0	1	1	4
加拿大自然资源部	2	0	3	0	5
矫正监察员办公室	1	0	0	0	1
金融机构监察长办公室	0	0	0	1	1
老蒙特利尔港口有限公司	0	0	0	1	1
加拿大国防和军队监察专员	1	0	0	0	1
加拿大公园管理机构	0	0	1	0	1
枢密院办公室	37	0	12	7	56
加拿大安全部	17	0	3	1	21
加拿大公共服务委员会	1	0	0	0	1
加拿大公共服务人力资源管理机构	2	0	1	0	3
市政工程和政府服务机构	32	0	10	15	57
加拿大皇家造币厂	0	0	1	2	3
加拿大皇家骑警	109	0	18	5	132
加拿大服务部	2	0	0	0	2
加拿大社会发展部	3	0	0	0	3
加拿大统计局	0	0	1	0	1
加拿大交通部	21	0	5	1	27
加拿大运输安全委员会	1	0	0	0	1
加拿大国库秘书处	2	1	2	0	5
加拿大退伍军人事务部	1	0	0	1	2
加拿大西部经济多元化机构	6	0	0	0	6
总计	625	1	192	449	1267

2006 年申请投诉者的地理分布表 单位:件

地理位置	收到的请求	处理的请求
加拿大以外	6	4
纽芬兰	12	9
爱德华王子岛	0	3
新斯科舍	28	23
新不伦瑞克省	7	7
魁北克	98	97
国家首都	606	463
安大略省	157	147
马尼托巴湖	25	19
萨斯喀彻温省	42	17
亚伯达	36	42
不列颠哥伦比亚省	185	431
育空	0	1
西北地区	55	4
努勒维特	0	0
总计	1257	1267

2007 年加拿大信息委员会收到的新的申请数量及处理数量表 单位:件

涉及的政府机构	收到的申请的数量	处理的数量	公开的数量
加拿大广播公司	536	358	355
加拿大国防部	256	112	67
枢密院办公室	239	80	42
加拿大国家图书档案馆		66	50
加拿大皇家骑警	134	66	39
加拿大税务局	123	50	25
外交事务及国际贸易机构	102	61	39

续表

涉及的政府机构	收到的申请的数量	处理的数量	公开的数量
加拿大渔业及海洋部		52	33
加拿大边境服务局	71	43	28
加拿大安全部	63	32	25
加拿大公民及移民机构	60	36	17
加拿大矫正局	56	37	17
加拿大卫生部	56	43	38
加拿大公共工程和政府服务机构	53	49	27
司法部	50		
金融部	47		
加拿大交通部	41	32	24
其他	500	237	149
总共	2387	1381	975

2008 年加拿大信息委员会收到的新的申请数量及处理数量表 单位:件

涉及的政府机构	收到的申请的数量	处理的数量	公开的数量
加拿大广播公司	221		
加拿大国防部	226	218	150
枢密院办公室	198	75	28
加拿大皇家骑警	106	62	24
加拿大税务局	302	149	125
外交事务及国际贸易机构	94	41	34
加拿大工业部	79		
加拿大边境服务局		24	15
加拿大安全部		29	18
加拿大公民及移民机构	51		
加拿大矫正局	60	22	15
加拿大环境部	54	44	24

续表

涉及的政府机构	收到的申请的数量	处理的数量	公开的数量
加拿大邮政局	51	32	28
加拿大卫生部	44	30	27
加拿大公共工程和政府服务机构	52	27	19
加拿大影视管理局	39		
司法部		26	4
加拿大原子能有限公司		26	24
加拿大遗产部		22	13
加拿大交通部	52	22	20
其他	390	242	150
总共	2019	1118	725

2009年加拿大信息委员会收到的新的申请数量及处理数量表 单位:件

涉及的政府机构	收到的申请的数量	处理的数量	公开的数量	没有找到相关依据的
加拿大广播公司	134	158	126	32
加拿大国防部	100	159	97	62
枢密院办公室	84	115	47	68
加拿大皇家骑警	68	127	50	77
加拿大税务局	261	68	58	10
外交事务及国际贸易机构	136	94	68	26
加拿大工业部	43			
加拿大边境服务局	43	43	25	18
加拿大公民及移民机构	72	61	20	41
加拿大矫正局	53	44	28	16
加拿大邮政局	35	37	21	16
加拿大卫生部	37	42	37	5

续表

涉及的政府机构	收到的申请的数量	处理的数量	公开的数量	没有找到相关依据的
加拿大公共工程和政府服务机构	43	45	20	25
加拿大航空运输安全局	41			
加拿大渔业及海洋部		45	18	27
司法部		34	9	25
加拿大交通部	112	92	41	51
其他	427	386	193	193
总共	1689	1550	858	692

2010 年加拿大信息委员会收到的新的申请数量及处理数量表 单位:件

涉及的政府机构	收到的申请的数量	处理的数量	公开的数量	没有找到相关依据的
加拿大广播公司	183	100	48	52
加拿大国防部	68	64	44	20
枢密院办公室	57	52	34	18
加拿大皇家骑警	69	75	25	50
加拿大税务局	502	252	216	36
印第安及北部事务管理机构	47	26	23	3
外交事务及国际贸易机构	31	70	54	16
加拿大工业部		47	24	23
加拿大边境服务局	29			
加拿大公民及移民机构	84	65	40	25
加拿大矫正局	82	58	27	31
加拿大邮政局	41			
加拿大卫生部	81	42	36	6
加拿大公共工程和政府服务机构	88	62	29	33

续表

涉及的政府机构	收到的申请的数量	处理的数量	公开的数量	没有找到相关依据的
加拿大国家图书博物馆	29			
加拿大航空运输安全局		37	24	13
人力资源和技能发展中心		23	19	4
司法部	30	23	13	10
加拿大交通部	77	59	47	12
其他	330	296	179	117
总共	1828	1351	882	169

2011 年加拿大信息委员会收到的新的申请数量及处理数量表 单位:件

涉及的政府机构	收到的申请的数量	处理的数量	公开的数量	没有找到相关依据的
加拿大广播公司	71	51	25	26
加拿大国防部	74	46	23	23
枢密院办公室	36	26	21	5
加拿大皇家骑警	68	54	33	22
加拿大税务局	324	75	50	25
外交事务及国际贸易机构	56	23	18	5
加拿大工业部	34	31	21	10
加拿大边境服务局	36	25	14	11
加拿大公民及移民机构	66	30	21	9
加拿大矫正局	65	49	28	21
加拿大邮政局	46	40	37	3
加拿大卫生部	49	40	34	6
加拿大土著事务及北部开发机构	47	32	31	1
加拿大公共工程和政府服务机构	45	40	20	20

续表

涉及的政府机构	收到的申请的数量	处理的数量	公开的数量	没有找到相关依据的
司法部	47	23	9	4
加拿大交通部		57	48	9
其他	401	178	102	76
总共	1465	820	534	286

2012 年加拿大信息委员会收到的新的申请数量及处理数量表 单位:件

涉及的政府机构	收到的申请的数量	处理的数量	公开的数量	没有找到相关依据的
加拿大广播公司	45	56	40	16
加拿大国防部	72	47	21	26
枢密院办公室	52	23	14	9
加拿大皇家骑警	125	69	57	12
加拿大税务局	336	179	146	33
加拿大土著及北部事务管理机构	45	26	16	10
外交事务及国际贸易机构	83	59	34	25
加拿大工业部	36			
加拿大边境服务局	63	20	14	6
加拿大公民及移民机构	109	96	50	46
加拿大矫正局	57	65	41	24
加拿大卫生部	37	38	31	7
加拿大公共工程和政府服务机构	35	32	16	16
加拿大食品检测机构	26			
加拿大环境部		21	13	8

续表

涉及的政府机构	收到的申请的数量	处理的数量	公开的数量	没有找到相关依据的
司法部		22	13	9
加拿大交通部	72	27	22	5
其他	403	272	159	113
总共	1596	1051	687	364

开曼群岛《信息自由法》[①]概览

一、法律概要

开曼群岛[②]《信息自由法》(*The Freedom of Information Law*,简称FOIA)于2007年颁布,2009年开始实施。该法第4条规定,该法的目的是通过保障公民获取公共机关持有的信息的权利来实现和推进宪政民主制度内涵的如下原则的实现:政府问责原则,透明公开原则,全国性决定的公众参与原则。

《信息自由法》是对《宪法》第122条的具体化。开曼群岛2009年《宪法》第122条规定,应该由一部立法机关颁布的法律来保障公民获取公共机关持有的信息的权利,载明行使该权利的条件,以及为国家安全、公共安全、公共秩序、公共道德或个人权益对该权利作出的限制和例外。[③]

《信息自由法》共有九章,58条。第一章(第1~4条)为序言,包括:该法的简称和生效时间、相关概念的解释、适用范围、法律的宗旨和原则;第二章(第5~14条)为信息公开申请权,包括公共机关应主动公开的信息范围、信息公开申请权的一般论述、信息公开申请的提出、申请的转送、不良申请、公开的形式、信息公开的协助、延期公开、部分公开、公开的费用以及准予公开的决定;第三章(第15~27条)为不予公开的信息,包

---

① 该法律可见网站:http://www.legislation.gov.uk/uksi/2009/1379/pdfs/uksi_20091379_en.pdf,最后访问日期:2015年8月3日。

② 开曼群岛(有时也译为凯门群岛)是英国在西加勒比群岛的一块海外属地,由大开曼、小开曼和开曼布拉克3个岛屿组成。英语为官方语言和通用语。居民多信奉基督教。

③ *See The Cayman Islands Constitution Order* 2009,http://www.legislation.gov.uk/uksi/2009/1379/pdfs/uksi_20091379_en.pdf,最后访问日期:2014年4月13日。

括:国家安全、国防、国际关系信息,执法信息,特权信息,国家关系信息,政府协商信息及例外,妨碍政府有效管理的信息,商业利益信息及例外,历史遗产信息,个人信息,危害健康或安全的信息以及不予公开的一般例外;第四章(第28~32条)为信息的修改或注释,包括:信息的修改或注释申请的提出、个人信息的修改、个人信息的注释、修改或注释的通知、修改或注释申请的转送;第五章(第33、34条)为内部审查,包括:内部审查的申请和内部审查的程序;第六章(第35~41条)为信息专员,包括:信息公开专员办公室、其独立性和职权、适用的法律、工作人员、一般活动、报告以及信息专员的保护;第七章(第42~48条)为信息专员执行法律的活动,包括:向信息专员提起的申诉、对申诉的决定、决定的执行、信息专员的一般调查权和自主调查权、对信息专员决定和命令的上诉、信息专员决定和命令的效力;第八章(第49~53条)为促进信息公开的措施,包括:信息公开管理者、对揭露人的保护、主动公开的指导、信息的保存、工作人员的培训;第九章(第54~58条)为杂项,包括:对信息公开人员的保护、相关犯罪、其他法律的规定、法规、专业委员会对法律的审查。

二、信息公开的范围

该法第3条规定,该法不适用于法院以及与法院有关的其他机构的司法职能有关的信息,不适用于安全情报机构(包括开曼警察系统及其特别警察队、海关系统)收集情报的活动有关的信息。

该法第15条规定,下列信息不予公开:其公开将损害开曼群岛的安全、国防或者国际关系;该信息含有外国政府或国际组织与开曼政府交流通信的秘密信息。

该法第16条规定,如果执法信息的公开会或依据合理预期可能会造成如下后果,则不予公开:危及任何人的生命或安全;影响调查行为或起诉行为,将导致或有可能导致违反法律;影响对任何人的审判或者特殊案件的裁决;间接或直接导致他人获得涉及法律实施及执法工作的秘密情报信息,并确定相关信息的来源及保存现状;暴露针对违法行为进行预防、侦查、调查、处理所采用的法律方法或法定程序,由此会或经合理推测可能会影响这些方法或程序的实施效果;有利于犯罪分子逃脱合法拘留;危及监狱安全。

该法第 17 条规定,下列官方信息不予公开:基于法律专业性而在法定程序中不得复制;对其公开将会导致秘密的泄露、对法庭的蔑视及对议会特权的侵犯。

该法第 18 条规定,对于某些信息,如果其公开将会或者依据合理预期可能会对开曼经济或政府管理经济的能力产生实质性的不利影响,则不予公开。这些信息包括但不限于关税信息、货币政策信息、依据 1995 年版《保密关系(保护)法》[*The Confidential Relationships*(*Preservation*)*Law*]的规定并不适于公开的信息。

该法第 19 条规定,如果某信息包含以下内容则不予公开:准备阶段的观点、意见或建议;内阁或委员会决策过程中形成的咨询记录或协商记录。上述规定不适用于以下信息:有关纯粹自然事实的信息,有关科学或科技性质的报告、研究、测验或调查。

该法第 20 条规定,如下信息不予公开:其公开会或可能会妨碍部长集体责任制惯例的维持;其公开会或可能会妨碍在审议中的自由、坦诚地观点交流;首席检察官所作出的法律建议;其公开会或有可能会损害公共事务的有效进行。对上述第一项信息的不予公开的最初决定不应由信息管理员作出,而应由部长作出;对上述后三项信息的不予公开的最初决定不应由信息管理员作出,而应由部长或相关负责人作出。

该法第 21 条规定,如下信息不予公开:其公开将泄露商业秘密;含有商业价值的其他任何信息,如果公开会或者依据合理预期会破坏或减少其商业价值;含有除上述内容以外的,有关个人或组织(包含公共机构)商业利益的信息,一经公开将使其利益受到损害。如果申请人系上述规定中所指个人或组织或者其代理人,则不适用上述规定。

该法第 22 条规定,如果某信息一经公开会或依据合理预期将会导致对以下内容的破坏、损害、干预或者影响其保护,则不予公开:历史资源、考古资源、人类资源;依据《国民信托法》(*The National Trust Law*)(1997年修订版)第21条或有关群岛遗产保护的其他法律,有资格进行遗产登记的事物;特定的或濒临灭绝的、易受到威胁或者易受伤害的任何动植物物种;其他稀有或濒危的生物资源。与上述前两项内容有关的信息在75年内不予公开。

该法第23条规定,如果其公开将导致对任何人(包括已故者)的个人信息的不合理公开,则公共机关不得公开此信息,与该信息有利害关系的人申请的除外。对个人信息的不予公开没有时间限制。第三方受保护的权利范围应依据该法以法规的形式加以规范。

该法第24条规定,如果该信息的公开将会或可能会危及个人身体、精神健康或者个人安全,则不予公开。

该法第26条规定,为了公共利益的需要,该法第18条、第19条第1项、第20条后3项以及第21条至第24条的内容应该予以公开。"公共利益"将由法规依据该法进行解释。

三、信息公开的方式及程序

(一)信息公开的方式

1. 主动公开

该法第5条规定,公共机关应该自该法实施之日、机关设立之日及依据总督法令该机关开始运行之日中最晚的日期起12个月内发布原始声明,该声明必须载明该机关的组织机构和职能以及依据信息公开明细表(schedule)该机关应该公开的信息。制定信息公开明细表的目的是使得明细表中规定的信息都向公众公开,公共机关必须依照明细表规定的方式公开信息,并按其规定的频率对相关信息进行更新。总督可以依照法令修改信息公开明细表。

信息公开明细表第1条规定,公共机关应该公开的信息包括:对公共机关职能的详细描述;公共机关下设的机构和部门的清单,各机构和部门的工作宗旨、办公地点及办公时间;公共机关主要官员的头衔及办公地址;公共机关或其官员在为执行与权利、特权、利益、义务、惩罚相关或其他可能产生损害的法律或计划的过程中,作出的决定或建议信息的陈述,包括包含解释、规则、准则、实践或先例的备忘录及其他记录和对于计划的详细情况。

信息公开明细表第2、3条规定,公共机关的主要官员应该在使用时制作上述最后一类信息的副本,以便公众查阅或购买;并在关于该信息的陈述被公布之日起12个月内在公报上出版该信息,并至少每12个月进行更新。上述信息的制作并不要求自该法生效之日起全部完成,但是应该尽可能地完成。

信息公开明细表第4条规定,包含例外信息的信息不在应当公开的范围之内,但是对于此种信息,主要官员应该在可行和合理的情况下将例外信息删除后制作一个可以公开的信息副本,并按照上述规定进行公开。

2. 依申请公开

该法第6条规定,任何人都有权申请除例外信息的信息公开。例外信息应自其产生之日起20年后才可以公开,但该法另有规定的除外。申请信息公开不需要提供申请理由。当一项信息作为公共登记或其他内容的一部分依据其他法律向公众公开,或依据为实现该法律目的的行政程序供公众购买,则应该依据该法律或程序的规定对相关信息的公开提出申请。当支持信息的公开和不予公开的理由相当,则应依照公共利益作出决定。

(二)信息公开的程序

1. 申请的提交

该法第7条第1、2款规定,公民可以向持有信息的公共机关提交信息公开申请。申请应以书面形式作出,并可以通过除电话外的电子手段提交;应载明与被申请公开的信息有关的信息,以便公共机关识别该信息。该法第11条第1款规定,如果依据申请中载明的信息不足以识别被申请的信息,则公共机关应提供合理的机会,以便申请人补正其申请。

2. 申请的受理

该法第 7 条第 3 款规定，公共机关在收到信息公开申请后应该依据申请协助申请人识别被申请的信息，并应该依据规定的方式向申请人送达回执；当被申请公开的信息不是例外信息时，应该向申请人公开该信息。

该法第 9 条规定，公共机关可以拒绝受理如下申请：无理的申请；与近期已经进行答复的同一申请人提出的申请实质相似的申请。该法第 8 条规定，当被申请公开的信息由其他公共机关保存，或该信息与其他公共机关的相关度更高，最初收到申请的公共机关应该将申请或部分申请转送于该公共机关，并立即或在规定的期限内将转送的事实通知后者。最初收到申请的公共机关对申请的转送应该在其收到之日起 14 日之内尽快进行。

3. 决定

该法第 7 条第 4 款规定，收到申请的公共机关应在收到申请之日起 30 日内尽快做出决定。当该申请依据第 8 条规定被转送到其他公共机关时，后者也应该在收到被转送的申请之日起 30 日内作出决定。有正当理由时，公共机关可以将作出决定的期限延长不超过 30 日。其第 5 款规定，公共机关作出不予公开或延期公开或延长处理期限的决定时，应在决定中说明理由及申请人因此享有的权利。

该法第 11 条第 2 款规定，公共机关在如下情况下可以延期公开信息：如果其他法律规定该信息应该在特定期限内公开，则期限结束后该信息才可被公开；如果被申请信息是为向立法会提交或供特定的个人或机构使用而制作，则该信息在被提交或使用后才可以被公开；如果该信息的公开可能损害公共利益，则在该信息的公开不会再损害公共利益时可以公开。其第 3 款规定，公共机关如果作出延期公开的决定，则应该在决定之日起 14 日内将决定的理由通知申请人，并在可能的情况下告知申请人被延长的期限。该法第 12 条规定，如果被申请公开的信息中存在例外信息，则公共机关应该作出部分公开该信息（删除例外信息）的决定。公共机关在作出该决定时应该通知申请人,被准予公开的信息中删除了例外信息以及被删除的例外信息依据法律规定的性质。该法第 13 条规定,如果申请人依据该法第 7 条规定提出信息公开申请,且已经缴清所需费用,则公共机关应该依据该法规定作出准予公开的决定。

该法第 25 条规定,如果总督认为被申请公开的信息属于该法第 20 条规定的第一项内容,或负有责任的部长认为被申请公开的信息属于该法第 15、16 条和第 20 条后三项及第 22 条规定的内容,则总督或负有责任的部长可以公布证明书(certificate)证明该信息属于不予公开的信息,并具体指明不予公开的依据。总督公布的证明书具有终局效力,相关信息确定地不予公开,无法对此提出任何司法或准司法程序。

该法第 27 条规定,公共机关应当公开所有的决定及理由,但如果因公共利益公开了该法规定不予公开的信息,则其决定不得公开。

该法第 10 条规定,被申请的信息可以按照如下一种或几种方式进行公开:向申请人提供合理机会亲自查阅被申请信息;向申请人提供信息副本;当被申请信息是可以复制的音频或图像时,可以安排申请人听该音频或观看该图像;当被申请信息或其中的文字可以通过录音或图像的方式复制,或当信息以缩写或编码的方式保存时,可以通过打印信息中的文字或提供录音或图像的方式公开。当申请人请求以特定的方式公开时,应当依照该方式公开,除非依据该方式公开不利于信息的保存,或可能造成对相关知识产权的侵犯。被准予公开的信息副本应当依照首席检察官的决定,由指定的人员按特定的方式对其真实性进行证明。

4. 修改或注释

该法第 28 条规定,当申请人认为其申请涉及的信息中包含了与其有关的不完整、不准确、过时的以及有歧义的个人信息,并且该信息正在或将要被公共机关用于行政管理时,该申请人可以向公共机关申请修改或注释该信息。该申请应该以书面形式提出,并尽可能地明确需要修改或注释的个人信息。当提出个人信息的修改申请时,还应明确被申请修改的信息的瑕疵属于不完整、不准确、过时的抑或有歧义,申请人申请修改的依据以及进行修改的性质。当提出个人信息的注释申请时，应明确被申请注释的信息的瑕疵属于不完整、不准确、过时的抑或有歧义，申请人申请注释的依据以及能够使被申请的信息完整、准确、不过时和无歧义的材料。该法第29、30条规定，如果公共机关认为上述修改申请陈述的信息是真实的，则应该按照规定的方式对信息进行修改；当公共机关决定不修改被申请的信息时，则应通知申请人提交注释申请及上述相关内容，然后为被申请信息添加注释。如果公共机关认为上述注释申请陈述的信息是真实的，则应该按照规定的方式对信息进行注释；反之，则可以拒绝对该信息进行注释。该法第31条规定，公共机关决定对被申请信息进行修改或注释，或拒绝修改或注释，都应该采取合理措施将如下内容通知申请人及任何其他使用该信息的公共机关：修改或注释的性质，所作的决定及理由。该法第32条规定，该法第8条规定的申请的转送也适用于修改或注释信息的申请。

（三）信息公开的费用

该法第13条规定，信息的公开可以收取费用，但该费用不得超过搜索、复制、制作及公开该信息的成本。总督可以制定法规规定费用的计算方式、最高收费额及免费的情形。上述费用仅在公共机关向申请人公开信息时收取，提出信息公开申请无需缴纳费用。

四、主管机构

1. 信息专员（information commissioner）

该法第35条第1、2款规定应设立信息专员，其干事由总督在咨询内阁后依据总督制定的法规中规定的程序任命，该程序必须遵循如下原则：提名过程中的公众参与；透明和公开；候选人名单的公布。具有下列情形之一的人员不得被任命为信息专员：供职或受雇于政治团体，被选举或受任命供职于中央或地方政府，因暴力、欺诈或盗窃被宣告有罪而未被赦免。

第35条第3至5款规定，信息专员每届的任期为5年或在对其进行任命时决定的更短期限。其可以连任两届,但是可以随时被总督解职。信息专员也可以向总督书面辞职,并于总督收到该辞职之日起生效。下列情况下,总督可以终止信息专员的职务:神志不清或因健康问题而永久性的不能履行职务;破产或无力偿还债务;被宣告有罪并被判处监禁;因任何欺诈行为被宣告有罪;因其他原因不能履行本法规定的职务。

该法第 36 条规定,信息专员为履行该法规定的职务而享有任何直接或附带的权力。信息专员应就其权力的行使向立法会负责。该法第 37 条规定,信息专员适用于 2005 年的《公共服务管理法》(*The Public Service Management Law*),但《信息自由法》另有规定的除外。该法第 38 条规定,信息专员可以在协助其履行该法规定的职能的必要范围内任命职员或雇员。

该法第 39 条规定,除该法规定的其他权力和职责外,信息专员享有以下职权:对依据该法提起的申诉进行审理、调查并裁决;对公共机关是否履行该法规定的义务进行监督并提交报告;在一般意义上或专门为特定的公共机关提出改良建议;当发现与该法有关的犯罪行为时通知合适的主管机关;向公众宣传该法的要求以及依据该法享有的权利。

该法第 40 条规定,信息专员在每年结束后必须尽快向立法会提交审计决算和该法在上一年实施状况的报告,该报告内容为信息专员办公室对该法的遵守情况及其他与信息专员的职权有关的活动,包括但不限于以下内容:收到的信息公开申请的数量,及公开、部分公开、延期公开和拒绝公开的决定数量;被申请公开的例外信息的种类及各类的数量;收到的修改个人信息申请和注释个人信息申请的数量;对相关决定申请复议的数量;对相关决定提起申诉的数量及申诉成功的比例。除此之外,信息专员在认为合适的情况下可以随时就其活动向立法会提交报告。各公共机关应至少每年度向信息专员提交包含上述内容的书面报告,但其内容仅以其控制和保存的信息为限。

该法第 41 条规定,信息专员及其办公室的任何职员对其因履行该法规定的职责造成的损失或对其职责的疏忽不承担责任，但故意的情形除外。

2. 信息管理员(information manager)

该法第49条规定，每个公共机关都应该指定一个信息管理员，其除负责该法规定的所有具体事项外，还负责如下事项：促进信息的整理、保存及处理实践的改进，接收信息公开申请，协助申请者搜索信息，帮助缺失申请信息公开所需的相关能力的个人，接收对公共机关的信息公开相关事项提起的投诉。其就上述事项受公共机关负责人的监督。公共机关应该将信息管理员的姓名、职权、联络信息等其他公共机关认为有必要公开的具体信息向公众公开。信息管理员可以是专职的，也可以由该公共机关内负责其他事务的职员兼任。

3. 秘书长(chief secretary)

该法第51条规定，秘书长应该针对依据该法第5条负有主动公开义务的主体制定关于公开的最低标准和最优实践的规范，并应该根据有主动公开义务的公共机关的申请向其提供指南。

五、争议解决

(一)内部审查

该法第33条规定，申请人对公共机关作出的如下决定不服的，可以申请内部审查(internal review)：不予公开的决定，部分公开的决定，延期公开的决定，对公开进行收费的决定，拒绝修改或注释个人信息的决定。未对申请人提出的信息公开申请或个人信息的修改或注释申请作出决定，或未在该法规定的时间期限内作出决定，视为拒绝申请人的决定。对负有责任的部长、相关负责人及公共机关主要官员作出的决定，申请人不得申请内部审查。

该法第34条规定，如果该决定涉及该法第15、16、18条规定的内容，则由负有责任的部长进行内部审查；在其他情况下，应该由相关部门的负责人或公共机关的主要官员进行内部审查。但是，在任何情况下，内部审查都不得由决定作出者或者级别低于决定作出者的官员进行。

上述内部审查申请应该在申请人收到相关决定的通知之日起 30 日内(也即最初阶段),或在公共机关允许的情况下的更长时间内(不超过 30 日)提出。如果申请人未收到公共机关的通知,则内部审查申请应该在法律规定应该作出该决定的期限届满之日或公共机关承诺作出该决定的期限届满之日起 30 日内提出。

进行内部审查的官员可以对申请人最初提出的申请进行决定。该决定应该在收到内部审查之日起 30 日内作出。

(二)申诉

1. 申诉的提出。该法第 42 条第 1 款规定,如果申请人对公共机关作出的如下决定或行为不服,且已穷尽该法规定的所有救济途径,则可以向信息专员提起书面申诉:公共机关未向申请人明示其是否持有被申请信息;未向申请人公开或未在该法规定的时间内公开被申请的信息;未在该法规定的时间限制内对申请人的申请进行答复;未向申请人书面送达对其信息公开申请所作出的决定;违反该法规定进行收费;其他违反该法规定的行为。

其第 2、3 款规定,该申诉应该在申请人收到可以提起申诉的通知或收到内部审查的决定通知之日起 30 日内提出。当申请人没有收到上述通知时,应该在该法规定的发出通知的期限届满之日起 30 日内提出申诉。虽然申请人未按上述时间规定提出申诉,但如果信息专员认为其有正当理由时,可以延长其申诉期限。

2. 申诉的审理。该法第 43 条第 1 款规定,信息专员应该依据该法相关规定对申诉作出决定。该决定应该在申诉人和被申诉的公共机关进行书面陈述后 30 日内尽快作出。信息专员在有正当理由时可以将上述期限延长不超过 30 日,并在第一个 30 日结束前书面通知双方,并告知延长的理由。其第 2 款规定,在任何申诉中,由被申诉的公共机关或个人机构承担举证责任,证明其行为没有违反该法的规定。

该法第 45 条规定,信息专员有权为作出决定而开展调查,包括发布要求提供证据的命令以及要求证人作证。在调查中,信息专员可以查阅不予公开的信息,但是其应采取必要和有效措施保证该信息不被泄露给除信息专员办公室的职员之外的其他人。信息专员有权查阅适用于该法的任何信息,所有信息在任何情况下不得对信息专员隐瞒,除非总督书面证明信息专员对该信息的查阅可能导致对公共利益的损害。对上述总督发出的书面证明不得提起司法程序或准司法程序。该法第 46 条规定,即使申诉人不提起申诉,信息专员也可以自主决定对任何事项展开调查。此时,被调查事项则被视为被申诉事项。

3. 申诉的决定。该法第 42 条第 4 款规定,信息专员在审理申诉时可以对最初申请作出任何决定,但不能宣告依据该法第 25 条公布的证明书无效。其 43 条第 3 款规定,信息专员可以做出如下决定:驳回申诉;要求公共机关采取必要措施使其遵守该法规定;在公共机关故意或严重不遵守该法规定的情况下,对其进行适当惩戒。其第 4 款规定,信息专员应该向申诉人和被申诉机关送达其作出的决定。

4. 决定的执行。该法第 44 条规定,信息专员在向公共机关提供书面陈述机会后,可以作出公共机关违反了该法规定的决定。在作出该决定后,信息专员可以要求公共机关采取必要且有效的措施以遵守该法的规定。为行使此项权力,信息专员可以采取如下措施:命令公共机关公开特定信息或特定种类的信息;就公共机关对信息的保存、管理、删除以及向国家档案馆提交信息等相关实践提出建议,但该建议不得违反任何对上述事项进行规定的现行法律;就对公共机关工作人员对信息公开申请权的认识进行培训提出建议;当公共机关故意或严重违反该法规定时,对公共机关进行适当惩戒。

(三)上诉

该法第 47 条规定,申诉人或相关的公共及私人机构如果对申诉专员作出的决定或因开展调查发出的命令不服,可以自收到决定或命令之日起 45 日内向大法院(the Grand Court)提起上诉。在对申诉专员依据第 43 条作出的任何决定提起的上诉中,公共机关承担证明责任,证明其行为遵守了该法的规定。

该法第48条规定,申诉专员可以在上述45日期限届满前向法院书面提交证明书,证明其依据第43、44条作出的决定或依据第45条作出的命令未被执行,法院将对此事实依据蔑视法庭的相关规定进行审理。

六、发展现状①

(一)2009年至2013年每年的信息公开申请数量

从《信息自由法》于2009年开始实施以来,政府每季度收到的信息公开申请的数量在100件到200件之间。申请数量的总体变动趋势标志着申请人对《信息自由法》的稳定适用。从2009年1月至2013年6月,政府共收到2909件信息公开申请,具体年度申请数量见下表:

时间	数量
2009年1月至2009年6月	429件
2009年7月至2010年6月	739件
2010年7月至2011年6月	627件
2011年7月至2012年6月	523件
2012年7月至2013年6月	591件

2012~2013年度共收到了591件申请,相较于上一年度增长了13%,此申请数量的显著增长可能部分归因于大选,因其触发了公众对政府表现和问责的更大兴趣。有证据表明,在前几年《信息自由法》的实施中,公众较多地关注个人信息的申请公开和政府的支出、征兵程序、统计数据以及会议记录等信息的公开。

(二)答复效率统计

从2009年至2013年6月,公共机关对收到的信息公开申请进行答

---

① See *Freedom of Information Annual Statistics*: *Right to Know Week* 2013, http://www.infocomm.ky/images/ICO% 20Right% 20to% 20Know% 20Week% 202013% 20 –% 20Annual% 20Statistics%20Report.pdf,最后访问日期:2014年4月13日。

复的时间统计如下：

答复时间	所占比例
当天答复	4%
10日之内答复	19%
11日到30日之内答复	37%
31日到60日答复	21%
超过60日答复	19%

上一年度答复的平均时间在增长，具体来说，2009年平均21天，2009~2010年度29天，2010~2011年度27天，2011~2012年度30天。数量更多的内部审查和申诉在很小的程度上导致了此现象的发生。但是，2012~2013年度答复时间的中间值已经下降至28天，意味着增长的趋势有所逆转。信息专员办公室认为，公共机关仅仅将30天的答复时间当做努力达到的目标，而非最大期限要求。

（三）各类答复所占比例

从2009年至2013年6月，公共机关对所收到的信息公开申请作出的各类答复比例见下表：

答复种类	所占比例	答复种类	所占比例
准予全部公开	36%	被申请信息已被公开	4%
部分公开	14%	属于无理申请（vexatious）	2%
不予公开	21%	资源转移（diversion of resources）	1%
不适用FOIA	1%	行政保密（administrative closure）	9%
未找到被申请信息	11%	延期公开	2%

从上述数据可以看出，从2009年起，全部公开和部分公开的比例占近一半。近年来，全部公开和部分公开的总比例在44%至55%波动，2012~2013年度该比例轻微下降至47%。具体见下表：

时间	公开方式	所占比例
2009 年 1 月 ~2009 年 6 月	全部公开	30%
	部分公开	11%
2009 年 7 月 ~2010 年 6 月	全部公开	40%
	部分公开	11%
2010 年 7 月 ~2011 年 6 月	全部公开	32%
	部分公开	15%
2011 年 7 月 ~2012 年 6 月	全部公开	39%
	部分公开	16%
2012 年 7 月 ~2013 年 6 月	全部公开	32%
	部分公开	15%

（四）涉及例外信息的申请比例

对于大约 20% 的信息公开申请，公共机关以被申请的信息依据《信息自由法》属于例外信息为理由而拒绝公开。从 2009 年开始，最常被申请公开的例外信息种类无明显变化，主要是个人信息（第 23 条）、执法信息（第 16 条）、商业利益信息（第 21 条）和妨碍政府有效管理的信息（第 20 条）。具体见下表：

例外信息种类	所占比例	例外信息种类	所占比例
个人信息（第 23 条）	33%	国家安全、国防及国际关系信息（第 15 条）	4%
执法信息（第 16 条）	16%	内阁协商信息（第 19 条）	3%
商业利益信息（第 21 条）	12%	生命健康信息（第 24 条）	3%
妨碍政府有效管理的信息（第 20 条）	11%	国家经济信息（第 18 条）	2%
特权信息［第 17 条第（1）款］	7%	其他种类的例外信息	6%
秘密信息［第 17 条第（2）款第 1 项］	4%		

（五）申诉和听证比例

与申请类似，除了在2009年有较大起伏外，申诉和听证的数量和复杂程度逐年增长。从2009年到2013年6月底，信息专员办公室已经收到了117起申诉，其中34起由信息专员主持进行了正式听证。经过听证的申诉决定的结果中，公开和不公开的几乎持平。其中，不予公开的占27%，部分公开的占33%，全部公开的占30%，其他内容的决定占10%。

美国《信息自由法》[1]概览

一、法律概要

美国对于政府信息的公开最早体现在1789年制定的《家政法》(*The Housekeeping Statute*)中。依据该法,人们想获取相关的信息,可以向信息的保存单位提出,但该法同时授予行政长官决定其保存信息公开与否的权利。[2] 虽然该法赋予人民获得政府信息的权利,但是行政长官的特权却阻碍人们知情权的实现。

1791年通过的宪法第一修正案规定国会不得制定限制言论或出版自由的法律。尽管它没有规定信息公开,但它对美国的信息公开制度具有决定性的作用。每当政府行为涉及信息或对言论加以规制时,政府必须保持对言论自由的足够重视。[3]

美国于1935年通过了《联邦登记法》(*The Federal Register Act*),要求国家档案馆负责编辑和出版《联邦公报》(*Federal Register*),统一公布各联邦机构颁布的法规条例、总统公告和总统令以及总统认为具有普适性和法律效力的或国会要求公开的文件,刊登会议通知、机构活动、政策陈述等信息。[4] 通过该法的规定可以发现,该法主要规定了联邦政府应当主动公开的信息范围,并未赋予人们信息公开申请权。事实上,该法只是部分保护了人们的知情权,因为政府主动公开的信息只占政府信息的

---

① 该法律可见网站:http://www. justice. gov/sites/default/files/oip/legacy/2014/07/23/amended - foia - redlined. pdf,最后访问日期:2015年8月3日。

② 田青:《论美国联邦政府信息公开制度——以1966年美国〈信息自由法〉及其修改为视角》,中国政法大学2009年硕士学位论文。

③ 周汉华:"美国政府信息公开制度",载《环球法律评论》2002年秋季号。

④ 李音、王健:"从《联邦登记》看美国的政府信息公开",载《中国档案》2004年第2期。

一小部分,而且往往不是对人们的利益影响最大的信息;而人们最需要的信息只能依赖政府的主动公开,人们的知情权仍然掌握在政府手中。

1946 年《联邦行政程序法》(*Administrative Procedure Act*)首先作出了依公众请求而公开政府信息的规定。该法第 3 节的标题是公共情报,其中规定公众可以得到政府的文件,同时规定了非常广泛的限制。行政机关为了公共利益可以拒绝,公共利益是一个非常不确定的、使用适用范围极广的概念。行政机关认为有“正当理由”时也可以拒绝,正当理由和公共利益一样,是一个模糊而广泛的概念。[①] 由此,行政机关被赋予了极大的自由裁量权。

1966 年以前,虽然政府是否公开其文件完全取决于其自由裁量权,但是由于美国在此期间形成了非常完善的联邦公共出版体系,因此在 150 多年时间里除了少数例外时期,政府信息大多能够向其他机关和社会公众公开,政府信息公开不是一个很大的问题。[②] 第二次世界大战以后,由于东西方对峙和长期的冷战,信息公开受到了很大的限制,许多政府机关不再愿意将其信息和活动对社会公众公开。[③] 因此,政府机关便开始广泛使用《联邦行政程序法》赋予其的自由裁量权来拒绝人们的信息公开申请,使得人们在实践中很难获取政府信息。

伴随着公众民主意识的增长,人们要求政府公开信息的愿望越来越强烈。当时美国社会主要有三种力量在推动着政府信息由保密转向公开:第一,律师界由于政府文件保密而得不到证据,强烈要求改革;第二,行政改良人士认为行政公开是改良行政的需要,符合当代社会的公共利益;第三,新闻界由于行政文件保密而得不到有新闻价值的信息和文件,

---

① 王名扬:《美国行政法》(下),中国法制出版社 2005 年版,第 947 页。转引自田青:《论美国联邦政府信息公开制度——以 1966 年美国〈信息自由法〉及其修改为视角》,中国政法大学 2009 年硕士论文。

② See Harold C. Relyea, Access to Government Information in the United States, CRS Report for Congress, (97 – 71 Gov. January 6, 1997). 转引自周汉华:“美国政府信息公开制度”,载《环球法律评论》2002 年秋季号。

③ 周汉华:“美国政府信息公开制度”,载《环球法律评论》2002 年秋季号。

强烈要求改革现行制度。[①] 这种种力量共同作用,在与政府的斗争下最终于 1966 年产生了《信息自由法》(*The Freedom of Information Act*,简称 *FOI*)。

《信息自由法》分别于 1974 年、1976 年、1986 年、1996 年、2002 年及 2007 被修订。[②] 最新修订的《信息自由法》共有 12 条。第 a 条规定了行政机关应当公开的信息范围;第 b 条规定了不予公开的事项,即信息公开的例外;第 c 条规定了行政机关可以不受《信息自由法》的限制规定而处理信息的情形,即除外情形;第 d 条规定了除特别规定之外,不得拒绝向公众提供信息或者限制公众对记录的获取,不得以本法为依据拒绝向国会提供信息;第 e 条规定了行政机关每会计年度负有向司法部长和公众提供报告的义务,司法部长也负有依规定提供报告的义务;第 f 条对"行政机构"、"记录"及其他术语进行了解释;第 g 条规定了行政机构首脑应当依照申请和条 b 的免除情形,制定并方便公众获取申请、获得行政机构记录或信息的参考资料或者指南;第 h 条规定了政府信息公开办公室的建立及其职权;第 i 条规定了政府问责办公室对行政机构对本法的执行进行审核并公布审核报告;第 j 条规定了每个行政机构都应该指定一个高级官员作为首席信息官;第 k 条规定了首席信息官的职权;第 l 条规定了公共信息公开联络人的职权。与信息公开相关的法律还有:

(一)《隐私权法》

除了《信息自由法》以外,1974 年制定的《隐私权法》(*Privacy Act*)是《信息公开法》的重要补充。根据《隐私权法》,任何个人都可以查看联邦政府保存的有关他们本人的材料。法律要求联邦政府机关保存的个人信息必须准确、全面、及时、合理相关,联邦政府机关必须直接从材料的主人处获得相关信息,并且为一个目的收集的信息不得用于其他目的。材料的主人可以挑战信息的准确性。如果个人的权利受到侵犯,可以提起民

① 王明扬:《美国行政法》(下),中国法制出版社 2005 年版,第 947 页。

② 田青:《论美国联邦政府信息公开制度——以 1966 年美国〈信息公开法〉及其修改为视角》,中国政法大学 2009 年硕士学位论文。

事诉讼。为防止政府机关保存秘密材料,法律要求每一个联邦政府机关以书面方式说明其个人信息的保存制度。为保护个人隐私,《隐私权法》限制联邦政府机关向他人公布与特定个人有关的信息。①

该法第a条定义了该法的适用范围:该法中的"机关",包括联邦政府的行政各部、军事部门、政府公司、政府控制的公司,以及行政部门的其他机构,包括总统执行机构在内。该法也适用于不受总统控制的独立行政机关,但国会、隶属于国会的机关和法院、州和地方政府的行政机关不适用该法。该法中的"人",是指"美国公民或在美国依法享有永久居留权的外国人"。该法中的"记录",是指包含在某一记录系统中的个人记录。记录系统是指"在行政机关控制之下的任何记录的集合体,其中信息的检索是以个人的姓名或某些可识别的数字、符号或其他个人标识为依据"。个人记录是指"行政机关根据公民的姓名或其他标识而记载的一项或一组信息"。其中,"其他标识"包括别名、相片、指纹、音纹、社会保障号码、护照号码、汽车执照号码,以及其他一切能够用于识别某一特定个人的标识。个人记录涉及教育、经济活动、医疗史、工作履历以及其他一切关于个人情况的记载。

该法第b条规定,行政机关在尚未取得公民的书面许可以前,不得公开关于此人的记录;但是,在如下12种例外情况下,行政机关可以公开个人记录,无需本人同意:(1)为执行公务在机关内部使用个人记录;(2)根据《信息自由法》公开的个人记录;(3)记录的使用目的与其制作目的相容、没有冲突,即所谓"常规使用";(4)向人口普查局提供个人记录;(5)以不能识别出特定个人的形式,向其他机关提供作为统计研究之用的个人记录;(6)向国家档案局提供具有历史价值或其他特别意义、值得长期保存的个人记录;(7)为了执法目的向其他机关提供个人记录;(8)在紧急情况下,为了某人的健康或安全而使用个人记录;(9)向国会及其委员会提供个人记录;(10)向总审计长及其代表提供执行公务所需

---

① 周汉华:"美国政府信息公开制度",载《环球法律评论》2002年秋季号。

的个人记录；(11)根据法院的命令提供个人记录；(12)向消费者资信能力报道机构提供作为其他行政机关收取债务参考之用的个人记录。

该法第c条规定，行政机关根据上述例外公开个人记录时，除机关内部使用和依《信息自由法》公开的情况外，其他各项公开必须将公开的时间、性质、目的、获取记录者的姓名和地址登记在案，并至少保存5年。除非是向执法机关公开，被记录者有权取得行政机关制作的关于本人记录公开情况的登记。

该法第d条规定，个人有权知道行政机关是否保存本人记录以及记录的内容，并要求得到复制品。除非此项记录符合该法规定的免除适用情况，或者系行政机关为起诉某人而编制，行政机关不得拒绝个人的请求。个人认为关于自己的记录不准确、不完整或已过时，可以请求行政机关修改或删除。个人请求修改的信息限于记录中的事实，不包括意见在内。

该法第e条规定，行政机关只能保有与实现法律规定或总统行政命令的目的有必要联系的个人信息。行政机关搜集个人信息，如果可能导致对被记录者作出不利的决定，必须尽可能地由其本人提供。行政机关要求提供个人信息时，必须对提供信息者说明下列事项：行政机构要求提供信息的法律依据，以及个人是否必须公开这项信息；该项信息主要用于什么目的；该项信息的常规使用；个人全部或部分地拒绝提供行政机关所需信息的法律后果。

行政机关建立或修改个人记录系统时，必须在《联邦登记》上公布下列事项：系统的名称与地点；系统中包括哪一类人的记录；该系统收集了哪一类信息；这些记录的常规使用是什么，包括使用目的和使用者类型；行政机关对这些记录的保存、获取和控制政策以及保存的方式；该记录系统的负责人；个人查询记录系统中是否包括自己的记录时，行政机关答复的程序；个人查询如何获取自己的记录、如何质疑该记录时，行政机关答复的程序；系统中记录来源的类别。

保有个人记录的行政机关必须保证记录的准确性、关联性、适时性和完整性。行政机关所保有的个人记录被依照法定程序而对其他人强制公开时,行政机关有义务通知被记录人。

该法第j条规定,中央情报局和以执行刑法为主要职能的机关对其保有的个人记录系统,除下列必须履行的基本义务和要求外,可以免除《隐私权法》对行政机关规定的绝大部分限制和要求(如对被记录的个人可以免除公开的义务,可以不提供他所查询的记录,不进行他所要求的修改,或者免除法律为行政机关规定的某些义务和要求):被记录人的同意权;登记公开的数目和保存登记的义务;在《联邦登记》上公布的义务;保持记录正确性的要求;对保有涉及宪法修正案第1条公民基本权利的个人记录的限制;建立保护个人记录安全的行政与技术措施的要求;改变常规使用时进行公告的义务;违反法律的刑事责任。

区别于普遍免除,特定免除不针对行政机关,而是针对特定的个人记录。该法第k条规定,特定免除适用于行政机关记录系统中以下7种关于个人的记录:涉及到根据总统的行政命令明确划定为国防或外交秘密的个人记录;以执法为目的而编制的个人记录;以保卫总统、副总统、其他重要官员、外国来访元首为主要任务的安全机关所保有的个人记录;人口普查记录和其他纯粹以统计为目的而编制和使用的个人记录;以决定个人是否宜于任用、签订合同、接触保密资料为目的而编制的调查材料;文职官员在使用和晋升过程中的考核材料;可能暴露信息来源的军官晋升考核时所用的资料。

行政机关对本机关中可以适用特定免除的个人记录系统,免除适用《隐私权法》中规定的下列限制或要求:个人查询和获取本人记录的权利;个人查询和获取本人记录公开情况记载的权利;行政机关只能保有与执行公务相关和必需的信息;行政机关在《联邦登记》上公布个人查询该机关记录系统中是否含有、如何取得关于本人信息的办法,以及该系统中的各类信息来源;行政机关规定个人取得、要求修改本人记录的办法。

(二)《联邦咨询委员会法》

《信息自由法》与《隐私权法》所要求的均是政府信息的公开,不涉及政府的活动或者会议。1972 年的《联邦咨询委员会法》(Federal Advisory Committee Act)要求为联邦行政机关服务的咨询委员会的会议必须对公众公开。①

该法第 10 节规定,每一咨询委员会的会议均应公开。除总统为国家安全考虑所作的决定外,上述会议的通告均应提前并及时在联邦登记上公开。行政管理者应当制定规章发布其他种类的通告,以确保所有利害关系人于会议召开前得到通知。根据上述规章或规则,利害关系人应当被允许出席、参加会议或向咨询委员会提交申明。根据美国法典第 5 编第 552 节的规定,咨询委员会可以获取的、为咨询委员会而准备的或由咨询委员会所准备的记录、报告、副本、会议纪要、附件、工作论文、草案、研究报告、日程表或其他文件,均应使公众有权在咨询委员会或其所负责提供报告的行政机关的单一办公场所处查阅并复制。②

总统或行政机关的首长听取咨询委员会的报告后,可以依据《阳光下的政府法》中的豁免公开规定,决定相关会议不予公开举行。上述决定应当以书面的形式作出,并包含不予公开的理由。

(三)《阳光下的政府法》

1976 年制定的《阳光下的政府法》(Sunshine Act)要求合议制的政府机关的会议必须对公众公开。

该法第 b 条规定,除符合《阳光下的政府法》规定的不予公开举行会议的情况以外,合议制行政机关举行的每次会议(包括其中的每一部分)都必须向公众公开。

该法第 c 条规定,在下列 10 种情况下,会议的全部或部分可以不公开举行:(1)会议讨论的事项涉及根据总统行政命令而明确划定的国防

---

① 周汉华:“美国政府信息公开制度”,载《环球法律评论》2002 年秋季号。

② 苏苗罕译:“联邦咨询委员会法”,载《行政法学研究》2006 年第 4 期。

或外交秘密;(2)会议讨论的问题纯粹属于机关内部的人事规则和习惯;(3)会议讨论的问题或文件已被法律规定为保密事项;(4)会议讨论的事项属于贸易秘密,或者是从第三方得到的含有特惠或机密情况的金融、商务与科技信息;(5)会议讨论某人的刑事犯罪案件或者正式指控某人;(6)会议讨论的问题属于个人私事,公开后可能不正当地侵犯公民的隐私权;(7)会议讨论的事项涉及为执法目的而制作的调查记录;(8)会议公开会暴露金融管理部门为控制或监督金融机构的行政机关而产生的检查报告、工作报告或情况报告中的信息;(9)会议讨论的信息如果过早披露,对货币、证券、商品或金融管理机关而言,会在货币、证券、商品方面引发投机活动或严重危及金融机构的稳定;对其他机关而言,会严重地妨碍其执行预定的公务;(10)会议讨论的问题是关于该机关发出的传票、参加民事诉讼、参加在外国或国际法庭中的诉讼、参加仲裁,或者提出、进行、决定一项正式程序的裁决。

二、信息公开的范围

该法 b 条规定了不予公开的信息,即信息公开的例外,共九种情形:(1)国防外交:为了国防或外交政策的利益,根据一项行政命令设立的标准所特别授权予以保密的事项以及根据行政命令列为机密的事项。(2)内部信息:只与机构内部人事规则和内部事务相关的事项。(3)特别规定:由其他法规规定特别免予公开的事项,该法规要求这些事项不得以这种方式向公众公开,在这一点上没有自由裁量权,且制定不予公开的特定的标准,或者指出不予公开的特定类型的事项。(4)商业秘密:通过特权或者秘密地从他人处获得的贸易秘密和商业或金融信息。(5)机构信息:非行政机构的一方当事人在与行政机构诉讼中依据法律不能获得的行政机构之间或行政机构内部的备忘录或信件。(6)个人隐私:其公开会造成对个人隐私的明显的不法侵害的人事和医疗资料以及类似的资料。(7)执法信息:为执法的目的而收集的记录或信息,提供这些执法记录或信息依据合理预见会干扰执法程序;或会剥夺个人得到公平审判或者公正判决的权利;或依据合理预见会对个人隐私造成不法侵害;或依据合理预见会暴露秘密信息来源,包括在秘密基础上提供信息的国家、地方或外国机构或当局或私人机构以及在刑事侦查过程中由刑法执行机构收集的记录或信息,或者在由行政机构进行合法的国家安全情报调查所收集的记录或信息的情况下,由秘密来源提供的信息;或会泄露执法调查或起诉的技巧和程序,或者会泄露执法调查或起诉的行动方针,而这种泄露能够被合理预见到有规避法律的危险;或依据合理预见会危及个人的生命或人身安全。(8)金融监管:由负责规范或监督金融机构的行政机构制定的、或代表其利益、或供其使用的检查、运行或者条件报告中包含的,或者与这些报告相关的信息。(9)地理信息:有关油井的地质和地球物理信息和数据,包括地图。

依据该法第c条规定,某些信息被彻底地排除在本法律的规定范围之外(通常我们称之为例外规则)。[①] 有三种情况:

(1)当一项申请被提出,该申请涉及获得为执法目的而获取的信息,可以合理预见到这些信息会干扰执法程序,并且调查或诉讼程序牵涉到可能触犯刑法;或有理由相信调查或诉讼的对象不知道该调查或诉讼悬而未决;或能够合理认为公开记录的存在会干扰执行程序,行政机构可以在该情况持续的时间内处理这些记录而不受本节规定的限制。

(2)当由刑法执行机构按告发人的姓名或个人识别号所保存的告发人记录由第三方按照告发人的姓名或个人识别号要求获得时,行政机构可以处理这些记录而不受本节规定的限制,除非告发人作为告发人的身份被官方证实。

(3)当提出的申请涉及获得由联邦调查局保留的有关外国情报、反情报或者国际恐怖主义的记录,并且这类记录的存在属于不予公开的机密信息时,只要记录的存在处于机密信息状态,联邦调查局就可以处理这

---

① 托比·曼德尔:《信息自由:多国法律比较》,龚文库等译,联合国教科文组织2008年版,第149页。

些记录而不受本节规定的限制。

三、信息公开的方式及程序

(一)信息公开的方式

1. 主动公开

该法第 a 条第 1、2 款规定了行政机关应主动公开的信息范围。

其第 1 款规定,为了指导公众,各行政机构应当在联邦登记上分别说明并及时公布如下信息:它的中心机构、系统组织以及公众可以获得信息、提出要求或申请,或者得知决定的指定地点、雇员(统一服务时,则是成员)及其采用的方式的详细情况;引进和终止其职能的一般过程和方式的说明,包括可采用的所有正式的和非正式的程序的性质和要求;程序规则,可采用的表格和获得表格的地点的详细情况以及关于所有文件、报告和检查的范围和内容的说明;行政机构经法律授权而通过的普遍适用的实体法性质的规则和对由行政机构制定和通过的普遍适用的基本政策或解释的说明;前述事项的每次修正、修订或撤销。

除了个人已经实际上被及时地告知有关条款外,不应当以任何方式要求个人利用规定应在联邦登记上公布但未予公布的事项,或者不应以任何方式使个人受到这些事项的不利影响。为达到本款之目的,经联邦登记的主管批准,当那些个人因此而受到影响的事项作为参考资料已经被编入联邦登记时,该事项应当在联邦登记上予以公布。

其第 2 款规定,除非该信息不久将被公布或用于出售,各行政机构应当依据已公布的规则,使公众可以查阅和复制如下信息:在案件裁决中作出的最终意见,包括同意意见、反对意见和命令;由行政机构通过的且未在联邦登记上公布的对政策和解释的说明;行政工作人员手册和对工作人员作出的可能对部分公众产生影响的指示;依据第 3 款已经提供给个人的所有记录的复印件,不论其形式或格式;因为记录的主题性质,已经成为或可能成为其后请求公开对象的行政机构决定的复印件,不论其形式或格式;上条所指的记录的总索引。

2. 依申请公开

该法第 a 条第 3 款规定,除了有关依据第 a 条第 1 款和第 2 款提供的记录外,各行政机构依据记录申请,在该申请对记录进行了适当的说明并该遵照公布的规定时间、地点、费用(如果需要缴纳的话)的原则和应依照的程序时应当迅速向个人提供信息。在向个人提供信息时,如果各行政机构便于以个人要求的形式或格式复制记录,行政机构应当以该形式或格式提供记录。各行政机构应当作出合理努力,以可复制的方式或格式保存其记录。在答复一项记录申请时,行政机构应当作出合理努力来检索("检索"一词的意思是为了确定符合申请要求的那些记录的位置,通过人工的或自动的搜索,对行政机构记录进行审查)电子形式或格式的记录,但是,当这些努力会严重干扰行政机构自动信息系统的运行时除外。若一个行政机构或其一部分是情报委员会的组成部分,则其不得向除美国政府之外的任何政府实体或其代表公开信息。

该法 d 条规定,除了特别规定之外,不得拒绝向公众提供信息或者限制公众对记录的获取,不得拒绝向国会提供信息。

该法第 a 条第 5 款规定,每个有一个成员以上的行政机构应当保留在每一行政机构程序中每个成员的最终投票记录,并使之可获取以供公开审查。

(二)信息公开的程序

该法第 a 条第 2 款规定,对于在 1996 年 11 月及之后产生的记录,从产生之日起 1 年内,各行政机构应当通过包括计算机通讯的方式使公众可以获得这些记录;如果行政机构不能建立计算机通讯方式,则应通过其他电子方式使公众获得。

该法第 a 条第 2 款规定,为了防止对个人隐私造成明显的不法侵害达到所规定的程度,行政机构在提供或公布一项意见、对政策的说明、解释、工作人员手册、指示或者第 a 条第 2 款第 D 项所指的记录的复印件时,可以删除能够识别个人身份的细节。然而,在每个案件中,应当以书面形式对删除的正当理由作出完整的解释,并且应当在可以获取的或者公布的部分记录上标明删除的范围,除非这种标明会损害由条 b 规定的不予公开的情形所保护的利益,而删除正是依据该不予公开的情形作出的。如果技术上可行,应当在记录中作出删除的地方标明删除的范围。

各行政机构也应当保留信息并且使之可被获得来用作公开审查,并应复制现存的索引,该索引为公众提供了有关其在 1967 年 7 月 4 日后所发出、通过或者制定的事项,并且由本款规定使之可被获取或公布的可识别的信息。行政机构应当快速地按季度或者更经常地发布和散发(通过出售或其他方式)每个索引或其补充材料的复印件,除非行政机构通过在联邦登记上发布的命令决定该公开是不必要的和不现实的。然而,在上述情况下,行政机构仍然应当在收取不超过复制实际花费的费用后提供所要求的索引的复印件。各行政机构应当在 1999 年 12 月 31 日前通过计算机通讯提供第 a 条第 2 款第 E 项提到的索引。最终命令、意见、政策的说明、解释或者工作人员手册或影响公众成员的指令可被行政机构作为依据使用或作为先例引用来对抗非行政机构的一方当事人,只要它已经被编入索引,并且依本款之规定可被获得或者公布;或者该当事人实际上已经及时获知其中的条款。

该法第 a 条第 2 款第 A 项规定,对于应予公开的记录所提出的公开申请,各行政机构当在收到申请 20 日内[①](星期六、星期日和法定公共假日除外)作出是否予以公开的决定,并且应当立刻通知申请人该决定和作出决定的原因以及申请人享有向行政机构首脑就否定决定提出申诉的权利。

该法第 a 条 6 款第 B 项规定,上述期限在下列情况下可以延长:需要从与处理该申请的机构分离的系统机构或其他机构中检索和收集所要求的记录;需要检索、收集和适当检查在一个单独的申请中所要求的大量分散的和不同的记录;需要与申请的决定与其有实际利益的另一机构或者

---

① 上述 20 天的起算日是行政机构的适当部门收到申请之日,但是不得超过行政机构的任一有义务接收申请的部门收到申请后 10 日。

有实际标的利益的行政机构的两个或两个以上的部门进行协商，该协商是以实际速度进行的；各行政机构可以依据所注意到的和收到的公众意见制定规则，规定将由同一申请人或者统一行动的一群申请人提出的申请予以合并，如果行政机构合理相信这些申请实际上形成了一个单一的申请，该申请在其他方面符合本分款规定的特殊情况，并且这些申请明显涉及相关事项。涉及相关事项的多个申请不应当被合并。

对于期限的延长应书面通知申请人，说明予以延长的特殊情况以及可能决定的时间。延长期限不得超过10个工作日。对于一项申请，在依据上述规定作出书面通知延长时间期限时，行政机构应当通知申请人该申请是否能在此条款指定的时间期限内予以处理；并且应当给予该申请人机会以限定其申请范围，以便在限定时间内处理该申请，或者给予申请人机会与行政机构协商一个处理该申请或修改了的申请的替代的时间范围。每个行政机构应该确保首席信息联络官促进申请者与行政机构之间的争议的解决。如果申请人拒绝合理修改其申请或者安排一个替代的时间范围，该拒绝应当被视为决定下款所述的例外情况是否存在的一个因素。

该法第a条第6款C项规定，如果行政机构未能遵守上述时间期限条款，向行政机构提出记录申请的个人应当被视为用尽有关申请的行政救济手款。如果政府能够表明存在例外情形（“例外情况”一词不包括因行政机构处理依据本条提出的申请的可预计的工作量而引起的迟延，除非行政机构证明在减少待处理的申请积压方面取得了适当进展），并且表明行政机构对于申请的答复作出了应有的努力，法庭可以保留司法管辖权并给予行政机构额外的时间来完成对记录的审查。

该法第a条第6款第D项规定，各行政机构可以依据所注意到的和收到的公众意见制定规则，规定建立在处理申请的工作量或者时间量（或两者）基础之上的记录申请的多轨处理程序。依据上述规则，可以给予不符合最快的多轨处理程序条件的申请人机会限定申请的范围，以便有资格适用较快的处理程序。

该法第 a 条第 6 款第 E 项规定，在下列情况下，各行政机构应当依据所注意到的和收到的公众意见制定规则，规定对记录申请的加快处理程序：记录申请人证明有充分的需要（即有理由认为，未能依据本款规定加快获得所申请的记录，会对个人的生命或者人身安全构成迫在眉睫的威胁；由主要从事传播信息的个人提出的申请，需要紧急通知公众关于联邦政府的实际的或声称的行动）；其他由行政机构决定的情况。依据上述规定制定的规则必须确保作出是否适用加快处理程序的决定，并且应当在申请之日起 10 日内通知申请人；对于是否适用加快处理程序的决定所提起的行政申诉应予以加快审议。

行政机构应当尽快处理该机构已经同意依据上述规定适用加快处理程序的记录申请。对于行政机构作出的否决或维持拒绝要求快速处理的申请的行政行为，行政机构未能及时对该申请作出答复，应当予以司法审查，但司法审查应当建立在作出决定时行政机构拥有的记录的基础之上。行政机构拒绝对记录申请适用快速处理程序，在行政机构已经对申请作出了完全的答复后，美国地区法庭没有司法管辖权对此予以审查。

申请适用加快处理程序的个人作出的有充分需要的证明，应当由该人士签署声明书，证明依据其知识和信念该证明是真实而准确的。

该法第 a 条第 6 款第 C 项 i 规定，依据行政机构作出的准予公开的决定，应当使申请人快速获得这些记录。在不予公开的决定中应当说明对申请作出拒绝的责任人的姓名、职称或职务。

该法第 a 条第 6 款第 F 项规定，行政机构在全部或部分不予公开时，应当作出合理努力来判断被拒绝提供的所申请事项的范围，并且应当向申请人说明这一判断，除非说明这一判断会损害不予公开的例外情形所保护的利益。

该法第 b 条规定，一项记录在删除符合不予公开情形的部分后，应当将其能够被适当分开的部分提供给该记录的申请人，同时应在所提供的部分记录上标明所删除的信息量以及删除理由，除非这种标明会损害由删除所依据的本条的免除情形所保护的利益。如技术上可行，所删除的信息量和删除理由应当在记录中作出删除的地方予以标明。

该法第 a 条第 7 款规定,每个行政机构都应建立一个系统,为处理期间超过 10 日的公开申请指定一个独立的编号,并将该编号告知申请人;都应设立电话专线和网络服务以便申请人通过编号查询申请的处理状态,包括收到申请的日期和申请被处理完毕的日期。

该法第 g 条规定,行政机构首脑应当依照申请和本法规定的不予公开的情形,制定并便利公众获取申请公开行政机构记录或信息的参考资料或者指南,包括:行政机构所有主要的信息系统的索引;由行政机构拥有的主要信息和记录之定位系统的说明;依据本法从行政机构获得不同类型和种类的公共信息的手册。

(三)信息公开的费用

该法第 a 条第 4 款第 A 项规定了申请公开的费用。

各行政机构应当根据所注意到的和收到的公众意见制定规则,规定适用于处理申请所需的费用表,并规定决定减免这些费用时的程序和指南。依据所注意到的和收到的公众意见,由管理和预算办公室主任制定指南,规定所有行政机构的统一收费表。该表应当与指南相一致。

该行政机构规则应当规定:当所申请的记录被用作商业性目的时,费用应当限定在对文件检索、复制和审查的合理的标准收费内;当所申请获取的记录不是用于商业用途,并且该申请是由教育机构或非商业性科学机构提出,目的是进行学术或科学研究,或者由新闻媒体的代表提出申请时,费用应当限定在对文件进行复制的合理的收费标准内;对于上述没有提到的申请,费用应当限定在对文件进行检索和复制的合理的标准收费内。

对于上款的后两类申请,在最初检索的两小时或最初复制的 100 页内,行政机构不应收取费用。如果常规收费所耗费的成本有可能等于或超出所收费用的数额,也不应收费。

如信息的公开是为了公共利益,因信息的公开可能大大促成公众对政府的运作或活动的理解,并且主要不是为了申请人的商业利益时,在提供文件时应当依据条款上述收费标准减免费用。

收费表规定收取的只是检索、复制或审查的直接费用。审查费用应当只包括在文件的初审中产生的直接费用，初审的目的是决定是否予以公开。审查费用不包括在处理申请的过程中出现的解决法律或政策问题所产生的费用。行政机构不应提前收取费用，除非申请人以前未能及时支付费用，或者行政机构确定费用将超过 250 美元。

上述规定不能取代依据对特定类型的记录设立收费标准的法规的专门规定。在有关依据上述规定要求免除费用的申请人提起的诉讼中，法庭应当重新确定议题，法庭对该议题的审查应当限定在行政机构拥有的记录范围内。如果在申请的处理中没有例外或异常情形，若行政机构无法遵守任一程序期限，则该行政机构不能确定检索费用的数额。

四、主管机构

（一）政府信息公开办公室（The Office of Government Information Services，简称 OGIS）

该法第 h 条规定，在国家档案记录管理局内设立政府信息公开办公室，该办公室享有以下职权：依据本法审查行政机构的政策和程序；审查行政机构是否遵守本法规定；向国会和总统提出政策建议，以利于改善本法的实行状况。政府信息公开办公室可以在申请人与行政机构之间进行调停以帮助其解决争端，但是该调停不能代替诉讼；该办公室在调停不能解决争端时可以自主决定发布咨询建议。

（二）政府问责办公室（The Government Accountability Office）

该法第 i 条规定，政府问责办公室对行政机构对本法的执行状况进行审核并公布详细的审核报告。

（三）首席信息官（Chief FOIA Officer）

该法第 j 条规定，每个行政机构都应该指定一个高级官员（副秘书或相同级别）作为首席信息官。

该法第 k 条规定，首席信息官在行政机构首脑的领导下，保证该行政机构有效、适当地遵守该法;监督该行政机构对本法的执行,并将该行政机构的执行情况及时告知该行政机构的首脑、首席法律官以及司法部长;向行政机构提出对促进本法的执行有必要的建议,包括实践、政策、人事和资金等方面;审查行政机构对本法的执行状况并按照司法部长指示的时间和方式向其报告;通过在行政机构发行的手册和年度报告上对本法的法定例外情形进行简要描述,使公众理解这些例外情形的目的,并在适当的位置向公众提供适合这些例外的大致分类的概览;指定一个以上的公共信息公开联络人。

(四)公共信息公开联络人(FOIA Public Liaisons)

该法第1条规定,公共信息公开联络人是一个监管官员,其应该向首席信息官报告工作。信息公开申请者在得到信息公开申请者服务中心的工作人员的最初答复以后,可以就自己得到的服务向公共信息公开联络人提出建议。公共信息公开联络人有义务协助提高处理效率、增加透明度、明确申请的处理状态以及解决争端。

(五)司法部长(The Attorney General)

该法第e条第1款规定,每年2月1日或之前,各行政机构应当向美国司法部长提交报告,该报告应当涵盖前一个会计年度,并且还应当包括:行政机构作出的拒绝申请人依据本法第a条向该机构提出的记录申请的决定的数量和作出每个决定的理由;由个人依据第a条第6款提出的申诉的数量、申诉的结果和对申诉作出的拒绝提供信息的行为的理由;行政机构所依据的授权行政机构依据第b条第3款拒绝提供信息的所有法规的完整目录,每个法规被援引的数量,法庭是否维持行政机构依据每项法规作出的不予提供信息的决定的说明,以及对于不予以提供的信息的范围的详细说明;自前一年的9月30日起摆在行政机构面前的待处理的记录申请的数量和自此日起申请摆在行政机构面前处于未处理状态的平均时间;行政机构收到的记录申请的数量和行政机构已经处理的申请数量;从行政机构收到申请之日起算,行政机构处理不同类型申请所花的平均时间;从行政机构收到申请之日起算,行政机构答复申请人所花时间的平均数、中位数和时间范围；从行政机构收到申请之日起算，行政机构分别在20个工作日之内（包含20个工作日）、20至200个工作日之内（包含200个工作日）、200至300个工作日之内、301至400个工作日之内以及超过400日作出决定的申请数量；从行政机构最初将申请归档起算，行政机构向申请人提供准予公开的记录所花时间的平均数、中位数和时间范围；从行政机构收到行政申诉之日起算，行政机构对申诉作出答复所花时间的中位数和平均数，以及所用工作日的最高值和最低值；每个行政机构最早归档日期待定的10个未处理申请的资料，包括从最初收到该申请时起算所消耗的时间；该行政机构上一年9月30日之前最早归档日期待定的10个未处理行政申诉的资料，包括从最初收到申请时起算所消耗的工作日；准予和拒绝的加快审查申请数量，对加快审查申请进行裁决所花时间的中位数和平均数，及10日内处理的加快审查申请；准予和拒绝的免除费用申请的数量，以及裁决所花时间的中位数和平均数；行政机构为处理申请所收取的费用总额；行政机构专门处理依据本节提出的记录申请的全职工作人员的数量和行政机构为处理申请所花费的总额。该法第e条第2款规定，上述报告中的信息应该包含整个行政机构的数据和各主要部门的分别数据。第e条第3款规定，行政机构应当使公众能够获得每一份报告，包括通过计算机通讯。如果行政机构建立计算机通讯方式，通过其他电子方式使其获得，行政机构也必须依申请向公众提供上述报告中涉及的原始统计数据。

该法第e条第4至6款规定，美国司法部长应当使每一份通过电子方式可被获取的报告在一个单独的电子接入点可被获取。他还应当不迟于每年4月1日发出报告，并通知众议院政府改革与监督委员会的主席和少数高级成员以及参议院政府事务与司法委员会主席和少数高级成员，可以通过电子方式获得该报告。美国司法部长在同管理与预算办公室主任协商后，应当在1997年10月1日前制定与本条规定的报告相关的报告与行为纲要，并且在司法部长认为有必要时，可以制定对该报告的补充要求。美国司法部长应当在每一会计年度的4月1日或之前提交年度报告，该报告应当包括：前一会计年度依照本节所产生的案件数的目录，每个案件所涉及的免除情形，每个案件的处理情况、花费、收费、依据第a条第4款第E、F和G项所征收的罚金。该报告也应包括对司法部为鼓励行政机构遵守本节所作的努力的说明。

五、争议解决

该法第a条第4款第A项规定，申请人对拒绝公开信息的申诉必须首先向相关公共机构的首脑提出。行政机构在收到申诉后20日内（星期六、星期日和法定的公共假日除外）作出对申诉的决定。对于申诉，如果对要求提供记录的申请的否定决定予以全部或部分维持，行政机构应当告知申请人对该决定予以司法审查的规定。该法第a条第6款第B项i规定，上述期限有可能被延长10个工作日。如果在规定的时间范围内没有任何回应，则申请人可以直接向法院提起申诉。

该法第a条第4款第B至E项规定，对于申诉，申诉人居住地、主要营业地、行政机构记录所在地或者哥伦比亚特区的美国地区法庭有司法管辖权，禁止行政机构封锁行政机构记录，并下令其提供向投诉者不当保密的行政机构记录。在这种情况下，法庭应当重新确定议题，并且可以审查行政机构保密记录的内容以决定依据不予公开的情形是否应当拒绝提供这些记录或其中部分记录，行政机构负有举证责任来证明其行为是正当的。

虽然有其他法律规定，在申诉请求书送达被告后30日内，被告仍应对申诉作出答复或者予以抗辩，除非因为出现充足的理由使得法庭指令用别的方式。

在申诉人实际胜诉的案件中，法庭可以向国家收取合理的律师费和合理产生的其他诉讼费用。

该法第a条第4款第F项规定，当法庭责令行政机构提供其不适当地拒绝向原告提供的记录，并向国家收取合理的律师费和其他诉讼费用，并且法庭补充发出一项书面裁定围绕该拒绝行为的情况产生的问题（即行政机构工作人员在拒绝提供上是否存在随意的或多变的行为）时，特别顾问应当快速启动程序，以决定是否有正当理由对此拒绝提供负主要责任的官员或雇员采取惩戒行动。特别顾问在对所提交的证据进行调查和审议之后，应当将他的裁决与建议交给有关行政机构的管理部门，并且应当将该裁决和建议的副本寄给该官员或雇员或其代理人。行政当局应当采取特别顾问建议的处置措施。

司法部长应向特别法律顾问通报上述每件案例，并规定司法部长与特别法律顾问就此向议会提交年度报告。

该法第a条第4款第G项规定，如果不遵守法庭的指令，主管官员将有可能因藐视法庭而受到惩罚。

六、发展现状①

根据政府信息公开办公室2013年度报告，该办公室于2012～2013财政年度向国会提交了五项有助于《信息自由法》实施的建议：为申请者依据《隐私权法》搜索自己的记录提供帮助；鼓励行政机构参与联邦政府的信息门户网站；为行政机构间关于信息公开申请的交流提供便利；创建联邦政府《隐私权法》日常使用程序以简化行政机构与政府信息公开办公室的信息交流；对信息公开专职人员进行争端解决技巧的培训。政府信息公开办公室已经开始在可能的条件下大力促进这些建议的实现。其与司法部的信息政策办公室（Office of Information Policy at the Department of Justice）共同发起了申请人圆桌会议活动，力图使行政机构的信息公开专业人士和公众一起讨论对由行政机关保存的个人信息的公开申请。即使政府信息公开办公室是《信息自由法》授权设立的，其对于依据《信息自由法》和《隐私权法》提出的申请都同等对待，其致力于帮助公众依据两部法律申请信息公开。政府信息公开办公室

---

① See *Building a Bridge OGIS Report* 2013, https://ogis. archives. gov/about - ogis/ogis - reports/Building - a - Bridge - OGIS - Report - 2013. htm，最后访问日期：2014年4月13日。

计划在网站上添加行政机构隐私目录及《隐私权法》的大致介绍。政府信息公开办公室还与司法部共同开发模型语言，以方便行政机构为了与政府信息公开办公室共享信息而修改其记录通知系统（systems of records notices）。没有这样一个依据《隐私权法》的日常使用程序，政府信息公开办公室在联系联邦行政机构以解决争端之前必须取得申请人的书面同意。

政府信息公开办公室发明了一个增强机构间联系与合作并有助于针对多机构申请进行交流的策略，这使得行政机构能够明确本机构收到的公开申请已经被哪些机构受理过，能够互相沟通处理申请的技巧，避免劳动力浪费。

政府信息公开办公室还在其网站上建立了一个促进信息公开的页面，并且突出了提供给行政机构的建议，包括：为新的联邦政府雇员进行信息公开培训；将行政机构的信息公开网页标准化；将信息公开职业展望专业化。

政府信息公开办公室于 2012 财政年度处理了 354 个申请帮助的案例，分别低于 2011 年的 373 个和 2010 年的 391 个。但是，政府信息公开办公室处理的这些案例越来越趋向复杂化。政府信息公开办公室已经改善了其申请接收程序以追踪案件，其可以快速提供帮助，以减少总请求数。

在 2012 财政年度，政府信息公开办公室拓展了其争端解决技能培训范围，其中包含了对三个内阁级别的部门的特别化培训。在该年度，政府信息公开办公室并未处理任何需要外部调停人的案件。

政府信息公开办公室建立了一个初步的评估框架，用以评估一个现行的信息公开程序，该程序与国家档案记录管理局的信息安全监督办公室（NARA's Information Security Oversight Office）建立的另一个程序类似。

下一年度，政府信息公开办公室将尽全力继续提供调停服务，审查行政机构的信息公开政策、程序以及对《信息自由法》的遵守情况。

政府信息公开办公室在2013财政年度的争端解决技能培训将根据需求,包含行政机构内部和行政机构之间的特别会议。政府信息公开办公室还计划通过与内阁及行政机构合作完善其初建的审查程序,以适应用以简化行政机构与政府信息公开办公室的信息交流的《隐私权法》日常使用程序。

墨西哥《联邦信息公开和透明法》概览

一、法律概要

墨西哥2002年《宪法》第6条中有对信息权利的简短保证："国家将保障信息自由。"但墨西哥议会两院与16个州的立法机构又一致通过了一项对《宪法》第6条的全面的修正案，明显地扩大了宪法对信息权利的保护。新条款的规定包括：个人信息应受到保护，但除此之外所有信息都应当公开，只有在需要保证法律确定的公共利益时，信息的公开才受到暂时性的限制；应当建立获取信息的便捷系统并使之处于独立性机构的监督之下；在本法生效一年之内，获取政府各级以及各分支机构的信息系统的信息必须遵守本法的规定。这可能是世界上仅次于瑞典的对信息权利的最全面的宪法保障。①

墨西哥《联邦信息公开和透明法》②（*Federal Transparency and Access to Public Government Information Law*）于2002年4月被国会通过，于6月被总统福克斯签署，并于2003年6月生效。其与宪法修正案一样，是新政府许诺打击腐败、推动墨西哥民主政治的一部分，因而获得国会两院的一致通过。"人权观察"组织对信息权法做出如下赞赏性的评价：信息权法（即《墨西哥联邦信息公开和透明法》）可能被证明是墨西哥自2000年

---

① 托比·曼德尔：《信息自由：多国法律比较》，龚文库等译，联合国教科文组织2008年版，第95页。

② 该法律可见网站：http://www.right2info.org/resources/publications/laws-1/laws_mexico_rti-law，最后访问日期：2015年8月3日。

选举开始的民主化转变中迈出的最重要的一步。[①]

该法第1条规定,《墨西哥联邦信息公开和透明法》具有公共属性,其目的是确保公民有权获取由墨西哥政府、宪法保障的自治团体、其他合法自治体以及其他联邦实体保有的信息。该法第4条对其目的进行了具体规定,包括:确保公民通过简单、快捷的手段获取信息;通过信息的公开促进公共行政的透明化;保护公开义务主体保有的个人信息;鼓励公民对公开义务主体进行问责和评估;完善文档的管理、分类和处理;致力于墨西哥社会的民主化和法治化进程。该法第6条规定,在对该法进行解释时,必须优先适用公共机构透明化原则。

《墨西哥联邦信息公开和透明法》共有四部分,64条。第一部分(第1至27条,共五章)是所有公开义务主体都适用的一般规定,包括:该法的目的和原则,特定术语的解释和说明,公开义务主体的主动公开义务,保密信息的范围及具体规定,个人信息的保护,信息公开费用等。第二部分(第28至60条,共四章)是仅适用于联邦行政机构的规定,包括:联络部门、信息委员会及联邦信息公开机构的设立及职权,向机构或实体申请信息公开的程序,向联邦信息公开机构的申诉程序。第三部分(第61、62条)是仅适用于除联邦行政机构外的其他公开义务主体(主要是政府的立法和司法部门和5个自治机构)的规定,其只含有两个条款,主要内容是试图将第2部分中许多的义务和监督职能加以合并。第四部分(第63、64条)是对相关责任和制裁的规定。

二、信息公开的范围

信息权法确立了相当明确的“例外规章”并主要是通过保密体系来运作。[②]

---

① 托比·曼德尔:《信息自由:多国法律比较》,龚文庠等译,联合国教科文组织2008年版,第95页。

② 托比·曼德尔:《信息自由:多国法律比较》,龚文庠等译,联合国教科文组织2008年版,第99页。

该法第13条规定，如果公开将导致以下后果，则此类信息为机密：危害国家安全、公共安全和国防事业；损害正在进行的磋商或国际关系，包括其他国家或国际组织提供给墨西哥的机密信息；危害国家财政、经济或货币稳定；置任何人的生命、安全或健康于危险境地；严重损害对法律行为的证明、对犯罪的阻止或追诉、司法裁决、税收征集、移民管制，或正在进行的司法程序或行政程序。

该法第14条规定，如下信息也属于例外信息：法律规定为机密、秘密、商业秘密和政府机密；商业、工业、税收、银行和信用机密，或法律规定的其他类似秘密；事先调查；审判过程中，作出判决之前的司法文件或行政程序；在行政决定或最终的司法裁决作出前，控告公职人员的责任诉讼；包含公职人员商谈程序中的部分观点、建议或意见要点，这些意见在最终的裁决中如果予以采用，则必须归档。对侵犯基本权利或违反人性的犯罪需要进行积极调查时，信息可以不保密。

该法第15条规定，上述被划分为机密的信息可以保密12年。当保密的理由不再存在或保密的期限终止时，此类信息不再作为机密，应该予以公开，而不论其他法律在此方面的规定。在特殊情况下，如最初加密理由仍然成立，可由联邦信息公开机构或有关监督机构依据该法规定加以延长。联邦信息公开机构设定信息保密与否的标准。

该法第16条规定，行政机关的负责人依据该法、由联邦信息公开机构制定的规章和工作指南、第61条的规定中任一可适用的规则所设立的标准对信息予以保密。

该法第17条规定，行政机构在每个工作年度都应以项目标题为目录制作卷宗索引，标明机密文件。该索引必须指明信息所属的行政机构、保密时间、理由、保密的最长期限以及相关文件的保密部分。在任何情况下，该索引本身都不能作为机密信息。各机构的负责人必须采取必要措施以确保机密文件的保存和维护。在任何时候，联邦信息公开机构决定信息归属，确定其定密、解密是否适当及其公开程序，有权获取机密信息。

该法第18、19条还规定对个人信息的保护（根据该法第3条，个人信息属于某一自然人,有关他或她的民族或种族血缘的信息,涉及身体,精神或情绪的特征的信息,感情的和家庭生活的信息,住所信息,电话号码,遗产信息,意识形态和政治观点,宗教或哲学信仰与信念,他的身体或精神健康状况,他的性取向,或任何类似的信息)。当个人提供信息给公共机构,后者必须说明应对什么信息予以保密(仅在他们有合法权利对信息加以保密时),然后此信息只可在征得信息提供人同意之后才能公布。

该法第21条规定,公开义务主体不得公开、散布或将信息系统中的个人信息商业化,除非该信息涉及的个人进行书面或类似方式的授权。

该法第22条规定,如下情况下对个人信息的使用无须征得个人的同意:在不能取得授权时,个人信息的公开对疾病的防治和诊断、医疗援助的提供及健康服务的实施是有必要的;由于法律规定的统计、科技及一般利益原因,在程序中无法联系到与该信息相关的个人;该个人信息在公开义务主体与机构和实体之间交流,并被适当地用于相关公权力的行使;为了维护司法秩序;当信息被移交给依合同约定需处理与该信息有关的事务的第三方实体,该实体不得超越信息移交的目的而使用该信息;其他法律规定的情形。

三、信息公开的方式及程序

(一)信息公开的方式

1. 主动公开

该法第7条规定,除机密信息外,公开义务主体必须依照该法规定的程序向公众公开并及时更新以下信息:其宪法结构;行政主管单位(依据该法第3条,其指保有信息的公开义务主体的组成部分)的职权;该主体的公职人员花名册,依职务的从大到小排列;每个职位的月薪;联络部门的地址以及可以接收公民申请的电子地址;行政主管单位的宗旨和目标;主体提供的服务;当其办公程序、申请条件、形式收录于程序和服务的联邦登记或因税收目的收录于财政和公共信贷秘书处的登记上时,上述登记内容应该准确公布;各机构的预算信息及支出报告,这些信息由财政和公共信贷秘书处向每个机构和实体[依据该法第3条,“机构和实体”是指在《宪政联邦公共行政法》(*The Constitutional Federal Public Administration Law*)中指明的机构,包括总统和分散的行政机构,如总检察长办公室,也即政府的行政部门]公开,并向公众公开经济形势、公共财政和公共债务;审计员和行政发展秘书处、内部审计员或联邦高级审计员有义务公布对公开义务主体的审计结果及相应的解释说明;补贴方案的设计和执行,以及分配给各级够的数额及申请标准;对特定对象的优惠、许可及授权;依据法律签订的合同,包括需要或出租的公共产品及约定的服务、研究或调研的特定对象、供应者或签订者的姓名、合同的履行期限;公开义务主体所适用的规范;各主体依法提交的报告;公民参与机制;公众最常咨询的统计调查信息,及其他有用或相关信息。

该法第32条规定,联邦信息公开机构(Federal Institute for Access to Public Information)必须与国家档案馆(General Archive of the Nation)合作建立行政文件、档案编目、分类和保存的相关标准。该标准的建立必须考虑国际最优标准和实践。机构和实体的负责人必须确保档案的合理使用,同时,必须向公众提供档案编目、分类、保存的简要指南。

该法第8条规定,联邦司法部门应该公开其已裁决的或已执行的刑罚;有利害关系的实体可以拒绝公开其个人信息。

该法第10条规定,机构和实体必须将所有法案和总体行政安排在出版或送交行政部门负责人签发前20天对外公布,除非其公布可能有悖于该法案的目的或出现紧急状况。这些机构和实体既可以直接公布,也可以通过行政部门的法律委员会办公室或联邦监管委员会公布。

该法第11条规定,政党和联邦政治团体向联邦选举机构提交的报告和关于这些组织团体的任何形式的审计在完成后须尽快向公众公开。任何公民都有权向联邦选举机构申请公开其收到的与政党和政治团体使用公共资源有关的信息。

该法第12条规定,公开义务主体必须公开其管辖的公共资源的数量及受资助者的信息,以及受资助者就公共资源的使用向其提交的报告。

该法第47条规定，信息公开申请和对该申请的答复都应该公开。同样地，机构和实体应该将上述申请和答复置于方便公众查阅的地点，并在可能的情况下建立远程或本地电子查询手段。

2. 依申请公开

该法第40条规定，任何个人或其代表可以向任何机构和实体设立的联络部门申请信息公开，申请方式可以包括信件或其他任何被许可的方式。申请应该包括以下内容：申请人的姓名或住址，或其他任何可以收到通知的地址（如电子邮件地址），以及其代理人的一般信息；对被申请的文件的清楚和准确描述；其他能够有助于查找信息的事实；申请人希望能够获得信息的形式。

（二）信息公开的程序

该法第40条规定，如果根据申请人提供的材料不能准确地找到信息，或其材料有误，联络部门应该在收到申请之日起10个工作日内要求申请人补充或改正材料。如果申请人对所需信息无法做出清楚描述，或者其在提出获取信息的申请时存在不识字等困难情况，联络部门有义务提供援助。如果被申请公开的信息不存在于收到申请的机构或实体，则该机构或实体有义务及时告知相关信息的保有机构。如果信息公开申请直接向行政机构而非其联络部门提出，则该行政机构有义务告知申请人联络部门的地址。机构或实体决定是否公开所申请的信息不应受到申请者的动机的影响。

该法第42条规定，机构或实体仅负责提供其保有的信息，并在可能的情况下按照申请人所要求的形式全部或部分公开信息。在申请人所申请公开的信息已经通过书籍、摘要、手册、公共档案、网上的电子格式及其他媒介以书面方式被公开时，必须书面通知申请人该信息的现在来源、查询地点和形式，以便于申请人进行查询和复制。

该法第43条规定，联络部门应该将信息公开申请转交行政主管部门，由其查找相关信息，确认其是否为保密信息，然后将获取信息的程序以及信息的可获取形式告知联络部门，以确定公开该信息所花的费用。

可以部分公开的信息(信息分割),须确定该信息所属的文件的部分或章节不属于机密信息。

该法第44条规定,对于所收到的信息公开申请必须在收到申请之日起20个工作日内尽快予以答复。上述时间期限在有正当理由的情况下可以延长不超过20个工作日,并通知申请人。公开信息的收费和形式将按照具体情况而定。一旦联络部门已经做出准予公开的决定并且申请人已经支付了公开费用,公开机构和实体必须在其后10个工作日内提供所需信息。机构或实体须按照规章订立处理信息获取要求的内部程序。

该法第7条规定,信息必须以方便公众使用和方便个人理解的方式提供,并保证其真实性、实时性及可信性。该法第9条规定,信息也必须通过远程和本地电子手段向公众公开。公开义务主体必须向利害关系人提供电脑设备,供其直接获得信息或打印,同时必须向有需要的使用者尽可能地提供帮助。机构和实体必须根据联邦信息公开机构制定的规章及指南处理信息的自动操作、介绍及目录。

该法第53条规定,不在规定的时间内对信息公开申请作出答复的,视为接受该申请,机构或实体有义务在10日内依该申请公开信息,并承担因复制被申请信息所产生的材料费用,除非载有该信息的文件被联邦信息公开机构宣告为保密信息。

该法第20条规定,公开义务主体对个人信息负责,必须采用适当的程序受理和答复公民对个人信息的公开和修改申请,对公职人员进行培训并将该主体所制定的保护个人信息的政策予以公开。公开义务主体仅在适当且与之相关的情形下才能处理个人信息,且不得超越其最初获取该信息时的目的。公开义务主体必须尽量保持个人信息的准确性,并及时更新;立即删除、修正、完善全部或部分错误的、不完整的个人信息;采取必要措施保证个人信息的安全,避免其改变、丢失、转移及在未授权的情况下被公开。

该法第23条规定,已建立个人信息系统的公开义务主体必须通知联邦信息公开机构及其他监督机构,以保证个人信息系统的即时更新。

该法第 24 条规定，无论其他法律如何规定，仅有利害关系的实体或其代表可以经认证后申请使用个人信息系统内与之有关的信息。联络部门必须在收到申请之日起 10 个工作日内答复以一种方便申请人理解的方式送达申请人；或者联络部门应该书面通知申请人，个人信息系统内无法找到其申请的信息。

该法第 25 条规定，利害关系人及其代表经认证后，可以向联络部门申请修改存储在任何个人信息系统之内的与之有关的信息。为此，该利害关系方必须向联络部门提交申请，载明需要修改的信息内容以及用以支撑该申请的相关文件。申请作出后 30 个工作日内，联络部门必须向申请人作出答复，以通知其相关修改是否被通过；若未通过，还要说明理由。

该法第 45 条规定，当所申请的信息被行政主管部门的负责人认定为保密信息，则必须将该申请同证明上述信息为保密信息的必要材料寄往机构或实体的信息委员会，由信息委员会作出如下决定：确认或修正该信息的密级并拒绝作出不予公开的决定；或取消信息的密级并作出准予公开的决定。信息委员会有权查看行政主管部门保有的任何信息，并在 20 个工作日内向利害关系人作出决定。决定不予公开时，信息委员会必须阐明该信息属于保密信息的原因并告知其向联邦信息公开机构申诉的权利。

该法第 46 条规定，如果行政主管部门没有找到载有相关信息的文件，则其必须立即向该机构或实体的信息委员会提交其收到的信息公开申请和陈述该事实的官方信件。信息委员会必须对此进行分析并采取适当措施以找到载有被申请公开信息的文件。在上述文件无法找到的情况下，信息委员会应当起草一份决议确认被申请信息不存在，并且在 20 个工作日内通过联络部门通知申请人。

该法第 48 条规定，联络部门没有义务处理冒犯性的申请、同一申请人反复提出的已经回应的相同申请或被申请公开的信息已经被公开的申请。在最后一种情况下，联络部门必须告知申请人可以获取该信息的地点。

（三）信息公开的费用

该法第 24 条规定，个人信息的公开不收取费用；申请人只需按相应的价格表缴纳寄送信息的邮费。此外，如果同一个申请人在上次申请之日起 12 个月内又向同一个信息系统申请，该申请的收费根据该法第 27 条决定。

该法第 27 条规定，申请信息公开的费用不能高于材料成本和邮寄成本。相应的收费必须按照《联邦税收法》（Federal Duties Law）的规定。公开义务主体必须尽量减少信息公开过程中产生的费用。

四、主管机构

（一）联络部门（liaison sections）

该法第 28 条规定，每个机构和实体的负责人应该指定一个联络部门，该部门具有下列职权：收集和公开该法第 7 条规定的应当主动公开的信息，并且协助行政主管部门对其进行更新；接收和处理信息公开申请；帮助个人准备信息公开申请，并且在必要的时候告知其保有所申请信息的行政机构或其他实体；执行每个机构和实体内部关于提交信息公开申请和通知申请人的文件；向信息委员会提出关于最大限度地改进处理信息公开申请效率的建议；对每个机构和实体的公职人员进行关于接收和处理信息公开申请的培训；对收到的信息公开申请及其结果和费用进行记录；其他任何有助于保障和促进机构和实体向申请人公开信息的事项。

该法第 41 条规定，联络部门负责该法提到的向申请人的所有通知的作出，是机构与实体和申请人之间的联系人。其必须通过一切必要手段促进信息的公开。

（二）信息委员会（information committee）

该法第 29 条规定，每个机构和实体都应建立信息委员会，该委员会具有以下职能：依照该法规定，协调和监督机构和实体提供信息的一切行为；依照规章的要求，建立特定程序以保障最有效地处理信息公开申请；确认、修改、撤销机构和实体的行政主管部门负责人划分的信息密级；同联络部门共同找到包含申请人所需信息的文件;建立机构或实体的行政文件分类和保存特定标准并监督实施状况,并依据联邦信息公开机构和国家档案馆(General Archive of the Nation)公布的指导方针管理档案;建立并定期更新有助于便利信息公开申请的程序,该程序包含管理档案的必要措施;向联邦信息公开机构提供其年度报告所需的信息。

该法第30条规定,每个信息委员会由以下人员组成:一个由机构或实体的负责人指定的公职人员;联络部门的负责人;每个机构或实体的内部监管部门的负责人。

该法第31条规定,国家安全和调查中心、国家毒品控制计划中心、联邦预防警察情报共享局首长、总统府、国防部秘书处总参谋部、海军总参谋部或者替代这些机构的行政主管部门不对信息委员会负责,信息委员会的职能由这些机构的行政主管部门负责人独自承担。

(三)联邦信息公开机构(Federal Institute for Access to Public Information)

联邦信息公开机构并非任何机构或实体的内部机构,区别于作为内部机构的信息委员会。该法第33条规定,联邦信息公开机构是一个独立的公共行政机构,其独立运行、预算、决策,负有宣传和促进信息公开申请权、裁决被拒绝的信息公开申请以及保护机构和实体保有的个人信息的职责。

该法第34条规定,联邦信息公开机构由五个联邦行政部门提名的专员组成。在提名公布的30日内,参议院或常设委员会可以通过投票的方式否决提名。超过此期限,则被视为对联邦行政部门的提名无异议。符合下列情况的将撤销其职务:严重或屡次违反宪法或该法;其行为或不作为危害了联邦信息公开机构的工作;已被定罪而受到监禁。专员的任期为6年,期间不再重新选举,也不得在除研究、科学及慈善团体之外的其他机构任职或接受任务。为了保证独立,联邦信息公开机构不隶属于任何机构,享有完全独立的决定权,并享有执行其职能所需的人员和物质资料。

该法第35条规定,联邦信息公开机构的委员必须满足如下条件:必须是墨西哥公民;没有实施过任何欺诈犯罪;任职时须满35岁;在公共服务或学术研究等与本法规定的事务有关的职业活动中有杰出表现;在被提名前的一年内没有担任过内阁大臣、行政部门负责人、司法部长、参议员、联邦或地方代表、政党或政治组织首脑、州长、联邦区政府首脑。该法第36条规定,联邦信息公开机构由一人担任主席,在法律上代表该机构。

该法第37条规定,联邦信息公开机构具有下列职权:通过颁布行政法规的方式依据《宪法》第6条解释《墨西哥联邦信息公开和透明法》;接受并处理申请人提起的申诉;制定归类、解密和保存机密信息的标准,并监督其执行;协助国家档案馆制定和执行档案分类和保存的标准,及各机构和实体对档案的整理;监督并敦促机构和实体遵守该法第7条主动公开的规定;向信息公开申请人提供指南和建议;为机构和实体建立和运行其信息系统提供技术支持;为信息公开申请人提供个人信息的公开和修改的申请格式;为机构和实体保存的个人信息的处理、维护、保护制定指导方针和一般政策;对每个机构和实体的内部监察部门涉嫌的违规行为提出警告;每个机构和实体的内部监察部门在作出最后裁定时应当通知联邦信息公开机构,以通过其年度报告进行公开;制定第38条规定的指南;促进并在需要的时候实施对公职人员对信息公开和个人信息保护的培训;向公共服务人员和公众宣传公共信息管理的好处,及他们对适当地适用和保护信息所负的责任;为使公众增强对该法理解的广度和深度而展开调查和研究;就信息公开与其他公开义务主体、联邦实体、自治区以及其他实体提供协议与程序展开合同;建立内部规定与运行机制;指派公共服务人员填补空缺;向财政和公共信贷秘书处提交年度预算,该预算将被纳入联邦预算;其他该法、行政法规及协议授予的职权。该法第38条规定,联邦信息公开机构应该制定一个指南,简明地描述申请公开机构和实体所保有信息的程序。

该法第39条规定,依据机构和实体向其提供的数据,联邦信息公开机构应就信息公开情况向国会提交年度信息公开报告,至少应包含以下内容:向每个机构和实体提出的信息公开申请的数量及处理结果;机构处理申请所用时间;研究所介入的事项数量及结果;内部监督机构介入前的申请终止状态;在执行该法方面遇到的任何困难。为此,联邦公共信息权研究所在必要时应该公布执行上述事项的指导方针。

五、争议解决

(一)申诉

1. 提出。该法第49条规定,如果依据信息委员会作出不予公开或被申请的信息不存在的决议并通知申请人,则申请人或其委托的代理人有权自收到通知之日起15个工作日内直接或通过最初接收信息公开申请的联络部门向联邦信息公开机构提起申诉。联络部门收到申诉文件后的第二天必须将其转发给联邦信息公开机构。该法第61条规定,如同联邦信息公开机构处理针对"机构和实体"的申诉一样,其他公营机构也有义务为申请人提供类似的申诉服务。[①]

该法第26条及第50条规定,可以提出申诉的情形还包括:机构或实体拒绝公开个人信息,或以难以理解的方式公开;机构或实体拒绝修改或更正个人信息,或不予答复修改申请,或者超出修改或答复的期限;申请人对信息公开的时间、费用及方式有异议;申请人认为所公开的信息不完整或非被申请公开的信息。

该法第54条规定,申请人提出的申诉必须包含如下内容:申请人向何机构或实体提出了申请;申诉人或利害关系人姓名、家庭住址或接收通知的地址;申诉事由发生的日期;申诉内容和理由;任何与此案相关的正式文件的副本;申请人认为需要提交的任何其他材料。

2. 审理。该法第51条规定,上述申诉依据《联邦行政程序法》进行处理。该法第52条规定,联邦信息公开机构对个人提出的申诉的处理程

---

① 托比·曼德尔:《信息自由:多国法律比较》,龚文庠等译,联合国教科文组织2008年版,第101页。

序中的缺陷进行赔偿。

该法第55条规定,收到申诉后,联邦信息公开机构应该将该申诉移交于被指定处理该申诉的专员。该专员负责整理与申诉有关的档案资料,并在申诉提出之日起30个工作日内向联邦信息公开机构全体会议提交解决该申诉的建议,在其后的20日内,委员会必须对申诉做出裁决。该裁决应该公开。上述时间限制基于正当的理由可以延长一倍。

全体会议可以决定召集该案各方对申诉进行开庭审理。在申诉的处理过程中,必须为了申诉人的利益制作争议报告,并且保证双方能够以书面或口头的方式阐述其主张和观点。依据利害关系人的申请,相关文件和请求可以通过电子方式传输。

3. 裁决。该法第56条规定,联邦信息公开机构可以裁决停止审理或不予受理申诉;或确认信息委员会的决定;或撤销或修改信息委员会的决定并指令机构或实体公开相关信息;或重新分类信息;或修正个人信息。该书面裁定应该同时载明限令机构或实体执行的程序和期限。如果联邦信息公开机构未能在规定的期限内作出裁决,则视为同意申诉。如果联邦信息公开机构在处理程序中决定由某个公职人员负责上述内容的执行,则研究所须通知该机构或实体的内部监督机构对该公职人员负责。

该法第57条规定,下列情况下申诉可能遭到拒绝:申诉超过申诉时限;联邦信息公开机构已经受理了该申诉并且做出了明确裁决;被申诉的决议不是由信息委员会作出的;法院已经受理该申诉。

该法第58条规定,下列情况下申诉应该被停止审理:申诉人明确中止;申诉的自然人死亡或法人终止;申诉被受理后,发现了上述申诉可能被拒绝的情形;被申诉的机构或实体改变或撤销相关裁决使得申诉没有意义。

(二)上诉和重审

该法第59条规定,联邦信息公开机构的裁决对机构和实体终局,但申请人可向联邦法院提起上诉。法庭在有必要时,可以在审理中查阅保密信息,但不能改变其密级,也不能将此种信息载入审判档案。

该法第60条规定,在联邦信息公开机构支持信息委员会的原有决定并否决申请人申诉的1年之后,申请人可以要求联邦信息公开机构重审,联邦信息公开机构必须在60日内对原申诉做出第二次裁定。

六、发展现状

《墨西哥联邦信息公开和透明法》的实施产生了积极的成效。“促进公开社会正义”组织的一份研究表明,在对“沉默的拒绝”(指不对公众的信息申请做出答复)比率的调查中,墨西哥的数字比参与调查的其他13个国家都低。[①] 此外,对获取信息的要求加以积极回应的比率这一项,墨西哥也有较好的表现。一份关于联邦信息公开机构和在墨西哥提倡透明文化的报告开篇就提出:“在全球信息自由法律大家庭中,墨西哥处于领先地位。”[②]

该法的实施获得了极大的成功。国际人权观察组织认为该法的实施是对政府保密主义的重大打击,并将该法描述为福克斯总统当政期间在人权领域的最重要成就。该法得到了广泛的运用。2005年共有50,127件信息公开申请,高于2004年的37,732件。其中,47,000件是对公共信息公开的申请,3000件是个人对其个人信息的申请。每年超过90%的信息公开申请都是通过电子系统提交的。2005年,34%的申请是学术界提出的,27%由一般公众提出,18%由商界提出,13%由内部政府官员提出,9%由媒体提出。[③]

目前,一些军事采购、政府和私营公司所签署的合同、总统生日宴会的花销等都实现了公开。在该法实施以前,墨西哥的病人甚至无法得到

---

① 《透明度和沉默:对14个国家信息权法及其实践的调查》,*Open Society Justice Initiative*,2006年版,第43页。转引自托比·曼德尔:《信息自由:多国法律比较》,龚文庠等译,联合国教科文组织2008年版,第95页。

② 转引自托比·曼德尔:《信息自由:多国法律比较》,龚文庠等译,联合国教科文组织2008年版,第95页。

③ See David Banisar:*Freedom of Information around the World* 2006:*A Global Survey of Access to Government Information Laws*,107.

自己的医疗报告,而现在病史记录则对患者本人完全公开。再如,政府发放穷人补贴的标准十分复杂,经常有人认为自己和邻居情况差不多但没得到补贴,现在信息全部公开,预防了大量纷争。如果公民对政府信息公开的状况不满,可向联邦信息公开机构提起申诉。委员大多具有学术背景。委员会可以对包括国防秘密在内的任何事项展开讨论,投票决定其应公开还是保密。联邦信息公开机构的生效决定具有强制力,政府部门必须实施。① 联邦信息公开机构于2005年收到申诉2639起(占全年信息公开申请的5%),其中2091起得到解决,高于2004年的1430起。联邦信息公开机构作出的裁决中42%对申请人有利,17%的内容是确认行政机构的决定,剩余的是因行政或其他原因的驳回裁决。②

对于联邦信息公开机构的决定,公民如果不满意还可以向司法法庭上诉。不过,只有极少数公民选择向法庭上诉。截至2006年,向法庭上诉的案件才刚过200起。因为法庭上诉需要时间、律师和金钱。而向研究所投诉只需要在网上点击一下即可,成本低、效率高。尽管联邦信息公开机构需要大量辅助人手,增加了政府的财政支出;但是,在信息公开方面,政府投下1美元就可以解决100万美元的问题。墨西哥联邦信息公开机构专员胡安·帕波洛·古雷尔认为,墨西哥是一个拥有1.5亿人口的新兴市场国家,面临着贫穷、腐败、毒品走私等问题,做到信息公开绝非易事,但目前的总体状况令人满意。③

该法在规定官员因泄密而应该承担的责任时,未规定对那些依据法律要求而善意公开信息的官员的保护性条款。如上文所述的第63条就规定,公务人员只要公开保密信息就应承担行政责任、受到处罚。这种绝对化的规定很可能导致公职人员倾向于对信息保密,不利于公众知情权

---

① 程义峰、秦亚洲、陈冀、杨金志:"国外政府信息公开镜鉴",载《瞭望》2009年第29期。详见网址:lw.xinhuanet.com/htm/content_4923.htm,最后访问日期:2014年4月13日。

② David Banisar:*Freedom of Information around the World 2006:A Global Survey of Access to Government Information Laws*,106.

③ 程义峰、秦亚洲、陈冀、杨金志:"国外政府信息公开镜鉴",载《瞭望》2009年第29期。

的保护。

该法在实施中存在一些问题。一些机构和官员不遵守或提起诉讼反对联邦信息公开机构的裁决。有一些公共机构保存的文件档案很少，从而无法为公众提供其想要获取的信息。该法在公众中的普及程度仍然较低，2003 年只有 22%，2004 年只有 33%；而 2003 年知道联邦信息公开机构的只占 12%，2004 年只占 20%。同时，联邦信息公开机构也容易因政治干预、缺乏对政党的适用、缺乏行政机构外的其他机构的适用程序而阻碍其效果的实现。①

① David Banisar: *Freedom of Information around the World 2006: A Global Survey of Access to Government Information Laws*, 107.

特立尼达和多巴哥共和国《信息自由法》概览

一、法律概要

特立尼达和多巴哥共和国[①] 1976 年《宪法》(*The Constitution of the Republic of Trinidad and Tobago*)第 4(i)条规定:"特立尼达和多巴哥共和国保障思想和言论自由,而不论种族、来源、肤色、宗教与性别的差异。"[②]《北美人权宣言》(*The American Convention on Human Rights*)第 13 条也规定:"每个人都有权自由思想和自由言论。该权利体现为通过口头、书面、打印、艺术形式以及其他各种媒介无国界地自由获取、接收、传播各种信息和想法。"[③]

《信息自由法》(*The Freedom of Information Law*,简称 FOIA)于 1999 年 11 月 4 日通过,于 2001 年 8 月 31 日正式实施。[④] 该法赋予任何公民和组织申请公开公共机关持有信息的权利,及申请修改公共机关持有的不准确、不完整、有歧义以及与持有目的无关的信息的权利。申请人不受

---

① 特立尼达和多巴哥共和国(Republic of Trinidad and Tobago)是一个位于中美洲加勒比海南部、紧邻于委内瑞拉外海的岛国。位于特立尼达岛西岸的海港城市西班牙港是该共和国的首都。该城目前也是美洲自由贸易区常设代表处总部预定地的候选名单里排名顺位最优先的城市,在中北美洲的经济圈里占有颇重要的地位。英语是官方语言,但民间最常使用的却是以英语为基础的混种语言。

② *The Constitution of the Republic of Trinidad and Tobago*, http://www. ttparliament. org/documents/1048. pdf,最后访问日期:2014 年 4 月 13 日。

③ 参见 2008 年部长向国会提交的年度报告, http://www. foia. gov. tt/sites/default/files/FOIA%20Annual%20Report%202008. pdf,最后访问日期:2014 年 4 月 13 日。

④ 参见特立尼达和多巴哥《信息自由法》, http://www. foia. gov. tt/sites/default/files/FOIA1999. PDF,最后访问日期:2015 年 8 月 3 日。

年龄和国籍限制，甚至可以不是特立尼达和多巴哥共和国的居民。该法的制定目的是帮助公民获取关于政府的更多信息。[①]

该法是《信息自由法》，共有五章，42 条。第一章(第 1 至 6 条)是序言，包括：该法的目的、原则、相关术语的解释说明、适用范围；第二章(第 7 至 10 条)是特定信息的公开，包括：公共机关应该主动公布的信息以及公民对此的申诉权利；第三章(第 11 至 23 条)是公民享有的信息公开申请权，包括：公民无法获取的信息、申请的提出、决定的作出、公开方式、延期公开等内容；第四章(第 24 至 35 条)是不予公开的信息及例外，包括：内阁审议信息及例外、国防信息、外交信息、内部信息及例外、执法信息及例外、特权信息、个人信息及例外、公共机关秘密、易泄密信息及例外、国家经济利益信息、特别法规定及不予公开的一般例外；第五章(第 36 至 42 条)是杂项，包括：对个人信息的修改、国家广播网保有信息的特别规定、信息的用途、公民对公共机关决定不服向申诉专员的申诉、提请高级法院的司法审查、部长提交年度报告的义务以及对信息的保护等内容。

二、信息公开的范围

第 3 条第 1 款规定，该法的目的是扩大公众获取公共机关保有的信息的权利。具体来说，必须使公众有权获取公共机关的业务信息，特别是当公共机关的授权、政策、规定及职能在影响到公众的权益时，必须使受影响的公众有权获取与之相关的信息。公共机关必须保障公众获取政府信息的权利，该权利仅在为保护重大公共利益及个人隐私或商业利益时才有例外或除外情形。第 2 款规定，对该法进行解释时必须依据扩大公众信息获取权的原则，任何该法授予的自由裁量权的行使都必须尽可能地便利信息的快捷和低成本公开。

第 24 条规定，如果一项政府信息符合以下情形，则不予公开：关于内阁审议或决议的官方记录；由政府部长或政府当局所作出的已提交到内

---

① 参见网站：http://www.foia.gov.tt/about－the－act，最后访问日期：2014 年 4 月 13 日。

阁予以审议的官方文件,或者是已由内阁审议并与内阁审议的问题相关的文件;某政府文件以概述某政府部长为目的,而该政府部长与内阁予以审议的问题相关;某政府文件是上述三类文件的副本、草稿或摘录;或者公开某项信息会牵涉到内阁任何审议或决议的泄露,除了内阁决议通过该文件被正式出版。上述信息若在该法实施以后才产生,则从该信息产生之日起算,10 年后便可以公开。上述信息也不包括单纯的统计、技术或科学资料,除非其公开可能导致内阁审议或决议的公开。

该法第 25 条规定,如果一项政府文件所包含的信息被泄露后,很可能会损害特立尼达和多巴哥共和国的国防,或很可能会损害安全或情报工作的合法化活动,则该项信息不予公开。

该法第 26 条规定,如果依据该法对某政府信息予以公开会损害公共利益或出现以下情况,则该政府信息不予公开:损害特立尼达和多巴哥政府之间的关系及其他任何州政府之间的关系;损害特立尼达和多巴哥政府之间的关系及州国家组织之间的关系;代表另一个州政府向特立尼达和多巴哥或者向代表州政府接受信息的个人秘密传达的信息的泄露;或者代表州国际组织向特立尼达和多巴哥政府或者向代表国际组织接受信息的个人秘密传达的信息的泄露。

该法第 27 条第 1 款规定,如果依据该法对在公共机关的公务处理过程中或为处理公务而产生的官员或政府部长的意见或建议,或官员间、政府部长间或官员与政府部长间的协商结果的公开会泄露公共机关的内部事务,则该政府信息不予公开。但是其 2、3 款规定,上述内部事务不包含:为有利于根据第 8 条第 1 款规定作出决定或建议,或辅助法律实施的事务;事实性信息;对事实性信息的分析、解释、评估或任何预测;数据统计;评估员的报告,不论评估员是否为公共机关的内部人员;环境影响评价及相似记录;为公共机关购买设备而进行的测试报告或消费者测试报告;对公共机关的表现和效率进行评价的报告,而不论该报告是一般性质的,或涉及公共机关执行的特定政策、项目;与公共机关的政策或计划有关的,包含成本评估在内的可行性或其他技术性调研;包含在政策建议提出前进行的领域调研结果的报告；公共机关改变或建立新项目的最终计划或建议，包括该项目的预算评估，而不论该最终计划或建议是否被通过，但是向内阁或其下属委员会提交的计划和建议除外；公共机关内为特定问题准备报告而建立的部际委员会的报告，但是向内阁或其下属委员会提交的报告除外；为向公共机关提供调研结论和建议而设立的下属委员会的报告；公共机关依据成文法和公共机关计划行使自由裁量权所作出的决定、命令和裁决的理由，而不论该成文法和计划是否允许对该决定、命令和裁决提出上诉，也不论该理由是以公共机关内部备忘录还是书面通知的行使表现，也不论该理由是否由作出决定、命令和裁决的官员给出。其第 4 款规定，上述信息若在该法实施以后才产生，则从该信息产生之日起算，10 年后便可以公开。

该法第 28 条第 1 款规定，如果有理由认为政府信息的公开很可能会造成以下情况，则该政府信息不予公开：影响对违法或可能违法的行为的调查，或影响个案中的执行或法律的正确实施；影响对个人的公平审判或个案中的公正判决；泄露或使某人获知与法律的执行或实施相关的信息的秘密来源；对防止、检测、调查或处理违法行为所造成问题的措施或步骤的泄露，且有理由认为这种泄露很可能会损害这些措施或步骤的效力；危及法律执行中的个人的生命或人身安全，或者危及提供与法律执行或实施相关的秘密信息的个人的生命或人身安全。

第 2 款规定，上述信息不包含：揭露法律执行调查幅度超过法定限度的信息；揭露为防止、调查、侦探、处理违法行为而采取的非法手段的信息；包含任何为法律的执行、实施或调查违法行为而采取的计划框架的信息；公共机关为法律的执行、实施或调查违法行为而采取的计划所取得的成就的报告；公共机关为执行特定的非刑法法律而开展的一系列调查过程中的报告；法律执行调查报告，该报告依据该法为了公共利益已经向被调查对象公开。

该法第 29 条规定，如果某项政府信息是依据法律专业特权并通过法定程序做出的，则该项政府信息不予公开。

该法第30条第1款规定，如果依据该法对某项政府信息的公开会造成任何个体（包括已故者）信息的不合理泄露，则该项政府信息不予公开。其第2款规定，如果被申请公开的个人信息只包含该申请人的个人信息，则可以向该申请人公开。其第3款规定，当公民向公共机关申请公开其他公民的个人信息（包括已故者）且公共机关作出准予公开的决定，则公共机关应该通知该个人信息的主体（若其已故，则通知其继承人）以及向高级法院申请司法审查的权利和期限。

该法第31条第1、2款规定，如果依据该法对某项政府信息的公开会造成政府当局从商业或金融类企业获取的信息的泄露，并出现以下情况，则该政府信息不予公开：该信息与商业秘密或其他商业、金融问题有关；或者依据该法对某项信息的泄露很可能会将企业置于不利地位。对于是否将企业置于不利地位的判定须考虑如下因素：是否导致该信息向其竞争者公开；如果该信息由公共机关制作，则该信息是否属于例外信息；该信息的公开是否会对其竞争者造成重大伤害；公开所获得的公共利益是否大于对竞争者造成的不利。该条第3款规定，在作出准予公开是否对企业造成不利的决定之前，公共机关应该通知提供与被申请信息相关的信息的企业，并听取该企业的意见。公共机关如果在进行咨询后作出准予公开的决定，则应该通知该企业，并告知其享有的提请高级法院司法审查的权利和期限。

该法第31条第4款规定，如果出现以下情况，则该政府信息不予公开：该信息包含公共机关的行业秘密；在公共机关致力于商业或贸易的情况下，如果依据该法对商业、贸易或金融信息予以公开，则很可能会将公共机关置于不利地位；它包含由公共机关从事的科研结果的内容，且此项研究会产生可获得专利权的发明；依据该法对上述科研结果的初步结果予以公开，很可能会不合理地使商业、贸易或金融企业陷入不利地位；有理由认为在研究完成之前对结果予以公开，很可能会不合理地使公共机关陷入不利地位；该信息是考生在考试中提交的考卷、主考官的成绩单或类似文件，且这些文件还在使用中。

该法第32条第1款规定，如果依据该法公开某信息会泄露由个人或政府秘密向公共机关传达的信息，且具有如下情形的，则不予公开该政府信息：该信息由公共机关生成；依据该法公开该信息会违背公共利益，因为泄露该信息很可能会损害公共机关将来获取类似信息的能力。其第2款规定，上述信息不包括公共机关从商业或金融企业获得的信息，或涉及商业秘密或类似的商业、金融信息。

该法第33条规定，如果有以下情形，则政府信息不予公开：依据该法提早公开该政府信息会违背公共利益，因为这种泄露很可能会对特立尼达和多巴哥共和国的经济产生实质性的不利影响，包括但不限于对提议引进的提早公布，税金、关税、利率、汇率或经济管理工具的废除或变动；依据该法对某项信息予以公开将会损害公共机关的金融利益，通过与公共团体订立合同而给予某人不合理的利益，从而获得对财产的享有、支配或商品、服务的提供；依据该法，通过向公共机关的竞争对手泄露信息，将很可能会损害公共机关合法的商业活动；该信息包含公共机关从一贯将某信息视为机密的第三方所获得的信息，将该信息泄露给第三方的竞争对手很可能会影响第三方的商业或专业活动；对该信息予以公开将会损害公共利益，因为它将泄露用以指导公共机关人员在谈判中所应遵循的程序或标准的指令，包括金融、贸易和劳动力谈判，主要体现在合同履行和案件的答辩、起诉、解决及与州或公共机关的金融利益、人事管理和评估利益相关的类似活动中。

该法第34条规定，如果存在专门适用于某文件中的某类信息的生效的成文法，且该成文法禁止其所涉及的个人公开信息，而无论该禁令是绝对的或者受免责条款或任职资格的限制，在这种情况下该信息不予公开。

该法第35条规定，在有合理的证据证明如下事实已经或将要发生的情况下，公共机关在权衡公开例外信息可能带来的利益和损害后，认为有必要公开时应该公开例外信息：明显地滥用公权力或行政不作为；明显地对个人不公正对待；明显地威胁个人的健康或公共安全；未经授权使用公共财政资金。

三、信息公开的方式及程序

(一)信息公开的方式

1. 主动公开

该法第7条第1款规定,公共机关经部长(依据该法第4条,“部长”指负有政府信息相关职责的部长)同意后,应该在该法实施后尽快在公报和全国流通的日报上公布如下信息:对公共机关组织和职能的详细描述,包括对公共机关决策权及其他可能影响公众的政策制定或行政管理方面的尽可能详细的描述;公共机关保有的信息的分类;公共机关依据本法向公众提供的用于出版或查阅的材料的综述,以及可以查阅或获取该材料的地点;通过期刊订阅服务可以查阅的文献清单;公民向公共机关提交信息公开申请以后的后续程序;每个公共机关具体负责信息公开事项的官员信息;其会议向公众公开或会议记录供公众查阅的、隶属于公共机关或为提供咨询服务而设立的、由两人以上构成的委员会或其他机关;公共机关拥有的向公众公开的图书馆或阅读室的地址以及开放时间。上述信息应该每年予以更新。其第2~4款规定,上述信息中不应包含例外信息;新建立的公共机关也应该尽快公布上述信息;如果未按照上述规定公布信息,负责信息工作的部长应当在公报上陈述未按时公布的理由。

该法第8条第1、2款规定,公共机关在该法实施后应当尽快将下列与公共机关有关的信息的副本向公众公开以供查阅或购买:在作出关于权利、特权、利益、义务、惩罚或其他可能产生损害的决定或建议(包括内部和外部)过程中的包含对公共机关执行的成文法或计划的解释或详细说明的文件,说明书、规则、程序、政策说明、决议记录、向外部人员的建议及包含上述信息的文件;在可能与公众有直接利害关系的成文法或计划的执行过程中的既定程序或目标。经负责信息工作的部长同意后,公共机关应在公报以及全国通行的日报上公布这些信息的索引、制作日期以及可以查阅或购买的地点。这些信息应该每12个月进行更新。其第6款规定,如果一个公共机关在该法开始实施时或实施后才成立,则该公共机关必须在其成立之日起12个月内按照上述规定公开信息。

第8条第3、4款规定,如果上述应公开的信息中出现例外信息,且该信息因例外信息未被公开,则公共机关应该在可能的情况下提供排除了该例外信息的信息,以按上述要求进行公开。被分割提供的信息中应该在不泄露例外信息的前提下注明被删除的例外信息的属性。其第5款规定,尽管一个信息包含例外信息,但是如果仅该信息存在事实的公布并不会导致该信息的泄露,则公共机关应该向公众公开该信息存在的事实。

该法第9条第1、2款规定,经负责信息工作的部长同意,公共机关应该将其保有的该法开始实施后产生的如下信息在公报和全国流通的日报上尽快公开:公共机关的内部机构或部门的报告或包含建议的声明;不隶属于该公共机关的、依据法律设立或由政府部长或其他公共机关设立的、专门提供报告或建议的机构或部门所作出的报告或声明;由包括该公共机关官员的部门间委员会作出的报告或包含建议的声明;公共机关内部设立的,专门向该行政机关负责信息工作的部长或公共机关内部其他非委员会成员的官员提交报告、提供建议的委员会,做出的报告或包含建议的声明;由公共机关内部或外部的科学或技术专家作出的包含研究、调查、测试结果及该专家对科学或技术问题的意见的报告;由顾问为公共机关有偿提供的报告;公共机关内部作出的报告,该报告包含为对新的政府政策、项目或计划进行评估或提议而开展的研究、调查或测试的结果;对公共机关及其部门或分支机构的表现和效率进行评价的报告,而不论该报告是一般性质的还是涉及公共机关执行的特定政策、计划或项目;关于公共机关职能重组、新政策的出台、公共机关将要开展或正在执行的计划或项目的最终计划或建议的报告,而无论该计划或建议是由本公共机关还是其他公共机关批准;公共机关内部起草的、关于为立法提供政策导向的陈述;为购买设备而在公共机关内部开展的产品测试的报告;公共机关内部作出的环境影响报告;为公共机关作出的资产评估书,而不论该评估员是否为公共机关人员。该条第3款规定,如果仅在上述陈述或声明中载明例外信息存在的事实就有可能泄露该例外信息,则包含该例外信息的陈述或声明不予公开。其第 4 款规定,如果一个公共机关在该法开始实施时或实施后才成立,则该公共机关必须在其成立之日起 12 个月内公开上述信息。

2. 依申请公开

该法第 11 条规定,每个人都有申请公开公共信息的权利。公共机关不得拒绝向公众提供信息或拒绝修改信息,除非其依据该法有自由裁量权或其他法律规定或法庭命令要求其拒绝。

该法第 12 条规定,根据该法规定的程序,公民无法获取如下文件:该文件包含向公众公开的信息,但根据其他成文法,获取该文件需要收取费用;该文件包含的信息是依照公共机关的规定供公众购买的;该文件可以在登记处或其他公共机关供公众查阅;该文件被安全保存或保管。

(二)信息公开的程序

1. 申请

该法第 13、14 条规定,申请信息公开的公民必须按照目录中规定的格式向与该信息相关的公共机关提交申请。申请应该指明被申请的政府信息或提供足够的材料,从而方便公共机关的主管官员或熟悉相关信息的雇员找到该信息。申请还应明确,申请人希望获取相关信息的形式。申请人有权取得符合申请条件的所有相关信息。公共机关必须采取合理措施帮助申请人依据上述规定提出申请。如果公共机关事先没有向申请人提示申请中应有的必要内容,在申请受理后,不得以申请中缺乏必要内容而拒绝向申请人提供被申请的信息。公共机关也必须采取合理措施帮助任何人实现本法规定的其他权利。

2. 决定

该法第 15 条规定,公共机关应在收到申请之日起 30 日内尽快做出公开或不予公开的决定,并通知申请人。该法第 16 条规定,当公共机关作出公开决定,并且申请人已经依法缴清所有费用时,公共机关应该立即向申请人公开被申请的信息;当公共机关因被申请公开的信息包含例外信息而当场作出不予公开决定时,如果在删除例外信息后可以公开该信息的副本,且申请书表明或申请人随即表示同意接受此副本,则公共机关可以公开此副本。

该法第20条规定,在如下情形下,公共机关可以直接拒绝申请人提出的信息公开申请和个人信息修改申请:该申请曾至少一次由同一个申请人或为同一个申请人的利益而公开或修改同一信息而提出;该申请曾被公共机关拒绝,高级法院审查后确认了公共机关的拒绝决定;申请人再次提起申请没有合理理由。

该法第21条第1、2款规定,当公共机关确信对申请的处理程序将大量地不合理地占用其他职能的资源,且在拒绝提供被申请信息之前公共机关已经采取合理措施帮助申请者重新申请以避免对公共机关造成上述干扰,则公共机关可以直接拒绝申请人的申请。公共机关在作出决定时不能仅考虑申请是否符合上述情况,也须考虑如下情况中被占用的资源:在公共机关的文件系统中识别、定位、整理信息;决定同意、拒绝或延期公开被申请信息或修改过的信息副本,以及检查文档、咨询与申请有关的个人或机构;制作或修改被申请信息的副本;任何决定的送达。其第6、7款规定,公共机关只有在符合以下条件时,才能依据上述规定拒绝申请人的申请:公共机关已经向申请人送达书面通知,陈述拒绝申请的意愿,并指定公共机关的官员以供申请人咨询和修改申请;为申请人提供合理的咨询机会;尽可能地为申请人提供信息,以便其修改申请。从公共机关向申请人送达如上书面通知起算,到申请人在咨询后确认或修改申请时止,所用时间不算在该法第15条规定的公共机关作出决定的30日之内。

该条第3、4款规定公共机关不考虑申请人根据该申请依法应付的费用是否超过了法定的最高额,也不考虑申请人提出的申请公开的理由和公共机关认为的申请人的理由。

该条第5款规定,在如下情况下,公共机关可以不查阅被申请的任何信息或该法的任何条文就直接拒绝申请人的申请:根据申请书,所有被申请公开的信息从性质上说很明显地属于例外信息;根据申请书,任何被申请的信息从性质上说都无法以提供删除例外信息的副本的方式公开,或申请书或申请人明示其不同意接受删除例外信息的副本。

该法第22条规定,如下主体可以对向公共机关提出的申请作出决定:负有政府信息相关职责的部长、常务秘书长、部门负责人、首席执行官、公共机关指定官员或经部长授权有相关职权的其他官员。当法律没有对被申请的信息进行相关的规定时,对该申请的决定视为负有政府信息相关职责的部长所做的决定,以便于申请人对该决定提请高级法院审查。

该法第23条第1款规定,当公共机关对申请人作出其无资格申请公开的决定、拒绝公开的决定或被申请信息不存在的决定时,应当书面通知申请人。该通知应载明决定的理由和相关材料;当决定与公共机关有关时,载明决定人的姓名和职务;当按照第16条第2款分割提供时,载明提供的信息是被修改后的副本的事实;载明申请人有向高级法院提请审查的权利,并载明相关期限;当通过彻底尽责的查找后作出被申请信息不存在的决定时,应载明申请人有向申诉专员进行申诉的权利。其第2款规定,上述公共机关的通知中不得包含任何例外信息;如果公共机关的决定涉及的信息与该法第24、25条或第28条所载的例外信息有关,则该决定既不能确认也不能否认该信息的存在,因为对该信息的确认存在即构成泄密。

该法第19条规定,当被申请的信息符合下列情况之一时,公共机关可以延期公开被申请的信息:将要提交给国会;将向媒体公开;包含于前两类信息中。公共机关在延期公开时应当尽可能通知申请人延期的原因及期限。

该法第36条规定,当一个文件(无论其是否已经依据本法予以公开)包含个人信息时,若该个人认为该信息不准确、不完整、有误导性或与保存目的不相关,公共机关应该依据个人的书面申请对该信息进行更正、补充或删除。

该法第37条规定,当对国家广播网(National Broadcasting Network)保有的信息申请公开时,该公司不得公开任何其在制作广播或节目过程中获取的信息,而且不受该法其他规定的限制。

该法第38条规定,当符合该法的要求或真实原则的情况下应该公开信息,除非被证实其事先存在恶意:不存在诽谤、违反保密(协定/原则)或侵犯版权的情形而可能对公共机关、负责部长、其工作人员或雇员造成不利后果的行为;不存在诽谤、违反保密(协定/原则)而可能对任何公开信息的公共机关或任何信息公开文件的作者或任何将文件或文件中内容提交给公共机关的个人造成不利后果的行为。任何人不会仅仅因为在管理信息公开或涉及信息公开的事务中存在过错而被定罪。依申请公开的信息,包括免于公开的信息,都不得被申请人用于实现可能涉及诽谤、违反保密(协定/原则)、侵犯版权、阻碍信息公开的法律的目的。

该法第18条规定,当被申请公开的信息是以打印形式保存时,公共机关应当以复印件的形式向申请人公开该信息,也可以依申请人的请求,由其直接查阅该信息。当被申请公开的信息不是以打印形式保存时,公共机关应该依申请人的请求提供如下方式向其公开信息:为其提供副本;当信息是文章或可以通过视听手段复制时,可以通过视听手段公开;当信息以一种可以通过声音复制的方式或缩写或编码方式保存,可以通过打印信息中的文字的方式公开;当申请人请求以特定的方式公开时,应当按照其申请的方式公开。如果按照申请人请求的方式公开可能会对公共机关的正常工作造成不合理的干扰,或因信息的物理性质可能不利于信息的保存,或可能侵犯公民的版权,则应以除申请人请求的方式外的其他方式提供。

(三)信息公开的费用

该法第17条规定,向公共机关提出信息公开申请不收取费用。当被申请公开的信息以复印件、磁带、磁盘、胶片或其他形式向申请人提供时,申请人应当依法缴纳费用。但是,当公共机关超过规定的期限作出公开与否的决定时,则应免费向申请人提供其有权申请公开的信息;当公共机关在申请人缴纳费用后7个工作日内未向申请人提供应提供的信息时,公共机关应退还申请人缴纳的费用并向申请人提供被申请公开的信息。上述应当缴纳的费用仅限于公开的成本范围内。

四、主管机构

（一）申诉专员（ombudsman）

依据该法第23条及第38A条的规定，公民对公共机关的决定不服时可以向申诉专员提出申诉，由申诉专员就是否公开相关信息对公共机关提出建议。

（二）部长（minister）

该法第40条规定，负有信息公开相关职责的部长应该在每年结束后尽快就上一年度该法的实施情况制定年度报告，并且向国会的两院提交报告副本。报告应该包含上一年度的如下内容：向公共机关提出的申请数量；公共机关作出的申请人无权获取信息的决定的数量，以及作出这些决定所依据的规定和每个规定被援引的次数；依法申请司法审查的数量以及这些申请的结果；向申诉专员提起的申诉数量及这些申诉的性质；公共机关依据第10条收到的申诉性质以及作出的对公民不利的决定数量；依该法对每个官员进行行政处分的详细情况；各公共机关依据本法所收费用总额；供申请人及公众使用的任何阅读室和其他设施以及在其中展示的文件和出版物的详细情况；任何能够表明公共机关实施该法的目的和意图的事实。该法第41条规定，部长可以为实现该法的目的及对依据该法应该进行规定的事项进行规定而制定行政法规。国会可以否决该行政法规。

五、争议解决

（一）申诉

该法第10条规定，公民可以因公共机关未按第8、9条规定公开相关信息而书面向该公共机关申诉。公共机关应在收到申诉之日起21日内作出决定，并且在其后的7天内在公报上公告该决定，并书面告知该公民。当决定对公民不利时，通知中应当说明理由，并告知公民对于该决定享有向高级法院申请司法审查的权利和申请期限。

该法第38A条规定，公民对公共机关作出的不予公开政府信息的决定不服，可以在收到不予公开决定之日起 21 日内向申诉专员提起申诉。如果被申请公开的信息存在，则申诉专员在查阅该信息之后对该信息的公开与否提出建议。在申诉专员所作出的建议中，不得出现依照该法不予公开的信息。如果申诉专员的建议中涉及的信息与该法第 24、25 条或第 28 条所载的例外信息有关，则该决定既不能确认也不能否认该信息的存在，因为对该信息的确认存在即构成泄密。公共机关应当认真考虑申诉专员所作的建议，并在其认为建议是适当的情况下采纳该建议。

（二）司法审查

该法第 39 条规定，公民对公共机关作出的决定不服可以提请高级法院对该决定进行司法审查。高级法院收到该申请后，应当由内庭法官审理并作出决定，除非经各方同意，决定以其他方式审理。

六、发展现状

截至 2008 年，公共机关收到的信息公开申请数量、作出的申请人无资格获取信息的决定的数量、提请司法审查的数量、向申诉专员提起的申诉数量及依据第 10 条第 1 款向公共机关提起的申诉数量见下表：①

单位：件

年份	信息公开申请数量	申请人无资格获取信息的决定数量	提请司法审查的申请数量	向申诉专员提起的申诉数量	向公共机关提起的申诉数量
2001～2003	489	53	11	21	0
2004	1202	74	7	8	0
2005	424	30	15	8	0
2006	419	48	12	38	0
2007	535	82	9	39	3
2008	753	49	9	23	0

① 参见 2001～2003 年、2004 年、2005 年、2006 年、2007 年和 2008 年部长向国会提交的年度报告，http://www.foia.gov.tt/annual_reports，最后访问日期：2014 年 4 月 13 日。

从2005年到2008年，公共机关对申请的处理时间统计如下[①]：

单位：件

年份	处理时间	数量
2005	超过30日	168
	30日内	256
2006	超过30日	147
	30日内	272
2007	超过30日	178
	30日内	357
2008	超过30日	200
	30日内	553

从2005年到2008年，公共机关对收到的信息公开申请作出的公开决定统计如下[②]：

单位：件

年份	全部公开	部分公开	延期公开	不予公开
2005	389	6	13	16
2006	325	22	35	37
2007	394	63	43	35
2008	563	119	17	54

从2005年到2008年，被申请公开的次数最多的信息种类统计如下：[③]

---

① 2008年部长向国会提交的年度报告，http://www.toia.gov.tt/annual-reports，最后访问日期：2014年4月13日。

② 2008年部长向国会提交的年度报告，http://www.toia.gov.tt/annual-reports，最后访问日期：2014年4月13日。

③ 2008年部长向国会提交的年度报告，http://www.toia.gov.tt/annual-reports，最后访问日期：2014年4月13日。

信息种类	次数	信息种类	次数
个人秘密或记录	1153 次	国际关系信息	21 次
内部运作机制信息	651 次	内阁信息	12 次
公共机关业务信息	188 次	其他信息	278 次
执法信息或诉讼信息	54 次		

根据2008 年报告,内阁已经批准信息部成立一个信息公开司(Freedom of Information Division),该司的工作目标是:使各公共机关明确 FOIA 的要求;对管理公共事务的官员进行培训;使公众知情权得到最大限度的保护;制定专门反映政府利益的政策、计划和项目;建立并维护与实施《信息自由法》有关的公共机关数据库;监督 FOIA 的实施;向国会进行汇报。

为了实现上述目标,信息公开司将要开展如下工作:转变管理模式,改进系统,提高工作人员主动性;建立强有力的政策框架,包括审查、立法、监督、评估、建议等相关内容;建立咨询和反馈机制,对相关工作人员进行全面的培训和技能提高;建立完善的信息管理系统,便于网上提交报告和公开信息;推进与《信息自由法》相关的沟通交流。[①]

在国际压力下,特立尼达和多巴哥共和国要想成为世界经济的重要组成部分,就必须增强对个人信息的保护从而创造更好的商业机会。2008 年信息保护法案已经提交国会审议,该法案意在保证公共或私人组织所保有或控制的个人信息不被随意公开或使用,除非个人同意。

该法案提出了对《信息自由法》进行修改的几点建议:所有依据《信息自由法》提出的个人信息公开申请都应被视为依据《个人信息保护法》提出的申请;所有因不服公共机构作出的不予公开信息的决定而提起的

① 2008 年部长向国会提交的年度报告,http://www.toia.gov.tt/annual - reports,最后访问日期:2014 年 4 月 13 日。至于该信息公开司至今是否已经设立,因未从其官方网站找到相关信息,也未找到 2008 年以后的年度报告,故无法确定。

申诉都应由信息专员进行审查，而非申诉专员。信息专员将是一个独立运作的机构，由总统进行任命，监督《信息自由法》的实施。信息专员还承担审计和调查的职能，以保证公共机关遵守《信息自由法》。信息专员的设置符合国际通行的由独立机构审查公共机关决定的惯例。①

---

① 2008年部长向国会提交的年度报告，http://www.toia.gov.tt/annual-reports，最后访问日期:2014年4月13日。

牙买加《信息公开法》概览

一、法律概要

牙买加[①] 1962 年宪法第 22 条保障言论自由，其定义包括公民获取和传递观念和信息的权利。这一权利可能受到法律所规定的为保护各种公私利益所作的合理要求的限制。[②]

牙买加的《信息公开法》[③]（*The Access to Information Act*）是由总统在 2002 年 6 月 28 日批准通过的。该法律的实施历经了很长的时间。起初，该条例在整个政府系统中实施执行，但是在 2004 年 12 月该法进行了修订，从 2004 年 1 月开始，其分为四个阶段来实施。在 2005 年 5 月前，所有的部门都已经实施了该法案，并且在 2005 年 7 月前，所有的部门和机构也都成功地实施了该法案。

牙买加《信息公开法》全文总共分为 38 条规定以及后面两个附表。

第 1 条是关于该法的名称及简单介绍，该法被命名为《信息公开法》（*The Access to Information Act*），总共可以分为六部分：

---

① 牙买加（英语：Jamaica）是加勒比海地区的一个岛国。原本是印第安人阿拉瓦克族居住地。1494 年哥伦布来到牙买加，1509 年牙买加成为西班牙殖民地，在 1655 年被英国占领，在 1866 年成为英国直辖殖民地。1962 年 8 月 6 日牙买加宣告独立，目前是一个在大英国协范围内的英联邦王国主权国家。人口方面，黑人和黑白混血种人占 90% 以上，其余为印度人、白人和华人。多数居民信奉基督教，少数人信奉印度教和犹太教。以上摘自 360 百科，参加网站：http://baike. so. com/doc/5396597. html，最后访问日期：2014 年 4 月 17 日。

② 托比 · 曼德尔："牙买加的信息公开法"，龚文庠等译，载联合国教科文组织《信息自由：多国法律比较》2008 年版。http://www. chinatransparency. org/newsinfo. asp? newsid = 9484，最后访问日期：2014 年 4 月 17 日。

③ 该法律可见网站：http://www. ati. gov. jm/sites/default/files/Documents/atiact_0. pdf，最后访问日期：2015 年 8 月 3 日。

第一部分共4条(第2~5条)是关于前言的规定。

第2条规定了立法目的。第3条对“生效时间”、“文件”、“例外条款”、“例外事项”、“公共权力机关”、“国有公司”、“负责官员”相关定义进行界定。第4条规定了公共机构信息公开的义务。第5条为该法案的适用。该法第2条对立法目的做出以下说明:“加强并促进宪政民主制度的某些基本原则”,特别是“政府问责制、透明度以及公众参与国家决策”。这些目的需要通过赋予公众获取公共权力机构持有文件的权利得以实现,但信息获取权受到例外情况的制约,后者与针对某些政府、商业或个人保密信息的公共利益优先原则达成平衡。① 该法案对信息公开法的立法目的给出了积极的、目的明确的概念,即该法的立法目的是保证公众能够获得广泛的政府信息、参与政策的制定与监督政府的行为。

第二部分共8条(第6~13条),信息公开权,本部分的信息公开法包含许多严格的保障程序。

第6条规定了公民获取政府信息的权利;第7条为申请人申请公开的程序、方式;第8条规定了申请公开的官方文件由其他公共权力机构所掌握时的移交程序;第9条规定了公共机构向申请人提供官方文件应采取的形式;第10条为公共机构为申请人提供援助以及迟延公开的情形;第11条为例外事项的删除;第12条规定了费用,申请人应承担复制文件的费用;第13条为申请公开的批准。

第三部分共10条(第14~23条),为例外条款的专章,此部分规定了一个较为严格的例外规章,涉及的方面比较广泛。

第14条规定有关国防、安全或国际关系的文件免于公开;第15条为内阁文件免于公开;第16条为有关法律执行的文件;第17条为在法律上享有特权的文件;第18条为有关国家经济的文件;第19条为含有政府协商过程的文件;第20条为与商业事务有关的文件;第21条为与文化遗产

---

① 托比·曼德尔:“牙买加的信息公开法”,龚文庠等译,载联合国教科文组织《信息自由:多国法律比较》2008年版,http://www.chinatransparency.org/newsinfo.asp? newsid=9484,最后访问日期:2014年4月17日。

有关的文件;第22条为涉及个人隐私的文件;第23条为总理对豁免文件签署证书。

第四部分共5条(第24～28条),是个人记录的修改及注释的规定。此部分主要为有关个人记录修改及注释的申请程序,公共机构对个人记录修改和注释的审查程序、通知程序等。

第五部分共4条(第29～32条),规定了复核及上诉制度,本部分规定了一套良好的申诉制度。此部分详细介绍了公共机构针对信息公开申请的内部复核程序以及申请人向法庭申请上诉的权力。

第六部分共6条(第33～38条),规定了其他方面的内容,此部分主要规定了总理应当制定条例以保证该法的实施,议会委员会应定期对该法实施状况进行审查等内容。

在该法最后是关于两个附表的介绍:

附表一,主要内容是公共权力机构公布政府信息的具体情况和要求。

附表二,主要详细描述了上诉法院的结构,包括了上诉法院的组成和结构、独任制,成员任职年限,主席的选任,人员的更替,辞职程序,填补空缺,公布人员名单,成员的工资情况,投票决定情况等。

二、信息公开的范围

(一)公开的信息

该法的第3条明确规定了什么是可以公开的"文件",即除了书面的文件外,还包括任何的地图、规划、照片或者图片,任何的摄影,任何的光盘、磁带、声音的记录或者其他记录声音内容的数据或者通过电子方式记录下来的数据,任何电影、电磁制品、录像带等能够变现影像的资料或者其他设备。同时第3条还规定了什么是"政府文件":由公共权力机关为了行使其公共职能而掌握的和管理的文件,不论这种文件是否是由本公共权力机关制作出来的,都应视为政府文件。可以进行公开的文件就是上面两种文件的集合,那就是由公共权力机关掌控的,各种形式的用于行政目的,包含行政内容的文件。

根据第5条第1款，该法只适用于法案生效之日前30年以内公共机构制作或持有的官方文件。负责该法案的部长，目前是信息部长，可通过发布某些命令，对公共机构制作或持有的超过30年的文件提出申请，当然这是要经过议会批准的。最后，根据第6条第4款，若公众依照其他法律或其他方式或通过购买的手段能够获取某文件，这些获取手段不受法案的限制。

该法案并不适用于30年前的文件。《档案法》确实规定在某些条件下可以在30年以后公开官方文件，但这是有局限的，并且不符合公认的信息权的标准。①

(二)不予公开的信息

本条例专门用了整整一个部分十项条款来阐述哪些文件是需要保密并不予公开的，即第三部分(第14条至第23条)中规定的不予公开条款。首先牙买加的总统、安全和情报部门、法院的司法职能部门和信息部长设立的其他机构被排除在该条例的适用范围之外，也就是说这几个机构部门不需要进行本机构信息的公开，该规定从公开的机构上进行了严格限制。其次就是按照条文的规定涉及国家安全、商业机密和个人隐私的文件是不予公开的，这一方面是从文件的类型来限制信息公开的。所以从整个法律来看，牙买加是非常重视文件的保密工作的，因此在信息公开的同时坚持着严格的文件保密原则，两者不可偏废。

该法案第三部分包含了全面的例外规章。第35条第2款规定，该法不得影响除了《官方保密法》(Official Secrets Act)以外其他任何法案规定的保密条款，而第35条第3款规定，《官方保密法》应适用于任何违反《信息获取法》的公开情况。如此看来，这些规定意味着《官方保密法》以外的法律中所规定的保密条款凌驾于《信息获取法案》规定的信息获取权之上，同时，《信息获取法案》未授权的披露行为，根据《官方保密法》仍

① 托比·曼德尔："牙买加的信息公开法"，龚文庠等译，载联合国教科文组织《信息自由：多国法律比较》2008年版，http://www.chinatransparency.org/newsinfo.asp?newsid=9484，最后访问日期：2014年4月17日。

然应受处罚。目前还不清楚《官方保密法》和《信息获取法案》之间的冲突将如何得到处理。①

该法对于不予公开的内容作了详细的规定。该法第 14 条至第 23 条规定如下：

第 14 条规定，官方文件如果涉及披露文件会影响牙买加的安全、国防或者国际关系或者文件包含外国政府或国际组织与本国政府秘密沟通的信息，将不予公开。

第 15 条第 1 款规定如果官方文件属于内阁文件则不予公开。这些内阁文件包括已经或准备提交给内阁的备忘录或其他文件，有关内阁讨论的决定或者其他官方文件等。但是第 2 款有对上述第 1 款的例外情形做出了规定，那就是如果附加在内阁文件中的包含纯粹事实或者有关科学、技术性质的报告、研究、测验或调查的文件或者含有内阁决定的文件已由官方出版，那么就可以予以公开。

第 16 条规定，如果其公开将会或经合理预期将会对以下情况产生影响，与法律实施相关的官方文件将不予公开。这些情形包括危及任何人的生命或安全；影响对违法行为的调查活动；影响任何人接受公正审判或公正裁决；导致一个人可以查明与执法相关的机密信息的存在、来源及性质；间接或直接导致个人获得涉及法律实施及执法工作的秘密情报信息，并确定相关信息的来源及保存现状；披露有关违法行为的预防、侦查、调查或处理相关事务的法律手段或程序，而该披露将会或者经合理预期可能会影响这些手段或程序的实施效果；方便个人逃脱法律拘留；危害矫正设施的安全。

第 17 条规定，官方文件如果有以下情况将不予公开，这些情形包括：由法律诉讼而产生的特权；基于其自身法律或其他性质而在法律诉讼程序中享有特权；公开将会形成违反秘密的行为；形成泄露秘密的违法行

① 托比·曼德尔："牙买加的信息公开法"，龚文庠等译，载联合国教科文组织《信息自由：多国法律比较》2008 年版，http://www.chinatransparency.org/newsinfo.asp? newsid = 9484，最后访问日期：2014 年 4 月 17 日。

为;将会蔑视法庭;侵犯议会特权。

第18条第1款规定,下述第2款中规定的官方文件如果公开或者依据情况将其过早公开将会或经合理预期可能会对牙买加的经济或政府进行经济管理的能力产生重大不利影响,则不予公开;第2款规定,上述第1款所提及的文件类型包括但是不限于:有关税收、关税、利率、货币政策、汇率政策。

第19条第1款规定,除了下述第3款,官方文件如果包含准备过程中的意见、建议或者有关内阁或委员会协商或审议的记录等,则上述内容不予公开;第2款规定上述第1款并不适用于包含纯粹事实或者有关科学、技术性质的报告、研究、测验或调查的文件;第3款规定上述第1款中的文件经综合考量,公开将会平衡公共利益,公共机构应当将其公开。

第20条第1款规定,如果信息公开将导致以下情形,则不予公开。这些情形包括:公开将泄露商业秘密;泄露有商业价值的信息,该价值在信息公开后将会受到破坏或者消失;含有任何个人或组织(包括公共机构)有关商业利益的信息(除前面提到的外),公开将会或经合理预期将会损害这些利益。第2款对第1款做出了例外规定,那就是上述第1款并不适用于该款所述的个人或组织或者其代理人作为申请人的情形。

第21条第1款规定,如果披露将会或经合理预期会对以下内容的保护造成破坏、损害或者干扰,则该官方文件不予公开。这些内容包括:有关历史、考古或人类学资源;依据《牙买加国家遗产信托法》,被列为国家遗产或属于受保护的事物;任何濒危灭绝、受到威胁或者脆弱的植物物种或者动物生命;其他稀有或濒危灭绝的生物资源。第2款对第1款做出了例外规定,那就是上述第1款中的文件经综合考量,公开将会平衡公共利益,公共机构应当将其公开。

第22条第1款规定,依据本节规定,如果公开将导致对个人(包括已故者)事务的不合理披露,那么公共机构不得公开该官方文件。第2款对上述第1款做出例外规定,即上述第1款不适用于文件相关者作为申请人的情形。

第23条第1款规定，如下情况总理有权确定申请公开的文件是否与第15条第1款规定相关：负有责任的部长根据具体情形，有权确定与第14条、第16条或第18条相关的申请公开的官方文件是否适用。总理或责任部长根据具体情况，可以颁发证书以确定不予公开文件的效力，并且应当说明不予公开的基础。第2款规定，总理或负有责任的部长根据具体情形，可以决定某一官方文件的任何特定部分或某些部分属于上述第1款所提及的内容；在颁发证书时应当确定这部分文件依据上述第1款属于应当颁发证书的文件。第3款规定，文件若拥有根据上述第1款而颁发的证书，则可以确定为不予公开的文件。

由此我们可以看出，第23条规定了一个全面的证书系统，该证书是用来最终证明一份或部分文件是否属于被豁免的情况。总理可签发证书，证明某份文件是受豁免的内阁文件，而主管部长可签发有关安全、国防或国际关系、执法或经济管理的证书。此类证书的样式在条例附表中可以看到，而条例第17条第3款则要求每个证书须在政府公报上公布。显然，证书很有可能会被滥用。最理想的情况是根本就不使用任何证书。如果允许使用证书，它们应仅限于高度敏感的材料，这些材料被认为过于机密而不能被外部机构查阅。①

该法第6条规定，那些被规定不予公开的信息或者不予公开信息的一部分不能在该信息形成后的20年内被申请公开，当然期限的长短可以由部长们根据命令或者出于解决问题的目的加以改变。

三、信息公开的方式及程序

(一)信息公开的方式

该法并没有规定公共权力机构主动公开的内容，只是在该法第7条规定依申请公开信息。公民个人想要申请信息公开需要向掌握政府信息

---

① 托比·曼德尔："牙买加的信息公开法"，龚文庠等译，载联合国教科文组织《信息自由：多国法律比较》2008年版，http://www.chinatransparency.org/newsinfo.asp?newsid=9484，最后访问日期：2014年4月17日。

的公共权力机构提交申请，申请的方式可以是书面的或者是通过打电话或者其他电子信息传送等方式。申请并不需要任何进行信息公开的理由，但是申请人必须向公共权力机构提供必要的能够让该机构了解的公开信息的内容。当然如果申请者自己对于想要公开信息的内容不太明确的话，该公共权力机构应该根据需要帮助申请者确定其需要申请公开的信息。该机构应该依规定的方式接受每个申请者的申请，并且根据申请的内容向申请者公开那些没有规定为不予公开的文件。另外根据该法第10条第1款的规定，如果申请者提交的申请信息并不能使得公共权力机构确认该文件，该机构应该赋予申请者与之进行协商的权利，以此来确认该文件。

该法第9条规定，申请信息公开可能为申请者提供一种形式，也可能为其提供其他不同的形式，比如说查看文件原件、文件复制本、听或者观看该文件；或者当信息被载于音频图片中时，可以提供复制版本等。

对于权利的享有者来说，牙买加的《信息公开法》第6条第1款对其做了很好的保障："每个人都有权获取官方文件，除了那些不予公开的文件。"本条款用的词是"person"，也就是说该法适用于每个人，包括牙买加的公民，也包括了外国国籍人和无国籍人。这在立法上是一个进步，权利享有者的范围越大、限制条件越少，说明信息公开法的力度越大，其社会认可度也就会更高。这是当前几乎每个国家信息公开法的发展趋势。

（二）信息公开的程序

1. 受理和决定

依据该法第7条第3款的规定，公共权力机构必须接受依规定的形式进行申请的每个申请者的申请要求，并公开那些不涉及国家安全、商业秘密和个人隐私的信息。在接到申请后，该机关必须在30日内做出决定，如果需要转交其他机关进行的，其他机关在收到申请转移时应该在30日内予以答复。当然，如果有其他合理的原因，该机关回复的期限可以延长,但是不能延长超过 30 日。公共机构应该对申请书作出决定,当公共权力机构拒绝公开信息或者不予答复或者延长答复期限时,必须做出合理的解释和选择这种决定的原因。该法 30 条第 3 款规定,如果未能在适当的期间内提供回复,申请人可将其视作拒绝而提起申诉。

此外,还规定了转交程序。该法第 8 条第 1 款规定,当向一个公共权力机构进行申请信息公开时,该文件由另外一个公共权力机构所持有和控制或者该文件的内容与另外一个机构的职责更加紧密相关时,第一个受理机关应该将该申请转交给另外一个机构,并及时告知申请者本人。第 2 款规定,申请的转交应该越快越好,不能超过本机构接到申请后的 14 日。

除此之外,该法第 24 条规定了个人记录修改程序:当公民个人认为行政文件包含的个人信息不完整、错误、过期或者具有误导性,并且该信息已经或者将要作为行政目的而使用时,可以申请公共权力机构就行修改或者完善。该申请应该以书面形式进行,并且详细说明个人记录需要修改和完善的原因。当该机关认为确有必要时,应该加以修改和完善;当认为该信息没有错误、不需要补充时,应告知申请人并向其解释原因。

2. 救济

(1)内部复核程序

根据该法第 30 条第 1 款的规定,当出现以下四种情况时是可以申请进行内部复核的:当公共权力机构拒绝信息公开时;只公开申请信息一部分内容时;推迟公开的时间时;公共权力机构向申请者索取费用或者按申请的信息量收费时。第 30 条第 2 款规定,当申请者向相关机构申请修改或者完善个人信息遭到拒绝时,也可以申请内部审核程序。第 30 条第 3 款规定,对于上述当公共权力机构拒绝信息公开时、只公开申请信息一部分内容时、推迟公开的时间时、当申请者向相关机构申请修改或者完善个人信息遭到拒绝时这四种情况,如果在法定期限内没有做出回复也视为拒绝。根据该法第 31 条第 1 款的规定,如果涉及有关第 14 条规定的影响牙买加的安全、国防或者国际关系的文件,第15条规定的官方文件属于内阁文件,第16条规定的法律实施与执行相关的官方文件或第18条规定的对牙买加的经济或政府进行经济管理的能力产生重大不利影响的文件,则内部审核程序由负责的部长主管;第31条第1款同时规定,如果是任何其他情形的案件,则由相关部门的常任秘书长或者公共权力部门的重要负责人主管。第31条第2款规定,申请日期为接到相关决定通知时起的30日内,如果有其他合理的原因并经公共权力部门同意的话,期限可以延长,但该延长期限不超过30日。第31条第3款规定,审理后的决定应该依据原来的申请作出,并且应该在接到申请后的30日作出最终决定。

(2)司法程序

根据该法第32条第1款的规定,上诉法院是根据附表2建立起来的。上诉是由上诉法院来审理,该上诉法院是按照法律规定专门来审理上诉案件的。上诉法院在2003年12月建立。附表2第1条规定,上诉法院由5名成员组成,并且这5名成员是经过总督与总理和反对派领袖商议后任命的。当然根据第7条的规定,当出现成员生病死亡、丧失能力或者有其他刑事犯罪等情况时,总督在与总理和反对党领袖商量后可以终止这些人的任职资格。附表2第2条规定,在审理任何上诉案件时,该法院都可以由一个成员来审理,但是必须经过双方当事人的同意,也就是对于独任制的规定。第3条规定,上诉法院的成员一届任职期限为5年,但是可以进行换届连任。第4条规定,总督需要从5名成员中委任一人担当主席。第12条规定,上诉法院应该依法按程序行使自己的权力。

第32条第2款规定,当出现以下情况时,公民个人可以向上诉法院进行上诉:对内部复核程序决定不服的;超过内部复核程序期限不予回复的。另外对于没有经过内部复核程序的案件,如上述第30条规定的几种情形,申请人也可以进行起诉。第3款规定,申请的期限为通知上诉人有关决定后或者内部审核机构作出决定后的60日内,或者没有按照法定期限进行通知的,超过法定期限后的60日内。第4款规定,在当上诉人有其他合理原因时,上诉法院可以延长上诉期限。

在这样的申诉中,公共机构有举证的责任,以证明其原来的决定是合理的。法庭可作出与原先裁决一样的结论,但不能废除不予公开某文件的证书。第32条规定,该法庭可查阅任何宣称不予公开的文件,但这样做的条件是确保公众并不因此获得该文件。该法没有规定法庭的其他权力,也没有规定法庭以何种方式举行听证会。然而,在2004年12月该法的修正案对这些问题进行了处理,提供了当事人各方陈述意见的权利和授权法庭传唤证人的权利。该法的附表2对上述有关上诉法庭成员的规定确实给法庭的独立性提供了重要的保护。与此同时,这些规定可以进一步得到改进,例如规定不任用与政治有千丝万缕关系的候选人。①

信息获取法案利益相关者咨询小组ATI单位(Access to Information Unit,以下简称ATI)在2005年3月报告称,上诉法院最初接到的10个上诉是针对以下三个机构的,即牙买加银行(5件上诉)、财政计划部(4件上诉)、总理办公室(1件上诉)。但是追求正义的牙买加人民却说,在2006年初该上诉法院仅在两天内就审理了3个上诉案件。

(三)信息公开的费用

牙买加的《信息公开法》第12条第1款规定,申请人应承担复制承载相关政府信息文件的费用,而第2款规定,如果申请人能够证明自己无法承担这些费用,负责的部长可以免除或者减少相应费用。

四、主管机构

牙买加总理办公厅下设了档案和记录局信息公开处(Jamaica Archives and Records Department in the Office of the Prime Minister),该机

---

① 托比·曼德尔:"牙买加的信息公开法",龚文库等译,载联合国教科文组织《信息自由:多国法律比较》2008年版,http://www.chinatransparency.org/newsinfo.asp? newsid=9484,最后访问日期:2014年4月17日。

关中管理信息公开的单位在2003年成立,目的是监督执行该条例。该单位针对该条例向机构和公众提供培训和指导,并正在与卡特中心等非政府组织合作。截至2004年3月,该机构已针对信息公开条例培训了4339名公共服务者和其他服务者。信息公开处的网站上可以获取的最新报告——“处长关于执行情况的报告”指出,在2005年第一季度,该处总共收到约135件申请;其中,75件申请得到完整的信息,10件申请被移交,差不多84%的申请在法定时限内得到回复。①

① 托比·曼德尔:“牙买加的信息公开法”,龚文庠等译,载联合国教科文组织《信息自由:多国法律比较》2008年版,http://www.chinatransparency.org/newsinfo.asp? newsid=9484,最后访问日期:2014年4月17日。

非　　洲

（3 个国家）

国家	法律名称	制定时间
安哥拉	《获取公共机关持有的文件法》	2002 年
尼日利亚	《信息自由法》	2011 年
乌干达	《信息获取法》	2005 年

安哥拉《获取公共机关持有的文件法》概览

一、法律概要

1992年的安哥拉《宪法》规定了新闻出版自由，没有明确规定知情权，[①]但是“新闻出版自由”的入宪已经为知情权的创立奠定了基础。2004年宪法委员会将知情权写入新宪法。[②] 安哥拉明确将“知情权”写入宪法，明确了这一权利的基础性和根本性地位。

2002年8月，《获取公共机关持有的文件法》(Law on Access to Documents held by Public Authorities)获得通过。[③] 由于安哥拉曾经是葡萄牙的殖民地，[④]这部法律是根据葡萄牙的《行政文件知情权法》制定的，除了部分内容是根据安哥拉的政治体制以及政府结构有所变更以外，这

---

① Constitutional Law of the Republic of Angola, http://www. oefre. unibe. ch/law/icl/ao00000_. html，最后访问日期：2013年12月18日。

② 参见网站：http://www. comissao - constitucional. gv. ao/default. html，最后访问日期：2013年12月18日。

③ Lei de Acesso aos Documentos Administrativos. No 11/02. 16 August 2002. http://www. privacyinternational. org/countries/angola/foi - law02. doc，最后访问日期：2013年12月18日。

④ 安哥拉共和国位于非洲西南部。面积124万平方公里。历史上曾分属刚果、恩东戈、马塔姆巴和隆达四个王国。1482年，葡萄牙殖民者船队首次抵达，1576年建立罗安达城。在1884～1885年柏林会议上，安被划为葡萄牙殖民地。1922年，葡占领安哥拉全境。1951年，葡将安改为葡的一个“海外省”，派总督进行统治。从20世纪50年代起，安哥拉先后成立了三个民族解放组织：安哥拉人民解放运动（简称安人运）、安哥拉民族解放阵线（简称安解阵）和争取安哥拉彻底独立全国联盟（简称安盟），并于60年代相继开展争取民族独立的武装斗争。1975年1月15日，葡萄牙政府被迫与三个民族解放组织联合签署安哥拉独立权利的《阿沃尔协议》。根据协议1975年1月30日，安哥拉成立三派联合的过渡政府，并于1975年11月11日实现独立。不久，安人运、安盟、安解阵之间发生武装冲突，过渡政府解体。同年11月11日，安人运宣布成立安哥拉人民共和国，阿戈斯蒂纽·内图任总统。

两部法律有很大的相似性。[①]《获取公共机关持有的文件法》的出台具有重大的现实意义,一方面将宪法确立的知情权具体化,增强可操作性,另一方面也标志着安哥拉信息公开法制化的完善。

《获取公共机关持有的文件法》分为四章,共23条。第一章(第1~6条)阐述了信息公开的原则、立法目的、公开范围、相关概念、内部和外部安全、秘密审查程序,并明确了公开与不予公开的文件类型。第二章(第7~11条)讲了三种获取信息的具体权利:获取由公共机关持有的非个人文件的权利,访问个人档案的权利,修改个人数据的权利。第10条和第11条分别规定了非法使用信息的情形和公共机关公布文件的方式。第三章(第12~19条),阐述了访问文件的方式、申请公开的方式、公共机关提供信息的义务、公共机关对申请的答复以及监督委员会的组成、权力。第四章(第20~23条)阐述了政府在法律生效后的120日内落实本法,与本法不一致的法律应予以废止。由国民议会对本法解释过程中产生的疑问和遗漏进行处理。确定本法的实施日期为公告之日。本法的适用仍应遵循一般法律适用的基本原则,即特别法优于一般法、新法优于旧法的原则。在本法与其他法律关系问题上,如有冲突,首先适用2002年8月议会通过的《国家秘密法》。[②]《国家秘密法》和《获取公共机关持有的文件法》从正反两个角度划定了信息公开的范围。同时,在信息公开的程序当中,尤应注重对个人信息隐私的保护。

2002年8月,安哥拉议会通过了《国家秘密法》(*Secrets Law*)。[③]《国家秘密法》的出台旨在通过信息分类来确定是否予以公开从而限制腐败和权力滥用。该法授权将各种各样的信息进行分类,具体分为四类:绝密、机密、秘密和保留。《国家秘密法》不仅仅适用于政府官员,还适用于

---

① David Banisar, Freedom of Information Around the World—A Global Survey of Access to Government Information Laws, Privacy International 2006, p. 35.

② Lei no. 10/02 Do Segredo de Estato. 16 Agosto 2002. http://www.privacyinternational.org/countries/angola/secrets - law02.doc,最后访问日期:2013年12月18日。

③ Lei no. 10/02 Do Segredo de Estato. 16 Agosto 2002. http://www.privacyinternational.org/countries/angola/secrets - law02.doc,最后访问日期:2013年12月18日。

任何地方、任何接触信息的人。非政府组织对这个限制腐败和权力滥用的法律表示关注。①

二、信息公开的范围

《获取公共机关持有的文件法》规定原则上政府信息应予公开,例外情形下才不予公开。

《获取公共机关持有的文件法》第 3 条规定,本法所规范的文件指的是由具有政府职能的国家机构、公共机构以及掌握公共权力的法定社会团体及其他社会实体所产生或掌握的文件。该法第 4 条第 1 款对文件进行了分类,包括行政管理文件(administrative documents)、个人文件(personal documents)和个人数据(personal data)。行政管理文件指的是公共行政机关制作或保存的,以图形、声音、视频、电脑文件或其他任何形式为载体的档案、报告、研究论文、专门意见、备忘录、官方记录、通知、通告、内部命令、内部正式决定、法律解释以及规范行政机关行为的指示和准则以及其他相关信息。个人文件指的是任何包含公民个人资料的信息。个人数据是指包含对已识别或可识别的自然人的评价、价值判断或为尊重私人生活对某些方面限制的数据。第 4 条第 2 款对不视为公共机构所掌握的文件进行了列举,包括:个人笔记、草图以及相似性质的其他记录;和行政行为无关的文件,特别是部长理事会和国务卿的会议文件以及为准备上述会议而产生的文件。

该法第 5 条规定,涉及内部和外部安全的信息不公开,具体包括:一经披露有可能危害国家的内部、外部安全的信息禁止公开;确有公开必要且符合特殊法律中有关保密等级规定,经过授权可以在一段时间内进行公开;上述文件一旦解密或者保密的时间期限届满,依据现行法律,公众可以免费获取该文件。

---

① Human Rights Watch, Some Transparency, No Accountability: The Use of Oil Revenue in Angola and Its Impact on Human Rights, January 2004. http://www.hrw.org/reports/2004/angola0104/,最后访问日期:2013 年 12 月 18 日。

第6条规定,申请获取含有秘密程序的文件由特别法予以调整。

第7条第5款规定,构成未完结诉讼一部分的文件或者在法院判决准备阶段产生的文件,都应被推迟使用。直到法院判决已作出,诉讼程序已经被搁置或者距离文件初次产生1年后,上述文件才允许使用。

第7条第6款规定,只有在纪律程序这一时间段届满后,有关调查和询问的文件才允许公开。

第7条第7款规定,司法机关、公共注册机构持有的有关个人身份、犯罪记录的文件、自动处理个人数据的文件以及在历史档案馆中保存的文件由单独立法予以规范。

第8条第1款规定,根据与管理个人信息相关的法律规定,申请含有个人数据的文件的公开权的行使会随着相关法律而进行调整。

三、信息公开的方式及程序

(一)信息公开的方式

根据《获取公共机关持有的文件法》第二章第11条和第三章第13条的规定,安哥拉信息公开的方式有:主动公开,即将有关信息在法定的刊物或媒体上刊载或公布;依申请公开,即应当事人的申请向其公开有关的信息。

1. 主动公开

《获取公共机关持有的文件法》第11条规定,公共机关应当以适当的方式公布如下信息:(1)涉及职能活动的所有文件、内部正式决定、通知以及指导方针;(2)所有关于立法解释或行政程序解析的文件,内容应当包含标题、主题、日期、来源及其所保存的位置。文件的更新应当至少每6个月进行一次,从而鼓励和便利当事人的查询。

2. 依申请公开

《获取公共机关持有的文件法》第13条规定:申请必须以书面形式提出,申请中应当包括识别相关信息的所有必要内容以及申请人的姓名、住址和利益相关人的签字。

(二)信息公开的程序

1. 申请

《获取公共机关持有的文件法》第 7 条规定,每个人都有权获取由公共机关所掌握的非个人文件中的信息。有权申请获取个人文件的主体限于与信息相关的个人以及能够证明与文件具有直接利益的第三方。文件公开权不仅包括获取复制品的权利,也包括被告知文件存在及其内容的权利。对公民个人文件申请公开有以下限制:有关医疗方面的信息,只能交由申请人选定的医疗调解者;第三方申请获取个人信息,只有在获得个人数据所有人的书面授权或当获取个人数据的目的在于保护该信息所涉之人的合法权益时,才能获得进一步授权;若依据文件性质,如果个人数据被删除而无须重建该文件,也不存在易识别的风险,此文件可以提供给第三方。同时,每个人还享有对个人资料的更正、完善的权利,对不准确、不充分以及过时的个人资料进行删除的权利,由关于个人信息自动处理和适当修改的特别法决定。

2. 决定

《获取公共机关持有的文件法》第 12 条规定了公开的方式。申请人可以在文件保存的场所免费查阅信息,也可以通过照片等包括视觉和听觉的技术方式复制,或者从保存文件的公共机关获取有效的复印件。对被申请的文件只能复制一份。如果通过照片等包括视觉和听觉的技术方式复制可能对该文件造成损害,利益相关人在公共机关的监督下,有权手动复制或者以其他不损害文件的方式进行复制。获取的信息不能用于非法用途,包括不得在没有对相关信息的版权和专利权时使用该信息,不得以不公平竞争为目的复制、删除、使用文件和信息,不得在被授权的目的之外使用提供给第三方的个人资料,否则应该依照法律规定对造成的损失和损害承担责任。

该法第 14 条规定,在每一个国家机构,公共机构以及法定社会团体中都应当有一个实体机构专门负责本法的实施。第 15 条规定,被申请的机构必须要在 10 日内给予申请人答复,包括:准予公开并以所申请的方式提供;对全部或部分不予公开要给出理由;告知申请人相关信息不属于本机关保存,如果知道保存机关的应该告知申请人,或者告知利益相关人,或者将申请要求转达有关机关。

(三)信息公开的费用

《获取公共机关持有的文件法》并没有设专章对申请信息公开的费用进行规定,只是在第三章第12条第2款中有所涉及。第12条第2款规定,通过复印、视频、音频等其他技术手段进行复制应当限于一份,并且应当限于申请人所交的费用,费用应当与所使用的材料和服务成本相符,费用由其他特别立法规定。

四、主管机构

《获取公共机关持有的文件法》第三章第17条规定:监督委员会负责监督本法的实施。第18条规定了监督委员会的组成,包括:司法委员会任命的来自民事和行政庭的法官担任主席,两名来自不同党派的由国民议会选举的议会成员,一名由主席任命的法律教授,两名由政府任命的高声望者以及一名由律师协会任命的律师。任期为2年,可以连任。在监督委员会任职的同时,成员可以同时行使其在原机构的职能。成员的权利和利益由规定本法实施的法律文件决定。与委员会所讨论事项有利害关系的成员,可以列席讨论会议,但不得行使投票权。

第19条规定了监督委员会享有下列职权:制定内部管理规则;审议利害关系人提交的投诉;对个人文件的公开提供意见;决定信息的保密;对本法的实施以及与实施问题相关的其他法律的制定和实施提供建议;向国民议会提供关于本法实施状况的年度报告,并由政府出版。

五、争议解决

《获取公共机关持有的文件法》第16条规定,请求者有权质疑明示或默示的不遵守该法的行为和限制知情权行使的决定。同时,第19条中规定的监督委员会的职权包括审议利害关系人提交的投诉。因此,申请人可以向监督委员会申请救济。

六、发展现状

2013年12月,非洲信息自由分析中心的一项研究指出,安哥拉的信息自由法相对于区域标准存在很多重大缺陷。“总体来说,安哥拉的信息自由法似乎只是表达了一个最有限的信息权”,该报告指出,“在其相对较少的法条中,没有充分阐明这些权利,建立政府职责,以及提供必要的支持程序”。长达13页的评估报告共包括14个建议。

报告认为,2002年版的《获取公共机关持有的文件法》存在许多错误,该法“不适用于政府施加影响的私人机构,也没有规定一个明确的范围”;同时,申请信息公开的过程不明确,“该法似乎规定了对申请人的有限责任,所规定的申请过程容易挫伤申请人的积极性,尤其是那些没有方法或耐力克服这些障碍的申请人”。非洲信息自由分析中心认为,该法包含较少但可能会彻底限制的内容,包括与国家安全相关的限制,与区域标准不一致。该法没有要求发布信息要持续更新。此外,该法“似乎既不承认也不保护告密者”。“最后,没有规定任何实质性的上诉权利或上诉过程。”该评估是基于非洲获取信息平台的标准,《非洲言论自由原则宣言》和非洲联盟成员国关于信息公开的法律草案作出的。根据信息公开和民主与法律中心对法律机制的排名,与其他95个国家的信息自由制度相比,安哥拉排第60名。[①]

政府信息公开制度实施的好坏,很大程度上就取决于政府的态度。有效的执行需要有大量的资金投入来保证必要的人力物力,同时还必须战胜根深蒂固的保密文化。[②] 虽然《获取公共机关持有的文件法》包括了

---

① 参见网站:http://www.freedominfo.org/2013/12/angola-foi-law-found-wanting-afic-analysis/,最后访问日期:2014年1月17日。

② Laura Neuman and Richard Callan, Making the Access to Information Law Work: The Challenges of Implementation. The Right to Know, edited by Ann Florini. Columbia University Press. Copyright 2007, p. 10.

政府信息公开的主要内容，但这部法律并没有得到很好地实施。具体而言，存在以下问题：

1. 据非洲南部的媒体研究所报道，许多公共机关已经任命了负责信息公开的官员，但是记者获取信息仍存在“重大困难”。① 造成这一状况的原因是多方面的，实现政府信息公开不是颁布一部法律就可以做到的，更多的是与一个国家的法治状况和政府在社会中所担任的角色、承担的职能密切相关。安哥拉共和国的公民不了解信息公开的重要性，缺乏维权意识，不去主动申请以启动该法案中规定的程序，那么法案也不能起到所预期的作用。

2. 本法条款较少，原则性规定较多，对具体实施造成阻碍；比如，没有对不予公开的可能危害国家的内部、外部安全的信息进行界定。该问题的解决有赖于有权机关制定相关的实施细则，在各国或地区的立法及实施的实践中，往往都是通过具体的实施条例或实施细则予以规定，从而指导具体的法律实践。

3. 本法对救济程序的规定过于简略，无法对被拒绝公开者的权利提供有力保障，并且缺乏对信息被公开者的权利救济及保障。这一问题的解决需要安哥拉行政救济立法体系的完善和相关配套措施的跟进。

4. 缺乏中央的协调和部门间的联系。对要求获得属于不同机构的信息的申请和提交给数个行政部门的申请，安哥拉政府并没有建立起一种可协调各机构的处理机制，也没有给予原则上的指导。缺乏联系也带来了重复的付出和成本的增加。在记录和处理政府信息公开申请方面，各个公共部门都需要各自对相关系统流程发布一份声明，而不是由宪法事务部事先予以统一发布。

5.《获取公共机关持有的文件法》规定，在公共机关和法定团体中应指定机构负责本法的实施，但并没有明确规定各级行政机关的实际负责主体或机构，这在一定程度上影响了本法的实施。

---

① Media Institute of Southern Africa, – So This Is Democracy? 2005, April 2006.

尼日利亚《信息自由法》概览

一、法律概要

由于尼日利亚[①]长期被殖民的历史和独立后的多次军事政变和长期军人执政，因此在《尼日利亚宪法》（*Nigeria Constitution*）中，并没有过多的提及公民的权利，仅单纯地强调了国家的主权、政体等。随着独立后人民的权利意识的不断增强，2011 年《尼日利亚信息自由法》[②][*Freedom of Information*（*FOI*）*Bill*]应运而生，这是一项重大的进步，标志着尼日利亚人民的知情权从此得到法律上的确认。尼日利亚联邦共和国国民议会于 2011 年颁布了《尼日利亚信息自由法》，又称 2011 年《信息自由法》。2011 年 5 月 31 日，尼日利亚总统古德勒克·乔纳森正式签署《信息自由法》为尼日利亚国家法律。《信息自由法》于 1999 年由尼日利亚行动大会党成员、前媒体人士阿毕克·达比理在联邦议会上首次提出。2011 年 2 月 24 日和 3 月 17 日，尼日利亚众参两院分别通过了该法案的审核。但是根据尼日利亚宪法的相关规定，该法案只有经尼日利亚总统签署后才能成为国家法律。同年 5 月 27 日，尼日利亚联邦议会向乔纳森总统递交在议会获得审议通过的《信息自由法案》。次日，乔纳森同意签署该法案成为国家法律。尼日利亚总统府 31 日发表声明，乔纳森已签署法案成为法律。

---

① 尼日利亚联邦共和国（Federal Republic of Nigeria），简称尼日利亚，是西非国家，位于非洲的几内亚湾西岸顶点。它被列为未来 11 国中的一员，而且是英联邦成员。该国的联邦共和制度仿效自美国，总统由全民投票选举产生，为国家元首和政府首脑，任期 4 年，最多可以连任一次。总统的职权受到国会的制约，国会分参议院（Senate of Nigeria）和代表大会（House of Representatives of Nigeria）。议员与代表都由民选方式产生。

② 该法律可见网站：http://www.right2info.org/resources/publications/laws - 1/nigeria - freedom - of - information - bill，最后访问日期：2015 年 8 月 3 日。

《信息自由法案》旨在赋予尼日利亚公民更多的知情权,让尼日利亚人有更多机会去了解和接触政府部门及公共机构的公共信息和记录。[①] 2011 年《信息自由法》共 32 条,在序言中明确规定,公共信息和记录将会公开供申请人自由查阅,但一些关于个人隐私或披露将造成公共利益损失的一些官方资料不予公开。它在第 2 条中规定了任何公民都具有无需说明理由而申请信息公开的权利,并且也有权向法院提起诉讼要求公共机构遵守该法律。第 3 条规定了信息的定义,是指“由公共机构确保其记录并保持的政府活动、运行的信息”。该部分主要规定了公共机构信息的种类以及公共机构应通过出版物、电子资源和网络资源等方式确保权利人获取信息的权利。该法规定“公共机构”主要包括:行政、立法和司法机构,各部委以及其部级部门,依法设立的所有企业和政府控股的公司,使用公共资金建立的私人公司。第 4 条至第 8 条规定了获取档案的申请形式、拒绝申请的时限、申请的移送、通过或者申请的时限的延长以及什么情形下申请会被拒绝;第 9 条规定了费用,费用应仅限于文件复制和转录时的必要收费;第 10 条、第 11 条规定了档案的保管和档案销毁或伪造构成的犯罪行为;第 12 条至第 20 条规定了不予公开的信息,如国际事务和国防信息不予公开、执法和调查信息的不予公开、个人信息免于公开、第三人信息的不予公开、职业信息的不予公开或者法律授予的特权或者课程或者研究材料的不予公开等;第 21 条至第 26 条规定了司法审查,其中提到信息公开申请被拒绝可以请求司法审查,还介绍了司法审查中的简易听证、证据规则等内容;第 27 条规定了材料的公开,该条规定公开的材料可为公众查阅的材料等属于本法不适用的材料的范围;第 28 条规定了对于公职人员的保护,该条还规定了公职人员有关信息保护的违法犯罪行为;第 29 条介绍了根据本法对于信息进行的分类,重新总结了不予公开的信息种类以及可以公开的信息;第 30 条规定了每年的 2 月 1 日

---

① 参见网站:http://world.people.com.cn/GB/57507/14802368.html,最后访问日期:2013 年 11 月 25 日。

或之前各公共机构包括联邦总检察长应提交一份报告及其形式，其中应包含上一财年的信息公开情况；第 31 条规定本条例为现有访问公共记录和信息程序的补充；第 32 条为解释性条款，该条对本法中涉及的法律术语进行解释。

尼日利亚于 1992 年正式通过了《国家档案法》（*National Archives Decree*）。[①] 该法要求尼日利亚联邦政府成立档案馆，该档案馆负责对公共机构、公司机构以及个人等档案进行管理和保护。该法限制了对档案的处置、转让或出售等行为。

二、信息公开的范围

该法的立法方式为概括规定可以公开的信息，列举规定信息不公开的范围。

（一）公开的信息

在 2011 年《信息自由法》中规定了该信息应当由公共机构确保其记录并保持的政府活动、运行的信息。公共信息和记录将会公开，供申请人自由查阅。

（二）不予公开的信息

在第 12 条至第 20 条中规定了不予公开的信息，包括：国际事务和国防信息的不予公开，执法和调查信息的不予公开，个人信息免于公开，第三人信息的不予公开，职业信息的不予公开，法律授予的特权、课程或者研究材料的不予公开等。下面来具体阐述：

第 12 条规定：如果信息的公开会对尼日利亚联邦共和国的国际事务和国防造成损害，政府机构可以拒绝公开信息的申请。但如果公开信息涉及到的公共利益大于公开造成的损害，信息公开的申请也不应拒绝。

---

① 参见网站：http://www. right2info. org/resources/publications/laws - 1/NATIONAL_ARCHIVES_DECREE_1992. pdf，最后访问日期：2014 年 4 月 25 日。

第13条规定:(1)行政机构遵守行政执法程序的档案以及执法机构或惩教机构进行执法活动或者处理行政机构内部事务的档案,但仅限于信息公开会造成下列结果的情况:①干扰由执法或者惩教机构正在进行的、未决的或者实际进行和拟进行的执法程序;②干扰由政府机构进行的未决的行政执法程序;③剥夺一个人被公正审判或者公正审讯的权利;④不可避免地公开机密信息的特性;⑤造成本法第15节中的个人隐私的侵犯,但是,如果该信息的公开能够使得公共利益得到更好的保障,那么免于公开信息的条款则不适用;⑥阻碍正在进行的刑事调查。信息的公开被认为可能会对惩教机构的安全性造成损害,但是当信息公开带来的公共利益大于公开带来的损害时,信息应当予以公开。(2)公共机构在推定此信息公开有可能推动犯罪时,可以拒绝公开。(3)如果信息公开被认为可能会为犯罪提供便利的,行政机构可以拒绝信息公开。

第14条规定:(1)如果信息包含个人信息,行政机构可以拒绝公开。在上述该款的规定下,免于公开的信息包括:①与客户、患者、居民、学生或其他个人有关的文件和个人信息,其他个人需是受到行政机构直接或间接的有关社会、医疗、教育、就业、金融、监督或护理照顾或者服务的人;②与行政机构的雇员、委任或选举官员或者类似职位的申请人有关的人事档案和个人信息;③由政府或负责职业登记、注册或纪律的行政机构保管的涉及申请人、注册人或者持证人的档案和个人信息;④纳税人需要并且与税收的评估或征收有关的信息,法律另有规定公开的除外;并且揭露向行政机关、调查机关、执法机关或者惩教机构控诉犯罪或者提供犯罪信息的人的身份的信息。(2)如果个人信息符合下列情形,行政机构会公开该信息:①个人同意公开该信息;②该信息可供公众查阅。但所涉及的公开信息涉及公共利益的,并且如果该信息公开带来的公共利益明显大于信息涉及的个人隐私的保护,根据本法第13条,行政机构应当公开该信息。

第16条规定:从他人或者其他公司获得的商业秘密和商业或金融信息,并且该商业秘密或信息由个人专有,被授予特权或者属于机密性质的,或者商业秘密或隐私的公开会对第三人的利益造成损害:(1)假如信息不属于上述一款的规定,该款应该解释为此人或该公司不同意公开;(2)信息的公开被认为会干扰第三人的和约或者其他协商;(3)提议和合同,补助或协议的竞标,其中包含要公开的信息可能阻碍采购或者使任何人获利。如果档案中一部分涉及由行政机构或者以行政机构为代表而进行的环境测试的结果或产物,根据上述第一款的规定,行政机构应当公开该部分。如果行政机构公开的信息包含或者一部分包含产品或者环境测试的结果,该机构在公开这部分信息的同时,还应该提供给申请者该测试中使用方法的书面说明。如果信息的公开会带来诸如公众健康、公共安全、环境保护之类的公共利益,并且公开带来的公共利益明显大于第三人的财产损失或收益,或者对于第三人的竞争地位造成损害,或者干扰第三人的合约或协商,行政机构应该公开。

第 17 条规定,如果申请公开的信息属于下列特权,行政机构可以拒绝公开:对于法律职业者,客户的信息可以不予公开;对于卫生工作者,客户的信息可以不予公开;新闻中的保密特权以及法律赋予的其他职业特权。

第 18 条规定:如果申请公开的信息包含教职员准备的课程材料或研究材料,行政机构可以拒绝公开。

第 20 条规定,如果信息涉及下列情形,行政机构可以拒绝公开:(1)用于进行学业考试或者决定执照申请人或者雇员的任职资格的测试题、得分要点以及其他考试数据;(2)建筑师或者工程师的建筑规划,该建筑或者没有全部或者部分靠公共财政支持或者靠公共财政支持,从某种意义上讲,信息公开会损害其安全;(3)图书流通和其他通过特定材料确认图书馆用户身份的档案。但是当公开信息带来的公共利益大于公开引起的损害时,信息应该公开。

该法在第 19 条中规定了信息的部分公开,在以上不予公开的信息中,如果有可公开的部分,应当部分公开。

三、信息公开的方式及程序

(一)信息公开的方式

《信息自由法》第2条规定了公民具有获取信息的权利,并对公民获取信息的权利加以法律的保障。公共机关要保证所有信息的完整性,以方便申请人查阅,法律明确规定了公共机关应该对它的活动、营运及业务信息做出详细的记录。在该法的第4条中规定,公民可以通过申请来获取信息。

(二)信息公开的程序

1. 申请

根据《信息自由法》第3条之规定,申请人可以向公共机构提交书面申请,对于文盲或残疾人等无法正常提交申请的,可以请求第三方的协助。对于口头申请者,应当给予详细的记录,并根据法律的规定要求申请人提交书面申请。

2. 受理

该法第4条规定,公共机构需要在收到申请的7日内作出予以公开或拒绝公开的答复;如果拒绝公开,则应当提供给申请人一份书面材料,包括其拒绝公开的理由及其法律依据。当公共机构在收到申请后,发现其申请信息与另一个公共机构的利益更为密切,则需要在3到7日内将该申请移交到相应的公共机构,并书面通知申请人,告知申请人有向法庭申请审查的权力。根据该法的第7条的规定,如果申请人所申请的信息需要大量的记录或会议程序,则可以延长7日,但需要书面通知申请人。如果公共机构经审查,作出不予公开的决定,则需要书面通知申请人。书面通知上须载明受理该申请的负责人的姓名、职称以及签名,并附上不予公开的理由和相应的法律依据。

3. 申诉

该法第8条第5款规定,当负责人或公共机构违法不公开信息时,应当处50万奈拉的罚款。第11条规定公共机构负责人或政府官员伪造或销毁访问记录属于刑事犯罪,可判处1年有期徒刑。2011年《信息自由法》第21条到第26条规定,当申请人的申请遭到拒绝时,可以在30日内向法院提出申诉。法院应就申请人根据第21条规定所提起的申诉采取简易的听证程序,并由公共机构承担举证责任。法院应当就第21条规定所提起的诉讼采取相应措施以保护申请人的信息不被泄露。如果裁定该机构无权拒绝信息的公开,则责令其公开信息。

(三)信息公开的费用

根据该法第9条的规定,公民对于信息的获取是免费的,只有在必要的时候,收取文件复制和转录费用。

乌干达《信息获取法》概览

一、法律概要

1995 年乌干达《宪法》第 41 条第 1 款规定：每个公民都有获取国家所拥有的信息的权利，除非该信息的发布有可能危及国家的安全或主权，或侵犯个人的隐私权；第 41 条第 2 款规定，议会应通过立法来规定公民的信息获取权中所能获取的信息类别，以及行使该权力的程序。[①] 在 2003 年，公民就积极倡导制定一部信息获取法，政府也想通过这样一部法律对打击贪污腐败现象能有所帮助。[②] 但乌干达还是花费了将近 10 年的时间，在 2005 年 7 月 7 日颁布了《信息获取法》（*Access to Information Act*），并于 2006 年 4 月 20 日开始实施。[③]

《信息获取法》第 5 条第 1 款明确地规定了信息获取权，即每个公民都有权获取公共机构掌握的信息和记录，除非该信息的公开有可能危及安全、主权或个人的隐私权。《信息获取法》第 5 条第 2 款为补充条款，规定公民有权获取的信息应当是准确的、及时的。同时，该法第 24 条第 1 款进一步对信息获取权进行了阐释，即在遵守该法的规定且除该法第三部分中关于例外规定的不禁止的情况下，公民有权获取公共机构所掌握

---

① ［英］托比·曼德尔：《信息自由：多国法律比较》，龚文庠译，社会科学文献出版社 2011 年版，第 50 页。

② 乌干达于 1970 年出台了《预防贪污法》，其中针对许多官员隐瞒或者封锁应该尽早公开的信息，利用他们新发现的权力向公众索取金钱的现象，该法规定所有公众要求获取的信息不得和某个特定的官员接触，有关情况应用海报或公告形式张贴，或者做成小册子以便公众索取。

③ 该法律内容参见网站：http://www.freedominfo.org/documents/uganda_ati_act_2005.pdf，最后访问日期：2015 年 8 月 3 日。

的信息或记录。[①]

该法第3条制定《信息获取法》的目的,即建立一个“高效、务实、透明、可信”的政府,同时也保护那些披露政府不当行为证据的个人,并通过向公民提供准确的信息来促进政法机关的透明度和诚信度,赋予公民一定的权利来审查和参与对他们产生影响的政府决策。[②]

该法共分为六章,48条规定。第一章(第1~4条)规定了本法的用途、目的以及对相关定义进行界定。第二章(第5~22条)阐述了申请人在申请获取信息时需要遵守的规定,并明确了信息官员(information officer)的责任,以及当申请人申请信息时,有关政府机构需要提供的帮助。第三章(第23~34条)主要是对不予公开的信息的规定,包括对个人信息、第三方信息以及机密信息的保护等。第四章(第35、36条)阐述了当申请人需要获取的信息包括第三方信息时的相关规定。第五章(第37~42条)规定了上诉的程序以及法院的裁决。第六章(第43~48条)主要讲政府机构需要发布年度报告以及对发布信息的人员的保护。与信息公开相关的法律还有:

(一)《检举人保护法》

乌干达于2010年5月13日开始实施《检举人保护法》(*Whistleblowers Protection Act*),[③]规定当检举人出于善意或某些可接受的理由公开信息时,应受到法律的保护。《信息获取法》第44条规定,当公布信息的人是出于善意的,并合理地相信该信息为真实的、同时揭露了证实不法行为的证据时,禁止对涉及不法行为或严重威胁到健康、安全或环境的信息进行揭发的人施加法律、行政或与就业有关的制裁。第45条规定,任何公共机构官员不应由于其出于善意行使或执行《信息获取法》

---

① [英]托比·曼德尔:《信息自由:多国法律比较》,龚文庠译,社会科学文献出版社2011年版,第151页。

② [英]托比·曼德尔:《信息自由:多国法律比较》,龚文庠译,社会科学文献出版社2011年版,第152页。

③ 该法律内容参见网站:http://www.right2info.org/resources/publications/laws-1/Uganda%20Whistleblowers_Protection_Act_2010.pdf,最后访问日期:2013年11月28日。

赋予的权力或职责而承担民事或刑事责任。[①] 从这两条规定来看，与《检举人保护法》呼应，即出于善意而公开信息的，该官员或检举人都应当受到法律的保护。

（二）《国家档案法》

乌干达于 2001 年颁布了《国家档案法》（*National Records and Archives Act*），[②] 该法规定，保存期限达到30 年以上的档案不再定类为机密或受限，并得以对外公开。机密档案要接受审查，符合规定的撤销机密级别。基于维护国家安全、公共秩序、国家税收安全以及在世者的隐私，相关档案会作为机密被保留更长的时间。

（三）《官方机密法》

针对国家安全的保护，乌干达于 1964 年颁布了《官方机密法》（*Official Secrets Act*）。[③] 该法规定任何人公开对乌干达安全造成危害的信息，都将受到法律的制裁。

二、信息公开的范围

该法第 5 条规定，信息获取权适用于信息和记录。第 4 条中对信息的定义进行了阐述，包括书面的、视觉的、可听的信息以及电子信息。记录的定义是指公共机构所持有的“以任何形式包括电子形式存在的、任何记录下来的信息”。

信息获取权还适用于国家或任何公共机构拥有的所有信息和记录。该法第 4 条对公共机构的定义包括“内阁、部委、政府部门、依法成立的公

---

① ［英］托比·曼德尔：《信息自由：多国法律比较》，龚文庠译，社会科学文献出版社 2011 年版，第 159 页。

② 该法律内容参见网站：http://www.right2info.org/laws/constitutional-provisions-laws-and-regulationssection-120，最后访问日期：2013 年 11 月 27 日。

③ 该法律内容参见网站：http://www.ulii.org/ug/legislation/consolidated-act/302，最后访问日期：2013 年 11 月 27 日。

司、权力机构或委员会”。①

该法第三部分对不予公开的信息作了全面的规定。该法第25条规定，内阁人员不得获取除了经授权的公共人员以外的任何人的信息，根据信息的保密级别，可能在信息保存期满7年、14年或者21年之后才能对外公布。第34条规定了公共利益优先原则。根据该原则，即便信息属于例外范围，在某些情况下也必须披露。这些情况包括：公布的信息将揭露严重违法行为的证据，或会对公共安全、公共健康及环境造成严重危害的，或是披露信息带来的公共利益大于对受保护利益可能造成的损害。《信息获取法》第19条第1款包含了信息可分割条款，即一个信息记录中任何不属于例外规定的部分都应当公开。

《信息获取法》对不予公开的信息的具体规定如下：

第2条第2款和第25条第1款规定，内阁记录和其他档案记录不予公开；

第21条和第26条规定涉及个人隐私内容的信息不予公开，信息官员可以拒绝对获取私人信息不合理的请求，包括已故的人；除非信息持有者以书面形式同意向申请人公开信息，或者此信息已经被公开过。对于已故的人，若须获取有关其信息，必须是其亲属，或者需要经其亲属同意并给出书面同意。

第27条规定涉及第三方经济利益内容的信息不予公开：(1)有关科学技术信息的相关资料，这些信息如果被公开，可能会对公共机构的利益或其正常运行造成危害。(2)由第三方秘密提供的信息，如果这些信息被公开，可能会对第三方在商业谈判或合约方面以及在商业竞争方面造成损害；如果此信息已获得第三方的书面同意，那么可以向申请人公开。(3)公共团体对有关产品、环境及其他调查结果的信息不予公开，如果这些信息被公开，可能会对公共安全、公共健康及公共环境造成危害。

---

① ［英］托比·曼德尔：《信息自由：多国法律比较》，龚文庠译，社会科学文献出版社2011年版，第159页。

第 28 条规定涉及机密的信息不予公开:(1)信息官员可以拒绝公开违背第三方意愿的信息,除非已获得第三方同意;(2)信息官员可以拒绝公开由第三方秘密提供的信息,因为考虑到此信息的公开会对类似信息的未来供应造成影响;反之,如果此信息是有关公共利益的,则可以公开。

第 29 条规定涉及个人人身安全及财产安全的信息不予公开:(1)信息专员可以拒绝对个人生命或人身安全的信息申请请求;(2)如果信息的公开会对建筑、交通工具、财产或程序造成损害,这些信息也不予公开。

第 30 条规定涉及法律实施及诉讼程序的信息不予公开:(1)信息专员可以拒绝公开有关违反法律侦查、调查的信息;(2)有关逃避法律或导致犯罪行为的信息也不予公开;(3)与法律实施和执行有关的保密信息不予公开。

第 31 条规定,在法律程序记录上属于个人专有的信息不予公开,除非享有专有权的当事人放弃这一权利。

第 32 条规定,有关国家防卫、安全及国家关系的信息不予公开:如果此类信息被公开,会对乌干达的国防、安全、主权及国际关系造成危害;与军事战略战术、军事演习或备战演练的信息及与侦察、预防、压制敌对活动的信息有关的不予公开;代表乌干达其他州或国际组织在国家事务中审议和协商的信息不予公开;与其他国家交换的外交函件或与乌干达外交使馆交换的公函不予公开。

第 33 条规定,包含意见或建议、记录协商、讨论说明的信息,一旦公布信息能够合理预期将因为阻挠观点、报告、建议的交流或妨碍协商、讨论的行为而导致审议程序的失败,除非该信息的存在已经超过 10 年。

三、信息公开的方式及程序

(一)信息公开的方式

申请人申请信息时,须以书面形式提出申请并注明其地址。《信息获取法》并没有规定申请可否以电子的形式提交。申请必须包括对信息或记录的详细描述，以便有经验的官员查找。第 11 条规定，申请人的身份、地址以及申请者要求的信息传递方式也要注明。如果申请人因不识字或残疾不能提交书面申请，则可以以口头方式提出，信息官员应书面记录申请并给申请人一份副本。①

根据该法第 6 条的规定，无论申请人出于何种原因而申请，或信息官员对申请人陈述的理由有何看法，信息获取权都不应受到影响。②

《信息获取法》对信息获取的方式作了详细的规定。第 20 条第 2 款规定包括复制记录、查阅记录、使用公共机构现有的设备提取记录，以及在某些条件允许的情况下，申请人可以自己制作副本。

（二）信息公开的程序

1. 主动公开

该法第 7 条对公共机构主动公开信息也作了如下规定：公共机构需要在该法第 7 条生效后的 6 个月内制作出有关该公共机构的信息手册，并且至少每 2 年更新一次，其内容包括：对公共机构及其职能的描述，该机构官员及负责人的邮政地址和联系信息，公众提交申请的公共机构的地址，关于可以定期获取的信息的清单，公共机构向公众提供的服务和具体方式，公众参与决策的规定，公共机构向公众提供的所有补偿的详细介绍等。③

2. 依申请公开

第 12 条规定，当申请人所申请获得的信息当由另一个公共机关所持有时，收到申请的行政机关应将申请移交至该行政机关，并书面通知申请人。当申请被移交后，接受移交的行政机关应当对该申请作出是否公开

① ［英］托比·曼德尔：《信息自由：多国法律比较》，龚文庠译，社会科学文献出版社 2011 年版，第 159 页。

② ［英］托比·曼德尔：《信息自由：多国法律比较》，龚文庠译，社会科学文献出版社 2011 年版，第 159 页。

③ ［英］托比·曼德尔：《信息自由：多国法律比较》，龚文庠译，社会科学文献出版社 2011 年版，第 159 页。

的决定,而移交申请的行政机关在移交之前作出的与该申请有关的行政行为视为接受移交的行政机关作出的行政行为。此时,后者如果作出准予公开的决定,应该由其对相关信息予以公开,移交申请的行政机关应该予以配合。

第 13 条对信息申请的转交作了如下规定:当最早被联系的公共机构不持有申请人所需信息或申请获取的信息与另一公共机构的工作有更紧密的关系时,申请应当尽快被转交,所需时间在任何情况下不能超过 21 日。在这种情况下,申请人应告知转交申请这一事实、理由和处理申请的期限。①

第 14 条规定,如果公共机构不持有该记录或经过合理的努力仍不能找到所申请的记录,也不知道哪个公共机构拥有该记录,在这种情况下,申请人应被书面告知这一事实以及寻找该记录所采取的步骤。出于申诉的目的,该通知可被视为拒绝履行申请的证据。该条还规定,一旦被申请的材料找到了,必须及时提供给申请人。②

第 16 条第(1)款规定,公共机关接到申请人的申请后,必须在 21 日内作出答复。如果申请人申请的信息数量巨大,或者需要公共机关花费巨大的时间考证,或者是公共机关需要去往不同的城市进行调查的,或者申请人以书面形式同意延期的,答复期限可以再延长 21 日。同时,第 17 条规定,信息官员应通知申请人延长的时间、理由和提起申诉的权利。第 18 条规定,如果公共机关未在规定的 21 日内给予申请人答复,视为拒绝公开申请人所申请获得的信息。

第 15 条规定,如果该记录将在 90 日内出版,或为了出版需要更多的时间印刷,或法律规定了该记录需要出版,或该记录需要提交给公共机构、公职人员或特定的人而还没有提交的,对于该信息的获取可以被推

---

① [英]托比 · 曼德尔:《信息自由:多国法律比较》,龚文庠译,社会科学文献出版社 2011 年版,第 159 页。

② [英]托比 · 曼德尔:《信息自由:多国法律比较》,龚文庠译,社会科学文献出版社 2011 年版,第 159 页。

迟。在这种情况下，需通知申请人可能推迟的时间，申请人有权利告知信息官员要在一定时间之内获取该记录的理由。如果申请人有“合理的理由使信息官员认为拖延会导致该申请人遭受重大损失的”，申请人有权要求提早获取该信息。①

第35条规定，信息官员打算公布一项信息时，基于以下原因信息官员必须在21日内以书面形式通知第三方：在公布的信息中可能包含第三方的商业机密或第三方提供的金融、商业、科学或技术机密；该信息的公布可能导致第三方商业损失。在这种情况下，第三方应在20日内对该信息不应公开的原因作出正式陈述。第36条第1款规定，信息官员需在其后的21日内决定是否公布该信息。第16条第2款规定，当信息获取申请批准时，公共机构应向申请人发送通知，内容应包括获取信息所需的费用、所提供信息的获取方式和申请人针对费用或者获取形式提出的申诉权和行使该权力的程序。第16条第3款规定，当申请被拒绝时，公共机构应向申请人发送拒绝通知，并提供充分的拒绝理由和该决定所依据的信息权法条文以及申请人遭到拒绝后的申诉权和行使该权利的程序。第19条第2款规定，凡申请的信息部分获准、部分遭到拒绝，发给申请人的通知应包含上述规定要求的相应内容。②

（三）信息公开的费用

乌干达《信息获取法》对于收费只作出了框架性的基本规定。第20条第1款规定，在申请人付费之后，公共机构应当及时向申请人提供信息。除了赋予主管部长权力就行使法律职责制定“与费用有关的程序和规章，包括收费和费用减免”外，该法并未对费用问题作出其他规定。③该法还规定当信息的获取方式由于某些原因（如不利于信息维护或侵犯

① ［英］托比·曼德尔：《信息自由：多国法律比较》，龚文庠译，社会科学文献出版社2011年版，第159页。

② ［英］托比·曼德尔：《信息自由：多国法律比较》，龚文庠译，社会科学文献出版社2011年版，第159页。

③ ［英］托比·曼德尔：《信息自由：多国法律比较》，龚文庠译，社会科学文献出版社2011年版，第155页。

了不属于国家的著作权)不能满足申请人的要求时,所收费用不得高于按照申请人要求的获取方式所需的费用;并且对于残疾人,收费标准采用跟健全人类似的方法,并不得超出向健全人收费的水平。

四、主管机构

公共机构的信息任务主要由信息官员负责执行。该法第10条规定,公共机构的行政长官(即信息官员)有责任确保其信息被获取。第12条规定,信息官员有义务免费帮助申请人获取相关信息。第43条规定,每个内阁大臣须就其负责的公共机构的信息服务活动向议会提交年度报告,内容包括对这些公共机构收到的信息申请的描述以及这些申请是否被批准,如果未批准,原因何在。[①] 该法第47条、第48条对部长的职责做了规定。根据法律文件,部长有权对以下情况制定规章制度,包括:(1)根据申请人申请信息的程序及方式,部长有权决定其需要支付的费用;(2)根据本法,部长有权就申请人申请信息的形式作出规定;(3)针对不同的信息保密的等级,部长可以对信息专员拒绝公开的信息制定规章制度;(4)对于违反本法关于信息是否可以被公开的行为,部长有权对其作出不超过240货币点的罚款,[②]或者对其进行不超过3年的监禁;(5)根据本法的规定,获得内阁的同意后,部长可以对法律进行修订。

五、争议解决

乌干达《信息获取法》没有为申诉行为规定一个独立的机构。但是该法明确了首席执行官员对确保信息公开负有最终责任。根据本法第37条的规定,对于拒绝公开信息的行为,申请者可以向首席法官(chief magistrate)提起申诉。第38条规定,申请人如果对首席法官裁决不服的,可以在拒绝之后的21日内向高等法院提起上诉,高等法院可撤销原

---

① [英]托比·曼德尔:《信息自由:多国法律比较》,龚文庠译,社会科学文献出版社2011年版,第159页。

② 1个"货币点"约等于20,000乌干达先令或11.50美元。

判,并判令相关部门公开信息。第 40 条规定,在申诉听证过程中,法院可以不受《信息获取法》或任何其他法的限制而审查公共机构拥有的任何记录,公共机构不得以任何理由隐藏信息。该法规定,任何损毁、破坏、隐藏、伪造、篡改信息的人,将会被处以罚款(最高可判 240 货币点的罚金)或是 3 年以下有期徒刑。根据第 22 条的规定,在所有相关的申诉程序结束之前,公共机构必须确保该信息免于公开。

第 41 条规定,基于信息权法提起的司法听证属于民事性质,但证明公共机构确实拒绝信息申请和作出其他决定的"举证责任",则由声称其决定符合信息法规定的该公共机构承担。鉴于信息权法规定公共机构有几乎是排他性的义务,上述举证责任通常也属于公共机构。第 42 条规定,法院对根据信息权法提起的申诉进行裁决时,可以确认或撤销原决定,要求提供被申请的信息,批准包括赔偿、制定司法费用承担者在内的临时或特定的费用减免或补偿,或命令公共机构采取其他必要的行动。

六、发展现状

乌干达《信息公开法》从 2006 年实施以来,大部分法律规定是有进步意义的。首先,该法制定了一套被严格限定的例外规章,还包括进一步制定的例外规定。该法还制定了一项旨在保护检举者的条款,即出于善意对错误制定的信息或是严重威胁人身健康安全、环境安全的信息进行揭发的,禁止对检举者进行法律、行政或者工作上的处罚;这一规定意义重大,在其他国家的信息权法中很少有保护检举人的条款,尽管已经有国家对此进行了另外的立法。[①] 根据全球信息法评级系统,全球 95 个国家被进行排名,满分为 150 分,乌干达排名 27,得分为 98 分。[②]

---

① 例如 1989 年,美国参众两院一致通过《检举者保护法案》,首次以国家法律形式将检举人保护问题确立下来。

② 该法详细内容参见网站:http://www.rti-rating.org/country_data.php,最后访问日期:2013 年 11 月 30 日。

大 洋 洲

（3 个国家）

国家	法律名称	制定时间
澳大利亚	《信息自由法》	1981 年
库克群岛	《官方信息法》	2007 年
新西兰	《官方信息法》	1982 年

澳大利亚《信息自由法》概览

一、法律概要

1982 年，澳大利亚历经十年的努力终于实施了《信息自由法》(*Freedom of Information Act*)。[①] 事实上，由于澳大利亚的法律制度深受英国的影响，自澳建立代议制民主制以来，在被选举者和选民之间始终存在着一种紧张关系，即前者应向后者提供多少政府信息。仿效英国 1911 年《官方保密法》第 2 条的规定，澳大利亚 1914 年通过的《犯罪法》第 70 条也把泄露政府信息的行为规定为犯罪。《犯罪法》的规定得到了其他法律保密条款的呼应，成为澳大利亚政府战后草拟国家政策的依据。这些立法所产生的共同后果便是在行政领域，保密理念得到牢固的确立。在美国于 1966 年出台了《信息自由法》后，澳大利亚政府迫于国内的形势也开始考虑信息自由的立法问题。1970 年前后，政府公职人员开始参与公共论坛，就诸如环境问题决策的透明和公开进行讨论，从而使澳大利亚于 1972 年引入了环境影响说明的行政程序。在媒体的推动下，特别是澳大利亚卷入越南战争的丑闻加剧了民众对于保密掩盖并滋生非法行为的怀疑，强化了民众要求披露政府信息的呼声。自 20 世纪 60 年代末以来，法院日益趋向于向案件当事人披露案件情况。司法的变革也加速了行政法的发展。1975 年《行政上诉法庭法》和 1977 年《行政决议(司法审查)法》赋予了当事人获得有关最初的行政决议理由的信息的权利。1972 年大选后，澳大利亚政府专门成立了跨机构委员会负责信息自由立法的调查报告。在 1974 年、1976 年报告的基础上，跨机构委员会于 1978

---

① 该法详细内容见网站：http://www.austlii.edu.au/au/legis/cth/consol_act/foia1982222/，最后访问日期：2014 年 3 月 20 日。

年提出了信息自由法案。经过参众两院的多次妥协,最终于 1981 年通过了《信息自由法》。该法于 1982 年实施,并于 1983 年、1986 年、1991 年进行了三次修正。[①]

澳大利亚《信息自由法》分为八部分,共 94 条规定。第一部分(第 1 ~ 7 条)主要讲本法的目的和对信息公开事宜相关主体的定义进行界定。第二部分(第 7A ~ 10B 条)主要讲可公布信息或文件的范围相关规定。第三部分(第 11 ~ 31 条)主要讲申请人获取文件或信息的权利规定。第四部分(第 31A ~ 47J 条)主要讲对不予公开的信息的规定。第五部分(第 48 ~ 51E 条)主要讲个人记录的修改及注释。第六部分(第 52 ~ 54E 条)主要讲审查的决定。第七部分、第八部分(第 54F ~ 94 条)主要讲了一些杂项,包括对某些涉及违法行为的隐私保护及向议会汇报等。

澳大利亚《信息自由法》第 3 条明确阐述了该法的目的是"尽可能地扩大澳大利亚社会获取联邦政府掌握的信息的权利",并做到:(1)使公众获得行政部门和公共机关运作的信息,尤其是对于在公众与行政部门和公共机关打交道时会遇到的规则和做法,须确保那些会受到相关规则和做法影响的人可便利的获得其所需的信息;(2)创设一项一般权利,即获得部长、行政机关和公共机关掌握的文件形式的信息的权利,此权利仅受例外、为保护基本公共利益所必不可少的豁免和个人隐私及商业事项的限制;(3)创设变更载有个人信息的记录的权利,以防那些记录不全面、不准确、过时或误导。与信息公开相关的法律还有:

(一)《档案法》[②]

20 世纪的大部分时期,档案法制只是处于探讨时期,而没有具体的行动。1944 年,国家档案馆依照政府的决议建立,档案法仍没有产生,这个时候美国社会已经发生了巨大的变化,这让澳大利亚的公众有一种明显的落后感。加之政府机关的文件保存在战争纪念馆和国家图书馆,许

---

① 资料引自网站:http://sunguodong.blogchina.com/46499.html,最后访问日期:2014 年 3 月 20 日。

② 周汉华:《澳大利亚档案法规体系概述》,载《兰台世界》2013 年第 2 期,第 68 ~ 69 页。

多重要的文件由于未妥善保存而消失。20 世纪 80 年代是积极修改档案立法的年代,各州在公共档案立法方面有巨大改革。直到澳大利亚有名望的历史学家以公众对联邦政府的文件没有利用权限为由罢工,宣布不再研究联邦历史,这些都加速了澳大利亚联邦档案法的诞生。1983 年,联邦活动数量激增,复杂性加深,使得国家文件的保存十分困难。加之政府办公数据收集、工作平台和数据传递协议的改变,产生了长久保持这种改变的需求。其次是当时文件管理的现状。文件管理的现状有两个案例,一个案例是 20 世纪 80 年代的美国前总统由于要销毁他的所有文件被哥伦比亚州法院起诉,另一个案例是关于当时澳大利亚的一名政府管理人员把澳大利亚档案带回了家。这两个案例都说明当时文件管理的现状对于文件的保护和保密十分不利,这就为档案法的产生提供了内在的动力。

1983 年 10 月,法案进行第二次讨论,澳大利亚联邦档案法以众议院全票获得通过,1984 年,总督宣布档案法生效。自颁布之后,为了适应澳大利亚档案工作的实际情况,进行了多次修订,共修改了 20 次。进入 21 世纪以来,澳大利亚对《档案法》的修改几乎每年一次。最近的一次修改是 2011 年 12 月 27 日开始施行的。

澳大利亚联邦《档案法》(*Archives Act*)共九章,71 条规定。第一章为序言,包括本法简称、生效日期和本法涉及专业词汇的解释和本法扩展的领域,其中专业词汇涵盖档案、联邦当局、内阁文件、政府信息、委员会、联邦现行文件、开放期等条款中的词汇。第二章除介绍国家档案馆的设立、职能和权利外,还列出了不属于联邦文件的范围。第三章阐述了澳大利亚国家档案馆馆长和工作人员的职责。第四章介绍了澳大利亚国家档案馆咨询委员会职责,包括委员会的职能、委员会主席和副主席、会员、会员的薪酬及津贴、会员终止任期、会员辞职和委员会会议。第五章介绍了联邦文件的管理。该章又被分为五节,包括序言、联邦文件管理、联邦文件的公开和利用、决议审查和附录。第六章介绍了档案材料的抽样制度,“在文件和档案环境下,从一批文件中选择几份代表性文件,不需保留所有文件”。第七章介绍了档案材料的保管,包括档案材料的存放以及非档案馆形成的档案材料的保管。第八章介绍了档案登记簿和档案指南。第九章为附录，包括年度报告、合格文件副本（由原始记录的官方管理人员所认证的副本）、联邦委托服务的收费、移交和相关法规。

联邦《档案法》颁布后，澳大利亚举国欢庆，很多人将其与《破产法》、《退休金法》、《灯塔法》相提并论，可见其影响深远。主要表现在：(1)加速政府民主化进程，是行政法改革的关键部分。联邦《档案法》规定了公众对于30年前处于开放范围内政府信息的利用权利，在澳大利亚网站上最近公开的是于2011年11月29日公开的1982～1983年的政府文件。联邦大部分文件吸引了公众的注意力，联邦《档案法》既提高了政府适应新环境的要求改善服务的能力，同时公众也可以充分利用他们逐渐变化的民主权利，是政府开始让公众了解政府公务的重要途径。其次，联邦《档案法》的颁布也确定了联邦法院对政府决策进行审核的权利，可以更加方便地施行“三权分立”制度。(2)联邦《档案法》赋予档案馆管理联邦文件正当化、合法化的职权。联邦《档案法》颁布之前，档案馆只是在湖边的一个不起眼的机构，工作条件恶劣，档案保管不当，服务人员工作态度极差。联邦《档案法》颁布之后，使得档案馆像其他国家机构一样，成为管理联邦文件的法定机构，档案馆的工作和职权开始有法可依，增强档案馆的自信，这无疑对于改善档案馆的工作条件、保护档案有重要作用。同时也预示着在联邦《档案法》之下，档案馆制定相关规章的集中时期的到来。(3)联邦《档案法》的颁布促进了澳大利亚档案研究的改革，对于历史研究人员有重要作用。在联邦《档案法》颁布之前，档案长期被封闭，公众无法利用真实的历史资料，历史学者只是根据前人所言进行历史的撰写，这无疑不利于真实历史的发现。联邦《档案法》颁布之后，历史学者可以利用已经开放的文件材料服务历史研究，发挥档案的原始记录性，还原真实历史。

（二）《隐私权法》[1]

澳大利亚《隐私权法》(*Privacy Amendment Act*)于2000年12月21

---

① 详细内容参见网站：http://www.comlaw.gov.au/Details/C2004A00748，最后访问日期：2014年3月16日。

日正式生效。《隐私权法》要求个人信息访问要经过信息自由法案的过滤。2000年版《隐私权法案修正案(私营部门)》授予个人访问私营部门持有的有关其自身的记录的权利。

(三)《信息专员法案》[①]

澳大利亚《信息专员法案》(*Australian Information Commissioner Act*)于2010年正式生效。该法共分为五部分,36条规定。第一部分主要对信息专员的概念进行了界定。第二部分对信息委员会的职能作了详细阐述。第三部分介绍了对信息专员任命的详细规定。第四部分讲述了信息咨询委员会的作用。第五部分对其他杂项作了相关规定。

该法规定信息专员由总理亲自指派,其工作年限不得超过5年,或当信息专员身体不便时,总理有权解除对其的任命。信息专员每年必须向部长提交年度报告。

(四)《国家安全信息(刑事诉讼)法》[②]

2004年版《国家安全信息(刑事诉讼)法》(*National Security Information (Criminal Proceedings) Act*)于2004年12月由议会批准。该法案规定了审判中对国家安全信息的使用。

该法的目的是防止在联邦刑事诉讼和民事诉讼时,信息的公开会影响国家安全,并在一定程度上严重妨碍司法情况的发生。

二、信息公开的范围

《澳大利亚宪法》中并不包含有关信息的权利。联邦1982年版《信息自由法案》规定民众有权访问联邦(国家政府)机构所维护的、于1977年12月1日之后创建的文件。该法案要求申请应以书面形式给出,且相关机构应在30日内对信息申请做出回应。

---

① 详细内容参见网站:http://www.right2info.org/resources/publications/AustralianInformationCommissionerAct2010.pdf,最后访问日期:2014年3月16日。

② 详细内容参见网站:http://www.comlaw.gov.au/Details/C2005C00523,最后访问日期:2014年3月16日。

该法案包含大量豁免条款，即对于内阁文件、行政咨询委员会文件、内部工作文件、选民名册和相关文件，以及有关国家安全、国防或国际关系、州际关系、法律执行和公共安全保护的文件，对于此类文件而言，适用保密规定；对于有关联邦财政或财产权益、联邦机构特定业务、个人隐私的文件，适用法律专业特权；有关商务信息、研究、国家经济、包含机密文件中所提取的材料，对其公开可能构成蔑视议会或法庭的文件；由公司和证券立法产生的特定文件。

部长可颁布"决定性证明"，声明依据保护协商流程文件、国家安全及国防文件、内阁文件，以及联邦、州际关系相关文件的规定，信息可免予公开。任何上诉均无法审议此类决定性证明，上诉机构仅可裁量该部长声称的符合豁免条款是否合理。

依据不同的信息种类，该法案还包含各种与豁免条款相关的"公共利益"条款。例如，有关可能影响州际关系、联邦财政或财产权益或国家经济的公开，对有关机构特定业务及内部工作文件公开的豁免均需经过公共利益测试。某个部长颁布有关某个相关文件依"公共利益"应予豁免的决定性证明后，澳大利亚高等法院将很快对有关如何考察公共利益测试的标志性案件进行裁量。对于在平衡相互矛盾的公共利益考量后，如果上诉对于该部长证明的颁布证明合理仍存在争议的情况，联邦行政上诉审裁处及全联邦法院已规定，部长仅需证明其特定公共利益依据合理即可。

澳大利亚《信息自由法》第四部分对不予公开的信息作了详细规定。

该法第 33 条规定，可能或者可以被合理预期到对英联邦国家的国防或者英联邦国家之间的关系造成损害的信息不予公开。第 33 条 A 款规定，如果被公开的信息有可能或可以被合理预期到会对联邦与州之间的关系造成损害的，或将泄露州向联邦秘密通讯的信息的，那么这些信息也不予公开。

第 34 条规定，内阁文件不予公开。

第35条规定,涉及到行政委员会的任命、委任、管理、公告声明和条约批准的文件也不予公开。

第36条规定,如果申请人申请公开的事件性质上属于在行政机关考虑过程中获得或记录下来的主张、建议、讨论或者是为行政机关考虑而准备的意见、建议、咨询的信息不予公开,违反公共利益的信息以及涉及到科学技术报告的信息也不予公开。

第37条规定,如果公开以下信息会被合理预期到下列结果的,也属于不予公开的信息:(1)对于违反或可能违反法律行为以及失灵或可能失灵行为的调查造成妨害的,或在某特定情况下,妨碍执法或法律管理的信息;(2)在执法或者行政时,如果文件的公开,会使某人获取某机密信息源的性质的信息;(3)损害对一个人的公平审判,或者对特定案例的公平裁决的信息;(4)泄露用以预防、侦查、调查或处理由于违反或逃避该法律所造成的事件的合法途径或程序,且其泄露会或很有可能会对该途径或该程序的有效性造成损害的信息;(5)对用于保护公共安全的法律手段的维护和实施造成损害的信息。

第39条规定,影响英联邦国家金融或者财产权益的文件不予公开。

第40条规定,会导致机构在检验、检察、审计过程中损害程序的信息、对机构的运营管理产生不利影响的信息以及对英联邦国家或机构的人事部门的管理及评估产生不利影响的信息不予公开。

第41条规定,涉及个人隐私的文件不予公开,如果信息会对当事人的身体健康、心理健康或者财产造成威胁的信息也不予公开。如果申请人在其他情况下接触到了此类相关文件,那么政府机构的工作人员或者部长会指示把这些重要信息交到有资格的人员那里进行保管。

第42条规定,任何在法律诉讼中有可能涉及法律职业权的文件不予公开。

第43条规定,如果要公开的信息会对商业机密造成影响,那么信息也属于不予公开的范围。与个人、组织或事业单位的贸易、专业、商业或金融有关的信息,如果公开将要或可能合理预见到会对交易产生负面影响,或可以合理预期到将不利于今后向联邦政府提供信息,这些信息也属于不予公开的信息。第 43 条第 A 款规定,包含正在研究的或者将要研究的、由代理官员承办的信息不予公开。

第 44 条规定,违背公共利益的信息不予公开。如果信息的公开可以被合理预期到会对英联邦政府管理澳大利亚经济的能力产生不利影响的,该等信息也不予公开。

第 45 条规定,若公开的文件将引起某人违反保密规定的行为,这些文件是不予公开的文件。

第 46 条规定,如果文件的公开会违背本法律的初衷或者皇家的豁免权,此文件为不予公开的文件。

第 47 条规定,文件的公开会对公司和证券的审计和决议产生危害的,这类文件也属于不予公开的文件。

依据《档案法》,大部分文件均应在 30 年后解密,内阁笔记则应封存 50 年。对于 1976 年和 1977 年的记录而言,仍然还有一小段时间间隙需要等待。

三、信息公开的方式及程序

(一)信息公开的方式

澳大利亚《信息自由法》第 20 条对信息公开的方式作了规定。一般信息的公开文件可以提供副本,如果需查阅的文件是声音或者音像文件,则应安排申请人视听该音像效果;如果需查阅的文件是以速记等方式记录的,则应提供该项资料供申请人查阅。如果申请人要求以特定的方式进行查阅,则政府机关的首长原则上应当以该特定方式提供文件给申请人。除非该特定查阅方式会有以下三种情形:一是对政府机关的运作产生不良后果;二是对申请查阅文件的保存会产生损害或有实质上的不当影响;三是该方式可能造成该文件的著作权的损害。

(二)信息公开的程序

该法刚颁布时对处理信息公开申请的时间的期限规定为 30 日,到

20世纪90年代末,处理申请的时限减少至14日。根据该法第15条第6款的规定,如果要求机关在作出是否准许申请人获得文件的决定之前必须与第三方协商,30日期限可以再延长30日。第24条规定,行政机关可以以所涉及的工作会实质性的、不合理的从其他活动中转移其资金为由,拒绝处理信息公开的请求。该法第26条规定,如果申请人获得信息的请求被拒绝,则行政机关须向申请人提供全部或部分理由。

(三)信息公开的费用

为了使澳大利亚收费机制能够更好地运行,政府于1985年成立了一个跨机构委员会负责审查用于政府信息公开的成本,并确定了政府信息公开的收费标准。该委员会成立后,澳大利亚政府信息公开的收费明显增加,弥补成本的比例从0.5%上升到1.2%。截至20世纪90年代中期,信息公开申请费和收费数额达到61.5万澳元,总成本约1480万澳元,平均每项申请的费用约377澳元。

澳大利亚目前实行的收费制度为:获得非个人信息的申请费为30澳元;作出行政决定所花费的时间费为每小时20澳元;文件检索费为每小时15澳元;复印费为每页0.10澳元;内部审查费为40澳元;行政上诉法庭的申诉费为300澳元。《信息自由法》第29条第1款规定,在处理信息公开申请之前,有关政府机关需向申请人提供本机关打算收取的预算金额,而申请人必须预付申请费。但是,这种收费方式给澳大利亚政府带来了不少麻烦。因为这样的规定会产生一个问题:申请人不论申请结果如何,也就是说申请人的申请可能最终被行政机关拒绝,但是费用是无法退回的。在申请人的投诉中可以看到,收费昂贵以致阻碍他们充分行使自己的获取信息权,且收费与自己最终是否得到任何信息毫无联系。一些政府机关则认为已实行的收费制度过于复杂、费时,而且执行起来成本高。还有许多政府机关认为,目前的收费办法不足以作为补偿其贯彻执行《信息自由法》的手段。针对这个问题,澳大利亚联邦法律改革委员会和行政审查委员会[1]推出一个改进的方案，即以公开的页数为标准进行计价的浮动收费模式：公开 1～20 对开页，收费 30 澳元；公开 21～50 对开页，收费 45 澳元；公开 51～80 对开页，收费 60.41 澳元。针对申请费用，改进方案指出，现行的 30 澳元申请费应改为是对任何公开信息的收费的预付金。不过，这项改革方案尚未被采纳，因此澳大利亚当前仍然实行以往制定的收费制度。

四、主管机构[2]

在澳大利亚联邦层面的信息自由制度中存在的问题之一是没有一个单独和独立的个人或组织负责监督《信息自由法》执行，并向政府机关和寻求信息的民众提供指导、帮助和咨询，也没有成立任何当局负责监督政府机关执行《信息自由法》的方式、识别和解决遇到的困难或有争议的问题。[3] 在联合审查报告审议了各方面意见后，提出了设立一个新的信息自由专员的建议，旨在监督《信息自由法》的实施，并就如何使用立法发布指导意见、培训政府机关及其工作人员、监督并对政府机关执行和遵守立法的情况提出报告。联合报告赞成任命一位独立个人负责监督和促进《信息自由法》的意见，认为这是最有效地改善立法实施的手段。报告建议，应设立一个新的信息自由专员法定位置。其职能包括：审计政府机关在信息自由方面的运转情况；就信息自由提交年度报告；收集信息申请和行政决议方面的统计数字；在民众和社区中宣传《信息自由法》；就如何执行立法发布指导；为政府机关提供信息自由培训；在信息申请方面向申请人提供信息咨询和帮助。

根据联合报告的建议，信息专员应密切关注行政上诉法庭的行政决

---

① 澳大利亚联邦法律改革委员会和行政审查委员会：《开放的政府：1982 年联邦〈信息自由法〉审查》（Canberra，1995），第 179 页。

② 周汉华，《外国政府信息公开制度比较》，中国法治出版社 2002 年版，第 221 页。

③ 1995 年的联合审查报告认为澳大利亚《信息自由法》缺少一个具有持续性和独立性的监督者和宣传者。

议的类型、该法庭对那些审查的裁决和联邦督导员所开展的调查。行政上诉法庭和督导员的工作可暴露那些系统存在的问题,而信息专员则可以通过提供指导、培训和提交报告等方式来寻求解决问题的办法。

但是,信息专员无权作出决定性审查。这一职能仍由行政上诉法庭来履行。理由是:(1)决定性审查权不符合为信息专员所设想的职责,如审计、提供便利、促进和咨询作用;(2)联合报告认为没有必要成立一个专门性信息自由审查法庭这样的机制。

五、争议解决

当申请人对行政机关所作出的决定不满时,可以对该行政机关的决定进行内部审查。如果申请人对内部审查仍不满意,则还可以申请联邦行政上诉法庭的外部审查。督导员在调查政府管理方面的投诉时,也可采取某种形式的外部审查,但督导员只可就其裁定向有关机关提出建议。依据该法案,申请人可通过诸多不同途径进行上诉。如果部长或公共机关首脑尚未做出原判,其可进行内部上诉,并提交联邦行政上诉审裁处(可颁布有约束力的裁决)进行复议,然后向联邦法院或高等法院提交针对可能的法律错误的上诉。联邦行政上诉审裁处还可以做出有关此类证明的建议,部长可忽略该建议,但必须随后将决定通知议会。另外,申请人可在任何时候针对行政事项向联邦监察专员进行投诉。监察专员的决定并不具备约束力。

澳大利亚《信息自由法》第54条第1款规定,由作出初始决策者以上的上一级官员对信息自由决定进行内部审查。除非初始决定是由负责的部长或有关机关的主要官员作出的,否则,内部审查是寻求联邦行政上诉法庭外部审查的必要前提。

该法第55条规定,如果申请人在33日内仍未得到审查的结果的通知,则可向联邦行政上诉法庭对初始决议进行审查。

行政上诉法庭在安排听证前,需与当事人进行初步协商以寻求解决或缩小争议事项范围的可能。在信息自由审查中,联邦行政上诉法庭可确认、改变或驳回行政机关的某项决议，也可以以自己的裁定取代争议的行政决议，但相关部门的部长发布了结论性证明，则上诉法庭只能提出自己的建议。

该法第58条规定，行政上诉法庭有权审查结论性证明，并就豁免主张是否有合理根据发表看法。上诉法庭不得就结论性证明发布命令或撤销证明。

此外，根据《联邦行政上诉法庭法》第44条的规定，当事人可针对该法庭的裁定就法律问题向联邦法院提起上诉。

六、发展现状

从1982年12月1日至2005年6月30日，联邦机构共收到724,650起信息访问申请。2004年7月至2005年6月，全澳洲共产生39,265件信息申请，相比2003至2004年减少了3362件(占7.9%)。[①] 和往年一样，超过九成的申请均和个人信息相关，大部分向退伍军人事务部、移民及多元文化事务部以及福利署提出。

2004年至2005年，共有508起内部审议申请，其中339起和包含“个人”信息的文件相关。针对内部审议，共做出421例裁决；其中，56%支持机构决议，44%以公共机构让步告终。联邦行政上诉审裁处共收到142起上诉，并对其中130起作出裁决。联邦监察专员(information commissioner)共收到275起投诉，并依据《信息自由法案》以澳大利亚政府机构处理申请的方式对289起投诉进行了处理。

对于该法案的效力，存在诸多非议。澳大利亚法律改革委员会和行政审查委员会于1995年1月发布了一份联合报告，呼吁对法律进行重大修改。报告提议建立信息自由委员会办公室，以使得该法案更加倾向于披露，并限制豁免情况、审核保密规定和限制收费。1999年6月，联邦监

---

① 详细信息见澳大利亚2004～2005年度报告。参见网站：http://www.ag.gov.au/RightsAndProtections/FOI/Pages/default.aspx，最后访问日期：2014年3月20日。

察专员在信息自由法案裁决记录中发现了一些"普遍性问题,以及依据法律对信息披露责任予以免除的可能的滥用情况",并建议对该法案进行修改,并建立一个监察机构。参议院于2001年4月举行了一次有关下院议员修正法案的质询,其中采纳了澳大利亚法律改革委员会和行政复议委员会报告的建议,但至今为止,对该法案尚无重大修订。然而,一项有关被澳大利亚广播局禁止的互联网网站的豁免信息修正案在2003年得以批准。①

监察专员于2006年2月发布了一份有关该法案的报告,强烈推荐政府建立信息自由委员会,可以作为联邦监察专员办公室的专门及独立资助部门。关键在于确保有一个独立机构可以监督和促进该法律的执行。监察专员的报告更普遍地发现,相关申请经常不被回应或经常回应迟滞,且在政府机构间对于信息自由法案的支持率仍然不平衡,即便在该法案颁布之后20年依旧如此。之前注意到,预算削减已严重限制了总检察长部和监察专员支持该法案的能力,且对此当前缺乏充分的中央导向、指引和监督。

到目前为止,澳大利亚六个州和两个地区均已颁布了《信息自由法案》。②

1997年至2013年澳大利亚收到及处理信息投诉的数量表③ 单位:件

数量 / 年份	本年收到的信息数量	本年处理的信息数量	本年处理后剩余的信息数量
1997~1998	89	73	
1998~1999	131	91	71
1999~2000	61	103	69

① 详细内容参见网站:http://www.efa.org.au/FOI/clabill2002/,最后访问日期:2014年3月20日。

② 详细内容参见网站:http://www.privacy.org.au/Resources/PLawsST.html,最后访问日期:2014年3月20日。

③ 资料来源于澳大利亚年度报告。参见网站:http://www.oaic.gov.au/about-us/corporate-information/annual-reports/office-of-the-privacy-commissioner-annual-reports/Page-2,最后访问日期:2014年4月20日。

续表

数量 年份	本年收到的信息数量	本年处理的信息数量	本年处理后剩余的信息数量
2000～2001	194	133	129
2001～2002	632	359	402
2002～2003	1090	955	537
2003～2004	1276	1297	516
2004～2005	1275	1144	647
2005～2006	1183	1131	699
2006～2007	1094	1210	583
2007～2008	1126	1228	481
2008～2009	1089	1357	213
2009～2010	1201	1203	211
2010～2011	1222	1167	266
2011～2012	1357	1383	240
2012～2013	1496	1504	232

库克群岛《官方信息法》概览

一、法律概要

库克群岛[①]《官方信息法》[②]（*Official Information Act*）于2007年通过，2009年2月11日起生效。

该法分为七部分，共52条规定：第一部分（第1～10条）主要为对法律术语的阐释和界定，如“文件”、“官方信息”、“申诉专员”、“工作日”等。第二部分（第11～21条）为本法的宗旨和原则性规定：（1）提高公民参与政策或法律制定的积极性和增加政府及其官员的可靠性，提供信息的同时保护公共利益和个人隐私；（2）原则上公开官方信息，但规定保留官方信息的绝对理由（如国防、国家经济利益、个人安全等）、特殊理由（与新西兰国防、外交及两国国际关系相关的）及其他理由（如个人隐私、商业秘密等），有些特殊信息的存在与否的信息也不能公开；（3）公共利益豁免条款的例外情形。第三部分（第22～25条）为获取官方信息的申请：涉及向有关部门申请（紧急情况应说明）、有义务的机关应提供协助将申请转移给应处理申请的机关、申请的决定、延期的情形、提供文件的方式、文件有关信息的删除、拒绝申请的情形（如申请的信息很快要公开或信息找不到，有些情形拒绝前部长应先审议）、涉及实质校勘或搜查的

---

① 库克群岛是一个位在南太平洋上，介于法属玻里尼西亚与斐济之间，由15个岛屿组成的岛群，其命名起源于远征探索南太平洋，发现了许多岛屿的詹姆斯·库克船长，是新西兰的自由结合区。虽然土地面积狭小，但是由库克群岛周围所构成的经济海域范围，却达两百万平方公里，因此渔业资源对该群岛的经济占有非常高比例的重要性。库克群岛境内波利尼西亚鼠泛滥成灾，已经对岛上鸟类造成严重侵害。库克群岛的整体经济以旅游业、种植业、渔业以及离岸金融业为主。黑珍珠养殖也颇为盛名。该国在外部事务上是由新西兰来监督其外交与国防方面的事务。

② 该法律可见网站：http://www.paclii.org/ck/legis/num_act/oia2008197/，最后访问日期：2015年8月3日。

申请需固定收费或延期、书面出示拒绝申请的理由。第四部分(第 26 ~ 29 条)为一定信息与文件的公布与获取:政府部门或机构的职责、政策、法规、指引等文件的公布;公民有权获取影响决策内部规则及影响个人的决定理由等相关信息。第五部分(第 30 ~ 42 条)为获取个人信息的权利:公民在法定条件下有权获取一定的个人信息;所获取的信息应由本人或其法定代理人、监护人等申请获取并经有关部门依法定程序确认;信息有误可要求更正;拒绝个人信息申请的理由。第六部分(第 43 ~ 45 条)为决定的回顾或复审:申诉专员职责、对申请决定在特定期限内的复审;调查后的程序(如申诉专员告知申诉者调查的结果,应提出其建议意见并向有关部门报告);1984 年申诉专员法的相关规定的适用和保留;不服申诉决定的可向执行委员会投诉或向法院申诉。第七部分(第 46 ~ 52 条)为独立专员的回顾或复审:独立专员由总理任命,依本法履行其职责,包括重新审议申请决定,界定官方信息,与有关部门商议并向其提出意见等。

库克群岛《官方信息法》第 4 条对该法的目的进行了详细的阐述。该法共有 3 个目的:(1)为了使人民更好地参与政府部门的公共行为,保障人们对官方信息的使用权利;(2)为每个人提供适当的信息访问权限;(3)保护公共利益和个人隐私。

二、信息公开的范围

该法第 6 条规定,如果信息的公开会损害库克群岛的安全、国防或库克群岛政府的国际关系,该信息不予公开;危及人身安全的信息不予公开;有损库克群岛经济的信息不予公开。

第 7 条规定,如果信息的公开会对新西兰的安全或国防造成危害,或对新西兰政府的国际关系造成危害,那么信息不予公开。

第 8 条规定,保护包括死者在内的自然人的隐私不予公开。如果公开信息会发生以下情况,则信息也不予公开:(1)泄露商业秘密的;(2)很可能会不合理地损害提供信息者或信息主体的商业地位的。承受保密义务的信息不公开，若发生以下情况，在法令的授权下任何人已经或可能会被强制提供的信息也受保护：(1)很可能会损害类似信息的提供或者来自相同源的信息，且此类信息是符合公共利益的，应继续提供；(2)公开很可能会损害公共利益的。

第10条第1款规定，依据本条第2款，法治准许或规定保留任何文件或拒绝回答任何问题是鉴于披露该文件或回答该问题可能会损害公共利益，该款不应适用于以下情形：(1)到达申诉专员公署之前的任何调查或诉讼；(2)对关于依据本法令作出的决定设法申请移审令，履行职务令或禁制令等特权令状。但法律批准或规定不能因此给任何一方的信息，除本条款规定以外，他或她无权获得。

第18条规定，如果请求的信息是违反法令的，或对法院和议会构成轻视的，那么信息不予公开。

第25条规定，由内阁大臣或组织机构进行磋商会议的信件不予公开。

第29条规定，未经当事人授权的信息不予公开。

第34条规定，如果首相证实信息的公开会对库克群岛的安全、国防或库克群岛政府的国际关系造成损害，那么该信息不予公开。

第48条规定，依照该法规定，涉及诽谤、违反保密责任或侵犯版权的信息不予公开。除非文件的发布获得当事人同意。

三、信息公开的方式及程序

库克群岛《官方信息法》第26条规定：根据该法第9条和第52条，以及本节中的第2款，每个人都享有获取以下信息的权利，且可在经请求批准后获取该信息，包括关于其本身的信息、关于其子女或在其法定监护下的儿童的信息、关于无行为能力的人士(依照1915年版《库克群岛法德第十七部分》对无行为能力人士的认定)的信息。如果任何人是依据本节的规定获得了个人信息，那么他应该被告知在该法第28条下其有对自己所拥有的信息进行更正的权利。

第27条规定,如果行政机关对申请人的身份无法确定,则其申请获取的信息不会得到公共机关的批准;如果信息的请求是由当事人的代理人、父母、监护人或者托管人提出的,则信息的回复仅可由该代理人、父母、监护人或者托管人收取。当请求是由代理人提出时,必须确保次代理人已获得当事人的书面授权,并同意代理人以合理方式申请信息。如果请求是由此人的法定监护人提出,则应确保该监护人已由具有合法管辖权的法庭任命。

第28条明确指出,当申请人申请信息时,可以通过寄送信函的方式向公共机关提出申请。公共机关收到申请后,应告知当事人他们将要采取的行动。

第29条规定,如果信息的公开会损害到该法第6款、第7款、第8款中予以保护的任何利益,且无任何可用于补偿的公共利益时,该信息不予公开。如果申请的信息涉及违反法律专业特权以及信息是有关于一些合同的利益时,公共机关也有权拒绝公开此类信息。

四、主管机构

库克群岛设有专门的监察专员(ombudsman),其职能是对公共机关或内阁成员及机构就以下事项作出的任何决定进行调查和审查,包括:(1)拒绝向任何人士提供官方信息作为对此人依据该法第11节所提出的请求的回应;(2)依据该法第16节或第17节决定以何种方式或依据该法第14节决定以何种费用准予依据该法第11节所提出的请求;(3)在依据该法第11节提出的请求所提供的信息的使用、交流或发表上附加条件;(4)依据本法第9节发出通知。监察专员的另外一项职能是对公共部门的常任负责人或被授权的官员和内阁成员就对信息延期公开决定的调查与审查。当信息申请人对公共机关给予的回复不满意时,就可以以书面形式向申诉专员提出投诉。

根据该法第30条的规定,当申请人提出投诉后,经过监察专员的调查,监察专员认为投诉合理,则应向相应的部长或内阁成员或机构出具意见报告及持该意见的原因，提出其认为合适的建议，同时应向申诉人提供意见或申诉专员认为适当的其他信息。第 30 条第 3 款还规定监察专员不得对任何申请人作出负面评论。

新西兰《官方信息法》概览

一、法律概要

1978 年迫于压力政府成立了 Danks 委员会，由 Grants 大学委员会的主席 Alan Danks 先生负责，成员包括 Victoria 大学法律系的 Kenneth Keith 教授，其他成员是政府各部门的高层官员。该委员会的任务是审查 1951 年《政府保密法》，考虑政府信息向公众公开的范围，促进信息公开的发展。在 Danks 委员会建立后的两年半时间里，政府在信息公开方面遭受到的压力越来越大。在这种情形下，Danks 委员会提交了一个法律草案，草案提交后马上被执政的国民党政府送交议会讨论，因为当时反对党工党试图将信息自由立法作为 1981 年的选举事项，给国民党造成了很大的压力。国民党将报告提交议会后有效避免了将信息自由作为选举的议题。在描述该法案的制定时，观察家注意到“选举的临近和反对党的政策总是新西兰公共政策发展的重要组成部分”。

1982 年该法案正式成为法律，并获得了广泛的支持。[①] 新西兰《官方信息法》[②]（*Official Information Act*）共分为七部分，53 条规定，其主要内容如下：

第一部分（第 1 ~ 11 条）主要为相关法律术语的阐释与界定，包括“文件”、“官方信息”、“国际组织”、“新西兰永久居民”、“工作日”等。

第二部分（第 12 ~ 19 条）为宗旨与原则性规定：（1）本法旨于使公民有效参与法律政策的制定和管理，增强政府官员的可靠性，提供官方信息

---

① 周汉华：《外国政府信息公开制度比较》，中国法治出版社 2002 年版，第 239 页。

② 该法律可见网站：http://legislation.govt.nz/act/public/1982/0156/latest/DLM64785.html，最后访问日期：2015 年 8 月 3 日。

的同时注重公共利益和个人隐私的保护;(2)官方信息原则上公开,但规定保留官方信息的绝对理由(如国防、个人安全、严重损害国家经济利益等)、特殊的保留理由(涉及库克群岛、托克劳、纽埃或罗斯属地的国防、外交、国际关系等信息)、其他理由(有保密承诺的、法定职业保密特权、为让公共事务有效进行令公众畅所欲言等);(3)公共利益豁免的例外情形。

第三部分(第20~23条)为获取官方信息申请的有关规定:规定申请者的资格、部门的协助、将申请移交给有职责的部门、依法决定是否公开、延期的情形、提供文件应以恰当的形式、应予保留的信息可从公开的文件中删除、拒绝申请的情形(信息很快将公开或信息无法找到等、有些情形拒绝前部长应审议)、涉及实质校勘或搜查的申请需固定收费或延期、书面出示拒绝申请的理由的同时告知向申诉专员申诉的权利。

第四部分(第24~27条)为一定信息与文件的获取与公开,包括:政府部门或机构的职责、政策、法规、指引等文件的公布;公民有权获取影响决策内部规则及影响个人的决定理由等相关信息。

第五部分(第28~36条)为获取个人信息的权利:公民在法定条件下有权获取一定范围内的个人信息;所获取的信息应由本人或其法定代理人、监护人等申请获取并经有关部门依法定程序确认;个人信息有误可要求更正;拒绝个人信息申请的理由。

第六部分(第37~45条)[①]为决定的回顾或复审:申诉专员的职责,限期履行,与隐私专员的商议的情形,涉及执行委员会命令的处理,调查后应报告并向政府部门或机构提出意见或建议、同时告知申诉人调查结果,申诉人不服可向法院提出上诉,适用1975年申诉专员法的相关条文,个别条款保留。

第七部分(第46~53条)为杂项规定:司法部应协助本法的实施,尊

---

① 此部分信息主管机关自1988年7月1日起已被取消,规范信息主管机关的第六部分相应被移除。

重司法程序；执行委员会应尽快制定配套实施细则，及时修正有关法令，废除 1952 年官方秘密法等。

新西兰《官方信息法》是在公众强烈反对政府信息保密的背景下制定的。因此，制定该法的目的主要是增加政府的透明度，加强公众对政府公务的参与；根据该法第 4 条的规定，与政府向议会所负有的执行职责相一致，该法的立法目的有三点：

1. 逐步增加政府信息对新西兰人民的可利用性，从而使公众更有效参与法律和政策的制定，并提高部长和公务员行为的透明度，从而提高公众对法律的尊敬、推进新西兰政府"良好政府"的发展。

2. 使公众获得有关自身的信息。行政机关掌握大量有关个人的数据，作为当事人应该有权了解自己的个人资料。

3. 保护公共利益和个人隐私。

《官方信息法》开篇即阐明一切官方信息均应公开的原则。上诉法庭于 1988 年称："本法案至关重要的一点在于其拥有宪法高度。"任何新西兰公民、居民或公司可申请披露由公共机构、国有企业及拥有公共职能的机构所持有的官方信息。例如无文件可提供，在一些案例中，政府机构则需将此等讨论记录在案以供政府决策。而该机构须在不晚于 20 日内作出回应。

与信息公开相关的法律还有：

（一）《档案法》①

新西兰《档案法》（*Public Records Act*）于 2005 年 4 月 20 日生效，该法律的目的共有 7 条，分别是：(1) 为了被称作国家档案馆的公共档案存储库的延续，将其规定为新西兰档案馆；(2) 为政府提供主要的档案记录，包括独立处置公共记录的权力；(3) 通过以下方式实行政府问责制：一是对中央及地方政府事务建立并保存完全、准确的记录；二是就保存具

---

① 该法内容参见网站：http://www.legislation.govt.nz/act/public/2005/0040/latest/DLM345529.html，最后访问日期：2014 年 3 月 6 日。

有长期价值的记录并使公众有查阅权进行规定；(4)提高公众对公共记录完整性和规范性的信任；(5)为地方政府和地方行政部门创建和维护记录提供指导；(6)通过系统的创建和保存档案，加强地方政府对相关记录的访问权限，提高新西兰人的民族认同感；(7)支持私人记录的保管。

(二)《隐私法》①

新西兰《隐私法》(*Privacy Act*)②于1993年7月1日正式生效。其制定的主要目的是根据1980年《经济合作和发展组织(OECD)关于个人数据跨国境流动的隐私保护的指导方针》的规定提高对个人隐私的保护。该法内容庞杂，法条偏多，规定全面，主要有以下几个内容：

1. 十二项信息隐私原则。《隐私法》规定了十二项信息隐私原则：收集个人信息的目的合法；个人信息来源于本人；从本人处收集信息的规则；个人信息的存储和安全；获得个人信息；修改个人信息；信息使用前对准确度等的审查；机关不得持有个人信息超过规定的时间；使用个人信息的限制；公开个人信息的限制；独特的识别标志。

2. 隐私专员。《隐私法》设立了隐私专员制度，专门负责监督《隐私法》的实施。该法还全面系统地规定了隐私专员及副隐私专员、隐私专员的任命、任期、职能、权力行使方式等内容，使个人信息隐私的保护有了组织上的保证。

3. 四项公共登记隐私原则。《隐私法》规定的四项公共登记隐私原则都是限制性规定：原则1规定公共登记中的个人信息只能通过与该登记被编排、组织的方式相一致的搜索方式取得；原则2规定不能将从公共登记处获得的个人信息拆开或与从另一公共登记获得的个人信息相结合；原则3规定公共登记中的个人信息不应该以电子传输的方式获得，除非传输的目的是让希望搜索公共登记的公众取得该信息；原则4规定从公共登记取得个人信息不收费或收取合理的费用。

---

① 周汉华：《外国政府信息公开制度比较》，中国法制出版社2002年版，第239页。

② 该法参见网站：http://www.legislation.govt.nz/act/public/1993/0028/latest/DLM296639.html，最后访问日期：2014年3月11日。

4. 申诉及对申诉的处理。《隐私法》设置了一套完整的信息申诉处理机制，分为申诉程序的启动、调查、申诉和解、申诉复审裁判所程序几个阶段。个人有权对侵犯其隐私的行为向隐私专员提出申诉，隐私专员在收到申诉后区别不同情形分别作出展开调查、对申诉不采取任何行为、将申诉提交议会信息监察专员的决定。在调查程序中，隐私专员有权要求证人提供相关信息和制作文件，并应努力促使当事人达成和解。在调查结束后，由于隐私专员无权作出对当事人有约束力的决定，如果出现当事人之间未能达成和解、隐私专员未能确保利害关系人做出停止侵权的保证、当事人没有遵循先前达成的和解协议或者违反已经作出的保证继续侵权时，隐私专员只能将事项提交给诉讼专员，由诉讼专员决定是否向申诉复审裁判所提起的诉讼，权利受到损害的个人在特定情形下也可以自行向申诉复审裁判所提起诉讼。申诉复审裁判所有权作出损害赔偿决定。

5. 信息匹配程序。《隐私法》对信息匹配应遵循的规则作了系统规定，内容包括：信息匹配的界定；有权进行信息匹配的机关；信息匹配协议；禁止使用独特识别标志和在线转移；技术标准；信息匹配结果的使用；信息的毁坏；拟采取不利行为的通知等。

二、信息公开的范围

该法对于信息公开有严格限制：有损国家安全或国际关系；由其他国家或国际组织提供的保密信息；维护法律及保护任何个人所需的信息；可能有损新西兰经济的信息；有关加入任何贸易协定的信息。另一类豁免为可因充分理由而不予披露的信息，但出现凌驾性公众利益时此类豁免不再适用。此等豁免的理由可包括：可能侵犯个人隐私、商业机密、特许可拒绝公开的通讯及秘密，一经披露即可能损害公共安全与健康、经济利益、宪制惯例及公共事务有效行为的信息，其中包括官员或雇员的“自由意见与坦率表达”。

新西兰《官方信息法》第 6 条规定，涉及到危害国防安全及新西兰政府的国际关系、损害其他国家的政府及政府机关、国际组织对新西兰政府信息的信任、损害法律的执行、危害个人安全、过早公开政府关于改变或继续经济和金融政策的决定的信息，将不予公开。

该法第7条规定，如果公开信息会对库克群岛、托克劳、纽埃或罗斯的安全或国防造成危害，或损害其之间关系的，那么这些信息也属于不予公开的信息。

该法第9条第2款规定，政府信息保密的情形，根据第9条第1款的规定，政府信息可以保密，但在特定情形下，如果为了公共利益，政府信息公开的需要超过了政府信息保密的需要，则信息必须公开。第9条第2款规定，根据该法第6条、第7条、第10条和第18条的规定，仅在政府信息保密对下列情形是必要时，本条才能适用：(1)保护包括死者在内的自然人的隐私；(2)保护信息当信息公开将会公开商业机密，或不合理损害该信息提供者或者信息涉及主体的商业地位；(3)保护负有保密义务的信息或根据法律的授权个人已被或可被强制提供的信息；(4)避免损害旨在保护公共健康、安全的措施；(5)避免损害新西兰的实际经济利益；(6)避免损害旨在防止、减轻公众材料丢失的措施；(7)维护公共事务的有效执行；(8)维护法律职业的特权；(9)使持有信息的部、部长、组织毫无偏见和不利进行商业行为；(10)防止为获取不当利益公开或使用政府信息。

第11条规定，披露或回答与以下有关的信息可能会损害公共利益，则信息也不予公开：(1)到达申诉专员公署之前的任何调查或诉讼；(2)根据1972年《司法法》第4条第1款对基于本法做出的决定进行司法审查的申请。

第18条规定，如果请求公开的信息会违反特定的成文法则的规定，或对法院和众议院构成轻视，该信息不予公开。

第23条规定，如果公开的信息会对人的身心健康造成危害，或在自然人不满16周岁的情况下，公开该信息可能会违背其权益的信息不予公开。

第27条规定,未经当事人授权的信息不予公开。

第31条规定,由首相证实,如果公开的信息会对新西兰的安全、国防或新西兰政府的国际关系造成危害,则该信息不予公开。

第52条规定,未经授权的信息不予公开,包括由公益基金会或毛利信托署管理的财产及与该财产相关的个人的事务的信息。

三、信息公开的方式及程序

(一)信息公开的方式

新西兰《官方信息法》第21条第1款规定,新西兰公民、新西兰永久居民、在新西兰的人、在新西兰成立的法人团体有权利向政府提出对所需信息的申请,申请人在提出申请时应当说明所要获得的政府信息,如果申请人有紧急情况需要加急处理,则应说明理由。

(二)信息公开的程序

该法第14条对申请的转移作了详细规定,出现下列情况时,将发生申请的转移:(1)申请人所要获得的政府信息不为接到请求的部、部长和组织所持有,但处理该请求的人认为由另一部、部长或组织持有;(2)处理请求的人认为该请求与另一部、部长、组织、地方机关的职能更为相关。接到请求的部、部长、组织应该在收到申请之日起10个工作日内给予申请人答复,并通知申请人该申请所转移的部、组织或地方机关。

收到申请的机关应当在20个工作日内给予申请人答复。如果出现下列情况,公共机关可以延长处理申请的期限:(1)申请涉及大量政府信息或必须为申请人搜寻大量信息的;(2)做决定前必须进行咨询以便对申请作出正确的决定,或者因不能在最初规定的时间内作出决定的,如果有上述两种情况之一,公共机关应当根据具体实际情况确定一个合理的延长期限。公共机关应当在收到申请后的20个工作日内作出延长期限的决定,并及时通知申请人,告知延长的期限及说明延长的理由;同时,还应告知申请人可以根据该法第28条第3款的规定,就延长的期限向议会信息检查专员提出申诉。

四、主管机构

新西兰《官方信息法》第五部分对议会信息监察专员(ombusmen)的决定审查程序进行了规定。创设专门的议会信息监察专员处理有关政府信息公开的争议是新西兰《官方信息法》的特色。

监察专员[①]由总督根据众议院的提名任命,任期为5年。第一任监察专员在1962年由议会根据《监察专员法》确立。现在新西兰的监察专员分别由Dame Beverley Wakem Dnzm CBE和Professor Ronpaterson担任。[②] 监察专员的主要职责是接受和调查公众对政府及其公务人员的不当和不良行为的投诉,监督政府依法行政,改善政府管理,维护社会公正;其工作主要由三部分组成,一是受理投诉,二是进行调查,三是对有关政府机关提出建议。

新西兰监察专员具有较大的独立性。行政监察专员公署完全是一个独立的机关,不对任何政党和任何人负责。专员由议会提名,总督任命,直接对议会负责,不对政府内阁及其行政机关负责。分支机构直接接受公署领导,与地方议会及政府无任何隶属关系。工作人员的招聘、晋升及日常管理均由公署自行负责。公署所需经费由议会直接划拨,不由政府控制。

五、争议解决

根据新西兰《官方信息法》第30条和第35条的规定,监察专员在接受申诉并且调查结束后,如果认为申请人的请求不应被拒绝或者申诉的决定不合理,监察专员应该将他的观点和理由报告给相应的部长或组织,并给出他认为的建议,同时将建议的复印件交给申诉人一份。监察专员

---

① 新西兰信息专员官网:http://www. ombudsman. parliament. nz/,最后访问日期:2014年3月25日。

② 具体信息参见网站:http://www. ombudsman. parliament. nz/about – us/who – is – the – ombudsman,最后访问日期:2014年3月25日。

的建议往往具有强制性，在专员给出建议后的21个工作日内，部及相关组织有义务遵守该建议，除非总督通过敕令做出相反的指示。总督做出的敕令应该在政府公报上公布，并尽快告知众议院。敕令中应说明理由和根据。敕令可以针对议会信息监察专员作出的建议中的全部或部分理由作出，这些理由必须是议会信息监察专员做出建议时采纳的理由。

如果议会监察专员的报告、建议是根据《议会监察专员法》作出的，并且部、部长、组织在合理的时间内没有采取其认为合适的行为，监察专员可以在其自由裁量权范围内，在考虑部、部长及相关组织或以他们的名义作出的评论之后，向首相递交一份报告和建议的复印件，随后可向众议院就他认为合适的事项提交一份报告。并在调查后，及时通知申诉人。

在监察专员作出建议后，总督对监察专员的建议作出相反的敕令时，申请人可以以敕令超越了《官方信息法》第32条和第33条A款规定的职权或者存在法律错误为由向高等法院提出对敕令的审查。法院受理后，可以作出以下决定：(1)确认敕令有效。(2)作出宣布敕令越权或存在法律错误。申请人对高等法院作出的最终决定不服的，可以上诉至上诉法院。①

2004年至2005年，监察专员共接到922个投诉，总计处理了1183个投诉。根据2005年一份对于法案的研究发现，在所调研的申请样本中，被拒绝提供信息的申请者中71%被告知其有申诉的权利。值得注意的是，仅有53%的个人申请者被告知了申诉的权利。警察是被投诉最多的部门。最多的投诉集中在拒绝披露或被视为拒绝的延迟公开上。监察专员平均需要花73日来处理完结投诉。2005年，监察专员作出数项开创性的决定。他们处理了一系列有关政治顾问的建议或意见是否应依照法案进行公开的投诉。政治顾问本人不在法案管辖之列，但如政治顾问给出的信息由一名大臣依其公职持有，或由法案所涉的政府机关持有，则监察专员认为该等信息属于法案管辖范围。

---

① 1908年《法院组织法》第66条适用于此种上诉。

监察专员同时也考量了国会议员如果提出信息公开要求是否需要支付费用。一般而言,如果申请人为国会议员则无需支付费用,因为国会议员获取信息有助于其实践民主责任,因而具有公共利益。

总督有权签发"内阁否决权"指令特定政府机关不遵守监察专员的决定。但高等法院有权审查该否决权。1983 年至 1987 年,因为当时的体系允许每位内阁大臣签发否决权,因此总共有 14 次实施否决权。自 1987 年以来,否决权的签发变成集体决策后,则再没有使用。

六、发展现状

法律委员会于 1997 年发布了一份有关法案的详细回顾。其中发现最大的问题在于大量界定宽泛的申请、回应申请的延滞、国家核心部门以外对于法案的抵触,及监管、合规、政策咨询及教育手段缺乏协调。委员会曾建议将处理时限减少为 15 日,敦使政府机构于截止日期前作出回应,要求未就监察专员决定向法庭提请上诉的机构须公开信息,赋予司法部更多协调职责(设立信息委员会以代之),向监察专员及司法部提供更多资源,以及为监察专员推行法案实施的公共行为提供充足的资金。但这些建议迄今未能实施。

2005 年,一位叫 Steven Price 的学者撰写的评论中指出法案的问题依旧存在。监察专员《2002 年 OIA 实施指引》①中包含一份有关 OIA 中 57 个"误区"的确凿清单,而该等误区自该法颁布以来已沿用 20 余年,其中包括:信息所涉人士不同意公开,则信息须予保密;信息存在误导,可不予公开;任何保密信息均可不予公开;内阁大臣可决定某项咨询不被公开;草稿内容可不予公开。

在过去数年中,有关信息公开有过几场重要的争论。2003 年,移民局告知监察史在有关一名名为 Ahmed Zaoui 的阿尔及利亚寻求庇护者的案件中,其不存在一份据称移民局"集体撒谎"的备忘录。该备忘录泄露

① OIA 全称为:*Official Information Act*。

给了一名国会议员,监察专员因而重启了该国会议员的要求并发出一份新的报告批评国家机关并建议改变申请信息公开的流程。有关雇员随后被开除,监察史审核了变更后的流程并在其2003年至2004年报告中指出:"该部因此制订的处理OIA申请的政策成为我们见过的最佳方案,可作为履行官方信息法下法定义务的模版。"

监察专员称造成延滞的最大原因在于:不能确定由谁来应对信息公开申请、涉及"政治敏感"信息的情形以及需要知会第三方的情形。监察专员称急需对公共部门雇员进行更好的培训,并需发布新的《实施指引》以帮助更好地理解法案。报告也回顾了政府为首相署和内阁向首相提供的咨询意见单独创设一个豁免类别的努力,而称该等情形仍需个案处理。2004年,他们建议由国家服务委员会或司法部提供额外培训以提高全体国家机关在回应申请时的统一性,并寻求更多资金为该部门自身提供额外培训。

《1987年地方政府官方信息和会议法》提供了查阅地方政府所持信息的依据。其遵循OIA的框架,同时也受监察专员的监管。

《1993年隐私权法》(*Privacy Act*)允许个人获取并更正公共部门或私人机构持有的有关其自身的个人档案。其由隐私专员监管。隐私专员与监察专员达成协议,如一项申请同时涉及该两个法案,则双方需协调工作。1998年,隐私专员也建议对政府官员加强培训,以减少对于《隐私权法》的错误应用,正确处理保密问题。

OIA废止了《1951年官方保密法》。对于机密信息的保护于1982年以内阁指令形式颁布。保护级别分为"绝密"、"机密"、"保密"、"受限"、"敏感"及"私密"。保密级别对于依照OIA进行信息公开的决定并非决定性因素。

2005年4月,国会通过《公共档案法》(*Public Records Act*)取代旧档案法以及《1974年地方政府法》中有关文件和档案的规定。《公共档案法》现要求档案记录在25年内需开放完全查阅或受限查阅,并可随后转化成存档。然而,OIA有关信息公开的要求应予优先适用。

2006～2013 年信息委员会收到的投诉及处理的信息数量表 单位：件

项目＼年份	06～07	07～08	08～09	09～10	10～11	11～12	12～13
上一年剩余投诉数量	994	1023	1035	1344	1730	1360	1746
今年新收到的投诉数量	9090	8808	9150	9950	8706	10, 636	13, 684
今年总共的投诉数量	10, 084	9831	10, 185	11, 294	10, 436	11, 996	15, 430
今年处理的投诉数量	9166	8791	8855	9574	9077	10, 250	13, 358
今年剩余的投诉数量	918	1040	1330	1720	1359	1746	2072

注：1. 年度报告的时间为当年的 7 月 1 日至下一年的 6 月 31 日。

2. 年度报告中当年剩余的投诉数量应与下一年中上一年剩余投诉数量相等，表中数据不相等的不是因为数字错误，而是官方年度报告中就是这样给出的。

2006～2007 年投诉案件的地理分布数量及涉及的法律 单位：件

地理位置＼涉及的法律	监察专员法	官方信息法	政府官员信息会议法	信息披露保护法	其他	投诉数量
奥克兰	1679	174	57	2	105	2017
普伦蒂湾	165	37	8	0	23	233
北部地区	218	10	4	0	14	246
怀卡托	678	20	7	0	38	743
塔拉纳基	58	10	1	0	9	78
霍克湾	285	11	2	1	16	315
旺格努伊	419	34	9	0	61	523
瓦拉拉帕	27	14	0	0	6	47
东海角	11	3	0	0	1	15
惠灵顿	1487	366	28	0	77	1958
北岛总数量	5027	679	116	3	350	6175
所占比例	68%					
尼尔森	84	12	15	0	14	125
旦尼丁	98	14	4	0	10	126

续表

涉及的法律 / 地理位置	监察专员法	官方信息法	政府官员信息会议法	信息披露保护法	其他	投诉数量
奥塔戈	79	6	12	0	13	110
南部地区	101	6	6	0	15	128
坎特伯雷	146	21	10	0	19	196
克莱斯特彻奇	738	65	24	5	38	870
韦斯特兰	25	4	5	0	5	39
查塔姆群岛	1	0	0	0	1	1
南岛总数量	1272	128	76	5	114	1595
所占比例	17%					
未知地理位置	1259	1	0	0	4	1264
国外	45	4	0	0	17	66
所占比例	15%					
总数量	7593	812	192	8	485	9090

2007～2008 年投诉案件的地理分布数量及涉及的法律 单位:件

涉及的法律 / 地理位置	监察专员法	官方信息法	政府官员信息会议法	信息披露保护法	其他	投诉数量
奥克兰	1879	228	50	5	97	2259
普伦蒂湾	194	25	10	0	30	259
北部地区	199	18	6	1	13	337
怀卡托	921	26	15	0	39	1001
塔拉纳基	103	4	6	1	6	120
霍克湾	350	15	12	0	23	400
旺格努伊	369	47	6	0	23	445
瓦拉拉帕	40	10	2	0	8	60

续表

涉及的法律 / 地理位置	监察专员法	官方信息法	政府官员信息会议法	信息披露保护法	其他	投诉数量
东海角	14	1	2	1	2	20
惠灵顿	967	400	28	1	54	1450
北岛总数量	5136	774	137	9	295	6351
所占比例	72%					
尼尔森	92	9	4	0	13	118
旦尼丁	80	13	7	0	20	120
奥塔戈	264	12	20	0	6	302
南部地区	77	10	10	0	2	99
坎特伯雷	155	13	6	0	24	198
克莱斯特彻奇	706	45	15	5	30	801
韦斯特兰	55	8	3	0	15	81
查塔姆群岛	0	0	0	0	0	0
南岛总数量	1429	110	65	5	110	1719
所占比例	20%					
未知地理位置	615	2	1	0	6	624
国外	77	11	1	0	25	114
所占比例	8%					
总数量	7257	897	204	14	436	8808

2008～2009 年投诉案件的地理分布数量及涉及的法律 单位:件

涉及的法律 / 地理位置	监察专员法	官方信息法	政府官员信息会议法	信息披露保护法	其他	投诉数量
奥克兰	1598	226	49	4	114	1991
普伦蒂湾	113	22	25	0	29	189

续表

涉及的法律 / 地理位置	监察专员法	官方信息法	政府官员信息会议法	信息披露保护法	其他	投诉数量
北部地区	200	9	7	0	22	238
怀卡托	1150	34	11	0	41	1236
塔拉纳基	66	1	3	0	5	75
霍克湾	382	11	6	0	19	418
旺格努伊	305	33	8	0	23	369
瓦拉拉帕	34	7	2	0	5	48
东海角	4	4	2	0	1	11
惠灵顿	909	288	35	2	123	2225
北岛总数量	4761	635	148	6	329	5879
所占比例	65%					
尼尔森	78	12	2	0	32	124
旦尼丁	68	32	12	0	23	135
奥塔戈	213	12	23	0	3	251
南部地区	26	10	8	0	5	49
坎特伯雷	69	20	15	0	21	125
克莱斯特彻奇	563	62	11	2	34	672
韦斯特兰	23	6	11	0	10	50
查塔姆群岛	0	0	0	0	0	0
南岛总数量	1040	154	82	2	128	1406
所占比例	15%					
未知地理位置	1747	4	1	0	16	1768
国外	67	16	0	0	14	97
所占比例	20%					
总数量	7615	809	231	8	487	9150

2009～2010年投诉案件的地理分布数量及涉及的法律 单位：件

涉及的法律 / 地理位置	监察专员法	官方信息法	政府官员信息会议法	信息披露保护法	其他	投诉数量
奥克兰	2478	242	69	0	44	2833
普伦蒂湾	544	21	18	2	12	597
北部地区	314	19	11	0	12	356
怀卡托	820	45	16	0	20	901
塔拉纳基	74	8	4	0	3	89
霍克湾	489	19	6	0	13	527
旺格努伊	444	42	13	0	9	508
瓦拉拉帕	28	11	2	0	3	44
东海角	27	3	1	0	4	35
惠灵顿	1425	334	60	0	43	1862
北岛总数量	6643	744	200	2	163	7752
所占比例	78%					
尼尔森	114	16	11	0	11	152
旦尼丁	84	24	11	0	4	123
奥塔戈	230	17	16	0	6	269
南部地区	109	9	16	0	10	144
坎特伯雷	216	8	9	2	9	244
克莱斯特彻奇	741	65	23	1	11	841
韦斯特兰	54	9	3	0	3	69
查塔姆群岛	0	0	0	0	0	0
南岛总数量	1548	148	89	3	54	1842
所占比例	19%					
未知地理位置	206	16	5	1	20	248
国外	91	12	0	0	6	109
所占比例	3%					
总数量	8488	920	294	6	243	9951

2010～2011 年投诉案件的地理分布数量及涉及的法律

涉及的法律 地理位置	监察专员法	官方信息法	政府官员信息会议法	信息披露保护法	其他	投诉数量
奥克兰	1756	270	61	0	318	2405
普伦蒂湾	476	42	19	1	61	599
北部地区	268	19	11	0	40	338
怀卡托	600	47	19	1	88	755
塔拉纳基	61	4	2	1	11	79
霍克湾	256	25	1	0	27	309
旺格努伊	360	52	10	1	47	470
瓦拉拉帕	28	15	2	0	9	54
东海角	18	4	1	0	9	32
惠灵顿	916	308	49	1	186	1460
北岛总数量	4739	786	175	5	796	6501
所占比例	74%					
尼尔森	103	14	16	0	21	154
旦尼丁	57	24	24	0	16	121
奥塔戈	213	14	12	0	24	263
南部地区	82	17	9	0	24	132
坎特伯雷	183	28	5	0	40	256
克莱斯特彻奇	621	72	10	2	184	889
韦斯特兰	26	15	3	0	17	61
查塔姆群岛	0	0	0	0	0	0
南岛总数量	1285	184	79	2	326	1876
所占比例	21%					
未知地理位置	109	22	2	0	146	279
国外	98	12	0	0	21	131
所占比例	5%					
总数量	6231	1004	256	7	1289	8787

2011～2012 年投诉案件的地理分布数量及涉及的法律

涉及的法律 / 地理位置	监察专员法	其他接触方式	官方信息法	政府官员信息会议法	信息披露保护法	其他	投诉数量
奥克兰	736	1363	228	70	2	26	2425
普伦蒂湾	86	249	36	12	0	13	396
北部地区	90	257	14	15	0	5	381
怀卡托	311	594	66	12	0	17	1000
塔拉纳基	46	53	8	4	0	5	116
霍克湾	90	206	27	6	0	8	337
旺格努伊	194	243	34	15	0	9	495
瓦拉拉帕	17	16	12	0	0	5	50
东海角	3	25	1	1	0	0	30
惠灵顿	297	631	339	54	2	18	1341
北岛总数量	1870	3637	765	189	4	96	6571
所占比例	61%						
尼尔森	54	56	20	8	5	5	148
旦尼丁	31	40	15	14	3	3	106
奥塔戈	67	169	17	8	6	6	273
南部地区	26	57	13	9	0	0	105
坎特伯雷	91	203	32	10	6	6	348
克莱斯特彻奇	291	456	342	20	12	12	1133
韦斯特兰	18	15	10	7	0	0	50
查塔姆群岛	0	0	0	0	0	0	0
南岛总数量	578	996	449	76	32	32	2163
所占比例	20%						
未知地理位置	73	1844	32	6	4	20	1979
国外	78	36	10	1	0	16	141
所占比例	19%						
总数量	2599	6513	1256	272	40	164	10, 857

2012～2013 年投诉案件的地理分布数量及涉及的法律

涉及的法律 / 地理位置	其他接触方式	监察专员法	官方信息法	政府官员信息会议法	其他	投诉数量
奥克兰	1739	731	1296	72	3	3823
普伦蒂湾	113	101	34	9	0	257
北部地区	279	111	26	17	1	434
怀卡托	673	268	69	16	4	1030
塔拉纳基	44	31	19	4	1	99
霍克湾	210	105	12	4	0	331
旺格努伊	252	123	22	17	2	416
瓦拉拉帕	48	16	6	0	1	71
东海角	21	11	3	0	0	35
惠灵顿	998	329	403	52	5	1787
北岛总数量	4377	1808	1890	191	17	8283
所占比例	59%					
尼尔森	66	67	26	9	0	168
旦尼丁	42	33	32	8	0	115
奥塔戈	180	53	27	5	0	265
南部地区	76	30	20	14	0	140
坎特伯雷	254	114	45	7	0	420
克莱斯特彻奇	609	431	252	16	4	1312
韦斯特兰	17	38	14	11	0	80
查塔姆群岛	0	0	0	0	0	0
南岛总数量	1244	766	416	70	4	2500
所占比例	18%					
未知地理位置	2822	174	66	12	0	3074
国外	41	127	18	0	0	186
所占比例	23%					
总数量	8484	2875	2390	273	21	14, 043

附录：各国信息公开法律简表

大洲	国别	法律名称	制定时间
亚洲	阿塞拜疆	《阿塞拜疆共和国获取信息法》	2005 年
	巴基斯坦	《巴基斯坦信息自由法》	2002 年
	韩国	《公共机构信息公开法》	1996 年
	吉尔吉斯斯坦	《国家和地方公共机关所掌握信息的公开法》	2006 年
	日本	《行政机关信息公开法》	1999 年
	泰国	《官方信息法》	1997 年
	土耳其	《土耳其信息权法》	2003 年
	亚美尼亚	《亚美尼亚共和国信息自由法》	2003 年
	以色列	《信息自由法》	1998 年
	印度	《信息权利法》	2005 年
	约旦	《信息获得权利保障法》	2007 年
欧洲	爱尔兰	《信息自由法案》	1997 年
	爱沙尼亚	《公共信息法》	2000 年
	白俄罗斯	《白俄罗斯信息、信息化及信息公开保护法》	1998 年
	冰岛	《信息法》	1996 年
	波斯尼亚和黑塞哥维那	《信息公开自由法》	2000 年
	波兰	《信息公开法》	2001 年
	丹麦	《行政文件公开法》	1970 年
	德国	《德意志联邦政府信息公开管理规定》	2005 年
	芬兰	《政府活动公开法》	1999 年
	荷兰	《政府信息法》	1991 年
	捷克共和国	《信息公开自由法》	1999 年
	科索沃	《获取公共文件法》	2010 年

续表

大洲	国别	法律名称	制定时间
欧洲	克罗地亚	《信息公开法》	2003 年
	马其顿	《公共信息公开法》	2006 年
	挪威	《信息自由法》	2006 年
	欧盟	《欧共体法律案》	2001 年
	葡萄牙	《政府信息公开法》	1993 年
	瑞典	《新闻自由法案》	1949 年
	瑞士	《关于行政透明原则的联邦法律》	2004 年
	塞尔维亚	《塞尔维亚公共信息公开法》	2004 年
	斯洛伐克	《信息公开法》	2000 年
	斯洛文尼亚	《信息公开法》	2003 年
	苏格兰	《苏格兰信息自由法》	2002 年
	乌克兰	《信息公开法》	2011 年
	意大利	《信息公开法补充:关于行政文件公开程序及申请权利的新规定》	2001 年
	英国	《信息自由法》	2000 年
美洲	百慕大	《公共访问信息法》	2010 年
	加拿大	《信息获取法》	1982 年
	开曼群岛	《信息自由法》	2007 年
	美国	《信息自由法》	1966 年
	墨西哥	《联邦信息公开和透明法》	2002 年
	特立尼达和多巴哥共和国	《信息自由法》	1999 年
	牙买加	《信息公开法》	2002 年
非洲	安哥拉	《获取公共机关持有的文件法》	2002 年
	尼日利亚	《信息自由法》	2011 年
	乌干达	《信息获取法》	2005 年
大洋洲	澳大利亚	《信息自由法》	1981 年
	库克群岛	《官方信息法》	2007 年
	新西兰	《官方信息法》	1982 年

后　　记

本书在编写中得到国务院办公厅政府信息和政务公开办公室的大力支持，其中日本、韩国、德国、法国等13个国家信息公开制度及其实施状况的研究和信息公开法的翻译是在其资助下完成的。其余的工作得益于国家社科基金重大项目《国家治理体系现代化与法治政府建设》（课题编号ZDA018）和中国政法大学优秀中青年教师培养支持计划的资助。北京市政府信息和政务公开办公室对于本研究亦多有帮助。正是上述单位的帮助，使我们的研究能够追踪最新的国际趋势。

本书分工如下：（按姓氏拼音顺序排列）：

成莉：澳大利亚，冰岛，韩国，加拿大，库克群岛，乌干达，新西兰；

杜国宏：波兰，丹麦，克罗地亚，挪威，斯洛伐克，斯洛文尼亚，泰国，以色列；

李帅：巴基斯坦，白俄罗斯，波黑，德国，塞尔维亚，苏格兰，亚美尼亚；

石少敏：爱沙尼亚，安哥拉，芬兰，吉尔吉斯斯坦，捷克，印度，英国；

吴贺滨：百慕大，欧盟，瑞典，瑞士，牙买加，意大利，约旦；

王宏：阿塞拜疆，爱尔兰，荷兰，科索沃，马其顿，土耳其，尼日利亚；

姚腾跃：开曼群岛，美国，墨西哥，葡萄牙，日本，特里尼亚和多巴哥共和国，乌克兰。

本研究工程浩大，我们水平有限，错漏之处一定不少，期待社会各界的批评和建议，共同为更加公开也更加公平的世界略尽绵薄之力。

王敬波

2016年1月8日

图书在版编目(CIP)数据

五十国信息公开制度概览 / 王敬波著. —北京:法律出版社,2016.6
ISBN 978 -7 -5118 -9625 -4

Ⅰ.①五… Ⅱ.①王… Ⅲ.①国家行政机关—行政管理—制度—概况—世界 Ⅳ.①D523.1

中国版本图书馆 CIP 数据核字(2016)第 137736 号

责任编辑/田 甜 **装帧设计**/乔智炜

出版/法律出版社 **编辑统筹**/综合出版分社
总发行/中国法律图书有限公司 **经销**/新华书店
责任校对/郭艳萍 **责任印制**/沙 磊
印刷/三河市兴达印务有限公司

开本/720 毫米×960 毫米 1/16 **印张**/45.5 **字数**/604 千
版本/2016 年 7 月第 1 版 **印次**/2016 年 7 月第 1 次印刷

法律出版社/北京市丰台区莲花池西里 7 号(100073)
电子邮件/info@ lawpress. com. cn **销售热线**/010 -63939792/9779
网址/www. lawpress. com. cn **咨询电话**/010 -63939796

中国法律图书有限公司/北京市丰台区莲花池西里 7 号(100073)
全国各地中法图分、子公司电话:
第一法律书店/010 -63939781/9782 **西安分公司**/029 -85388843 **重庆公司**/023 -65382816/2908
上海公司/021 -62071010/1636 **北京分公司**/010 -62534456 **深圳公司**/0755 -83072995

书号:ISBN 978 -7 -5118 -9625 -4 **定价:**89.00 元

(如有缺页或倒装,中国法律图书有限公司负责退换)